Vidas mágicas e Inquisición*

Vidas mágicas e Inquisición*

Julio Caro Baroja

Colección
Fundamentos 121

Madrid
Ediciones ISTMO

Diseño de cubierta:
Vicente A. Serrano

© Julio Caro Baroja, 1992
© Ediciones Istmo, S. A., para España y todos los países de lengua española.
Calle Colombia, 18. 28016 Madrid
Tel.: 345 41 01
ISBN: 84-7090-248-2 (Obra Completa)
ISBN: 84-7090-245-8 (Tomo I)
Depósito Legal: M. 20.971-1992
Fotocomposición: Pérez-Díaz. Madrid.
Imprenta: Inmagrag. Parla (Madrid).
Impreso en España/*Printed in Spain.*

INDICE

Prólogo a esta edición 15

Primera parte
MAGIA Y SOCIEDAD
(Analisis generalizados)

Prólogo
Consideraciones preliminares 19
Sobre épocas y períodos históricos 20
Sobre fuentes 22
Sobre órganos de conocimiento 23
Represiones 24
Nuestros personajes 27
Posición moral 28
Notas 33

I. Sobre la teoría de la magia
Magia y nivel cultural 35
Magia y teoría antropológica 36
Magia y religiones clásicas 38
La teoría de la «simpatía» 41
Magia y demoniología 43
Magia y cristiandad 44
Vuelta a la teoría antropológica 50
Notas 52

II. Magia, personalidad y comunidad
*Sobre una polémica literaria: arquetipos
y personalidad* 57
El influjo del libro sobre las conciencias 60

Las divisiones étnicas 61
Grupos étnicos «inferiores» y «antiguos» 63
Grupos étnicos «demoníacos» 66
Resumen final 68
Notas 70

III. Magia y grupo étnico o la tribu mágica
Los gitanos como hechiceros 75
*Don Juan de Quiñones, autor de un escrito contra
los gitanos* 77
Análisis del escrito 80
Antropofagia y otros malos usos y costumbres 82
La Quiromancia 85
Causas inquisitoriales contra gitanas 86
Resumen final 88
Notas 90

IV. Magia y política
La captación de la voluntad por hechizo 95
Primer ejemplo 98
La captación de Felipe IV por Olivares 99
Otros captadores de voluntad 102
Los hechizos de Carlos II 105
Apéndice 107
Notas 111

V. Magia y cataclismos
Guerras y profecías 117
*El terremoto de Santiago de los Caballeros
y su interpretación* 118
*La idea de la responsabilidad, humanizada
y minimizada* 121
Epidemia, envenenamiento supuesto y represión ... 121
*Los autores míticos de las mortandades en
la Europa moderna* 125
Notas 127

VI. Magia, sexo y estatuto social
(El arquetipo celestinesco)
«La Celestina» y sus imitaciones 129

La «Alcoviteira» Vicentina	130
La «herencia» celestinesca	132
El medio social	136
Brujas cervantinas	141
Un caso novelesco del siglo XVII	143
Zabaleta y la hechicería	146
El final de las celestinas literarias	147
Notas	152

VII. EL LIBRO MÁGICO (LA «CLAVÍCULA DE SALOMÓN»)

Los textos mágicos salomónicos	159
La «Clavícula» y su difusión	162
La «Clavícula» en las causas inquisitoriales españolas: el texto cogido en 1527	165
El bachiller López de Yela	167
La «Clavícula» en tiempos de Felipe II y Felipe III	168
La «Clavícula» y los magos de la corte de Felipe IV	170
Notas	172

VIII. LA TIERRA MÁGICA

Tierras más abundantes en hechiceras	177
Las tierras e ínsulas encantadas	178
El campo de las brujas	179
El sitio diabólico	181
El lugar encantado	182
Notas	183

IX. INTERMEDIO EN TRES TIEMPOS

Primer tiempo: Magia y género literario

Diatriba y mundo moral	185
Literatura caballeresca y moralidad	187
El conflicto de los géneros literarios ante lo mágico	188

Segundo tiempo: El «Quijote» y la concepción mágica del mundo

Modos de leer el «Quijote»	191
El héroe en el mundo	193

El mundo del héroe	195
El conflicto de Don Quijote	197
El conflicto de Sancho	198
Reflexión última	199
Contera	200
Tercer tiempo: La vuelta a lo maravilloso	
El genio harto de realidades	201
El «orden» novelesco antiguo	202
Padrón de personajes misteriosos	203
Fantasía y realidad, juventud y vejez	205
Notas	207

Segunda parte
VIDAS A CONTRAPELO

I. A MODO DE INTRODUCCION. HOMBRE Y MUJER. EL NIGROMANTE Y LA HECHICERA

La mujer	211
El hombre	217
Epocas y arquetipos	221
Notas	226

II. Magia neoplatónica y arquetipos legendarios EL DOCTOR TORRALBA

Noticias impresas sobre el doctor Torralba	231
Leyendas sobre viajes extraordinarios a Roma	233
Los espíritus familiares en el Renacimiento	235
Joanes de Bargota y su vuelo a Roma	238
El doctor Eugenio de Torralba: nacimiento, infancia y juventud	243
«Roma veduta»	244
El «ángel bueno»	246
Actividades de Torralba bajo la protección de Zaquiel	248
El viaje a Roma	252
La denuncia y el denunciante	252

El proceso 254
Final del proceso 258
Torralba, personaje poético 261
Final 266
Notas 270

III. El licenciado Velasco y su recetario mágico
El aprendiz de brujo 295
El recetario y su autor ante el Santo Oficio 297
El segundo y el tercer aprendiz de brujo 300
Formalidades e incidencias del proceso 301
Vida del licenciado 303
La defensa de un astrólogo 305
La marcha del proceso 312
«El hechicero folcklorista» 319
La sentencia 320
Notas 323

IV. Magia y estilización literaria. Un hechicero morisco: Román Ramírez (Realidad y ficción en su derredor)
Un personaje de teatro inspirado en otro real 339
Román Ramírez en la obra de Ruiz de Alarcón «Quien mal anda en mal acaba» 340
Román Ramírez a la luz de su proceso 343
La acusación fiscal y su interpretación 345
Otro hombre perdido por los libros de caballerías 347
Miseria sobre miseria 349
Final 351
Notas 354

V. Magia y desequilibrio mental o el soldado hechizado
Jerónimo de Pasamonte, soldado aragonés, y sus «trabajos» 359
El soldado entre brujas 360
Matrimonio infeliz 363
Autobiografismo patológico 366

Final	367
Notas	370

VI. Los peligros de la prestidigitación
Dalmau «el Tortosino» y Escotillo	
«el Parmesano»	373
La cabeza parlante del «Quijote»	377
Juan Roge, natural de «Lila de Flandes»,	
y sus actos maravillosos	378
Notas	382

VII. El falso judío errante como personalidad mágica
Los «judíos errantes»	385
«Juan de vota Dios» y «El Crotalón»	387
Antonio Rodríguez y su proceso inquisitorial	390
Reversos folklóricos	393
Notas	395

VIII. Frailes y familiares
Monjes y monasterios	399
El priorato de Bonaval	400
Fray Valeriano de Figueredo y su muletilla	400
El doctor de las moralejas y Hernando Alonso	403
Notas	406

IX. Magia y ambición de poder. El nigromante a lo culto
Vida de don Nicolás de Oliver	411
Vida esotérica de Oliver	412
Condena de Oliver	416
Final	416
Notas	418

X. Magia y Derecho. El pacto diabólico
Arquetipos de pacto	419
Codificación	421
Casos del siglo XVI	423
Caso del siglo XVIII	423
Notas	425

XI. De coleccionista y músico a mago
Vida de don Juan de Espina	429

Su muerte	433
Don Juan de Espina, según Cañizares	435
«Don Juan de Espina en Madrid»	437
«Don Juan de Espina en Milán»	444
Final	446
Notas	448

PROLOGO A ESTA EDICION

Esta obra salió a la luz por vez primera en 1967. Tuvo buena crítica y se agotó pronto. Hoy la reedita Ediciones Istmo y al examinarla de nuevo, el autor advierte que realizó un esfuerzo considerable y que reunió un caudal de datos bastante ilustrativos sobre temas que fueron de interés ayer, lo tienen hoy y puede predecirse que lo seguirán teniendo mañana. Se habla mucho ahora, en efecto, de la laificación de la sociedad moderna. Pero en ello, lo que parece que se echa fuera por la puerta grande, se introduce de modo más o menos subrepticio por ventanas y escalerillas de la puerta trasera. Se dice también que determinada gran Religión es cosa anticuada, y se cree en la Astrología, de origen caldeo, más antigua sin duda y que, además, fue objeto de críticas justas por cabezas fuertes en la Antigüedad misma y en el Renacimiento. Claro es que el autor de este libro está en el sector de los críticos: ¿Por qué, entonces, dedicar esfuerzos a los temas de que aquí se trata? no sólo la Astrología y Artes Adivinatorias, sino también la Magia en general. Porque son temas que han hecho pensar, sufrir, tener ilusiones a mujeres y hombres de todos los tiempos.

En este libro se trata más de sufrimientos que de alegrías. Por doble motivo. En primer lugar, los actores tienen una inquietud básica, una actitud ante la vida que en general es angustiada. Si la angustia vital es un elemento básico en el ser humano, en los personajes que aquí desfilan se manifiesta en grado extremo. En segundo término, vivieron en épocas en que España estaba controlada por el Tribunal del Santo Oficio, por la Inquisición. Fueron víctimas de ella. Algunos de los procesos aquí estudiados comprueban la minuciosidad con que se llevaban adelante las causas. Soportan la idea de que los funcionarios del Tribunal ponían una especie de regodeo en acumular detalles y pruebas. Una actitud, en suma, que hoy nos parece monstruosa, pero que hace que los archivos inquisitoriales sean una mina de informaciones peregrinas.

Por otra parte estos procesos nos hacen dudar de la eficacia de lo que se puede llamar, en general, Derecho represivo. Porque desde que se establece el Tribunal hasta que deja de existir, de fines del siglo XV a comienzos del XIX, las causas se repitieron, en mayor o menor proporción, pero se repitieron. Hubo divergencias, diversidad de pareceres en cuestiones fundamentales entre los inquisidores; pero las denuncias daban fe de la continuidad de las creencias. También de las ilusiones y desvarios.

Hay aquí retratos de personas que, evidentemente, padecían enfermedades nerviosas. Mi falta de conocimientos médicos me impide perfilar el diagnóstico, pero me hace pensar también que un médico podría estudiar con provecho bastantes procesos inquisitoriales. Sobre todo un psiquiatra; incluso también un psicoanalista.

En suma, releyendo este libro veintitantos años después de que fuera escrito, me produce, en primer término una sensación de tristeza. En segundo lugar cierto asombro ante la monotonía de lo que, a primera vista, parece extraordinario.

Julio de 1992

Primera parte

MAGIA Y SOCIEDAD
(ANÁLISIS GENERALIZADOS)

PROLOGO

Consideraciones preliminares

Este libro contiene una serie de averiguaciones sobre ciertos temas que en los tiempos modernos se han procurado estudiar, de una parte, a la luz de la Historia y, de otra, con el auxilio de la Antropología: de la Historia de los pueblos antiguos sobre todo y de la Antropología primitiva y comparada. Aunque su autor ha publicado algunos libros y bastantes estudios de carácter etnográfico, hoy es historiador en esencia o, si se quiere, investigador de la Historia social y de lo que ahora se llama Etnohistoria o Historia con un matiz etnológico. Sin embargo, al escribir lo que sigue, lo que le han interesado más son ciertos tipos de personalidad y ciertos estados de conciencia que se hallan sometidos a la creencia en la Magia en una de sus múltiples manifestaciones.

En otro libro que publicó hace años[1], y que apareció en inglés durante el otoño de 1964[2], habló en términos generales de las brujas y su mundo. Varias personas parecen no haber comprendido el carácter limitado de aquel mundo, dentro del campo de actividades y pensamientos mágicos, y han demostrado su decepción al autor, preguntándole por qué no ha tratado allí de estos o de aquellos temas, por qué no ha hablado de tales o cuales personajes famosos. Por otra parte, algún antropólogo notó en el mismo libro falta de ajuste a ciertas teorías generales «modernas». Quiero demostrar aquí, en parte, algo que siempre me ha parecido claro, pero que no veo ni siquiera expresado como sospecha en obras de esta índole, a saber: que el estudio de la Antropología general da poco instrumental al que se preocupa de temas europeos que rocen con cuestiones antropológicas, como son las que se refieren precisamente a las «mentalidades mágicas». En segundo lugar, quiero hacer ver que la variedad de éstas es tan grande que lo de menos casi es el «común denominador» que se pueda hallar comparando Magia con Magia, y que un análisis «generalizado» de ésta debe ir seguido siempre de un estudio concreto de los «casos». Es decir, que hoy día, para avanzar en la investigación, el estudio de la «mentalidad», en líneas generales (o de la «sociedad»), es, a mi juicio, menos interesante que el de la «vida» de una o de varias personas que piensan y actúan de un modo concreto en función de la creencia en la Magia.

Sobre épocas y períodos históricos

Se llama, pues, este libro *Vidas mágicas* porque, ante todo, en él se ha procurado trazar la silueta de una serie de personas, más o menos oscuras, que vivieron dominadas por pensamientos mágicos entre otras gentes que (de modo acaso menos intenso o distinto) también los tenían. Pero, aparte del esbozo de la personalidad de aquellas gentes, hay en él bastantes páginas dedicadas a la misma teoría de la Magia, escritas desde un punto de vista que está un poco en contra de lo que se lee en libros muy corrientes de Antropología y en otros acerca de la historia de las religiones. Los antropólogos, sobre todo los antiguos, tuvieron el prurito de definir; los historiadores han tenido la tendencia a clasificar de modo rígido los hechos que estudian, de acuerdo con épocas y períodos (que es otra manera de definir, aunque sea menos racional).

Respecto a las definiciones de los antropólogos se dice bastante en uno de los primeros capítulos de este volumen, al tratar precisamente de la definición o definiciones de la Magia. En punto a las ordenaciones y clasificaciones históricas he de indicar ahora lo que sigue.

En primer lugar pienso (y acaso con inmodestia) que los historiadores de tendencias generalizadoras y que se consideran *más* filosóficas manejan demasiado fácilmente el concepto de *edad histórica* para establecer diferencias de calidad y cantidad. La Edad Media es así, la Moderna asá, el Renacimiento es esto y no aquello, etc. De modo paralelo (pero en contradicción con estas generalidades que se derivan de la noción de la existencia de épocas y períodos), los lingüistas y los etnógrafos que los siguen hablan de los caracteres de la cultura latina, la germánica, la española, la francesa, etc., utilizando más la noción espacial de área que la temporal de edad. Las grandes verdades permiten la vida parasitaria de pequeñas mentiras y a veces de mentiras no tan pequeñas. Esto se demuestra al observar cómo hay cantidad de «materia histórica» que no se ajusta (por exceso o por defecto) a las nociones de épocas y períodos, y en parte tampoco a las de áreas, ciclos y dominios lingüísticos. La historia de la técnica tiene sus leyes autónomas (sus períodos autónomos); la de las creencias religiosas, también; la de ciertos movimientos filosóficos y sociales (que no encajan por fuerza con la Edad Antigua, la Media o la Moderna), también. Esto debía ser más considerado por los historiadores generalizadores a que he aludido; pero no contentos con las ordenaciones clásicas en períodos y áreas geográficas, han utilizado conceptos de contenido aún más vago y fluido, a los que asignan una significación que se da como profunda y concretísima y que no es ni lo uno ni lo otro. Así, desde el año veinte, de este siglo, poco más o menos, se habla con singular soltura de *Occidente* y de la *civilización occidental*, y desde el profesor más empingorotado o el político con más poder hasta el gacetillero más humilde manejan el concepto de continuo. Yo no he de negarle un contenido y utilidad relativos: lo único que haré es no usarlo; por si acaso, porque ¡menudo es el occidente europeo para darle un contenido! No uno, sino miles de contenidos, opuestos en apariencia, caben en él.

Por otra parte, también se ha hablado mucho, al hacer síntesis históricas, de *ciclos culturales*, de ámbitos de cultura, de estructuras sociales y de representaciones colectivas determinadas. Pero en lo que se refiere a lo que podríamos llamar situaciones personales, en relación con una creencia o un ciclo de creencias, se ha dicho menos, se ha ahondado menos, a pesar de las generalidades enunciadas, a bombo y platillo en Norteamérica, acerca de «cultura y personalidad». En este libro se pone de relieve la conexión de ciertas personalidades con ideas generales, las relaciones entre pasiones y creencias, considerando, claro es, la época en que se dieron tales personalidades pero sin hacer demasiado hincapié en este criterio temporal. Porque si la primera parte de las *Vidas mágicas* se refiere al pensar y existir mágico en general, la segunda trata de una órbita mental relacionada hasta cierto punto con aquel pensar, aunque tiene caracteres autónomos y es más limitada *históricamente*. Aludo al mundo regido por el pensamiento astrológico. La conexión de la Magia, como sistema general de pensamiento, y la Astrología, como sistema más particular y moderno, hay que buscarla, probablemente, en la noción de la *simpatía* entre los cuerpos físicos y naturales, los hombres, las acciones humanas y los mismos dioses o númenes y sus actos. Los cuerpos estelares, de modo más concreto los planetas, que constituían otras tantas divinidades en la Antigüedad, se reputaron, a partir de un momento, ligados a los actos y pasiones de los hombres, y su posición en el cielo se creyó que condicionaba los actos, en virtud de vínculos inexorables, o que sólo por combinaciones especiales se podían quebrar: *simpatía*, en el sentido más estricto de la palabra.

Desde épocas remotas, pero precisas en la Historia antigua, en Asia, en Europa después, el pensamiento astrológico tuvo una aceptación enorme y hoy puede decirse que sigue influyendo de modo más o menos difuso en las conciencias. Basta con considerar el espacio que se dedica a los horóscopos del día en periódicos y revistas de mucha circulación en los países técnicamente más avanzados y en aquellos en que las religiones positivas –tan reñidas siempre con el pensamiento astrológico– ejercen influencia más fuerte. En España mismo hay varios periódicos con su sección astrológica, que se toma más o menos en serio, claro es, pero que siempre produce alguna curiosidad e incluso inquietud.

No es lo mismo practicar la Astrología hoy que en el siglo XVI o que en la Edad Media; pero el astrólogo de hoy procura satisfacer los mismos deseos que el astrólogo de ayer, y la mujer enamorada que recurre a una fórmula mágica lo hace en virtud del mismo móvil que tenía una de hace mil, dos mil o más años, aunque cambie mucho su mundo circundante.

Sobre fuentes

Ahora bien, las fuentes para mis estudios no las he buscado en textos sobre sociedades de la Antigüedad, ni en informes acerca de pueblos de los llamados primitivos actuales, ni en el folklore o el *field work* antropológicos, ni en las sociedades urbanas de hoy. Mis fuentes son documentos de los siglos XVI y XVII, procesos inquisitoriales sobre todo, formados por hombres de leyes muy pacientes y escrupulosos, aunque su actividad legal se haya considerado detestable por cantidad de personas de épocas posteriores y aun de la suya. Pero, dejando ahora a un lado el problema de la bondad o maldad, de la legitimidad o ilegitimidad de los Tribunales del Santo Oficio, hay que reconocer, desde un punto de vista que podríamos llamar gnoseológico, que cuando, después de leer una serie de tratados generales o de descripciones particulares, que ilustran la noción de la Magia entre los pueblos primitivos, hechos por antropólogos modernos, se lee un viejo proceso inquisitorial, o cuando, después de seguir las polémicas de los mismos antropólogos acerca de las fronteras y caracteres de lo mágico y lo religioso, se estudia un tratado antiguo de corte teológico, se llega a sospechar si tras tanta apariencia de conocimientos, reputados por científicos, con que nos asedian los libros y revistas, no habrá un tanto por ciento regular de reiteración, de avance sólo aparente.

Hay que reconocer que la época en que se comenzó a estudiar la Magia primitiva y en que se sistematizó la historia de las religiones fue también de grandes avances filológico-históricos, que sanscritistas, egiptólogos, asiriólogos, helenistas, etc., pusieron al servicio de los historiadores de las religiones fuentes novísimas. Lo mismo hicieron los antropólogos que estudiaron por vez primera las creencias de los grupos humanos más apartados de la civilización euroamericana. Pero, por otro lado, muchos de estos investigadores iban a realizar una empresa llenos de «prejuicios» y de «prejuicios científicos». Se creían liberados de pasiones religiosas, pero tenían otras de escuela y educación.

Sobre órganos de conocimiento

Ante tanta definición de conceptos válidos para estudiar lo mismo las ideas de los australianos, bosquimanos, pigmeos o bantúes, que las de los griegos, celtas, romanos y aun de los aldeanos de Europa, se quedaban los ánimos suspensos y fascinados. Pero luego algunos se iban dando cuenta de que aquellas definiciones dejaban fuera de sí muchos hechos y que había que enmendarlas, corregirlas y ampliarlas. La tarea crítica ha llevado cantidad de tiempo, e incluso las enmiendas son hoy en sí materia de discusión.

Volver atrás, volver al período no «científico», puede ser ahora provechoso por varias razones. En primer término, porque, contra lo que han creído algunos racionalistas, hoy somos bastantes los que creemos (de acuerdo con la sentencia de un pensador profundo y poco conocido) que «el amor y el odio son órganos del conocimiento», y que del análisis de los conflictos y aun odios religiosos se pueden extraer consecuencias tan hondas o más que de ciertas especulaciones etimológicas y de ciertas tareas definitorias, del gusto de los filólogos y de los filósofos, y con las que empiezan sus estudios generales. Meterse en el mundo de lo sacro es meterse también en el de lo sacrílego, porque es ley de toda religión y de todo profesor de un credo amar unas cosas, como divinas, y odiar otras, como demoníacas.

Ahora bien, amor y odio no se reparten siempre de modo coherente y homogéneo, y los impulsos para odiar o para amar son variadísimos. Lo que es aborrecible para uno, es adorable para el otro. Los conflictos son continuos y las desviaciones, las «heterodoxias», perpetuas. ¿Cómo comparar la riqueza de los procesos, de los tratados antiguos, para aclarar muchos puntos de la vida religiosa, de la experiencia mágica, con la pobreza de bastantes de los tratados modernos y «científicos» acerca de Magia y Religión, que parten de unas cuantas definiciones y las discuten verbosamente? El órgano de conocimiento que nos suministran los miedos y odios sobre los que se basan los trabajos inquisitoriales es de una precisión rarísima. Porque, en última instancia, la técnica inquisitorial era muy refinada, grandísima la sutileza de los teólogos y juristas, metidos en un mundo terrible, sí, pero no más terrible que el actual, cuando se trataba de definir la naturaleza de los hechos que enjuiciaban y cuando pretendían aquilatar el grado de responsabilidad espiritual de los procesados. Puede decirse, aunque resulte paradójico, que el Santo Oficio contribuyó poderosamente a la ordenación y aclaración de las creencias y conocimientos humanos, porque incluso cuando erró (como le ocurrió en el caso Galileo), su error tuvo un valor de ejemplaridad para el futuro, aunque fuera a costa de una escena que repugna a la sensibilidad del hombre libre y liberal. ¿Es este reo loco o cuerdo? ¿Es aquél un hereje, con pacto diabólico, o un mero experimentador? ¿Son estos testimonios falsos o dignos de crédito? El inquisidor trabaja en un laboratorio, un triste laboratorio. Sus pesquisas no trascienden; pero al cabo de años y años de práctica errada llega a una conclusión importante, más que para él para los demás: para las sociedades de generaciones posteriores a la suya. El inquisidor es hijo de una época y de un ambiente. En el momento en que surge su ministerio es *odiado* y temido. Después es *respetado* y temido. Al final, *despreciado* o execrado. El temor es el denominador común frente a su persona, pero en lo demás varía hasta el juicio que se hace de su inteligencia y cultura. El inquisidor, que en su origen es un instrumento de una sociedad dada, luego es un órgano de conocimiento, que al final desaparece o queda atrofiado por falta de empleo.

Hablemos ahora de la sociedad que lo crea.

Represiones

Cuando una «Iglesia» constituida tiene el apoyo de un «Estado» se establece, con regularidad, la vigilancia de las ideas religiosas o relacionadas con la Religión, tomando como centro la misma doctrina de la Iglesia en el momento en que recibe tal apoyo. Quedan en posiciones heterodoxas una serie de ideas, doctrinas y prácticas de distinto origen y de distinto valor. De un lado, las que se consideran como originadas por un *defecto* o insuficiencia doctrinal y aun mental. De otro lado, las que se consideran originadas por un *exceso*. Así, *ideas antiguas*, como las relacionadas con la Astrología, o *elementales*, como las condicionadas por la fe en la Magia y Hechicería, se sitúan en el ámbito de lo insuficiente por *defecto*; son personas ignorantes, inmorales, apasionadas, etc., a las que, por un lado, se persigue. Por otro, se vigila a los que profesan ideas modernas y que, a veces, suponen una sutileza y refinamiento intelectual que se consideran resultados excesivos de la ciencia. Los grandes heterodoxos surgen en este ámbito. Cara a cara, o frente a frente, la «Iglesia» tiene, además, a otros rivales... Es decir, a comuniones distintas de fieles, pudiéndose establecer su posición en forma de diagrama. Por ejemplo, en España, durante el siglo XVI, nos hallamos ante una posición central de la Iglesia católica que podría expresarse de esta suerte:

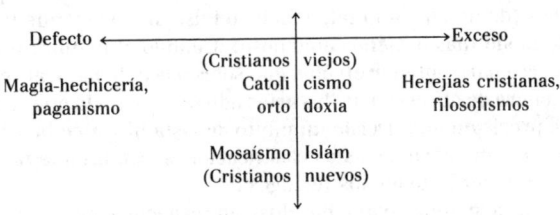

Los dos ejes del conflicto, pues se trata de un conflicto grave, tienen su interpretación en un terreno no sólo sociológico, sino también estrictamente etnográfico: «cristianos viejos» frente a «cristianos nuevos», sí. Pero dentro de los cristianos viejos surgen desde el hombre o la mujer del común, que se apartan de lo ortodoxo siguiendo su temperamento o una fe supersticiosa más o menos ocasional, hasta los letrados y hombres de cultura, que piensan por su cuenta, que vacilan en su fe, o a los que no convencen los argumentos dogmáticos. Hay, pues, en este sector, cristianos de varias clases y tendencias, hostiles al Catolicismo. Hay también filósofos o filosofantes que se apartan de la fe, de toda fe, por completo o en gran parte. Pueden existir, por último, hombres de mala suerte a los que se les atribuyen, en bloque, pensamientos heréticos y que, acaso, no fueron más que ligeros de expresión o de conducta en un momento.

En conjunto, las personas de que vamos a ocuparnos quedaban inclusas en el delito que en los catálogos de la Inquisición está definido –mal definido podemos añadir– como delito de Hechicería. Es raro que los teólogos del Santo Oficio, consultores, calificadores, etc., que, sin duda, habían leído muchos autores que han profundizado sobre el tema, no exigieran mayor rigor, aunque sólo fuera en la tarea de archivar expedientes. Hubiera sido más adecuado incluirlos bajo el epígrafe general de «Superstición», por lo que sigue.

Desde un punto de vista teológico católico (distinto al histórico antes adoptado), la *Superstición*, según la definió Santo Tomás, es el pecado, por *exceso*, contra la virtud de la Religión; ésta, como virtud moral, queda en el justo medio entre dos excesos: el de la irreligiosidad, de un lado; el de la fe supersticiosa, de otro[3]. Dentro de la Superstición se incluye, por un lado, el *culto indebido a Dios*, es decir, un culto con arreglo a formas que no son adecuadas ni gratas, que son superfluas o alteradas[4]; por otro, queda toda especie de *Idolatría*[5]; también todas las formas de *Adivinación*[6] y las llamadas de *Observancia*[7]. Es idolátrico el culto dado a un ser o ente que no sea Dios (demonio como tal, o ídolo, o falsa divinidad, que lo ocultan de modo más o menos engañoso). Cuando el hombre procura su socorro para obtener efectos que sobrepasan lo natural recurre a un género de observancia, las artes adivinatorias y lo que se llama Magia precisamente. Desde un punto de vista histórico habría que perfilar alguna parte de estas clasificaciones, con las que tampoco están de acuerdo todos los teólogos[8].

Mas no cabe duda de que nos ilustran respecto a la posición espiritual de sinfín de caracteres y personalidades: desde el hombre o la mujer asustadizos que creen en la maldad del número 13 o el peligro de pisar determinadas rayas en una acera, hasta el hombre que hace pacto expreso con el diablo para obtener alguna gran ayuda, pasando por el que cree en la virtud de nóminas, palabras dichas, etc. Santo Tomás veía en toda *Superstición* pacto demoníaco, expreso o tácito[9]. En la praxis, la cuestión de grado quedó muy al arbitrio de los inquisidores y sus «asesores técnicos», cuando se dedicaban a «calificar» los segundos y a juzgar los primeros. Pero no cabe duda de que aquella enorme capacidad clasificatoria del santo tuvo un efecto fabuloso en la represión de muchas más cosas que las que globalmente llaman hechicerías los catálogos inquisitoriales. El hechizo o *feitiço* de los portugueses, que ha dado origen a la palabra Fetichismo, es una especie, dentro de un género y de una familia, usando un símil científico, no inofensivo del todo.

Nuestros personajes

No vamos a ocuparnos ahora sino de la gama de personas metidas en el mundo mágico, dentro del cual parece a muchos que no podía haber más que gentes de escasas capacidades mentales, aunque hasta el mismo siglo XVIII se castigó a los que podríamos llamar magos a lo culto, que no siempre fueron puros charlatanes u hombres de cabeza poco sólida o extravagantes. La razón de esto es clara, porque tampoco todas las recetas mágicas eran puro devaneo.

La defensa de la Magia hecha por Eurico al final de *La cueva de Salamanca* y el ataque a la misma del Doctor, que sale victorioso, son prueba de que aun en tiempo de Ruiz de Alarcón podía ponerse en escena, como motivo de tesis teatral, un tema sobre el que disputaban los teólogos, los juristas y los filósofos, sin haber llegado todavía a deslindar los campos de las ciencias experimentales y de lo que luego se ha llamado «ciencias ocultas»[10].

Aquella *Magia natural*, de la que hablan de continuo los autores antiguos, no era tan científica como lo son la Física y la Química de hoy; pero, en realidad, cualquiera que lea un libro que trate de ella se da cuenta de que los que la cultivaban daban el nombre de «Magia» a una serie de experimentos físico-mecánicos que podían asustar al vulgo, pero que nada tenían de esotéricos. Sirva de ejemplo de lo que digo la obra del padre A. Kircher, llamada *Ars magna lucis et umbrae in decem libros digesta*, y que se publicó en Roma el año 1645. En ella, el libro décimo se subdivide en varias partes, y de éstas tres se intitulan, respectivamente: «Magia horographica», «Magia parastatica» y «Magia catoptrica»[11], y el escritor aclara en el prefacio: «Quam et ideo quoque Magiam inscripsimus, non eam, quam tanquam habitum fallacem, superstitiosum, impurum, impium, Diabolo Magistro traditam detestamur, ad cuius etiam nomen aures Christianae abhorrere debent; sed naturalem illam, quam duplicem statuimus; unam contemplatricem effectricem alteram»[12]. Pero tiempos atrás a nada menos que a un papa le acusaron de mago diabólico porque, entre otras habilidades, tuvo la de construir un reloj. Han necesitado los países de Europa procesar a cientos y aun miles de personas para llegar a sentar la irrealidad de cantidad de actos mágicos, hechiceriles, etc., para deslindar estados psicopatológicos de estados psicológicamente normales, para separar el saber exacto de la falsedad. Pero la historia esquematizada de este tránsito nos quiere hacer creer que ocurrió por obra de mentes poderosas que se impusieron una tarea racionalizadora.

La realidad es que el proceso es mucho más complicado, más lleno de fluctuaciones, contradicciones, etc., y que los archivos de la Inquisición son una mina inagotable para estudiarla y para adquirir un caudal enorme de conocimientos sobre los aspectos más recónditos del alma humana y de lo que se llama «personalidad» en relación con un grupo, con las pasiones, amores y odios de carácter religioso o de otra ley. Esta actitud «pasional» (y no otras intelectuales, voluntaristas y aun emocionales, pero siempre más frías y «académicas») nos dice con respecto a la Magia y a ciertos aspectos de la Religión mucho más de lo que se cree o se dice que se cree. ¿Por qué el mago, la hechicera, el astrólogo, trabajando para sí o trabajando por cuenta ajena, son siervos del amor o del odio, del deseo incluso furioso y viven en un mundo en el que impera lo subjetivo sin barreras casi, aunque sea un objetivo que se repite mil veces, que se ajusta a arquetipos y se somete a fórmulas y aun recetas? Desde un punto de vista que ha sido adoptado desde antiguo por teólogos, filósofos y antropólogos, el mago vive en la frustración y de la frustración. Pero algún moralista, y no de los que escriben para gentes gazmoñas, sin gracia y estilo, lugares comunes aceptados, señaló también la fuente de ilusión que siempre ha supuesto su presencia en un mundo escaso de realizaciones. De las artes mágicas como «consuelo» podía escribirse mucho. Pero basta ahora con recoger un testimonio excepcionalmente curioso e importante.

Decía La Bruyère, en plena época de Luis XIV: «L'on souffre dans la république les chiromanciens et las devins, ceux qui font l'horoscope et qui tirent la figure, ceux qui connoissent le passé par le mouvement du sas, ceux qui font voir dans un miroir ou dans un vase d'eau la claire verité! Et ces gens sont en effet de quelque usage: ils prédisent aux hommes qu'ils feront fortune, aux filles qu'elles epouseront leurs amants, consolent les enfants dont les péres ne meurent point, et charment l'inquietude des jeunes femmes qui ont de vieux maris; ils trompent enfin à trés-vil prix ceux qui cherchent à être trompés»[13].

Posición moral

En este punto algunas personas al tanto de inquietudes actuales podrán preguntar: «Y de los llamados "fenómenos parapsicológicos", ¿qué nos dice usted? ¿No se da cuenta de que en el mundo actual hay mucho más interés por ellos que el que había hace aún pocos años? ¿No sabe usted qué cantidad de hechos históricos de nuestros días hay que explicarlos en función de las creencias en ellos y en el reconocimiento de que existen bastantes rincones inexplorados en la conciencia del hombre y fuera de ella?» Lea usted: «Desde la última guerra hay en los Estados Unidos más de 30.000 astrólogos, 20 revistas consagradas únicamente a la Astrología, de las cuales una tira alrededor de los 500.000 ejemplares. Más de 2.000 periódicos diarios tienen su sección astrológica. En 1943, cinco millones de americanos actuaban según las directrices de adivinos y gastaban 200 millones de dólares para conocer el porvenir. Sólo Francia cuenta con 40.000 curanderos y más de 50.000 gabinetes de consulta de carácter ocultista. Según cálculos controlados, los honorarios de adivinos, pitonisas, videntes, buscadores de fuentes, radiostesistas, curanderos, etc., alcanzan los 50.000 millones de francos, sólo en París. Para toda Francia, el *budget* global de la Magia será de unos 300.000 millones de francos: mucho más de lo que se destina a la investigación científica»[14].

¿Se puede creer que esta fe opera en el vacío, en pura ilusión o deseo, sin apoyo en experiencias, sin éxito factual alguno? A estas preguntas no he de responder; estoy tan apartado de la especulación teológica como de la parapsicológica y metapsíquica. Soy un historiador del mundo moral, del hombre metido en una sociedad, lleno de deseos, de ilusiones, de pasiones, hoy como ayer. Si estas pasiones se ajustan o no a un mundo sobrenatural, o a un mundo en que se dan hechos aún no controlados por la ciencia, no es asunto de mi incumbencia. Pero en tanto en cuanto pueda explicar los documentos que tengo a la vista, a la luz del estudio de las puras pasiones humanas (que ya filósofos antiguos pusieron en conexión con la noción de enfermedad), no tengo por qué recurrir a más. Decía Diógenes que casi todos los hombres están locos; las faltas morales las atribuyen algunos estoicos a errores de conocimiento, y Séneca, expositor máximo de los lugares comunes de la Filosofía popular antigua, seguidor de la doctrina de la «diatriba» e introductor de ella en el Estoicismo, escribía: «Ignosce illis, omnes insaniunt»[15]. No iré por esta vía del lugar común moralizador, pero tampoco lejos de ella.

Muchos son los locos o semilocos apasionados, «repúblicos y de gobierno», como decía Quevedo[16], hombres que arreglan el mundo en su cabeza, pero casi tantos los que se dan a las ciencias ocultas para resolver los problemas de su vida y con ellos un número considerable de locas. Más tiene y ha tenido el mundo de hospital mental que de otra cosa, y fuerza es decirlo y repetirlo, aunque triste sea pensar también que a muchos pobres locos se les ha tratado como a fieras criminales, y que de la Magia se ha hablado por hombres de cabeza privilegiada como de algo que queda en el dominio de lo problemático siempre.

«Qué penser de la mágie et du sortilège? La théorie en est obscur, les principes vagues, incertains, et qui approchent du visionnaire. Mas il y a des faits embarrassants, affirmés par des hommes graves qui les ont vus, ou qui les ont appris de personnes qui leur ressemblent. Les admettre tous ou les nier tous paroit un egal inconvénient, et j'ose dire qu'en cela, comme dans toutes les choses extraordinaires et qui sorten des communes règles, il y a un parti à trouver entre les âmes crédules et les esprits forts»[17]. Esto decía La Bruyère. Yo no veo la posibilidad de adoptar postura semejante. No la veo por lo mismo que, manejando procesos inquisitoriales, rara es la vez que no sale destacado el fondo pasional de los conflictos existentes entre el acusado y los que testifican contra él, mientras que la parte esotérica queda muy disminuida. Los reos luchaban fieramente con los inquisidores y con los testigos de cargo; los fiscales daban la nota más fuerte en las acusaciones...; pero en la generalidad de las sentencias contra magos, hechiceras, brujas, astrólogos, etc., a los que se atribuían las cosas más horribles y aun repugnantes, no hay relación entre el delito imputado y aun admitido y la *pena*.

La Inquisición española, durísima con los judíos, inexorable con los protestantes, fue de una rara benignidad con la gente lanzada a actividades mágicas, y la *irrealidad* de cantidad de acusaciones se halla implícitamente admitida en la pena impuesta. El inquisidor actúa por oficio; en teoría acepta mucho más que en la praxis. Se parece a bastantes magistrados de las épocas modernas, que han tenido que intervenir en causas abundantes contra acusados de un mismo tipo de «delito político». Ha de *castigar* con la idea de *reprimir* una tendencia. Pero el castigo es menos «ejemplar» de lo que él quisiera. No se eliminan los delitos de hechicería por la represión; se eliminan porque, poco a poco, la sociedad va pensando que la Hechicería encierra un tanto por ciento muy elevado de falsedad y embuste (cosa que gran número de inquisidores aceptan como base en el siglo XVII). ¿Cómo, si no, a un hombre o a una mujer que adoran al demonio, que incluso tienen comercio carnal con él, que producen muertes, enfermedades y catástrofes –según la opinión vulgar–, podían castigarlos, y de hecho los castigaban, con penas mucho más suaves que al judaizante que creía en la ley vieja, o al protestante que discrepaba en algún punto del Credo católico o, simplemente, en alguna cuestión de disciplina eclesiástica? Nadie dará una explicación de hecho tan incongruente en apariencia, si no se acepta un punto de mentira o engaño en todo lo que se dice y repite respecto a relaciones con el demonio.

Por otra parte, el inquisidor no sale tanto del campo de la pura Teología como del estudio del Derecho canónico: es jurista, hombre de leyes, antes que teólogo especulativo. Tiende al racionalismo de una manera que no se imaginaron quienes no han estudiado directamente sus actuaciones. La autobiografía de un hombre como don Diego de Simancas puede servir de ilustración a lo que digo. En ella se ve de cuerpo entero lo que puede ser un jurista en frío, razonando sobre cánones, penas y «delitos de fe», sin el menor aliento de espiritualidad trascendente: un buen especialista en la ley hipotecaria no produce más sensación de sequedad con sus escritos que el enemigo mortal del arzobispo Carranza, deseoso de ascender en su carrera.

En una crítica de la traducción de mi libro acerca de las brujas se insinuaba que estaba escrito desde un punto de vista racionalista y que hoy temas tales deben ser enfocados desde un punto de vista «místico». Yo no veo qué tiene que ver la Magia con la Mística: si tiene algo que ver, es muy poco. En cambio, sí veo lo que hay en ella de violencia pasional y de conflicto con el principio de autoridad y de orden. Acaso estoy influido por el pensamiento de los inquisidores, del mismo modo que algunos antropólogos han quedado influidos por el de los hombres primitivos que han estudiado, hasta el punto de creer en una posible validez de sus técnicas mágicas...

He dividido la materia de este libro en dos partes, que a su vez se subdividen en otras dos. Una parte se dedica a la Magia y a los magos en sus múltiples variedades. Otra, a la Astrología y los astrólogos.

En cada parte he hecho primero unos análisis más generalizados; luego, otros particulares. La sociedad en conjunto es el objeto de los primeros análisis; las personas son las que se tienen en cuenta en los segundos. No voy a extenderme ahora en consideraciones acerca del significado de las palabras persona y personalidad en Filosofía y Psicología, Derecho, Sociología y Antropología. Las personas de que voy a tratar fueron de vitola muy distinta entre sí, pero todas ellas presas de convicciones especialísimas, mágico-astrológicas: presas también (en el sentido más vulgar de la palabra) por un organismo represivo de aquellas convicciones. Al lector dejo la tarea, fácil en verdad, de buscar el nexo entre la «personalidad» de mis biografiados y la «cultura» de la época en que vivieron.

NOTAS

1. *Las brujas y su mundo* (Madrid, 1961).
2. *The world of the witches* (Londres, 1964).
3. *Summa theologica*, secunda secundae, quaestio XCII, dividida en dos artículos, ed. Migne, III (París, 1882), cols. 707-711.
4. *Summa...*, secunda secundae, quaestio XCIII, en dos artículos, *ed. cit.*, III, cols. 711-714.
5. *Summa...*, secunda secundae, quaestio XCIV, en cuatro artículos, *ed. cit.*, III, cols. 714-722.
6. *Summa...*, secunda secundae, quaestio XCV, en ocho artículos, *ed. cit.*, III, cols. 722-736.
7. *Summa...*, secunda secundae, quaestio XCVI, en cuatro artículos, *ed. cit.*, III, cols. 737-743.
8. Artículo «Magie», de L. Gardette, en el *Dictionnaire de Theologie Catholique* (París, 1926), col. 1511.
9. *Summa...*, secunda secundae, quaestio CXXII, art. II, § 3, *ed. cit.*, III, cols. 886-887.
10. *La cueva de Salamanca*, acto III, escena final, en *Comedias de don Juan Ruiz de Alarcón*, B.A.E., XX, pp. 98 c-100 a.
11. Kircher, *op. cit.*, pp. 769-906.
12. Kircher, *op. cit.*, p. 769.
13. *Les caractères de La Bruyère...*, ed. Charles Louandre (París, s.a.), p. 365.
14. Louis Pauwels y Jacques Bergier, *Le matin des magiciens. Introduction au réalisme fantastique* (París, 1960), p. 400.
15. André Oltramare, *Les origines de la diatribe romaine* (París, 1926), pp. 61 y 287 («Temas» 76 y 77 a), con referencia a Diógenes Laercio, VI, 35 y 71; Séneca, *De Benef.*, V, 17, 3, etc.
16. En *El Buscón*, VIII, *Obras...*, I, B.A.E., XXIII, p. 498.
17. *Les caractères de La Bruyère...*, *ed. cit.*, pp. 365-366.

I
SOBRE LA TEORIA DE LA MAGIA

Magia y nivel cultural

En algún manual de Antropología acreditado se afirma que un método (harto problemático, digo, por mi parte) que se ha solido usar para determinar el «nivel» mental de una sociedad frente a otros es el de observar el grado de efectividad que da a la Magia en sus manifestaciones distintas[1]. Se ha considerado, en síntesis, que desde el hombre prehistórico que —según se dice y repite— vivía en un mundo en que privaba lo mágico, hasta el hombre de mentalidad más científica de nuestros días, hay una larga distancia en el tiempo y el espacio.

Pero si como historiadores recapacitamos sobre esta idea, advertiremos que las sociedades en que ha imperado el pensamiento mágico en una de sus formas han sido mucho más abundantes de lo que comúnmente se cree[2], y que sólo al comenzar a cundir las tendencias racionalistas en las mejores mentes europeas es cuando se vislumbró en lontananza la posibilidad de una crisis de la Magia, aún muy lejana, en verdad, de dar los últimos resultados. Desde que se registran los primeros casos de pensamientos aislados hostiles a ciertas creencias y prácticas en particular, o el Magismo en general, hasta que las clases más cultas de las distintas sociedades existentes en Europa y América se vean, casi en su totalidad, libres de su influjo, pasarán muchos años. Durante ellos las opiniones acerca de los efectos de la Magia y sus clases serán encontradas: personas que parece que deberían estar ya liberadas de pensamientos mágicos no lo estarán. Aún vivirán —insisto— bastantes generaciones de hombres hasta que nuestras sociedades (dejemos las africanas y asiáticas a un lado) cesen de contar en su seno con un tanto por ciento regular de personas de uno u otro sexo de credulidad parcial, incluso vergonzante, credulidad que no podrán contrabalancear mediante un sistema de creencias o de pensamientos sólidos, como podía ocurrir en otros tiempos, cuando había gentes que creían en lo mágico, sí, pero subordinado a unos dogmas religiosos o a pensamientos filosóficos que hacían que la misma noción de la Magia se viera coartada.

Magia y teoría antropológica

Por otra parte, hay que advertir que, en la hora actual, existe una crisis grande en la que podríamos llamar «teoría de la Magia», dentro de las ciencias antropológicas, de suerte que el historiador debe acoger con cierta prevención los sistemas generales, las síntesis de origen antropológico, y ha de describir a la luz de datos, no uno, sino todos los «sistemas mágicos» que se le presenten, sin cuidarse mucho de si se ajustan o no a las definiciones de la Magia y lo mágico hechas de Tylor acá por Frazer, Durkheim, Marett, Malinowski y otros antropólogos más modernos y poco conocidos (también por psicólogos y teólogos), que viven en perpetuas logomaquias, porque parten de un punto de vista profesional según el cual todo lo que se haya escrito acerca de este y otros temas similares antes de la segunda mitad del siglo XIX no tiene mayor importancia; en cambio, es cada vez más apreciado lo que discuten, entre ellos, hombres que casi siempre saben cosas muy parecidas e ignoran también cosas semejantes, que manejan su bibliografía de revistas especializadas, sin salir a mundos ajenos, en los que creen que no hay gran cosa que aprender.

Para no caer en las mismas simplificaciones unilaterales de los antropólogos, los historiadores (y más aún los que nos ocupamos de cosas europeas) hemos de limitar y concretar, pues, los ámbitos de observación y considerar no «la Magia» de los manuales y diccionarios en general, sino uno o varios tipos de ella. Partiendo de esta base vamos a decir ahora algo acerca de lo que se ha creído de *una* «Magia», en varios pueblos europeos, desde antiguo. Para éstos, la Magia ha sido de modo primordial cierta actividad fundada en un *vínculo de simpatía* o *afinidad*, establecido o refrendado por un *pacto* u operación de carácter más o menos contractual, entre ciertos seres humanos y ciertas potencias sobrenaturales o divinidades, de suerte que aquellas potencias o divinidades satisfacen los deseos y pasiones de los hombres y éstos hacen entrega de una parte de su ser, o la totalidad de éste, a las mismas potencias, sobrenaturales o praeternaturales, que unas veces son malignas y otras no, pero que siempre tienen un carácter específicamente ligado con algún aspecto de la «psique» humana: amor, odio, deseos en general. Partiendo de esta base, nos encontraremos con un enorme desarrollo de teorías acerca de las posibilidades, efectos y caracteres de la Magia, que arrancan –cuando menos– del mundo clásico y que se desarrollan en líneas distintas (no como un solo tronco) a lo largo de la Edad Media entre «moros» y «cristianos» y aún se manifiestan, variadas, en la Edad Moderna. No es de una, sino de varias ideas y posiciones ante la Magia de donde han sacado la base para sus teorías distintos antropólogos; pero estas teorías (y las de sus contradictores) obedecen a un prurito de simplificación «científica», reñido en absoluto con la frondosidad del pensamiento antiguo, no sólo con el primitivo[5]. Es decir, que son teorías de un valor *histórico* limitado.

La empresa de escoger un nombre para encerrar en él una serie de conceptos distintos entre sí, eliminando otros, es frecuentemente realizada y a menudo también produce resultados fallidos. Las bases del pensamiento mágico, e incluso las del pensamiento religioso, son muy distintas desde un comienzo, lo mismo en el individuo que en las sociedades. No sólo distintas –pienso–, sino contradictorias. Religioso puede ser un hombre con lucha interna entre una tendencia politeísta y otra monoteísta. Mago otro, porque busca consuelo o porque busca venganza, dos cosas distintas entre sí: impulsos morales e inmorales pueden entrar en juego para inclinarse a un culto misterioso o a otro, a una técnica mágica o a otra.

Buscar, pues, una sola raíz psicológica a los pensamientos o sentimientos mágicos y aun religiosos es ya simplificar: puede que algunos hombres de hoy crean todavía que la simplificación es necesaria y útil desde un punto de vista pedagógico; mas cuando se estudia cualquier tema de Humanidades, las simplificaciones son originadoras de pistas erradas, de interpretaciones falaces, incluso de hechos sencillos.

Las concepciones del Mundo que permiten el desarrollo del pensamiento mágico pueden ser y de hecho son varias, incluso contradictorias, llenas de vínculos que se rompen o restablecen según las circunstancias. No se les puede buscar un común denominador a base de un sólo rasgo o de dos o de tres: la operación mágica es siempre más compleja que lo que dicen los antropólogos y el pensamiento mágico tiene, no una, sino varias raíces. Han de ser, por fuerza, engañosas siempre las teorías llamadas «intelectuales», «voluntaristas» o «emocionales», de los autores modernos que –con frecuencia– pretenden reconstruir el «pensamiento primitivo» a base de datos no primitivos, aislándolos y clasificándolos a su modo y poniéndolos bajo una etiqueta o un nombre, acerca del cual puede haber motivo de discusión.

Por otra parte, el análisis del pensamiento mágico a la luz de ciertas investigaciones psicoanalíticas, que, como todas las de este género, retrotraen a las fases más oscuras de la infancia el origen de la conducta de los adultos en aspectos variadísimos de la vida, tiene un valor evidente, en tanto en cuanto nos da una pauta general, válida para todos los seres humanos acaso. Pero aquí no vamos a discutir sobre orígenes, o fundamentos, o preliminares, sino a analizar el hecho mágico en sí. Señalemos, sin embargo, que las investigaciones de Leo Kaplan, Karl Zeiniger, Alfred Vierkandt, en este orden debían ser más conocidas de lo que son.

Magia y religiones clásicas

He aquí un hecho cierto. La palabra μαγεία se emplea en griego, en una época determinada, para aludir de modo concreto a la actividad de los magos por antonomasia, es decir, una tribu sacerdotal, un grupo de hombres venerados entre los medos por sus conocimientos especiales. La μαγεία es una forma especial de relación con lo sobrenatural, y por ello algunos autores que conocen la religión griega de modo profundo se resisten a emplear esta voz dándole el valor generalizado que le dieron los antropólogos de comienzos del siglo[4]. Los textos antiguos nos autorizan a pensar que a la palabra se le dieron contenidos muy concretos y precisos desde el punto de vista étnico[5], y que estuvo en colisión con otras, hasta triunfar como vocablo de más gran alcance.

Los escritores de la más pura helenidad hablan, a veces, de operaciones que nosotros hoy llamaríamos mágicas, sin emplear la palabra μαγεία. Así Platón, en dos textos fundamentales de las *Leyes*[6], en que se hacen observaciones curiosas acerca de encantos, sortilegios y hechizos, utilizando varios vocablos de significación muy concreta. Sin embargo, el término general para designar al que usaba de estos arbitrios era el de γόης; la operación γοητεία, el verbo γοητεύω. Platón mismo expresa la idea de que la «Goetia», que es la forma latinizada del vocablo griego (usada por San Agustín y otros autores tardíos[7]) se relaciona con la idea de la «fuerza» particular atribuida a determinadas personas (δυναμένων γοητεύειν); no es muy explicativo respecto al origen de fuerza tal, pero protesta contra los que creen que la misma puede servir, incluso, para hacer actuar a los dioses[8]. Y he aquí un problema grave que se plantean otros varios autores griegos y latinos y acerca del cual debían haber pensado algo más los antropólogos definidores de la

«Magia» en abstracto. ¿Cómo se puede explicar que los dioses –o algunos dioses– accedan a satisfacer las pasiones más fieras o viles de los hombres, por medio de encantos, imprecaciones, comminaciones, etc.?

Platón podía negar la posibilidad de esto. Pero los poetas, más próximos casi siempre a la opinión común que los filósofos, admiten que existen divinidades propicias a la Magia, ni más ni menos, y seres humanos que pueden forzar a los dioses[9]. Tíbulo y Lucano hablaron de los *Magici dii* refiriéndose a divinidades como Hécate y Plutón[10]. De esta adscripción de ciertas actividades mágicas a ciertas personas y a la tutela de determinadas divinidades he tratado con alguna latitud en otra parte[11].

De acuerdo con ella, no hay modo de hacer una distinción tajante entre Magia y Religión, en el sentido en que la hicieron autores tan divergentes como Frazer, de un lado, y Graebner o el padre Schmidt, de otro, y después de estos teóricos, otros antropólogos de campo, para aplicarla de modo general y sistemático a sociedades muy distintas. La peregrina teoría del último y de otros hombres de su escuela, según la cual a medida que las civilizaciones se hacen más complejas técnicamente las ideas religiosas se apartan más de un estadio primitivo, próximo a la revelación, es tan inverosímil desde el punto de vista histórico como la de los que sostienen que el hombre primitivo tenía una idea clara y distinta de lo que es la «Naturaleza» en sí *antes* de creer en Dios o en los dioses. Pero volvamos a nuestro mundo antiguo, dejando a un lado tales lucubraciones[12]. Ahora conviene insistir de modo particular en que los textos griegos antiguos nos presentan, sea la «Goetia», sea ya la «Magia» en general: primero, como a un «saber», una *scientia* o τέχνη: segundo, como a una *falsa* ciencia también, de suerte que la palabra γοητεία, por extensión, se equipara a charlatanismo o impostura, y γόης designa, a veces, simplemente al charlatán o impostor: γοητεύω vale tanto como engañar.

La raíz etimológica de estos y otros vocablos parecidos está en el verbo γόαω = gemir, lamentarse. El proceso que hace relacionarse a este acto con el acto mágico-hechiceril, con la fascinación, con el charlatanismo y la impostura en última instancia, es de gran importancia para la comprensión de toda posición europea ante la Magia[13].

En consecuencia, se admite un fondo de expediente, de engaño y frustración en cantidad de actividades mágicas y su carácter no específico, pero sí frecuentemente antisocial, se refleja también en no pocos textos, sobre todo los que se refieren a la relación de los magos y magas con los *Magici dii* a que se ha aludido.

Pues bien, según es sabido, tres famosos antropólogos construyeron tres teorías de la Magia (que se han considerado encontradas), exagerando bien el lado intelectual (Magia como pseudociencia), bien el lado inmoral (Magia como actividad antisocial), bien el lado emocional (Magia como actividad pasional). Para construir una teoría científica *simplificaron*: ni más ni menos.

Esto no quiere decir –contra lo que han dicho algunos críticos de Tylor, Frazer, etc.–, que las «dicotomías» Magia-Religión y Magia-Ciencia sean inútiles por completo, como herramientas de averiguación. Pueden ser erróneas si se toman en un sentido absoluto, pero no si se consideran parcialmente, porque ni Marett, ni Goldenweiser, ni Lowie, ni Radcliffe-Brown podrían demostrarnos (y éstos son los críticos a que aludo) que la Magia no haya tenido con frecuencia su pretensión de *scientia*, que no esté estrechamente ligada con la creencia en ciertos númenes, ni que dejen de ser verdaderas las actitudes emocionales (yo diría pasionales) que la fundamentan a menudo y que acaso arrancan del pensamiento infantil, del momento en que el niño con su propio llanto produce un efecto en su favor, de suerte que una acción demostrativa de tristeza, de angustia, de cólera, de deseo, produce un efecto favorable. Bástale con señalar una cosa para que los padres se la acerquen, y así resulta que establece correspondencias y correlaciones, de causa y efecto, no lógicas, por fuerza, que pueden constituir una base muy honda de todo el pensamiento mágico en edades subsiguientes[14].

En realidad, pues, la complejidad de todo pensamiento mágico es mayor de lo que imaginaban los críticos y criticados a que se aludió antes. En la Antigüedad misma se ajustaba a una concepción general del mundo, en que los hombres y los dioses, los planetas, los elementos, los animales y las plantas se asociaban por medio de relaciones especiales y concretísimas, que ya para los racionalistas de la Antigüedad resultaban incomprensibles, pero que no por eso eran menos aceptadas por otras personas. Por otra parte, algunos filósofos nos han suministrado elementos de juicio para sentar en última instancia que un pensamiento también fundamental en algunas de las teorías modernas de la Magia existía en la mente pagana, pero desarrollado de modo más claro y hasta más coherente que en tales teorías. Detengámonos en el momento neoplatónico para hacerlo ver.

La teoría de la «simpatía»

De «Goetia» y no de «Magia» nos habla, en principio, Plotino (y ampliamente), planteándose el cómo de su existencia. Τάς δε γοητείας πῶς. La respuesta es clara y contundente:' Η τ ῇ συμπαθεία: «Por o a causa de la simpatía»: por acuerdo de las cosas semejantes (ὁμοίων) y desacuerdo entre las diferentes (ἀνομοίων). La verdadera Magia –sigue después, y ya sí emplea la palabra μαγεία– está en la *amistad* y la *disputa* existentes en el Universo: χαὶ ἡ ἀληδίυη μαγεία ἡ ἐν τῷ παντὶ φιλία χαὶ τὸ νεῖχος αὖ. El mago, acaso, conoce las simpatías y los odios de las cosas, y por medio de contactos que establece entre estas cosas causa efectos determinados[15]. No sólo la Magia, sino también la Magia simpática por *contacto*, está, pues, implícitamente definida por Plotino. Y la superioridad de sus definiciones y observaciones sobre las modernas, «científicas», estriba en que tenía una idea del Universo mucho más cercana a la de los magos mismos que la propia de los teóricos de la Antropología del siglo XIX, dominados por conceptos «naturalistas» y laicos. Con todo, Plotino no llegaba al puro antropomorfismo o psicologismo de los paganos del común, para los cuales, hombres, espíritus o demonios secundarios, dioses, astros y el Universo mismo, sentían *pasiones* semejantes. Plotino –como Platón– protestaba contra los que afirman que el Universo puede ser encantado por hombres audaces[16].

Pero para él el Universo no es más que un *animal único* que contiene a todos los demás animales, es decir, seres animados de cualquier clase en un estado total de interdependencia. Es un todo simpático (Συμπαθὲς δη πᾶν τοῦτο τὸ εν)[17], idea desarrollada por los estoicos al parecer, pero cuyo origen queda en la oscuridad más remota y que bien vale la teoría *animista*. Así, no sólo los encantos, las palabras y los gestos de mago buscan un ajuste de las simpatías mutuas, sino que también las oraciones han de considerarse eficaces por la fuerza de la misma noción de la simpatía[18]. Pero ni la «Goetia» o Magia ni los filtros ejercen influencia sobre el alma racional, el alma del sabio, que incluso puede conocer encantos contrarios a los que se le lanzan[19]. En cambio, los espíritus mismos δαίμονες sí pueden sufrir en su parte irracional[20] los efectos de los actos mágicos. He aquí una limitación importante que pone un filósofo pagano de época tardía a la Magia[21]. Los cristianos limitaron aún más su poder, cambiando la visión del mundo en que opera lo mágico, ya que redujeron la Magia a pura arte diabólica. Esto quiere decir que, contra lo que suponen algunos antropólogos (y sigo en mi pugna), no se puede hablar de la «Civilización occidental» como de una entidad cultural que ha considerado siempre las mismas categorías al desarrollar la noción de la Magia, categorías que no serían válidas −nos dicen luego despectivamente− cuando se estudia a los hombres primitivos. Las civilizaciones occidentales (y no la *civilización occidental*) se plantearon de modos muy distintos el asunto y lo resolvieron distintamente, aunque haya que considerar constantes ciertos «patrones» de pensamiento y haya que resaltar el significado que ha tenido la letra escrita para su conservación. La huella de Platón o de Plotino llega hasta la Edad Media. Pero ciertos conceptos cardinales para los griegos de la época de Platón mismo o para otros posteriores pueden esfumarse después.

Pensemos, por ejemplo, en las relaciones que puede tener la noción de υβρις = *hybris* con el mundo mágico del hombre griego, tanto como en la vida cotidiana y en el desarrollo de las ideas morales. ¿Qué hacer, por otra parte, ante unos dioses capaces de envidia y de rivalidad con los hombres, de unos dioses que según el mismo Solón[22] gustaban de provocar trastornos en las vidas humanas, que incluso provocan el orgullo para castigar luego al que lo siente[23]? Difícil es reconstruir la totalidad del pensamiento del griego politeísta para centrar una investigación sobre *su* idea de la Magia. En un momento dado nos encontramos, por ejemplo, que la adivinación se divide en *tres* clases, de las cuales una es la adivinación *teúrgica* (cuando el Dios se aparece al adivino), otra es la *mágica* precisamente (cuando hace su presencia cognoscible individualmente), y otra es la *goética*, ni más ni menos (cuando sin aparecer anima un objeto)[24]. El virtuosismo léxico hace que en ciertas doctrinas las palabras tomen acepciones muy especiales; como ocurre hoy en la Ciencia o con la Filosofía, algunos vocablos de uso vulgar se cargan de significados difíciles de entender o distintos a los vulgares.

Si la Magia se ilustra por textos que reflejan, en efecto, la validez del principio de simpatía[25] para relacionar al hombre con *daimones*; para extraer la virtud de animales, plantas y metales, para ponerle en trato con las almas y los muertos; si en las operaciones hay que tener en cuenta palabras y fórmulas especiales, horas, días y lugares; si hay que ir vestido de forma particular o ajustarse a ciertas purificaciones; si los partícipes deben tener ciertos caracteres y conocimientos; si, por último, la Magia se divide en varias clases y da lugar a imposturas reconocidas, a críticas graves, a discusiones legales y aun procesos; si la parte que tiene de engaño y la que tiene de ciencia van disociándose desde los tiempos más remotos de la helenidad hasta el Imperio bizantino, todo esto nos habla de un desarrollo plurilineal frente a mil ideas y problemas filosóficos y religiosos con que choca, se enfrenta o se ajusta.

Acaso es más fácil ver lo que se traspasa de las ideas griegas sobre Magia a otros pueblos con el correr de los tiempos. Pero la cuestión es que en la época imperial romana, y más tarde en plena Edad Media, se puede registrar también una diversidad sensible de pensamientos en torno a la Magia, diversidad que debía haber contribuido a enriquecer la teoría antropológica más de lo que la ha enriquecido. Porque, en primer término, tras su contraste con las religiones politeístas, ha de experimentar un choque violento con el Monoteísmo en varias formas de alcance excepcional, y este choque sirve de eficaz reactivo para observar algunos de sus aspectos.

Dejemos, pues, el mundo de las simpatías y antipatías; el mundo de las envidias y enemistades de los dioses entre sí y contra los mortales; el mundo de las clientelas de éstos y de los patronazgos que reciben de ciertos dioses. La Magia sigue existiendo, pero ya es obra de un solo autor, el Demonio, enfrentado con Dios. La pasión que provoca el acto mágico, que el griego o romano encauzan por las vías que les da un panteón con dioses de toda condición moral, el hombre de religión monoteísta tiene que encauzarla o por vías demoníacas, mejor dicho, *diabólicas*, o por vías *naturales*.

Magia y demonología

Llama, por ejemplo, la atención lo que llegaron a establecer respecto a Magia algunos teólogos musulmanes del medievo como Ibn H'azm (993-1064 d. de J. C.). Según éste, no hay posibilidad de que sean reales algunas de las operaciones que se atribuyen a los *magos*, tales como andar por los aires o sobre las aguas, crear cuerpos, transmitir sustancias, alterar la naturaleza física de las cosas, etc. Esto sólo es posible a los *profetas* para probar con ello su misión divina, siendo vanidades todas las historias que se cuentan respecto a otras personas que lo hayan pretendido hacer. Queda, sin embargo, como innegable la Magia de los *talismanes*, derivada de la Astrología (que no sería más que una aplicación de ciertas virtudes naturales de que Dios ha dotado a ciertos cuerpos) o la Magia de los *encantamientos*, es decir, ciertas palabras misteriosas que se recitan en determinadas circunstancias, formadas con letras y asociadas a horóscopos, los cuales también *excitan* –ni más ni menos– ciertas energías naturales[26]. La Magia admitida por Ibn H'azm es, pues, también una especie de ciencia o pseudociencia con la que cabe que se asocie de modo engañoso la prestidigitación y el curanderismo. Nada hay en ella de milagroso ni de prodigioso siquiera. Los magos pueden producir apariencias, falsificaciones de milagros; pero tampoco pueden entrar en trato verdadero con el Demonio, como pretenden ciertos conjuradores farsantes[27].

Frente a estas grandes limitaciones que impone Ibn H'azm a la Magia, la masa de su época vivió dominada por una creencia difusa en ella.

La Magia arábiga se halla, por lo general, asociada al trato no sólo con el Demonio, sino con ciertos «genios», de suerte que, tradicionalmente, se hace distinción entre una especie de Magia *buena* o blanca, y otra *mala* o negra (como se ha dicho popularmente en Europa). El que haya leído de chico *Las mil y una noches* sabe hasta qué punto ha imperado en el mundo arábigo la creencia en los *yenun* y otros seres semejantes, que se ponen al servicio de los magos[28], creencia que, por otra parte, entronca con algunas grecolatinas. En efecto, la idea de que entre los dioses y los hombres existe una categoría de seres que son los que popularmente llamaríamos genios, existió también en la Antigüedad, y que éstos podían ser utilizados en operaciones mágicas fue cosa admitida ya por los pitagóricos[29]. Platón creyó asimismo que ciertos efectos mágicos se debían a la actuación sobre estos seres[30]. Pero en mentes más bajas cabía el pensamiento de que estos «demonios», que vivían en el aire, pero cerca de la tierra, y que tenían pasiones parecidas a las humanas, podían ser movidos por ira o piedad, halagados por presentes y aplacados por plegarias, exasperados por insultos e influidos por demostraciones de respeto, como indica Apuleyo[31]. La noción de la Naturaleza, como pueda tenerla un hombre moderno, no era popular en otros tiempos. Sólo a una mente como la de Voltaire le podía parecer ya que la Magia es «le secret de faire ce que ne peut faire la Nature»[32]. La Naturaleza para el mago está dentro del mismo orden que la Religión misma, igual que cualquier otra cosa.

Magia y cristiandad

Paralelamente a lo que ocurrió en el Islam, también los teólogos cristianos medievales procuraron delimitar los campos de acción y los efectos de la Magia dentro de un horizonte dogmático mucho más importante de tener en cuenta para nosotros. Nótese, por de pronto, que Santo Tomás no usa de la palabra Magia en sus memorables y decisivas clasificaciones de los hechos supersticiosos, aunque la emplee en otras ocasiones. Como va dicho en el prólogo, el santo considera la *Superstición* como un *exceso* opuesto al *defecto* de la irreligiosidad y contrario a la *virtud* de la *Religión*.

Dentro de lo que considera supersticiones quedan las que se suelen llamar prácticas mágicas; las técnicas adivinatorias y las «observaciones» en conjunto. En un primer grupo hallamos las adivinaciones con intervención expresa del Demonio. Adivinación invocando a los demonios directamente *(praestigium)*, o mediante la interpretación de sueños *(divinatio somniorum)*, por invocación o aparición de muertos *(necromantia)*, por consulta a personas en estado de trance *(divinatio per pythones)* y por signos y figuras que aparecen en cosas inanimadas. La *Geomancia* utiliza, así, los «cuerpos terrestres», la madera, el hierro, la piedra; la *Hidromancia*, el agua; la *Aeromancia*, el aire; la *Piromancia*, el fuego. Aún queda la adivinación por observación de vísceras de animales *(aruspicium)*. Las adivinaciones que no llevan invocación expresa al demonio se dividen en dos clases. La primera es la que comprende aquellas que se realizan considerando la disposición de alguna cosa u objeto, como las adivinaciones de los astrólogos al llevar a cabo las natividades, el sacar agüeros del canto de las aves o de su vuelo *(augurium)* y *(auspicium)*, el extraer consecuencias de palabras oídas al azar *(omen)*, el considerar ciertos rasgos corporales, como las rayas de la mano o la *spatula* de algunos animales. Tampoco hay invocación expresa al demonio en la segunda clase de adivinación que queda incluida en este mismo grupo: aquella que utiliza ciertas técnicas, como observar puntos, figuras que surgen cuando se liquida el plomo, cédulas escritas o no escritas, escalas y otras suertes *(sortes)*. La clasificación de Santo Tomás[33] va seguida de un análisis en el que demuestra la ilicitud de todas las formas de Adivinación[34]. Estas formas −diremos por nuestra parte− corresponden a un deseo fundamental en toda «existencia mágica»: el de saber el porvenir por medio de procedimientos que se consideran técnicos y sobrenaturales a la par. Las *observationes* −por su parte− se enderezan a satisfacer otra clase de intereses y deseos humanos.

El santo las ordena en cuatro grupos fundamentales:

1) Las enderezadas a adquirir ciencia *(scientia)*, que se encuentran en el *Ars notoria*.

2) Las enderezadas a utilizar ciertas condiciones o cualidades que se supone tienen los cuerpos naturales.

3) Las enderezadas a conocer fortunas e infortunios, observando días, horas y signos variados.

4) Las que dan especial valor a escritos y palabras con encantos, invocaciones y aun oraciones y textos sagrados, usados de forma particular[35].

Notemos que Santo Tomás, en lo que se refiere a todo esto, es de un racionalismo fuerte, tajante. El *Ars notoria* dice, por ejemplo, es *ilícita* e *ineficaz*, porque no se puede pretender adquirir ciencia por procedimientos que no pueden producirla, como son la inspección de ciertas figuras o la enunciación *(prolatio)* de palabras desconocidas; *ineficaz*, porque no sigue los métodos connaturales en el hombre de adquirir ciencia[36]. No menos contundentes son sus razonamientos respecto a las otras *observationes*. Sus seguidores tomaron este cuadro para sutilizar más. Pero claro es que Santo Tomás no sólo influyó en este sentido. En la misma *Summa* hay muchísimos más pasajes dedicados a las intervenciones del Demonio en la vida del hombre y es claro que la densidad de juicios en torno a él influyó en todas las actuaciones de los hombres de fines de la Edad Media metidos en negocios espirituales de manera imperiosa. Los demonios se fingen almas de difuntos para inducir a error[37]; a requerimiento del hombre tienen gran familiaridad con él[38]; contestan a las preguntas interesadas de los que les invocan[39]; aparecen bajo ciertas constelaciones[40] y dan ciertas propiedades a las hierbas y animales, a encantos de palabra o a ciertos ritos[41]. La relación de los demonios con los hombres es la más terrible que existe, porque los demonios buscaron siempre ofender más y más a Dios. Para el teólogo medieval, en el problema de la Magia hay que tener en cuenta tres hechos, ni más ni menos:

a) La intervención de los demonios.

b) Las operaciones técnicas.

c) La naturaleza del hombre, dispuesto a romper su relación con Dios.

De los dos primeros ya se ha dicho bastante. Del tercero hay que decir algo. El mago es el contrario del santo, es el «antisanto» por una razón que nos expone uno de los mayores padres de la Iglesia claramente: «Cum talia faciunt magi, qualia sancti, diverso fine, et diverso jure fiunt. Illi enim faciunt quaerentes gloriam suam, isti quaerentes gloriam Dei; et illi faciunt per quaedam privata commercia, isti autem publica administratione et jussu Dei, cui cuncta creata subjecta sunt.» Son palabras de San Agustín, recordadas y suscritas por Santo Tomás al tratar de si los demonios pueden seducir a los hombres mediante milagros[42]. Los demonios, en efecto, en su ofensiva, hacen intervenir la ofensa y el pecado individual del hombre, de la criatura racional. Así, el «pacto» y «compañía» de los nigrománticos, encantadores y hechiceros, eran para los teólogos de fines del medievo como el «trato» y «compañía» entre dos o más mercaderes (que también se llamaban así) unidos, asociados, para llevar adelante sus negocios. Fray Bartolomé de las Casas, que alcanzó larga vida y que murió ya en la segunda mitad del siglo XVI, pero que en su formación era teólogo medieval, resumió la doctrina de los grandes escolásticos sobre este asunto de un modo claro y que no deja lugar a dudas[43].

El mago, como contrario al santo, es el realizador de falsos milagros. Simón es en los comienzos del Cristianismo el arquetipo, y no hay que olvidar que para los judíos, enemigos del Cristianismo, los milagros de Jesús eran cosa efectiva, pero producida por su personalidad mágica[44]. El mito mágico tiene en sí una peligrosa doblez. Es santo milagro para uno lo que es prestigio diabólico para otro. No ha de chocar, pues, tampoco, que los protestantes, en su furia antipapal, nos pinten a varios santos de la Iglesia católica como a hechiceros.

Así, por ejemplo, en escritos de protestantes españoles del siglo XVI contra la institución papal, como el violentísimo de Cipriano de Valera (publicado en Inglaterra en 1588 y luego en 1599), se hace una historia del pontificado acusando a cantidad de papas de encantadores y hechiceros. El protestante, claro es, cree en la eficacia de los «encantismos» y hechicerías supuestas de los papas, abriendo la serie con Silvestre II, al que, siguiendo a Pineda y otros autores católicos, hace estudiar en Sevilla con un moro nigromante[45]. Juan XVIII, Juan XIX, Sergio IV, Benedicto VIII, Juan XX, Benedicto IX y otros después, hasta Gregorio VII (San Gregorio); es decir, unos diecisiete, «fueron encantadores», según el mismo Cipriano[46].

A Benedicto VIII –dice– le ayudó su sobrino Teophilato, el cual, realizando sacrificios a los demonios en selvas y montes, hacía que las mujeres se fuesen tras él, dejando sus hogares. También ayudó a Juan XX, hermano de Benedicto VIII, y luego fue él mismo papa, con el nombre de Benedicto IX; dos cardenales, sus condiscípulos, eran tan sabios en la Nigromancía «que sabían lo que pasaba en Oriente y Poniente, en Septentrión y Mediodía»[47]. De su escuela salió Hildebrando, o sea Gregorio VII, que antes de ser papa hizo a varios, mediante sus artes[48]. Encantadores, falsos profetas, embaidores, son, pues, los papas para el protestante español, siguiendo un mecanismo mental conocido.

Pero, por otra parte, entre una actividad sin ningún elemento sobre o praeternatural y una actividad mágica existen campos mal limitados. El mismo uso de la palabra Magia ha dado lugar a bastantes equívocos y a regulares motivos de confusión. Porque, según los hombres de Iglesia y los humanistas de la Edad Media y aun del Renacimiento, la Magia se dividía en dos clases fundamentales: una, la *Magia natural*, que era también una especie de ciencia o pseudociencia de la que, en parte, salió la Física moderna. La otra era, pura y sencillamente, cosa diabólica; pero los teólogos católicos recomendaban que no se estudiara la primera para no *caer tentado* en la práctica de la segunda:

«Arte mágica es arte de sabios. Ésta es de dos maneras: una se dice oculta filosofía, que es ciencia de secretos naturales, y otra es supersticiosa, con pacto oculto con el diablo. Apenas hay escritor de la primera, que es buena, sin que mezcle algo de la segunda; y por eso es mejor ni leer la una ni la otra, que más daño pueden hacer los libros de oculta filosofía de Cornelio Agrippa que provecho con lo natural»[49]. Este criterio lo aplicó una y otra vez la Inquisición al condenar a hombres tenidos por doctos, al lado de gente de poca cultura.

La idea de la existencia de unas artes mágicas de bastante complejidad la desarrollan los inquisidores del siglo XV en una porción de libros acerca del procedimiento inquisitorial. Por ejemplo, Nicolás Eymerich, en su *Directorium inquisitorum*, compilado en Avignon[50]. Pero el empleo de esta expresión no implica una teoría demasiado ceñida[51]. Tampoco un deslinde total entre lo lícito y lo ilícito.

La ambigüedad del término *Ars magica* se ve hoy muy bien, claro es. Pero ¿ocurriría lo mismo durante el Renacimiento? No, desde luego. En nuestra investigación encontramos cantidad de hombres de Iglesia que se dejan tentar por el mundo secreto: la frontera entre los secretos de la Naturaleza y los secretos diabólicos anda tan movida que incluso hay casos en que se denuncia y procesa a prestidigitadores, ilusionistas y prestimanos, porque lo que hacen parece sospechoso. Por otra parte, raro es el ingeniero que, por muy católico que se crea y se sienta, no haga referencias a agüeros, presagios y signos, como a algo incontrovertible o indiscutible[52]; y es seguro también que algunos de los que usaron ensalmos, conjuros, etc., lo hicieron sin creer que en ello había pecado, aunque otros —acaso la mayoría— tenían conciencia de que realizaban algo punible[53].

Pero dentro de la Magia diabólica había, a su vez, divisiones y subdivisiones, porque no se podía poner en la misma esfera la practicada por hombres de estudio, tocados de impiedad, y la practicada por gentes populares, como las viejas hechiceras con ribetes de alcahuetas o las brujas, que se decía se reunían en fantásticos conventículos y que practicaban el mal de modo sistemático.

Por otra parte, en justificación de la tesis de los que han considerado la Magia como una pseudociencia, se ha de tener en cuenta que hoy, como en otras épocas, existen cantidad de personas que consideran que los magos y aun los hechiceros y hechiceras de clase popular poseen, en efecto, una «ciencia» (*scientia* o τέχνη que, aunque oculta y aun diabólica, no deja de ser un «saber»). En Andalucía y Galiçia es popular aún la figura de la «sabia», mujer que lleva a cabo la adivinación y que procura remedios a males y pasiones. La fe en la existencia de semejante saber, que tiene poco o nada que ver con el adquirido en los centros de enseñanza, se halla extendidísima. Este saber esotérico, misterioso, pueden tenerlo –como digo– personas iletradas: viejas de pueblo o pastores que no salieron jamás de su medio. Oigamos a Camoëns en un texto castellano:

> «Y después de un gran deseo
> de saber esto tomé.
> Como yo fuese enseñado
> de chico a la mágica arte
> por mi padre, que es finado,
> muy conoscido y nombrado
> soy por tal en toda parte.
> Yo con yervas de la sierra,
> animales y otras cosas,
> haré, si el arte no (se) yerra,
> que desciendan a la tierra
> las estrellas luminosas»[54].

Esto hace decir a un pastor que resuelve un problema amoroso por su arte. A veces, también, es en una coyuntura vital decisiva, como la agonía o el momento en que cree uno que va a morir, cuando se le revelan a uno saberes mágicos.

«En este paso le descubre el diablo muchos secretos del arte mágico, y no dubda de abiertamente hablarle y mostrarle fantásticamente por la imaginación los reinos del mundo y su gloria, con que embelesa la imaginación del paciente.» Esto dice el maestro Alexo Venegas en un pasaje de *Agonía del tránsito de la muerte*[55]. ¿Qué ocurriría con el hombre o la mujer que luego no muriera? Las transmisiones del «poder» o del «saber» en el momento de la agonía son conocidas por referencias folklóricas. Pero, por otro lado, puede haber y de hecho hay libros que lo registran. Está ordenado y clasificado desde antiguo, tanto por los que creyeron poseerlo como por los que lo han condenado y perseguido o por los que se consideran víctimas de él: magos, hechiceros, teólogos, jurisconsultos e inquisidores, gentes hechizadas.

No es cuestión ahora de recordar las formas en que se ha clasificado y ordenado, ni los libros que lo han recogido, sean éstos griegos, latinos, árabes, hebreos o escritos en lenguas modernas. «Arte», «ciencia», «sabiduría», casi *siempre* queda la Magia al margen de las actividades sociales, aunque no se pueda pensar que *siempre* es «antisocial». Los filósofos y los juristas han advertido, a la vez o antes que los teólogos, que está al borde de la Moral, que puede vulnerar ésta. Y así, en las «Partidas» de Alfonso X de Castilla (en la partida VII, título XXIII, ley II), se señalan los peligros que vienen a los hombres por utilizar a los que «trabajan» en esto: aún el legislador medieval no se lanzaba a condenar las ciencias ocultas como tales; sí su aplicación torcida[56]. Son, pues, los deseos, las pasiones, los que condena, aunque éstas sean inherentes a toda condición humana: «Adeuinar las cosas que han de venir –dice, por ejemplo, el preámbulo del citado título XXIII–, cobdician los omes *naturalmente*»[57].

Vuelta a la teoría antropológica

Convendría que los antropólogos se familiarizaran con textos como éste y otros antiguos: así comprenderían la unilateralidad básica de las tesis de algunos de ellos. No fue Tylor el primero que habló de la Magia como una pseudociencia[58], ni Frazer el que halló que se ajustaba a la idea de la «simpatía»[59], ni Malinowski el que descubrió en la pasión frustrada el ingrediente principal de muchos hechizos[60], ni Marett o Durkheim –claro es– los que por vez primera consideran a la Magia como una actividad eminentemente antisocial, expresión de un fiero individualismo[61].

Pseudociencia era para Ibn H'azm, y conocimiento falaz y peligroso para Platón y los teólogos y jurisconsultos medievales. Regida por la «simpatía» o atracción la creía Plotino. Explotadora de deseos y flaquezas humanas la consideraba Alfonso X..., «antisocial», los legisladores, filósofos y santos de distintas épocas, con el mismo Platón a la cabeza. Pero la «práctica» antigua (dejemos la teoría a un lado) era mucho más fluida y a la vez se ajustaba mejor a una concepción del mundo coherente, a un orden cósmico en el que quedaban incluidos los hombres, los dioses, los animales, las plantas y los elementos; sometidos todos a la ley imperiosa de la simpatía y de la antipatía, formando bandos encontrados, como en la guerra de Troya. En última instancia, creo que la división entre actos mágicos y actos religiosos no es ni siquiera asunto ético, como pretenden algunos impugnadores de Frazer, muy cargados, en verdad, de Psicología moderna y operando con una terminología abstracta[62]: es asunto de «afinidades electivas».

Entonces preguntará alguien: «¿Cuál es su posición respecto a los antropólogos modernos que consideran inútiles y erróneos los puntos de partida de Tylor, Frazer, Durkheim, Malinowski, etc?». La respuesta está ya en las líneas anteriores. Creo que es imposible dar una sola teoría de la Magia, incluso para este «mundo occidental», del que se habla con demasiada soltura desde la época del difunto Spengler. Creo que la pauta la dio Evans Pritchard al estudiar monográficamente un sistema dado, y creo que en Europa tenemos la ventaja de poder operar con un material histórico mucho más abundante que el de los pueblos primitivos para enriquecer (y no empobrecer) la teoría antropológica, estudiándola no sólo en culturas o sociedades diferentes, sino, como se verá mas adelante, en personalidades muy varias. Pero de este asunto de las personalidades o individualidades muy acusadas por el papel que sobre ellas ejerce lo mágico y por lo que ellas hacen como magos, es cuestión de decir algo más en general y aparte antes de examinar diferentes figuras de hechiceros y hechizados.

NOTAS

1. A. L. Kroeber, *Anthropology* (Nueva York, 1948), p. 298.
2. Cosa que admiten también otros manuales de Antropología. Véase, por ejemplo, Melville J. Herskovits, *Man and his works* (Nueva York, 1948), pp. 359-360, acerca de las técnicas de la Magia, pp. 366-370; es un modelo de «puzzle» antropológico.
3. Murray y Rosalie Wax, "The notion of Magic", en *Current Anthropology*, IV, 5 (diciembre, 1963), pp. 495-503, y los comentarios y respuestas, pp. 503-518, para ver la crisis en que están las definiciones.
4. Martin P. Nilson: *Geschichte der Griechischen Religion*, I (Munich, 1941), p. 43. «Auch das wort Magie ist nicht gut, da der Bereich und die Geltung der Magie umstritten sind.»
5. De los magos, como tribu sacerdotal, habla ya Herodoto, I, 101; también VII, 37, y Jenofonte, *Cyrop.*, VIII, 1, 23. Las fuentes son abundantes en épocas posteriores; hay también textos sobre los *magi* de Persia, por ejemplo, en Estrabón, I, 2, 15 (24); II, 3, 4 (98); XV, 1, 65 (717); XV, 3, 13 (732); XV, 3, 15 (733); XV, 3, 19 (735); XV, 3, 23 (735); XVI, 2, 39 (762). En alguno de estos textos —como el último— la actividad específica de los magos se comprende entre las de otra clase de adivinos de orígenes *étnicos* diversos: los necyomantes, entre los mismos *persas*; los lecanomantes, hidromantes y «caldeos», es decir, los astrólogos, entre los *asirios*, y entre los romanos los adivinadores de sueños *tirrenos*.
6. *Leg.*, XI, 932 e-933 d, ed. A.-Diès, XII, 2 (París, 1956), pp. 38-40; antes, X, 909 b, XII, I (París, 1956), p. 183.
7. *De Civ. Dei*, X, 9.
8. Platón, *Leg.*, X, 909, a-b, *ed. cit.*, XII, 1, p. 182.
9. A este respecto son fundamentales los textos de Lucano, *Bell. civ.*, VI, 440-441, 492-496, cuando se plantea cómo es posible el que haya mortales que hacen violencia a los dioses.
10. Tíbulo, *Eleg.*, I, 1, 154 (todo el texto vv. 134-156); Lucano: *Bell. civ.*, VI, 578.
11. Julio Caro Baroja, *Las brujas y su mundo* (Madrid, 1961), pp. 39-70.
12. *Manual de historia comparada de las religiones* (Madrid, 1932), p. 170.
13. E. E. Evans Pritchard, «The intellectualistic (english) interpretation of Magic» (extract from the *Bulletin of the Faculty of Arts*, I, 2, (Universidad de Egipto, 1932-1933), atacó fuertemente a Frazer en este aspecto.
14. Veo seleccionados ejemplos en el clásico *Dictionnaire grec-français*, de A. Baily (París, 1950), p. 413, para γοης, etc. Respecto a μαγεά etc., pp. 1214-1215. Usos semejantes en latín, según el *Thesaurus Linguae Latinae*, VIII; I (Leipzig, 1936), cols. 50-53, γόης γ μάγος hacen juego con γοητεά γ μαγεά γοητεώ γ μαγευθω.
15. *Ennead.*, IV, 40, ed. Bréhier, IV (París, 1927), pp. 147-148.
16. *Ennead.*, IV, 30, *ed. cit.*, IV, p. 135.
17. *Ennead.*, IV, 32, *ed. cit.*, IV, p. 137.
18. *Ennead.*, IV, 41, *ed. cit.*, IV, p. 149.
19. *Ennead.*, IV, 43, *ed. cit.*, IV, p. 150.
20. *Ennead.*, IV, 43, *ed. cit.*, IV, pp. 150-151.
21. En la clásica obra de Franz Cumont, *Les religions orientales dans le paganisme*

romain (París, 1929), pp. 179-168, pueden hallarse algunas indicaciones más sobre este aspecto de la simpatía; ver también las notas 74 y 75 (pp. 292-293).

22. Herodoto, I, 32, 4.

23. Sobre el concepto de *hybris*, Martin P. Nilsson, *Geschichte der Griechischen Religion*, I, pp. 696-702.

24. Véase el impresionante libro del R. P. Festugière, O. P.: *Etudes bibliques. La révélation d'Hermés Trismegiste. I. L'Astrologie et les Sciences occultes*, 2.ª ed. (París, 1950), pp. 283-284 especialmente.

25. El artículo «Mageia», de Hopfner, en *Realencyclopädie der Classischen Altertumswissenschaft*, de Pauly-Wissowa-Kroll, N. B., XIV, I (Stuttgart, 1928), cols. 301-398, es completísimo. Sobre la simpatía, las cols. 311-314.

26. Miguel Asín Palacios, *Abenházam de Córdoba y su historia crítica de las ideas religiosas*, V (Madrid, 1932), pp. 147-153.

27. Asín, *op. cit.*, V, pp. 168-171.

28. La relación de la palabra *yun* con la palabra *genii* no es improbable. Un estudio aún clásico sobre estos seres es el de Edward William Lane, *An account of the manners and customs of the modern egiptians*, 3.ª ed. (Londres, s. a.), pp. 202-208.

29. Los dioses debían de tener, sin embargo, la prioridad en las honras, luego los *daemones*, los héroes después, los parientes en cuarto lugar, los demás hombres al fin. Lo dice Diógenes Laercio, VIII, 19, como doctrina pitagórica.

30. Platón, *Leg.*, X, 909, a-b, XII, 1, p. 182; XI, 932 e-933 d., ed., A.-Diès, XII, 2 (París, 1956), pp. 38-40; antes, X, 909 b, XII; I (París, 1956), p. 183.

31. Apuleyo, *De Deo Socratico*: «Ut et ira incitentur, et misericordia flectantur, et donis invitentur, et precibus leniantur, et contumelis exasperentur, et honoribus mulceantur.»

32. Voltaire, *Essai sur les moeurs et l'esprit des nations*, I (París, 1817), p. 146 (cap. XXXV de la Introducción).

33. *Summa theologica*, secunda secundae, quaestio XCX, art. III (París, 1882), III, cols. 725-727. No es el de Santo Tomás el primer intento de sistematización debido a autor cristiano medieval. Antes, Juan de Salisbury aceptó una clasificación de las especies de Magia, hecha por Varron, *Ioannis Saresbiriensis Policraticus, sive de nugis Curialium, et vestigiis Philosophorum, libri octo* (Ludguni Batavorum, 1589), pp. 36-39 (lib. I, caps. XI y XII). Desde el punto de vista de la *praxis* puede consultarse también la sección entera de preguntas sobre Magia en el tratado de Burcardo, obispo de Worms, el año 1000: *D. Burchardi wormatiensis Ecclesiae Episcopi, Decretorum libri XX* (Colonia, 1548), fols. 13 v. (XLI-XLVIII), 133 v.-143 vto. (casi todo el libro X), 193 v.-194 v. (lib. XIX).

34. *Summa...*, secunda secundae, quaestio XCV, arts. IV-VIII, *ed. cit.*, III, cols., 727-736.

35. *Summa...*, secunda secundae, quaestio XCVI, en cuatro artículos, *ed. cit.*, III, cols. 737-743.

36. *Summa...*, secunda secundae, quaestio XCVI, art. I, § 2, *ed. cit.*, III, cols. 737-738.

37. *Summa...*, pars prima, LXXXIX, art. VIII, § 2, *ed. cit.*, I cols. 1362-1363.

38. *Summa...*, pars prima, quaestio XCVI, art. IV, *ed. cit.*, I, cols. 1527-1529, fundamental.
39. *Summa...*, secunda secundae, questio XCVI, art. II, *ed. cit.*, III, col. 1539.
40. *Summa...*, pars prima, quaestio CXV, art. V, *ed. cit.*, I, cols. 1538-1539.
41. Idem, id. La teoría de Santo Tomás sobre las metamorfosis, etc., es siempre como un contrapunto de lo dicho por San Agustín, el cual, sin duda, estaba más cerca —como hombre— del mundo mágico.
42. *Summa theologica*, pars prima, quaestio CXIV, art. IV, *ed. cit.*, col 1529, con referencia a San Agustín, lib. 83 QQ, quaestio LXXIX.
43. *Apologética historia de las Indias*, en Historiadores de Indias, I (*Nueva Biblioteca de Autores Españoles*, XIII) (Madrid, 1909); pp. 226-270 (caps. LXXXVII-CI).
44. Sobre esto han escrito ampliamente los apologistas católicos, recogiendo los textos talmúdicos. A la vista tengo una vieja *Histoire de l'établissement du Christianisme, tirée des seuls auteurs juifs et païens*, del abate Bullet (París, 1825), en la que se dan unas traducciones latinas tomadas de Wagenseil y otros textos en francés (pp. 118-143), y después los textos cristianos en que se hace eco de la opinión judaica, empezando por el de San Mateo, XII, 24, y siguiendo con la refutación de Celso por Orígenes, etc. (*op. cit.*, pp. 143-67).
45. *Los dos tratados del papa i de la misa. Escritos por Cipriano d. Valera; i por él publicados primero el a. 1588, luego el a. 1599; i ahora fielmente reimpresos* (sin lugar, 1851), pp. 79-80.
46. Valera, *op. cit.*, pp. 81-92. He dado a los papas el número que hoy se les asigna, corrigiendo algún otro error de los abundantes que hay en el texto del heresiarca.
47. Valera, *op. cit.*, pp. 83-85.
48. Valera, *op. cit.*, pp. 91-92.
49. El maestro Alexo Venegas, en el curioso vocabulario con que termina su *Agonía del tránsito de la muerte*, en *Escritores místicos españoles*, I (*Nueva Biblioteca de Autores Españoles*, XVI) (Madrid, 1911), p. 290 a.
50. *Directorium Inquisitorum* (Barcelona, 1503), fols. 129 r.-130 r., parte II; quaestio XLIII.
51. En esta obra se comentan el famoso *Canon episcopi* y la bula de Juan XXII *Super illius specula*, respecto a brujas; Eymerich, *op. cit.*, 130 r.-131 vto.
52. *Sobre los agüeros en la literatura española del Siglo de Oro* allegaron copia de datos Miguel Herrero García y Manuel Cardenal, *Revista de Filología Española*, XXVI (Madrid, 1942), pp. 15-41. Aún podrían recogerse más en textos históricos y de otra índole.
53. Bastantes referencias se hallan en la conferencia de don Francisco Rodríguez Marín, *Ensalmos y conjuros en España y América* (Madrid, 1927). Pero sacados de los procesos, del contexto original, pierden mucha de su significación.
54. Luis de Camoes, *Auto de Filodemo*, acto IV, escena VI, *Obras completas*, II, 6 (Oporto, 1874), p. 81.
55. Tercer punto, cap. XII: *Escritores místicos españoles*, I, Nueva Biblioteca de Autores Españoles, XVI (Madrid, 1911), p. 163 b.
56. *Los códigos españoles concordados y anotados*, IV (*Código de las Siete Partidas*, III) (Madrid, 1848), p. 427.

57. *Op. cit.*, *loc. cit.*, p. 426.
58. E. B. Tylor, *Primitive Culture*, I (Londres, 1871), pp. 101-144. De todas formas es muy superior a cosas escritas posteriormente.
59. J. G. Frazer, *The Golden Bough...*, *Part. I. The Magic Art and the evolution of Kings*, I, caps. III y IV.
60. B. Malinowski, *Magic, Science and Religion* (Nueva York, 1955), pp. 62-92.
61. E. Durkheim, *Les formes élementaires de la vie religieuse* (París, 1912), pp. 58-59, etc. También R. R. Marett, *Anthropology* (Londres, 1914), pp. 209-210.
62. Albert Eskeröd, *Arets äring-Etnologiska studier i skördens och julens tro och sed* (Estocolmo, 1947), pp. 355-357 (del sumario inglés).

II
MAGIA, PERSONALIDAD Y COMUNIDAD

Sobre una polémica literaria: arquetipos y personalidad

No mucho antes de morir el famoso crítico e historiador de la literatura alemana, E. A. Curtius, publicó un libro en el que procuraba demostrar que casi todos los elementos que se manejan en la literatura medieval eran puros lugares comunes retóricos, τόποι sin ningún fundamento o derivación de la experiencia vital[1]. La gran fama de aquel autor como crítico original no me impide pensar que, acaso, al escribir su libro se inspiró de modo más o menos consciente en las ideas de los etnólogos *difusionistas* de su generación o de otras algo anteriores y que vino a plantear un poco a destiempo problemas generales, que habían sido discutidos con pasión entre 1910 y 1930. Otro eminente crítico y filólogo, amigo y maestro mío muy admirado, Dámaso Alonso, ha criticado repetidas veces y acerbamente en conferencias y escritos las ideas de Curtius sobre el particular, y con razón a mi juicio[2]. Pero aparte de lo que ha dicho en términos particulares y profesionales el profesor español contra la tesis del profesor alemán, hay argumentos que deben recordarse cada vez que sale a relucir una de estas teorías literarias monolíticas, que hacen el gasto durante algún tiempo en universidades, congresos, revistas, etc., etc. Si el filólogo se encuentra ante un epitalamio buscará los precedentes en otro; si se halla ante un discurso panegírico ha de buscar las fuentes en otro anterior. Bautizos, bodas, misas nuevas, entierros, funerales, victorias armadas, pleitos ruidosos, polémicas, todo acto social, tiene sus expresiones literarias; pero lo importante son los τόποι, los antecedentes estilísticos de la obra literaria, compuesta en función del acto. Allá se las compongan el niño en el bautizo, la novia con su novio, el muerto en la huesa. Fuentes, sí, nada más que fuentes es lo que hay que allegar. Pero hay más aún. Si nos encontramos con el *Fausto* de Goethe, *La Celestina* o el *Miles Gloriosus*, la satisfacción que nos produzca el precisar todos y cada uno de los antecedentes escritos, de las dichosas «fuentes literarias» que sirvieron para crearlos, nos dejará tan colmados que no pretenderemos ir más allá en el camino... Y, sin embargo, las celestinas pululan, los soldados fanfarrones no son desconocidos y los hombres con pretensiones de conquistar saberes esotéricos o sobrenaturales, aunque menos frecuentes, se han dado mucho en el pasado, se dan incluso hoy y se darán todavía en el futuro. Ahora bien: ¿en qué relación exacta están los τόποι literarios con los hechos que dan la razón de su uso y el *prototipo* literario con personalidades humanas reales? ¿Es que el «letrado» copia a otro «letrado» pura y simplemente, o es que en determinadas situaciones ha de hablar de ellas y no de otra cosa? ¿Nos bastarán, por otra parte, unas cuantas generalidades sobre prototipos literarios para acabar una investigación crítica o habremos de ir más allá? Personalmente pienso que hay que ir más allá y que *casi* es menester recurrir a la teoría platónica de los arquetipos de una forma general. No voy a cometer la ligereza de exponerla ahora. Pero sí he de justificarme al usar de este *casi*.

El que *La Celestina*, como obra literaria, contenga retazos de Ovidio y de otros poetas latinos, nada quita para que sea un modelo de realismo y para que la vieja alcahueta con su dosis fuerte de hechicera sea una figura sacada de la realidad, una figura que existía en la sociedad romana, pero también en la renacentista o prerrenacentista española; y quien dice ésta dice otras figuras mayores o menores que, a veces, surgen como tópicas. Los procesos de la Inquisición no se hacían para reunir datos folklóricos y literarios y nos arrojan historias de celestinas hechiceras, de cuerpo entero. Estamos ante un arquetipo que domina sobre la Literatura y la Sociología, ni más ni menos. También sobre la *personalidad individual*. ¿Y qué decir de la mujer enamorada que utiliza las hechicerías en beneficio propio, procurando satisfacer su amor? La pintó Teócrito, la pintó Horacio con otro temperamento, y después varios poetas latinos más.

Demos un salto en el tiempo y oigamos a don Juan Ruiz de Alarcón:

> «¿Hay alguna que no tenga,
> si ausente o celosa está,
> un poco de echar las habas
> y un mucho de conjurar,
> el cedacillo, el rosario
> (que de eso les sirve ya),
> el chapín y la tijera,
> espejo de agua o cristal,
> las candelillas y sierpe,

de cera, que vueltas da
entre el agua y el fuego, y prendas
de la dama y el galán?
Mujer hay, que el ir a misa
sola, gran miedo le da,
y a media noche un ahorcado
suele a solas desdentar»[3].

¿Quién pensará al leer esto en meras influencias literarias o tópicos sobre el sexo femenino? Otros procesos inquisitoriales nos darán noticia de mujeres que entraron hasta los abismos profundos en cuestiones hechiceriles, partiendo de un amor insatisfecho.

Si continuamos el examen y nos referimos a magos a lo culto, nos encontraremos con hechos tan peregrinos como el de que una leyenda hagiográfica, medieval de origen, reapareciera *mutatis mutandis*, en el proceso de un médico del Renacimiento al que se acusó, ante todo (porque él lo confesó), de haber hecho un viaje por los aires a Roma, de forma rápida, sobre un espíritu que, aunque él decía bueno, no podía ser sino diabólico según los señores inquisidores. Los τόποι del profesor Curtius dieron lugar en este caso a algo más que a una querella literaria: dieron lugar a una adaptación de fábulas antiguas a cierta personalidad rara y al proceso y condena consiguientes.

Don Quijote, personaje literario cien por cien y creado para combatir ciertos géneros también literarios, no parece que debía de tener en el siglo XVI un hermano de carne y hueso, y un estudio de los que contiene este libro procura dar interpretación del mismo a la luz de ciertas consideraciones de tipo sociológico. Pero también es posible encontrar en los papeles antiguos memoria de la existencia de algún hidalgo al que levantaron de cascos historias de nigrománticos, hechizos y prestigios. No se diga nada de clérigos y escolares, parecidos a los de algunas leyendas y cuentos medievales, que se lanzaron a la práctica de la Astrología y de la Nigromancía y que fueron castigados con penas diversas en los siglos XVI y XVII.

Nadie dudará de que el pacto con el Demonio es uno de los lugares comunes literarios más socorridos, desde la época en que se narró por vez primera el milagro de Teófilo a tiempos modernos. Pero no por eso se ha de dudar de que hubo gentes que procuraron hacerlo «de verdad», y también los archivos inquisitoriales nos dan testimonio fehaciente de ello.

Los moldes o patrones culturales están fijados, las personas son conocidas. El arquetipo domina sobre unas y otras con su inquietante naturaleza, que el investigador debe respetar, no negar o caricaturizar, sintiéndose filólogo por encima de todo y proclamando como aquel profesor, también alemán, de una novela alemana: «Filólogo soy y nada de lo que es humano me interesa», adaptación irónica y divertida de la conocida sentencia latina. Si la literatura no fuera más que un asunto de transmisión de formas y expresiones verbales, estilos y aun géneros o conceptos «culturales», la mitad de los que leemos (o más) no leeríamos nada. Porque el mundo de los filólogos, tan divertido para ellos, es de un aburrimiento indescriptible para el que lo contempla desde fuera, aunque sea de cerca. Demos, pues, gracias a la Providencia porque haya algunos hombres como Dámaso Alonso que rompen aquella impresión de monotonía que dan los trabajos filológicos en general, trabajos que comparten felizmente con otras actividades.

El influjo del libro sobre las conciencias

Tampoco es muy divertido el mundo de los antropólogos y sociólogos, que nos explican todo a la luz de ciertas definiciones previas o nos dicen que no hay más que un método bueno para adentrarnos en el estudio de culturas y sociedades. Porque con decirnos, por ejemplo, que las instituciones y creencias deben ser estudiadas sólo en su aspecto generalizado y colectivo, o en función de otras instituciones, no hacen sino marcar, con frecuencia, falsos derroteros. Nadie puede sacar de una serie de averiguaciones acerca de la Magia en una sociedad compleja, como lo era la del siglo XVI, una sola teoría general, sino un juego de ellas, una diversidad grande de pareceres y unas aplicaciones variadísimas. El que diga que a este respecto el español era así, el italiano asá y el inglés de otra manera, es un generalizador al que no hay por qué creer: ni más ni menos. En otro orden han de producir grandes reservas los autores que hablan de temas especiales como el de la Magia entre los indios o persas, creyendo que también pueden darnos nociones generales y profundas acerca de la Magia en los pueblos primitivos, en las sociedades prehistóricas, etc., etc. Hablemos, por un lado, de arquetipos y moldes; por otro, de individuos; la sociedad, en fin, es mucho más fluida de lo que dicen los sociólogos, y su nexo con lo individual, muy variable.

Metidos en este mundo de averiguaciones sobre lo mágico, vemos que personajes literarios y personajes reales se dan la mano como en un baile demoníaco, en que los hombres y las mujeres alternan con espíritus malignos. Cada proceso inquisitorial de los correspondientes a delitos de hechicería refleja una personalidad diferente. Ni la etiqueta del teólogo, ni la clasificación del jurista, ni la interpretación literaria pueden borrar al hombre o a la mujer de carne y hueso, pero ajustado al arquetipo; y no olvidemos que en materias como éstas los τόποι legales y religiosos son acaso más importantes que los estrictamente literarios.

Como hoy corren ciertos manuales y tratados de Política por todo el mundo, corrían en los siglos XVI y XVII otros de Teología Moral y de Derecho canónico que ahora parecen indigestos y hasta disparatados para incrédulos y creyentes. Sin embargo, ejercieron una considerable influencia en mentes poderosas, y mentes poderosas también tuvieron que combatir los efectos de su lectura. Como ejemplo de tales libros podemos poner al *Malleus maleficarum*, obra de dos inquisidores germánicos del siglo XV, especie de código para proceder, precisamente, con respecto a los delitos de hechicería y brujería.

El éxito de *Malleus* fue enorme, internacional. Basta para demostrarlo el hecho de que fray Bartolomé de las Casas, en su *Apologética historia de las Indias*, recuerda su doctrina cuando discurre sobre materias hechiceriles y para introducir al lector en el mundo espiritual de los indios[4]. Mala guía, en verdad.

Estos libros deformaron, transfiguraron o prefiguraron muchos hechos, como hoy día ha ocurrido con ciertos mamotretos políticos. No siempre, en principio, la actuación del brujo, del hechicero, del mago, correspondía a lo que en ellos se establecía: pero al final influyeron en la mente de los mismos. Por otra parte, las personalidades mágicas se crean a base de la opinión pública tanto como de factores internos. Por eso, también, en España vemos que, al tratarse del mundo mágico, actúa de modo poderoso la clásica división religiosa y hasta cierto punto racial entre moros, judíos y cristianos.

Las divisiones étnicas

En otra parte he hecho hincapié sobre algo que puede ser objeto de dos interpretaciones distintas por lo menos: sobre cómo, según la sociedad cristiana española de los siglos XV, XVI y XVII, el *moro* de otros tiempos había sido un gran experto en las artes mágicas y en la Astrología, y cómo, también, su descendiente derrotado y abatido, el *morisco*, era considerado hombre dado a aquellas mismas artes, aunque fuese en formas inferiores y plebeyas. Muchos son los textos que lo comprueban[5]; mas ahora voy a recordar uno, relativamente poco conocido, para ilustrar esta afirmación.

En el quinto de los *Diálogos familiares de la agricultura cristiana*, y al capítulo XXV, cuenta el «abundante» fray Juan de Pineda algo relativo a un *astrólogo* morisco que el último editor de aquella obra considera de carácter autobiográfico. Filaletes, uno de los interlocutores, comienza a hablar del Papa Silvestre II, y recuerda cómo éste, antes de ser Papa, fue a Sevilla, a estudiar las artes mágicas con un moro, y viene a decir que en su casa (donde están los amigos que dialogan) había una cámara con pinturas hechas por los demonios «antes del canto del gallo», una vez que Gerberto y el moro se pusieron de acuerdo para conjurarlos a que las hicieran. Las pinturas tendrían en aquella sazón unos quinientos ochenta años. ¿Cómo las poseía Filaletes? El caso es que un morisco, llamado Mequinecio (algún Mekinasi oriundo de Mequinez), tenido por maestro y gran astrólogo judiciario, fue preso por la Inquisición y tomó a Filaletes como defensor. Los que le acusaban no pudieron probar todo lo que contenía la acusación; por otra parte, las acusaciones ciertas habían sido mal interpretadas a veces, y lo que había realizado el astrólogo de malo no era de índole criminal, de suerte que se le dio una pequeña pena de reclusión por unos días en un monasterio, y de reclusión en casa después, dejándosele luego en plena libertad. Agradecido el maestro Mequinecio a su defensor y habiéndosele muerto todos los descendientes, dejó la casa, heredada de sus antepasados desde la época del moro nigromante hasta la suya, a Filaletes. Las pinturas se conservaban fresquísimas, como recién pintadas; parecían (cosa extraña) de mejor mano que las del tiempo de los interlocutores, es decir, la segunda mitad del XVI, y representaban los conceptos de la potencia racional, de suerte que constituían por sí una verdadera guía del pensamiento. Aún se preció de tener allí un candil que, sin cebar, ardía siempre y que creía ser el mismo que fue hallado bajo tierra en el sepulcro de Palante, hijo del rey Evandro. Lo tenía en su poder hacía cuatro años y no había franqueado el secreto (ni lo de las pinturas ni lo del candil) a nadie, por miedo a críticas y delaciones. Las pinturas, atribuidas al moro y al futuro papa (que luego resultó desagradecido volviéndose a su tierra muy rico, «con un libro que hurtó al nigromante»), parecen, por la descripción, mucho más renacentistas que medievales primitivas. Constituyen una verdadera historia de la Filosofía griega con Platón y Aristóteles como personajes en cabeza, pero con muchas figuras y símbolos más o menos legendarios[6]. Es indudable que el padre Pineda «hinchó» la historia del morisco para hacer gala de erudición: de erudición relativa, podemos añadir, porque toda la historia del papa no es tal historia, sino una leyenda, cuyos orígenes ya fueron puestos en claro por eruditos de fines del siglo XIX y que nos presenta a una personalidad fingida, creada bien a lo largo de los años, o bien en vida misma del papa, impopular ya en las mismas antecámaras romanas[7] y de gran manejo en la propaganda protestante española del siglo XVI[8].

Grupos étnicos «inferiores» y «antiguos»

Otros documentos del tiempo de Pineda nos hablan de la valoración o supervaloración de la Magia arábiga a la que he aludido de modo fidedigno, de suerte que existen procesos de la Inquisición por los que se ve que, en tierras donde durante mucho convivieron los cristianos con los moros, los primeros, cuando llegaba la ocasión, no tenían escrúpulos en pedir la ayuda de los segundos en empresas muy poco ortodoxas ciertamente y que podían terminar de modo trágico[9].

La opinión de los «cristianos viejos» se ajustaba a la idea, muy extendida en países de civilizaciones distintas, según la cual las razas o pueblos considerados como «inferiores» y que se hallan conviviendo o que existen en áreas próximas, las comunidades tenidas por más primitivas o arcaicas, poseen mayores poderes y saberes mágicos que la propia, que, por otra parte, es la «canónica», la ejemplar[10]: la *superior* también. Los «moros», sea como gentes inferiores, sea como personajes antiguos, dados a encantos, u objeto ellos mismos de encantos, y más aún las «moras», han quedado como entes proverbiales en el folklore de cantidad de partes de España, incluso en aquellas que experimentaron en menor grado los efectos de la invasión islámica. Pero claro es que en tierras como Extremadura y Andalucía las tradiciones y leyendas se insertan en un momento dado con creencias y hechos concretos que se daban diariamente en tiempos en que tales moros y moras eran personas familiares.

La Magia, por otra parte, es siempre y por antonomasia una actividad «antigua», heredada de épocas remotísimas y por vías secretas. Los pueblos antiguos y los pueblos arcaicos en general se consideran depositarios de una herencia más directa en este orden: una herencia en la que si, de una parte, existen libros y formularios poseídos y estudiados por hombres eruditos (o tenidos por tales), de otra existen recetas, fórmulas y formulillas que pueden poseer mujeres iletradas o sin representación social alguna. Así, en la España del siglo XVI, las alusiones a las hechiceras moriscas son muy abundantes.

Un caso muy revelador de fe en la ciencia de hechiceras moriscas condicionada por ambiciones grandes, lo tenemos en la mujer de don Juan de Padilla, aquella doña María, hija del conde de Tendilla, que, según las crónicas, fue la mayor responsable de las desgracias del jefe comunero por su desmedido orgullo y presunción. El genio de doña María está reflejado ya, antes que en las historias, en una famosa carta que le escribió fray Antonio de Guevara en el momento en que, derrotado y muerto su marido, aún resistía ella en Toledo y la guerra tocaba a su fin, carta fechada en Medina de Rioseco, a 16 de enero de 1522[11]. Dice allí el fraile cortesano entre otras cosas: «También, señora, os levantan que tenéis una esclava lora o loca, la cual es muy grande hechicera, y dicen que os ha dicho y afirmado que en breves días os llamarán Señoría, y a vuestro marido Alteza: por manera que vos esperáis suceder a la Reina nuestra Señora, y él espera suceder al rey Don Carlos. Yo esto no lo creo, ni jamás lo creeré; mas si por caso es algo, guardaos del diablo y no creáis al demonio»[12].

Borrow, en su libro acerca de los gitanos, quiso dar a entender que esta esclava de doña María era una gitana, y ello le dio coyuntura para componer un capítulo entero casi de aquella obra erudita, un tanto hipertrofiada[13]. Por otros testimonios hemos de creer con Guevara que la hechicera era una esclava morisca, cosa que se comprende bien, dado el origen de doña María, mujer de la más alta familia de la Granada recién rendida a los cristianos. Fray Prudencio de Sandoval dice, en efecto, «que esta señora se deslumbró terriblemente, creyendo con los embustes de una mora hechicera que hallaba por sus conjuros y malos juicios que su marido había de ser rey o cerca de ello»[14]. En otra ocasión, al describir la resistencia final de esta mujer, después de la derrota de los comuneros, indica que le atribuyeron muchos pensamientos y actos (no todos reales acaso) y «dijeron que pensó ser reina, porque unas hechiceras moriscas se lo habían dicho en Granada»[15]. La consecuencia «moral» que se podía extraer de este ejemplo era grande, dada la calidad de la dama, pero fray Prudencio de Sandoval no se extendió demasiado en consideraciones y fray Antonio de Guevara, en su carta, no pasa de generalidades, bien frías de tono: «Nunca vi, ni jamás leí, a hombre ni mujer creer en sueños, hacer hechicerías, andar con nigrománticos, mirar en agüeros, tratar con encantadores y encomendarse a los magos, que no fuese tenido por muy liviano y aun por muy mal cristiano: porque el demonio con ninguno tiene tan estrecha amistad para que haya gana de avisarle, sino de engañarle»[16]. El temple de aquel hombre se ve bien aquí. Las personas que creían en la Magia eran, según él, poco menos que idiotas.

Pero, en fin, doña María de Padilla, como notó Borrow mismo, pasó a ser un personaje mágico. Dice el escritor inglés que las gitanas españolas de su época la invocaban en sus conjuros, a lo que hay que añadir que[17] ya la invocaban también en los suyos las hechiceras del siglo XVII[18].

Se pregunta luego Borrow si el personaje invocado no será la otra doña María, favorita de don Pedro el Cruel; mas se inclina a la negativa. Puede que haya una confusión entre las dos: desde luego, la mujer del comunero, que de soltera se llamó Juana Pacheco de Mendoza, parece personaje más demoníaco que la amante de don Pedro, a la que, sin embargo, los muchachos de la Sevilla del XVII decían que solían ver de noche en un coche, ardiendo en fuego, en castigo de sus pecados[19].

Durante las violentas rebeliones del Perú, a mediados del siglo XVI mismo, vemos también a ciertos cabecillas y a sus mujeres dando fe a los hechizos de humildes moriscas llegadas allí[20], pese a las pragmáticas que prohibían el paso a Indias de los que no demostraban su limpieza de sangre: demostración a menudo falsa, como lo prueban multitud de textos en multitud de casos[21].

Moriscas hechiceras pululaban por otras partes. En *La pícara Justina* hay una pintura brutal, pero expresiva, de una vieja morisca de las llevadas del reino de Granada a León, después del vencimiento de los de su raza, vieja tan inculta como pía mahometana, dada, por otra parte, a labores hechiceriles. La ciencia que pudiera tener no había de ser mucha[22]. Pero el prestigio de la raza le daría clientes.

Por último, el mismo fray Juan de Pineda se hace eco de la idea de que, cuando la famosa expedición del rey don Sebastián de Portugal a Marruecos, unos moriscos hechizaron «la navegación» en Cádiz, y da la opinión de que la desgraciada jornada de Argel del emperador también tuvo el desenlace que tuvo por los efectos de los hechizos de una mora, manceba del rey Muley de Túnez, que alborotó el mar[23]. «Representación» pura de esta fe la tenemos en la comedia *Armelina*, de Lope de Rueda, en la que un hombre llamado Viana va a buscar al moro Mulien Bucar, para que éste, por medio de invocaciones infernales, averigüe el paradero de una muchacha. Aunque el conjuro a Medea parece de lo más libresco y pretencioso, la escena se debe fundar en la observación, y el carácter puntilloso y receloso del moro hechicero está bien pintado[24].

Todavía doña María de Zayas y Sotomayor, en una terrorífica novela, hace aparecer de modo rápido, aunque muy eficiente, a un moro de Sevilla, gran hechicero y nigromántico, que, con sus encantos, se compromete a rendir a una mujer casada, perseguida por un caballero mozo, «como lo hizo –indica–, que como ajenos [los moros] de nuestra católica fe, no les es dificultoso con apremios que hacen al demonio, aun en cosas de calidad»[25].

Y la razón de la fama pública se comprueba a la luz de ciertos procesos, de que hablaremos en otra parte, y de hallazgos documentales.

Don Fernando de la Granja, catedrático de árabe de la Universidad de Zaragoza, prepara la edición de un libro manuscrito, morisco, encontrado en Almonacid en 1884, que contiene cantidad de fórmulas mágicas en aljamía: el «libro de dichox maravilloxos», del que puede verse una descripción sucinta en el catálogo de manuscritos árabes y aljamiados de la «Junta para la ampliación de estudios», hecho bajo la dirección de Ribera y Asín Palacios[26]. No es, pues, ahora ocasión sino de recordar tal clase de compilaciones de «alherces», recetas, fórmulas y conjuros contra los genios mismos, que aun en pleno siglo XVI se copiaban y se mantenían ocultas en las casas pese al miedo que podía haber a la Inquisición[27], y que dan una pobre idea de la cultura de los moriscos en su fase final, ya que el fondo del que formaban parte no contenía obras de las que han dado lustre a la cultura islámica y sí reflejan un tipo de literatura ínfima recogida por algunos modestos alfaquíes rurales y sus herederos.

Grupos étnicos «demoníacos»

Con respecto a los judíos y sus descendientes se pueden allegar datos similares y aún más complejos. Porque el prestigio de las artes mágicas hebreas y de la Cábala, de un lado, y de otro la personalidad demoníaca casi de los sabios judíos (según las crónicas y los textos medievales cristianos) hicieron que siempre hubiera quienes creyeran que no podía haber más grandes y poderosos hechiceros que ellos y que los libros que se les atribuyen corrieran y hasta alcanzaran una popularidad enorme. Así la *Clavícula de Salomón* y otros atribuidos al mismo rey, quemados ya por los inquisidores medievales e impresos hasta nuestros días. El judío no pierde con los siglos, como el moro, el prestigio cultural. Del sabio alfaquí mahometano del medievo, citado con respeto por hombres de letras cristianos, como el canciller Ayala en su calidad de descifrador de profecías[28], al alfaquí morisco hay un abismo en la estimación. El judío sigue siendo considerado como sabio, aunque sabio demoníaco, en el siglo XVI, y se convierte su figura en un lugar común literario.

La sociedad hebrea medieval y la de mucho tiempo después ha estado muy dominada por creencias mágicas, acerca de las cuales hay mucho escrito. Cantidad de textos de la Biblia y del Talmud condenan las prácticas mágicas de varias especies. Pero esto no quita para que corrieran rumores insistentes acerca de los poderes que en este orden tenían ciertos rabíes[29] y las anécdotas recogidas acerca de ellos producían el escándalo de los enemigos de su fe.

Ibn H'azm, por ejemplo, dice que a uno de estos rabinos le atribuían el que en un solo día se trasladó de Bagdad a Córdoba, plantando dos cuernos en la cabeza de un mahometano que vivía junto a la puerta de los judíos de la capital califal. Protesta, claro es, de que se divulgara especie semejante[30]. Lo bueno es que esta misma acción se ha atribuido en nuestros días, en tradiciones orales muy extendidas por la Rioja y Navarra del S.W., al hechicero de comienzos del siglo XVI, Joanes de Bargota[31], que fue a Roma en una noche.

El médico hebreo, rabino, injerto en mago y envenenador, es figura conocida en el *stock* de personajes creados por el antisemitismo medieval. Desde el judío que lleva a Teófilo a hacer pacto con el Demonio, hasta el personaje de Marlowe[32], hay muchos arquetipos. Un hechicero judío produjo, según los romances, el odio entre el rey don Pedro de Castilla y su mujer[33]. Otros aparecen posteriormente haciendo sacrilegios o sirviendo de mentores a personas lanzadas por la vía del esoterismo, según los casos. Así vemos que uno de los personajes de fines de la Edad Media más metido en esoterismo, el célebre marqués de Villena[34], se hace eco constantemente de recetas de rabíes judíos para remediar la fascinación, etc.[35].

Los procesos inquisitoriales nos dan –como en casos anteriores– la historia de algunos conversos y judaizantes lanzados a experiencias vitandas, incluso ya metido el siglo XVII, de suerte que, una vez más, los τόποι son algo que queda por encima del lugar común; porque, aparte de su fuerza «literaria», tenemos que considerar su fuerza «jurídica», cosa que queda siempre un poco oscurecida en los libros modernos acerca de los ideales de los siglos XVI y XVII, concebidos casi siempre a base de textos escritos en español o castellano y con muy pocas referencias a textos escritos en latín.

Un jurisconsulto como don Francisco de Torreblanca, que ya atribuía la práctica de la Magia a los judíos que vivieron en España en tiempos legendarios, consideraba a éstos responsables de la enseñanza de la misma en Toledo, así como de la vulgarización de ciertos libros, llenos de signos, caracteres y oraciones, como la tan traída, llevada y citada *Clavicula Salomonis* y otros libros de Necromancia, Medicina supersticiosa, etc., y hasta los que se decía que había poseído el marqués de Villena los tenía como de origen judaico en su mayor parte, lo cual le dio ocasión para arremeter contra ellos[16]. A esta fuerte diatriba legal sigue un capítulo en que se ataca también de modo violento a la Cábala, usando de autoridades españolas y extranjeras[17], y otro exclusivamente consagrado a atacar la «Magia salomónica», es decir, los libros de Magia atribuidos a Salomón y que a lo largo de la Edad Media no sólo preocuparon a los hombres del Occidente europeo, sino también a los del ámbito oriental helénico[18].

Magia hebrea, Magia arábiga, Magia gitana forman como tres peldaños de una escalera en la que el tramo superior corresponde a los judíos y el inferior a los gitanos. Hay grupos étnicos que son demoníacos, pero así como entre los demonios se reputaba que los había superiores y principales o inferiores y subalternos, así también en estos grupos étnicos los hay de mayor o menos importancia. En el capítulo que sigue hablaremos algo del inferior entre ellos, es decir, el de los gitanos, que, por alguna razón profunda y no bien estudiada, es también el más específicamente mágico, puesto que se consideraba que no eran cristianos, tampoco mahometanos o profesores de la ley mosaica: no tenían «religión» simplemente, y como personas que no pertenecían a ninguna fe tampoco se ajustaban a la moral natural, que, a veces, se reconocía que tenían en sus tratos los moros, los moriscos e incluso algunos paganos, como los indios de América, a los que les faltaba la predicación del Cristianismo, pero no aquella moral, según sus apologistas.

Resumen final

En resumen: la complejidad de las creencias y la variabilidad de la posición de las personas y de los pueblos frente a materias de Magia es extraordinaria. Esto lo sabían muy bien los inquisidores, no sólo por lecturas, sino también por la experiencia cotidiana que les dejaba ver su triste profesión. Antes que otros llegaron a sospechar que, *a veces*, había mucho de fraude en tanto secreto diabólico, y alguno de ellos incluso pensó en explicar lo que, por ejemplo, se decía de las brujas a la luz de criterios psicopatológicos generales.

Los arquetipos actúan hasta el momento en que hay un hombre crítico: la Literatura, la Teología y el Derecho contribuyen a que en determinados momentos su fuerza sea mayor sobre la sociedad y el individuo. En la sociedad, moros, judíos y cristianos actúan con arreglo a ello. Dentro de cada sector las mujeres jóvenes, las viejas, los hombres cultos y los iletrados, se comportan de formas diferentes y variables, pero de acuerdo con una especie de «plan» o de «esquema» que se repite muchas veces, que no deja lugar a dudas, que se encuentra reflejado en textos de diversa índole y que presenta dimensiones muy varias.

No de otra manera actúan los planes o esquemas biológicos. Un margen de indeterminación no invalida la existencia real de tales planes o esquemas ni la necesidad de estudiar los arquetipos. Lo que no cabe es caer en dogmas literarios o «socializantes», en convertir toda la materia a investigar en puro asunto de fuentes e influencias literarias, escritas o transmitidas oralmente o en aplicación de un método formalista dado.

NOTAS

1. E. A. Curtius, *Europäische Literatur und lateinische Mittelalter* (Berna, 1948). Otra edición de 1954.
2. Muy solemnemente en el «Presidential address 1960», a la *Modern Humanities Research Association: Tradition or Polygenesis?*, en M.H.R.A. (Boletín anual de la misma), noviembre de 1960, núm. 32, pp. 17-34. El libro de Curtius, traducido al español y al inglés (México-Buenos Aires, 1955), ha sido objeto de otras críticas similares.
3. *La cueva de Salamanca*, acto III, en *Obras de don Juan Ruiz de Alarcón*, en *B.A.E.*, XX, p. 94 b. Reflexión de la criada Lucía.
4. *Historiadores de Indias*, I, en *Nueva Biblioteca de Autores Españoles*, XIII, pp. 233-234 (cap. LXXXIX), 238-239 (cap. XCI), etc.
5. Julio Caro Baroja, *Los moriscos del reino de Granada* (Madrid, 1957), pp. 131-139.
6. Diálogos familiares de la agricultura cristiana, diálogo V, cap. XXV (I, *B.A.E.* [continuación], CLXI, pp. 344-345, y la Introducción del editor, p. XLVI). Las descripciones siguen casi hasta el final del diálogo.
7. Véase el artículo de Emile Gebhart, «Le Pape Gerbert», en *Les siècles de bronze* (París, 1913), pp. 97-113, comentario a la obra de F. Picavert, *Gerbert, un Pape philosophe, d'après l'histoire et la légende* (París, 1897).
8. Véase el cap. I, § 6, nota 62.
9. De alguna doy cuenta en mi libro *Los judíos en la España moderna y contemporánea*, I (Madrid, 1962), pp. 517-519.
10. Consideraban los hispano-romanos de época tardía, como el poeta Prudencio, que los vascones eran gente arcaizante, poco «civilizada» en conjunto. Pero su fama como especialistas en ciertas formas de Magia se halla atestiguada por varios textos latinos y medievales (Julio Caro Baroja, *Los vascos*, 2.ª ed. [Madrid, 1958], p. 445). Por otro lado, recuérdese que cuando los hunos producían el mayor espanto a los pueblos de Europa, que los consideraban como mucho más salvajes que ellos, también corría la especie de que eran expertos máximos en Magia y descendientes de hechiceras (Julio Caro Baroja, *Las brujas y su mundo* [Madrid, 1961], pp. 81-82, 92, nota 36).
11. Si la prisión de Juan de Padilla fue el martes 23 de abril de 1521 y la huida de doña María a comienzos de febrero de 1522, acaso la fecha dada en las ediciones habría que adelantarla un poco.
12. Antonio de Guevara, *Epístolas familiares*, epístola XLVII, *Epistolario español*, I, *B.A.E.*, XIII, p. 148 b., ed. de J. M. de Cossío (Madrid, 1950), pp. 317-323, la carta lleva el núm. 51 (el texto a la p. 322).
13. George Borrow, *The Zincali; or an account of the gypsies of Spain* (Nueva York, 1847), p. 28 b (y todo el cap. VI, pp. 27 b-31 a).
14. *Historia de la vida y hechos del emperador Carlos V*, libro VIII, cap. XXIX (año 1521), ed. *B.A.E.*, I (continuación), LXXX, p. 387 a. Fray Prudencio cita la carta de fray Antonio e incluso copia algo de ella.
15. *Historia...*, lib. IX, cap. XXVII (año 1521), ed. cit., p. 444 a.
16. Antonio de Guevara, *Epístolas familiares*, epístola XLVII, *Epistolario español*, loc. cit., p. 149 a, ed. Cossío, I, p. 322.

17. George Borrow, *op. cit.*, p. 28 b.

18. A. González de Amezúa, en una nota de su edición de *El casamiento engañoso y el coloquio de los perros* (Madrid, 1912), p. 616, copia un conjuro, sacado de una causa contra doña María de Chaves (1650), en que se conjura «con Cayfás, Barrabás y doña María de Padilla». Hay otros varios.

19. A. González de Amezúa, *op. cit.*, p. 635, citando a Rodrigo Caro, *Días geniales o lúdricos...* (Sevilla, 1884), p. 302.

20. «Quiero referir aquí una hechicería que ciertas mujeres (y aun alguna de las principales) hicieron en el Cuzco con Lucía de Herrera, la morisca. Lo cual creo cierto que fue al tiempo de la batalla (o después de haberse dado), puesto que algunas dellas afirman que fue algunos días antes que la batalla se diese. Después que salió el mariscal de la ciudad del Cuzco en busca de Francisco Hernández (cuando dio la vuelta para Chuquinga), súpose en la ciudad que revolvía contra Francisco Hernández. Y como Lucía de Herrera estaba en la ciudad, juntóse con algunas mujeres apasionadas, que fueron la mujer y suegra de Francisco Hernández y otras que eran mujeres de algunos vecinos que con él estaban, y con industria de la morisca hicieron y formaron unas pelotillas de la grosura (o riñonada) de una oveja o carnero de la tierra, que serían hasta catorce o quince. Y destas pusieron al menos número dellas encima de una mesa grande y lisa, poniéndolas hacia la banda que Francisco Hernández estaba y en su nombre; y las otras, que eran más en número, pusiéronlas en la otra parte, contrario de las otras y en nombre del mariscal. Lo cual hecho, la morisca comenzó a barbotar algunas palabras mal pronunciadas y en baxo tono, encima de las pelotas. Lo cual haciendo, salieron las pelotas de sus puestos, las unas contra las otras, y anduvieron todas un poco, rempujádose unas a otras, a manera de escaramuza y pelea, hasta en tanto que las que eran en número menos (y estaban puestas por Francisco Hernández) echaron todas las demás pelotas abaxo, fuera de la mesa, sin que alguna de las de Francisco Hernández cayese; mas antes se quedaron luego quedas y muy firmes en medio de la mesa. Luego tuvieron por cierto entre sí que Francisco Hernández había de vencer, y así lo divulgaron.» Diego Fernández, *Historia del Perú*, segunda parte, lib. II, cap. XLV (*Crónicas del Perú*, II, *B.A.E.* [continuación], CLXV, pp. 19 b-20 a).

21. Pedro Gutiérrez de Santa Clara, *Historia de las guerras civiles del Perú*, lib. II, cap. XLIV (*Crónicas del Perú*, III, *B.A.E.* [continuación], CLXVI, pp. 32 b-33 a), indica cómo la cabeza del virrey Blasco Núñez Vela la cortó un morisco que iba siempre con el licenciado Carvajal, detalle que no está en Diego Fernández.

22. *La pícara Justina*, lib. III, cap. III, *Novelistas posteriores a Cervantes*, II, *B.A.E.*, XXXIII, pp. 150 a-151 b.

23. *Diálogos familiares de la agricultura cristiana*, diálogo VIII, cap. VIII (II, *B.A.E.* [continuación], CLXII, p. 165), referencias a una morisca, esclava de Policronio. Ideas semejantes se hallan en textos más antiguos. Algunos de los marinos más experimentados que don Pedro o Pero Niño tenía bajo su mando en unas galeras, en trance de navegar no lejos de Málaga, de Málaga todavía en poder de los musulmanes, al ver cómo de repente se echaba una niebla muy oscura sobre ellas, dieron en pensar que era obra de hechiceros moros y que con la señal de la cruz se desharía tal maldad, como ocurrió. Gutierre Díez de Games, *El Victorial. Crónica de Don Pero Niño*,

Conde de Buelna, cap. XXXVIII, ed. de Juan de Mata Carriazo (Madrid, 1940), p. 102.
24. *Comedia llamada Armelina*, escena IV, en *Obras de Lope de Rueda*, I (Madrid, 1908), pp. 129-134.
25. María de Zayas y Sotomayor, *Desengaños amorosos...*, ed. de A. González de Amezúa (Madrid, 1950), pp. 122-123 («La inocencia castigada»).
26. *Manuscritos árabes y aljamiados de la biblioteca de la Junta. Noticia y extractos por los alumnos de la sección de árabe, bajo la dirección de J. Ribera y M. Asín* (Madrid, 1912), pp. 98-105, núm. XXII.
27. En la misma publicación, *op. cit.*, pp. 112-114 (núm. XXVI), se reseña otro manuscrito del siglo XVI, en aljamía también, con textos astrológicos, oneiromancia, etc.
28. *Crónica de Don Pedro Primero*, año vigésimo, cap. III, *Crónicas de los reyes de Castilla*, I, *B.A.E.*, LXVI, pp. 586 a-588 b. He aquí lo que dice un cronista del siglo XV, refiriéndose a don Pedro y su consejero más famoso: «Ovo priuado un judio que llamaron Samuel Levi: mostráuale deshechar los grandes honbres e hazerles poca honrra, e hazer priuados honbres de poco fecho, non fidalgos, ni honbres de autoridad. Este judio, otrosí, enseñárale a querer saver las cosas que son por benir, por hechizos e arte de estrellas. E dize aquí el autor que el arte es lengua e el juizio peligroso, e que estas cosas heran fechas por el diablo, autor de la muerte, e que ansi engendraron muerte.» Gutierre Díez de Games, *op. cit.*, cap. X, pp. 48-49.
29. Algunas da A. Cohen, *Le Talmud* (París, 1933), pp. 323-325, etc., o en *Everyman's Talmud* (Londres, 1949), pp. 277-278.
30. Miguel Asín Palacios, *Abenházam de Córdoba y su historia crítica de las ideas religiosas*, V (Madrid, 1932), pp. 150-151.
31. Véase el capítulo II, § 4, de la segunda parte de este libro. Agapito Martínez Alegría, *La batalla de Roncesvalles y el brujo de Bargota* (Pamplona, 1929), pp. 218-220, trae, en efecto, una conseja fantaseada, pero que en su fundamento debe de tener raíz popular, según la cual el brujo navarro puso en cierta ocasión dos cuernos a un personaje famoso: el marqués de Villena. Por lo demás, la obra de este autor contiene anacronismos raros.
32. Julio Caro Baroja, *Los judíos en la España moderna y contemporánea*, I (Madrid, 1962), pp. 111-114.
33. Recogen varios romances, pero sin indicar el nombre del hechicero judío, la especie de que doña María de Padilla entregó a éste la cinta regalada por doña Blanca de Borbón a don Pedro, de suerte que se convirtió en una serpiente, y al ceñirla el rey, ya hechizada, vino toda la desavenencia ente él y su mujer. Véase en el *Romancero general*, de Durán, II, *B.A.E.*, XVI, p. 37, a-b, núm. 967:

«Engrególa a un hechicero
de la hebrea sangre ingrata;
hizo parecer culebras
las que eran prendas del alma.»

34. E. Cotarelo, «Vida pública de Don Enrique de Villena», en *La España Moderna. Revista de España*, LXVII (1894), pp. 48-77; del mismo, «Vida literaria de Don Enrique de Villena», en la misma revista, LXIX (1894), pp. 18-42, LXX 1894), pp. 91-113.

35. «Análisis del tratado de la fascinación», en Cotarelo, *op. cit.*, revista citada, LXX, pp. 99-100.

36. *Ivris spiritvalis practicabilivm libri XV...* (Córdoba, 1635), fols. 255, r. (a)-257 vto. (a), lib. X, cap. V («De magia Haebrea sacra, et prophana»).

37. Torreblanca, *op. cit.*, fols. 257 vto. (a)-259 vto. (a), lib. X, cap. VI («De Magia Cabalística Iudaeorum»).

38. Torreblanca, *op. cit.*, fols. 259 vto. (a)-261r. (b), lib. X, cap. VII («De Magia Salomonis mortalium sapientissimo»).

III
MAGIA Y GRUPO ETNICO
O LA TRIBU MAGICA

Los gitanos como hechiceros

La acusación de practicar la Hechicería la han hecho los pueblos antiguos de modo generalizado para desprestigiarse mutuamente. Es una acusación estereotipada y utilizada con objeto de desacreditar al enemigo o al inferior. En el mundo moderno los europeos han tenido gran fama de hechiceros y a la par de incrédulos, según las circunstancias. Así, los funcionarios chinos del Antiguo Régimen, después de los grandes desastres del siglo XIX, que minaron tanto la estructura del Imperio, dijeron pestes de los blancos en este orden, a lo que indican fuentes fidedignas[1]. Pasan los años, las relaciones entre ciertos europeos y ciertos hombres de otros continentes siguen tensas, pero se hacen más hondas o permanentes. El europeo aparece entonces como un incrédulo, no sólo en lo que se refiere a la religión legítima o verdadera, sino también en relación con todo lo que toca al mundo sobrenatural o praeternatural. El europeo es el ateo por antonomasia. ¿Qué esperar de un ateo si hay que defender a las gentes honradas y sencillas de los peligros de la Hechicería y de la Magia, si este ateo domina un país e impone en él su ley por la fuerza?

Encontramos así, o mejor dicho, encontrábamos hace pocos años todavía, en las sociedades del centro y este de África, donde la colonia inglesa de funcionarios y comerciantes o industriales convivía con sociedades africanas, negras, una serie de conflictos producidos por el hecho de que los africanos consideraban la Magia, y aún más concretamente la Hechicería, como realidades de las que no se podía dudar, y los ingleses se negaban no sólo a compartir aquella creencia, sino también a que se pudiera acusar ante sus tribunales a alguien de haber hechizado a otro.

Lo que el magistrado inglés consideraba ilegal la autoridad indígena lo daba como acto de legítima defensa[2]. La controversia que dividía a la Europa del siglo XVI entre ciertos teólogos y ciertos intelectuales, respecto a la Magicalidad o no Magicalidad de la existencia, existía hace no más de veinte años entre blancos y negros, en el momento de crisis del Colonialismo. En el debate cobraba particular relieve el lado legal, como siempre; porque la ley tiene que ver más con pasiones e intereses que con ideas estrictamente religiosas o intelectualmente elaboradas. La creencia en la Magia, en última instancia, puede producir grandes efectos sobre los procesos técnicos y económicos, puede desviar la Economía y la Ciencia, pero aún más desvía las normas del Derecho, las relaciones entre grupos con distinto estatuto jurídico.

Imaginemos ahora un pequeño grupo étnico, un grupo siempre minoritario, en época en que la creencia en la Magia estaba más extendida que hoy y dado el mismo a practicarla en formas muy definidas. Si a esto se añade el que el tal grupo era nómada o errático, internacional, endógamo, con autoridades propias, sin relación con las de los países por donde pasaba, con ritos y costumbres también propios en nacimientos, bodas, entierros, etc., y dado a ciertas actividades no morales, como diversas clases de latrocinio, o tradicionalmente reputadas como misteriosas (por ejemplo, el trabajo del hierro), o sospechosas ellas mismas de depender del Arte mágica (como la acrobacia y la volatinería), ya puede imaginarse de qué clase de repulsas sería objeto. Este grupo ha existido y existe, aunque terriblemente diezmado. Es el de los gitanos. En un estudio que escribí el año 1964 hacía ver cómo los clichés en torno a ellos son muy parecidos siempre en la literatura española y portuguesa de los siglos XVI y XVII[3].

Puede decirse también que en los textos jurídicos y en los libros sobre las artes mágicas, porque no es sólo el padre Martín del Río el que al tratar de la Quiromancía, actividad en la que las gitanas han desenvuelto más su ingenio zalamero, ha hablado largo y tendido de ellos[4]. Antes y después de Del Río los tratadistas de Magia[5] en relación con el Derecho les han dedicado su atención, si bien es verdad que casi siempre se han ajustado a un cliché, como nuestros clásicos. Aquí hemos de volver al problema de los τόποι o *loci communes*. ¿Es la letra la que los establece o es la vida la que los condiciona? Dejemos la discusión a un lado, como poco provechosa. Leamos: «...car aussi les Bohemes coureurs sont à demy Diables: ie dy ces longs poils sans patrie, qui ne sont ny Aegyptiens, ny du Royaume de Boheme, ains ils naissent par tout en chemin faisant et passant païs, et dans les champs, et soubs les arbres, et font des dances et bastelages à demy comme au sabbat»[6]. Esto decía un magistrado francés del Parlamento de Burdeos a comienzos del siglo XVII, hablando de los gitanos a los que había visto pasar de Francia a España. Medio diablos. «Vagatur hinc inde et genus quoddam impostorum, squalida, tetraque et deformi specie et habitu peregrino, quos recentes Graeci *Attiganos*, nos *Zigeunos* nominamus. Hi hominum manus inspiciunt, et singulos eventus indicant, eosque decipiunt...»[7]. He aquí otra breve caracterización. Ésta de un protestante alemán de la misma época, en una enumeración de las artes adivinatorias. Grande es la severidad del teólogo frente a los gitanos. Mayor la del magistrado. En términos generales han hablado contra ellos muchos legistas y letrados de los siglos XVI, XVII y XVIII. Pero también en particular y con motivo de actuaciones concretas que se les encomendaron escribieron discursos muy significativos, porque ponen de relieve el conflicto entre su sociedad y la gitanesca. El conflicto entre una ley rígida y un pueblo que parece libre y que no lo es porque está dominado por siglos de tradición, cosa que en algún modo es equivalente al Destino.

Don Juan de Quiñones, autor de un escrito contra los gitanos

El reinado de Felipe II y el comienzo del de Felipe IV fueron, sin duda, en España muy importantes en la historia de los gitanos. La expulsión de los moriscos atrajo la atención sobre ellos. Los moriscos eran dados a la arriería y al trato y, por otra parte, por su aspecto, eran más fáciles de confundir con los gitanos que otros españoles. Así, se pudo sospechar que éstos acogían a veces entre ellos a los expulsados. La «agregación» es una forma muy común de aumentar las familias y tribus gitanas. Es también un sistema usado por los pueblos del norte de África y del Sahara para conservar la densidad necesaria[8]. Los arbitristas y legistas españoles pensaron que si se expulsaba a los moriscos, justo era expulsar también a los gitanos. De esta opinión fueron bastantes de los que consideraban beneficiosa la primera medida, y aun los que la creían perjudicial para la economía creían que con los gitanos no había razón para contemporizar. Citemos entre los que mantuvieron la primera postura a Pedro Fernández de Navarrete en su conocido tratado *Conservación de monarquías*, discurso VII[9], que sigue a otros autores algo más antiguos, como el doctor Salazar de Mendoza y fray Melchor de Huelamo. Más fuerte es todavía la diatriba de su contemporáneo Sancho de Moncada, repetidas veces usada y citada por los que se han ocupado de los gitanos españoles, y traducida al inglés por Borrow en su conocido libro[10]. La comparación de todos los escritos antigitanescos refleja una rara homogeneidad de criterios: escasez de informaciones nuevas y directas. Borrow mismo, con todas sus pretensiones de mayor conocimiento, rebaña las fuentes españolas e hincha su texto como puede. Por eso cuando alguno de los escritos dice algo distinto o nuevo hay que tenerlo muy en cuenta, y en este caso está aquel del que he de ocuparme a continuación[11], debido a un hombre en cuya vida no faltaron lances pintorescos, aparte del que dio razón a su memorial contra los gitanos. Fue, en efecto, don Juan de Quiñones, alcalde de corte en tiempos de Felipe III ya. Sus actuaciones profesionales le daban ocasión para desplegar determinados conocimientos en tratados no muy largos y de erudición regular, un poco «a la violeta» a veces. Así, por ejemplo, en 1618, con motivo de una gran plaga de langosta que asoló Castilla, Quiñones, que estaba en Huete, fue encargado por el Consejo Real de perseguir a las bandadas de los perniciosos bichos y ello le dio motivo para publicar su opúsculo sobre la langosta, fechado en Madrid el año de 1620[12]. Aquel mismo año, habiéndose hallado un tesorillo de monedas de oro en el puerto de Guadarrama, publicó otro tratado, lo que también le dio pie para contar la vida de algunos emperadores y hacer varias advertencias políticas[13].

En 1625 se dice que tocó la campana de Velilla o Belilla y don Juan volvió a ejercitar su ingenio, negando todo carácter prodigioso a los toques de la misma[14]. Era por entonces nuestro doctor teniente de corregidor de Madrid y como tal compuso una décima en loor de la traducción de la *Historia Natural* de Plinio, que publicó el doctor Jerónimo de Huerta en 1624[15]. Después escribió sobre los gitanos y más tarde todavía otro opúsculo sobre el pretendido flujo sanguíneo de los judíos, lo cual le valió alguna broma del doctor Cardoso, que era amigo suyo y que vivía en Madrid con no poco peligro, dada su fe oculta[16]. Aún escribió Quiñones sobre el carbunco, el monte Vesubio, contra un francés que afirmó que Francisco I no fue llevado preso a Madrid y otras cosas[17]. En 1639-1641 se hicieron los trámites para que Quiñones fuera caballero de Santiago[18], y en 1643 «asistía» en Zaragoza. Con motivo de las guerras que hubo entonces volvió a tomar la pluma. Pero hablemos ahora más concretamente de sus actividades como alcalde.

Intervino don Juan en la prisión del duque de Aerschoot en la primavera de 1634[19], en los disturbios de los penitentes acaecidos durante la Semana Santa de 1635[20], en los negocios de Portugal, el año de 1637[21]. En 1639 era ya el alcalde de corte más antiguo y se rumoreó que le hacían corregidor de Toledo[22]; pero por febrero de 1640 seguía ejerciendo sus funciones en Madrid mismo. Así, intervino de modo decisivo en la prisión de un espía falsificador que era escribiente del secretario del nuncio, junto con su hermano, teniente de la villa[23]. En 1642 publicó un libro sobre aquel falsario llamado Miguel Molina, que fingió cantidad de consultas e instrucciones importantes en materia de Estado, el cual pagó con la muerte sus embelecos[24]. Se anunciaba que moría Quiñones en el mes de enero de 1644 y que le sustituía en su plaza del Consejo un tal Robles[25]. Pero a 23 de enero de 1646 se vuelve a repetir la noticia: «Murió Don Juan Quiñones, alcalde de corte, el más antiguo; y era hombre de buena intención y bien visto generalmente»[26].

La actuación más pintoresca de su vida (y de ella no creo que sacó motivo para un libro) tuvo lugar a 6 de julio de 1636. Había en Madrid gran falta de pan. Don Juan de Quiñones tenía que llevar de Vallecas a la Panadería unas cargas de pan, acompañado de muchos porteros y alguaciles; pero tenía miedo de que al pasar frente a los Trinitarios éstos se las quitaran, como lo habían hecho otras veces, de suerte que, sin pasar por la calle de Atocha, fue por delante de la puerta falsa de la Magdalena. Mas he aquí que las monjas de aquel convento, con orden de la superiora, en número de dos docenas, salieron con sus velos negros a la puerta y metieron dentro del convento cuatro cargas con sus cabalgaduras respectivas, aunque los labradores que las custodiaban hacían resistencia. Llegó luego don Juan furioso con su gente de a caballo y de a pie; pero las monjas pusieron el pan al cobro. Don Juan no usó de gentilezas y las trató muy mal de palabra. Ellas, «con gran modestia», le replicaron: «Señor alcalde: Vuesa merced se vaya con Dios y agradezca que no le hemos tomado todo el pan; nosotras guardamos nuestra regla y nuestra clausura; pero sepa que hemos de comer y no dejarnos morir de hambre, y que siendo monjas y encerradas debiera repartirnos algún pan que comiéramos; y pues no lo ha hecho es fuerza salir nosotras a buscarlo, que la hambre no sufre dilación.» Pagaron el pan y salió don Juan corrido[27].

Por éste y por otros textos de la época se ve que las autoridades civiles tenían que andarse con mucho cuidado al topar con monjas o frailes. Don Juan de Quiñones, alcalde experimentado, podía hacer más clara justicia con los gitanos, que, lejos de hallarse protegidos por una aureola colectiva de santidad, la tenían (si aureola puede llamarse) de gente demoníaca y perversa. Pero entremos en materia.

Análisis del escrito

El opúsculo antigitanesco de don Juan de Quiñones encierra observaciones valiosas, al lado de generalizaciones sabidas y de alguna opinión extravagante[28]. Razón fundamental para Quiñones de ocuparse de los gitanos fue el hecho indicado de haber estado en Sepúlveda instruyendo proceso contra unos que habían asaltado a cierto correo que iba de Flandes a Madrid[29]. Quiñones hizo gran justicia, ahorcando a cinco de ellos y poniéndolos hechos cuartos en el Camino Real para escarmiento. A otros mandó a galeras y a las gitanas las desterró, después de azotadas[30]. Mas no contento con la represión, escribió estas páginas violentísimas, en que reúne pareceres y datos eruditos, que algunos han aprovechado después, sin citarle, respecto a su nombre y origen[31]. Recoge así los testimonios de F. Fernández de Córdoba, Lorenzo Palmireno y Juan de la Puente[32], entre otros españoles y extranjeros, como Del Río, por supuesto. También alude a la opinión que Huarte de San Juan tenía respecto a la época en que habían llegado a España, que era doscientos años antes de cuando escribía al agudo médico (hacia 1573), fecha que no concuerda con la de 1417, más admitida[33].

Quiñones, que rechaza todas las opiniones respecto al origen de los gitanos, que cree es fábula y opinión del vulgo cuanto se afirma de las causas por las que andan errantes y que los reputa idólatras[34], viene a sostener, por otra parte, que no son más que huidos, escapados de sus pueblos de origen a causa de delitos diversos. Para sostener esto tiene que defender incluso que carecen de rasgos físicos propios y que su peculiar color verdinegro o moreno se debe a que de mes en mes se untan con un zumo de hierbas[35], tesis que, dicho sea de paso, no presenta como original, sino leída de la obra de un jurisconsulto conocido italiano[36]. Así, pues, la «afiliación» ha de ser la fórmula de constitución esencial de la sociedad gitanesca[37], del mismo modo que la «gerigonza» es su expresión idiomática[38]. Todo artificial y sin raíz honda. Aunque la tesis presenta exageración evidente, hay que convenir en que aquella forma de hablar se relaciona con varios lenguajes especiales profesionales o «jergales», que tienen reglas muy conocidas para formar o deformar palabras. Pero no es cosa de hablar ahora de ellos.

Una sociedad así constituida tiene que tener a la cabeza una autoridad con particulares cualidades o rasgos. Todos los escritores españoles que tratan de gitanos, con Cervantes a la cabeza, hablan de esta autoridad y le dan el mismo título: el de «Conde».

Respecto al «Conde», dice Quiñones lo siguiente: «Tienen sus cabeças, a quien llaman Condes, eligiendo para este título al más valiente, brioso, de mayores fuerças, más astuto, sagaz, y conueniente para gouernallos. Este compone sus diferencias y pleitos, aunque residan en lugar donde haya justicia, y les ordena lo que han de hazer. Sale con ellos de noche a robar los ganados y a saltear en los caminos a los passajeros, por ser[39] acomodada para sus hurtos y robos; y lo que hurtan y roban lo reparten entre ellos, acudiendo con la tercia a su Capitán, como si fuera juez de tercias partes»[40].

Creo que en estas pocas líneas se define la autoridad del «Conde» mejor que en otros textos, aunque haya alguno, como el del padre Martín del Río, en que se hacen curiosas descripciones particulares de «condes» de éstos, señalados por su sagacidad, conocimiento de lenguas, experiencia de países, etc., todo lo cual hacía suponer o presuponer que eran grandes espías: espías del «turco» o del «francés», que eran los enemigos más temidos por los españoles de los siglos XVI y XVII.

Definió Quiñones el delito fundamental de los gitanos como «abigeato» o «cuatrería», según los términos latino-jurídico el primero y castellano castizo el segundo[41]; siglos después los usó Joaquín Costa en el título de una monografía conocida[42].

Recuerda así cómo en tiempos de Felipe II se les prohibió ser corredores de ganado y que por cédula fechada a 28 de junio de 1619 se les volvió a prohibir que tratasen, so pena de muerte[43]. Quiñones alude también a algo que quedó como conseja hasta el siglo XIX: a la fama que tenían los gitanos de haber hecho comercio de niños, vendiéndolos en Berbería[44]: «Passan a mayor maldad sus hurtos, pues afirman Autores graues, han llevado niños hurtados a vender a Berbería.»

Este misterioso comercio de niños, del que Víctor Hugo dio una descripción romántica a comienzos de *L'homme qui rit* (en el capítulo II de los preliminares, que se llama «Les comprachicos»), subsistió hasta el siglo XIX, según el mismo poeta: «Nous avons vu de nos jours en Espagne une affiliation de ce genre, dirigée par le trabucaire Ramón Selles, durer de 1834 a 1866, et tenir trente ans sons la terreur trois provinces, Valence, Alicante et Murcie»[45]. Otros detalles que acaso reflejan más inventiva que observación da acerca de los comprachicos en tierra vascongada[46]. Pero, en todo caso, el astro del Romanticismo francés y el magistrado español están en una línea, aunque el segundo imputa a los gitanos lo que el primero cree un comercio internacional, misteriosísimo.

Al tratar de los delitos de los gitanos como ladrones, salteadores de caminos y bandoleros, don Juan de Quiñones cita, aparte de sus propios informes, los de otros alcaldes de casa y corte; por ejemplo, el del licenciado don Pedro Díaz Romero, que lo fue de Pamplona veintidós años antes de cuando él escribía y que castigó a muchos y entre ellos a uno que por no ir a galeras se fingía manco[47]. Alude a un intento de saqueo de Logroño, atribuido a los mismos[48], y a su expulsión a mano armada, que tuvo lugar en Aranda de Duero[49].

Del asalto a Logroño habló antes que Quiñones un tal don Francisco de Córdova en el libro intitulado *Didascalia*, que también rapsodió Borrow a su manera y al que éste considera «one of the most curious and instructive books within the circle of universal literature»[50]. Algo de hipérbole habrá, sin duda, en estas palabras, como en otras muchas de don Jorgito.

Por los delitos cometidos en Aranda y Sepúlveda ahorcaron en 1609 a cuatro salteadores: uno era el padre de Sebastián Fernández, al que el mismo Quiñones ahorcó «aora», es decir, poco antes de escribir su obrita. Otros eran tíos de delincuentes castigados por él[51]. Recuerda, asimismo, que el alcalde don Francisco de Valcárcel, comisionado en Villanueva del Fresno y Valcarrota, condenó a muchos por delitos similares[52], y que el licenciado don Bartolomé Morquecho, alcalde de casa y corte también, ahorcó a tres en Ecija por salteadores de caminos[53].

Hubo un momento, según dice, que en los campos de Castilla y Aragón andaban en tropas de más de ochocientos. Junto a Valdemorillo, pueblo vecino al Escorial, hicieron grandes saqueos y «mataron a un hombre, y le cortaron la cabeça entre la villa de Galapagar y la Torre de Lodones. Dieron muchas (muertes) a muchos, y desnudaron a un Ermitaño, que iva desde Naualagamella a Valdemorillo»[54]. Estos tipos de violencia caracterizaron más a los gitanos del siglo XVII que a los de después.

Antropofagia y otros malos usos y costumbres

Hay un aspecto de la que podríamos llamar Mitología gitanesca del que los escritores más o menos costumbristas no dicen nada y que, sin embargo, es de gran importancia. Aludo a la fama que tuvieron los gitanos de antropófagos. Don Juan de Quiñones recogió muchos testimonios sobre el particular. Según él, en 1629, un colega suyo, don Martín Fajardo, dio tormento a cuatro, y en Zaraicejo (Jaraicejo creo que será) confesaron haber matado a un fraile franciscano en el monte de las Gamas, jurisdicción de Trujillo, y habérselo comido: «Y también a vna Gitana, y a vna peregrina»[55].

Pero hay más: «El Alcalde de la villa de Montijo, le dixo al dicho Don Martín Fajardo, que vn vezino de allí, buscando en el campo vna yegua que se le avía perdido, vio en el lugar de Arroyo el puerco, entrando en vna casa caída a buscarla, a vnos Gitanos, que estauan assando vn quarto de persona humana. Dize también que vn pastor de la ciudad de Guadix, yendo perdido por la sierra de Gadol, vio vna lumbre, y entendiendo que era de pastores, fue azia allá, y halló vna quadrilla de Gitanos que estauan assando la mitad de vn hombre, y la otra mitad estaua colgada de vn alcornoque, y cuando le vieron, le dixeron que se sentase a la lumbre, que cenaría con (ellos) y dezían entre sí: Grosso está éste; y fingiendo se quería echar a dormir, se arrojó a la sierra abaxo, y se escapó de sus manos. En el puerto (de) Ohanes, en Sierra-neuada, mataron también vnos Gitanos a vn muchacho, y se lo comieron. No hazían más —termina— los Caribes en las Indias, que comían carne humana»[56].

¿Qué hay detrás de todo esto? Advirtamos que en este siglo, y en Gádor mismo, hubo un crimen terrible de antropofagia, fundado en la creencia de que la sangre humana cura algunas enfermedades. Recordemos también lo extendida que se halla en Andalucía la creencia en los «mantequeros», que vienen a ser los «sacamantecas» de otras partes. «Comprachicos», raptores, «mantequeros», son personajes míticos que, de vez en cuando, tienen su expresión real y que interesan más al médico legal o al alienista que al historiador de las sociedades normales.

Los gitanos, acusados de estos enormes vicios, lo fueron también de incrédulos en materias de fe, pese a las leyendas que hicieron correr respecto al origen de su nomadismo, que se decía establecido en expiación de un pecado colectivo dentro del mundo cristiano.

Creía don Juan de Quiñones que casi todos los gitanos de su tiempo estaban sin bautizar, que no frecuentaban los sacramentos, que no guardaban ayunos y abstinencias y que se casaban entre parientes sin pedir la correspondiente dispensa. Uno de los que él ahorcó se bautizó con más de treinta años[57]. ¿Qué eran, herejes gentiles, idólatras o ateos? Más bien acomodaticios e indiferentes: con los turcos, turcos; con los herejes, herejes; espías de quien fuese[58]. Cuando prendió a unos, tenían aparejados tres carneros para comer, siendo Cuaresma[59].

Es muy probable que desde el siglo XVII al XIX haya habido un peculiar proceso de cristianización de los gitanos. Vocabularios recogidos hace más de cien años contienen las principales oraciones *(ocanajimias)*: el Padrenuestro *(Or Bato Nonrió)*, la Salve *(La Berarbe)*, el Credo *(Or Panchabo)*, etc.[60]. Las supersticiones gitanas, en cierta parte, tienen su raigambre en el culto a los santos, y conocidos son los grandes centros de peregrinación de los gitanos de diversas partes.

Pasemos a otro tema. Cervantes en la *Gitanilla* y en algunos otros textos otros autores, hacen mucho hincapié en la fidelidad sexual de los gitanos, a los que consideran endógamos en esencia y aun tan exagerados en este orden que, con frecuencia, caen en el incesto. De la fidelidad han hablado asimismo autores más modernos[61].

Frente a todos ellos, don Juan de Quiñones tenía una opinión muy pobre de la vida sexual de los gitanos, su fidelidad, etc. Según él, los hombres vivían en una especie de orgía de la que la parte pasiva y humillada podían ser las mujeres, no siempre. Oigámosle: «La mejor información que hazen para casarse (si es que se casan) es de la muger más diestra y astuta en hurtar y engañar, sin reparar en que sea parienta o casada; porque no han menester más que juntarse con ella y dezir que es su muger. Algunas vezes las compran a sus maridos o las reciben empeñadas. Assí lo dize el Doctor Salazar de Mendoça[62]. Fr. Melchor de Guelamo dize que oyó afirmar por cosa muy cierta de dos Gitanos, lo que de ninguna bárbara nación se aurá oído, y es, que trocaron las mujeres, y que por ser la una de mejor parecer que la otra, le dio el que lleuó la hermosa, cierta cantidad de moneda al que lleuó la fea.

»El licenciado Alonso Durán, Relator que aora es de nuestra Sala, me ha dicho y certificado, que el año de 623 ó 624 vn Simón Ramírez Gi(tano), Capitán que era de vna tropa dellos, repudió a Teresa su muger, porque era ya vieja, y se casó con vna, que se dezía Melchora, que era moça, y hermosa, y que el día que se hizo el repudio, y celebraron las bodas, iva caminando, y bio que debaxo de vnos árboles, en el campo, que está en la jurisdición de la villa de Deleitosa, auía gran fiesta y regocijo, y preguntando la causa, le dixeron se casaua Simón Ramírez con vna Gitana, y repudiaua a otra, y que la repudiada le dixo llorando, que la dexaua por vieja, y se casaua con otra, porque era moça. Vnos Gitanos y Gitanas confessaron ante Don Martín Faxardo, que no se casauan, sino que en los banquetes y combites que hazían, elegían las mujeres que querían, y que les era permitido tener hasta tres amigas, y que por eso procreauan tantos hijos»[63].

Nos hallamos, pues, ante un esquema de organización matrimonial parecido al de los pueblos islámicos, con los que, según el mismo Quiñones, simpatizaban, como se demostró en el año de 1627, en que habiendo sido capturadas por los moros dos galeras españolas que iban al socorro de la Mamora, aquéllos trataron muy bien a los galeotes gitanos y muy mal al resto de la tripulación[64]. «Téngolos –dice él mismo, sin embargo– por peores que a los (Mo)riscos, porque aquéllos professauan su secta. Éstos no tienen ninguna, y se aplican a todas. Aquéllos cultiuauan la tierra para que diesse frutos. Estos se comen lo que no cultiuan, siendo çángagos de la República»[65].

La Quiromancia

Llegamos, por fin, a la acusación que más nos interesa: aquella que les hace grandes hechiceros en general y en particular adivinadoras quirománticas a las mujeres. Desde que aparecieron en España hasta nuestros días, la «buenaventura» es especialidad de las gitanas. La expresión está autorizada ya por el gran rondeño Vicente Espinel[66]. También por nuestro autor poco después.

Lo que dice Quiñones respecto a Quiromancía y hechicerías en general es lo que sigue[67]: «Y porque no queden cortos, ni faltos en todo género de maldades, son también encantadores, adiuinos, magos, i chirománticos que dizen por las rayas de las manos lo futuro, que ellos llaman *buena ventura* (y yo mala para quien la dizen, pues o le engañan, o le roban). Y generalmente son dados a toda superstición. El Capitán de los Gitanos, que hice ahorcar, estaua condenado a muerte en rebeldía, por hechicero y ladrón. Algunos piensan que se llaman Cinganos, del gran Mago Cineo, de quien dicen aprendieron la Magia. Y de aquí resultan en estos reynos, y principalmente en el vulgo, grandes errores, y credulidades supersticiosas, grandes hechizos, y muchos y grandes daños espirituales y corporales. Qué de donzellas han peruertido con hechizerías y embelecos! Qué de casadas se han apartado de sus maridos!, y en parti(cular) las Gitanas, que andan de casa en casa, diziendo la buena ventura mirando las manos, y las rayas que tienen en ellas, por donde dizen el bien, o daño que les ha venido, o ha de suceder, lo qual es vano, falso, lleno de mentiras y embelecos, y como tal prohibido y reprouado...»[68]. Aparte de esto, la obrita de don Juan de Quiñones contiene un ataque bastante largo contra la Quiromancía en general. Según él, es únicamente el pacto con el Demonio el que hace acertar, a veces, a los que se dan a ella[69]. Una lista de autoridades sobre la materia, con Del Río, Torreblanca, Rafael de la Torre y Camilo Baldo entre las más destacadas, y los nombres de los quirománticos más famosos, desde Hermes Trimegisto y *Pitágoras* hasta Indagine, prueban la erudición con que se respaldaba siempre el digno alcalde[70]. Las gitanas han seguido en su práctica, pero los quirománticos a lo culto no pudieron desarrollar su actividad en España como en otros países. En la época en que vivía Quiñones podía existir en Francia un cura, como Jean Belot, que escribía un tratado de Quiromancía y lo dedicaba a un consejero del rey[71], o un médico como Adrián Sicler, que, algo después, dedicaba otro tratado sobre el mismo tema a un primado del reino[72].

Alguien considerará, sin duda, pruebas de la sensatez de las autoridades españolas que libros semejantes no fueran permitidos, pese a las pretensiones de sus autores. Sicler protesta –por ejemplo– de que se haga depender la Quiromancía «de ces Egyptiens vagabons, qu'on voit rouler dans le monde»[73]. Despreciados por todos, con toda la gente seria en contra, los gitanos constituyen no tanto un problema religioso como un problema social y ético. Quiñones, que hubo de bregar con tanta clase de gente, ve en la Quiromancía un foco de infección para la sociedad cristiana. Y acaso su erudición era más firme cuando, dejando humanidades y argumentos teológicos a un lado[74], recordaba las leyes que se habían dictado contra los gitanos por Pío V, Carlos I, Francisco I, la República de Venecia[75], en Toscana, el Milanesado y Cataluña[76] y por las Cortes de Castilla[77]. Cuando recordaba también las opiniones adversas de escritores como don José de Pellicer[78], letrados como Acevedo[79] y otros[80]. La petición de destierro de los contradictores de la ley de 1619 da fin y remate a esta disertación[81], que, en algún caso, aporta algo más que las otras de la misma época o defiende puntos de vista distintos.

Causas inquisitoriales contra gitanas

Los gitanos dieron mucho que hacer a las autoridades civiles. No tanto a las eclesiásticas. Sin embargo, no se puede tomar al pie de la letra la tesis defendida por el viejo inquisidor, al que conoció Borrow en Córdoba, según el cual por ser «gente barata y despreciable» los señores del Santo Oficio no se dignaban procesarlos si caían en delito de hechicería[82].

Contra esta tesis general del viejo inquisidor cordobés podemos advertir que los tratadistas de Derecho inquisitorial de los siglos XVI y XVII, utilizando incluso textos de civilistas famosos, sostienen que las *gitanas quirománticas* deben ser perseguidas por el Santo Oficio, equiparándolas a las brujas[83]; en los catálogos de los procesos inquisitoriales sus causas se hallan registradas en la sección de Hechicería, y es difícil, a veces, precisar cuáles se refieren a gitanas y cuáles no, porque las gitanas aparecen con nombres hispánicos de los más comunes[84].

Las que he podido identificar en la sección correspondiente del Santo Oficio toledano se refieren a gitanas adivinas o echadoras de la buena ventura, como las aludidas en los textos estudiados y en otros (por ejemplo, en el padre Feijoo)[85]. Pero en sustancia sus *técnicas* no son muy diferentes a las empleadas por hechiceras «cristianas viejas», llamémosles así, del país en que vivían.

De los años 1624-1625 data la causa incompleta de la gitana Isabel Cortés[86], que no estudiaré ahora. Otra causa contra gitana es la de una María Hernández, que data de 1635[87]. Residía ésta en el pueblo de Santa Olalla[88], y a petición del fiscal de Toledo, don Baltasar de Oyanguren, fue procesada y presa en Maqueda. En 1636 se hacían, también en Maqueda, algunas averiguaciones respecto a su actuación como quiromántica o echadora de la buena ventura, supersticiosa y hechicera. Antes se le había buscado en vano, y durante algún tiempo, incluso en la cárcel, aparece con el nombre de Mencía Salazar. En la cárcel también, embarazada, escribió una solicitud para que se le tratara con mayor benignidad. La acusación mayor contra esta pobre mujer se halla en una testificación fechada en Maqueda a 18 de junio de 1635 y hecha por doña Jacinta del Castillo, joven de veinticinco años, casada con Francisco Noguerones, escribano público de Maqueda, a la que María Hernández había dicho la buena ventura, averiguando que tuvo una gran pesadumbre con su marido. Prometióle remedio después si le pagaba. Así, le dio luego un papelillo en muchos dobleces, sobre el que echó varias bendiciones. Pero Jacinta debió de sentir miedo y escrúpulos y terminó declarando su culpa y añadiendo que la gitana en las bendiciones referidas llamó «a Sta. Marta y dixo de una serpiente no sé qué cosas y llamó al diablo coxuelo y me hiço descalçar en pie y hincar de rodillas, tomó el papel y le metió en vna baçía de agua y le tubo allí un poco de tiempo y le sacó del agua y me lo enseñó...». Tenía el papel cuatro figuras, y la gitana indicó: «Ves aquí quién te mete mal con tu marido.» En este punto llegó la madre de doña Jacinta, y ante ella la gitana dijo que iba a hacer también unas suertes para saber si una hermana de aquélla e hija de ésta se había de casar. Después de hechas, rogó a sus clientes que no dijeran nada de lo dicho y hecho, por amor de Dios, porque podía enterarse la Inquisición... Declaró también el mismo día la madre de doña Jacinta, que se llamaba doña Isabel de Figueredo, viuda de Felipe Barrientos, que también había sido escribano, y el 22 de junio de 1635 dictaminó respecto a estas informaciones un teólogo, calificando de «embustes y fiziones las que adiuinan estas gitanas...». Pero en lo de emplear la oración de Santa Marta, etc., veía cosas en que había pacto con el Demonio «y mucho dello incluye tácita idolatría». Jerónimo de Ribera, el calificador, aduce sus textos canónicos. Pero lo que pasó al fin con la gitana no se sabe, porque la causa queda, al parecer, cortada en el momento que se ordenaba fuera llevada a las cárceles de la Inquisición de Toledo, y no hay en ella ni acusación fiscal siquiera. Pero, por otro lado, se ve que en 1636, y presa en Maqueda, se le advirtió que se le soltaría en el momento en que entregara treinta ducados de fianza, cantidad que dijo no tener. Probablemente María Hernández fue castigada de manera poco protocolar y seguiría su vida mísera en Santa Olalla o en cualquier otro pueblo de la tierra. Ya habrá ocasión de ver que sus invocaciones al Diablo Cojuelo, a Marta, etc., etc., entran dentro del *stock* hechiceril toledano y manchego, que tienen muy poco de estrictamente gitanesco.

Resumen final

Ello no quita para que año tras año y siglo tras siglo la pobre «sabiduría» de las gitanas fuera estimada y sobrestimada, de suerte que en el teatro del siglo XVII surgen recubiertas de atributos más extraordinarios, si cabe, que cualquier otra clase de hechiceras.

El éxito de una obra aparecida al mediar aquella centuria implica la existencia del indicado prestigio, pero también una reducción de «lo gitanesco» al ámbito meridional, que ha ido surtiendo más y más efecto en los siglos XIX y XX por razones que no es ahora ocasión de tratar. La obra a que aludo se llama *El asombro de Jerez. Juana la Rabicortona*, y se estrenó en el Carnaval de 1741. Tuvo una segunda parte. La acción no ocurre en Jerez de la Frontera, sino en Jerez de los Caballeros. La protagonista es una gitana hechicera y sus expedientes para favorecer los amores de una dama con un pretendido hijo suyo dieron ocasión al autor para hacer una de aquellas comedias de Magia en las que lo escenográfico dominaba sobre lo estrictamente literario: delicias del público español desde la época de Felipe V a la de Isabel II y aun después, como veremos en el capítulo dedicado a don Juan de Espina, en que se dan más noticias respecto a semejantes creaciones teatrales.

NOTAS

1. Se refieren los especialistas a una memoria del 20 de marzo de 1867 particularmente ilustrativa: Albert Maybon, *La vie secrète de la cour de Chine* (París, 1910), pp. 164-165; G. Maspero, *La Chine* (París, 1918), pp. 149-153.
2. Godfrey y Monica Wilson, *The analysis of social change based on observation in Central Africa* (Cambridge, 1945), pp. 88-95, 103, 106, 161-162.
3. Apreció como epílogo a la traducción española de la obra de J. P. Clebert, *Los gitanos* (Barcelona, 1963), pp. 278-312.
4. *Disquisitionum magicarum libri sex...* (Venecia, 1616), libro IV, cap. III, quaestio V, pp. 581 b-585 a.
5. El mismo Del Río cita ya a varios.
6. Pierre de Lancre, *Tableau de l'inconstance des mauvais anges et demons...* (París, 1612), libro III, disc. IV, p. 208.
7. J. G. Godelmann, *Tractatus de magis, veneficis et lamiis...* (Francfort, 1601), libro I, cap. V, p. 46.
8. Julio Caro Baroja, *Estudios saharianos* (Madrid, 1955), p. 136; *Estudios magrebíes* (Madrid, 1957), pp. 32-36.
9. *B.A.E.*, XXV, pp. 467 b-468 a.
10. George Borrow, *The Zincali; or an account of the gypsies of Spain, with an original collection of their songs and poetry* (Nueva York, 1847), capítulo XI, pp. 45 b-49 a.
11. Sobre su autor y otras cosas que escribió, véase Gallardo, *Ensayo de una biblioteca española de libros raros y curiosos*, IV (Madrid, 1889), cols., 10-13, núms. 3.552-3.556. Antes también don Nicolás Antonio, *Bibliotheca Hispana Nova*, I (Madrid, 1783), p. 764, a-b.
12. Cristóbal Pérez Pastor, *Bibliografía madrileña*, II (Madrid, 1906), p. 541, núm. 1.682.
13. Gallardo, *op. cit., loc. cit.*, col. 10, núm. 3.552; Pérez Pastor, *op. cit., loc. cit.*, p. 542, núm. 1.683.
14. Gallardo, *op. cit., loc. cit.*, cols. 10-11, núm. 3.553; Pérez Pastor, *op. cit.*, III (Madrid, 1907), p. 296, núm. 2.201.
15. Pérez Pastor, *op. cit.*, III, p. 237 b, núm. 2099.
16. Julio Caro Baroja, *Los judíos en la España moderna y contemporánea*, II (Madrid, 1962), p. 446.
17. Todo esto se toma del memorial fechado en Zaragoza el año 1643, en que refiere sus servicios. Gallardo, *op. cit., loc. cit.*, cols. 12-13, núm. 3.556.
18. Pérez Pastor, *op. cit.*, III, p. 459 b.
19. *Cartas de algunos PP. de la Compañía de Jesús sobre los sucesos de la monarquía entre los años de 1634 y 1648*, I «Memorial Histórico Español», XIII (Madrid, 1861), p. 41.
20. *Cartas...*, I, p. 164.
21. *Cartas...*, II, «Memorial...», XIV (Madrid, 1862), p. 257.
22. *Cartas...*, III, «Memorial...», XV (Madrid, 1862), p. 169.
23. *Cartas...*, III, *loc. cit.*, p. 407.

24. *Cartas...*, IV, «Memorial...», XVI (Madrid, 1862), pp. 133-134, nota.
25. *Cartas...*, V, «Memorial..» *cit.*, XVII (Madrid, 1864), pp. 430-431. Hay, pues, que rectificar, o por lo menos precisar, la fecha que indica Nicolás Antonio, el cual, al hablar de éste, lo da como muerto antes de 1650.
26. *Cartas...*, VI, «Memorial...», XVIII (Madrid, 1864) p. 233.
27. Texto tomado por Pérez Pastor, *op. cit.*, II, pp. 541 b-542 a, de la *Gaceta y nuevas de la Corte de España desde el año 1600 en adelante*, de don Jerónimo Gascón de Torquemada.
28. Un ejemplar suelto hay en la Biblioteca Nacional de Madrid (R-31.4569) con el título siguiente: *Al Rey / Nuestro Señor / el Doctor / Don Iuan de Quiñones, / Alcalde de su casa y Corte / Discurso / Contra los Gitanos // Con licencia / En Madrid Por Iuan Gonçalez / Año M.D.C. XXXI*. Una numeración manuscrita hace empezar los folios al 63 r.; llega al 85 vto.
29. Quiñones, *op. cit.*, fol. 63 r. de la numeración citada: «Señor. Por Mandado de V. Magestad fuy a tierra de Sepúlveda, a proceder contra vnos Gitanos, que hicieron vn salteamiento á vn correo, que venía de Flandes con pliegos del seruicio de V. Magestad, al qual rompieron las balijas, sacaron los pliegos, por entender auía algunas joyas dentro, y se lleuaron algunos dellos, con el dinero, y otras cosas que traía dexándole maniatado en vn monte.»
30. *Op. cit.*, fol. 63 vto.
31. *Op. cit.*, fols. 64 r.-67 r.
32. *Op. cit.*, fol. 64 vto. F. Fernández de Córdoba (que sigue a Pedro Belono), *Didasc. multipl.*, cap. 50. Al fol. 65 r. cita el *Cortesano*, de Lorenço Palmireno. al 66 r. a Juan de la Puente, *Conv. de las dos monarquías*, lib. II, cap. 31, § I. Borrow debió de seguir a Quiñones en la búsqueda de autoridades. Don Nicolás Antonio suministra noticias de los autores españoles citados. Véase *Bibliotheca Hispana Nova*, I (Madrid, 1783), p. 424 b, sobre Francisco Fernández de Córdoba. Sobre Juan de la Puente, p. 764 a, y acerca de Lorenzo Palmireno, II (Madrid, 1788) pp. 6 b-7 b.
33. *Op. cit.*, fol. 67 r.: «Tratando el Doctor San Iuan Varte del Puerto, en su examen de ingenios [de] (fol. 67 vto.) la agudeza, astucia y soberbia dellos dize, que quando él escriuía, eran passados doszietos años, que auían venido de Egypto a España, y escriuió el de 1573.» Adviértase que la primera edición del *Examen de ingenios* es la de Baeza, 1575 (Nicolás Antonio, *Bibliotheca Hispana Nova*, I, p. 712 a). El pasaje sobre los gitanos, en el cap. XIV de unas ediciones, XV de otras: al final. Así en la de Alcalá, 1640, fol. 185 vto., está en el XIV. En la de Madrid, 1846, p. 201, en el XV.
34. *Op. cit.*, fols. 67 vto.-68r. No cree en el castigo por no haber hospedado a la virgen ni en la apostasía.
35. *Op. cit.*, fol. 68 vto.: «Todo esto es mentira, bellaquería, embustes y enredos de los que ellos dizen, y hazen: porque llamallos Gitanos, más es porque imitan en el torpe modo de viuir, que por ser descendientes. Y assí esta vil canalla no es otra cosa, que hombres y mujeres huidos por delitos, o deudas, gente amotinada y facinerosa, que no pudiendo estar en los lugares donde son conocidos, se retiran a los montes, o lugares de poca vezindad, y escondidos para ocultarse. Y el traer las caras quemadas es por las injurias del tiempo y andar ostigados del Sol. Bonifacio dize que

para parecer alienígenas, y de tierras diferentes, se lauan las caras cada mes con el çumo de vnas yeruas, que les pone la tez negra.»
36. Cita al fol. 67 vto. a Juan Bonifacio, *De furt.* & *animo lucri faciendi*, núms. 257 y 258. Este autor (1547-1635) es conocido hoy más como historiador que como jurisconsulto.
37. *Op. cit.*, fol. 69 r.
38. *Op. cit.*, fol. 69 r.
39. Aquí puede faltar una palabra, aunque no es forzoso.
40. *Op. cit.*, fol. 69 vto.
41. *Op. cit.*, fol. 69 vto.: «Acuden a las Ferias a recoger los hurtos, a trocarlos y venderlos. Y siendo en todo género de hurtos generales, en particular, lo son de caualgaduras, a quien (el) (fol. 70 r.) derecho común llama Abigeos, y en Castilla Quatreros.»
42. Leyes castellanas medievales usan de la palabra latina.
43. *Op. cit.*, fols. 70 r.-70 vto.
44. *Op. cit.*, fol. 70 vto.
45. *L'homme qui rit*, cap. II, § IV, p. 28 de la edición ilustrada por D. Vierge (París, s.a.).
46. *Op. cit.*, cap. II, § V, pp. 31-32: «On parle encore à l'heure qu'il est des comprachicos à Oyarzun, à Urbistondo, à Leso, à Astigarra. *¡Aguárdate, niño, que voy a llamar al comprachicos!*, est dans ce pays là le cri d'intimidation des mères aux enfants.»
47. *Op. cit.*, fols. 70 vto.-71 r.
48. *Op. cit.*, fol. 71 r.
49. *Op. cit.*, fols. 71 r.-71 vto.
50. *The Zincali*, cap. III, pp. 20 b-23 a. El juicio final.
51. *Op. cit.*, fol. 71 vto.
52. *Op. cit.*, fols. 71 vto.-72r.
53. *Op. cit.*, fol. 72 r.
54. *Op. cit.*, fol. 72 r.
55. *Op. cit.*, fol. 72 vto.
56. *Op. cit.*, fols. 72 vto.-73 r.
57. *Op. cit.*, fol. 73 r.
58. *Op. cit.*, fol. 75 r.
59. *Op. cit.*, fol. 74 vto.
60. *Vocabulario del dialecto jitano, con otra porción de curiosidades* (Valencia, 1847), pp. 78-83. No deja de tener interés el prólogo de este opusculo, pp. III-XI.
61. Véase mi estudio citado en la nota 3 de este capítulo.
62. Autor de un memorial presentado a Felipe III, según indica a los fols. 67 r.-67 vto.
63. *Op. cit.*, fols. 73 vto.-74 r.
64. *Op. cit.*, fol. 75 vto.
65. *Op. cit.*, fols. 75 r.-75 vto.
66. *Relación tercera de la vida del escudero Marcos de Obregón*, descanso IV (*B.A.E.*, XVIII, p. 451 a): «Válense de mujercillas que les vienen a preguntar, como a gitanas, la *buenaventura*.»

67. Como fabricantes de barrenas y ganzúas los considera: pero dice muy poco de sus trabajos. *Op. cit.*, fol. 75 vto.
68. *Op. cit.*, fols. 76 r.-76 vto.
69. *Op. cit.*, fols. 76 vto.-78 r.
70. *Op. cit.*, fols. 78 r.-78 vto.
71. *Les oeuvres de M. Iean Belot cure de Milmonts, Professeur aux Sciencies Diuines & Celestes. Contenant la Chiromancie, Physionomie, l'Art de Memoire de Raymond Lulle, etc. (Ruan, 1647).*
72. *La chiromance royale et nouvelle...* (Lyon, 1656).
73. Sicler, *op. cit.*, p. 4 del prefacio (sin numerar).
74. Algunos recuerda, como el que sigue, *op. cit.*, fol. 78 vto.: «Nauarro en el lugar citado arriba dize, que si vna persona preguntase a algún Gitano, o Gitana, le dixese su buena, o mala ventura, con propósito de creer firmemente lo que dixesse, pecaría mortalmente; y si lo hiziesse por curiosidad, o por risa, no es mortal, sino es que lo hiziesse tal persona, que viéndolo otras se escandalizassen gravamente con ello.»
75. *Op. cit.*, fols. 78 vto.-79 r.
76. *Op. cit.*, fols. 79 vto.-80 r.
77. *Op. cit.*, fols. 80 r.-85 vto.
78. *Op. cit.*, fols. 83 vto.-84 r., en el *Comentario a Góngora*, col. 74.
79. *Op. cit.*, fol. 84 r., en su comentario a la Recopilación 1, II, tít. II, lib. 8.
80. El de Camerario: *op. cit.*, fols. 84 vto.-85 r.
81. *Op. cit.*, fols. 85 r.-85 vto.
82. *The Zincali...*, ed. cit., pp. 44 b-45 a, cap. X y *The Bible in Spain* (Londres, 1920), cap. XVIII, p. 164.
83. C. Carena di Cremona, *Tractatus de Officio Sanctissimae Inquisitionis...* (Lyon, 1649), parte II, tít. XII. § XVIII, pp. 240-241. Cita a Villadiego, Bobadilla, el Doctor Navarro, Torreblanca y Diana.
84. *En el ya citado Vocabulario del dialecto jitano...*, p. XI, se dice que entre los gitanos abundan los apellidos «Varga, Vara, Ortega, Ramírez, Rodríguez, Sánchez, Fernández, Heredia, Cantoral, Subiela, Hidalgo, Machuca, Ponce, Macías, Monge y Domínguez»; pero esto es decir casi nada.
85. Véase mi estudio citado sobre los gitanos (nota 3).
86. *Archivo Histórico Nacional. Inquisición de Toledo*, leg. 84 (núm. 46), 5, *Catálogo...*, p. 84.
87. Archivo Histórico Nacional. Inquisición de Toledo, leg. 88 (núm. 123), 8, *Catálogo...*, p. 80.
88. Por esta época había «una gran multitud de gitanos», según carta firmada allí, a 8 de septiembre de 1632, por un clérigo comisionado por el Santo Oficio.

IV
MAGIA Y POLITICA

La captación de la voluntad por hechizo

La historia de los heterodoxos españoles y la de la Inquisición española también han merecido que eruditos de tendencia muy distinta hayan dedicado grandes esfuerzos a aclarar la situación espiritual de España en los siglos XV, XVI XVII y XVIII, en función de la heterodoxia y del organismo dedicado a reprimirla y castigarla. Pero estos esfuerzos van condicionados por viejas polémicas y hoy a algunos nos parece que responden a puntos de vista que han dejado de tener interés primordial para el hombre moderno. Las luchas ideológicas del siglo XIX condicionaron casi todas las investigaciones, desde las del canónigo Llorente a las de su enemigo terrible, don Marcelino Menéndez Pelayo. Se desarrolló el progresismo liberal apoyándose en las acusaciones gravísimas que se podían hacer contra el Antiguo Régimen y la apoteosis de aquella tendencia política llegó, y en proporciones máximas, con la revolución de 1868. Después, durante la Restauración, hubo un intento deliberado de revisar la doctrina progresista y sus secuelas, y para ello se usó, sobre todo, de la erudición del polígrafo montañés. Dio éste una visión de la España de los Austrias opuesta en todo a la progresista: bastaba que algún autor español decimonónico, liberal, hubiera dicho una cosa para que don Marcelino dijera lo contrario. Posteriormente, la polémica se calmó, porque de un lado, los liberales se desinteresaron un poco de vetustas cuestiones o las trataron como meros asuntos de erudición, y los conservadores las han convertido en caballos de batalla, sí, pero caballos de batalla que más se parecen a *Rocinante* que a *Babieca*.

Por otra parte, hay que advertir que algunos hombres públicos conservadores (conservadores que acaso hoy parecerían muy avanzados, dadas las mudanzas de los tiempos), tales como don Antonio Cánovas, don Francisco Silvela y más modernamente don Gabriel Maura, han profundizado en el estudio de la vida pública en la época de los Austrias, de un modo que dista de ser apologético o que dé al lector de sus obras una sensación de robusta confianza, como es la que da, o procura dar, Menéndez Pelayo.

Y uno de los hechos que más llaman la atención, repasando los documentos referentes a la vida madrileña no sólo cortesana, sino también política, del siglo XVII, es el de que constantemente estuvo condicionada por la creencia en el poder de hechizos de los más burdos. Esta creencia ejerció su papel en las relaciones diplomáticas, sobre todo en los años largos que van de 1650 a 1700, años en que la monarquía más grande del mundo estuvo representada por dos hombres tarados y prematuramente decrépitos: Felipe IV y su hijo Carlos II.

Como veremos más adelante, de los dos se dijo que estuvieron hechizados; pero hay que advertir que no fueron los primeros monarcas castellanos de los que se afirmó esto. Ya antes del Renacimiento se sostuvo esto respecto a príncipes que tuvieron síntomas de degeneración, si no iguales, sí equiparables a los de los dos monarcas citados; hombres débiles, incapaces de gobernar si no es por medio de validos o favoritos de la más baja estofa. Incluso hasta quienes les eran parciales procuraban defenderlos afirmando que estaban hechizados y con la conciencia perdida.

El autor de la crónica de Enrique IV, que se muestra siempre muy partidario de aquel pobre rey, para explicar el estado de sumisión al marqués de Villena en que se le vio en un momento final de su reinado (y después de que aquel prócer intrigantísimo le hubiera agraviado brutalmente), se hace eco del rumor de que semejante falta de voluntad se debía a hechicerías y bebedizos que le tenían enajenado «de su propio ser de hombre»[1].

El ejemplo es suficiente. Ilustra también una opinión extendida, según la cual el hechizado pierde su responsabilidad, no se le puede imputar nada de lo que haga o deje de hacer. Y claro es, no son sólo los reyes los que caen de lo más alto de la escala social en un estado de enajenación miserable, sino también otros hombres que debían ser respetados por su posición en el mundo: nobles, sabios, sacerdotes, etc., etc. He aquí otro ejemplo de pérdida de voluntad por hechizo, narrado por pluma de la más alta calidad.

Cuenta Santa Teresa, en su *Vida*, cómo conoció a cierto clérigo concubinario, el cual se supo que permaneció en aquel estado de pecado mortal durante años porque su manceba «le tenía puestos hechizos en un idolillo de cobre que le había rogado le trajese por amor de ella al cuello, y éste nadie había sido poderoso de podérsele quitar...». Y aunque Santa Teresa continúa diciendo que ella no creía que fuera verdad «determinadamente» lo de los hechizos, no por eso dejaba de considerar que en aquel caso el clérigo no tenía tanta culpa como aparentaba tener[2].

Permítaseme ahora un breve comentario al texto. Es un error creer que hay falta de lógica en los pensamientos supersticiosos. Lo que pasa es que el orden lógico al que se ajustan falla una vez hechas ciertas averiguaciones, porque las causas y los efectos establecidos por la superstición no resultan verdaderos. Una persona o una comunidad que experimenta continuada serie de desgracias o de bienaventuranzas puede pensar que la sucesión de ellas está condicionada por algo que no es fortuito o aleatorio, sólo por la simple observación de la sucesión de tales desgracias o fortunas. Pero después es cuando se llega a veces a la conclusión de que lo que en apariencia es coherente y homogéneo, y de hecho lo es en el orden emocional, no se ajusta a los orígenes que la superstición le puede dar: maldiciones, hechizos, castigos de divinidades fieras, etc., etc. Enrique IV aparecía «como hechizado» incluso a los ojos de sus súbditos fieles; Santa Teresa buscaba justificación al clérigo concubinario en los hechizos. La explicación en sí es lógica. Lo que no resiste es la materia sobre la que se establece el pensamiento lógico. No resiste *hoy*, claro es.

Pero ideas que resulta ya difícil encontrar manifiestas en las capas sociales más aisladas del campo europeo eran compartidas y expuestas públicamente todavía en pleno siglo XVII por hombres de cultura superior y determinados principios de autoridad servían para dar por reales hechos nunca comprobados ni experimentados, dejando a un lado aquellos que ni han sido, ni son, ni serán jamás posibles. Aludo aquí, no a vuelos, metamorfosis y otros prestigios semejantes, sino a las propiedades de ciertas sustancias más o menos reales, como, por ejemplo, el humor extraído de los sapos, que se consideraba como venenosísimo[3], o la virtud de los ungüentos hechos con solanáceas para provocar ciertos estados, cosa sobre la que se exageró mucho[4]. Porque, en suma, con frecuencia se tomaban situaciones subjetivas, experiencias personales de perturbados, histéricos y megalómanos, como otras tantas realidades objetivas y generales de tipo *no natural*. Los neuróticos, hombres y mujeres, niños y viejos, han jugado en toda sociedad un papel decisivo: aun en la nuestra lo juegan. Pero en la de otras épocas era en el campo de la experiencia religiosa y mágica donde más se interferían sus visiones y creencias, apoyadas, amplificadas luego por la opinión pública, por la masa, siempre más dada a cultivar el pánico y la angustia que los individuos un poco responsables de cada sociedad. Las visiones de duendes y brujas, provocadas a veces (incluso

97

con fines muy concretos y materiales)[5], eran comentadas casi siempre con criterio favorable. Y, contra lo que se ha repetido, no siempre la Inquisición alimentó esta clase de conciencia popular. Por lo contrario, repetidas veces castigó a «simuladoras»[6] por el hecho de serlo. Con frecuencia vigiló largamente a mujeres cuyo carácter psíquico quedaba un poco indefinido[7], de suerte que no se sabía si lo eran del todo o procedían de buena fe. La posible simulación de revelaciones y éxtasis no fue, sin embargo, la única. Hubo también quienes gustaban de fingir relaciones con el diablo[8], y no faltaron —como se verá en otros estudios reunidos con éste— en nuestro país ni frailes nigrománticos y conjuradores de potencias malignas[9] con pretensiones de sapiencia altísima, ni hechiceros asalariados que vivían a cuenta de magnates, ni otros tipos de aventureros del espíritu, crédulos o incrédulos, según las tornas.

Primer ejemplo

Pero ahora he de llamar la atención sobre el significado que tiene la hechicería en relación con determinadas crisis políticas, tomando como base tres ejemplos acerca de los que se ha escrito mucho, mas no en relación con el tema que me propongo ilustrar. Examinemos el primero de estos ejemplos.

A comienzos de julio del año 1621 se dictó sentencia contra don Rodrigo Calderón, marqués de Siete Iglesias, y el 9 del mismo mes se le comunicó. Constaba de dos partes, una criminal y otra civil. Aunque —como es sabido— don Rodrigo murió en patíbulo, en la parte criminal se le absolvía entre otros grandes delitos de «haber dado hechizos y con ellos haber procurado atraer las voluntades del Rey, nuestro señor, y de otras personas...»[10]. No se le absolvió, en cambio, de varios asesinatos y muertes alevosas.

Esta sentencia venía a ser la culminación en una marcha hacia la perdición del orgulloso hombre público, que se inició en 1618, cuando Felipe III licenció al duque de Lerma, que había sido su privado desde la niñez y que a su vez tenía debilidad por don Rodrigo. La sentencia se dio al entrar a reinar Felipe IV con propósitos «regeneradores».

Al verse, pues, Siete Iglesias sin el apoyo de Lerma, se dijo que quiso recurrir a hechicerías para ganarse directamente la voluntad del rey. Éste, al parecer, no le tenía simpatía desde antiguo y dejó que el proceso fuera duramente llevado y que llegara hasta un punto peligroso. Pero cuando el ánimo benigno del rey estaba dispuesto de nuevo a la clemencia, murió. Los enemigos de don Rodrigo volvieron a la carga y hallaron complacencia de parte de los hombres de toga que formaron el tribunal que falló la causa, deseosos, sin duda, de buscar un «chivo emisario» que cargara con las culpas de los gobernantes del reinado anterior. Una vez más, jueces civiles habían aceptado que quedaran incluidas en los autos, en la acusación, declaraciones extraordinarias de aire sobrenatural, como la de cierto criado de un tal Pedro Caballero, que se decía había sido muerto por orden del marqués. Según este criado, el alma de su amo se le había aparecido para reiterar la acusación de asesinato. Por otra parte, parece cierto que al hacerse el secuestro de los bienes de don Rodrigo se encontraron en su poder libros y papeles con caracteres y cifras que olían a Magia, y por si esto fuera poco, lienzos manchados de sangre, migas de pan, un pedazo de uña, que parecía de «la gran bestia», atado con un pedazo de seda roja; cabellos de mujeres de diferentes edades, pelos de los infantes (el futuro Felipe IV y la infanta doña Ana), de la misma reina fallecida, doña Margarita, de cuya muerte se le acusó, saliendo también absuelto de este máximo cargo, y otras sustancias y adminículos, que fueron examinados por dos médicos y un boticario, quienes no dudaron en afirmar que eran de los que solían emplear los hechiceros. Por si esto fuera poco, un fray Francisco de San Martín, consultado como teólogo respecto a los caracteres de los libros y los conjuros, declaró que eran «caso diabólico» y que su posesión implicaba pacto tácito o expreso con el demonio[11]. No cargaron, al fin, los hechizos en la sentencia criminal: don Rodrigo, odiado en vida por la multitud, murió compadecido por ella. Los frailes que le asistieron en los últimos días se hicieron lenguas de su espíritu penitente. Pasó a ser un mito en la conciencia colectiva; pero lo que quiero ahora subrayar es que aquella acusación contra un hombre público de que había pretendido ganar la voluntad del rey mediante hechizos tomó mayor cuerpo en relación con el hijo de Felipe III y su valido favorito, y que aunque esta vez no fue cosa discutida y negada a la postre, se aceptó por la opinión en un momento dado y de *crisis en el valimiento también.*

La captación de Felipe IV por Olivares

En efecto, la idea de que Felipe IV estaba dominado por el conde-duque de Olivares mediante hechizos que le suministraba éste, tenido por gran hechicero, así como otras personas de su círculo, dominó poco a poco a la gente cortesana; sobre todo al caer el ministro. En 1643 corrió por Madrid una composición muy mala que atribuía al valido derrocado el haber tenido a un diablo metido en una muleta para que le ayudara; otras composiciones aluden a la misma idea. La muleta tan traída y llevada es la que le servía para apoyarse y con la que está representado en algún retrato; incluso un fraile acusó a otro, llamado fray Valeriano de Figueredo, ante la Inquisición de Toledo, por haberse alabado de llevar a un familiar en una muletilla perteneciente antes al conde-duque y con la cual allanaba todas las dificultades[12]. Esta acusación revela la popularidad de la idea cuando menos[13].

Varios son los papeles que –por otra parte– aluden a hechicerías del de Olivares. Varias veces también se han estudiado con más o menos crítica; pero creo que aún se puede decir algo respecto a su origen y significado. El informe atribuido a don Miguel de Cárdenas y fechado en 1627 me parece muy sospechoso, contra lo que creen historiadores fidedignos[14]. El caso es que el conde-duque aparece acusado en él de que ya en 1625 daba hechizos al rey, hechos, al parecer, por una mujer llamada María Álvarez, siendo mediadora una tal Leonor o Leonorilla; pero entre la fabricante de hechizos y ésta aún había un clérigo que vivía *como si fuera* hermano de María y que era capellán del conde de Monterrey, cuñado de Olivares. Fue detenida Leonor por orden del presidente Contreras y actuando Cárdenas; pero, a la postre, el presidente, que también intervino en el proceso de don Rodrigo Calderón, dejó su puesto por presiones que hicieron sobre él, y otro papel dice que Cárdenas fue destituido de su alcaldía y la Leonorilla sacada de prisión y hasta recompensada con largueza. Sin duda, Cárdenas escribió la relación –si es que la escribió– pensando que con los asuntos de fe no había que jugar[15]. Pero de 1627 a 1643 las tintas se cargan más y más.

Dieciséis días después de la caída del conde-duque se dice aparecido un papel en que se le atribuyen muchísimos delitos contra la fe, particularmente hechicerías, y se le pinta como a personalidad demoníaca desde su nacimiento[16]. Según él, nace el valido en Roma, en la casa de Nerón, y de un padre con mala fama desde el punto de vista religioso. Los astrólogos dicen algo de su futuro, y él, desde muy joven, en Sevilla, busca el trato con hechiceros. Capta, por medio de los hechizos de Leonorilla, la voluntad del rey y después su vida puede decirse que es un perpetuo sacrilegio.

Los cargos que contiene este papel se hallan incluidos, casi al pie de la letra, en las notas de *La cueva de Meliso*, poema atribuido a

Quevedo e incluso a un hombre tan favorecido por Olivares como Rioja[17]. Inútil es decir que las atribuciones son absurdas y que los comentarios son apasionados e inexactos, pero reflejan una opinión popular. Allí –como en el papel aludido antes– se habla de los hechizos de Leonorilla, de los de Andrés de León, ex fraile mercedario y clérigo menor luego, nombrado médico de la reina Isabel de Borbón; de un hechicero hebreo que Olivares mandó venir de Salónica a Madrid, contra la mismísima opinión del papa, alegando que lo hacía por servicio del rey[18], y buscando teólogos, hábiles casuistas sin duda, que probaban ser lícito el trato con el Demonio en ciertos casos[19]. Que el que escribió el papel estaba bastante informado lo prueba que tenía noticia del proceso de Jerónimo de Liébana, existente en los archivos de la Inquisición de Cuenca y en el que Olivares aparece metido en negocios hechiceriles de modo efectivo[20]. Pero una cosa es lo que aquel ministro –como otros muchos de la época– creyera sobre el particular y otra lo que le atribuía el vulgo. Háblase allí también de los horrores que perpetraba en el convento de San Plácido, con ánimo de cargar la nota siempre. Pero hay que reconocer que si la sentencia contra las monjas recogió toda clase de cargos, sin discriminación, tiempo después corrió por Madrid una relación completamente apócrifa y llena de anacronismos en la que se pintaba a Felipe IV, al conde-duque y al protonotario de Aragón realizando actos terribles para satisfacer un amor sacrílego del primero[21]. Tiempo después también el soberbio protonotario aragonés, don Jerónimo de Villanueva, pagó con escandaloso proceso inquisitorial aquellos rumores[22] y otros que corrían a su cuenta. Una nube de composiciones poéticas les dieron mayor autoridad: testimonio del odio inmenso que provocaba después de haber sido objeto de adulaciones increíbles[23].

El proceso del protonotario, escandaloso en verdad, no ha sido bien estudiado aún. Se asegura que el conde-duque estuvo a punto de sufrir uno semejante, pero parece que en palacio tuvo valedores hasta el final. Los enemigos pintaron su traslado mortuorio en medio de una horrorosa tempestad, como signo de su condición demoníaca: una pequeña nube siguió al cortejo desde Toro, y junto al humilde Manzanares se convirtió en verdadero diluvio[24].

La fama del conde-duque como protector de magos más o menos peligrosos alcanzó en el siglo XVIII formas popularísimas. Esto explica que ya en aquella centuria uno de los últimos cultivadores del teatro clásico español, don Jóse de Cañizares, compusiera dos comedias que se titulan respectivamente: *Don Juan de Espina en su patria* y *Don Juan de Espina en Milán*, en la primera de las cuales se presenta a aquel curioso personaje, conocido por su devoción por don Rodrigo Calderón, como a un cultivador de la Magia (aunque fuera de la Magia blanca), aprendida en Alcalá, y protegido por Olivares[25]. No ha de chocar que muchos años después de muerto el valido, el pueblo de Madrid gustara de cuentos semejantes, porque en su época hombres como don Francisco de Quevedo se hacían eco de las acusaciones hechas contra él en este mismo sentido: concretamente de haber utilizado al hechicero Francisco de Juara[26].

Olivares —en suma— es una de las figuras políticas españolas que más huella legendaria ha dejado. Al morir ya se propalaron muchos rumores respecto a su espectro o fantasma, y el gusto por presentarle como a hombre misterioso llegó a los historiadores y novelistas románticos. Sólo a partir de la época de Cánovas se empezó a estudiar su actuación despojándosele de caracteres míticos; paralelamente, en Francia, su rival y vencedor, el cardenal Richelieu, ha sido pintado como figura casi satánica en época similar y por motivos de captación algo semejantes frente a otro débil: Luis XIII.

Otros captadores de voluntad

La debilidad moral, la falta de voluntad de Felipe IV, debía de ser tan clara y patente, que a otros hombres de su *entourage* hubo de acusárseles también de que habían querido captar su alma con hechizos. Fueron éstos el duque de Híjar, protagonista de una famosa conspiración, y el marqués de Valenzuela, conocido como hechicero en los archivos inquisitoriales. A ambos intentos hay referencias conocidas[27]. Pero es preciso analizarlos asimismo en función de una situación judicial particularísima.

La acusación contra el marqués de Valenzuela se halla en el proceso del extraño hechicero y embaucador conquense Jerónimo de Liébana, nacido en La Ventosa el año de 1592, del que hizo estudio particular el señor Cirac. Estando preso en su ciudad de origen en 1631, pidió al alcalde mayor que le oyera una declaración gravísima respecto al rey. Según ella, el marqués, con otros personajes de Madrid, había traído de Francia unos hechizos poderosísimos destinados a despojar de la privanza al conde-duque y a que el marqués le sustituyera en el favor que aquél tenía. Los hechizos estaban preparados en 1627, pero su efecto no empezaría sino el 6 de agosto de 1632 exactamente; estaban enterrados en un cofrecillo que se llevó a Málaga y que Liébana se comprometió a descubrir. No es cosa de contar ahora el mal suceso de la expedición ni el final del proceso[28]. Lo que sí hay que advertir es que, mucho después, un caballero de Santiago llamado don Gabriel de Valenzuela anduvo metido en un famoso asunto de busca de tesoros por medios mágicos.

Pasemos al otro caso de pretendida captación. La llamada «conspiración del duque de Híjar» es uno de los varios episodios extraños del reinado de Felipe IV, al que dedicó un libro valioso don Ramón Ezquerra Abadía[29]. Del libro de Ezquerra se saca la consecuencia de que don Rodrigo Sarmiento de Silva, duque de Híjar, nacido en la primavera de 1600 y muerto a comienzos de 1664, fue un hombre de carácter mediocre, humillado en su madurez por el poco favor que le dispensó Felipe IV y por el desvío sucesivo del conde-duque de Olivares y de don Luis de Haro. En el momento grave de las alteraciones de Portugal y después, al caer Olivares, tuvo la sensación de que podía salir de aquel estado y se dejó llevar de su ánimo supersticioso. Dice en su proceso que, entre otros servicios que prestó a Felipe IV, había de incluirse el aviso que le dio de cómo cierta hechicera se jactaba de haberle hechizado por orden del conde-duque; el duque la hubo de tener presa hasta que Felipe IV le ordenó soltarla[30]. Ahora bien: el mismo duque recurría a adivinos, astrólogos, etc., etc., para robustecer sus pretensiones y deseos. Propuso a Felipe IV envenenar al duque de Braganza, contando con la experiencia de cierto capitán apellidado Peñalosa, el cual hizo varias pruebas de envenenamientos de perros y pollos ante el rey, el magnate y el confesor del rey, fray Juan de Santo Tomás, dominico[31]. Obsesionado por la idea de que podía suceder al conde-duque en su valimiento, el duque de Híjar utilizó los servicios de un jesuita, verdadero intrigante y desesperación de sus hermanos de Compañía, el padre Pedro González Galindo, de cuyas actividades absurdas da cuenta una carta hostil escrita por otro miembro de la misma Compañía y fechada el 27 de diciembre de 1643[32]. Aparte del crédito que Galindo dio a las visiones de don Francisco Chiriboga, profeta de mal agüero para Felipe IV, usó entonces de su ascendiente sobre el duque para agitar la vida palaciega, y el duque, por su parte, usó de brujería en beneficio propio[33], pero sin resultado positivo alguno. Fallidas las aspiraciones de este momento, volvió a darle esperanzas la actividad profética del padre Francisco Monteroni, confesor del presidente de Castilla, don Juan de Chumacero; éstas fueron elemento muy considerable para que se forjara la conspiración en la que el duque quedó implicado, aunque aún no se puede graduar su responsabilidad[34]. Según uno de los más activos partícipes, el criollo portugués Domingo Cabral, el duque de Híjar y don Carlos Padilla estuvieron buscando astrólogos y matemáticos para que precisaran lo que había de ocurrir en sus negocios y pretensiones, y entre éstos el más consultado había sido un extranjero, Serafino de nombre, al que Padilla debió de conocer en Bruselas. Este extranjero pasó de Madrid a Sevilla y de allí a la parte de Portugal para ejercer su profesión de ingeniero y para zafarse de las consultas de Padilla, que, sin duda, le parecían peligrosas[35]. Y con razón. Los conspiradores pagaron caros puros deseos y ambiciones, no actos realizados y fallidos, como en otros casos, y su fe supersticiosa les lanzó a grandes cábalas.

Advirtamos antes de seguir adelante que aunque las visiones de Chiriboga no parece que entraban en un orden estrictamente mágico, sus enemigos las consideraron como de inspiración demoníaca, y, en efecto, de acuerdo con una teología estricta, demostraban que un hombre que profetizaba grandes males si no se seguían sus consejos, que quería ser una especie de «profeta oficial», incluso con habitación en palacio, y que limitaba su actuación como tal profeta a actividades políticas, no podía estar movido por la Divinidad, sino por ambiciones bastardas o móviles no elevados cuando menos. En última instancia, de la actuación de Chiriboga, de su colaboración con González Galindo y de otros socorros que recibieron se deduce que la fama de debilidad de carácter de Felipe IV debía de estar extendidísima y que de ella hicieron objeto de especulación muchas personas[36]: falsos profetas que tuvieron sus naturales «roces» con el Santo Oficio[37], clérigos ambiciosos[38] y aun una personalidad tan enigmática como sor María de Agreda, cuya correspondencia con el monarca es uno de los documentos más estremecedores que existen.

El rey, presunto hechizado en la juventud, lo volvió a ser en la vejez, según el vulgo. En efecto, durante los últimos años de su reinado, otros tipos de hechizos llegaron hasta la alcoba real, con cierta frecuencia al parecer[39], y puede decirse que la aristocracia y la burguesía contaban con un número bastante crecido de hombres y mujeres, convencidos de la eficacia de tales hechizos para satisfacer sus pasiones eróticas y otras más peligrosas para el prójimo, y que querían influir mediante ellos en palacio. La Inquisición, al condenar hechiceros, etc., insistía en su carácter de embaucadores, simuladores, falsarios; pero la opinión continuaba impertérrita, dándoles crédito y atribuyéndoles los males públicos.

Los hechizos de Carlos II

Hemos visto, pues, que entre 1620 y 1630 toma cuerpo la idea de que Felipe III había sido objeto de los intentos hechiceriles de don Rodrigo Calderón, y Felipe IV, de los del conde-duque. De 1650 en adelante los rumores se refieren a hechizos destinados a dificultar la generación de sucesores a la corona española: Felipe IV, envejecido, y su hijo Carlos II, mísero fin de una raza, son objeto de toda clase de cábalas, especulaciones y rumores, sobre todo Carlos II.

Bastantes años después de muerto Felipe IV no sólo la corte, sino todas las cancillerías de Europa volvieron a estar intrigadas por un asunto de hechizos acaecido en España. Era Carlos II rey y el siglo XVII tocaba su fin. El emperador de Austria se juzgaba árbitro de la situación en España, aunque muchas de sus previsiones no resultaron. Creyente como el que más en brujerías, dio en considerar dignas de toda fe las cosas que dijo en Viena un muchacho, al que se estaba exorcizando por endemoniado, en punto a cómo había sido hechizado el rey de España. El Demonio, por boca del muchacho, dijo que el hechizo lo había fabricado una mujer que atendía al nombre de Isabel, la cual tenía la boca disforme y una *t* mayúscula en el hombro; por más señas, el endemoniado añadía que una hija de esta Isabel había sido procesada por la Inquisición, porque era judía notoria. El embajador de Austria en Madrid, conde Aloisio Luis de Harrach, aceptó como buenas estas indicaciones, y al tratar del asunto con el confesor del rey, éste le dijo que él mismo y un fraile saboyano o nizardo, el padre Mauro, habían descubierto que el rey y la reina llevaban sobre sí unas bolsitas que se decía contenían reliquias, cuando en realidad eran hechizos que, colocados debajo de la almohada del lecho conyugal, impedían la generación, cosa que entonces preocupaba mucho, pues no se hacía sino especular sobre el futuro de la monarquía española.

El conde Harrach escribió, por su parte, al emperador que los hechizos de la reina los había confeccionado su favorita, la condesa de Berlips, con una doña Alejandra y a sugestión de la condestablesa Colonna, según declaración de un demonio conjurado por el mismo confesor del rey y el padre Mauro en el cuerpo de otra endemoniada. Se explica que entre un embajador tan crédulo y la reina, muy distanciados a la sazón (a pesar de que debían defender intereses parecidos en un principio), hubiera un gran forcejeo. Parece que, al fin, se renunció a seguir la pista de la Isabel denunciada desde Viena por boca del endemoniado, pero la Berlips fue objeto de distintas maniobras para apartarla de la reina. Por otra parte, no se llegaron a quemar los hechizos encontrados al rey, porque el padre Mauro mismo recordó que poco antes de morir Felipe IV se encontraron en su habitación algunos parecidos y coincidió la muerte con la quema de los mismos[40]. Sabido es, por otros documentos, lo que le pasó luego al confesor del rey por haber recurrido a la hipótesis de los hechizos. El padre Mauro, del que se habla tanto en la correspondencia del conde de Harrach, ya fue detenido a comienzos del año 1700, con gran regocijo de la reina, pues frente a éste, que sostenía que el rey no estaba hechizado, sino más bien endemoniado, ella, con clarividencia (por lo menos en lo que a este negocio se refiere), pensaba que el único hechizo que actuaba sobre su desdichado marido era el haber sido engendrado por un padre gastado y viejo[41]. Pero los odios y rivalidades no se acallaron: el embajador siguió removiendo el asunto con el confesor del rey, que no era otro sino el famoso fray Froilán Díaz; por febrero de 1700 Harrach insistía en que había de castigarse a la Berlips y a sus secuaces[42]. El emperador de Austria estaba horrorizado[43]. Carlos II a todo esto volvía a recaer. Fray Froilán Díaz era despedido. Carlos II vivió toda la primavera, el verano y parte del otoño del primer año del siglo. Pero a las tres menos once minutos de la tarde del día 1 de noviembre de 1700 moría, tras larga enfermedad. «La opinión general es que ha muerto por obra de los hechizos, cosa que concuerda con lo que el Demonio ha declarado en Viena y Madrid», escribía Aloisio de Harrach a su padre el día 4 desde Madrid[44].

Es decir, que en la fecha crítica de 1700, al comenzar el Siglo de las Luces, embajadores, ministros, hombres de corte en general, españoles o extranjeros, creían firmemente en la fuerza de los hechizos. ¿Qué pudo pasar para que ochenta años después nadie, o casi nadie, en un medio parecido, creyera en ellos y se los considerara como cosa propia de los aldeanos y personas indoctas? Lo que pasó se puede describir siguiendo varios métodos. La evolución del pensamiento fue plurilineal. Unos llegaron a reducir por vía racional a puro absurdo las historias de brujas, hechiceras y hechizos. Así los intelectuales, es decir, los médicos, los juristas, los filósofos y los historiadores: los hombres dados a la especulación de muchas supersticiones al someterlas a su crítica satírica, irónica o humorística, según los casos. A veces la ironía empieza en el campo de la credulidad, pero termina en el de la incredulidad más absoluta. No está demostrado, por ejemplo, que las bromas de Quevedo reflejen un punto de vista incrédulo en este y otros órdenes; pero el tono en sí lleva al lector adonde acaso el autor no quiso llegar.

APÉNDICE

«*Delitos y hechicerías que se imputan à el Conde Duque de Olivares, Valido del Rey Felipe Quarto*»

»Salió este papel en 8 de Febrero de 1643, diez y seis días después de la caída del Conde, y salida de la Corte.» (Fols. 101 r.-107 r. del ms. 11.052 (B.N.): «Nació Dn. Gaspar de Guzmán en Roma en la Casa de Nerón; Dn. Enrique de Guzmán su Padre alegó por servicios haber muerto a un Papa siendo embajador. Dijeron los Astrólogos, que según la constelación del (Fol. 101 vto.) signo en que había nacido havía de governar la Monarquía de España: siendo Mozo en Sevilla tuvo mucha comunicación con hechiceros, y lo mismo en Salamanca (quando el año de 1601 le embió su padre a estudiar) y dijo al Padre Maestro Fray Don Pedro de Guzmán, Mercenario Calzado, hijo del Marqués de Vaides: *Primo yo sé que tengo de governar el Mundo*, siendo entonces un Pobre Estudiante. Después han sido ordinarias las demás comunicaciones, y en particular la tuvo con Leonorilla, a quien prendió Don Miguel Cárdenas, Alcalde de Corte el año de 1625 en Madrid y la dio tormento en que confesó algunos hechizos contra el Rey, y por orden de Dn. Gaspar hechizó unos listones (Fol. 102 r.) de los zapatos y un lienzo de narices, por lo qual se la quitó Dn. Gaspar y sacó de la Cárcel, y la embió a Segovia al Corregidor con orden que la favoreciese, y la dio entre otras cosas una colgadura: esto fue el año de 1629 de que es testigo vivo, entre otros, Fray Mateo Rodríquez, Agustino Descalzo natural de Ciudad Real y al presente residente en Almagro, y al dho. Dn. Miguel de Cárdenas, le quitó la Plaza por esto y murió sin ella el año de 1640: y en su testamento cerrado dejó muchas cosas escritas en esta razón, y encargó a su hijo las llebase al Rey en secreto y se hicieron por parte de Dn. Gaspar diligencias, para que no llegasen a noticias de Su Magestad, y pararon en el Consejo Real de donde vinieron (Fol. 102 vto.) a parar a manos de Dn. Gaspar.

»Metió por Médico de la Cámara de la Reyna D.ª Ysabel de Borbón a un hechicero llamado Andrés de León, Clérigo menor, que primero fue Fraile Mercenario, que había estado dos veces preso

107

en la Inquisición: De éste se valió mucho porque daba remedios para bien querer, el qual era el Medianero, que concertaba, y reducía a las personas, que el Rey deseaba comunicar; éste fue quien perfumó diez camisas de la Reina, y las vendijo en virtud de lo qual, dice, que hechó unas Purgaciones, que impedían concevir, lo qual fue público en Palacio.

»Metió a otro hechicero por criado de las Personas Reales, después de haverle (Fol. 103 r.) castigado en la Santa Ynquisición de Cuenca: sabe su nombre y le conoce el Licenciado Juan de Álvaro Racionero de la Santa Yglesia de Toledo.

»Metió a otro hechicero por Criado de las Personas Reales después de haverle castigado en la Santa Ynquisición de Cuenca; save su nombre y le conoce el Licenciado Juan de Álvaro, Racionero de la Santa Yglesia de Toledo[45].

»También tuvo comunicación con otra Hechicera natural de San Martín de Valde-Yglesias a quien llamaba frequentemente a Palacio, y la regalaba, lo qual es público en el lugar de San Martín.

»Quiso hacer amistad con Dn. Miguel Cervellón, el qual era público tenía pacto (Fol. 103 vto.) con el Demonio, y quiso le enseñase todo lo que en esto havía, y Dn. Miguel no quiso, por lo qual le hizo prender y maltratar y al fin se le huió de la Cárcel; y es pública voz y fama que a quantos estaban en la corte de esta calidad procuraba comunicarlos: Hace leer el Alcorán y por ello estuvo delatado en el Santo Oficio una y muchas veces, de lo cual tuvo bastante noticias el Señor Cardenal Monti siendo Nuncio Apostólico en España: Hánsele pegado muchas frases que practicaban a este tenor: A una Señora que solicitaba para el Rey, y se defendió la dijo: "Señora Vm. sepa que las almas son de Dios, y los Cuerpos del Rey; que es doctrina de el Alcorán." Confirma esto la muerte de Ynfante (Fol. 104 r.) Dn. Carlos, hermano lexítimo del Rey, para asegurarle el Estado, como hacen los Turcos.

»La muerte de el Archiduque Carlos, Tío del Rey, que fué constante haver sido con veneno, siguiendo la proposición, que predicó su Confesor el Padre Salazar en el Sermón de los Cinco Panes en la Capilla Real el año de 1629 en que hizo al Rey nuestro Señor de muerte y vida que es lo que practica el Gran Turco.

»Las muertes que se le aplican e imputan son éstas: La de Don Baltasar de Zúñiga; La del Conde de Villamediana; Comendador Mayor de León, su tío, a quien dió veneno en un papel; La de Dn. Fadrique de Toledo; La del Duque de Feria; la del (Fol. 104 vto.) Conde de Lemus; La de Dn. Antonio Moscoso; La del Barbero, que dijo no havía pan; La de cierto Cavallero del Hávito de Alcántara que llevó el Presidente de Castilla Dn. Diego Castrejón a enterrar de secreto a Atocha en una carroza el año de 1642; y el mismo año la de un Frayle de cierta Orden, sin otros muchos; La del Cura de Calpe en el Reyno de Valencia por que dijo al Rey, que los Moros, quando saqueaban un lugar llebaban mucha gente de él; lo qual no lo sabía el Rey, sino muy al contrario. Confirmase también la licencia de leer el Alcorán con la proposición, que predicó en la Capilla Real el año de 1632 por Pasqua de Espíritu Santo el Padre Juan Baptista Poza su gran (Fol. 105 r.) valido, en que dijo: *Que el mentir alguna vez antiguamente era afrenta; pero ya gracias a Dios desde que vino el Espíritu Santo, el mentir mucho se tolera y ya gracias a Dios se toleran los adulterios, y ya gracias a Dios se lee el Alcorán.* De la cual proposición denunció en el Santo Oficio el Doctor Vellón, Comisario de esta Corte, y se disculpó con decir, que hablaba irónicamente, y replicó el Denunciante, contradiciendo esta salida, pidiendo que le obligasen a declarar quién era, quién le oía este sermón, y embió el Conde a sus confidentes a que le oyesen, diciendo: *vaian que tendrán un buen rato.* Y aún no se sabe si por su orden (sospéchase [Fol. 105] que sí) fue al Sermón un Bufón vestido de Turco.

»Comunicó también con Judíos, e hizo venir de Salonique a un grande hechicero, y a otros, y hoy los tiene en la Corte, y repugnándolo el Santo Oficio respondió: Que era servicio del Rey, y propúsose concediese Sinagoga en Madrid, aunque lo repugnaba la maior parte de los Consejos de Estado, e Ynquisición, y Teólogos que se juntaron para ello, y en este tiempo se fijaron Carteles en Madrid, que decían: *Viva la Ley de Moisén y muera la de Christo.*

»En las cosas de San Plácido muestra harta parte, como se ve en los Procesos, y en todas las partes de él, en donde dice (Fol. 106 r.) un Señor; un Príncipe; además de ello lo que se puede añadir es: Que haviendo entrado un albañil a limpiar un caño o Albañal en el combento de San Plácido halló en él un niño recién nacido muerto, y le sacó y haviéndolo dicho a las Monjas y acá afuera le llamaron y nunca más pareció el Albañil, y se tuvo más que grabe presunción de que le hecharon en el mismo Caño, o Pozo con gran peso. Sabían esto los Criados y Familiares del Obispo de Badajoz, Dn. Gabriel Ortiz, el qual fue Juez de la Causa.

»Llebó el Conde Dn. Gaspar de Guzmán a su muger a San Plácido, y en un Oratorio (otros digeron que en el Coro) tuvo acceso con ella, viéndolo las Monjas, que (Fol. 106 vto.) estaban en él, de que resultó hincharse la barriga a la Condesa, y a el cavo de once meses se resolvió, hechando gran cantidad de agua y sangre, lo qual fué mui público en Palacio, y las Monjas decían, o Dios no es Dios, o esta Señora está Preñada.

»Para defender a las Monjas, procuró que Theólogos diesen por probable, el que era lícito hablar con el Demonio, y por su respeto lo leyó en una lección de oposición en Toledo el Doctor Luis García Rodríguez, Capellán de la Encarnación, y por no haverle dado por esto la Canongía le hizo Obispo de Orense y a Fray Antonio Pérez que era Obispo de Vrgel, le pasó a Tarragona, y después (Fol. 107 r). Abila, porque imprimió dos tratados de esto.

»También se ve la persistencia que tiene en los herrores, que se practican en el número de hermitas en el Retiro, que son once. Número que tenían las Monjas señalado en su alumbramiento por el Apostolado, diciendo: Que habían de ser once y no doce porque no hubiese Judas.

»Dejó perder la plaza de Mastrich por D.ª Theresa de la Cerda, Monja de San Plácido, y a quien en su Apostolado llamaban Peregrino raro, que dijo que sabía por rebelación, que no la había de rendir el enemigo, por cuia causa dejó de embiar socorro a tiempo.»

NOTAS

1. *Crónica de Enrique IV*, cap. CXLVIII, *Crónica de los reyes de Castilla*, III, *B.A.E.*, LXX, p. 205 a.
2. *La vida de la Santa Madre Teresa de Jesús*, cap. V, *Escritos de Santa Teresa*, I, *B.A.E.*, LIII, p. 30 b.
3. La idea de que los sapos contienen un veneno poderosísimo se halla reflejada en el trozo siguiente de una carta del padre Sebastián González al padre Rafael Pereyra, fechada el 14 de julio de 1637, en Madrid: «Cerca de Segovia prendieron los días pasados a un francés que andaba diligenciando y comprando de los labradores y segadores, escuerzos y sapos, y le hallaron un cántaro con la sangre y ponzoña de ellos, y ha confesado que tenía intento de verterle en el agua que viene por encima de la puente de Segovia, de la cual bebe toda la ciudad.» *Cartas de algunos PP. de la Compañía de Jesús*, II, «Memorial Histórico Español», XIV (Madrid, 1862), p. 148.
4. Del uso del beleño como sustancia que puede adormecer y quitar el sentido durante mucho tiempo se da un ejemplo curioso en una de las *Cartas de algunos PP. de la Compañía de Jesús*, I, «Memorial Histórico Español» XIII (Madrid, 1861), p. 112. (Carta de Francisco de Vilches, Madrid, 21 de noviembre de 1634).
5. Allá por el año 1635 estuvo alborotado el convento de los jesuitas de Alcalá de Henares, porque un hermano apellidado Zárate, vizcaíno, dio en asegurar que un duende o bruja en forma de mujer, acompañada por el diablo en figura de puerco, le había maltratado de noche. *Cartas de algunos PP. de la Compañía de Jesús*, I, «Memorial Histórico Español», XIII (Madrid, 1861), p. 169 (17 de abril de 1635). Parece que el hermano, en realidad, había sido solicitado por una mujer. (Véase p. 180, carta fechada en Madrid, a 3 de mayo de 1635)
6. Por ejemplo, una Lorenza de Murga, de Simancas, que salió en auto de fe en Valladolid el año 1636, que presumía de ser «revelandera» y de recibir otras gracias y favores de Dios. *Cartas de algunos PP. de la Compañía de Jesús*, I, «Memorial Histórico Español», XIII (Madrid, 1861), p. 457. (Carta del padre Sebastián Rodríguez al padre Rafael Pereyra, fechada en Madrid, el 22 de julio de 1636.) Otros casos de beatas revelanderas consigna el mismo en carta del 12 de julio de 1639. *Cartas...*, III, «Memorial Histórico Español», XV (Madrid, 1862), p. 295.
7. Queda un poco viejo ya lo que dijo sobre estas cuestiones H. Charles Lea, *A History of the Inquisition of Spain*, IV (Nueva York, 1907), pp. 81, 86-88, etc. Habría que volver a examinar el material citado por él y sobre el que trabajó a veces indirectamente. Partiendo de la base de que los inquisidores del siglo XVIII tenían una teoría bastante elaborada acerca de las imposturas religiosas, puede llegarse a la conclusión de que dieron armas a ciertos racionalistas posteriores, que tomaron actitudes radicales en este orden.
8. La relación de la endemoniada fingida, mandada por el padre Juan Chacón al padre Rafael Pereyra, desde Valladolid, a 27 de enero de 1635, nos pinta a las claras un caso de simulación de los muchos que debían de ser comunes en la época. *Cartas de algunos PP. de la Compañía de Jesús*, I, «Memorial Histórico Español», XIII (Madrid, 1861), pp. 125-138. (Ver también en la p. 542 una noticia sobre otra endemoniada de Valladolid.)

9. Por los años de 1636 se habló de un fraile nigromante que hacía sus experiencias en tierras de Salamanca y que después de salir del convento y de vivir de modo desordenado desapareció en circunstancias misteriosas. *Cartas de algunos PP. de la Compañía de Jesús*, I, «Memorial Histórico Español», XIII (Madrid, 1861), p. 396. (Carta del padre Sebastián González, fechada en Madrid, a 8 de abril de 1636.)

10. Julián Juderías, «Un proceso político en tiempo de Felipe III. Don Rodrigo Calderón, Marqués de Siete Iglesias. Su vida, su proceso y su muerte», en *Revista de Archivos, Bibliotecas y Museos*, tercera época, año X (enero de 1906), p. 14. Don Modesto Lafuente, en su famosísima *Historia general de España desde los tiempos primitivos hasta la muerte de Fernando VII*, XI (ed. continuada por don Juan Valera, etc., Barcelona, 1888), pp. 365-371, copió del Archivo de Simancas («Diversos de Castilla», leg. 34) el auto y ejecución del tormento dado al marqués de Siete Iglesias (7 de enero de 1620). Allí se puede ver que los tres jueces le hicieron preguntas respecto a «delictos, muertes, hechizos o venenos», y que don Rodrigo respondió, antes del tormento, lo que sigue en punto a hechizos (p. 366): «... en quanto a los hechizos dixo que él no sabe hechizo ninguno, ni quien lo sepa, y que muchos años ha oyó decir que para atraer voluntades de mujeres eran buenas unas palabras que como dicen: "Fulana diga que te prenda, hijo de Tobías, así me ames y me quieras como el Hijo de Dios a la Virgen María", de las cuales palabras no se acuerda haber usado. Y que asimismo sabe algunos secretos naturales, que oyó decir que perfumando la camisa de uno con la freza de otro le aborrecía o no le quería bien, de lo cual nunca he usado.» Puesto ya en el tormento (p. 369), «los dichos señores del Consejo mandaron que el dicho Marqués diga verdad de los hechizos que se le han preguntado y si ha usado de ellos contra el Rey Nro. Sor., dónde, cómo y quándo, y dónde están, y el dicho Marqués dijo que jura á Dios que S.Md. no está hechizado, ni sabe que lo esté, y es tan buen vasallo de S.Md. que si lo supiera lo declarara en cosa tan importante al mundo».

Se insistió más (p. 370), con nuevos tormentos, pero Siete Iglesias siguió negando.

11. Juderías, *op. cit., loc. cit.*, p. 8.

12. G. Marañón. *El Conde-Duque de Olivares (la pasión de mandar)* (Madrid, 1936), p. 186 y apéndice IV, núms. 31, 32 y 38 (pp. 409-410) y p. 481 (núm. 294).

13. Sobre fray Valeriano véase el capítulo VIII de la segunda parte.

14. Marañón, *op. cit.*, p. 487, núm. 338.

15. El ms. 11.052 de la Biblioteca Nacional de Madrid contiene una copia del *Informe que hizo don Miguel de Cárdenas, Alcalde Casa y Corte al Cardenal Trejo, Presidente de Castilla, sobre los hechizos que se decía daba el Conde-Duque de Olivares al Rey Dn. Felipe IV*, fols. 69 r.-80 vto. La carta aparece fechada a 7 de julio de 1627. Ver también Z. Y. Casaval, «Carta sobre los hechizos que el Conde-Duque de Olivares dio al Rey Don Felipe IV», en *Revista de España*, I (1868), pp. 92-98; y José Deleito y Piñuela, *La vida religiosa española bajo el cuarto Felipe* (Madrid, 1952), p. 289.

16. Ms. 11.052 de la Biblioteca Nacional de Madrid, fols. 101 r.-107 r., se copia en forma de apéndice.

17. Marañón, *op. cit.*, apéndice IV, núm. 47, pp. 410-411.

18. *Obras de Don Francisco de Quevedo*, III, *B.A.E.*, LXIX, pp. 545 a-553, notas 9,

10 y 11. También la p. 547 a y nota 26, a la p. 554, sobre el hechicero de Salónica. El texto sobre Leonorilla dice (p. 545 a):
 «La sabia Leonorilla
 podrá satisfacerte a maravilla,
 con el más raro hechizo
 que en tiempo alguno creo que se hizo,
 para que el Rey se entregue
 todo a ti, y todo a los demás se niegue.»
19. Quevedo, *op. cit.*, pp. 546 b-547 a, y 554, notas 22, 23 y 24, la una sobre las juntas de demonios que se dice vio sor María de Agreda, por los años de 1629; la otra acerca de los tratados que escribió fray Antonio Pérez, aprovechando las consultas de los demonios mismos, por lo que fue hecho obispo. El doctor Luis Rodríguez se dice, por fin, en la última que aprobó «ser lícito tratar al demonio» y así salió obispo de Orense.
20. Véase el capítulo VII de la parte I, § 6.
21. Ésta la publicó R. de Mesonero Romanos, *El antiguo Madrid*, II (Madrid, 1881), pp. 263-268, apéndice 6, pero sin las aclaraciones necesarias respecto a su fecha tardía. Se halla también en el referido ms. 11.052 de la Biblioteca Nacional de Madrid: *Relación de todo lo sucedido en el caso del Convt°. de la Encarnación Benita que llaman de San Plácido de esta corte en tiempo de Felipe Quarto, y privanza del Conde-Duque de Olivares*, fols. 83 r.-89 r. Allí está también la *Acusación y Sentencia de Doña Teresa Valle de la Cerda Priora del Monasterio de San Plácido de Madrid*, fols. 90 r.-100 r. El colector debió de ser algún curioso del siglo XVIII.
22. También se dijo que el protonotario de Aragón, caído el conde-duque, hizo ir de su tierra a la corte a un hechicero famoso al que se quiso prender. Pero resultó que había muerto en el camino, antes de llevar a cabo sus hechicerías. *Cartas de algunos PP. de la Compañía de Jesús*, V, «Memorial Histórico Español», XVII (Madrid, 1863), p. 9. (Carta fechada en Madrid, 10 de enero de 1643.) El proceso de Villanueva lo estudió Lea, *op. cit.*, pp. 133, 142, 145, 156-157, 311.
23. He aquí una composición que se halla en el ms. 8.252 de la Biblioteca Nacional de Madrid, fol. 72 r.:
 Al reyno de España:
 (Aquí yace un Reyno entero
 herido de un Cardenal
 de un Monterey, de un Toral,
 de un confessor cançerbero,
 Salaçar lo hirió primero,
 Villanueva lo hechizó,
 Olivares lo acabó,
 catalanes lo mataron,
 las monjas lo mortajaron
 y Portugal lo enterró.»
La colección de versos antiolivaristas perteneció o fue hecha por don Pedro Varrón, magistrado en Nápoles hacia 1651.
24. *Memorias de Matías de Novoa, ayuda de Cámara de Felipe IV. Segunda parte*

hasta ahora conocida bajo el título de Historia de Felipe IV por Bernabé de Vivanco, IV (Madrid, 1886), pp. 183-184.

25. Quevedo, *Grandes anales de quince días*, Obras..., I, *B.A.E.*, XXIII, p. 219 b, nota b. Véase el capítulo XI de la segunda parte de este libro.

26. Quevedo, *op. cit.*, p. 207 b.

27. Marañón, *op. cit.*, p. 189.

28. Sebastián Cirac, *Los procesos de hechicerías en la Inquisición de Castilla la Nueva (Tribunales de Toledo y Cuenca)* (Madrid, 1942), pp. 160-180; Deleito y Piñuela, *op. cit.*, pp. 274-278; y Marañón, *op. cit.*, pp. 201-202.

29. Ramón Ezquerra Abadía, *La conspiración del Duque Híjar (1648)* (Madrid, 1934).

30. Ezquerra, *op. cit.*, p. 116, con referencia al proceso, declaración del 21-XI-1648 (parte segunda, fol. 156).

31. Ezquerra, *op. cit.*, pp. 119-120. Un resumen puede hallarse en la *Relación de la causa y castigo de Don Pedro de Silva, Don Carlos Padilla, Domingo Cabral, y Consortes. Y con individualidad del tormento dado al Exmo. Sr. Duque de Híjar. Año MDCXXXXVIII*, Biblioteca Nacional de Madrid, ms. 11.052, fols. 147 r.-186 vto. El asunto de los venenos puestos a prueba, a los fols. 170 vto.-171 r.

32. La utiliza Ezquerra, *op. cit.*, pp. 121-126, y se dan título y signatura un poco más adelante.

33. Ezquerra, *op. cit.*, p. 125.

34. Ezquerra, *op. cit.*, pp. 208-210.

35. Ezquerra, *op. cit.*, p. 210.

36. El citado ms. 2.375 de la Biblioteca Nacional de Madrid, titulado *Sucesos del año de 1643*, contiene, a los fols. 290 r.-318 r., la «Copia de la Carta que un Religioso de la Compañía de Jesús escriuió en Madrid a 20 del mes de deçiembre de mil, y seiscientos y quarenta, y tres respondiéndole al de otro de la mesma compañía», que se refiere, sobre todo, a las actividades del padre Pedro González Galindo. A los fols. 310 r.-312 r. puede hallarse una relación detallada de las actividades proféticas de Chiriboga.

37. El borrador en defensa y apología de las profecías de don Francisco Chiriboga, hecho por el padre Pedro González Galindo, se halla en el Archivo Histórico Nacional. Inquisición de Toledo, leg. 105 (núm. 9), 4, *Catálogo*..., p. 105. Data de 1646, y los actos proféticos que enumeran van de 1622 a 1642.

38. Fol. 298 r.: «También eligirá V.P. a quien le quadra se instrumento del dimonio al padre Galindo sacando liçençias subreptiçias rompiendo las condiçiones con que se las dieron desouediente fugitiu incurso en excomunión pretendiendo que su Mag. oya a Don Francisco de Chiriuoga como propheta Mensagero de Dios archiuo, y arcaduz de los Conssejos diuinos, y execute quanto le ordenaren desde un aposento de palacio donde a de estar retirado influiendo siempre a su Mag. el gouierno de todas sus acciones asigurándole si lo cumpliere dichosa paz, y feliçidad en todo, y por el contrario si se apartare, y no lo cumpliere quanto a este propheta le fuere ordenado le amenaça con ynnumerables infeliçidades que pone orror oírlas, y ruina de la Monarquía de suerte que Don Francisco a de ser un oráculo contiano por el qual se ha de rregir su Mag.»

39. Véanse los *Avisos* de Barrionuevo, IV (Madrid, 1894), p. 398 (17 de diciembre de 1661) y antes p. 375 una carta sin fecha, escrita por un religioso; también Gabriel Maura, *Carlos II y su corte*, I (Madrid, 1911), p. 42.

40. Todas estas indicaciones se toman de los *Documentos inéditos referentes a las postrimerías de la casa de Austria en España*, publicados por el príncipe Adalberto de Baviera y el duque de Maura, V (Madrid, 1935). En particular de las cartas del conde de Harrach al emperador: pp. 66-68 (Madrid, sin fecha, 1699), 77-82 (Madrid, 20 de septiembre de 1699), 93 (Madrid, sin fecha, 1699) 97-98 (Madrid, sin fecha, 1699), 143 (Madrid, 17 de diciembre de 1699).

41. *Documentos inéditos...*, V, pp. 167 (carta del conde de Harrach al emperador, sin fecha), 168-170 (otras tres cartas sobre el asunto).

42. *Documentos inéditos...*, V, p. 185 (carta a su padre, escrita en Madrid, a 15 de febrero. Carta escrita por el conde de Harrach, fechada en Viena, a 22 de febrero de 1700). Más noticias, pp. 191-192 (carta del conde de Harrach al emperador, Madrid, 27 y 28 de febrero de 1700).

43. *Documentos inéditos...*, V, p. 187.

44. *Documentos inéditos...*, V, p. 493.

45. Párrafo repetido en el manuscrito.

V
MAGIA Y CATACLISMOS

Guerras y profecías

Cuando el año de 1937 España estaba en plena guerra civil, yo solía hablar en Vera de Bidasoa con una señora, mujer del secretario del ayuntamiento de un pueblo vecino, que me contó que en otro pueblo, también cercano, había habido como una revivencia de la idea de que los «maleficios» andaban a la orden del día; sobre todo entre gentes de caseríos apartados, donde habían quedado personas mayores, sin la ayuda de los jóvenes. Lo que ocurría en la humilde aldea vasco-navarra no era única y exclusivamente debido a «primitivismo» o atraso cultural. Un recrudecimiento análogo de la fe en lo mágico se ha dado repetidas veces en ciudades ilustres y en momentos de grandes catástrofes colectivas: guerras, revueltas, epidemias. Sobre el enemigo real se cargan toda clase de imputaciones, de maldades, y se busca apoyo o justificación de las pasiones desenfrenadas en presagios, vaticinios, horóscopos; en la ciencia de magos, hechiceros, nigromantes y astrólogos de mayor o menor vitola, según los medios o ambientes. Así, al comenzar la guerra de 1914, hubo en París (y en general en toda Francia) una ola de profecías, adivinaciones y pronósticos de tipo político, entre los que se comentaron particularmente los de madame de Thèbes, que anunció la ruina del pueblo alemán en plazo cortísimo. Estos horóscopos y agüeros se llevaban a efecto a base de las viejas fórmulas y se fundaban en el desarrollo extraordinario de las artes mágicas, en París sobre todo. Lo que comúnmente era cosa de ferias y fiestas se convirtió en preocupación honda de aquellos días trágicos. Un joven catalán que entonces se hallaba en la capital de Francia terminando una tesis de letras, el cual luego fue gran periodista con el seudónimo de «Gaziel» (Agustín Calvet), notaba en su diario la diferencia a tal respecto con lo que ocurría en la España de entonces y comparaba aquellas profecías apocalípticas con las de fray Anselmo de Turmeda, enderezadas a alentar a los partidarios del conde de Urgel:

> «Lo cel veig que comanda
> Que molta sanch s'espanda
> E de cascuna banda
> Morrá molt poble[1].»

El «cataclismo», hablando figuradamente, es decir, el gran trastorno en el orden social o político, no es menos propio a esta clase de recrudecimiento de lo mágico que el cataclismo verdadero, o sea el trastorno físico, producido por aguas y unido a otros desórdenes; y lo más terrible es lo que ocurre o ha ocurrido cuando se unen los dos, el cataclismo físico y el cataclismo moralmente considerado. Examinemos ahora un ejemplo muy ilustrativo.

El terremoto de Santiago de los Caballeros y su interpretación

El año de 1541, por el verano, murió el adelantado Pedro de Alvarado, a consecuencia de un accidente que le sobrevino en la conquista de la tierra de Cibola, que había iniciado en combinación con el virrey don Antonio de Mendoza y contra los intereses de Hernán Cortés, cosa que a muchos les pareció mal hecha[2]. Tras esta desgracia se sucedieron otras, a las que se dio una concatenación, fijándose un orden causal entre ellas.

En primer lugar, la viuda del adelantado, doña Beatriz de la Cueva, recibió la noticia en la ciudad de Santiago de los Caballeros con poquísima resignación cristiana. A fray Pedro de Angulo, que la fue a visitar para consolarla, le respondió airadamente, diciendo que Dios no le podía hacer más mal después de haberle quitado el marido, y siguió alborotando con sus gemidos, gritos e imprecaciones y con notorio escándalo[3]. No por eso, sin embargo, perdió la gana de mandar, de suerte que a poco aceptó el nombramiento de gobernadora de la provincia de Guatemala: he aquí un tercer hecho que pareció irregular a muchos, sobre todo en una ciudad asolada desde un principio por revueltas, rivalidades y luchas entre colonizadores[4] y que necesitaba una mano fuerte que la rigiera. Seguía doña Beatriz de la Cueva, después de nombrada gobernadora, en su actitud extremada, haciendo pomposas exequias a su marido, cuando la lluvia comenzó a tomar aspectos de verdadero cataclismo. Durante tres días seguidos no paró de llover a cántaros (tal es la expresión de historiadores antiguos)..., cuando a 11 de septiembre de aquel año, a las dos de la mañana, sobrevino un espantoso temblor de tierra. El volcán a cuya falda estaba la ciudad comenzó a moverse hacia arriba con violencia, produciendo la confusión y espanto propios de estos casos. Ahorraremos ahora la descripción del terremoto[5]. Lo que sí recordaremos es que a doña Beatriz le cogió en su aposento y subió a una pieza alta, donde tenía un oratorio, con doce mujeres principales de su casa. Todos creyeron que era aquél castigo por las ofensas que Dios había recibido de ella, por su falta de piedad, y el caso es que la pobre mujer murió allí, aplastada por las paredes del edificio, junto con sus servidoras y amigas, según se descubrió cuando cesó la catástrofe[6], a la luz del día. No pocos atribuyeron a doña Beatriz la responsabilidad de ella, aun muchos años después de su muerte. Pero hubo distintas interpretaciones del mismo hecho. Oigamos otros testimonios: «Con toda la turbación referida no faltaron en la ciudad personas de ánimo que favorecían y socorrían en lo que les era posible a los caídos y menesterosos, y la mayor parte, por consejo del obispo, acudió a la casa del adelantado, que entendieron tener mayor peligro que otra por ser la primera hacia la parte del volcán; pero ninguno entró en ella, ni la pudo favorecer, impidiéndoles el paso una vaca entre negra y bermeja, con un cuerno quebrado, en que traía arrastrando una soga, como si hubiera estado atada con ella y soltándose para aquel efecto, que con gran furia y espantosos bramidos arremetía a los que acudían a la casa del adelantado, y a unos que atropelló salieron muy mal tratados de sus pies, y con tanta ligereza corrían los unos y los otros, que parecía estar en todas partes, y con la obscuridad de la noche y luz de los relámpagos se figuraba más veloz de lo que era. Afirmaron muchos haber visto en el aire feísimos fantasmas, al modo que pintan los demonios. Otros decían que oyeron grandes alaridos y terribilísimas voces que les causaban gran pavor y miedo»[7]. Poco menos de seiscientas personas quedaron muertas y heridas, y entre las muertas, doña Beatriz, sobre cuya memoria cayeron las mayores execraciones. Pero el obispo hizo que se la enterrara cristianamente y que la gente fuera a su sepelio. Tal era su autoridad[8]. Las interpretaciones sobrenaturales del hecho cobraron luego nuevo rumbo. Una hijastra de la muerta, doña Leonor de Alvarado, y Melchora Suárez, que habían entrado con ella en el oratorio, aparecieron a la mañana metidas en una artesa, entre unos árboles lejanos a la casa, sin que pudieran decir quién las llevó allí; mas sí que doña Beatriz había muerto pidiendo misericordia[9]. En última instancia «túvose por muy cierto que un negro de gran estatura, que pareció en muchas partes, sin socorrer a nadie por más que se lo rogaban, era el demonio, y la vaca que defendía el socorro de la casa del adelantado, una Agustina, mujer del capitán Francisco Cava. De cuya licenciosa vida hay hoy buenos testimonios en los procesos que contra ella hizo su propio marido para apartarse de ella, y de cuyas hechicerías, heredadas de su madre, fue buen testigo el noble caballero don Pedro Portocarrero, a quien por haberla dejado, juntó un bulto pesadísimo y continuamente traía sobre las ancas del caballo que le hacía gemir y reventar, y si andaba a pie, sobre los hombros, que le era de gran fatiga y pesadumbre. Y a este modo interpretaban otras visiones que decían haberles aparecido, porque ninguna creyeron que era de ángel bueno»[10]. He aquí la conclusión a la que llega un historiador religioso bastantes años después del terremoto, recogiendo noticias antiguas.

Observemos ahora el encadenamiento de los hechos expuestos: 1) Muerte del adelantado en una empresa mal calificada moralmente. 2) Desesperación anticristiana de su viuda. 3) Nombramiento de ésta como gobernadora, sujeto a grandes críticas. 4) Cataclismo considerado como: A) Castigo de Dios; B) Obra del demonio, con intervención de una hechicera. En esta última interpretación hay una especie de achicamiento o reducción del problema. Puede pensarse que en otros casos ha ocurrido lo mismo con arreglo al esquema que sigue:

Esfera natural A	Esfera divina B
	Esfera demoníaca C

Un fenómeno natural (A) se considera debido a causas «sobrenaturales», divinas (B). Después, dentro de un plano que sigue siendo sobrenatural, se le da otra interpretación mágico-demoníaca (C). El mismo hecho no es *malo* como *castigo de Dios*, sino como obra maléfica de espíritus malos. Queda siempre un margen de ambigüedad en la interpretación del hecho que resultó dramático para muchas sociedades antiguas y que lo es también para bastantes modernas.

La idea de la responsabilidad, humanizada y minimizada

Si a un mismo hecho físico-natural, o a una catástrofe bélica o política, se le pueden dar dos significados *no* naturales, contrarios entre sí, pueden también preverse graves consecuencias de tipo social, movimientos de masa típicos, según los que han estudiado y caracterizado a tales masas. La responsabilidad se concreta y «minimiza», atribuyéndose los cataclismos más grandes a la acción de una mísera mujer con fama de hechicera, o un grupo de ellas, en contra de los derrotados, que eran además los buenos, según el historiador o exégeta. Sea tras la jornada de Argel, sea tras Alcazarquivir, sea tras la Invencible, el fracaso pavoroso se ha atribuido a oscuras mujercillas o a unas brujas rurales de las de menos cuantía. Claro es que esta interpretación se da junto a otras de más altos vuelos; pero el escoger entre varias queda libre, y cierto tipo de personas de modo automático prefieren lo pequeño a lo grande[11]. En una sociedad moderna diríamos que son personas con mentalidad un tanto infantil propicia a lo que, empleando una palabra popular y expresiva, se llaman «bulos». Porque en las sociedades a las que ahora aludo el terror colectivo se ha unido con frecuencia a una acusación de responsabilidad, con un carácter muy parecido a las acusaciones por las que se abrieron los grandes procesos de Hechicería de los siglos XV, XVI y XVII. Por otra parte, en la busca y determinación de responsables de catástrofes, la hechicera es un personaje más entre varios esterotipados; por ejemplo, los judíos..., después hasta los jesuitas, pasando por los masones, e incluso profesionales, como médicos y boticarios. Estos últimos, al darse epidemias, muertes espantosas, pestes como las que han asolado el mundo hasta bien entrado el siglo XIX y cuando creer en brujas no era permitido, pero sí creer en una concretación del mal, representada por otras personas o comunidades.

Epidemia, envenenamiento supuesto y represión

Parece cosa frecuente que los hombres se acaloren y luchen más por símbolos políticos y religiosos que por realidades, a que aluden tales símbolos de una manera sintética. Esto ha sido así en épocas pasadas, según revelan investigaciones escrupulosas, y parece que continuará siendo. No podemos defender la realidad, toda la realidad que tenemos en nuestro contorno religioso y político; no podemos tampoco atacar la realidad ajena, en todas y cada una de sus partes. Los símbolos se utilizan, pues, para llevar a cabo una selección y atacar o defender de manera más fácil y cómoda. El resultado suele ser distinto al previsto o pobre. La aparente comodidad mental se paga en la práctica.

Al final el símbolo que representa al enemigo sustituye en absoluto a aquel o a aquello que simboliza; se carga de un sentido también absoluto y viene a justificar actuaciones extremadas, porque es común también simbolizar de modo tan inadecuado o tergiversar las cosas de tal forma que no hay modo de hallar lógicamente el nexo entre el símbolo y aquello a lo que viene a sustituir.

Vemos esto hoy y lo hemos padecido sobre nuestra carne; pero en tiempos pasados, en que los hechos se asociaban de modo aún más arbitrario, símbolos religiosos y sociales, representaciones y proyecciones colectivas, permitían toda clase de desenfrenos y violencias.

La idea de que las enfermedades, sobre todo las de aire epidémico o muy general, son debidas no a causas naturales, sino a la voluntad de ciertas personas, expertas en malas artes, hechicerías o como quiera llamárselas, se halla muy extendida entre los humanos de diversa condición y linaje, más o menos primitivos[12]. Y con ella han de ligarse, sin duda, las que han cundido no sólo en las Edades Antigua y Media, sino también en la Edad Moderna, según las cuales los causantes de tales epidemias son ciertos enemigos del género humano, que en unas partes son mujeres malvadas, en otras toman el aspecto terrible de los judíos creados por el antisemitismo, en otras de extranjeros enemigos del propio país, en otras de grupos misteriosos, como los jesuitas, y aun en otras de profesionales interesados en que haya enfermería, es decir, los mismos médicos o boticarios, según va indicado. Estas creencias han sido propaladas y aceptadas más en núcleos urbanos, en las ciudades tenidas como faros de la civilización europea, que en los mismos campos, y es difícil seguir su proceso de difusión. Hagamos, sin embargo, un *excursus* histórico para aclarar nuestras ideas a este respecto, arrancando de fechas remotas.

Las persecuciones por Magia, concretamente aquellas que presentan un carácter colectivo, suelen hallarse ligadas, con cierta frecuencia, a crisis políticas, de gobierno o de poder. En ocasiones se trata de la institución gubernativa misma la que está amenazada, o cree estarlo, y busca una «distracción» para el pueblo o un motivo de represión que no sea puramente político. Otras veces es el jefe del Estado, emperador, monarca, dictador, etc., el que patrocina una represión por motivos parecidos. La historia de Roma abunda en represiones de esta suerte, empezando por el famoso asunto de los venenos, que tuvo lugar, al parecer, el año 331 a. de J.C. Murieron en una epidemia muchos magistrados, y cierta criada dijo que las muertes eran debidas a una verdadera conjura de las mujeres de aquéllos (las cuales no morían, en efecto). Se les descubrieron los venenos que usaban y no tuvieron más remedio que tomarlos, y morir al punto unas; otras fueron después juzgadas. A las veinte envenenadas se sumaron ciento setenta condenadas[13]. Tito Livio, al dar noticia de este asunto, utilizando fuentes muy antiguas, consideraba que las mujeres habían actuado más como poseídas o enajenadas que como criminales: «Captisque magis mentibus quam consceleratis similis visa est.» Aunque hay muchos puntos oscuros en su narración y aunque se ha prestado a muchas conjeturas, yo no creo sino que las autoridades romanas iniciaron con esta represión una serie que llega hasta casi la caída del Imperio y que siempre presenta caracteres equívocos. Que en las sociedades antiguas se utilizó mucho el envenenamiento parece evidente; pero que el rumor de haberlo usado sirvió para represiones y castigos fundados en otros temores es también claro.

El año 180 a. de J.C., tras una peste que asolaba a Italia, y Roma, como otros puntos, padecía mucho a consecuencia de ella, murieron varios hombres ilustres y representativos. Entonces también se llegó a la sospecha de que la causa era humana, que las muertes se debían a malas querencias, y se ordenó una encuesta dirigida a averiguar hechos mágicos *(veneficii quaestio)*. Esta vez una matrona, Quarta Hostilia, fue acusada concretamente de haber hecho morir al cónsul C. Calpurnio para que le sucediera su hijo, yerno de aquél[14].

El asunto de las Bacanales, acaecido en 186[15], presenta los mismos caracteres de represión fundada en acusaciones hinchadas por delatores poco dignos de fe, como la cortesana Hispala, y por deseos de condenar a gente poderosa: los testimonios se compraron, el terror judicial reinó durante una temporada y los historiadores antiguos no supieron separar en su narración los elementos que podrían considerarse contradictorios, que podían revelar un estado semejante al que hallamos en tiempos posteriores en la misma ciudad, cuando bajo la acusación de los delitos de Magia, se condenó a mucha gente importante, a sabiendas de que no eran culpables de lo que se les imputaba. De la forma inexpresiva como Tito Livio narra hechos como los del año 331 y 180 a. de J.C., a la manera como cuentan ciertas represiones algunos historiadores muy posteriores hay un abismo. La culpabilidad de los acusados no sólo es puesta en duda por estos últimos, sino que los procesos, en conjunto, se presentan como puras acciones tiránicas, de abuso del poder de emperadores malvados, de ministros y de favoritos aduladores y rapaces. Así, por ejemplo, no podemos imaginarnos los procesos que se hicieron en Roma contra muchas personas de alta posición, acusadas de Magia, en tiempos de Valente y Valentiniano como muy diferentes a los que conocimos después en la Europa cristiana. El texto de Ammiano, Marcelino, que describe las persecuciones realizadas entonces, parece un texto muy posterior, si se le quitan algunos detalles. Envenenamientos reales o supuestos, adulterios y uniones ilícitas, algunos hechizos también, sirvieron para encausar a senadores, mujeres de éstos, caballeros, etc., sin que faltaran los eternos delatores profesionales o malsines y las declaraciones arrancadas por la tortura. Delitos levísimos costaron la vida a muchos. Un joven, llamado Lolliano, fue procesado por el mero hecho de haber copiado un manuscrito con recetas o fórmulas mágicas: «Convitus codicem noxiarum artium nomdun per aetatem firmato consilio descripsisse.» Su inexperiencia y el terror del momento –el clásico terror judicial– hicieron que fuera condenado a la pena capital[16]. Más tarde, en Bizancio, las acusaciones por delitos de Magia se multiplicaron, y también los historiadores las consideran como fundadas en un abuso de poder[17], de déspotas como Justiniano el Grande. De modo mecánico después surgen los pánicos producidos por epidemias, muertes rápidas, etc., y la atribución de las mismas a venenos y maleficios.

> «Car, par le Dieu de paradis,
> L'ygnorant gent prent tal propos,
> Duquel vrayement ne me los,
> C'un prince n'aye maladie
> Ne pregne desroy par folie,
> Se ce ne vient par trayson,
> Par sorcerie ou par poison.
> Et vecy fole oppinion,
> simple ymaginacion,
> Car un prince est aussy pacibles
> Comme autres homs corruptibles»[18]...

Esto se escribía a fines del siglo XIV, cuando la duquesa de Orleáns fue acusada de haber maleficiado al rey de Francia, que empezó a dar síntomas de locura en 1392. Y el que lo escribió (nacido entre 1340 y 1347 y muerto ya en el siglo XV) vivió en época de grandes persecuciones y en que la justicia dio crédito a cuanto le vino en gana a los poderosos de la tierra y a la masa popular. No hay que perder de vista nunca la posibilidad de que a lo largo de los tiempos y en los ámbitos que vamos recorriendo hubiera casos, muchos casos reales, de envenenamiento. La posibilidad de que se hayan repetido en la Historia asuntos como el de la marquesa de Brinvilliers es grande; pero mayor es, si cabe, la posibilidad de la repetición de rumores sobre envenenamientos colectivos, completamente falsos.

Los autores míticos de las mortandades en la Europa moderna

La epidemia de peste que hubo en Milán por mayo de 1630 fue descrita en unas páginas famosísimas por Alessandro Manzoni, en *Los novios*. Allí puede comprobarse cómo el pueblo enfurecido atribuyó el terrible mal a viejos desgraciados o a extranjeros que «untaban» los objetos más heteróclitos para producirlo mediante un veneno hecho de serpientes, sapos, babas y excrementos[19]: el típico veneno «mágico».

La mortandad producida por el cólera el año 1834 en Madrid se atribuyó a los jesuitas y frailes, considerándola originada por un envenenamiento de aguas realizado por éstos (que eran además enemigos del pueblo liberal). En 1832, y nada menos que en París, se creyó que era obra de médicos, también envenenadores. Dos famosas versiones hay del modo como acogió la población de la capital de Francia aquella estúpida y estupenda idea: la de Guizot, en sus memorias, y la de Eugenio Sue, en el capítulo CXXI de *El judío errante*. Sin duda, la descripción truculenta del folletinista ha ejercido mucha más impresión que la del político e historiador doctrinario[20], quien aseguraba que la mayoría se portó con serenidad ante los «bulos», como se dice en argot periodístico: pero no por eso deja de transcribir unos trozos del *Moniteur Universel*, fechados el 5 de abril de 1832, por los que se ve que los «bulos» costaron la vida a un pobre empleado y que un médico y otros varios individuos más fueron amenazados con violencia[21]. El 22 de marzo comenzó la epidemia, y durante el mes de abril murieron hasta 12.723 personas, entre ellas el mismo presidente del Consejo de Ministros, C. Périer[22]. La epidemia de Madrid costó la vida a 4.869 personas del 28 de junio al 21 de agosto de 1834, y el punto de máxima mortandad se dio en la segunda quincena de julio, en que murieron 3.495, siendo justamente al comenzar aquélla, el 17, cuando ocurrió la «matanza de frailes» famosa[25]. Otras capitales europeas azotadas por el cólera también lo atribuyeron a envenenamientos organizados por grupos misteriosos, y en países de tradición cultural muy distinta a la europea esta creencia se halla aún extendidísima y revive cada vez que se da la epidemia o mortandad. En suma, el historiador se encuentra con la repetición de tres hechos reales en sí o con una posible realidad que en la conciencia individual o colectiva se presentan unidos por vínculos misteriosos:

I) La existencia *real* de cataclismos, epidemias, etc.

II) La atribución de sus efectos a hechizos, envenenamientos, etc.

III) La busca de la responsabilidad humana de los cataclismos, etc., y la represión consiguiente o el intento de represión. Se ha repetido, sin duda, tantas veces el funcionamiento de esta especie de mecanismo social que incluso se da en sociedades que se reputan laicas o laificadas. También se repite, desde época antigua, el que el historiador proteste de los abusos de poder a que puede dar lugar y ha dado.

NOTAS

1. Gaziel, *Diario de un estudiante en París* (Barcelona, 1916), pp. 62-67.
2. Fray Antonio de Remesal, *Historia general de las Indias Occidentales y particular de la gobernación de Chiapa y Guatemala*, I, *B.A.E.*, CLXXV (continuación), pp. 257 b-259 a, lib. IV, cap. I, § 5.
3. Remesal, *op. cit.*, *loc. cit.*, pp. 263 b-264 b, lib. IV, cap. III, § 2.
4. Remesal, *op. cit.*, *loc. cit.*, pp. 264 b-266 b, lib. IV, cap. III, § 3-5: para los desastres de la tierra, pp. 266 b-274, lib. IV, caps. IV-V.
5. Remesal, *op. cit.*, *loc. cit.*, pp. 274 b-275 b, lib. IV, cap. VI, § 1.
6. Remesal, *op. cit.*, *loc. cit.*, pp. 275 b-276 a, lib. IV, cap. VI, § 2.
7. Remesal, *op. cit.*, *loc. cit.*, p. 276 a, lib. IV, cap. VI, § 3.
8. Remesal, *op. cit.*, *loc. cit.*, p. 277 a, lib. IV, cap. VI, § 4.
9. Remesal, *op. cit.*, *loc. cit.*, p. 277 a, lib. IV, cap. VI, § 4.
10. Remesal, *op. cit.*, *loc. cit.*, p. 277 a-b, lib. IV, cap. VI, § 5.
11. Sobe la jornada de Argel y la batalla de Alcazarquivir, ver el texto de Fray Juan Pineda en *Diálogos familiares de la agricultura cristiana*, diálogo VIII, cap. VIII, II, *B.A.E.*, CLXII, p. 165. Sobre otras acciones, el de Lope Martínez de Isasti, citado en *Las brujas y su mundo* (Madrid, 1961), p. 279.
12. L. Lévy-Bruhl, *La mentalité primitive* (París, 1922), pp. 20-44.
13. Tito Livio, VIII, 18.
14. Tito Livio, XL, 37.
15. Tito Livio, XXXIX, 9.
16. Ammiano Marcelino, XXVIII, 1.
17. Véase, por ejemplo, Procopio, *Hist. secr.*, IX, 12, y XII, 11.
18. *L'apparicion de maistre Jehan de Meun et le somnium super materia scismatis d'Honoré Bonet*, tesis de I. Arnold (Estrasburgo, 1926), pp. 10-11, vv. 100-110.
19. Alessandro Manzoni, *I promessi sposi. Storia milanesse del secolo XVII*, 5.ª edición (Milán, 1877), cap. XXXII, pp. 380-382, siguiendo a Ripamonti y otros autores contemporáneos. Compárese con el texto transcrito en la nota 3 del capítulo anterior.
20. M. Guizot, *Mémoires pour servir a l'histoire de mon temps*, II (París, 1859), pp. 313-323.
21. Guizot, *op. cit.*, II, pp. 477-479 (doc. núm. XIV).
22. *Annuaire historique universel pour 1832*, publicado por M.C.L. Lesur (París, 1834), pp. 143-145, 172-173.
23. *Annuaire historique universel pour 1834* (París, 1835), pp. 499-502.

VI
MAGIA, SEXO
Y ESTATUTO SOCIAL
(El arquetipo celestinesco)

«La Celestina» y sus imitaciones

«De vuestra madre, aunque está viva agora, casi os puedo decir lo mismo: que está presa en la Inquisición de Toledo, porque desenterraba los muertos sin ser murmuradora. Dícese que daba paz cada noche a un cabrón en el ojo que no tiene niña. Halláronla en su casa más brazos, piernas y cabezas que a una capilla de milagros; y lo menos que hacía era sobrevirgos y contrahacer doncellas. Dicen que representaba en un auto el día de la Trinidad, con cuatrocientos de muerte: pésame; que nos deshonra a todos, y a mí principalmente, que al fin soy ministro del Rey y me están mal estos parentescos»[1]. Esto escribía, enfático, el verdugo de Segovia a su sobrino respecto a Aldonza Saturno de Rebollo, hija de Octavio de Rebollo Codillo y nieta de Lépido Ziuraconte, de la que en la ciudad se sospechaba no era cristiana vieja y de la que, sin sospecha, se decía era hechicera, alcahueta y componedora de doncellas[2]. El arquetipo de la hechicera injerta en celestina es antiguo y archiestudiado por los eruditos. Y la referencia al auto de fe o al encoronamiento y emplumamiento, tan repetida como aquél, al menos en su forma hispánica, porque, en efecto, la hay en *La Celestina*[3] misma, y llega no sólo a las imitaciones de ésta[4], sino también al teatro antiguo[5], y a las del *Buscón* y del *Quijote*, como son el *Lazarillo de Manzanares*[6] o el *Quijote* de Avellaneda[7]. Versos acerca de viejas encorazadas o emplumadas abundan asimismo en la poesía castellana de los siglos XVI y XVII[8]: los mismos caracteres tienen en las ciudades españolas que en las italianas del Sur, como Nápoles, abundante en colonia española[9], e influidas por los españoles. Parecidos son también en la capital del mundo católico. Hubo en Roma, a fines del XV y comienzos del XVI, una cortesana española famosa, Fulana de los Ríos, a la que se hace referencia en *La loçana andaluza*. Tenía lo suyo de «componedora» y hechicera y vivía en el Burgo, donde después residió la cordobesa «Fue muy querida de romanas, ésta fue la que hazía la esponja llena de sangre de pichón para los virgos, esto tenía que non era ynteresal y más ganava por aquello. Y fue ella en mejor tiempo que no ésta sinsonaderas, que fue tiempo de Alejandro VI, quando Roma triunfava, que havía más putas que frayles en Venecia, y filósophos en Grecia, y médicos en Florencia, y cirúgicos en Francia, y maravedís en España, ni estufas en Alemaña, ni tyranos en Italia, ni soldados en campaña»[10]. Más adelante dice que la de los Ríos fue en Roma peor que Celestina en España, siendo mucho lo que ganó[11]. Pero en Italia, aun en tierra domeñada por los papas renacentistas, las celestinas, españolas o de otra nación, podían vivir mucho más tranquilas que en la severa España, donde su vida era más bien trágica que cómica o tragicómica.

Platican Divicia y la misma «Lozana» de muchas cosas, y la segunda le increpa a la primera de esta suerte: «¡Ándate ay, puta de Tesalia, con tus palabras y hechizos! Que más sé yo que no tú ni quantas nacieron, porque he visto moras, judías, zíngaras, griegas y cecilianas, que éstas son las que más se perdieron en estas cosas, y vi yo hazer muchas cosas de palabras y hechizos, y nunca vi cosa ninguna salir de verdad, sino todo mentiras fingidas»[12]. Afirmación inconsecuente... y sentida.

Por su parte, la así increpada pregunta a la española: «¿Y vos los pelos de las cejas, y dezís las palabras en algaravía, y el plomo con el cerco en tierra, y el orinal y la clara de huevo, y days el coraçon de la gallina con agujas y otras cosas semejantes?» Por lo que se ve que esta cordobesa, trasladada a Roma en la primera mitad del siglo XVI, recitaba algunos conjuros en algarabía[13]. En Italia hay de todo, menos corozas y sambenitos. Éstos quedan para España: para España entendiendo que Portugal era una parte de ella.

La «Alcoviteira» Vicentina

Pues también alude Gil Vicente a la pena de azotes y coroza como dada a la alcahueta Branca Gil, en la *Farsa do Velho da Horta*:

>   «Com cent'açoutes no lombo
>   e uma corocha por capela»[14].

El pregonero proclama así su delito:

>   «Por mui grande alcoviteira,
>   e pera sempre degradada,
>   vai tão desavergonhada
>   como ia a feiticeira»[15].

La una profesión tira de la otra.

Dentro del mismo *stock*, queda otra «alcoviteira» vicentina, la Brizida Vaz del *Auto da barca do Inferno*, que al momento de embarcar lleva

> «Seiscentos virgos postiços
> e tres arcas de feitiços»[16].

Es también figura ciudadana,

> «a que criava as meninas
> pera os conegos da Sé»[17].

En cambio, hay otros personajes imaginados por el mismo artista genial que se apartan algo del arquetipo que vamos dibujando.

La *feiticeira* de la *Farsa chamada auto das fadas* (1511) es un personaje diferenciado en la serie. La mujer protagonista, Genebra Pereira, no es una Celestina más. Tiene caracteres que la emparentan con ellas, pero también resulta más metida que ellas en la vieja tradición brujeril. Fabricante de hechizos, conjuradora de muertos, visitadora de encrucijadas, va montada sobre el macho cabrío al Val de Cavalhinos, lugar donde –según la tradición– se reunían las brujas portuguesas. Tiene, sí, clientela de mal casadas, jóvenes desesperados, frailes lascivos e incluso acaso hombres y mujeres de la corte, que pretenden remedie sus amores. Por ellos Genebra Pereira sostiene ante el auditorio que

> «As tais feitçarias
> Sao, Senhor, obras muy pías»[18].

Delante del público lleva a cabo un conjuro, al que no se resiste un diablo que habla una jerga que Gil Vicente dice ser *em lingua picarda*. Después vienen unos *frailes infernales*, que hablan en español o en castellano, mezclándolo con latines. El arte del Gil Vicente brilla por lo original, y el desarrollo de la farsa, en conjunto, nos introduce en el mundo mitológico-folklórico portugués medieval, con sus *fadas marinhas* contando, las *sereiras* o sirenas que les responden, etc.[19]. Genebra Pereira, por lo demás, no es el único tipo de esta clase de teatro vicentino. Recuérdese a la *feiticeira* que sale también, invocando a los diablos y protegiendo a Rubena en la comedia del mismo nombre[20]. También allí el elemento sobrenatural medieval es muy fuerte y de sabor distinto al que interviene en las obras puramente celestinescas, o en las censuras morales contra las alcahuetas, que ya se encuentran asimismo en el Portugal del XV:

> «Por surdas alcouviteiras,
> bateiras e beatas,
> muitas ardem
> em desonestas fogueiras.
> Desbaratem tais baratas,
> nam lhe tardem;
> nam ciudem con elas ter
> conversaçam sem doesto,
> ca nam podem
> muitos días se manter,
> que nam vam pelo cabestro
> u s'enlodem.»

Esto se lee en el poema de Álvaro de Brito Pestana, escrito en 1481 poco más o menos[21].

La «herencia» celestinesca

Conviene ahora insistir en un aspecto del personaje que nos ocupa, acerca del que los continuadores e imitadores de Fernando de Rojas nos ilustran más, a mi juicio, que sobre ningún otro. Celestina muere. Sólo la imaginación atropellada de don Feliciano de Silva se lanzó a imaginar que aquella muerte era engañosa, para urdir una segunda parte de la tragicomedia. Los más hábiles discípulos del bachiller no aceptan aquella reaparición forzada y emplean otros expedientes[22]. Ahora bien, no creo que sea únicamente por puro artificio literario por lo que el mejor imitador de Rojas, es decir, Sancho de Muñón, en la *Tragicomedia de Lisandro y Roselia*, publicada en 1542, saque a una tal Elicia como *sobrina* y *digna heredera de Celestina* y que luego otros hayan seguido el camino, marcando una línea de herencia biológica y profesional en personajes parecidos. Porque la Magia es cosa de la que repetidas veces se dice que se hereda o más bien transmite por vía familiar tanto como por enseñanza. Elicia añade, es verdad, al laboratorio hechiceril de su tía sustancias, recetas y oraciones supersticiosas que, probablemente, eran populares en Salamanca[23], como lo serían también la nómina que le dio su abuela a Rebollo, al asesino, para no ser muerto a cuchillo, o la oración de la Luminaria, tía del otro asesino, Dromo, o la de la hortelana amiga de la madre de Rebollo mismo, contrarias todas a sangre y heridas[24]. Muy posteriormente veremos aparecer, en pleno auge de la picaresca, *hijas* y *nietas* de Celestina, más o menos hábilmente dibujadas. Pero en el grupo de obras que muestran más directo influjo de la primera observamos que también se aprovecha la idea del grupo o linaje mágico-hechiceril (linaje «matrilineal», claro es), tomando como arranque de él no a la Celestina misma, sino a sus amigas y maestras: así, de mujeres que hubieron de vivir en pleno siglo XV se alcanzan las postrimerías del reinado de Carlos I. Los ejemplos son dignos de tenerse en cuenta.

El personaje de Claudina, protagonista de la *Tragedia Policiana* del bachiller Sebastián Fernández, se figura que es, precisamente, la madre de Pármeno y *maestra* de Celestina. La obra, cuya acción se desarrolla en Toledo, se imprimió en 1547, y aunque sigue muy servilmente a Fernando de Rojas, en algunas ocasiones presenta rasgos más populares y folklóricos que la obra de aquél. Fernández insistió mucho en la dependencia de Celestina con respecto a Claudina para dar vigor a su personaje[25]. Pero incluso cuando alude a los castigos y vituperios de que fue objeto Claudina, no es más que un doble del original: «Acuérdome, madre, del día que te cañonizaron como de lo que hoy he hecho, que aquel día yua yo con el despenssero de las monjas siendo muchacho, a comprar huevos al mercado, y te vi puesta en la picota con más majestad que vn papa assentada en el postrero passo de una larga escalera, con alta e autorizada mitra en la cabeça, que representauas vna cosa muy venerable. Y acuérdome que inquiriendo yo la causa de aquella solemnidad, que para mí era cosa nueua, vi unas letras que a la redonda de aquel como rocadero tenías en la cabeça, que dezían por alcahueta y hechicera. Mochachos te santiguauan, vnos con pepinos, otros con verengenas, otros con troços de verças, que no te dexavan reposar.» Así habla Solino en el acto IX de la *Tragedia Policiana*[26]. Mas la vieja, cínica, reconoce que su crédito en el oficio aumentó desde aquel momento y que, asociada con Celestina, ganó mucho; también aquélla sola en sus tratos cuando pasó por la ciudad el embajador de Francia[27]. Lo contradictorio de su situación social, solicitada y despreciada, lo expresa también el comienzo del acto XIV[28].

Cierto es –por otro lado– que Parmenia, la hija de Claudina, no quiere al principio oír hablar de tales artes y ganancias de su madre por lo sobresaltada que la ve. Pero Claudina no cree mala providencia enseñarle lo que sabe para que, muerta ella, y pasada la juventud de la hija, pudiera ésta ganar buenas doblas[29].

Al fin Parmenia es vendida por su madre a un rufián[30]; luego la misma Claudina deja a Celestina por tutriz de sus hijos[31], al morir a consecuencia de los palos que le propinan los criados de Theophilón. Su hija Parmenia la llora, y Celestina recibe no sólo su laboratorio infernal, sino también los encargos pendientes[32]. Es decir que la transmisión de los hechizos se hace a la discípula vieja: la de la sangre corrompida, a la hija que acaba de prostituir. El bachiller Fernández, además de discípulo de Rojas, fue buen observador de la realidad, y en materia de conjuros y supersticiones, acaso sabía más que aquél.

«Ora, hijo Siluano, es menester que me traygas para hazer vn conjuro, vna gallina prieta de color de Cueruo, en vn pedaço de la pierna de vn puerco blanco, e tres cabellos suyos cortados martes de mañana antes que el sol salga, e la primera vez que cabe ella te veas, después que los cabellos la ayas quitado, pondrás tu pie derecho sobre su pie yzquierdo e con tu mano derecha la toca la parte del coraçon, e mirándola en hito sin menear las pestañas la dirás muy passo estas palabras. Con dos que te miro con çinco te escanto, la sangre te beuo, y el coraçon te parto, e hecho esto, pierde cuydado que luego verás marauillas.» Ésta es la receta que Claudina da al paje Silvano, enamorado de Dorotea[33], receta que está relacionada con una recordada por fray Antonio de Guevara en su epistolario, y que es de honda raigambre castellana, como observó Rodríguez Marín[34], ya que se encuentra en procesos inquisitoriales de los que hablaremos en la segunda parte de esta obra[35].

Nieta de Claudina e *hija* de Parmenia se finge que es la Dolosina de la *Comedia Salvagia*, de Alonso de Villegas, obra de juventud de aquel escritor que fue luego más conocido como hagiógrafo (nació en 1534). Dolosina hereda de su madre y abuela hábitos y enseñanzas. Fíngese en la *Comedia Salvagia* que su madre muere en Milán y que ella se va a París, donde tiene tienda abierta y trata con cierto nigromántico, que le enseña cuanto podía caber en el entendimiento de una mujer. Vuelve luego a España de vieja, habiendo salido joven y hermosa. Casada con un maestro de esgrima fanfarrón, Hetorino, Dolosina ejerce de alcahueta y hechicera, pero ganando grandes riquezas, que su avaricia procura ocultar.

Aunque sea personaje en el que las reminiscencias clásicas aparecen acaso más que en otros del mismo grupo, no cabe duda de que Alonso de Villegas, al terminar de relatar su historia, poniéndola en los labios de Escalión, rufián, diciendo que «lo que en la leche mamó en la mortaja mostrará»[36], se dejaba guiar por un pensamiento arraigado en la conciencia de los hombres y mujeres de su época respecto al carácter hereditario de sus malas artes y acerca del cual hubieron de discutir los teólogos.

Uno de los capítulos más curiosos del tratado de fray Martín de Castañega acerca de las supersticiones y hechicerías es el décimo, en el que discurre sobre «cómo se puede heredar la familiaridad del Demonio», y que por ser corto en extremo copio íntegro a continuación: «Comúnmente se dize entre los vulgares que este officio o ministerio diabólico dexan o pueden dexar vnos a otros como por herencia, mas claro está que ninguno puede ser engañado del Demonio, salvo por su propio consentimiento expresso u oculto (como arriba en el capítulo de los ministros diabólicos está declarado); por ende si de la madre hereda la hija o la sobrina familiaridad diabólica, no fué sin su propio consentimiento verdadero o interpretativo, y este consentimiento interpretativo es no contradecir realmente donde vee que ay sospecha de mal. Assí como si un judío o moro, no creyendo en la virtud del bautismo consintiesse, o no contradiziendo recibiese el bautismo como los christianos lo reciben, realmente sería bautizado y hecho christiano de tal manera que quando veniesse a creer la fe no se avía de tornar a batizar, assí si alguna persona recibiese alguna cosa de su madre o abuela o de otra persona bruxa en señal que la dexaua aquella familiaridad con el Demonio, aunque no lo creyesse, si con aquella sospecha consintiesse, o no contradixesse el mal que presumía, parece que da licencia e autoridad al Demonio para que lo mesmo disponga della que solía disponer de aquella persona que quien aceptó y heredó aquella herencia.»

La opinión vulgar es una, la del teólogo otra; pero, en última instancia, en la «praxis» no hay contradicción entre las dos, como tampoco la hay entre lo que nos dicen los procesos inquisitoriales acerca de hechiceras y lo que escriben los bachilleres y maestros, por muy impregnados de erudición clásica, por muy conocedores de Horacio, Ovidio, Lucano o Luciano, que querramos imaginárnoslos. A este respecto es interesante algún texto del satírico griego, el cual, en uno de los diálogos de las cortesanas, insiste en que una de ellas es *hija* de gran hechicera y hechicera ella misma, experta en encantos tesalios y en fabricación de filtros amorosos[37].

En otro describe lo que sabía hacer para conciliar voluntades una hechicera siria, robusta y vigorosa, utilizando el «rombo» y pronunciando varias palabras «bárbaras» y espantables. La simpatía de los objetos intervenía de continuo en sus operaciones[38].

Pero la etnia y el idioma de origen indican herencia asimismo. Mas sigamos dentro de nuestro ámbito.

El medio social

Las bromas respecto a penas, vergüenzas y parentescos se repiten, una y otra vez, en forma retórica y en textos de épocas en que los jueces, tanto civiles como eclesiásticos, no tomaban a broma el asunto: «Tu tía Mari Gil, la que encoroçaron en Segovia, no por puta sino por hechicera», dice un personaje de la comedia *Cornelia*, de Juan de Timoneda, a la escena V[39]. Esto en pleno siglo XVI, cuando en cualquier ciudad debía de ser común el triste espectáculo de la vieja castigada y perseguida por una plebe violenta, por una chiquillería cargada de instintos sádicos, por una humanidad llena de represiones. Hasta en las colecciones de cuentos y chascarrillos, más o menos ingeniosos, queda reflejada esta reiteración como cosa de burla; burla trágica, pensamos hoy[40].

Aquella clase de «justicia» no sólo era inquisitorial, sino también civil: más civil que inquisitorial acaso. Hay que convenir, sin embargo, en que lo que es comentario agudo, genial, en Rojas o Cervantes, resulta lugar común mecánico en sus seguidores del siglo XVII, salvo en contados casos, y que el texto de Quevedo con el que encabezo este capítulo no contiene sino una gesticulación amanerada más entre otras muchas gesticulaciones burlonas. Claro es que los gestos obedecen a algo, y este algo preocupó día tras día, año tras año, a amplios sectores de la sociedad castellana y andaluza, lo mismo en ciudades populares que en aldeas. Pero escuchemos, en fin, al bachiller Fernando de Rojas.

Vive la sesentona en las afueras de la ciudad, en las cercanías de un lugar apestoso, junto al río, aquel en que se hallan las Tenerías. Su casilla está en cuesta, es vieja como ella y ruinosa, solitaria. Pero a ciertas horas acuden hombres embozados, mujeres de tapadillo. Los trabajos de la dueña dentro son muchos y variados: hace, pues, desde labores finas de costura hasta labores finas de hechicería. Labra camisas y gorgueras (pretextos para recibir mozas), confecciona perfumes y afeites (pretexto para tratar con mujeres mayores o de alto copete). Alcahueta, compone doncellas, trata de conciliar voluntades. Es popular y mal famada a la vez. Estudiantes, despenseros, mozos de abades, mozas de servir, con todos tiene algún negocio. Con los amos también[41]. Todos esperan salga alguna maravilla de su laboratorio para provecho propio; en aquel laboratorio se hallan ordenadas sustancias olorosas, fragosas y agradables y otras repulsivas; lo realmente útil y lo supuestamente útil, como en cualquier botica medieval o renacentista[42].

La mujer está envilecida por la vida. Desde el nacimiento. Asiste a las funciones religiosas y recorre templos y conventos, como la amiga del Arcipreste de Hita. «Trotaconventos» le llama alguien que la conoce bien, en cierta ocasión. Pero esto es para encubrir intereses mayores. «Trotaconventos», sí, pero tres veces emplumada también[43]. Salvo en el momento del conjuro (más conjuro de bachiller que ha leído a Lucano que conjuro de hechicera castellana[44], cosa que ocurre con otros conjuros de obras literarias en que incluso se emplean las figuras del silogismo[45] de una forma que resulta burlesca), nunca o casi nunca deja traslucir la vieja una maldad demoníaca; es simplemente una mujer que ha llevado una vida negra, una mujer pesimista y en muchos aspectos podríamos decir que de mentalidad moderna. Teme el castigo repetido, teme que el cliente desengañado, ensoberbecido y poderoso le maltrate, sus supersticiones le hacen sacar fuerzas de flaqueza[46]. Después, en otra circunstancia, se siente triunfadora[47]. No, no hay que buscar filosofía sistemática en *La Celestina*, sino cambio, acomodo continuo a un vivir trabajoso y cruel. La vida es breve; la juventud, brevísima; más aún la de la mujer que la del hombre. Hay que gozar. El cuerpo pronto se marchita. Para los viejos no hay más que placeres secundarios: la bebida es el mayor[48]. Han de guardar dineros y ganarlos como sea: arrostrando el insulto y la vergüenza pública. El corazón, avezado a sufrir, hace las cosas más leves. Aparte de esto, Celestina (o el bachiller Fernando de Rojas, fino letrado toledano) sabía que la justicia es algo muy relativo, que con falsos testigos y fieros tormentos se puede ultimar muy bien una causa[49]. Salga la hechicera encorozada a la vergüenza pública después de confesar que tiene pacto con el Demonio. La cosa se olvida cuantas veces conviene. Pronto volverán a consultarla clérigos y caballeros, casados, viejos, mozos y niños[50]. Si les da gusto en su pasión la pondrán por los cuernos de la luna (como lo hace Calixto mismo cuando espera). Si les defrauda, todo serán imprecaciones e insultos, maldiciones y dicterios. ¿Qué más puede decir un moderno antropólogo, investigador de los hechos mágicos? ¿Hay alguien que haya pintado mejor este estado de frustración, de fracaso latente que se da de continuo en la persona de la hechicera asalariada, por muy violentos que sean sus conjuros y por muy obedientes que estén los diablos a sus palabras, como lo eran a las de la compañera de Celestina, madre de Pármeno?[51]. No, no creo que haya a este respecto análisis más fino que el del bachiller Fernando de Rojas. Lo que añaden sus imitadores y continuadores son detalles, observaciones particulares sin demasiada enjundia, salvo en lo que se refiere a la «herencia».

La Celestina puede ser, según ellos, de origen «cristiano nuevo», judía o morisca; acaso prostituta en su juventud, hospitalera después. Hija de la ciudad y frecuentadora del trato con burgueses y caballeros más que del de rústicos aldeanos[52]; sus hijas y descendientes forman parte del hampa urbana. No sólo en España, según va dicho: también en Italia prosperaron y fueron consultadas y protegidas por hombres de Iglesia, grandes príncipes, capitanes y hombres de negocios.

En efecto, profesión de corte era la de la alcahueta, según un moralista tan conocedor de la vida española de la primera parte del siglo XVI como fray Antonio de Guevara, el cual lo dice en su famoso libro en que se menosprecia la vida de aquélla[53] y lo reitera también en sus cartas[54]: «Ay otro género de gente perdida en la corte, no de hombres, sino de mujeres, las quales como passó ya su agosto y vendimias, y están ellas de muy añejas acedas, sirven de ser coberteras y capas de pecadores, es a saber, que engañan á las sobrinas, sobornan á las nueras, persuaden á las vezinas, importunan á las cuñadas, venden á las hijas y si no, crían á su propósito algunas moçuelas; de lo qual suele resultar lo que no sin lágrimas osso dezir, y es, que á las vezes ay en sus casas más barato de moças que en la plaza de lampreas»[55].

Hay varios romances en el *Romancero general* que contienen consejos que fingen dados por una Celestina o una mujer joven, todos de un cinismo desgarrado[56]. El lugar común literario, los τόποι, parece hacer su presencia de continuo; pero hubiera sido una gran superioridad de la sociedad seiscentista o setecentista que todo esto no obedeciera más que a reminiscencias literarias lucianescas o cosa por el estilo. No hay modo de defenderlo.

La Lena Corcuera de Cienfuegos, natural de Valverde, «vieja hechicera, alcahueta, encorazada», según el celoso Cervino, ramera en Italia, en Nápoles, cuando joven (en la época del «buen duque de Osuna»), alcahueta de vieja en Valladolid, según ella misma, es personaje que A. Velázquez de Velasco sacó al público en Milán, el año 1602; pertenece al consabido grupo[57] y cae en el gusto del siglo XVI todavía. El que la creó era un italianizante como tantos otros españoles de su época que, en punto a excesos sexuales, miedo a infidelidades, estupros, etc., tenía un criterio acaso más burlón que otros compatriotas[58]. Su libro es una verdadera sátira de celos y engaños. Las alusiones a ciervos, cabras, carneros, unicornios, etc., constantes.

Muy «ambientada» está asimismo la figura de la hechicera alcahueta que hace aparecer Agustín de Rojas en *El viaje entretenido:* hechicera andaluza, ciudadana, del corte siempre de Celestina, con la que la compara[59]. Rojas creía que todo lo que usaba para sus hechizos (la lista es larga y conocida) eran cosas de enredo: «embustes y quimeras, que ni ay echizos, ni puedo entender que los aya». La encorozaron, al fin, con otras diez o doce, y le dieron trescientos azotes, «y embióme a dezir otro día que se yva a Antequera, donde ella era nueua, y los açotes no valían, y estaua cierta la ganancia; que no dexase de yr a verla, si no quería que me lleuasse en bolandas. Fué a Antequera, cogiéronla haziendo baylar un cedazo y echando unas hauas; diéronla otros ducientos tocinos, fuesse a Málaga, y allí dió fin a su miserable vida»[60]. El tono y el ambiente son cervantinos. Aún estamos ante un texto realista sin los amaneramientos de la novela del siglo XVII: de la novela y del teatro.

En el entremés de *La Celestina*, de Juan Navarro de Espinosa, publicado en 1643, el personaje burlesco que la representa hace la consabida enumeración de hechizos y cosas provechosas para amores, dentro de la tradición conocidísima. Pero ya la figura central no dice casi nada, comparada con las anteriores o con otras pintadas directamente del natural. Sin embargo, a veces los textos del siglo XVII son curiosos por pensamientos que reflejan en torno a la virtud de los hechizos[61].

> «Un secretario mío,
> gran rondador de unas puertas,
> dice que topa de noche
> una reverenda vieja
> que aquí, cerca de Palacio,
> en unas casillas entra
> que me ha enseñado de día,
> y a tales horas sospecha
> que viene a cementerios
> o las horcas que están fuera
> de la ciudad, de quitarles
> sogas, cabellos y muelas.
> A aquésta vengo a pedir
> que con palabras o hierbas
> ablande el pecho a Rosinda
> para que me estime y quiera.»

Esto dice Ramiro en el acto II de *El capellán de la Virgen* y aún añade que los hechizos pueden alterar la imaginación de los que los reciben; mas Favila le replica que mujeres como la supuesta vieja en cuestión pueden más bien dar cosas que matan, dada su extrema ignorancia[62], opinión, creo yo, muy de la época de Lope, muy propia de un familiar del Santo Oficio del siglo XVII. No juzgo, en cambio, que fuera tan común en tiempo de los godos, de San Ildefonso, cuando pasa la comedia. Del miedo a actuaciones de mujeres más o menos ignorantes, dan fe autores más graves, si cabe, y de otras partes. De hechizos para «ligar» en la consumación del matrimonio, o para hacer morir a alguien, hablan así los historiadores políticos del Renacimiento italiano, como Guicciardini[63], y los poetas y novelistas de filtros amorosos, bebedizos y sustancias que siempre son de un carácter muy igual, usados por mancebos, doncellas, cortesanas y viejas enamoradas. Porque no se olvide que la mujer que sigue teniendo pasiones amorosas en la vejez, cae con frecuencia en hechicería: lo mismo creen a este respecto los poetas españoles del siglo XVII que Horacio y que los escritores del Renacimiento italiano[64]. Es más, las hechiceras de tierra italiana, peninsular o insular, aparecen en la España de la misma época como especialmente acreditadas.

Recordemos ahora la descripción de un hechizo amoroso, escrita medio en serio medio en broma, que se encuentra en el *Sermón de Aljubarrota*, o mejor dicho, en las glosas que se dicen de don Diego Hurtado de Mendoza. El caso –dice– tuvo lugar poco después de la toma de Granada por los Reyes Católicos. Entre los que concurrieron a la ciudad, tras la conquista, se hallaba un portugués, que se enamoró de una morisca lindísima que vivía en el Albaicín. Ésta le hablaba..., pero nada más, y el enamorado, furioso al fin porque no alcanzaba más favores, decidió recurrir a una gran *hechicera siciliana* («que hay en Sicilia muchas del oficio») que había llegado a Málaga y que de allí pasó a Granada. El portugués pidió a la hechicera («porque en su tierra dicen que se usa medianamente» de estos arbitrios) que le hiciese un conjuro «tan forte que eu mesmo quera esquezerme de amores de mí». Pidió a su vez la siciliana el pago del servicio y un objeto de uso del enamorado, con el cual luego todo lo que tocara quedaría muerto de amores por él. El portugués le dio para este efecto un trozo de chamelote viejo de un sayo, con el que la siciliana fabricó el hechizo.

El portugués, cuando tuvo en su poder el pedazo de chamelote hechizado, no osó ir a ver a la morisca y tocarle con él, a causa de la hora: era tarde; el barrio, muy grande, lleno de moriscos y peligroso para cristianos. Así se fue a pasear hacia la puerta de Elvira. Junto a ella se encontró a un hombre que llevaba un asno cargado de vidrios de Guadahortuna. Determinó comprar uno de aquellos vidrios para obsequiar a la morisca, y como estuviese un poco polvoriento usó del chamelote hechizado para limpiarlo. Quiso la suerte que el chamelote se le fuera de las manos y diera en las orejas del asno, «que era muy gentil garañón, cuales los traen recueros andaluces». Los efectos del hechizo se notaron al punto. El asno tiró tras el portugués con furia indecorosa; el portugués salió corriendo y gritando: «¡Aquí do Rey, aquí do Rey!» El vidriero, desesperado tras los dos. Toda la calle de Elvira, llena de oficiales de distintas clases, fue teatro de la persecución y huida, hasta que el portugués pudo meterse en la casa de alguien y el asno le perdió de vista[65].

Brujas cervantinas

La Celestina es una obra de psicólogo, de un letrado triste por muchas razones, aunque sea un letrado joven. (Pero ¿quién dirá todavía que la juventud es alegre?)

El bachiller Fernando de Rojas vivió, al parecer, muchos años sin volverse a ocupar de ella, preocupado por desgracias familiares, en las que no poco debió de influir la Inquisición. El proceso de su suegro por judaizante no le quitó reputación, sin embargo, y aun después de él, ocupó cargos públicos[66]. Porque, dicho sea con todos los respetos, no está probado que el bachiller fuera converso por los cuatro costados, como su mujer, ni siquiera que lo fuera por uno. Los papeles familiares de mi gran amigo don Fernando del Valle Lersundi, conocedor de su vida y obra como pocos, antes tienden a demostrar que estaba dentro de la categoría de los «cristianos viejos», de suerte que hay que andarse con mucho ojo con ciertas interpretaciones modernas de su obra[67]. Pero dejemos esto aparte.

Es raro su silencio con respecto a ella, famosísima ya en la época de madurez de su vida. Tiempo después encontramos otra vigorosa silueta no de hechicera ciudadana, sino más bien de bruja villana, en la obra de otro hombre con vida, si no triste, sí muy ajetreada. En *El coloquio de los perros*, de Cervantes. Difícil es determinar qué quiso defender allí Cervantes, y los comentaristas de aquella narración se han cargado de mucho saber para no pasar de formalidades[68]. Un perro cuenta su vida a otro y su relación en momento decisivo de ella con cierta bruja hospitalera de Montilla, *la Cañiza-*

141

res, discípula de la famosísima *Camacha* y compañera de *la Montilla*, de la que suponía la misma bruja que era hijo el perro Berganza en cuestión. La pintura de Cervantes es burlesca. No hay que buscar en ella la profundidad psicológica que tiene la de Rojas. Pero lo sorprendente es que se pudiera hacer aquella pintura burlesca de una bruja a comienzos del siglo XVII y que un pobre escritor, sin prestigio social, pudiera poner en boca de un perrillo la doctrina de muchos teólogos y letrados, cargados de griego y de latín[69]. Cervantes, que estuvo en Montilla el año de 1592, hubo de saber algo de *las Camachas*, unas brujas que actuaron allí entre 1550 y 1573[70]; pero su composición está hecha de retazos y a base de lecturas, mezclando tradiciones de orígenes distintos e incluso relacionando a las brujas de la campiña de Córdoba con las de los Pirineos[71]. El valor de la pintura de Cervantes está en lo que tiene de sátira, de ironía, de censura velada, pero censura al fin, de la credulidad pública. Con perdón de los que opinan lo contrario (y siguiendo a don Eustaquio Fernández de Navarrete frente a González de Amezúa y otros), yo no me puedo convencer de que Cervantes creyera, ni siquiera a medias, en lo que describe Berganza[72], al menos cuando compuso la novela. Si ya más viejo y embebido en escribir fábulas septentrionales que le apartaran de la vida cotidiana habló en otro tono, creo que esto hay que atribuirlo a un real cambio de carácter y de gusto, a una especie de regresión senil, respecto de la cual diré algo en otro capítulo de este libro; la regresión de un hombre con temperamento idealista, pero con ojos terriblemente perspicaces para ver la realidad, de la que al final quiere apartarse, como en un ensueño. En este trance escribió lo que escribió en los *Trabajos de Persiles y Segismunda* respecto a Astrología, Hechicería y Licantropía[73] y otros muchos pasajes más, tan distintos a los que le dieron mayor fama como escritor realista, humorista y satírico.

Entre los que pudieran considerarse discípulos de Cervantes, la bruja sigue siendo utilizada como personaje, aunque sea secundario, accesorio; y aun Lope, que era hombre de temperamento muy distinto, escribió sus ironías a costa de la Gerarda, amiga oficiosa de la madre de Dorotea, recordando sus habilidades celestinescas[74], sí, pero aludiendo también a los conventículos de las brujas de las montañas de Burgos, de donde aquélla era oriunda[75].

Otras ironías semejantes aparecen aquí y allá en sus comedias[76]. En el entremés de *La hechicera*, la sátira contra las urdidoras y componedoras de voluntades es grande, pero mayor todavía la burla de las mujeres y sobre todo de los hombres que utilizan sus servicios. La aparición final de los hombres que han estado en una barbería y con los pelos de los cuales hace la hechicera un hechizo para cierta mujercilla descarriada es de gran efecto cómico[77].

Da Quevedo a las brujas un carácter *final* de caricatura horrenda, distinto al de las brujas y celestinas hasta ahora analizadas. Porque Quevedo siempre era gesticulante y tenía poca piedad. En *Las zahurdas de Plutón* parece que había un texto, suprimido por la censura inquisitorial, en el que cierto astrólogo salía perseguido por una tarasca a la que engañó, haciendo que sus hijas murieran en la hoguera o sambenitadas por brujas[78]. No, en Quevedo no hay matiz, ni verdadero humor, ni texto en el que la burla se reparta. Quevedo es un moralista a la antigua que cree en todo lo que le mandan creer. Pero el tono satírico desvirtúa su creencia y le hace aparecer como un genio burlón más: error del lector, error de perspectiva histórica, que incluso nos hace pensar que era más «moderno» que Fernando de Rojas o que Miguel de Cervantes. Más moderno, según la fecha de su nacimiento y muerte; más antiguo en espíritu, como otros hombres de su época.

Un caso novelesco del siglo XVII

Es acaso en obras de ingenios contemporáneos suyos menos famosos y de menor poder verbal, pero de más capacidad de observación, en las que podremos encontrar nuevas referencias a la realidad vivida, dejando a un lado alusiones fugaces en comedias, loas, entremeses, etc. Entre estas obras quiero destacar una, porque presenta el tema en forma que refleja credulidad absoluta y, por lo mismo, se aparta más de los principios admitidos en las causas criminales conservadas en los archivos del Santo Oficio, en que tanto se siente sobre embaucamientos, engaños e invenciones.

Don Gonzalo de Céspedes y Meneses fue un novelista e historiador de la primera mitad del siglo XVII (nació hacia 1585 y murió en 1638), que tuvo una vida accidentada, que pasó parte de su juventud en la cárcel y que, acaso por esto, sentía cierta vocación por el tremendismo literario. Sus historias de amores son violentas, y aunque a veces roza lo picaresco, siempre introduce en ellas elementos pasionales y aun sobrenaturales que nada tienen que ver con la moral avinagrada de Mateo Alemán o de Quevedo. Don

Gonzalo era un romántico y veía el mundo como tal. No ha de chocar que en alguna ocasión nos contara un «clásico cuento de brujas» o de bruja y que, al contarlo, nos diera unos detalles curiosos acerca del medio en que actuaban las viejas tenidas por tales.

La historia que sigue pasó en Andalucía[79]. He aquí que un lunes de Cuaresma salieron varios soldados de Sevilla, a pie, rumbo a Sanlúcar. Fuera ya del «ruedo» de San Juan de Alfarache comenzó una fuerte tormenta, que hizo se desorientara incluso el que les guiaba, conocedor de la tierra. Siguieron andando, a pesar de todo, cuando a un lado de la senda por donde iban vieron moverse una pequeña luz, que excitó su curiosidad. Creía el mozo de mulas que hacía de guía que la llevaban cazadores de perdices. Pero el jefe de la soldadesca, hombre imaginativo, expuso la teoría de que acaso fuera la luz producida por la piedra llamada carbunco, que crían ciertos animalejos. En la discusión, los soldados dieron en averiguar la verdad del caso. Don Francisco, el jefe y el soldado de su mayor confianza, se apearon de sus cabalgaduras. Se acercaron a la luz y divisaron un bulto. Alzó la voz don Francisco. Nadie respondió. Hubo un apagón, y luego, ante el espanto de los curiosos, la luz volvió a resplandecer, dejando ver la imagen horrenda de una especie de cadáver animado, una vieja de aspecto infernal, la cual les increpó duramente por el atrevimiento que suponía el acercarse a ella cuando estaba en tarea. Les conmimó a que se marcharan de allí, dejándose caer luego, haciendo un círculo con sus vestiduras. Mucho fue el miedo de los soldados; pero la impresión fue seguida por razones encontradas de temor y vergüenza profesional. Se desencadenó al punto un huracán furioso que impidió a los mismos que, haciendo fuerzas de flaqueza, prendieran a la mujer. Vueltos al lugar donde la habían visto, no la encontraron; pero sí una linterna sorda y tierra blanca, que despedía un repugnante olor a azufre. Revolvió el jefe aquella tierra, y a poco halló enterrada una imagen masculina de cera: «Era el tamaño poco más de una cuarta, y estaba hecho un erizo de agujas y alfileres; cuatro le atravesaban los riñones, dos por el corazón, dos por las sienes y uno más grueso y grande por medio de la mollera; tenía un hueso en la boca y dos colmillos pequeños en vez de ojos, y lo demás del cuerpo rodeado de cuerdas de vihuela...»[80]. Siguió la lluvia mezclada con piedra. El jefe de los soldados se metió la imagen en la faltriquera de la espada, haciéndose algún daño con los alfileres del hechizo. Alcanzado el camino de Coria, parecía que a la mula del que llevaba consigo la figurilla o hechizo le habían nacido dos alas: tan velozmente caminaba. Volvió a desorientarse el guía, cuando todos se encontraron frente a un pueblo desconocido, que resultó ser Castilleja de la Cuesta; es decir, que habían retrocedido una legua grande en su camino. Pero los sinsabores no pararon aquí. Al llegar a una calleja angosta que salía de la calle Real de Castilleja, apenas pasadas nueve o diez casas del pueblo, oyeron la voz del jefe, el cual, subido en su nuevo *Pegaso*, se estrelló contra las puertas de una casa que quedaba al fondo de la misma calleja, pues era ésta de las que no tienen salida, terminando en culo de saco. El animal, furioso, arrojó a su jinete por las ancas, dejándole sin pulso. Acudió gente al suceso, y al fin se metió al maltrecho soldado en una habitación, en donde una mujer le echó agua a la cara (cosa que le agravó), mientras uno de sus compañeros iba a buscar al cura. Gran sorpresa fue la del soldado compañero del herido al ver que el cura, al que había encontrado a punto de acostarse, pero bien dispuesto para la asistencia espiritual que se le pedía, al darse cuenta de quién les guiaba y a la casa donde iban, se negó rotundamente a proseguir. Agotados todos los argumentos posibles, el mismo cura dijo que se llevara al herido a su propia mansión.

Ya en ella comenzó a tratarse al herido más en serio, y su compañero más íntimo contó al cura todo lo sucedido, atribuyendo gran parte de sus desgracias al encuentro con la hechicera. El cura «le aclaró» las dudas: «Informóme primeramente cómo era comisario del Santo Oficio, cargo por quien sabía particularmente secretos de aquel pueblo...»[81], y que así creía que la llegada de los soldados había sido providencial y destinada a deshacer muchas maldades. Tomó a su cargo la figura de cera y preguntó a los mismos si serían capaces de identificar a la hechicera. Respondieron que sí y salió en busca de ella. Entre tanto, el soldado maltrecho recobró el conocimiento.

Al cabo de media hora volvió el cura, rodeado de gente, y en medio de ella la «espantosa mujer». Reconocida y convicta, confesó la razón de su delito. Tenía el cura un pariente mozo que estaba de viaje para Indias y que era solicitado por una sobrina de la hechicera, la cual quería retenerlo. La sobrina no era otra sino aquella mujer joven que, estando el soldado maltrecho en la primera casa de Castilleja donde le acogieron (antes de que fuera llevado a la del cura), le echó sobre la cara agua, que le puso a la muerte y que estaba hechizada para el galán: de aquí el que el cura no quisiera entrar en aquella casa mal famada y a cuyos dueños aborrecía. Este principio −concluye Céspedes− tuvo la jornada de aquellos soldados a Indias: ellos recibieron ejemplo, el Diablo se vio más burlado que nunca, la hechicera fue castigada «gracias a la incansable diligencia que la Santa Inquisición, opuesta a su maldad en nuestra España, extingue y desvanece semejante semilla»[82]. Esta alabanza a la Inquisición y el desenlace feliz de la mágica aventura, nada quitan para que, encontrándose el soldado narrador de la misma posteriormente en la sierra de Guadarrama, sufriendo una nueva tormenta, creyera que ella había sido desencadenada en venganza por la hechicera andaluza sevillana[83]. Aquí no hay ironía de letrado, ni burla de artista, ni humor de moralista, y como don Gonzalo de Céspedes y Meneses fueron otros muchos hombres que declararon aquí y allá, en Castilla la Nueva o en Andalucía, contra viejas desvalidas y absurdas, ante magistrados graves. De lo que pensaban éstos se hablará más en otra parte de este libro.

Zabaleta y la hechicería

Sigamos ahora examinando la opinión pública reflejada en textos literarios. No hay que hacer aspavientos de un racionalismo fácil ante la credulidad que reflejan. Nadie podrá decir que Juan de Zabaleta, el costumbrista madrileño de origen guipuzcoano, era un hombre ligero y de pensamiento atropellado. Escribió con estilo propio, observó con ojos perspicaces y fue, en suma, un hombre piadoso, pero bastante independiente. Pues bien, Zabaleta, que poco después de mediado el siglo XVII publicó la *Vida del conde de Matisio*, pone en ella un episodio según el cual un criado infiel de cierto noble poderoso y de malos instintos busca en Francia, en los alrededores de París mismo, a una hechicera «de prodigiosos efectos» para vengarse de su dueño. Con este motivo describe nuestro autor a la vieja en forma estereotipada: «Era una viejecilla de tan horrible figura que quitaba el trabajo de pensar cómo sería el diablo, porque no podía ser sino como ella. La pobreza y la estrechez de la casilla —continúa— era tan suma, que más parecía sepultura que casa. Traza debe ser del demonio —comenta después—, permitiéndoselo Dios, que esta infame canalla sea siempre tan pobre para que haga barato de sus delitos y haya con esto más que se enreden en ellos.» Leonardo, es decir, el criado malvado, expone a la hechicera su deseo y ésta le hace ver en un barreño desportillado, lleno de agua, el género de muerte que había de dar al amo: un caballo espantado caería por un despeñadero a cierto río, arrastrando a su jinete, a cambio de dineros, pagados parte en anticipos (doce dobles), parte después (otros cien). «Si alguno dudase si hai hechizos, también dudaría si hai demonios. Demonios hai y hai hechizos, pero hai hechizos porque hay demonios. Éstos, por su natural sutileza, si Dios no se lo prohíbe, tienen potestad sobre el cuerpo y la imaginación del hombre. Con éstos pactan amistad iniqua los hechiceros para tener sobre el hombre mayor poder que el que tienen los hombres. La causa de dudar el vulgo de la eficacia de los hechizos debe ser porque ve este vicio casi siempre en las mujeres, gente por la mayor parte tan sin discurso que nada sabe hacer sino el no hacer nada.» Y aquí sigue una clásica censura de las debilidades femeninas[84]. El «vulgo», siempre el «vulgo», el que cae en el error. El error de no creer, según Zabaleta; el error de creer demasiado, según escritores de generaciones más tardías.

De Zabaleta, nacido en 1626 y muerto en 1667, a Feijoo, nacido en 1676, no hay más de dos generaciones cortas. Sin embargo, publicaba el monje, por la época en que se reimprimían las obras completas en prosa del moralista en la edición que uso (la penúltima, si no me equivoco), una fuerte diatriba contra el vulgo crédulo[85]. El tránsito en el orden *literario* lo marcan autores nacidos después de la década que va de 1620 a 1630 y antes de la que transcurre de 1670 a 1680...

El final de las celestinas literarias

Durante toda la primera mitad del siglo XVII se castigó a los hechiceros con penas que, en realidad, no corresponden a la enormidad de los delitos que se les imputaban en las acusaciones fiscales. Esto da que pensar, como he dicho y repetido; más si se tiene en cuenta la severidad con que se castigaba a los judaizantes y herejes. ¿Cómo el pacto con el Demonio era considerado algo menos grave que el cumplir con algún precepto de la ley mosaica? La realidad es que en tal pacto siempre se veía un tanto de superchería.

Feijoo mismo nos dice que «no obstante el vigilantíssimo cuidado con que el Santo Tribunal de la Inquisición se aplica a examinar y castigar hechiceros y hechiceras, rarísimo se halla en los autos de la fe, castigado por tal: pero sí muchos por embusteros»[86]. Cosa cierta en tiempos de Carlos I y luego a partir del proceso de las brujas de Zugarramurdi, que motivó graves averiguaciones, según he demostrado en otras partes.

Ya en la segunda mitad del mismo siglo XVII (dejando a Galicia aparte) las causas parecen también menos numerosas. Hay como un anuncio de cambios radicales en el pensamiento, y este anuncio queda expresado incluso en el teatro. Vamos a demostrarlo con un ejemplo en que se usa de modo extraño el arquetipo celestinesco.

Don Agustín de Salazar y Torres fue un militar nacido en Soria el año 1642, que murió joven el 29 de noviembre de 1675, en Madrid, y que pasó parte de su vida fuera de España. Se le deben varias comedias, y entre ellas una conocida con el título de *El encanto es la hermosura y hechizo sin hechizo*. También se representó bajo el de *La segunda Celestina*. Un amigo del poeta muerto, don Juan Vera Tassis, publicó ésta junto con las demás obras del mismo, en 1694, terminándola[87]. La lectura de esta pieza teatral de un escritor de la época acaso más tétrica de la historia de España constituye una sorpresa. Aquí nos encontramos a dos damas, doña Ana y doña Beatriz, vinculadas a Sevilla y Granada, y a dos galanes, don Juan y don Diego, con el indispensable juego de criadas y criados: Antonia e Inés, de un lado; Tacón y Muñoz, de otro. Aquí está el barba don Luis. Todos metidos en una clásica intriga de honor y celos que se desarrolla en Sevilla. Y aquí está también Celestina o una descendiente de ella. Nos hallamos ante un producto literario de los más manidos, se dirá alguno. Pues no, la sorpresa es grande, porque resulta que don Agustín de Salazar y Torres, en la época en que los hechizos llegaban a palacio, nos pone ante una mujer afamada por sus conocimientos (incluso astrológicos) en la que confían damas y galanes, etc., etc.[88]; pero que, en el fondo, no es más que una simuladora. Ella sabe que no sabe nada; se ve en horrorosos aprietos, sale de ellos «como por arte de Magia»; pero lo que todos sus clientes reputan obras de sabiduría, no es más que la astuta explotación de casos fortuitos, de situaciones completamente normales. Del personaje triste y arrastrado del bachiller Rojas, de la pintura llena de reservas irónicas de Cervantes, del personaje horroroso de Gonzalo de Céspedes no queda nada: Celestina es una impostora, una embaucadora, y don Juan y don Diego, doña Ana y doña Beatriz, Tacón, etc., víctimas de su propia credulidad, de sus deseos violentos e incontrolados[89]:

> «Yo en mi vida
> tuve ciencia ni la tengo,
> porque sólo he aprendido
> unos embustes caseros,
> con que embobando la gente
> fama de astróloga adquiero»[90].

Esto dice la mujer al final, y demuestra que todo lo que sus clientes creían prestigios no eran más que mañas, cosa que para dicha en la corte de Carlos II, «el Hechizado», parece muy fuerte y que nosotros, guiados por la opinión común, tenderíamos a considerar más propia de la de Felipe V o sus hijos.

La realidad es que entre la gente de entonces debía de haber mucha harta ya de patrañas, pero que no lo decía. Y los últimos cultivadores del teatro clásico español, los que, por edad, podían ser hijos de Salazar y Torres, al desarrollar el género que se llama «comedia de figurón», para hacer efectos cómicos y a la par teatrales, utilizaron esto de los hechizos de una manera muy libre. Recordemos ahora, para apoyar esta afirmación, la comedia famosa de don Antonio de Zamora (muerto en 1728), *El hechizado por fuerza*[91], en la que hace el gasto el figurón mismo, un don Claudio, avaro, pedante, femenilmente cobarde y egoísta, que se cree hechizado por la esclava Lucía, de origen americano y, como tal, experta en la Magia, según el crédulo personaje, al que atontan Picatoste y otros, contándole las proezas de la esclava: volando, chupando niños, transformando personas, etc.[92]. La intención burlesca no se oculta, y por muy calderoniano que fuera Zamora como artista, por muy metido que lo consideremos en la tradición teatral del XVII, la comedia en su espíritu parece más para representada por gente con casaca que por españoles de golilla. Las alusiones a la Inquisición[93], la escena burlesca en la cámara de la supuesta hechicera[94] y otros rasgos y detalles nos ponen ante un mundo bastante cambiado: del criterio de estos dramaturgos y poetas menores o secundarios al del padre Feijoo hay poca distancia, y es significativo que el gusto por una obra como la de Zamora llegara hasta el mismo siglo XIX[95], como llegó el de las aparatosas comedias de Magia de don José Cañizares, al que, por otra parte, se deben algunas «de figurón» asimismo, en que tampoco quedan bien paradas las creencias en duendes y trasgos y otras similares[96]. Por una razón psicológica y sociológica que creo resulta fácil de determinar, desde que empieza a aparecer en la escena española «el figurón», resulta como el símbolo de las ideas rancias. Sea el don Claudio de Zamora, sea el don Lucas de Cañizares o el orgulloso don Policarpo del mismo, en *La más ilustre fregona*[97], al que también le engañan mujeres con pretendido hechizo[98], y que termina en ser hijo de mesonero. Teatro o novela, obra de diversión en todo caso, es la que, a mi juicio, influyó más que la obra técnica, jurídica, filosófica, teológica o físico-natural, para disipar muchas sombras en la conciencia de los españoles y hacerles pasar de la credulidad al escepticismo y a la burla. Toda la segunda mitad del siglo XVIII constituyó una lucha entre las personas chapadas a la antigua y los modernistas, empeñados en una campaña de descrédito de las ideas rancias.

En lo que a teatro se refiere, pese a la influencia de los «neoclásicos», etc., Lope, Tirso, Calderón y tanto o más, si cabe, los que hicieron refundiciones de sus comedias y los últimos cultivadores del teatro de su línea (Zamora y Cañizares entre ellos) siguieron siendo admirados por el público. En el fondo, como digo, las obras de estos autores suponían ya un cambio ideológico. Así puede decirse que se llegó a comienzos del siglo XIX, en que aún se daban con gran éxito representaciones de obras llenas de prestigios o comedias de figurón y de Magia. Varios literatos que se agrupan dentro del movimiento romántico se habían alimentado en su niñez de las tradiciones españolas del Siglo de Oro. La consecuencia se manifiesta en lo que hicieron, bien como eruditos y editores, bien como autores, por remozar temas antiguos, obras antiguas, aunque siempre con un espíritu muy del momento.

Así, por ejemplo, queda en una línea romántica y a la vez en la de Zamora y Cañizares, como «comedia de Magia», la estrenada por Hartzenbusch el 11 de enero de 1841, en el teatro del Príncipe, de Madrid, y refundida en 1855, que se llama *Los polvos de la madre Celestina*, la cual aún se solía poner en los teatros madrileños durante las temporadas de fiestas invernales hacia 1920[99]. Yo mismo recuerdo haberla visto en una sesión infantil. Pero nada hay en ella que refleje ya un «problema» del tipo que aquí interesa. Abundan, sí, las alusiones hostiles a la Inquisición y sus ministros. Mas la Celestina se ha convertido en un personaje fantástico, «romántico» en muchos sentidos, aunque el tono general de la obra sea burlesco y aunque esté escrita para producir en escena muchos trucos y efectos como tal «comedia de Magia». Hartzenbusch hizo las delicias de un público de niños, tomando como base el personaje más trágico de creación española. Raro final para aquel personaje.

En suma, de fines del siglo XV al XVIII se da un cambio de gusto, o unos cambios de gusto literarios que explican en parte la evolución del personaje de *La Celestina*. Pero esto del «gusto» va unido profundamente a cambios mentales, no diré que más profundos, sino distintos. Es toda una teoría del humor ante lo sacro y lo misterioso, lo infernal y lo demoníaco, la que influye en la evolución aquí marcada. También la praxis inquisitorial, como será ocasión de ver al estudiar algunos procesos de mujeres emparentadas con Celestina. En cuanto al Derecho común y corriente fuerza es confesar que anduvo un poquillo retrasado, como lo refleja el hecho de que el castigo de emplumar a las mujeres, a veces por delitos mal justificados, durara hasta 1834, en varias partes de España, según indica don Vicente de la Fuente en una nota a Fernández de Oviedo, lamentándolo[100]. Y don Vicente no era un liberalón que digamos.

NOTAS

1. Francisco de Quevedo, *Historia de la vida del Buscón*, cap. VII de la primera parte, *Obras...*, I, *B.A.E.*, XXIII, p. 498.
2. Quevedo, *op. cit.*, cap. I de la primera parte, p. 486 a.
3. El texto más largo, intencionado e irónico, en el acto VII, ed. Julio Cejador, I (Madrid, 1913J, pp. 237-245. En *Novelistas anteriores a Cervantes*, *B.A.E.*, III, pp. 33 b-34 a.
4. Por ejemplo, en las *Coplas de las comadres*, de Rodrigo de Reinosa, transcritas en el *Ensayo de una biblioteca de libros raros y curiosos*, de Gallardo, IV (Madrid, 1889), cols. 51-52, núm. 3.589.
5. Véase el *Colloquio de Tymbria*, en *Obras de Lope de Rueda*, II (Madrid, 1908), pp. 86-87, 197-198 (paso cuarto de «El deleitoso»).
6. Juan Cortés de Tolosa, *Lazarillo de Manzanares* (Madrid, 1901), cap. VIII, pp. 53-54. Salió por primera vez en 1620.
7. En el cap. XXIII y en otros. *Novelistas posteriores a Cervantes*, I, *B.A.E.*, XVIII, p. 70 a. en la novela de Alonso Jerónimo de Salas Barbadillo, *La hija de Celestina*, publicada en 1612, la Méndez entra en el mismo grupo. Véanse, en la edición de Madrid, 1907, las pp. 116-117.
8. En las referidas *Coplas de la comadres*, Gallardo, *op. cit.*, IV, col. 53:

«¿No conocéis la emplumada,
gran maestra de afeytes,
que face mudas et aceytes
y tiene la cara acuchillada;
y es mujer amaestrada
muy gran buja y hechicera,
alcahueta, encantadera,
con tales acompañada?
Ha andado al partido,
después ha sido ramera,
vendedora y hornera
y hospitalera ha sido,
y nunca tuvo marido
et dice dos mil donayres,
et fue manceba de frautes
todo el tiempo que ha sido.»

9. *Vida y hechos de Estebanillo González*, cap. XI, *Novelistas posteriores a Cervantes*, II, *B.A.E.*, XXXIII, p. 351 b, dice hablando de Nápoles: «Fuime a entretener con las damas, donde acabé de ver la mayor mudanza que pueden contar las historias pasadas, porque las que dejé bisoñas estaban ya jubiladas, las que eran mozas y ollas las hallé viejas y coberteras, las que había dejado en el amago de la senectud las hallé pasando plaza de hechiceras y brujas, y primera, segunda y tercera vez subidas en azoteas, y residentes en Corozaín.» Es decir, encorazadas varias veces y sacadas a la vergüenza pública.
10. Francisco Delicado, *La loçana andaluza*, ed. Antonio Vilanova (Barcelona, 1952), parte II, mamotreto XXVIII, pp. 121-122.

11. Delicado, *op. cit.*, parte II, mamotreto XXXI, p. 131.

12. Delicado, *op. cit.*, parte III, mamotreto LIV, p. 217. Tesalia, según es sabido, era la tierra clásica de las hechiceras en la literatura greco-latina. Ya Menandro compuso una comedia, *La Tesala*, en que se representaban las acciones de la mujeres de aquel país que con sus hechizos hacían bajar la luna. Plinio, *N. H.*, XXX, 2, se refiere a ella. Ver asimismo Alcifrón, *Epist.*, II (1), 37, y Luciano, *Diál. mer.*, IV, 1 (Luis Nicolau de Olwer, *El teatro de Menandro* (Barcelona, 1911), p. 54. El hechizo de hacer bajar la luna es el clásico de las mujeres de Tesalia, según otros textos: Horacio, *Epod.*, V, 45 («quae sidera excantata voce Thessala»); Virgilio, *Eclog.*, VIII, 69, etc.

13. Delicado, *op. cit.*, parte III, mamotreto LIV, p. 217.

14. Gil Vicente, *Obras completas*, ed. Marqués Braga, V (Lisboa, 1953), p. 174.

15. Gil Vicente, *op. cit., loc. cit.*, p. 175.

16. Gil Vicente, *op. cit.*, II (Lisboa, 1951), p. 64.

17. Gil Vicente, *op. cit., loc. cit.*, p. 66. Sobre los castigos a la misma, p. 77.

18. Gustó de conjuros el autor como recurso escénico de forma intensa.

19. Lo principal de la farsa, para la caracterización, va al principio. Gil Vicente, *op. cit.*, V, pp. 177-185. Sigue luego el conjuro (pp. 185-190), con la aparición diabólica; luego (pp. 191-201), la de los frailes; después, las «fadas», etc.

20. Gil Vicente, *op. cit.*, III (Lisboa, 1953), pp. 19-25.

21. *As mais belas líricas portuguesas. Selecção, prefácio e notas de José Régio* (Lisboa, s.a.), p. 54.

22. Sancho de Muñón rechazaba de plano la idea de la muerte supuesta de Celestina.

23. Sancho de Muñón, *Tragicomedia de Lisandro y Roselia...*, en *Colección de libros raros y curiosos*, III (Madrid, 1872), pp. 74-75.

24. Sancho de Muñón, *op. cit., ed. cit.*, p. 252.

25. El mismo título lo indica:
Tragedia Po- / liciana, en la qual se tractan los muy / desdichados amores de Poli- / ciano e Philomena. Executados por industria / de la diabólica / vieja Clau- / dina / Madre de Parme- / no, e maestra de / Celestina, (Toledo, 1547). He consultado el ejemplar de la Biblioteca Nacional de Madrid, R-2628. También tenía Claudina una hija, Parmenia (fols. XII r., XIII r., acto IV). Su caracterización, como partera, perfumista, hechicera al fol. XVII vto., acto VII. De su discípula Celestina y su rápido aprovechamiento, fol. XXIV r., acto IX.

26. Fol. XXIV vto. Alude Salucio, por su parte, a la pena de emplumamiento.

27. Fol. XXV r.

28. Fol. XXXVIII r.

29. Fol. XLII vto., acto XVI.

30. Fols. LX r.-LXII, acto XXII.

31. Fols. LXXII vto.-LXXV vto., acto XXVII.

32. Fol. LXXIV vto.

33. Fols. XLIII vto.-XLIV r., acto XVI.

34. M. Menéndez Pelayo, *Orígenes de la novela*, III, *Nueva Biblioteca de Autores Españoles* (Madrid, 1910), pp. CCXLVI, CCXLVII y 33 a.

35. Cap. XII, § I, de la segunda parte.

36. Alonso de Villegas, *Comedia llamada Seluagia*, en «Colección de libros raros y curiosos», V (Madrid, 1873), pp. 115-116. Recetas en la p. 151.
37. Luciano, *Diál. mer.*, I, 2. Entre otros, el de hacer bajar la luna sobre la tierra. Véase nota 12.
38. Luciano, *op. cit.*, IV, 4-5.
39. Las tres comedias de Juan Timoneda (Valencia, 1559), reproducidas en facsímiles por la Academia Española (Madrid, 1936), fol. CIII vto.
40. *Cuentos*, de Garibay, *Sales españolas o agudeza del ingenio nacional*, B.A.E. (continuación), CLXXVI, p. 214 a: «Habiendo azotado a una hechicera que iba encorozada, al tiempo que el verdugo la abajó del asno, pidióle que le pagase, y dándole cuenta del papel y colores de la coroza, ella le pagó y le dijo: Hermano, pues tanto cuesta, dádmela acá, que presto la tornaremos a haber menestar, y estará pagada.»
41. Véase el acto I, ed. cit., I, pp. 69-71 (*B.A.E.*, III, p. 11 a).
42. Acto I, ed. cit. I, pp. 72-86 (*B.A.E.*, III, p. 11 a-b).
43. Acto II, ed. cit., I, p. 121 (*B.A.E.*, III, p. 17 a).
44. Acto III, ed. cit., I, pp. 148-152 (*B.A.E.*, III, p. 20 a-b).
45. Una vieja candelera que es hechicera es el personaje de cierta farsa de Diego Sánchez de Badajoz, a la que da nombre, la cual, en un momento, hace un cerco estilo Celestina, con un conjuro para que cierta mujer se rinda a un amor, de modo deshonesto:

«Sea luego aquí conmigo
Sapesmo y Baralitón,
Darío, Ferio y gran Plutón,
que es el mayor enemigo,
traya envisible consigo
al luxurioso Asmodeo,
para que cumpla el deseo
en su amiga deste amigo.
Sáquela desa cama,
tráyala aquí engarrafada,
hágala venir penada,
encendida en biua llama,
hágala de honesta dama
desonesta y luxuriosa,
tan suzia como hermosa,
torne en diffama su fama.
Siéguela del corazón,
hágala muy atrevida,
no espere ser requerida,
véncase de su pasión,
no se subjete a rrazón,
no tenga temor ni freno,
no escuche consejo bueno
contra su ciega opinión.»

Recopilación en metro (Sevilla, 1554), edición en facsímil, (Madrid, 1929), fol. CXXIII vto.

46. Acto IV, ed. cit., I, pp. 153-158 (*B.A.E.*, III, pp. 20-21 a).
47. Acto V, ed. cit., I, pp. 193-195 (*B.A.E.*, III, p. 26 a).
48. Acto IV, ed. cit., pp. 164-174 (*B.A.E.*, III, pp. 22 a-23 a).
49. Acto VII, ed. cit., pp. 243-245 (*B.A.E.*, III, p. 34 a).
50. Acto VIII, ed. cit., p. 241 (*B.A.E.*, III, p. 33 b).
51. Acto VII, ed. cit., pp. 237-240 (*B.A.E.*, III, p. 33 b). «Aprovéchase el otro de la diligencia y solicitud de un honrada vieja para sus ruines intentos; pero véala presa y condenada a coroza y a azotes, no dará dos reales por librarla.» Esto dice fray Alonso de Cabrera, en la consideración cuarta, del lunes después del Domingo de Pasión: *Sermones*, I, en *Nueva Biblioteca de Autores Españoles*, III (Madrid, 1930), p. 352 b.
52. En esto ha insistido, partiendo de un punto de vista distinto al mío, J. A. Maravall.
53. Fray Antonio de Guevara, *Menosprecio de corte y alabanza de aldea* (Madrid, 1915), p. 159, cap. X.
54. *Libro primero de las epístolas familiares de fray Antonio de Guevara*, parte II, carta 24, ed. de José María de Cossío, II (Madrid, 1952), p. 292, en *B.A.E.*, XIII, p. 207 b, es la núm. XI.
55. Guevara, *op. cit.*, p. 173, cap. XI. Insiste al final, p. 253, cap. XX.
56. *Romancero general (1600, 1604, 1605)*, II (Madrid, 1974), pp. 157 a-158 a (núm. 1.049), 180 a-182 a (núm. 1078), 329 a-330 b (núm. 1.332), 330 b-331 b (núm. 1.334).
57. M. Menéndez Pelayo, *op. cit.*, XVI, pp. 390 b-391 b, del texto de Velázquez, ed. Valencia, s.a., pp. 12 y 15, acto I, escena I.
58. *La Lena / por / D. A. V. D. V. Pinciano / Al Ilustriss. y Excelentiss. S. D. Pedro Enri- / quez de Azebedo, Conde de Fuentes, d'el / Consejo d'Estado, Gouernador del de / Milán y Capitán general en / Italia, por el Rey Cató- / lico N. S. // En Milán, / Por los herederos del quon. Pacifico Pouejo / Ivan Baptista Picalia compañeros. 1602 / Con licencia de los superiores*. Ejemplar de la Biblioteca Nacional de Madrid (R-136633), que perteneció a don Pascual de Gayangos. En el prólogo la protagonista ya se refiere a su reputación de «vieja hechizera, alcahueta, encoroçada» (p. 2). Sigue luego su historia (pp. 8-12), que termina diciendo que «siempre fui la ramera, tercera muere o mesonera». El nombre entero lo da a la p. 62 (acto II, escena I), para hacer burla de vanidades genealógicas. Se halla la expresión «nata y flor de las mujeres del Arte», a la p. 68 (*ídem*). Respecto al domicilio, acto II, escena V, pp. 86-87.
59. *El viage entretenido* se publicó en Madrid el año de 1604. *Orígenes de la novela*, IV, *Nueva Biblioteca de Autores Españoles*, XXI (Madrid, 1915), p. 479 a.
60. Agustín de Rojas, *op. cit., ed. cit.*, p. 479 a.
61. *Colección de entremeses, loas, bailes, jácaras y mogigangas desde fines del siglo XVI a mediados del XVIII*, I, 1.°, *Nueva Biblioteca de Autores Españoles* (Madrid, 1911), pp. 220-221.
62. *Obras de Lope de Vega*, X, *B.A.E.*, CLXXVIII (continuación), p. 301 b.
63. F. Guicciardini, *Historia de Italia*, I (Madrid, 1889), lib. I, cap. II, p. 49, hechizo contra Juan Galleazo; V (Madrid, 1890, lib. X, cap. III, p. 164, enfermedad de Próspero Colonna.

64. Así, por ejemplo, don Francisco de Trillo Figueroa, escribió romances contra alcahuetas: «A una beata, tercera muy entremetida», *Poetas líricos de los siglos VI y VII*, II, *B.A.E.*, XLII, pp. 65 a-66 a. Pero otros poetas del mismo siglo atacaron a antiguas hermosuras que, de viejas, hechizaban de forma distinta a como lo hacían de jóvenes. Así, don Agustín de Salazar y Torres, en un soneto, *Poetas...*, II, *loc. cit.*, p. 219 b (núm. XIX: «A una dama que, siendo vieja, tenía más galanes que cuando fue moza y se decía que tenía algo de bruja»).
65. *Sermón...*, en *Sales españolas o agudeza del ingenio nacional*, *B.A.E.* (continuación), CLXXVI, p. 74 a-b.
66. M. Serrano y Sanz, «Noticias bibliográficas de Fernando de Rojas, autor de La Celestina y del impresor Juan de Lucena», en *Revista de Archivos, Bibliotecas y Museos*, año VI, núms. 4 y 5 (abril y mayo, 1902), pp. 245-299.
67. Menéndez Pelayo, *Orígenes de la novela*, III, ed. cit. (notas 34 y 57), pp. XII-XIV, discurrió partiendo de las averiguaciones de Serrano. Mucho después Fernando del Valle-Lersundi publicó varios documentos sobre Fernando de Rojas y su familia, que no han sido debidamente aprovechados: primero, los «Documentos referentes a Fernando de Rojas», en *Revista de Filología Española*, XII (1925), pp. 385-396, con la probanza de hidalguía de sangre *ad perpetuam rei memoriam* del licenciado Hernando de Roxas (1584), que era hijo de Francisco, nieto de Fernando, («el que compuso el libro de Celestina», según un testigo) y bisnieto de Garci Ponce de Rojas, todos *hidalgos*. El problema de la limpieza se plantea o embrolla con el matrimonio de Fernando precisamente. También publicó Valle-Lersundi el «Testamento de Fernando de Rojas, autor de La Celestina, otorgado en la villa de Talavera, el 3 de abril de 1541», en *Revista de Filología Española*, XVI (1929), pp. 366-383.
68. *El casamiento engañoso y el coloquio de los perros*, ed. de A. González de Amezúa (Madrid, 1912), tiene un prólogo y numerosas notas de mucha erudición, en efecto, pero el criterio podría ser más penetrante a mi juicio.
69. *Ed. cit.*, pp. 333-345 (*B.A.E.*, I, pp. 237 a-240 b).
70. González de Amezúa, *op. cit.*, pp. 171-176.
71. *Ed. cit.*, p. 339 (*B.A.E.*, I, p. 239 a).
72. E. Fernández de Navarrete, *Bosquejo histórico sobre la novela española*, *B.A.E.*, XXXIII, pp. XLIV-XLV, y González de Amezúa, *op. cit.*, pp. 197-201.
73. *Trabajos de Persiles y Seguismunda*, libro I, cap. XVIII, *Obras de Cervantes*, *B.A.E.*, I, pp. 583 b-584 b.
74. Lope de Vega, *La Dorotea*, acto I, escena II, ed. Américo Castro (Madrid, 1913), pp. 9-10.
75. *La Dorotea*, ed. cit., p. 257.
76. El gato negro y el mochuelo eran animales propios de las brujas. En el acto I de *La venganza venturosa*, de Lope, se lee:

«Fabricio.—Dios te libre, buen Riselo,
        de dar en vieja aniñada,
        sin toca y rubia de pelo.
  Riselo.—Deja que hechicera añada,
        con gato negro y mochuelo.»

Obras de Lope de Vega publicadas por la Real Acedemia Española (nueva edición), *Obras dramáticas*, X (Madrid, 1930), pp. 189-190.

77. *Obras de Lope de Vega...*, VI, *B.A.E.*, CLVII, pp. 245-248. El tema se utiliza en otros entremeses.
78. Quevedo: *Obras...*, I, *B.A.E.*, XXIII, p. 319 a, nota 1.
79. Gonzalo de Céspedes y Meneses, *Fortuna varia del soldado Píndaro*, libro I, caps. XVI-XVIII, *Novelistas posteriores a Cervantes*, *B.A.E.*, XVIII, pp. 307 b-313 a.
80. Céspedes, *op. cit.*, p. 308 b.
81. Céspedes, *op. cit.*, p. 309 b.
82. Céspedes, *op. cit.*, p. 313 a.
83. Céspedes, *op. cit.*, libro II, § VIII, p. 335 a.
84. *Obras historicas politicas, filosophicas y morales. Escritas por don Juan de Zabaleta* (Madrid, 1728), pp. 32 a-33 a.
85. De todas maneras el discurso sobre el «Uso de la Mágica» está lleno de reservas y salvedades, B. J. Feijoo, *Theatro critico universal*, II (Madrid, 1781), pp. 144-208, discurso V.
86. «Uso de la Mágica», *Theatro critico...*, II, pp. 180-181, § X, núm. 50.
87. Puede leerse en la colección hecha por Mesonero Romanos, *Dramáticos posteriores a Lope de Vega*, II, B.A.E., XLIX, pp. 241-246.
88. La pintura que hace Tacón, *op. cit.*, p. 243 b, de las habilidades de la Celestina sevillana entran dentro del canon general. Pero lo que dice de sí la propia mujer, pp. 243 c-244 a, ya se desvía de aquél:

«Mas yo inventé una quimera,
que es la que más me ha valido,
y es que yo misma he fingido
que soy tan grande hechicera,
que sé al punto dónde estriba
la fortuna, y que comprendo
la Astrología, mintiendo
aun de las tejas arriba;
es esto de las estrellas
el más seguro mentir,
pues ninguno puede ir
a preguntárselo a ellas;
por mentir a lo gitano
a todos las manos tomo,
y me voy por ella como
por la palma de la mano.»

Aquí no hay equívoco alguno, y esto no lo dicen los que agrupan las obras de Salazar con las otras imitaciones de *La Celestina*.

89. Véase el desenlace de la jornada III, *op. cit.*, pp. 262 c-264 c.
90. *Op. cit.*, p. 263 b.
91. *Dramáticos posteriores a Lope de Vega*, II, B.A.E., XLIX, pp. 435-456.
92. *Dramáticos...*, *op. cit.*, p. 442 a-c.
93. *Dramáticos...*, *op. cit.*, p. 445 c.

94. *Dramáticos...*, *op. cit.*, pp. 446 c-448c, jornada II.
95. Dice Mesonero Romanos, *Dramáticos...*, *op. cit.*, p. XX del prólogo, que el público se la sabía de memoria.
96. Por ejemplo, *El dómine Lucas*, en la misma serie de *Dramáticos posteriores a Lope de Vega*, II, B.A.E., XLIX, pp. 505-527.
97. *Dramáticos...*, *op. cit.*, p. 591.
98. *Dramáticos...*, *op. cit.*, pp. 599 b-601b.
99. *Teatro de D. Juan E. Hartzenbusch*, II (Madrid, 1890), pp. 125-298.
100. Gonzalo Fernández de Oviedo, *Las quinquagenas de la nobleza de España*, I (Madrid, 1880), p. 65: «... le hiciera mereçedora de los tres materiales que la justicia da a las alcahuetas en Castilla, que son; miel, pluma e coroça, y el cuarto el asiento más alto en la picota.» Don José Jiménez Aranda (1837-1903), pintor sevillano al que se deben muchos cuadros de costumbres hechos a punta de pincel, dejó uno sin terminar, pero de color muy justo, que representa *Las emplumadas*. Así como Galdós, recogiendo testimonios, pudo reconstruir la vida en la época de Carlos IV, pintores como Jiménez Aranda hicieron una labor paralela en lo plástico, y muchos cuadritos primorosos de los que, de modo despectivo, se han llamado «de casacones» o anecdóticos, tienen hoy un valor documental

VII
EL LIBRO MAGICO
(LA «CLAVICULA DE SALOMON»)

Los textos mágicos salomónicos

Que las malas lecturas son frecuente causa de la perdición de las almas es cosa que se ha repetido, sobre todo entre gente poco aficionada a leer. Un lugar común más viejo y hoy menos repetido es el de que ha habido hombres que en libros misteriosos aprendieron maravillas, tales como predecir el porvenir, encontrar tesoros, ligar o desligar voluntades, etc., etc. La idea queda en el folklore de muchos sitios, donde se habla de algún viejo hechicero que vivió en otros tiempos y más o menos cerca, que poseía tal clase de libros[1].

Ariosto discurrió ya con su ironía peculiar acerca de los libros mágicos, usados por los hombres en el medio fabuloso en que se desenvuelven las acciones caballerescas[2].

Empresa ardua fue, en otros tiempos, la de adquirir un texto de éstos; más difícil aún llegar a escribirlo y que pasara de generación a generación, pese a persecuciones y quemas. En España repetidas veces se han recogido o quemado libros de Magia, sobre todo los escritos en hebreo, árabe o aljamía. Pero, contra lo que pensaba Samaniego de las obras de su rival Iriarte (es decir, que nunca serían leídas «aunque» las prohibiese el Santo Oficio), ha habido algunos de tales formularios que han sobrevivido, con ejemplar tenacidad, no sólo a las prohibiciones, sino también a las destrucciones sistemáticas y a los procesos de los que los poseían. La aparición reciente de un muy erudito estudio de la señora Ursula Lamb, esposa del afamado físico norteamericano del mismo apellido e investigadora concienzuda en materias histórico-culturales relativas a la época del Renacimiento, da coyuntura para tratar de los libros mágicos de esta especie con mayor conocimiento que el que previamente se tenía: tal es el cúmulo de noticias y observaciones curiosas que allega[3]. Algo añadiré de mi cosecha, sin embargo.

El arquetipo de los sabios que escribieron libros mágicos ha sido el rey Salomón. Su sabiduría esotérica, alcanzada de modo especialísimo según la tradición, se refleja en una obra que ha ido «haciéndose» y «rehaciéndose» en el curso de los tiempos, traduciéndose e imprimiéndose después y produciendo el desvelo y el deseo de personas de épocas muy distintas: desde la Edad Media hasta el siglo XIX y aún el XX. Aludo a la llamada *Clavícula de Salomón*, que, acaso en puridad, nunca ha existido como obra salomónica ni nada por el estilo.

La *Clavícula* parece ser, en principio, la síntesis o la quintaesencia de toda una serie de escritos mágicos, atribuidos al rey sabio por antonomasia. Es la obra en que se consideró que estaba mejor expuesto el resultado del *Ars notoria*, la ciencia infusa, que el mismo Salomón había adquirido en un momento, sin esfuerzo alguno y sobre la que se afirmó había escrito también algo especial. La fama del rey como mago remonta a la Edad Antigua y parte de los mismos textos bíblicos. Dios, en efecto, le dio en un sueño toda la sabiduría imaginable[4]. Así se dice en el Libro de los Reyes (V, 5-15). Posteriormente, los árabes desarrollaron la «leyenda» en torno al rey sabio y la memoria de su apostasía, recogida en parte ya por los padres de la Iglesia, hubo de contribuir no poco a que aquella «sabiduría» cobrara especiales caracteres[5]. Dice así la leyenda que sus obras mágicas fueron guardadas bajo su trono en tanto se terminaba de construir el templo por los demonios y que después todas desaparecieron en un incendio quedando sólo el *Testamento* y la *Clavícula*[6]. Flavio Josefo nos suministra un testimonio fundamental respecto a los libros salomónicos[7], a lo que se puede llamar y se llama *Magia Salomonis*. También San Jerónimo[8], que recusa la asignación al rey de los mismos. Orígenes, por su parte, recordaba que entre los judíos de su época ya corrían[9]. Así, pues, resulta que la representación de Salomón como un gran mago, aunque sea producto de fuentes judaicas y se desarrolle mucho en el Islam, existe desde antiguo en países cristianos del Viejo Mundo, y desde Irlanda hasta la península malaya atraviesa fronteras y se impone a etnias y religiones. Leyendas medievales francesas, alemanas e inglesas la tienen en cuenta, y la *Clavícula* o una versión de ella se tradujo a todas las lenguas europeas, circulando aún hoy día su problemático y variable saber mágico[10] como producto real. Puede pensarse que a principios de la era cristiana ya se había fijado algunos de semejantes textos con *carmina* y *caracteres* que se atribuían al hijo de David, que incluso se consideraban como su testamento. Posteriormente, las colecciones debieron de multiplicarse de modo impresionante: entraron, al fin, a formar parte del haber de cantidad de magos y hechiceros de origen no judío. Pero antes tuvieron, dentro de las comunidades israelitas, una historia propia y autónoma, y en las juderías de Occidente mucha expansión al parecer, sobre todo en las ricas comunidades peninsulares e italianas.

La literatura apócrifa salomónica o más bien pseudosalomónica proliferó.

Los escolares cristianos, no menos interesados que algunos rabinos en alcanzar los bienes de la tierra de manera poco recomendada por gente verdaderamente religiosa y moral, creyeron en la eficiencia de aquellas fórmulas y hasta las debieron de «ampliar». Las traducciones, sobre todo al latín, se multiplican, y desde el momento en que empiezan a funcionar los tribunales inquisitoriales o los organismos dedicados a reprimir los «delitos contra la fe», se ve que fueron objeto de persecución sistemática.

Sabemos que en pleno siglo XIV el inquisidor Eymerich mandó quemar en Barcelona cierto libro llamado *Liber Salomonis*, dividido en siete partes, con sacrificios, oraciones, oblaciones y consultas, que se dice escrito por Raimundo de Tárrega, neófito de la Orden de Predicadores, a quien luego se confundió con Raimundo Lulio[11]; es el mismo inquisidor el que, en su *Directorio* famoso, alude al hecho[12], al hacer una especie de catálogo sumario de los libros prohibidos[13], entre los cuales habla de otros de Nigromancía[14].

Sabemos, por otra parte, que los magos del ámbito bizantino usaban asimismo libros salomónicos, como se lee en la crónica de Nicetas Choniata, refiriéndose a Aron Sicidites[15]. Mucho después, don Francisco de Torreblanca, que seguía casi siempre a Del Río muy de cerca, dice que por común tradición se creía que los libros del marqués de Villena que mandó quemar el obispo de Cuenca, don Lope de Barrientos, fueron algunos «salomónicos»[16]. Y, por otra parte, el mismo obispo se dedicó en cierta ocasión a negar su eficacia o virtud, con arreglo a un pensamiento medieval bastante arcaico, en relación con lo que pensaban otros hombres de su misma época, pero acaso más racional también.

Ocurrió la quema el año 1434, según escribe el mismo autor de ella[17], que en su *Tratado de la Divinanza*, extractado ya por Menéndez Pelayo[18], ataca a la *Clavícula*, si bien le antepone, como libro mágico más reputado, el llamado *Raciel*[19]. En el reino de Aragón se hicieron quemas parecidas en época aproximada.

El sábado 20 de agosto de 1440, Arnau Dezvall, lugarteniente de inquisidor, entregaba al maestro Guillén de Torres, que parece le sustituía en la ciudad y obispado de Barcelona, una serie de libros y objetos que habían pertenecido a Pedro March, *magister domorum*, procesado por hechicero, y entre ellos está la *Clavicula Salomonis*[20] y una segunda parte de la misma[21]; todos los objetos y libros fueron quemados. Pero, como vamos a ver, el efecto purificador del fuego no fue decisivo, ya que cien y doscientos años después seguía habiendo españoles que creían en la eficacia de la *Clavícula* y la copiaban y recopiaban, más o menos adulterada, «corregida» y aumentada; y junto a ella otros libros de la misma catadura. A fines del siglo XV, y recién fundada la Inquisición, hubo una quema general de libros judíos de Magia que se recogieron en Salamanca y se quemaron ante el convento de San Esteban, según indica un curioso informe del inquisidor general, Pacheco[22], escrito ya no sólo después de la expulsión de aquéllos, sino también de la de los moriscos.

Todavía éstos atribuían a Salomón (Sulaiman) cantidad de hechos y saberes que no aparecen en la Biblia, más sí en el Corán (sura XXVII): un poder sobre los genios y los secretos de la Naturaleza, a que se refieren diversas tradiciones medievales, las cuales han llegado también en países musulmanes hasta nuestros días[23] y que quedan reflejadas en los textos pseudosalomónicos que se han conservado.

La «Clavícula» y su difusión

De todos éstos el más copiado y recopiado ha sido –como he dicho– el que se conoce con el nombre de *Clavicula Salomonis* o *Clavícula de Salomón*, en el que se rastrean influencias griegas, babilónicas y egipcias y en el que se percibe un marcado elemento astrológico, según dicen quienes lo han estudiado desde el punto de vista de los orígenes: ante ellos el que fue erudito rabino de la comunidad hebrea hispano-portuguesa de Londres, M. Gaster, a quien se deben tantos estudios sobre folklore religioso, literatura medieval hebrea, etc.[24].

En 1899, S. L. Mc. Gregor Mathers publicó siete manuscritos de la *Clavícula* existentes en el Museo Británico[25].

Otro erudito hebraísta, Hermann Gollancz, dio en 1903 una edición hebrea de la misma[26] digna de ser rememorada, y en 1914 la Oxford University Press publicó otra, limitada a trescientos ejemplares, de un texto hebreo, escrito en caracteres italo-españoles, en reproducción facsimilar, encomendada también a Hermann Gollanz[27]. Hay en este texto hasta veintiséis invocaciones de entidades y una serie de fórmulas y procedimientos para levantar figuras, ligar y contraligar, otras operaciones mágicas, conjuros, la descripción de los instrumentos que se han de utilizar, pentáculos, sellos y evocaciones planetarias. El libro está relacionado con el *Sefer Raziel* de Eleazar de Worms (el *Raziel* de fray Lope de Barrientos sin duda), obra llena asimismo de recetas mágicas: talismanes, figuras, caracteres, filtros, fórmulas invocatorias[28]. La Magia hebrea medieval se recubre casi siempre de cierto aparato científico, pues en casos el mago debe realizar varias operaciones matemáticas como preliminares.

En ella el valor de las letras es inmenso; es decir, que está ligada estrechamente con la «Cábala», una disciplina en la que también descollaron primordialmente los judíos sefardíes y que produjo gran curiosidad mucho después a eruditos y letrados del Renacimiento y del siglo XVII, incluso no judíos. Puede decirse, sin embargo, que esta curiosidad la fomentaron, en gran parte, después de los italianos, los judíos hispano-portugueses asentados en Amsterdam y que el grabado de Rembrandt en que se ve al cabalista iluminado nos reconstruye una escena en que muchos españoles de los siglos XV, XVI y XVII hubieran querido tener parte. Concretándonos a lo que se decía de la *Clavícula* en el XVI, conviene recordar que ya Martín del Río la consideraba como un producto de la tradición judeo-arábigo-española, reproducido y copiado por árabes y hebreos, quemado por los cristianos, pero sin alcanzar nunca su desaparición total[29]. Ya veremos también cómo después de muerto el erudito jesuita se seguía utilizando dentro de España.

En los mismos siglos XVI y XVII otros autores hispanos discutieron muy despacio si debía ser atribuida a Salomón o no. El padre Pineda, en su monumental biografía del rey, alegó todos los pareceres existentes y se inclinó por la no autenticidad[30]. El doble objeto de la demostración era evidente: de un lado se quitaba la tacha infamante a la figura del rey y de otro se restaba autoridad a la *Clavícula*. G. Naudé aprovechó mucho la erudición de Pineda en su tarea de defender a Salomón del cargo de haber sido mago, y Pineda, a su vez, había seguido bastante de cerca a Del Río[31].

Por su parte, el obispo de Segorbe, Juan Bautista Pérez, al emitir en 1595 un parecer respecto a la autenticidad de los plomos del Sacro Monte, parecer que publicó Villanueva en su *Viaje literario*, habla de los *Caracteres* y de la *Clavícula* como de libros con caracteres incógnitos, utilizados por los nigrománticos y prohibidos por los catálogos inquisitoriales. Los considera fingidos, sobre unas palabras de Flavio Josefo. El obispo alude a un texto de Petrus Comestor *(magister historiarum)* en que se alude ya a la invención de los caracteres o signos[32] y a un libro, *Tractatus Exorcismorum*, que solía andar impreso con el *Malleus*.., de Sprenger, en el que se alude asimismo a una obra salomónica, escrita en arábigo, hallada por Virgilio en los montes de Arabia[33].

De todas maneras los efectos de la tradición no quedaron anulados en la conciencia popular y aun erudita. Lucien Wolf hubo de defender todavía en nuestro tiempo, frente a lo que parece defendía Leite de Vasconcellos, en opúsculo que no he visto, que las fórmulas mágicas «salomónicas» son de origen medieval[34]. Desde el medievo vienen siendo condenadas en Roma.

Parece ser que la *Clavícula* como tal fue mandada quemar ya en tiempos de Inocencio VI (1352-1362). Desde el siglo XIV hasta el XX ha ido descendiendo en la estimación de las gentes. El que fue texto fundamental para letrados metidos en negocios de Magia se ha convertido en mísera explotación de impresos de «libros de cordel», de editores sin pretensiones de ninguna clase.

A este descrédito han contribuido no poco, como siempre, los escritores satíricos, poetas y novelistas. Folengo y Bandello ya hablan de la obra como de algo muy conocido[35], pero sin respeto.

Le Sage, en *Le diable boiteux*, da a entender que en su época la *Clavícula* era popular[36], y no es con muestras de terror precisamente con las que se refiere a ella.

En efecto, en Francia sus ediciones se multiplicaron, se utilizó con otros grimonios hasta época moderna, en ediciones callejeras[37], como he dicho, de las que llaman de *colportage*. Hay incluso derecho a suponer que algunos de los que la manejaron en España durante los siglos XVII y XVIII usaron de ediciones impresas en Francia que venían de contrabando y que se guardaban con mayor riesgo cuanto más humilde era la persona que quería retenerlas. Porque, en efecto, en la reimpresión conimbricense del índice expurgatorio de Paulo IV, publicada en 1559 y estudiada por I. S. Révah[38], ya aparece prohibida la *Clauicula Salomonis*, y en los índices de la Inquisición española, impresos por esta misma época, también. Así, se prohíbe en 1551 en dos índices[39] y en 1559 en otro, que, a lo que parece, se debió a la diligencia del inquisidor Valdés y sus colaboradores[40], en la época del cual se persiguió más sistemáticamente que antes, si cabe, a los que poseían libros o textos mágicos. Puede que la persecución estuviera condicionada por lo mucho que se multiplicaron éstos, merced a la imprenta y a la actividad de ciertos humanistas editores de obras herméticas, etc., que a la par tenían alta reputación.

Los índices expurgatorios la tienen, pues, condenada y prohibida desde antiguo, y hay que advertir que aún lo está en los que se han impreso en España durante el siglo XIX[41]. Resulta, pues, difícil imaginar que se haya impreso aquí hasta fecha bastante reciente. Pero insisto en que la prohibición no tuvo todos los efectos que se pretendían y acaso lo malo que se contaba de ella era acicate para muchos.

Así, por ejemplo, en la *Reprouación de las supersticiones y hechicerías* de Pedro Ciruelo, se hallan descritas las figuras y oraciones de la *Clavícula*, por cuyo uso, según él, habían sido arrebatados algunos escolares, en torbellino, por el Diablo[42].

Ignoro a qué escolares se refería concretamente el matemático aragonés. Lo que sí puedo decir es que hubo, en efecto, muchos a los que les metieron en la cárcel los señores inquisidores por denuncias que se hicieron de que la poseían y utilizaban para diversos fines, tanto a mediados del siglo XVI como a fines, a comienzos del XVII y cayendo ya aquella centuria. He aquí algunos datos que no pretenden ser más que expresivos del hecho, pero no de su intensidad, partiendo de los allegados por la señora Lamb.

La «Clavícula» en las causas inquisitoriales españolas: el texto cogido en 1527

Los procesos del Santo Oficio aluden con cierta frecuencia a la *Clavícula de Salomón*. Son, por lo general, magos a lo culto de los siglos XVI y XVII los acusados de poseer y manejar el texto condenado, quemado y prohibido una y otra vez. Vamos a demostrarlo recordando algunos ejemplos de los que parecen más significativos y que no siempre salen de los fondos de la Inquisición toledana; es decir, los más fáciles de estudiar. Así vemos, por caso, que en las Palmas de Gran Canaria, el 15 de abril de 1527, el inquisidor Luis de Padilla recibió en audiencia al jardinero portugués Bastián Gonçalez, el cual le hizo entrega de la copia de un libro que le había dado para su custodia el capellán de la iglesia de Nuestra Señora de los Remedios, Sebastián de la Rosa. El libro manuscrito en cuestión resultó ser una copia de la *Clavícula de Salomón*, que aún hoy día se conserva entre los fondos de la Inquisición canaria que, en un tiempo, estuvieron en poder del marqués de Bute[43] y que ahora están otra vez en las Palmas. Lo ha editado —como digo— la señora Lamb. Aunque el jardinero era analfabeto y quiso mostrar mucha candidez ante el inquisidor, parece cierto que hizo copiar el texto que le confiara Sebastián de la Rosa a un tal Pedro Marsel, que estaba retraído en el monasterio de San Francisco a causa de una muerte; lo cual indica, aunque dijera lo contrario, que creía que lo que allí se decía era algo más que puras «borracherías»[44]. Su insistencia en puntualizar que era cristiano viejo es acaso significativa, pues podría imaginarse que entre los conversos de judío y morisco corrían más textos tales.

En el análisis que hace de este texto la señora Lamb lo divide en dos partes[45]. En la primera –dice– trata de las jerarquías de los cielos y la invocación de los espíritus buenos para que ayuden al mago. Hay en el texto una influencia evidente (aunque sea torcida) del Cristianismo, pues se habla de la Santísima Trinidad, de los doce apóstoles, de los cuatro evangelistas, de la Virgen María, de Cristo, de los mártires y confesores...[46]. Es decir, que estamos ante un texto romance sin «pureza» alguna, muy tardío y popular. Por eso creo peligroso analizarlo a la luz de ideas acerca de la Magia primitiva. Las mutilaciones que ostenta con respecto a otros textos de la *Clavícula* no son menos significativas; el que las llevó a cabo no tenía acaso ni medios ni instrucción para aplicar lo que se dice al principio de ella, con objeto de lograr la pureza del mago[47]. Los conjuros que siguen para que aparezcan los príncipes de los demonios, situados en los cuatro puntos cardinales, son cosa ya menos «cristianizada», y las fórmulas en que se mezcla el nombre de Cristo con los de «Adonay Sabaot», «Emanuel Saday», reflejan un raro sincretismo[48].

En la segunda parte están las recetas para satisfacer pasiones; muy sutiles son las observaciones de la señora Lamb acerca de las recetas mágicas en general y de la Magia, que ilustra con opiniones de psicoanalistas como Leo Kaplan y especialistas en Psicología infantil, cual Karl Zeiniger. Según el primero, en el estado de narcisismo en que vive el niño se establecen correspondencias y correlaciones ilógicas entre causas y efectos que se pueden desarrollar después y dar lugar a la concepción mágica y a hechizos. Los deseos del niño se convierten en realizaciones por un puro acto de demostración de interés[49]. Los del mago siguen este esquema dado en la infancia. Pero las cuarenta y una recetas del texto romance editado por la señora Lamb se enderezan a satisfacer pasiones de la edad adulta: el amor físico sobre todo. «Para aver muger», «para amor de la muger», «para desligar onbre o muger», hay las que, numeradas por mí, hacen en la serie los números 3, 6, 7, 9, 11, 12, 13, 16, 20, 28, 31, 33, 41. Y además se dan fórmulas para ligar, desligar, ser querido de las gentes, poner mala querencia entre ellas, etc., etc. Algunas recetas para hacerse invisible y tener auxilio efectivo de seres sobrenaturales recuerdan otras de las que hay memoria en procesos de la misma época, de que luego se trata.

La *Magia Salomonis* es en este orden pasional, individual, como otras muchas, sea el que sea su origen: nadie debe ver al mago, debe estar solo en sus operaciones[50].

Pero la *Clavícula* se copiaba y recopiaba; clérigos letrados, caballeros, la usaron una y otra vez hasta más de cien años después, en pleno siglo XVII.

Su carácter marcadamente judaico la hace patrimonio de cierto tipo de personas sobre todo. Las brujas y hechiceras populares tienen poco que ver con ella. La *Clavícula* –voy a demostrarlo– es cosa que manejan, sobre todo, personas eruditas o pseudoeruditas.

El bachiller López de Yela

Entre 1551 y 1552 fue procesado y penitenciado el bachiller Esteban López de Yela, vecino de Torrejón de Ardoz, por retenerla[51], ya que estaba entre los libros prohibidos de las listas inquisitoriales. Del procesado no sabemos muchos detalles, aparte de que era hombre de treinta y dos años, de mala salud y cumplidor con la Iglesia. El asunto debió de cogerle de sorpresa y asustarle no poco. El proceso es relativamente breve y corto en cantidad de páginas o folios. El 17 de noviembre de 1551 el licenciado Valtodano, representando a los inquisidores de Toledo, mandaba a López de Yela, hijo de Esteban López vecino de Torrejón de Ardoz, que en el plazo de seis días cumpliera con lo que se le había ordenado respecto a que se personara en la capital inquisitorial. El 12 de diciembre, en Alcalá, un notario daba fe de que el bachiller había oído el auto, comprometiéndose a ir a Toledo a dar cuenta de sus actos a los inquisidores. Pero no cumplió, a lo que parece, en el tiempo fijado y fue declarado en rebeldía el 16 de diciembre. Algo después, sin embargo, hizo el bachiller justificación de su incumplimiento alegando larga enfermedad (estaba muy flaco y con tercianas) y sometiéndose a dar cuanta información se le pidiese. El mismo notario Jerónimo de Angulo, esta vez con letra menos artística, suscribió unas declaraciones que confirmaban que el bachiller estaba enfermo, tomando «xaraves», etc. Pero él, por su parte, escribió una carta en que reconocía que, en efecto, un fraile le había dado la *Clavícula*[52]. Directamente le preguntaron algo luego sobre el fraile y el uso que había hecho del texto mágico, a lo que respondió que el fraile se había embarcado para las Indias y que él había confesado tener el libro a su confesor y que apenas había hablado del mismo más que con un doctor Macario[53], que parece haber retenido el ejemplar, del que se hicieron otras copias. El inquisidor conminó al bachiller a que, mientras se hicieran nuevas averiguaciones, no saliera de Toledo, so pena de excomunión y de cincuenta ducados.

El fiscal, Pedro Ortiz, hizo luego su acusación, centrándola en lo que sigue: «Porq(ue) siendo como es la Clauicula Salomonijs libro rreprovado y que contiene en ssi heregias y muchos errores y conjuros con invocaçion de demonijos y otras cosas contra nuestra santa fe catholica, lo tuvo muchos días en su poder y leya en él, y lo dio a dibersas personas para que lo trasladassen y tuviessen como él y se sembrassen las heregias que en el dicho libro avia como se sembraron y se hizieron algunos esperimentos...» Esto le hacía reo de apostasía o, cuando menos, sospechoso de ella, incurso con graves penas que debían transmitirse a su descendencia[54]. Replicó el bachiller como pudo, al parecer, y el 16 de febrero de 1552 el inquisidor Valtodano firmaba la sentencia, que consistía en la penitencia de que en el plazo de ocho días mandara decir una misa del Espíritu Santo, la oyera devotamente, pagando la quitación al clérigo que la dijera y una cantidad para los gastos del Santo Oficio. Como se ve, no había demasiada dureza con los reos de esta clase de «delitos».

La «Clavícula» en tiempos de Felipe II y Felipe III

De los magos procesados en el siglo XVI, el licenciado Amador de Velasco y Mañueco parece haber sido uno de los más cultos[55]. Su causa fue estudiada en parte por Cirac en su conocido libro[56]. Creo, sin embargo, que hay que volver sobre esta figura y a ello he dedicado un capítulo de éste.

Velasco era un clérigo conocido por su ciencia astrológica y sus curiosidades un tanto maníacas. En Burgos vivió muy relacionado con un hijo natural del condestable de Castilla, don Bernardino. Este caballero mozo, llamado don Pedro, poseía gran cantidad de libros y textos mágicos, entre ellos un ejemplar muy viejo al parecer de la *Clavícula de Salomón*, que manejaba al alimón con otro caballero. Esto en pleno reinado de Felipe II[57].

Más tarde, un hombre de malísima fortuna, Diego Alfonso de Medrano, procesado entre 1611 y 1612, también manejó las *Tablas* y la *Clavícula*[58]. Hay que advertir que Medrano era de origen judío; pero otros que después utilizaron texto semejante no lo eran, e incluso los que lo eran tenían que procurarse ejemplares fuera de España, en Francia sobre todo, según he indicado antes y según se verá al tratar de otro mago, éste de mediados del XVII y también de origen judío, al parecer.

Suelen ser, con frecuencia, los que utilizan la *Clavícula* simuladores con pretensiones incluso científicas. De ello nos testifican varios procesos inquisitoriales y también otros textos relativos a alquimistas que embaucaban a diversas clases de gente en España como en el resto de Europa. Pero no es fácil distinguir a veces al hombre maquinador y simulador en absoluto del mitómano de buena fe, e incluso entre el hombre de ciencia puro y el que, combinándolas con pensamientos científicos, albergaba ideas que no lo eran. Ilustremos esto con un ejemplo.

Don García de Silva y Figueroa fue un caballero extremeño, nacido en Zafra a fines del año de 1550, que es conocido por la embajada a Persia que le encomendó Felipe III y más aún por la curiosísima relación que escribió de la misma[59]. Ya tenía sesenta y dos o sesenta y tres años cuando fue nombrado para llevar adelante una empresa larga e impropia de hombre talludo; pero, sin duda, contribuyó mucho a su nombramiento la fama de experto cosmógrafo y geógrafo que debía de tener adquirida. En 1609, estando en Madrid, cuenta en su relato que apareció un hombre que se titulaba capitán, que se decía criado en Flandes y en las ciudades hanseáticas y que presumía de tener gran conocimiento de las cosas del mar. Decía éste asimismo que había dado con el paso septentrional que hacía «juego», como si dijéramos, con el estrecho de Magallanes. El editor de los *Comentarios...* de don García de Silva, el erudito don Manuel Serrano y Sanz, indica que este sujeto, al que el embajador coloca entre los «hombres charlatanes y noveleros», era, en realidad, el capitán Lorenzo Ferrer Maldonado[60]. Y no sólo presumía de hombre de mar, sino que daba a entender que alcanzaba otros grandes secretos de naturaleza[61]. A pesar de que –según don García de Silva– las explicaciones verbales o escritas que daba revelaban ignorancia absoluta, el capitán tuvo, como siempre, sus adeptos y seguidores, a los que más que los problemas geográficos les interesaban las otras actividades secretas que decía dominar: «Pero, en fin, fue escuchado y admitido, y de tanto mejor gana quanto comenzó, con este primer favor, a descubrir de sí otros misterios mayores, diziendo que él solo sabía el secreto para descifrar la Clauícula de Salomón, con lo cual venía a alcançar y perfiçionar el verdadero lapis, nunca jamás enteramente hallado de los alchimistas en tantos siglos»[62]. Halló quien le diese dineros para comenzar sus experiencias, y él, como siempre, buscaba pretextos para alargar el período preparatorio, y así estuvo entreteniendo a muchos. Uno de los engañados, amigo de don García, concertó una entrevista entre él y el capitán, que llegó a ella grave y mesurado..., y lo bueno es que, aunque fuera un farsante que desapareció de la noche a la mañana sin dejar rastro en la corte, en lo de sostener que por el norte de América había un estrecho tenía más razón que nuestro sabio autor de los *Comentarios*...[63].

Lorenzo Ferrer Maldonado, personalidad conocida por los historiadores de la navegación, parece haber hecho ya un croquis con sus pretendidos descubrimientos en 1588. Y en 1626 publicó un libro que indica no fue tan ignorante como dice don García y que tampoco se escabulló definitivamente; aun incluso después de aquella fecha seguía escribiendo memoriales y emitiendo informes. De sus actividades como alquimista y mago se sabía menos que de estas otras [64].

La «Clavícula» y los magos de la corte de Felipe IV

Pasa el tiempo y el tipo del que podríamos llamar arbitrista científico-militar-taumaturgo, como Ferrer Maldonado, se repite. Vuelven a darse también los frailes y clérigos dados a la búsqueda de tesoros, a nigromancias y hechicerías, con gran fe en la *Clavícula*. Pero ¿en qué texto de ella? La obsesión del oro, de las riquezas, parece gravitar sobre las conciencias de muchos seglares y regulares, y bueno será advertir que algunos, con frecuencia, como ejecutores, pagaron caras unas creencias y unas pasiones que compartían gentes mucho más altamente situadas que ellos.

Entre los hechiceros procesados por la Inquisición de Cuenca parecen haber manejado la *Clavícula* varios de los más sobresalientes. Entre ellos, el famosísimo Jerónimo de Liébana, que tenía también el *Alma del Salomonis* y otra obra titulada *Picatrix: liber de imaginibus Salomonis*[65]; también un fray Jerónimo de San Juan[66] y el vecino de Iniesta Pedro Zapata Torralba, procesado de 1643 a 1646 por presunto descubridor de tesoros[67]. La Inquisición de Toledo, mediado el siglo poco más o menos, entendió en casos similares. Don Cristóbal Chirinos Manrique[68], fray Francisco Montes de Gayangos[69] y don Agustín Verdugo[70] fueron procesados por actos en que habían colaborado, de los cuales hay que ocuparse con más extensión, y también hubieron de utilizar, más o menos, la *Clavícula*. Más tarde (el asunto de Chirinos y sus compinches se vio entre 1620 y 1633), ya al caer el reinado de Felipe IV, veremos cómo otro grupo de buscadores de tesoros astrólogos y nigromantes se preocupan por obtener ejemplares de la *Clavícula* traídos de fuera, destacando entre ellos don Nicolás de Oliver y Fullana, extraña figura de hombre de ciencia, injerto en militar, poetastro y mago, que terminó sus días como judío practicante fuera de España, claro es[71].

De todas formas, el texto publicado por la señora Lamb no podía servir de mucho a esta clase de sujetos, pues salvo el «cerço general» que va al principio, no hay en él recetas para buscar tesoros, que era lo que más le obsesionaba. Si cada «pasión» no tiene su Magia específica, cada tipo de Magia sí parece dirigirse a una intención más que a otra. Recuerda la señora Lamb que Schopenhauer dijo que «la Magia es la expresión de la voluntad humana, fuera de la limitación de su tiempo y espacio; es decir, más allá de su mismo ser»[72]. Observación admirable. Pero la acción demostrativa de un deseo que el mago convierte en «acción-intento» se vuelca también sobre un medio social, y por eso la *Magia Salomonis* desde muchos puntos de vista (no por externos menos importantes) tiene poco que ver con los «aquelarres» y las acciones imputadas a las brujas vascónicas, germánicas o itálicas, de las que me he ocupado en otra parte. La unidad específica de las pasiones humanas y la diversidad de los medios sociales son las dos claves de nuestra investigación, aunque los magos y sus secuaces crean que «todo es uno» y juzguen que ni el individuo ni la sociedad son algo importante frente a verdades supremas y ocultas, frente a poderes enormes, acerca de los cuales –añadiré– los inquisidores que tenían presos año tras año a hechiceros eminentes sabían más que la desgraciada clientela de aquéllos.

NOTAS

1. Un ejemplo folklórico, Julio Caro Baroja, «Ideas y personas en una población rural», en *Razas, pueblos y linajes* (Madrid, 1957), p. 310.
2. Ludovico Ariosto, *Orlando furioso*, canto XV, estr. 13-14:
«La fata, poe che vide acconcio it tutto,
Diede licenzia al duca di partire,
Avendol prima ammaestrato e instrutto.
Di cose assai, che fora lungo a dire:
E per schivar che non sia piú ridutto
Per arte maga, onde non possa uscire,
Un bello ed util libro gli avea dato,
Che per suo amore avesse ognora a lato.
Come l'uom riparar debba agl'incanti.
Mostra il libretto che costei gli diede:
Dove ne tratta o piú dietro o piú innanti,
Per rubrica e per indice si vede.»

Antes, el mago Atlante sale con un libro como instrumento de combate (canto LV, estr. 17), y después (canto XXII, estr. 16) se describe el empleo del libro por Astolfo.
3. Ursula Lamb, «La Inquisición en Canarias y un libro de Magia del siglo XVI», en *El Museo Canario*, año XXIV, núms. 85-88 (enero-diciembre, 1963), pp. 113-144.
4. Lamb, *op. cit.*, pp. 115-116. Con referencia a obras de Georg Salzberger, M. D. Conway, Eduard Fleg y Thieberger.
5. Lamb, *op. cit.*, p. 118.
6. Lamb, *op. cit.*, p. 118.
7. *Ant. jud.*, VIII, 2, 5 (45-49), ed. Niese.
8. San Jerónimo, citado por Cirac: véase nota 12.
9. Véase el capítulo dedicado a Salomón en el libro de E. M. Butler, *The myth of the magus* (Cambridge, 1948), pp. 35-43 (la p. 37 en especial).
10. Orígenes, citado por Cirac: véase nota 12.
11. Tomás y Joaquín Carreras y Artau, *Historia de la filosofía española. Filosofía cristiana de los siglos XIII al XIV*, I (Madrid, 1943), p. 607. Lamb, *op. cit.*, p. 120.
12. M. Menéndez Pelayo, *Historia de los heterodoxos españoles*, III (Madrid, 1918), p. 350, cita el *Directorium Inquisitorium*, p. 226 de la edición de Roma. en la p. 354 otro texto del mismo sobre las *Tabulae Salomonis*. Algunos detalles nuevos en la obra de Sebastián Cirac Estopañán, *Los procesos de hechicerías en la Inquisición de Castilla la Nueva (Tribunales de Toledo y Cuenca)* (Madrid, 1942), p. 13, nota 8.
13. He utilizado la edición rarísima que se halla en la Biblioteca Nacional de Madrid (R-1503), impresa en Barcelona en 1503 por Johanes Iuschner, alemán, *Directorium inquisitorium. / Sequuntur decretales tituli de / summa trinitate ei fide catholica*. Allí, en la parte II, quaestion LXVII, en la núm. XXVIII (fol. 122 vto., numerado a mano), se lee: «Item tempore eiusdem Inq. Supra. q. XI. n.º pape. VI. idem frater nicholaus eymerici inquisitor et arnaldus de busquet, ordenarunt publice barchinone et comburi facerunt quemdam magnun et grossum librum demonum inuocationum in. VII partes distinctus qui intitulant liber salomonis in quo erant scripta

sacrificia, orationes, oblationes, et nepharia quem plurima fieri demonibus exultata.»
Otra referencia «in libro qui salomoni inscribit qui tabulae salomonis intitulant», en la quaestio LXIII (fol. 128 r.).

14. Hay allí también, en efecto, mención de varios libros de Nigromancia que él mismo mandó quemar; uno de un tal Honorio llamado *Thesaurus Nigromantia*, entre ellos.

15. «Καί βιδλον Σολομώντειον...»; *Nicetae Acominati Choniatae, magni logothetae secretorum, inspectoris et ivdicis veli, Praefecti Sacri cubiculi. Imperi greci historia...*, ed. H. Wolfio (Ginebra, 1593), lib. IV, cap. VII, p. 160. Lamb, *op. cit.*, p. 119 se refiere también al texto siguiendo a Adolf Jacoby.

16. *Ivris spiritvalis practicabilivm libri XV...* (Córdoba, 1635), fol. 261 r. a.

17. «Y después que él falleció, el Rey mando traer a su cámara todos los libros que este don Enrique tenía en Yniesta, e mandó a fray Lope de Barrientos, maestro del Prínçipe, que catase si auia algunos dellos de çiençia defendida. E el maestro católos, e falló bien cinquenta volúmenes de libros de malas artes. E dio por consejo al Rey que los mandase quemar. El Rey dio cargo dello al dicho maestro e él púsolo luego en esecución, e todos ellos fueron quemados.» *Refundición de la crónica del halconero por el obispo don Lope de Barrientos*, cap. XCVI, p. 171, ed. de Juan de Mata Carriazo (Madrid, 1946).

18. M. Menéndez Pelayo, *op. cit.*, III, pp. 374-377. (Cf. 376 especialmente.)

19. *Tratado de la Divinanza o Adivinanza*, ed. de fray Luis G.A. Getino, «Vida y obras de Fray Lope de Barriento», en *Anales Salmantinos*, I (Salamanca, 1927), p. 122: «E lo que dicho habemos deste libro Raciel, que es sin fundamento e de ninguna eficaciá, eso mesmo decimos de todos los otros libros o tratados del arte mágica: ansí de los *libros de los experimentos*, como el libro que se llama *Clavícula de Salomón*, como del libro que se llama del *Arte notoria*. Ca pues el dicho libro Raciel, según ellos afirman, es de mayor eficacia que todos los otros...»

20. M. Menéndez Pelayo, *op. cit.*, III, p. 363, siguiendo a Balaguer y Merino.

21. M. Menéndez Pelayo, *op. cit.*, III, p. 364.

22. «También ha acostumbrado el Santo Officio hacer autos públicos de quema de libros, como se vio al principio que se instituyó la Inquisición, que para quitar todos los dogmas y las artes vanas y sciencias ilícitas, supersticiones de mágica y encantamientos, recogieron los inquisidores en la ciudad de Salamanca, como su Universidad principal, todos los libros y papeles que hallaron en poder de los judíos y los nuevamente convertidos dellos y en otras personas, que llegaron a ser sessenta mil libros, y los quemaron por auto público junto al convento de San Esteban, mandando con edicto público que nadie usase más aquellas artes vanas y supersticiosas.»
Consulta de D. Andrés Pacheco, inquisidor general, a S. M. sobre aprobación de los libros, la publicó don Cristóbal Pérez Pastor, *Bibliografía madrileña, parte tercera (1621 a 1625)* (Madrid, 1907), pp. 441 b-442 a, especialmente.

23. *Leyendas moriscas sacadas de varios manuscritos existentes en las Bibliotecas Nacional, Real y de D. P. de Gayangos por F. Guillén Robles*, I (Madrid, 1885), pp. 88-98 de la introducción y 281-311 («Recontamiento de Salomón»).

24. El artículo «Charms and amulets (jewish)», de M. Gaster, en *Encyclopaedia of religion and Ethics*, de James Hastings, tercera impresión, III (Edimburgo, 1953),

pp. 451-455, da bastantes detalles sobre la *Clavícula*, especialmente en la p. 454 b.
25. *The Key of Salomon* (Londres, 1899), citado por Lamb, *op. cit.*, 118, nota 16, quien recuerda también que las impresiones vulgares de textos salomónicos pueden hallarse reseñadas en la *Biblioteca magica et penumatica*, de J.G.Th. Graesse (Leipzig, 1843).
26. *Mafteah Shelomo (The Clavicula Salomonis)* (Londres, 1903).
27. *Sepher Maphteah Shelomo* (Oxford, 1914). Debo a J. Roger Riviere el conocimiento de esta edición.
28. Según el mismo Roger.
29. Martín del Río, *Disquisitionum magicarvm libri sex...* (Venecia, 1616), p. 87 a-b: «Hunc librum Iudaei, et Arabes in Hispania suis posteris haereditario iure relinquebant, et per eum mira quaedam, atque incredibilia operabantur. Sed quotquot inveniri potuerunt exemplaria iutissime flammis inquisitores fidei concremarunt, et utinam ultimum exemplar nacti fuissent.»
30. *Ioannis de Pineda hispalensis e Societate Iesv. Ad suos in Salomonem commentarios, Salomon praevivus, id est., de rebus Salomonis regis libri octo* (Lyon, 1609), lib. III, cap. XXIX, p. 159.
31. G. Naudé, *Apologie pour les grands hommes soupçonnez de Magie* (ed. Amsterdam, 1712), pp. 428-433.
32. Debe de hallarse en el comentario al cap. IV del *Libro de los Reyes (Scholastica historia)*. Comestor murió en 1198.
33. Saca el texto entero del *Viaje Literario*, III, p. 273: Menéndez Pelayo, *op. cit., ed. cit.*, III, pp. 363-364 (nota).
34. Lucien Wolf, *Jews in the Canary Islands* (Londres, 1926), p. 97, nota 1, con referencias a la obrita de Leite, *Signum Salomonis* (Lisboa, 1918).
35. Bandello, *Novelle*, tercera parte, dedicatoria de la «novella ventisimanona» *(Raccolta di novellieri italiani*, parte primera [Florencia, 1833], p. 569). Encabeza el estudio acerca del doctor Torralba. En la vieja traducción francesa de Folengo al canto XIX hallo referencia al «Pentagone de Salomón»: Histoire maccaronique de Merlin Coccaie (París, 1859), p. 321.
36. *Le diable boiteux* (París, Garnier s. a.), cap. I, p. 5: «Eh quoi! s'écria don Cléofas, vous seriez ce fameux Asmodeé dont il es fait une si glorieuse mention dans Agrippa et dans la Clavicule de Salomon?»
37. Charles Nisard, *Historie des livres populaires ou de la littérature du colportage*, I, 2.ª ed. (París, 1864), pp. 127-140. J. Collin de Plancy, *Dictionnaire infernal* (París, 1863), pp. 593 b-594 a. A mano tengo una edición de éstas, cuya portada dice así: *Las véritables / clavicules / de Salomon / trésor des sciencies occultes, / suivies / grand (sic) nombre de Secrets, et notamment / de la grande Cabale / dite du papillon vert / (grabado de una mariposa) / Approuvé par Agaliarept. / (signos cabalísticos) / A memphis / chez Alibeck, l'Egyptien.* Parece impresión de pleno siglo XIX.
38. I. S. Révah, *La censure inquisitoriale portugaise an XVI siècle*, I (Lisboa, 1960), p. 197.
39. Publicó la Academia Española, en 1952, tres índices expurgatorios del siglo XVI (1551, Toledo y Valladolid; 1559, Valladolid). En el primero de ellos y en la parte que se enumera los libros reprobados por el Santo Oficio español, están, en conjun-

to: «Libri de Nigromantia cum invocatione daemonum; vel qui sapiant manifeste herdesim.» Esto a la letra L. En la S, la «Salomonis Clauicula». En la sección de libros en lengua castellana se repite la prohibición de tener «libros de Nigromancía o para hazer cercos & inuocaciones de demonios». En forma parecida se expresa el texto de Valladolid, del mismo año, en la parte latina de libros condenados por la Inquisición, respecto a los de Nigromancia, pero no se refiere a la *Clavícula* ni hay sección castellana. También el de 1559, respecto a la Nigromancia (pp. 28-29), *Salomonis clauicula* (p. 34), y libros en latín de Agrippa, Cardan, Indagine, etc. En la sección castellana se insiste en lo mismo que en el texto de 1551 (p. 49). *Tres índices expurgatorios de la Inquisición española en el siglo XVI* (Madrid, 1952).

40. Sebastián Cirac Estopañán, *op. cit.*, p. 13.
41. *Indice general de los libros prohibidos...* (Madrid, 1844), pp. 75 b y 302 a. No lo encuentro ya, en cambio, en el *Index Librorium prohibitorum Leonis XIII Summi Pontificis auctoritate recognitus Ssum D.N. Pii PP. XI iussu editus* (Roma, 1922).
42. Ed. Salamanca, 1556, fols. XXXII vto.-XXXVI r., parte III, cap. I. Menéndez Pelayo, *op. cit.*, V (Madrid, 1928), p. 355.
43. Lucien Wolf, *op. cit.*, pp. 94-97. Compárese con W. de Gray Brich, *Catalogue of a collection of original manuscripts formerly belonging to the Holy Office of the Inquisition in the Canary Islands...* (Edimburgo-Londres, 1903). Hoy en el «Museo Canario», *The Inquisition of the Canary Islands*, VI (first series), fols. 48 b, etc.
44. Lamb, *op. cit.*, pp. 131-133, declaraciones de Bastián.
45. Lamb, *op. cit.*, pp. 124-127.
46. Lamb, *op. cit.*, pp. 134-137, texto del «cerco».
47. Lamb, *op. cit.*, p.123.
48. Lamb, *op. cit.*, p. 135 del texto del «cerco».
49. Lamb, *op. cit.*, p. 126.
50. Lamb, *op. cit.*, p. 127.
51. Archivo Histórico Nacional. Inquisición de Toledo, leg. 190 (núm. 16) (*Catálogo...*, p. 237).
52. «† muy Rdos y muy mag.[cos] ss. El bachiller Estevan Lopez de Yela vezino del lugar de Torrejón de Ardox, digo que por mandado de v. s.ª fui llamado y citado, sobre razón que frai Jun. de Vergara me dió vn libro que dizen que se llama la clauicula y sobre ello me tomo mi confesión el Doctor Plasencia bicario general de Alcala y lo contenido en la dicha mi confision es la berdad para el juramento que tengo hecho y mi yntento no fue croni (?), si en el negocio tengo culpa. A. V. S.ª pido y suplico se haya misericordiosamente conmigo y para ello ynploro su st.ª coffon. y Xn.ª intn...»
53. Este era su médico, al parecer; pero cuando pidió que se certificara su enfermedad, recurrió, por ausencia de él, a un doctor San Pedro.
54. Se presentó el 15 de febrero.
55. Archivo Histórico Nacional. Inquisición de Toledo, leg. 97 (279) *(Catálogo..., p. 103).*
56. Sebastián Cirac Estopañán, *op. cit.*, pp. 16-23.
57. Véase el cap. III de la segunda parte.
58. Cirac, *op. cit.*, p. 26. El proceso en el Archivo Histórico Nacional, Inquisición de Toledo, leg. 91 (171) *(Catálogo..., p. 94).*

59. *Comentarios de D. García de Silva y Figueroa de la embajada que de parte del rey de España Don Felipe III hizo al rey Xa Abas de Persia*, 2 vols. (Madrid, 1903).
60. García de Silva, *op. cit.*, I, p. XII, nota.
61. García de Silva, *op. cit.*, p. 191. El episodio entero ocupa las pp. 190-194 del libro VI, cap. II.
62. García de Silva, *op. cit.*, I, p. 192.
63. García de Silva, *op. cit.*, I, p. 193.
64. Cesáreo Fernández Duro, *Arca de Noé. Libro sexto de las Disquisiciones náuticas* (Madrid, 1881) pp. 542-543, referencia a documentos que existen en la Academia de la Historia. Del mismo: *Los ojos en el cielo. Libro cuarto de las Disquisiciones náuticas* (Madrid, 1879), pp. 53 (nota), 205-207, 343. Curioso es advertir que simultáneamente se dan en Italia personajes de esta misma clase, o sea, medio geniales, medio impostores. Entre ellos cabe recordar a Abraham Colorni, judío de Mantua (1544-1599), que tradujo el texto hebreo de la *Clavícula* para uso de Vincenzo Gonzaga, duque de Mantua, según indica Cecil Roth en su interesante libro *The Jews in the Renaissance* (Nueva York, 1959), pp. 240-242.
65. Cirac, *op. cit.*, pp. 32-34. La vida de éste en las pp. 160-180.
66. Cirac, *op. cit.*, p. 34.
67. Cirac, *op. cit.*, pp. 75-76.
68. Archivo Histórico Nacional. Inquisición de Toledo, leg. 85 (57) *(Catálogo...,* p. 85).
69. Archivo cit., sección cit., leg. 92 (180) *(Catálogo...,* p. 95).
70. Archivo cit., sección cit., leg. 88 (115) *(Cátalogo...,* p. 90). Mención en la obra de Cirac, *op. cit.*, pp. 72-75.
71. Véase el cap. IX de la segunda parte.
72. Lamb, *op. cit.*, p. 126.

VIII
LA TIERRA MAGICA

Tierras más abundantes en hechiceras

La Magia, que usa de la palabra, de la sustancia y del pacto para establecer distintos tipos de relaciones, se dice que opera no sólo sobre los hombres y los animales, sino también sobre los seres inanimados: piedras, tierras, recintos grandes o pequeños. Así, se ha dicho que por procedimientos distintos y en distintas épocas, un lugar, una casa, un país entero, se hallaban sujetos a un encantamiento. También se ha solido informar repetidas veces que determinada parte de la tierra estaba más poblada que otras por espíritus malignos, por hechiceros o por magos.

Arranca la idea de la Antigüedad, en que ya se habló de países más abundantes en hechiceras y hechicerías que otros. Recuérdese la obra más famosa de Apuleyo para fijar la reputación que tenía Tesalia a este respecto[1]. No podemos precisar si era la tierra misma la que asignaba a las mujeres de ella el carácter de hechiceras o si eran éstas las que habían impregnado a la tierra de su espíritu.

Muchos siglos después, el autor de *El Crotalón*, al escribir una especie de rapsodia lucianesca, recuerda la reputación de las mujeres de Tesalia para aplicarla a las de Navarra en 1552[2], y en esta línea se halla también Fernández de Oviedo[3]. El desarrollo de la idea en *El Crotalón* es particularmente fantástico y acaso, más que regusto clásico, refleja un recuerdo o remedo de las narraciones comunes en los libros de caballerías. Un joven metido en guerra entra en Navarra por la parte de Logroño, se encuentra a un aldeano de la tierra y habla con él de la fama que tenían las mujeres del país en materias hechiceriles; esto entra en un orden absolutamente histórico. Pero que en la aldea de aquel hombre se encuentre con una especie de paraíso, gobernado por una maga, y que lo que allí se observa le haga pensar que el aldeano no podía ser sino un demonio familiar en hábito y figura varonil «para enviarle a caza de hombres, con objeto de satisfacer el apetito y recreación» de la maga, ya entra en el dominio de la fábula literaria; y que de allí le lleven a un castillo encantado, donde vive la doncella Saje, por ser sabia en todas las artes (*Sage*, sin duda), y que el castillo sea de mármoles y jaspes con esculturas que representan a todos los enamorados de la Antigüedad y otras mil lindezas, es puro episodio de caballerías que nada tiene que ver con lo que se contaba de las *sorguiñak* del país entonces y después. La dueña y señora de aquel castillo, la profetisa y sabia encantadora, era, en realidad, un saco de lujuria que, después de gozar de los hombres, los convertía en árboles, tras un extraño proceso de afeminamiento, del que el capitán pudo sustraerse con un último esfuerzo de la voluntad. Hechos reales, peor o mejor conocidos, sirven para sobre ellos escribir retóricas amplificaciones sobre modelos famosos: desde Luciano o Apuleyo a escritos medievales o renacentistas[4].

La fama de las brujas vasco-navarras llegó a través de relaciones escritas, sin duda, al Perú. Cuando las terribles luchas entre vascos y castellanos y andaluces, celosos los segundos de la prepotencia de los primeros, se escribieron algunos panfletos injuriosos por parte castellana, y en ellos se reprocha a los vascos los horrores de los aquelarres. Esto hacia 1624, o sea catorce años después del auto de Logroño. Al panfletista, claro es, no le hubiera interesado seguir la pista del inquisidor Salazar y Frías; pero aunque lo hubiera pretendido no le hubiera sido posible, dado el secreto de las actuaciones inquisitoriales[5]. Acaso, en cambio, hubiera gustado de las fábulas, lucianescas o caballerescas, aplicadas a las mujeres vasco-navarras.

Las tierras e ínsulas encantadas

En los libros de caballerías, empezando por el más famoso, o sea el *Amadís de Gaula*, se hace uso abundante de la idea de la existencia de tierras y estados enteros sometidos a un encanto llevado a cabo con un fin, que puede ser malo o bueno, según los casos, por algún mago poderoso o por una encantadora aún más fuerte. Así, don Apolidón, cien años antes de la vida de Amadís, encantó la «Ínsula Firme» y su palacio, de forma que no pudiera entrar en él ni el hombre ni la mujer que hubieran sido alguna vez infieles en sus amores; tales eran los encantos «progresivos» y sobre todo el efecto de la estatua con una trompa que se hallaba sobre el arco que daba acceso a los jardines del palacio[6], estatua que recuerda a las cabezas mágicas parlantes, de las que nos hablan otros textos medievales.

Sabido es que este pasaje ha tenido mucha importancia para hallar una interpolación en la redacción portuguesa del famoso libro, interpolación que descubrió Walter Scott y que expuso con su gracia peculiar don Juan Valera en el artículo que[7] dedicó al estudio acerca de Amadís, del doctor Braunfels, y que de él pasó a otros escritos que incluso no le citan.

Después los dominios encantados proliferan. Hay que subrayar el hecho de que con harta frecuencia, desde el punto de vista geográfico, son *islas* estos territorios que aparecen en la literatura caballeresca. Una «Isla Encantada» hallamos en *Palmerín de Inglaterra*, de la que era señora Argonida[8]. La «Isla Encubierta» del mismo texto parece también tierra misteriosa[9]. La «Isla Peligrosa» es la mansión de Urganda la Desconocida, donde había un castillo más encantado si cabe[10]. Y aún nos encontramos con la «Isla Profunda»[11]. ¿Precedentes todos de la burlesca «Ínsula Barataria» que gobernó Sancho? Acaso sí. Pero también hay que buscar el arquetipo literario «serio» en la isla en que residía Circe, la «diosa terrible, dotada de voz humana». Aquella espléndida fábula de marinos, contenida en el canto décimo de la *Odisea*, nos habla, en realidad, de la primera *ínsula mágica*: la de Aea, con su palacio también encantado, rodeado de hombres convertidos en bestias por la pérfida[12]. Estamos ante una concepción literaria antiquísima, en efecto; pero no sólo como concepción literaria hay que juzgarla.

El campo de las brujas

No hay que perder de vista que los viajeros y marinos de fines del medievo y aun después hablan también, como de cosa cierta, de zonas del mundo en las que lo mágico cobra mayor importancia; en las que se afirma que brujos, brujas y hechiceros actúan de modo más fuerte.

Los españoles del siglo XVI gustaron de las historias septentrionales en las que las gentes del extremo norte de Europa aparecen como grandes hechiceras, y Suecia, Noruega, Dinamarca, etc., como países dominados por la Magia. Popularizó aquí ideas e informes recogidos por Olao Magno y otros autores nórdicos Antonio de Torquemada en uno de sus diálogos del *Jardín de flores curiosas*, que tanto influyó en Cervantes[13]. La idea de que del Septentrión había de venir hacia el Mediodía mucha actividad diabólica, idea de la que Torquemada se hace eco, parece preceder a la que tuvieron algunos autores del siglo XVII en sus comienzos, según los cuales las actividades de los misioneros católicos en tierras de Oriente, en la

India y el Japón, provocaron un desplazamiento de los espíritus malignos a partes de Europa donde podían encontrar un clima adecuado. Esto creía –por ejemplo– Pierre de Lancre, el juez de las brujas y brujos de Labourd, que afirma, además, que hubo testigos de desplazamientos de tales entre comerciantes que iban a Burdeos[14]. Y así se explicaba, en parte, la abundancia de brujos en el país donde hizo su represión sangrienta. Pero, en realidad, la localización de las actividades de las brujas es mucho más vieja y en cada país hay montes, prados, campos o espeluncas donde es fama que se reúnen desde tiempo inmemorial. Todas las brujas de Germania se decía así que, en fechas determinadas, se reunían en la montaña llamada Blocksberg o Hewberg: «Pervulgata enim fama est –dice Godelmann– Lamias totius Germaniae certis unguentis illitas, noctu Calend. Maii in montem Bructerorum vulgo Blocksberg, & Hewberg, partim a familiaribus suis daemonibus & amasiis qui praestigiosam formam hirci, porci, vituli & similis animalis induunt, brevissimo temporis spacio baiulari, partim furca, baculo, aliove instrumento vehi, & deinde noctem totam ludis, iocis, comessationibus & choreis, cum amasiis suis consumere»[15].

Fue famoso también en Italia un lugar próximo a Benevento, donde bajo un nogal inmenso se decía que celebraban asambleas semejantes. Un médico del siglo XVII, P. Piperno, reunió cantidad de noticias respecto a lo que se creía acerca de los que iban «ad ludos Nucis Beneventanae»[16]. Lugares malfamados, pero no tan conocidos, los que hay en todo el ámbito de Europa. No es cosa de hacer ahora una enumeración prolija.

En España han sido especialmente considerados como punto de asamblea de brujas los campos de Cernégula o Cerneula, adonde iban las de la montaña de Santander y norte de Burgos[17]. También los campos de Barahona, en la provincia de Soria[18]. En Galicia, el arenal de Coiro[19]. Fama, incluso documentada por proceso inquisitorial conocidísimo, es la del prado de Berroscoberro, contiguo a la impresionante cueva de Zugarramundi, en el extremo norte de Navarra.

Más al sur, entre las poblaciones de Lerga y Ujué, en Navarra misma, hay un campo, llamado Campo lengo, en el que se decía que se reunían las brujas; a estos emplazamientos se refieren «sucedidos» con una difusión enorme. Así, por ejemplo, en este Campo lengo se localizaba el cuento del sastre jorobado al que las brujas le quitaron la chepa como recompensa a haberles completado una letra de canción con la que bailaban[20].

El sitio diabólico

Montes encantados, alturas en que aparecen los númenes más misteriosos, abundan en el folklore de todas partes e incluso en leyendas como la de la «Serrana de la Vera» cabe rastrear, según creo, un elemento mítico mucho mejor que un recuerdo de hechos reales. La Serrana que se aparecía a los jóvenes en lugares precisos de las alturas para gozar de ellos y perderlos luego es un clásico ejemplo de aplicación de un arquetipo folklórico a un ser con pretensiones de real[21]. Pero hablemos de viajes más largos y de países menos familiares.

El punto mágico, el lugar diabólico, ejercía una impresión considerable sobre el viajero, el marino, el peregrino antiguo. Las sensaciones del cansancio, abatimiento, etc., debían de producir terrores colectivos o individuales. La preocupación por haber abandonado la propia tierra o tierra conocida y adentrarse en otras con usos y lengua distintos contribuía también a establecer la mala reputación de algunos lugares. Los marinos de la época del Renacimiento creyeron haber encontrado a veces países tan fabulosos como los griegos de la época homérica.

Las ideas sobre esto se transmiten con facilidad entre gentes de diverso origen. Cuenta don García de Silva y Figueroa en su curiosísimo viaje a Persia que cuando llegó él de embajador con su comitiva de servidores cristianos, europeos, cerca de un monte alto, aislado y de lomo redondeado, algunos armenios que iban también en su servicio comenzaron a contar cosas extrañas del mismo, así como algunos moros y persas que iban en la comitiva. Decían que allí había «grandes encantamentos» desde tiempos inmemoriales, que el que se acercaba a su falda jamás volvía, hundiéndose la tierra bajo sus pisadas o muriendo a causa del espanto de las terribles visiones que tenía. Esto que decían los asiáticos y musulmanes al punto fue creído por los europeos y cristianos. El embajador, que iba en su litera, pudo darse cuenta del alboroto causado por la proximidad del monte, que se llamaba Giafarabat, que en persa quiere decir *monte del diablo*, pero no hizo gran cosa para sosegar a su gente. Dos criados que se tenían por los más valientes y decididos se dispusieron a reconocerlo..., pero pronto volvieron asustadísimos, porque decían que, en efecto, a su paso la tierra iba cediendo; con lo que todos quedaron persuadidos de que el monte estaba encantado, «para mayor comprobaçion de lo qual afirmauan conforme a la rrelaçion de los armenios, moros y persianos, que siempre que lo mirauan de lexos quando iuan caminando se mostraua de diferente tamaño y forma, unas vezes redondo, otras largo, otras más alto o más baxo, y esto era lo que más admiración les ponía»[22]. Podrían allegarse otros relatos de viajeros y exploradores no tan eruditos como éste que nos hablan de pánicos parecidos en tierras diversísimas.

El lugar encantado

Pero junto al lugar temido en tránsitos penosos y tierras lejanas nos encontramos también el punto mal famado del propio país, del rincón natal, cuando no una casa, una fuente o un emplazamiento de otra índole, sobre el que corre la fama de estar hechizado o encantado. Pocos habrán sido los pueblos que hasta nuestros días no hayan tenido una casa mal famada; pocos también los que no hayan contado con algún lugar con posibles tesoros escondidos, tesoros encantados acerca de los que el maestro Alexo Venegas expuso una curiosa teoría general, según la cual estos tesoros no son objeto de encantos, sino que están entre cantos[23]. La experiencia indica que esta etimología de «encantado» es completamente falsa.

Una *mora encantada*, hablando el portugués con acento morisco, que, como en castellano, se imitaba introduciendo equis en vez de eses, aparece al final de las *Cortes de Júpiter*, de Gil Vicente (1521)[24]. Y esta mora no estaba «entre cantos», sino que –conforme a la tradición folklórica que ha perdurado hasta nuestros días en Portugal y también en Andalucía y Extremadura– se hallaba sujeta a un antiguo encantamiento.

Muchos fueron los hombres y mujeres de los siglos XVI y XVII que, fiados en una tradición, procuraron hacerse ricos desencantando tesoros y utilizando para ello fórmulas de hechiceros y astrólogos de muy diversa catadura. Ya habrá ocasión de hablar de algunas empresas de éstas. Las líneas anteriores se han escrito simplemente para insistir en esta noción de que, en tiempos y espacios determinados, no sólo las personas que viven dentro de ellos se creía que podían estar sujetas a una acción mágica, como las que amargaban la existencia de Don Quijote e ilusionaron a algunos personajes que pudo conocer Cervantes.

NOTAS

1. Todo el título primero de la *Metamorfosis* nos introduce en esta tierra de hechiceras. Luciano, *Luc.*, 1-15, va más rápido. Pero la reputación es más antigua. Véase nota 12 del cap. VI.
2. En *Nueva Biblioteca de Autores Españoles*, VII, p. 146 (comienza el quinto canto), p. 177, etc.
3. *Las Quinquagenas*, I (Madrid, 1880), pp. 473-474 (comentario a la «estança XLII»).
4. *El Crotalón*, ed. cit., pp. 177-185 (quinto canto). Sigue luego el sexto (pp. 185-191) y aun el séptimo (pp. 192-194).
5. *Castellanos y vascongados. Tratado breve de una disputa y diferencia que hubo entre dos amigos el uno castellano de Burgos y el otro vascongado en la villa de Potosí, reino del Perú...* (Madrid, 1876), pp. 53-54.
6. Fueron éstos modelo para otras descripciones. Se describen muy al por menor los encantamientos de Apolidón en la introducción del libro segundo de *Amadís de Gaula (B.A.E.,* XL, p. 107 a-b). Se componían de varios «padrones» de hierro, cobre, piedra, con letreros en que se prohibía el acceso a recintos sucesivos a los que no tuvieran extraordinarias cualidades de virtud, hombres y mujeres. A la entrada, sobre un arco, una estatua de cobre y dentro dos imágenes, una de él y otra de su amiga, Grimanesa.
7. Juan Valera, «Sobre el Amadís de Gaula», en *Disertaciones y juicios literarios*, II (Sevilla, 1882), pp. 278-279 especialmente; el artículo data de 1877. Menéndez Pelayo, *Orígenes de la novela*, I, *Nueva Biblioteca de Autores Españoles*, I (Madrid, 1905), p. CCXLIV, nota 3, recuerda el texto de Montaigne, en que hace referencia al «palais d'Apollidon». La referencia difiere de la que yo he verificado en algo no sustancial. En efecto, escribe Montaigne al tratar «de la vanité des paroles» (*Essais...*, ed. Charles Louandre, II [París, s. a.], libro I, cap. LI, p. 52): «Ie nen sçais s'il en advient aux aultres comme à moy; mais ie ne me puis garder quand i'oys nos architectes s'enfler de ces gros mots de Pilastres, Architraves, Corniches, d'ouvrage Corinthien et Dorique, et semblables de leur iargon que mon imagination ne se saisisse incontinent du palais d'Apollidon: et, par effect, ie trouve que ce son tres chestisves pieces de la porte de ma cuisine.»
8. *Palmerin de Inglaterra*, libro I, cap. XX; *Libros de caballerías*, II, *Nueva Biblioteca de Autores Españoles*, XI (Madrid, 1908), p. 36 b.
9. *Op. cit.*, libro I, cap. III, *loc. cit.*, p. 9 a-b.
10. *Op. cit.*, libro I, cap. LVIII, *loc. cit.*, pp. 103 b-104 a.
11. *Op. cit.*, libro II, cap. XIV, *loc. cit.*, p. 227 a.
12. *Od.*, X, 210-219.
13. *Jardín de flores curiosas por Antonio de Torquemada (Lérida, 1573)*, edición en facsímile de la Academia Española (Madrid, 1955), fols. 221 r.-227 r. del diálogo sexto especialmente.
14. Pierre de Lancre, *Tableau de l'inconstance des mauvais anges et demons* (París, 1612), libro I, disc. II, p. 39: «et de fait plusieurs Anglois, Escossois & autres voyageurs venant querir des vins en cette ville de Bordeaux, nous ont asseuré avoir veu en leur voyage de grandes troupes de Demons en forme d'hommes espouvantables passer en France».

15. J. G. Godelmann, *Tractatus de magis, veneficiis et Lamiis...* (Frankfort, 1601). del libro II, cap. II, § 2, p. 31.
16. Angelo de Gubernantis, *La mythologia des plantes*, II (París, 1882), pp. 248-253.
17. Rodrigo Amador de los Ríos, «Santander», en *España, sus monumentos...* (Barcelona, 1891), pp. 263-267, siguiendo a Pereda.
18. Madoz, en el *Diccionario geográfico, estadístico, histórico de España*, III (Madrid, 1846), p. 373 a, dice que no se sabía el origen del nombre de «Campo de las brujas», que se daba a unba llanura de una legua de circunferencia que allí había. Ya tenía fama a comienzos del siglo XVIII. Véase p. 407.
19. J. Rodríguez López, *Supersticiones de Galicia* (Madrid, 1910), pp. 52-54.
20. Una «Fuente de las brujas» registra Madoz, *op. cit.*, II (Madrid, 1845), p. 95 b, en Almendral (Badajoz); un «Barranco de las brujas» en Sos, IV (Madrid, 1846), p. 467 a; una «Fuente del brujo» en Luarca, X (Madrid, 1874), p. 404 b.
21. Julio Caro Baroja, «¿Es de origen mítico la leyenda de la serrana de la Vera?», en *Revista de Dialectología y Tradiciones Populares*, III (1946), pp. 568-572.
22. *Comentarios de Don García de Silva y Figueroa*, II (Madrid, 1905), lib. V, cap. III, pp. 73-74.
23. «Tesoro encantado es el tesoro rodeado de cantos. Entre otras abusiones del vulgo, es una que piensa que hay tesoro encantado. Ayudan a este engaño dos argumentos: el uno es el vocablo, que piensa que encantado es conjurado o encomendado a algún espíritu familiar que lo guarde; el otro es que en muchos lugares halla ceniza y carbones debajo de tierra, por donde, en prueba de su tonta credulidad, dice que como no era su dicha toparse con el tesoro se le convirtió en carbón y ceniza. A esto diremos que el tesoro que se absconde debajo de tierra en tiempo de guerra o lo que en tiempo de paz esconden los avarientos, se suele guarnecer alrededor de piedras y cantos; luego, tanto querrá decir encantado como bien rodeado de cantos. A lo segundo respondemos que porque el carbón y la ceniza nunca se pudren debajo de tierra, aunque pasen cinco mil años sobre ellos, por eso fue aviso antiguo de los que enterraban tesoros echar cenizas y carbones a ciertos trechos distantes por ciertas medidas del lugar del tesoro, y aun en el lugar mismo del tesoro, porque cuando tornasen a cavar atinasen por la señal de la ceniza...» Alexo Venegas, *Agonía del tránsito de la muerte*, vocabulario *Escritores místicos españoles*, I, *Nueva Biblioteca de Autores Españoles*, XVI (Madrid, 1911), p. 314.
24. Gil Vicente, *Obras completas*, ed. Marqués Braga, IV (Lisboa, 1953), pp. 259-260.

IX
INTERMEDIO EN TRES TIEMPOS

Primer tiempo: Magia y género literario

Diatriba y mundo moral

Las dos maneras más radicales de enfrentarse con lo maravilloso entre los hombres son la del que está dispuesto a aceptarlo *por sistema* y la del que *por sistema* no lo acepta. Estas dos maneras existen, han existido y existirán siempre, y las diferencias en el tiempo y el espacio son puramente cuantitativas: hay momentos en que imperan los negadores y otros en que triunfan los creyentes. La Filosofía greco-latina más popular, expresada en la «diatriba», ya consideró tema importante el de combatir las creencias antropomórficas, el temor a los suplicios infernales, el respeto a los templos y objetos de culto, la creencia –por fin– en los oráculos y adivinaciones: en un texto griego, el *Pseudo-Diógenes*, hasta se llega a decir que toda preocupación religiosa debe ser descartada: Τα... τῶυ νομιζομέυων δεῶυ μείζονά (ἐστι) ἤ χατ' αυδρώπους[1]. El proceso de vulgarización de un pensamiento eminentemente moralizador, satírico, contrario a las ciencias y a las artes tanto como a las creencias, expresado en forma de fábulas y apólogos y con personajes que vienen a representarlo, es un proceso largo en la historia de los pueblos occidentales, y acaso Diógenes y Esopo no fueron en su día tan populares como muchos años y aun siglos después lo han sido. Los griegos y los latinos llegaron a grandes negaciones. Séneca suscribe casi todas las ideas de los viejos negadores cínicos, helénicos, en el sentido indicado[2], y después de Séneca retóricos como Luciano escribieron sátiras contra las creencias religiosas greco-romanas que fueron aprovechadas por los apologistas cristianos.

La burla moralizadora siempre ha sido un arma violenta: hasta de dos filos. El moralista, al final, reduce el mundo a unas cuantas reglas de conducta: noventa y cuatro temas contaba como base para la «diatriba» romana un erudito que estudió sus orígenes. La cuestión es hacer paréntesis y renuncia de casi todo: hay que renunciar a las artes liberales, la dialéctica, la física, la retórica, la gramática, la historia, las matemáticas, la música y la medicina; despreciar los bienes mayores y llegar a la «autarquía» moral y a la verdadera sabiduría; perseguir el bien moral únicamente. El mal está en las pasiones que enloquecen, en los temores y en las creencias[5]. El hombre moral, el sabio de la «diatriba», es un ente, un personaje de apólogo. Enfrente están casi todos los demás hombres y mujeres reales. Desde el astrónomo ocupado en el cálculo más abstruso hasta la muchacha enamorada o el pobre ganapán, pasando por emperadores, príncipes, generales, magnates, ricos, etc., etc. El mundo moral es una seca abstracción. Frente a él hay otras; no menos abstracto es el mundo o mundos de lo maravilloso.

Si en el uno reinan Diógenes, tal como lo pinta su homónimo, o Menippo, el usurero satírico, o cualquiera de los demás filósofos cínicos, en el otro dominan los taumaturgos, los filósofos herméticos, esotéricos. En épocas más modernas podemos hallar contrastes parecidos, ya que no iguales. Aquí, en España, en el momento en que damas y caballeros se volvían locos con los libros de caballerías, había moralistas como el arcipreste de Talavera o poetas en los que el genio satírico, de la diatriba, volvía como a rebrotar bajo la capa de la Ascética cristiana. Un mundo está lleno de prestigios, de encantos, de portentos. Otro es de una sequedad absoluta, no deja lugar más que a pensamientos ascéticos. Pero la mayoría no vive en ninguno de los dos y toma elementos de los dos. A veces se recurre a la sentencia, al refrán moralizador un poco plebeyo o lleno de lo que se llama «sentido común». La idea de que existe una «sabiduría popular» arranca, en gran parte, de la consideración de proverbios y fábulas ligadas con un viejo pensamiento de tipo «cínico», en el sentido estricto de la palabra. Pero otras veces no hay proverbio que valga y el mismo grupo o un individuo que ha usado de refranes a granel se deja llevar por la fuerza de lo maravilloso.

Los dos pensamientos coexisten: no se ha de considerar a uno como anterior a otro en bloque. Pero en la lucha eterna hay fases en que los que representan al uno son más fuertes que los que representan al otro.

Todavía no se ha hecho un buen análisis de los libros de caballerías desde un punto de vista sociológico, ni se han resaltado los resortes humanos sobre los que actuaban al alcanzar la difusión que tuvieron. Los eruditos han estudiado la «materia de Bretaña» como quien estudia un fósil curioso, se han dejado seducir por los problemas de transmisión, y pare usted de contar.

Literatura caballeresca y moralidad

En España alguien llegó a decir que tales libros no tenían «raigambre». No tenían raigambre, pero obsesionaron a Santa Teresa, motivaron unas observaciones muy curiosas de fray Luis de Granada y de otros escritores religiosos y dieron razón de ser a la obra más famosa de la literatura española. No tenían raigambre, y hasta que yo era chico, allá por el año de 1925, se reimprimían en forma de pliegos de cordel y se vendían a diez céntimos el pliego en ferias y mercados, sobre todo de Madrid al Sur. Pero también en Bilbao.

No eran, ciertamente, caballeros y damas los que leían en mi infancia la historia del rey Arturo y los Doce Pares, o la de Roldán, Reinaldos de Montalbán, el conde Partinuples o Palmerín de Inglaterra. Eran labriegos, hombres de cortijo, gente popularísima de Andalucía y la Mancha: los «paletos», que venían a Madrid y que se sentían más a gusto en los alrededores de la plaza Mayor que en otra parte..., porque las damas y caballeros o no leían nada o leían otras cosas; algunos incluso puede que estuvieran influidos por lo que se había dicho y repetido acerca de los libros de caballerías a partir del éxito del *Quijote*.

Para leer un libro de éstos a gusto hay que tener fe en la existencia del mundo mágico y dentro de él en un elemento que juega papel decisivo en los libros de caballerías y que ha producido no poco que hacer a los teólogos y moralistas. Aludo al «hado», del que he de ocuparme un poco a continuación. Esta palabra viene de la latina *fatum*, claro está, y en castellano medieval y en gallego es «fado». El *fatum* latino tiene muchas acepciones. Acaso las del «fado» o «hado» son más limitadas. La conexión de la palabra con ciertas creencias no se halla aclarada de modo suficiente y tampoco el nexo que hay entre el «hado» y el «hada» o las hadas en sus diferentes tipos. Sin embargo, ya en el arcipreste de Hita se halla establecido nexo tal de modo clarísimo. Repetidas son sus referencias al «fado». Unas, sin apreciaciones acerca de su significado[4]. Otras, con relación a la doctrina astrológica[5]; otras, por fin, siguiendo un criterio teológico hostil a aquélla, un criterio según el cual Dios y la voluntad están por encima de todo determinismo[6]. Pero además emplea el verbo «fadar»[7], y éste, en relación con las «fadas»[8], «fadas» que unas veces son «negras», es decir, malas, y otras veces «blancas», o sea buenas[9].

La personificación del hada se halla también en el *Poema de Alfonso XI*[10] y en el *Rimado de palacio*, del canciller Ayala[11]. El poema

Alexandre es aún más explícito, si cabe, en semejante personificación en lo que tiene de mitológica. En efecto, aparte de las alusiones al «fado»[12], del empleo del verbo «fadar»[13] y del uso de vocablos como «fadado»[14] y «fadeza»[15], la referencia a las «fadas» es constante:

«Ffezieron la camisa dunas fadas enna mar»[16].

Otra tercera hizo el brial del héroe[17]. Otra realiza después encantamientos[18], y así, en contra[19] o a favor, la vida del hombre, héroe o no, está «malfadada» o «bienfadada» de raíz. El hada, de pura profetisa, pasa a ser valedora o enemiga.

Dando un paso más nos encontraremos con «Urganda la Desconocida» o con la «Fata Morgana». Urganda, joven o vieja, según los casos, metida en amores desgraciados y protectora de Amadís de Gaula[20], compitiendo con otras de su sexo en encantamientos[21], que protege al héroe a distancia de los encantos de Arcalaus[22] y que ejerce su don profético a discreción[23], convocando a reyes y señores a su voluntad[24]. Del concepto se pasa al personaje literario; del personaje literario, a la realidad.

No se puede llegar a tener una idea exacta del *Quijote* sin haber leído algún libro de caballerías, y para mí el *Amadís* es el más ilustrativo, aquel del que Cervantes hizo mayor contrafigura, aunque fuese también el que más admiraba.

En los libros de caballerías no son solas las personas las sujetas a la Magia: son países enteros los que quedan bajo el sino de un encanto, como la «Ínsula Firme» del mismo *Amadís*[25]. La Mancha de Don Quijote no era, en verdad, uno de tales países, contra el sentir del héroe.

El conflicto de los géneros literarios ante lo mágico

Mientras que el bachiller Díaz y don Feliciano de Silva se dedicaban a acrecentar el linaje de los Amadises y no menos frondoso se hacía el de los Palmerines, naciendo, por otra parte, otros caballeros (esto con gran fuerza todavía hacia 1550), la moral popular, estilo «diatriba», seguía teniendo sus formas de expresión. Los libros de caballerías tiran hacia un lado, los poetas satíricos y algunos escritores sagrados tiran hacia el opuesto.

A veces la hostilidad adopta formas curiosas. Don Marcelino Menéndez Pelayo, en los *Orígenes de la novela*, recuerda la opinión del obispo de Belluno, Luigi Lollino, citada a su vez por el abate Quadrio, según la cual el mismo *Amadís* «fosse... lavoro d'un incantatore di Mauritania, che sotto falso nome di christiano, essendo mahometano, e pieno di vanitá magiche, lo componesse in lingua anticha di Spagna»[26]. El buen obispo no debía de ser gran crítico, pero su punto de vista frente al libro, como hombre piadoso, es tan significativo como el de los que arremeten contra el género en bloque.

En 1592 publicaba fray Pedro Malón de Chaide *La conversión de la Magdalena*, y en el prólogo a los lectores maltrata a los libros de caballerías de esta suerte: «Otros leen aquellos prodigios y fabulosos sueños y quimeras sin pies ni cabeza, de que están llenos los libros de caballerías, que así los llaman, a los que, si la honestidad del término lo supiera (?), con trastocar pocas letras se llamaran mejor de bellaquerías que de caballerías. Y si a los que estudian y aprenden a ser cristianos en estos catecismos les preguntáis que por qué los leen y cuál es el fruto que sacan de su lición, responderos han que allí aprenden osadía y valor para las armas, crianza y cortesía para con las damas, fidelidad y verdad en sus tratos y magnanimidad y nobleza de ánimo en perdonar a sus enemigos; de suerte que os persuadirán que *Don Florisel* es el libro los *Macabeos*, y *Don Belianis* los *Morales* de San Gregorio, y *Amadís* los *Oficios* de San Ambrosio, y *Lisuarte* los libros de *Clemencia* de Séneca (por no traer la historia de David, que a tantos enemigos perdonó). Como si en la Sagrada Escritura y en los libros que los santos doctores han escrito faltaran puras verdades, sin ir a mendigar mentiras, y como si no tuviéramos abundancia de ejemplos famosos en todo linaje de virtud que quisiéramos, sin andar a fingir monstruos increíbles y prodigiosos. ¿Y qué efecto ha de hacer en un mediano entendimiento un disparate compuesto a la chimenea en invierno por el juicio del otro que lo soñó?»[27]. Sueños, mentiras, quimeras. El razonamiento del bravo fraile navarro es típico del momento.

Cincuenta años después de que se diera una especie de furia editorial en punto a la impresión de libros de caballerías (furia que coincide con las postrimerías de Carlos I), hacia 1600, la broma y el descrédito entre los hombres de letras suceden al gusto y la admiración, también a la seria censura moral.

Pintó don Luis de Góngora a Belerma oyendo los consejos y propuestas de doña Alda, ambas en estado de viudez:

«Busquemos por dó trepar,
que lo que de ambas presumo,
no nos faltarán en Francia

>pared gruesa, tronco duro.
>La iglesia de San Dionis
>canónigos tiene muchos
>delgados, cariaguileños,
>carihartos y espalduos.
>Escojamos como en peras
>dos clérigos capotuncios,
>de aquestos que andan en mulas
>y tienen algo de mulos...»[28].

Así terminan los amores de Durandarte, frente a los lamentos del *Romancero*[29].

Entre el mundo mágico y el mundo de los moralistas y satíricos hay un abismo. El español o la española se las componen para salvarlo. Pero esa fecha que nos da Malón de Chaide, que nos da Góngora, que nos dan otros autores, es decisiva. Cervantes pertenece a un género de hombres aparte, y aunque en el *Quijote* parece que arranca del mismo punto de partida, construye algo muy distinto, porque no es como moralista, como satírico o como hombre de buen sentido como hay que considerarle. Es, ante todo, un artista, y el artista siempre deja un margen de existencia a lo maravilloso y aun absurdo. Durante su vida y aun después de muerto se aceptó *todavía en la poesía épica* la aparición de magos y la evocación de escenas fabulosas, por respeto, sin duda, a los modelos clásicos. Así, don Alonso de Ercilla describe, en el canto XXVI de la *Araucana*, el jardín y estancia del mago Fitón en términos inverosímiles[30], y un ingenio más joven que Cervantes, don Bernardo de Balbuena o Valbuena, escribió el larguísimo poema *El Bernardo* (que se imprimió ya en 1624), incluyendo en él toda clase de episodios mágicos. «Hadas que a las cosas variables de nuestro inferior mundo dan gobierno»[31], que con Morgana a la cabeza, buscan sus venganzas de Orlando y los paladines franceses. Magos con intereses encontrados, como Orontes el griego y Malgesí el francés, se aprestan a la lucha, utilizando toda clase de recursos infernales, sabidurías secretas y transmitidas de modo misterioso[32]. Orontes, por su ciencia, deja colgado de un árbol a Malgesí; se apodera un demonio del libro de conjuros de este último y provoca la aparición de otra legión de ellos para destruir España...; pero un ángel se interfiere[33]. A la querella entre franceses y «godos» españoles se suma la de los moros con éstos, y claro es que entre moros también han de salir hechiceros y hechiceras. Arleta es la más destacada mora de Fontidueña, junto al Tajo:

«Que hay fama que en su pueblo aún perserva
nobleza desta antigua hechicera»[34].

Y por no ser menos que Ercilla, la descripción de Valbuena del mago Tlascalán, en Méjico, resulta tan convencional y de todo punto inverosímil como la del más fantástico libro de caballerías[35]. El simbolismo que da el poeta al final de cada libro a escenas y personajes es lo que advierte, de modo constante, que se está ante una ficción absoluta. Pero ¿quién soporta la lectura de veinticuatro libros llenos de fantasías si no cree un poco en ellas?

Cervantes hace quemar los libros de caballerías, parodia los romances caballerescos, saca hechiceros fingidos, falsos caballos maravillosos, todo lo que se quiera. Pero compone de suerte que su sátira es bastante más que lo que dicen sus comentaristas y acaso que lo que él pretendió. Podemos incluso darle una interpretación sociológica, a lo que se enderezan las páginas que siguen, tomando como base la creencia o incredulidad respecto al mundo mágico, que eran dos caminos a seguir en su época.

Segundo tiempo: El «Quijote» y la concepción mágica del mundo

Modos de leer el «Quijote»

No creo que esté ahora muy de moda el hacer interpretaciones del *Quijote*, empresa que fue del gusto de muchos ensayistas de comienzo de siglo y que parece haber dado casi sus últimos frutos. Se acabó entonces con las interpretaciones esotéricas de la novela y se dio al traste con la vieja idea, tan estéril como vieja, de considerarla como un gran criptograma. Fueron las interpretaciones filosóficas, psicológicas e históricas las que alcanzaron entonces mayor crédito y de ellas nos servimos aún. El cervantismo estrecho dejó paso a conceptos más amplios, aunque también tuvo por esta época un último momento de esplendor. Así creo que, hoy día, añadir una glosa más al texto famoso es tarea que no puede atraer mucho a aquellos que posean varias ediciones anotadas del mismo, muy útiles sin duda para los eruditos, pero bastante engorrosas de leer para los que no pretenden obtener más que pura fruición de su lectura.

Aunque, en última instancia, me cuento entre esta segunda categoría de lectores, me gusta volver sobre los comentarios de don Juan Valera o Menéndez Pelayo, sobre los ensayos de hombres más próximos en años a nosotros, e incluso echo de vez en cuando una mirada furtiva a las notas solemnes y apelmazadas de Clemencín, o a las un poco jacarandosas de don Francisco Rodríguez Marín, y aun a las menos personales de otros glosadores.

Ensayos, notas y comentarios (sobre todo los antiguos) tienen, con frecuencia, un aire casticista, estrechamente nacional, que choca con la fuerza expresiva del *Quijote*, uno de los pocos libros verdaderamente internacionales que existen en cualquier lengua. Hace algún tiempo (en la primavera de 1961) terminé de leerlo por octava o novena vez, pero con un intervalo de varios años desde que terminé mi penúltima lectura.

No es lo mismo leer el *Quijote* de joven que de talludo, ni seguido que a trozos, ni rápidamente que con sosiego. Si en un momento dado está uno bajo los efectos de ciertas actividades, la lectura hecha en función o a la par que se desarrollan aquéllas hará que resalten ciertos rasgos, que no resaltarían en otras circunstancias. Así, a la vez que leía el *Quijote*, terminaba de corregir las pruebas de un libro en el que trato del problema que supuso en las sociedades europeas, durante siglos y aun milenios, la creencia en los efectos de la brujería y al escribirlo tuve que realizar un esfuerzo considerable para reconstruir y hacer ver debidamente los caracteres esenciales de aquellos grupos humanos que vivieron bajo la plena convicción de que la Magia, en sus numerosas clases y matices, era cosa de efectos reales y tangibles en la vida cotidiana.

Indicaré ahora que, precisamente, la concepción mágica del mundo comenzó a hacer crisis durante el Renacimiento europeo, y que después, el racionalismo físico matemático del siglo XVII, el racionalismo de otro matiz o matices, que dominó a los hombres más agudos del siglo XVIII y, por último, las diversas corrientes filosóficas que aparecen en el siglo XIX, terminaron con el prestigio de aquella concepción, con su influencia en el Derecho y en otros campos que durante mucho tiempo habían sido dominados por ella.

En mi libro hago también hincapié en que quienes contribuyeron más a combatir los abusos, desórdenes, terrores y males que, en general, se derivan de estar dominado por una concepción mágica del mundo (sintetizada en la creencia vulgar en brujas) fueron los cultivadores de las artes plásticas, de un lado, y los novelistas, de otro; los cuales pusieron siempre unas notas de ironía al hablar de tales brujas y de hechiceras, de hechizos y sortilegios.

El mismo Cervantes, en *El coloquio de los perros*, discurrió sobre las brujas y sus malas artes con singular humor: esto en un momento en el que en España, y más todavía en otros países de Europa, se castigaba fieramente a hombres y mujeres acusados de actos tales como los de ir a aquelarres, volar por los aires, matar niños, maleficar campos, provocar tempestades y enfermedades, producir metamorfosis espantosas, deshacer amores y originar otros, irregulares e inmorales...

El héroe en el mundo

Pero en el *Quijote* lo que se combate más es otra concepción mágica, que pudiéramos definir como esencialmente *heroica* y que domina no sólo en los libros de caballerías, sino también en la vieja poesía épica europea. Es posible que entre un tipo de épica y otro haya diferencia en el grado en que se admite lo mágico, y que los libros de caballerías, inspirados sobre todo en los poemas del ciclo bretón, carguen la nota en lo sobrenatural de un modo particular y específico. Menéndez Pelayo decía que los motivos que inspiraban a los héroes de las epopeyas germánica, francesa y castellana eran motivos racionales y sólidos, dadas las ideas y costumbres de su tiempo, mientras que los héroes de la Tabla Redonda y los caballeros de las prosas posteriores se dejaban guiar por motivos arbitrarios y fútiles, por un genio altivo y pendenciero. Su acción, individualista, egoísta y anárquica, no podía fundarse en un «propósito serio de patria o religión». He aquí cómo se puede partir de unas bases críticas harto formalistas, a mi juicio, al pretender ilustrar los ideales caballerescos. Denunció el mismo don Marcelino el sensualismo, los deseos insaciables, el adormecimiento de las conciencias que reflejan los libros de caballerías y los poemas sobre los que se inspiraron, afirmando que todo ello iba contra el espíritu del Cristianismo, que nada tenía que ver con el espíritu clásico ni con el de la poesía épica germánica. Tocó el asunto de la Magia y no sacó de aquel roce con él mayores luces, cosa explicable dada la época en que escribía.

Sea de origen céltico o no la idea, el caso es que los libros de caballerías se desarrollan en un mundo mágico; y el mundo mágico, en efecto, no puede ser ni moral, ni racional en esencia. Es el mundo de las pasiones e incluso de los ideales elevados a la última expresión. La mujer no puede ser en él una buena señora, digna de respeto por sus virtudes: es una especie de ídolo, pero no por amaneramiento ni por frivolidad, sino por las mismas exigencias de la mente mágica, que ve en ella un centro esencial de seducciones rodeadas de toda clase de atributos misteriosos. La Magia es –por otra parte– como un arma de muchos filos y en cada sector de la sociedad tiene expresión y función distintas. Don Quijote se siente héroe. Ya talludo y disfrutando de un decente pasar de hidalgo de pueblo, rodeado de amigos y familiares contentos con la existencia monótona del lugarón, brota en él un deseo de realizar empresas memorables. Su locura estriba en querer reconstruir dentro de un medio social, inadecuado en absoluto, las gestas heroicas. ¡Y qué gestas! Para ello ha de rechazar, en primer término, toda la realidad exterior, según se ve con los ojos, a saber: la Mancha llana u ondulada, con sus molinos de viento; las ventas, asilo eventual de vagos, maleantes y aventureros; las dehesas y matorrales de Sierra Morena; los rebaños de cabras, ovejas y guarros que pastaban y pastan allí; las caravanas de mercaderes, las cuadrillas de la Santa Hermandad, los frailes viajeros, las cuerdas de presos... Todo lo que era cotidiano en su tierra y en los confines de ella deja de existir para él. En cambio, aparecen poderosos gigantes, reyes de países extraños entablando batallas descomunales, damas encantadas, doncellas perseguidas por malvados hechiceros, paisajes irreales, como los que produce el espejismo en el desierto. Sí, Don Quijote hace buenos, es decir, reales, el amor y las desdichas de los epígonos de Tristán; los episodios de sus relaciones con Iseo, la bella de los cabellos de oro; las voluptuosidades y zozobras de una existencia que queda a merced de filtros; los misterios y encantos de una naturaleza cargada de intenciones humanas, demasiado humanas para ser verdaderas. No es sólo la herencia literaria europea la que le domina la mente. También por la Mancha corrieron las leyendas y tradiciones orientales, al estilo de las de *Las mil y una noches*, hiriendo su imaginación.

Singular locura, nos diremos, siguiendo servilmente a Cervantes. Pero después, reflexionando, nos damos cuenta de que Don Quijote no es un loco cualquiera, sometido a trastornos mecánicos o puramente fisiológicos, con los que se altera la imaginación. Don Quijote es un hidalgo de ideas *arcaizantes* que llega a recrear para sí todo un mundo del que tiene noticia a través de la lectura. Y este mundo no es sólo heroico: es un mundo mágico en el que la voluntad ejerce un papel distinto al que tiene en la vida cotidiana. Al empezar la historia de Don Quijote vemos que no se trata de una representación de la lucha entre el idealismo desbocado y el realismo vulgar, según lo que comúnmente se dice y usando de conceptos inadecuados. El mundo de Don Quijote es un mundo ideal desde el punto de vista poético. Pero nada tiene que ver (o muy poco) con el de los llamados idealistas. Él no eleva nada sobre la realidad, porque vive en un ambiente que cree real, ni tampoco se dedica a teorizar sobre las ideas como principios del ser y conocer. Don Quijote cree, pura y llanamente, que los magos enemigos existen y que existe Dulcinea del Toboso. Ni más ni menos. Lo que está en pugna en la memorable gesta es la *concepción mágica* del mundo, medieval y antigua, y la *concepción antimágica*, en esencia, propia ya de algunos filósofos griegos, de varios humanistas del Renacimiento y de otras personas de menos luces posteriormente.

En realidad, Don Quijote no da más signo de perturbación permanente que el de creer en bloque en los ideales de la Edad Media postrera, cuando ya se empieza a dejar de creer en ellos, por obra de muchos acontecimientos. Cree en la posibilidad de llevar la vida del caballero andante (cosa que muchos no tenidos por locos creyeron en el siglo XVI) y de vivir en el medio en que aquél ha de moverse: y esto es lo más grave.

El mundo del héroe

Un héroe, sea un héroe antiguo, sea un héroe caballeresco medieval, puede decirse que desde el momento de ser engendrado está predestinado a serlo, porque un dios o un grupo de dioses en ocasiones, unas hadas encantadoras o nigromantes en otras, le cargan de gracias y virtudes o le «malfadan», de suerte que su vida, ya al nacer, se halla sujeta a condiciones que no cuentan para nada en la vida de los demás mortales, condiciones específicamente suyas. Es invulnerable hasta cierto punto o su vulnerabilidad alcanza un límite particular. Podrá hacer esto, mas no aquello. Tanto en horas de triunfo como en momentos de zozobra pesará sobre él un Destino casi inexorable. Es pues, en sí, un personaje mágico que impregna de un efluvio especial a todo lo que le rodea, que lleva sobre sí unas virtudes y fuerzas y está sujeto a especiales adversidades. Si unas divinidades le son propias, otras le son adversas; unos magos y encantadores le protegen, otros le acechan continua y perseverantemente.

La concepción mágica del mundo estriba en creer que no sólo estamos mediatizados de modo constante por fuerzas misteriosas que existen en la Naturaleza y a las que se puede dominar mediante artes especiales, sino también en que estas artes o saberes los patrocinan de modo fijo los dioses en la sociedad pagana (por medio de distintos agentes) y los encantadores, magos y hechiceros en el mundo medieval, más o menos cristianizado, asociados con el Demonio (aunque no siempre de modo claro y distinto).

La voluntad y el deseo del mago actúan sobre el caballero andante, que se ve con frecuencia sometido a una operación mágica expresada por variadas dramatizaciones rituales. Tanto para encantar como para desencantar, para hechizar como para deshacer la virtud de un hechizo, hay que llevar a cabo actos complicados y de cierto riesgo. El héroe antiguo o el caballero medieval se prestan a combatir lo mismo a los enemigos materiales de la Virtud que a los enemigos espirituales. En la lucha eterna entre el Bien y el Mal, él y sus enemigos juegan un papel decisivo, pero subordinado a potencias superiores. Así se da el caso de que el caballero luche a brazo partido con otros guerreros armados y numerosos en desigual combate y salga vencedor. Vence porque está cargado de gracias, de protecciones misteriosas e inefables. El mundo en que se mueve es un mundo poblado de seres, no *irreales* (esta expresión resulta grosera, anacrónica y falta de contenido al hablar de él), sino de seres *praeternaturales*, movidos por resortes que nada tienen que ver con los que mueven al hombre en la vida cotidiana. Los mismos castillos y palacios, bosques y selvas, jardines y vergeles, ríos, mares, lagos, navíos y esquifes donde se centran sus aventuras presentan caracteres misteriosos y equívocos. Los pobladores de las extrañas tierras que recorre el caballero pueden ser seres disformes, que casi nada tienen que ver con el ser humano. Hasta los animales que le sirven o sirven a sus enemigos están cargados de atributos no naturales: los caballos vuelan o galopan de modo vertiginoso, resisten toda clase de pruebas, se alimentan con sustancias insólitas e incluso comprenden razonamientos sutiles. El caballero andante recibe premios que están también fuera del orden natural y es objeto de mil prestigios hasta que termina sus días en circunstancias misteriosas a veces, o desaparece de este mundo para volver acaso en el futuro como el rey Artus en la leyenda famosa. Contemplar este mundo con los ojos de un hombre del siglo XIX, afecto a una especie de tradicionalismo democrático y popular, es como ver el Partenón con los ojos de un hombre de piedad limitada a la práctica cotidiana. Individualismo, egoísmo, anarquía, sensualismo inmoral, desorden: todo cabe en el mundo mágico. Pero ¡de qué prestigio están cargadas las acciones del héroe!

El conflicto de Don Quijote

Cuando Don Quijote aceptó como auténtico el mundo que pintaban los libros de caballerías comenzó a considerar el exterior con otros ojos. Pero su locura no se puso de manifiesto porque en privado, allá en el interior de su estudio o en tal o cual tertulia, diera en creer y manifestara fe en que abundaban sobre la tierra los castillos encantados, los hechiceros poderosos, las damas a quienes había que amparar y los gigantes a quienes vencer. Probablemente muchos de sus contemporáneos creían en todo esto; pero, como él hizo cuando por segunda vez compuso la celada de su casco, se abstuvieron de poner a prueba si esta clase de creencias correspondían a la realidad exterior o no. Antonio de Torquemada, en el *Jardín de flores*, y otros autores que leyó Cervantes se deleitaron en dar como ciertos cantidad de hechos míticos y mágicos, y nadie pensó en tratarles de locos, sino que fueron leídos con fruición y traducidos por personas de cierta cultura antes que empezaran a ser tachados de embusteros.

La locura de Don Quijote se manifestó al querer *vivir* aquello en que los otros se contentaban con *creer* como algo lejano o pretérito. Al convertir su ciencia o sabiduría libresca en experiencia, todo se le vino encima: lo mismo el mundo físico que la sociedad. De lo más desagradable del *Quijote* es, sin duda, la reiteración con que el pobre hidalgo es apaleado, apedreado, maltratado de mil formas, por gentes concejiles y comunes. Más desagradable es aún ver cómo Cervantes cuenta, sin mayores signos de reprobación, las burlas de que es objeto su criatura por parte de personas encopetadas, como los duques o los caballeros de Barcelona.

Todo lo que tienen de mecánicos los movimientos a que es sometido Don Quijote ya en la primera parte se exagera en la continuación de Avellaneda. Pero aun en estos episodios tristes y monótonos de la creación cervantina se pone de relieve un hecho importante: el de que la sociedad española del siglo XVI podía responder de modo *grosero y realista a la par* a ciertos ideales y a ciertas concepciones. El prestigio de lo mágico está ya roto casi en su totalidad por una serie de hombres que hemos de considerar *sensatos*, sean barberos y curas de pueblo, sean mercaderes toledanos, sean hidalgos de aldea, sean canónigos y dignidades catedralicias, sean duques y caballeros linajudos. Ninguno cree en la existencia *actual* de lo que cuentan los libros de caballerías y los poemas medievales. Todos creen, sí, en las honras que emanan de la Realeza y de la

Iglesia, en el valor del dinero y de la posición social. Esto implica una crisis de conciencia. Si la vida heroica no se daba tal como en la Antigüedad y en la Edad Media se creía que podía haberse dado, si había que atenerse a un orden social en el que lo mágico jugaba muy poco papel y en el que lo sobrenatural estaba sujeto a reglas prescritas por una Iglesia gobernada por hombres llenos de sentido común, o *realismo*; si las cortes y los palacios de los grandes eran lugares donde mediaban sirvientes, criados y hombres avisados de todas clases; si el mundo estaba más lleno de comerciantes, arrieros, venteros, pastores, labradores y titiriteros apegados a su negocio que de gigantes, princesas y endriagos, entonces la crítica social podía adquirir unos caracteres corrosivos, que de hecho adquirió ya en época un poco posterior a la de Cervantes, en que a reyes, duques y grandes de todas clases, lo mismo que a gente más menuda, se les despojó de todo atributo heroico, mágico y místico.

El conflicto de Sancho

En la acción en que, de un lado, Don Quijote quiere vivir una vida heroica dentro de un mundo mágico y en la que, de otro, los que se encaran con él siguen las normas establecidas por una sociedad que no cree ya en los antiguos prestigios y maravillas, hay un personaje que se ha solido presentar como el símbolo de la plebeyez, del pensar popular y aun de la necedad, que es Sancho Panza. Los comentaristas han hablado de él de maneras muy distintas. Para mí, Sancho Panza es, ante todo, el representante de una posición pragmática frente a la existencia, un personaje que simboliza el estado de vacilación ante dos sistemas o concepciones de la vida, encontradas entre sí, pero coexistentes, como son la concepción mágica descrita y la estrechamente naturalista. Nótese que al sostener esto no me hago eco de la tesis de los que oponen a Don Quijote y a su escudero, por considerar al uno representante del pensamiento idealista y al otro de un modo de razonar realista e interesado. Ya he dicho e insisto en que no creo en el «idealismo» de Don Quijote, según las dos acepciones que tiene la palabra de modo común. Insisto también en que el conflicto que se plantea en la obra de Cervantes es *social* en esencia y no puramente filosófico o literario, quisiéralo o no su autor. Don Quijote sigue la concepción mágica; sus contrincantes, la naturalista. Sancho Panza *a veces* acepta las ideas de su amo, aun cuando casi siempre parte de las de sus oponentes. Acaso es el personaje más humano de todos. Permanece en un estado de indecisión, es un enemigo del determinismo aún sin saberlo. Una cosa puede ser o no ser, a veces es, a veces no. Las causas y los efectos se le presentan colocados de modos distintos, según las circunstancias. Puede que Don Quijote sea un loco –piensa a menudo Sancho–, pero... En este pero se halla implícito todo lo que cantidad de hombres y mujeres han pensado durante siglos, en sociedades y culturas diferentes, de la Magia y sus recetas, de las supersticiones, escrúpulos y creencias dadas, de los mitos y fábulas. Puede que sean fantasías, absurdos, pero... ¿Y si son algo efectivo y verdadero? Vamos a probar, vamos a darles categoría de verdad, que nada se pierde con ello. La experiencia cotidiana dicta una cosa, la tradición otra. Entre la experiencia propia y la tradición se mueven los deseos. Por muy estrambóticas que sean las posturas de Don Quijote, ¿por qué no aceptarlas a beneficio de inventario, si esta aceptación puede reportar algún provecho e incluso honra? El pensamiento de Sancho Panza, y no otro alguno, es el que ha regulado la conducta de cantidad de gentes. En último término, es el que deja abierto siempre un resquicio a toda empresa heroica, a todo actuar no fundado en la experiencia cotidiana; un resquicio que los contrincantes de Don Quijote se empeñan en cerrar, sin comprender acaso que, a la larga, ellos serán víctimas de su propia postura. Porque si no existen ni existieron los héroes ni los caballeros con poderes misteriosos y fuera de lo natural, ¿qué representan los grandes de la tierra que –con frecuencia– se dicen descendientes de ellos?

Reflexión última

El *Quijote* dio una fuerte embestida a la concepción mágica del mundo en el ámbito de las personas dadas a la lectura. Abrió también el camino a un nuevo género de novelística, basada en la observación de las virtudes y, sobre todo, de los vicios y debilidades del hombre. Los españoles lo leyeron durante algún tiempo como una mera sátira literaria. Pero dejó hondas huellas en la conciencia colectiva, y lo que tenía de libro regocijante para los contemporáneos de su autor ha quedado en un plano secundario ante lo que tiene de libro preñado de interés filosófico y sobre todo psicológico y social. La última consecuencia que se extrae de él es amarga. Porque si, de una parte, la bondad de alma, la nobleza de conducta, el espíritu de sacrificio y la caballerosidad sin tacha han de ir unidos, no a la locura, sino más bien a una concepción arcaica de la vida, a la concepción mágica, incompatible ya con la propia de la generalidad de los hombres que vivían a fines del siglo XVI, y si, por otra parte, la sindéresis y la discreción han de estar representadas por gentes de espíritu práctico y de comportamiento frío, irónico y aun cruel, el mundo está perdido. Sólo nos queda como remedio discurrir cual Sancho Panza y poner a casi todos los hechos admitidos, dados en la experiencia, un «pero», una objeción tímida expresiva del deseo humilde y lleno de reservas de que alguna vez Don Quijote estuviera más en lo cierto que sus contrincantes, de que alguna vez también los ensueños y los actos de un hombre solo y lleno de generosidad puedan más que los movimientos dictados por la astucia y la cautela de una sociedad vulgar y desprovista de estímulos misteriosos o inefables, o en la que las presiones colectivas lo pueden todo. ¿Y hoy día, en 1967, con qué título podemos abominar del individualismo y aun narcisismo anárquico de los héroes caballerescos si los movimientos colectivos resultan precisamente guiados, más que ninguno, por deseos y pasiones violentas, por egoísmos feroces?

Contera

Poco después de la batalla de Almansa, un militar inglés que quedó prisionero en el asalto a Denia, el capitán George Carleton, fue destinado como tal prisionero a San Clemente, pueblo famoso de la Mancha de Cuenca. El capitán pronto se hizo amigo de algunos hidalgos de aquel lugar que le chocaron por su falta de «beatería» *(o bigotry)*, y, entre ellos, un don Félix Pacheco le distinguió más con su confianza. Era el hidalgo manchego hombre de fortuna y excelente apariencia, de conversación libre y ocurrente. Se creía en el pueblo que Cervantes había puesto en San Clemente mismo el lugar de nacimiento de Don Quijote. Y hablando del libro famosísimo, don Félix Pacheco dijo al capitán inglés, no sin sorpresa de éste, que era en su opinión la mejor y la peor novela que se había escrito. La mejor, por su forma y atractivo. Pero, por otro lado, juzgaba que había ejercido el efecto más pernicioso que podía imaginarse sobre el ánimo de los españoles, quitándoles el espíritu caballeresco, puesto en ridículo en él, y empobreciendo y abatiendo su conciencia[36].

Esta tesis se ha repetido varias veces. Pero aquí se ha de subrayar el hecho de que aparezca a comienzos del siglo XVIII en el corazón de España y en boca de un hidalgo de pueblo. Algunos años antes, un historiador español, oriundo de otro pueblo de Cuenca (de Huete), don Juan Alfonso Rodríguez de Lancina, notaba que a los soldados españoles no les faltaba valor y denuedo, sino «héroes» que los dirigieran[17] en sus empresas, generalmente fallidas en tiempos de Carlos II y de su padre Felipe IV. ¿Perdieron los españoles el sentido heroico al perder cierta fe en las concepciones mágicas? ¿Dejaron de sentirse héroes caballerescos al racionalizar la vida hasta un punto? He aquí dos preguntas no fáciles de responder. Mas sí se puede pensar que Cervantes mismo vaciló en su vejez, después de dado el gran salto que supone la elaboración del *Quijote*[38].

Tercer tiempo: La vuelta a lo maravilloso

El genio harto de realidades

«Adiós, gracias; adiós, donaires; adiós, regocijados amigos, que yo me voy muriendo y deseando veros presto contentos en la otra vida.» Así termina el prólogo de los *Trabajos de Persiles y Segismunda*. Poco después de escrito moría Cervantes, en efecto. Dejó aquella obra, en que tanta ilusión había puesto, sin publicar y fueron epitafios modestos los que acompañaron la dedicatoria y prólogo cuando se imprimió.

¿Qué le pasó a Cervantes de viejo? Esto nos preguntamos al terminar de leer aquel libro, empezado bastantes años antes de la muerte, pero concluido ya después de terminada la segunda parte del *Quijote*. ¿Cómo un hombre que escribe el *Rinconete*... acaba tomando como modelos a los novelistas griegos de la decadencia, a Heliodoro o a Aquiles Tacio? Para mí, el caso es muy explicable. Cervantes no empezó escribiendo sátiras: empezó con *La Galatea* y terminó con los *Trabajos*...; su vocación primera y última era romántica en el más amplio sentido de la palabra. Su genio, realista, fructificó en la madurez, cuando su vida no era ya la heroica vida del soldado joven o del cautivo, sino la triste y ajetreada del empleado pobre y envejecido por los disgustos cotidianos.

Al fin se hartó Cervantes de realidades, se cansó de describir cosas grotescas, pobres, agrias, aunque siempre les hallara justificación generosa. Volvió a los ensueños de la juventud y armado acaso de aquellos anteojos que parecían huevos estrellados, a los que alude Lope, escribió, gravemente, una historia septentrional, con episodios imaginarios y recuerdos de lecturas, como *El jardín de flores*. Alguna vez vuelve a lo real, pero con tono distinto. Sobre todo al tratar del mundo de lo maravilloso, de lo que está más allá de la experiencia cotidiana.

El que se burló de nigromantes, astrólogos, alquimistas, hechiceros, brujas, saludadores y demás personajes que, de seguro, tropezó en viajes y correrías pinta aquí toda clase de prodigios, sometiendo la acción entera a un hado ciego, imperioso. Sí, se acabaron las gracias, donaires y chanzas a costa de la realidad. Aquí están, otra vez, los personajes de la novela bizantina, ideados por obispos y monjes griegos en un momento de decadencia.

Dicen que Heliodoro, obispo de Tricca, en Tesalia, prefirió renunciar a su obispado que repudiar a Teágenes y Cariclea[39]. Cervantes también cifró en los hijos de su vejez, tan parecidos a las creaciones del obispo, las mayores ilusiones.

El «orden» novelesco antiguo

La posteridad no le dio la razón. Pero ¿qué importa la posteridad ante la experiencia vital? El viejo y pobre novelista, en su hogar madrileño, escribía febril una historia que es como el *Contraquijote*, porque en ella las cosas pasan dentro de un orden maravilloso, que es el «orden antiguo» de los libros de caballerías en gran parte.

He aquí, en primer lugar, que el «bárbaro español» cuenta cómo, arrojado a las costas de una isla, un lobo le habló en su propia lengua, recomendándole que se fuera de ella, si no quería ser devorado por los que allí pululaban, sin que preguntara quién le decía esto[40]. Salga poco después Rutilio, el italiano, sienés, maestro de danzar, que había raptado a una discípula, que cayó preso en Roma por ello y condenado a muerte; que, por fin, estando en el calabozo, recibió la visita de una mujer, presa por *fatucherie*, es decir, una hechicera, la cual andaba suelta porque había prometido curar con yerbas y palabras a la hija de la alcaidesa, enferma de modo misterioso; hechicera que le propone sacarle del aprieto si le da palabra de matrimonio... Hasta aquí (ya que no en lo del lobo, sí en la historia del italiano) todo marcha sobre el plano de la realidad posible; mas hete que llega la noche, que la hechicera llega donde Rutilio, le pone en la mano una caña y salen de la cárcel sin que se den cuenta los guardianes, sumidos en profundísimo sueño. En la calle extiende la misma un manto mágico y, al murmullo de unos conjuros,

Rutilio y su prometida salen volando sobre el manto. Al cabo de cuatro horas o algo más hacen tierra. La hechicera abraza a Rutilio, y éste se da cuenta de que tiene también figura de lobo. Furioso, le clava un cuchillo, y al morir la hechicera recobra su aspecto original, encontrándose así el maestro de danzar en tierras de Noruega, en donde, a decir del primer hombre que topó, abundaban las maléficas, que se convertían en lobos precisamente, terminando el episodio con esta reflexión peregrina: «Cuéntase dellas que se convierten en lobos, así machos como hembras, porque de entrambos géneros hay maléficos y encantadores. Cómo esto pueda ser, yo lo ignoro, y como cristiano que soy católico, no lo creo; pero la experiencia me muestra lo contrario; lo que puedo alcanzar es que todas estas transformaciones son ilusiones del demonio, y permisión de Dios y castigo de los abominables pecados deste maldito género de gente»[41]. Volvió Cervantes sobre este tema de la Licantropía más adelante de la misma obra, en donde Mauricio, un astrólogo del que hemos de hablar más, afirma que es enfermedad; la llamada «manía lupina» por los médicos, «que es de calidad que al que la padece le parece que se ha convertido en lobo, y aúlla como lobo, y se junta con otros heridos del mismo mal, y andan manadas por los campos y por los montes, ladrando ya como perros o ya aullando como lobos, despedazan los árboles, matan a quien encuentran y comen la carne cruda de los muertos»[42]. Recuerda también Cervantes que en Sicilia existían los «lobos menar» en tal cantidad que antes de los casamientos se hacía información de que los cónyuges no estaban atacados de aquel mal, siendo razón el padecerlo para disolver el vínculo. En fin, concluye, por boca de Mauricio siempre, que es la fuerza de los hechizos suficiente para hacernos ver una cosa por otra, pero no para mudar el primer estado de la Naturaleza[43].

Padrón de personajes misteriosos

He aquí a Cervantes metido a médico y teólogo y haciendo la competencia a su contemporáneo francés Pierre de Lancre, el cual nos dice que la Licantropía es enfermedad específica del mes de febrero y que los que la padecen «n'ont besoin d'vn Iuge, mais d'vn bon Medecin»[44]. He aquí también que nos presenta a Mauricio, caballero natural de unas islas próximas a Ibernia o Hibernia, experto en Astrología judiciaria, que por medio de ella da con el paradero de su hija Transila y vaticina grandes peligros; Mauricio, que no duda ni por un momento del valor de aquella disciplina, pues «el engaño está en quien no la sabe»[45]. Mauricio, Transilia su hija y Ladislao el yerno viven pendientes de los horóscopos en países lejanos. Más adelante en la lectura nos hallaremos a otro personaje tan inverosímil o más que éstos: a Zenotia o Cenotia.

Estamos ahora ante una maga morisca, del reino de Granada, de Alhama; siempre en aquella ciudad (según la misma) hubo una mujer con aquel nombre que *heredaba* la ciencia: porque la *maga* consideraba a las *hechiceras* como a gente menuda y del común. Déjense, en efecto, para las segundas la suerte de las habas mordidas, el empleo de alfileres sin cabeza, agujas sin punta, cabellos cortados en creciente o menguante, caracteres que no entienden, etc. Las *magas* son personas de mayor cuantía, que contemplan las estrellas, saben los movimientos celestes, la virtud de las plantas, de las piedras y de las palabras. Más inclinadas al mal que al bien, procuran venganzas, reducen voluntades, van contra el libre albedrío y, en suma, dominan los elementos. Todo esto queda bien encajado. También lo que sigue, hasta un momento en que la línea de lo verosímil se quiebra. Cenotia se pinta como huida de España, por miedo a la Inquisición: «la persecución de los que llaman inquisidores, en España, me arrancó de mi patria»[46]. Por modos extraños llega al reino de Policarpo y se erige en consejera de aquel monarca electivo y se enamora del mozo Antonio, al que hace las confidencias mayores, le ofrece ser su esclava... e inicia un verdadero asalto amoroso.

El mozo, despavorido, le lanza una flecha que mata a otro, y la maga jura vengarse. Le pone enfermo mediante sus encantamientos[47]; pero amenazada por el padre del mismo mozo «con cólera española», saca sus hechizos de donde estaban, y Antonio sana al punto[48]. Quiere luego la despreciada vengarse de otra forma, reconociendo que las mujeres son naturalmente vengativas, malaconseja a Policarpo y, al fin, éste es depuesto y ella colgada[49].

Ya va siendo denso el padrón de personajes misteriosos del *Persiles*. Pero no para aquí. Dejemos a un lado alusiones fugaces. Ya no estamos tampoco en tierras septentrionales, sino en Francia, y allí asistimos a la tragedia suscitada por Lorena, enamorada de Domicio, al que hechiza con unas ricas y vistosas camisas de lienzo, provocando en él tan furiosa locura que arroja a su mujer, Claricia, desde una torre[50]; y, pasando adelante, topamos con un astrólogo español refugiado en el sur de Francia.

Ese venerable astrólogo judiciario se parece a Mauricio por su aire grave y ajustado a los cánones antiguos, y el episodio de la cueva de Soldino (que así se llamaba) hubiera hecho las delicias de Don Quijote y encajaría perfectamente en un libro de caballerías de aquellos de que pocos años antes se burlaba Cervantes[51]. Italia, las aventuras románticas y amorosas, los prestigios y misterios descritos en libros leídos en la juventud, todo se agolpaba en la imaginación del viejo, al final de su vida. Y a medida que la bizarra comitiva que imagina se acerca al Sur, sus aventuras parecen hacerse más verosímiles, siquiera sea en los detalles.

Para que no falte personaje en el padrón de los ideados por Cervantes en los *Trabajos de Persiles y Segismunda*, pintó al final a una judía romana, mujer de Zabulón, judío que se dedicaba a alquilar alojamientos a viajeros ricos, que actuó con sus venenos, hechizos y encantos sobre Auristela, es decir, Segismunda, y esto por odio de la cortesana Hipólita, enamorada de Periandro (o sea Persiles), la cual intuía que aunque éste se decía hermano de aquella beldad, era su amante. Era por su parte la judía una de las hechiceras más famosas de Roma, y la rica cortesana presionó a Zabulón con dádivas y amenazas, «y a un judío –añade Cervantes con sorna– dádivas o amenazas le hacen prometer y aun hácer imposibles»[52]. Deshizo luego la judía los hechizos, a petición de la misma cortesana[53], como los había deshecho Cenotia, y a poco pudieron casarse los enamorados, conocidos ya por Persiles y Segismunda. La acción se halla hipertrofiada, pero el tipo de la cortesana romana y los de Zabulón y su mujer pueden estar tomados de la realidad o del recuerdo.

Fantasía y realidad, juventud y vejez

Cervantes dio fin a sus trabajos y a los de sus héroes dominado por los recuerdos, las lecturas, tal vez las creencias de su juventud. En esencia, sin embargo, creo que hay en su postura una pena, una tristeza como la que puede tener un niño después de haber roto juguetes hermosos y complicados, encontrando como base de aquéllos mecanismos y materias deleznables. El mundo real es interesante, pero duro, áspera la vida. El mundo irreal está lleno de prestigios que se reducen a absurdos; pero, con todo, son los prestigios de la juventud, para cada hombre y cada mujer. Creer en brujas, reírse de ellas y añorar la creencia pueden ser fases sucesivas en la conciencia individual; y quien dice brujas dice nigromantes, estrelleros, etc. La carga estética, romántica, de estos personajes es enorme, y difícil que un imaginativo se sustraiga a ella. Los *Tra-*

bajos de Persiles y Segismunda no son acaso una gran obra, pero para comprender la vida de Cervantes en su última fase resultan un documento de un dramatismo intenso. Para estudiar el conflicto entre la moral satírica y la moral mágico-caballeresca en una conciencia, complemento indispensable del *Quijote*.

NOTAS

1. André Oltramare, *Les origenes de la diatribe romaine* (París-Lausanne, 1926), pp. 64-65, temas 92-94. El texto al tema 92, «Epistolographi graeci», ed. Hercher (París, 1873), ep. 22, p. 240.
2. Oltramare, *op. cit.*, pp. 291-292, temas 92-94 en sus textos.
3. Oltramare, *op. cit.*, pp. 44-65.
4. Arcipreste de Hita, *Libro de Buen Amor*, estrofa 195, ed. Julio Cejador, I (Madrid, 1913), p. 77.
5. Estrofa 125 (*ed. cit.*, I, p. 58) y 138 (I, p. 61).
6. Estrofa 803 (*ed. cit.*, I, p. 274) y antes 692 (I, p. 381).
7. Estrofa 761 (*ed. cit.*, I, p. 264).
8. Estrofa 135 (*ed. cit.*, I, p. 61) y 761 (I, p. 264).
9. Estrofa 739 (*ed. cit.*, I, p. 258) lee «fados», otros «fadas alvas»; 824 (I, p. 279): «hadas» o «fadas negras».
10. Estrofa 879, *B.A.E.*, LVII, p. 503.
11. Estrofa 383, *B.A.E.*, LVII, p. 437.
12. Estrofa 74, *B.A.E.*, LVII, p. 149.
13. Estrofa 126, *B.A.E.*, LVII, p. 186.
14. Estrofa 96, *B.A.E.*, LVII, p. 150.
15. Estrofa 171, *B.A.E.*, LVII, p. 200.
16. Estrofa 89, *B.A.E.*, LVII, p. 150.
17. Estrofa 90, *B.A.E.*, LVII, p. 150.
18. Estrofa 156, *B.A.E.*, LVII, p. 152.
19. Estrofa 435, *B.A.E.*, LVII, p. 161, 673 (p. 168), 1260 (p. 186), 1465 (p. 192).
20. *Amadís de Gaula*, lib. I, caps. II-V, *B.A.E.*, LVII, pp. 7, 13.
21. *Op. cit.*, lib. I, cap. XI, *B.A.E.*, LVII, p. 27.
22. *Op. cit.*, lib. I, cap. XIX, *B.A.E.*, LVII, p. 52.
23. *Op. cit.*, lib. II, cap. XVII, *B.A.E.*, LVII, pp. 158-159.
24. *Op. cit.*, lib. IV, cap. XLV, *B.A.E.*, LVII, pp. 363-365.
25. *Op. cit.*, lib. II, introducción, *B.A.E.*, LVII, pp. 106-108.
26. *Orígenes de la novela*, I en *Nueva Biblioteca de Autores Españoles*, I (Madrid, 1905), p. CCXX, nota 1. La obra de Quadro, *Dell'Storia e Ragione d'ogni Poesia*, IV, p. 520.
27. *Escritores del siglo XVI*, *B.A.E.*, XXVII, p. 279.
28. *Poetas líricos de los siglos XVI y XVII*, XVII, I, *B.A.E.*, XXXII, p. 351, núm. LXV.
29. *Romancero general*, I, *B.A.E.*, X, pp. 259-262, núms. 385-393.
30. *Poemas épicos*, I, *B.A.E.*, XVII, pp. 100 a-101 b.
31. *Op. cit.*, lib. I, p. 144 b.
32. *Op. cit.*, lib. III, p. 170 a-b.
33. *Op. cit.*, lib. IV, pp. 176 b-179 a.
34. *Op. cit.*, lib. VIII, p. 219 b.
35. *Op. cit.*, lib. XVIII, pp. 332 b-334 a.
36. *Memoires of Capt. George Carleton, an english officer...* (Edimburgo, 1808), pp. 319-321.

37. *Historia de las revoluciones (sic) del Senado de Messina* (Madrid, 1692), lib. X, cap. LIII, p. 497.
38. El hecho de que me ocupo a continuación fue notado por don Marcelino Menéndez Pelayo: *Historia de los heterodoxos españoles*, V (Madrid, 1928), p. 382; pero no sacó muchas consecuencias de él.
39. Así lo afirma Nicéforo Calisto, XII, 34; apud.. Ph. Le Bas, prólogo a su traducción de las *Aventures de Drosilla et Chariclès, par Niceta Eugenianus* (París, 1841), p. XXI.
40. *Op. cit.*, lib. I, cap. V, *Obras de Cervantes*, *B.A.E.*, I, p. 568 a-b.
41. *Op. cit.*, lib. I, cap. VIII, pp. 571 b-572 b.
42. *Op. cit.*, lib. I, cap. XVIII, p. 583 b.
43. *Op. cit.*, lib. I, cap. XVIII, pp. 583 b-584 a.
44. Pierre de Lancre, *Tableau de l'inconstance des mauvais anges et demons* (París, 1612), p. 283.
45. *Op. cit.*, lib. I, caps. XII y XIII, pp. 577 b-579 a. También el cap. XVIII, pp. 582 b-584 b.
46. *Op. cit.*, lib. II, cap. IX, pp. 602 a-603 b.
47. *Op. cit.*, lib. II, cap. X, p. 603 b.
48. *Op. cit.*, lib. II, cap. XII, p. 607 a.
49. *Op. cit.*, lib. II, cap. XVIII, p. 616 b.
50. *Op. cit.*, lib. III, caps. XIV y XV, pp. 605 a-651 b.
51. *Op. cit.*, lib. III, caps. XVIII y XIX, pp. 655 b-657 a.
52. *Op. cit.*, lib. IV, cap. VIII, p. 671 b.
53. *Op. cit.*, lib. IV, cap. X, p. 673 b. Aún salen al cap. XIII, p. 677 a-b, Hipólita interesada y la mujer de Zabulón adivinando el paradero de los amantes.

Segunda parte

VIDAS A CONTRAPELO

I
A MODO DE INTRODUCCION.
HOMBRE Y MUJER.
EL NIGROMANTE Y LA HECHICERA

La mujer

Los relatos biográficos que van a continuación se hallan estrechamente relacionados con los comentarios precedentes. Cuestiones que en la parte primera de este libro fueron expuestas en términos generales han de ilustrarse ahora mediante ejemplos particulares, individuales. Hemos hablado de arquetipos, ideas, de opiniones generalizadas en torno a la Magia. Vamos a tratar ahora de personas: de mujeres primero, de hombres después, metidas en un mundo mágico.

La diferencia de sexos es importante en la vida religiosa. El modo de entender la religión o las religiones de hombres y mujeres es bastante distinto, según dicta la experiencia.

En lo que se refiere al mundo mágico, también existen matices, acerca de los que conviene decir ahora algo. Posidonio fue un filósofo y científico estoico acerca del cual se han realizado muchas averiguaciones en este siglo. Posidonio creía firmemente en las artes adivinatorias y sobre ellas escribió un tratado: su fe en tales artes le hizo defender incluso la eficacia de la aruspicina de los etruscos, de la adivinación por las vísceras de los animales. Pues bien, en el libro II de *De Divinatione*, de Cicerón, un contradictor de las ideas de aquel sabio de cultura griega, pero de origen asiático, oriental, y de las opiniones de otros estoicos indica: «Semejantes cosas no las creen ni las viejecillas»[1]. En este juicio del personaje ciceroniano acerca de la mayor credulidad femenina puede hallarse una de las claves permanentes de división general entre hombres y mujeres. En cada época y con arreglo a cada moral religiosa, a aquella credulidad se le dan interpretaciones distintas y se le añaden notas especiales. Dejemos la Antigüedad y volvamos a nuestro siglo XVI español.

Se preguntaba fray Martín de Castañega en el capítulo V de su obra sobre las supersticiones y hechicerías «porqué destos ministros diabólicos ay más mugeres que hombres» y respondía: «Lo primero porque Christo las apartó de la administración de sus sacramentos, e por esto el Demonio les da esta autoridad, más a ellas que a ellos en la administración de sus execramentos. Lo segundo porque más ligeramente son engañadas del Demonio, como parece por la primera que fue engañada, a quien el Demonio primero tuvo recurso que al varón. Lo tercero, porque son más curiosas en saber y escudriñar las cosas ocultas e desean ser singulares en el saber, como su naturaleza se lo niegue. Lo quarto, porque son más parleras que los hombres, e no guardan tanto secreto, e assí se enseñan unas a otras, lo que no hazen tanto los hombres. Lo quinto, porque son más subjetas a la yra, e más vengativas, e como tienen menos fuerças para se vengar de algunas personas contra quienes tienen enojo, procuran e piden vengança e favor al Demonio. Lo sesto, porque los hechizos que los hombres hazen atribuyénse a alguna sciencia o arte, e llámalos el vulgo nigrománticos, e no los llama bruxos»[2]. Texto que puede relacionarse con el burlesco de Cervantes en *El coloquio de los perros*, según el cual aun entre las mujeres, las hechiceras o tenidas por tales, se consideraban como de mayor categoría y saber que las simples brujas: «... que has de saber, hijo, que como yo he visto y veo que la vida, que corre sobre las ligeras alas del tiempo, se acaba, he querido dejar todos los vicios de la hechicería, en que estaba engolfada muchos años había y sólo me he quedado con la curiosidad de ser bruja, que es un vicio dificultosísimo de dejar»[3]. Hay, pues, sus grados, de mayor a menor, ente el nigromante, la hechicera y la bruja.

Todo lo que el perro «Berganza» cuenta de la hospitalera de Montilla (la Cañizares) y de las Camachas, que parecen haber vivido en aquella población andaluza en tiempos en que Cervantes era joven, así como también de la Montiela en la parte primera de su relato, se ve que es cosa vivida por Cervantes mismo en sus correrías por el sur de España y por la Mancha, referente a hechiceras de aquellas tierras. En cambio, lo que va después debe de haberse escrito en gran parte recordando algunos relatos que se referían a las brujas de Navarra y Vasconia en general[4]. Dejemos a las brujas a un lado, dejemos el texto cervantino y volvamos al de fray Martín de Castañega.

La hechicera popular está en él caracterizada y con la mayoría de sus notas: en consonancia perfecta con lo que nos dicen los procesos que luego estudiamos, en consonancia también con lo que nos describen otros textos. Estatuto inferior frente al hombre, mayor credulidad e ignorancia, curiosidad por cosas misteriosas y sobrenaturales, gusto por la comunicación y la charla, pasiones explosivas. En todo esto no hay nada que rebase la órbita o el ámbito de lo natural. El fraile del siglo XVI diagnosticaba con arreglo a un criterio que hoy podría servir de punto de partida a bastantes investigaciones. Tampoco al escribir otras reflexiones puede decirse que incurría en contradicción con hechos hoy admitidos.

¿Y por qué más viejas que jóvenes entre las hechiceras y las brujas? Las razones también son claras: «E más son de las mugeres viejas e pobres que de las moças e ricas, porque, como después de viejas los hombres no hazen caso dellas, tienen recurso al Demonio que cumple sus apetitos, en especial si quando moças fueron inclinadas e dadas al vicio de la carne. A estas semejantes engaña el Demonio quando viejas prometiéndolas de cumplir sus apetitos e cumpliéndolos por obra, como adelante se dirá. E más ay de pobres e necessitadas, porque como en los otros vicios la pobreza es muchas veces ocasión de muchos males en las personas que no la toman de voluntad o en paciencia»[5].

Si a la figura espantable del Demonio la sustituimos por un concepto moderno, como los de «angustia», «frustración», «resentimiento» o «fracaso»; si examinamos las pasiones de la hechicera con los ojos de los psicólogos o los psicoanalistas nos daremos cuenta de la cantidad de sagacidad, de penetración que hay enterrada en textos semejantes y en otros, tras una balumba de Derecho con apariencias de rancidad y de barbarie y de una Teología oscura en lo superficial y exterior.

Parece que el sexo condiciona una clase de credulidad, que esta credulidad se halla relacionada con ciertas actitudes pasionales y con procesos vitales y hasta económicos. La mujer fogosa y desasosegada de joven se hace de vieja cómplice y fautora de amores violentos y fatídicos. Lo dice fray Martín de Castañega, teólogo. Lo dicen los escritores que utilizan el arquetipo celestinesco una y otra vez. No hay por qué insistir: pero sí he de decir unas palabras respecto a los amores en que interviene la hechicera como mediadora.

Mucho se ha escrito últimamente acerca de *La Celestina*, buscando claves y dando interpretaciones sociológicas a la acción dramática. Son de admirar los esfuerzos de varios eruditos ilustres en estos sentidos. A la pregunta que se hizo don Juan Valera de por qué no se casaba Calixto con Melibea, si estaban enamorados mutuamente y se convenían también, se ha respondido alegando razones de sangre. Que me perdonen los sociólogos e historiadores que han ido por este camino si ahora no les sigo ni un paso por él.

La diferencia existente entre el amor honesto y el amor deshonesto se halla tan marcada a fines del siglo XV y durante el XVI que no sólo para Rojas, sino también para sus imitadores y continuadores, era imposible imaginar un amor, provocado por hechizos y conjuros, que pudiera llegar a buen fin. La «moralidad» de *La Celestina* primera y de todas las demás está ahí. A don Juan Valera, temperamento escéptico, se le podía haber respondido que, *a pesar* de que Calixto y Melibea *se convenían*, el origen del amor de ella por él, provocado por conjuro demoníaco, no podía concluir bien, según la doctrina cristiana. Era un amor maldito.

La tendencia a «desacralizar» los problemas de otras épocas, tan marcada a veces en la nuestra, o la de buscarles explicaciones a la luz de criterios modernos hace que con frecuencia caigamos en sutilezas grandes, pero estériles. *La Celestina* es una acción dramática, con trasfondo religioso, moralizador, cristiano. Más explícito se halla éste en la imitación del bachiller Sebastián Fernández; y más claro se ve el vicio esencial del personaje examinando los procesos de algunas hechiceras castellanas del siglo XVI, perdidas y perdedoras, protectoras de amores malditos.

Era un amor ciego, deshonesto, que conducía a sacrilegios, adulterios, incestos y estupros, el que producían hechiceras como Claudina con sus conjuros y hechizos, haciendo presa de la hierba diabólica de Cupido a doncellas ilustres como Philomena[6]. Todo lo que gire en torno a la hechicera no puede salir bien, porque es la representante de lo contrario al amor honesto y la enemiga de la mujer por antonomasia. Así se explica que incluso en el folklore más banalizado, la hechicera, y todavía más la bruja, personaje femenino cargado de todos los vicios posibles en el sexo, tenga como enemiga mayor a la Virgen María, es decir, a la representación máxima de las virtudes del sexo mismo; la cosa tiene explicación sencillísima y obedece a sentimientos profundos. La virginidad y la maternidad son los estados más odiosos para la bruja, corruptora o corrompida, y estéril o sembradora de esterilidades y muertes infantiles. La bruja reniega de Dios y de la Virgen: incluso en los cuentos y consejas.

Ya a una hechicera encausada en Toledo por los años de 1598-1609 se le acusó de que usaba de la fórmula:

> «Vamos viga por viga
> en la ira de Sancta María»[7].

Fórmula que en tiempos posteriores se ha recogido con variantes, como la de:

> «De lugar en lugar,
> de orilla en orilla,
> sin Dios ni Santa María»[8].

y que hallamos extendida desde el extremo norte de la Península, desde la Montaña de Santander, hasta las tierras andaluzas, aplicada más a brujas toscas en verdad que a hechiceras con pretensiones, a brujas como las que describió Pereda en un artículo de los más sagaces que tiene y en que quedan bien diferenciadas las categorías de «hechicera», «encantadora», «adivina» y «bruja», siendo ésta la más temida y despreciada. Las brujas montañesas, según este testimonio de Pereda, copiado luego por Menéndez Pelayo y R. Amador de los Ríos, gritaban de esta suerte al salir volando, camino del conventículo de Cernégula o Cerneula y luego de haberse untado de una sustancia negra como la pez:

> «Sin Dios y sin Santa María
> ¡por la chimenea arriba!»[9].

Vayamos ahora al extremo Sur. Fernán Caballero narra lo que sigue en una colección de cuentos, oraciones, etc., de Andalucía: «Había un padre y una madre que tenían una hija de quince años, y se la llevó una bruja; la llevó donde había otras, y la metieron en un baño de aromas, y le dijeron que la iban a llevar con ellas, y que vería cosas muy hermosas y tendría mucho poder; pero para eso era preciso que dijese lo mismo que decían ellas:

> "En vida, en vida,
> sin Dios ni Santa María".

Pero la niña, que era buena cristina, no quiso decirlo. Entonces empezaron a pegarle y pellizcarle, para que dijese lo que ellas querían; pero la niña no cesaba de repetir:

> "En vida, en vida
> con Dios y Santa María".

y tanto lo repitió que tuvieron que huir todas, y la niña se volvió en paz y gracia de Dios a su casa»[10].

Ya veremos cómo en algunos procesos vuelve a aparecer esta oposición de las brujas y hechiceras a la Virgen. Y asimismo veremos qué variedades se dan en Castilla con respecto a hechiceras de distintos ámbitos y clases sociales: cómo la hechicera es más común que la mujer reputada por bruja, metida en prácticas diabólicas menos utilitarias, cultivadora del Mal, asistente a aquelarres y adoradora del macho cabrío, símbolo del Demonio, o auténtica encarnación del mismo. La aparición de éste es tan antigua como el *sabbat* mismo. En la compilación de los Fueros del valle de Aneu, hecha en 1408, ampliada en 1419 y 1424, pero con documentos que datan desde 1337, se dictan penas contra las brujas que van «al boch de Biterna», a rendirle homenaje y a renegar de Dios[11]. El *boch* ha ido sustituyendo (en toda la banda pirenaica y en otras regiones de Europa) a Diana, diosa de los paganos, de la que tanto hablan los textos medievales sobre brujas[12]. De esta suerte el maestro Gonzalo Correas, en el siglo XVII, al formar su colección de expresiones y locuciones familiares, daba a la palabra «cabrón» la acepción de «figura de espíritu malo»[13]. Otros escritores de su misma época y aun de antes, incluso Cervantes, aluden a los «aquelarres» vascos como a algo conocido en toda España. La palabra «aquelarre» (=prado del macho cabrío en vascuence) se ha incorporado al castellano para designar al *sabbat*[14]. Los procesos vasco-navarros contra las brujas de los siglos XVI y comienzos del XVII tuvieron una repercusión extraordinaria, no sólo en la historia de las letras, sino también en la de las artes: pero tardía también.

Goya, amigo íntimo de Moratín, en algunos de sus aguafuertes y en sus pinturas negras se inspiró mucho en la relación del auto de fe de Logroño de 1610. Pero, probablemente, también cuando era chico, en Aragón, eran ya famosas las brujas de Javaloyas, pueblo de Teruel, cuya fama ha seguido hasta nuestro siglo[15]. En realidad, la hechicera castellana no tiene gran cosa que ver con estos personajes popularizados por tantos motivos. La hechicera castellana aparece con caracteres muy destacados en ciertos momentos. Puede pensarse que durante el siglo XV todavía tuvo acceso a los palacios de los nobles y significación en las luchas y banderías. Así, los enemigos de don Álvaro de Luna recurrieron a una hechicera de Valladolid para saber cuál había de ser el fin de su privanza, según se ve en el *Labyrinth*, de Juan de Mena[16]. Y ya que sale el nombre de esta ciudad, bueno será recordar que en el *Diálogo en alabança de Valladolid*, de Damasio de Frías, autor de la época de Felipe II, se da por sentado que durante el siglo XV hubo gran copia de hechiceras en Castilla, utilizadas a veces por los hombres de corte[17], metidos en mil intrigas, hipocresías y parcialidades; era absoluta la fe que tenían en sus augurios, según una anécdota que él mismo cuenta y que viene a corroborar lo que expresó el texto de Juan de Mena. En el siglo XVI, el crédito de las hechiceras parece haber menguado algo, y los procesos que se conocen son, casi todos, de escaleras abajo. No quiere decir esto que no las hubiera por doquier, en ciudades, villas y aldeas; pero metidas en negocios de amores más que en cuestiones de alta política. Y aun en esto habían de sufrir los efectos de la incredulidad... Ya Isabel la Católica no creía en las «ligazones» o «ligaduras», frente a teólogos, como fray Diego de Deza, o a damas encopetadas, como la condesa de Haro, y haciendo caso omiso a la opinión de los doctores[18]. La influencia de las corrientes neoplatónicas fue luego lo suficientemente sentida como para hacer que los magos a lo culto estuviesen más acreditados que las hechiceras entre las gentes cortesanas. Pocas de éstas se sustrajeron a la creencia en la Adivinación por distintas técnicas.

«Imo quocumque in angulo Europae, Asiae, Africae, Indiae tum Orientalis tum Occiduae, in quocumque pago inveniuntur Divinatores.» Esto decía Sánchez, el escéptico, en su tratado *De divination per sommun, ad Aristotelem*[19], ya avanzado el siglo XVI. Pero estos *divinatores*, si estaban en las alturas, eran hombres. Las mujeres quedaban en rango inferior.

En suma, así como los nigromantes de carne y hueso, con los que nos vamos a encontrar en los procesos de los siglos XVI y XVII, son unos Faustos en pequeño, las hechiceras son, en su escala, Celestinas y Canidias. Mas tratemos ahora de hombres, de aquellos hombres a los que, según fray Martín de Castañega, no se llamaba tanto brujos como nigrománticos, porque se les atribuía alguna *sciencia* o arte superior al de las mujeres.

El hombre

Con frecuencia, el mago «a lo culto», de sexo masculino, es el nigromante por antonomasia: el caso más típico es el de Simón Mago, que fue también el primer «simoníaco»[20]. Durante los primeros siglos de la era cristiana, la *necromantia*, νεκρομαντεία, νεκυία, también ψυχαγωγία, parece haberse practicado en dos formas muy definidas: inspeccionando cuerpos muertos o (lo cual es más conocido) invocando las almas de los muertos[21].

San Isidoro de Sevilla, al dar la definición de la palabra *necromantia*, alude a esta forma de adivinar, invocando a los muertos y utilizando la sangre[22], a la vez que separa, dentro de las artes mágicas, las adivinatorias, como la hidromancía, la adivinación por palabras e invocaciones, por las horas, el vuelo o el canto de las aves, y por los astros u otras fundadas en suertes, ligaduras y caracteres[23]. Este catálogo ha servido de base a otros. Pero posteriormente se creyó que las apariciones de muertos eran fingidas y que el que se presentaba, en realidad, era siempre el Demonio: «A esta causa es vedada el arte de Necromancía, porque sabe de cierto que no está en poder de los necrománticos hacer venir a los muertos a su mandar, y que notablemente es diablo el que acude al cerco mágico que el necromántico hace»[24]. Esto dice un escritor ascético del siglo XVI, que escribió en Toledo y que era laico al parecer.

Posteriormente a San Isidro, la palabra o sus derivados, como la española «nigromancía», se usa con más imprecisión y vaguedad. Pero siempre subsiste la práctica de invocar a los muertos, unida a otras, entre las que realizaron los hombres cultivadores de las ciencias ocultas hasta nuestros días. También la de hacer uso de cuerpos humanos para fabricar hechizos o adivinar el porvenir.

Puede, pues, que don Yllán, el nigromante del Toledo medieval, fuera un mago a lo culto, que manejara no sólo la invocación, sino otras muchas «técnicas» de las enumeradas por San Isidoro, como las manejaron siglos después distintos personajes de carne y hueso. Recordemos ahora su historia.

Una de las narraciones más entretenidas de las que contiene *El conde Lucanor* es la que pone en escena a este famoso nigromante de Toledo, don Yllán, y a un clérigo ambicioso, deán de Santiago. Quería el clérigo saber «el arte de la nigromancía», y don Yllán le puso a prueba. Le llevó a una cámara muy apartada, subterránea, por debajo del río, y allí, antes de cenar, le sometió a un estado especial en que proyectó la vida del clérigo hacia adelante y en relación con la del propio don Yllán. Pasa así, en el trance, el deán, de deán a arzobispo de Santiago, de arzobispo a obispo de Tolosa, de obispo a cardenal de la Iglesia romana y de cardenal a papa. En cada ascenso, don Yllán le pide el puesto que ha dejado vacante o una merced, prometida y aplazada; pero nunca la obtiene. Al final, el papa, desagradecido y soberbio, le amenaza con meterle en la cárcel por hereje y encantador si insiste en sus reclamaciones, y en este momento se deshace el prestigio. El deán, corrido, vuelve a su diócesis, sin que don Yllán le deje compartir tan siquiera su cena de perdices[25].

El cuento, como todos los del libro, tiene un propósito moralizador; pero ahora se ha de resaltar en él otro u otros aspectos. En primer término, que en él se considera la Nigromancía como una ciencia propia de grandes sabios; en segundo, que los hombres de Iglesia medievales quisieran saberla, *para tener poder*. En realidad, desde una época muy antigua el invocar a los muertos fue un tipo de magia de los más execrados, pero también de los que se consideraban más eficientes y útiles para alcanzar grandes cosas, para averiguar secretos políticos, etc.

Mucho tiempo después que viviera don Juan Manuel, don Juan Ruiz de Alarcón tomó como base el cuento de don Yllán para escribir su comedia *La prueba de las promesas*, en la que se «laifica» al ambicioso desagradecido. Ya no es, en efecto, un deán, sino un caballero, que pasa, en estado de ensueño, a marqués primero, luego a valido del rey, y, al fin, siendo presidente de Castilla, vuelve a la realidad. Don Yllán, por su parte, es un miembro principal del linaje de los Toledo, dado a la Magia y Nigromancía..., pero que no usa de ellas más que con extremada prudencia[26]. Aun más tarde veremos cómo Cañizares convirtió al viejo personaje en un sacerdote del siglo XVII, conocido en vida por sus aficiones de coleccionista[27], y presentándole como cultivador de la Magia natural. Pero entre don Juan Manuel y el dramático español de última hora es curioso advertir cómo en la literatura aparece la figura del nigromante, no una vez, sino varias veces, como la de un hombre que tiene extraños poderes (si la acción es muy antigua) o que es un farsante, un impostor (si la acción es moderna). Un mágico, Servando, es el que a instigación del duque Favila abre las puertas de la cueva de Toledo en *El capellán de la Virgen*, comedia de Lope, cuyo protagonista es San Ildefonso. Servando es un adorador del Diablo, y por medio del cerco o de los círculos satisface la curiosidad del duque, que averigua así que España estará perdida durante diez siglos[28]. Pero representa la contrapartida el nigromante embaucador que vive explotando la credulidad de las gentes o el que resulta víctima de su propia credulidad. El nigromante de esta clase es ya figura socorrida del teatro español en fase muy primitiva. Recuérdese al Pagano de la *Propalladia*, de Torres Naharro[29]. Para las gentes vulgares quedan, a veces, incluidos en la misma categoría que los nigromantes, los cabalistas, influidos por la ciencia esotérica judía, los neoplatónicos y otras personas que no se consideraban nigromantes a sí mismas. Mas en esto, como en todo, la «pública opinión» ha tenido el privilegio de la «imprecisión» y la refleja mucho en la literatura, que también lo tiene.

Un tipo de nigromante embaucador, injerto en médico charlatán, saca Juan de Timoneda en la comedia *Cornelia*. Llámase el tal maestre Pasquín, y aparece como llegado a Valencia y dispuesto a explotar la credulidad reconocida (según el autor) de la gente de aquella ciudad; pone, así, carteles anunciando la llegada de un gran doctor que cura toda dolencia, descubre cosas perdidas y adivina lo porvenir y lo venido[30]. Presume en público, no de tener uno, sino varios familiares que le ayudan. Así dice en una ocasión: «...y soltarás aquellos dos familiares de la redoma encantada; y diles que se vayan a trabajar, porque ya es sabido por vía del otro familiar cómo el mancebo que decían que estaba doliente ni lo ha estado ni lo está»[31]. Usa también de astrolabios[32], pero sus engaños no terminan de modo «moralizador», es decir, con castigo ejemplar, sino con éxitos. Los autores renacentistas no estaban tan preocupados por aparecer moralizadores y piadosos como los de una o dos generaciones más tarde.

En las portadillas de la serie de comedias y farsas sacadas a la luz por el mismo Juan de Timoneda (Ioan Diamonte) con el título de *Turiana* e impresas en Valencia a mediados del siglo XVI, suele haber unos grabados en madera que representan a los personajes: en la de la farsa *Paliana*, vemos a Tolomeo, nigromante, y en la de la *Floriana* (1565), a un «nigromante italiano», representados por la misma figura[33]. Tolomeo es un doctor que vive en el «Carer Mayor», que suele estar en la Seo, y que interpreta los sueños[34]; es un profesional de la «Oneirocrítica» con su clientela, como lo fueron varios de los personajes de que vamos a hacer historia y que pudo terminar perfectamente con un proceso como los que sirven de base a las narraciones que siguen. El Santo Oficio, como en el caso de las hechiceras, condenó a los nigromantes más por embaucadores y falsarios que por realizadores de grandes prodigios, y el tipo del nigromante engañador que nos hallamos documentado en el teatro del XVI se convierte en el XVII en un personaje común.

En la misma época en que vivieron varios pintorescos personajes de que se habla luego se satirizó la figura de los hombres de su calaña, como ocurre, por ejemplo, en la divertida comedia de don Juan de la Hoz y Mota (1622-1714), *El castigo de la miseria*, en que un avaro, al que han robado, llamado don Marcos, recurre a un fingido «sabio», con su ropón, barba y gorro, sentado a un bufete lleno de libros, con la esfera y compás correspondientes, que adivina por Astrología, que hace conjuros a las potencias infernales y que, en realidad, es un criado complaciente; el clásico gracioso[35]. Robos domésticos y cuestiones amorosas son las que, por lo común, más se creía que podían aclarar tales «sabios», de los que Vicente Espinel dice que pululaban más en Italia que en España, porque los italianos, con ser raza inteligente, eran a este respecto menos agudos y avisados que los españoles. Narra este ingenio la visita que hizo su héroe a un nigromante en el Tesino, nigromante que se hospedaba en una cueva teatral, como de ópera: «Abrióse la puerta y representótóse la figura del nigromántico con una ropa de color pardo, con muchas manchas, mapas pintados en ella, culebras, signos celestes, un bonete en la cabeza, largo y aforrado en pellejo de lobo, y otras cosas que hacían su persona horrible, como también lo era el lugar y casa donde habitaba.» Sí; él y la cueva parecían cosa de pintura flamenca, y acaso Espinel se inspiró en algún cuadro para describirla[36].

Mas fue este hombre aparatoso el que confesó cándidamente: «No quisiera mostrar mis secretos delante de españoles, porque son incrédulos y agudos de ingenio.» Pero luego llamó a su ayudante, que parecía demonio; entraron todos en el aposento más oscuro y recóndito, en el que había una especie de facistol y sobre él un gran globo de vidrio con un abecedario escrito alrededor y en medio nada menos que el familiar[37]. La forma de consultarle era burda, en realidad, y el familiar, pese a su aspecto, no otra cosa sino un muñeco muy feo, con el brazo derecho levantado hacia las letras. El nigromante habló largo con el familiar, recordándole su antigua amistad y pidiéndole respondiese a los negocios arduos que le consultaban. Se puso luego unos guantes y el familiar le fue enseñando letras, que el nigromante iba escribiendo. Resultó que el muñeco tenía el brazo de acero y lo movía en virtud de un imán que llevaba el guante del hechicero. Invención de «Filosofía natural», concluye Espinel, pero nada más[38].

Los embustes de los nigromantes son denunciados en otros textos famosos de la época, aunque sea de pasada. También en la *Historia de la vida del Buscón* hay un momento en el que Pablos se finge nigromante y hechicero para embaucar (o casi entretener) a la hija de unos mesoneros[39]. Pero, a veces, el nigromante trabajaba para sí y tenía grandes ambiciones económicas y aun políticas, hasta que le llegaban los desengaños en formas varias: por fracaso en conjurar y levantar muertos, por caer en manos de la justicia, fuera civil, fuera inquisitorial, por pérdida de crédito ante personas que confiaron en sus nigromancías y luego se llamaron a engaño, o por todo a la par. La ambición manifiesta en el deán, o en el caballero de la comedia de Ruiz de Alarcón, es ingrediente esencial en la personalidad de nigromantes reales de carne y hueso.

Épocas y arquetipos

Pero la «carne y hueso» a veces no interesan tanto a los escritores dramáticos y de otro tipo (incluso a los novelistas) como las opiniones públicas y vulgares. Resulta así que, con harta frecuencia, el escritor da una imagen alterada del personaje mágico, y otras veces lleva a convertir en tal a un hombre que, en la realidad, no lo fue. Complejo e intrincado es el estudio de las personalidades humanas en su relación con ciertos arquetipos. Podemos pensar que a veces el arquetipo ha influido de modo decisivo en la formación de una personalidad. En otras ocasiones en lo que se cuenta de aquella personalidad misma. Y tanto es así que incluso los eruditos de este siglo que han estudiado algunos de los procesos que a continuación se estudian no se han podido sustraer a la influencia de ideas previas, que no corresponden al contenido de aquéllos. Por otra parte, incluso en el estudio de los arquetipos y en las interpretaciones de éstos no buscaron matices y contrastes dignos de ser destacados de modo primordial. Así, por ejemplo, la comedia de Magia es un género que tiene gran éxito desde la primera mitad del siglo XVII hasta muy entrado el XVIII. Pero la interpretación de los hechos mágicos es muy distinta en los últimos cultivadores del género, comparados con los primeros. Algo se ilustró este punto en el capítulo dedicado a la Celestina como arquetipo; pero aún ha de verse más claro en otros correspondientes a esta parte. Y el hablar de arquetipos me da coyuntura para tratar de uno que podría definirse como «arquetipo histórico» general.

Al hacer Voltaire la caracterización de la sociedad de la primera mitad del siglo XVII frente a la de su época decía: «Chaque village avait son sorcier ou sa sorcière; chaque prince avait son astrologue»[40]. Consideraba, pues, que aquel siglo había sido de gran credulidad frente al XVIII, y en ello llevaba razón. Pero otros autores posteriores y de muy distinta vitola lo juzgaron como muy crédulo también, frente al XVI mismo.

Don Vicente de la Fuente, historiador de pluma muy desembarazada y de juicio libre, pese a su ultramontanismo, consideraba que el siglo XVII había sido un siglo de gran decadencia religiosa en España y que bastantes de los poetas y novelistas clásicos reflejaban un nivel moral muy inferior. Lo que podía pensar un católico a machamartillo de su época, es algo distinto a lo que pensaban los de generaciones posteriores; no se diga ya lo que han dado como bueno algunos del siglo XX. Pero La Fuente fue un hombre honrado y de gran consecuencia de ideas, en una época en la que muchas de las suyas no estaban universalmente admitidas y bastantes de los que hoy hacen gala de cierto tipo de intransigencia puede pensarse que no son tan sinceros como él[41]. Creía también La Fuente que los asuntos de Hechicería de aquel siglo, sobre todo los acaecidos en las cortes de Felipe IV y Carlos II, cundieron más y más, según los estudios eclesiásticos degeneraban en un «Casuismo ramplón»; las Escrituras se traían por los cabellos y la autoridad se basaba en el criterio de unos autores que se citaban siempre los unos a los otros[42]. He aquí juicios bien duros y poco consonantes con ciertas idealizaciones. Pero los que apenas tenemos que ver nada con la ideología de La Fuente podemos preguntar: «¿Hasta qué punto el aumento de la Hechicería pudo apoyarse en el Casuismo?» Sin duda, La Fuente era un canonista bueno y conocía muchos libros que dejaron de conocer autores posteriores. Leía el latín de los humanistas, de los teólogos y de los jurisconsultos, con más asiduidad que profesores universitarios posteriores. Menéndez Pelayo, que le conoció y heredó algo de su espíritu, nos lo pinta como un último representante de la escuela española de las antiguas aulas[43]. En realidad lo fue. Pero ¿es posible darle la razón en lo que afirmó respecto al Casuismo? Es cierto que –como se ha visto en otro capítulo[44]–, durante el valimiento del conde-duque de Olivares se atribuyó a ciertos teólogos el que le buscaron razones para que se quedara tranquila su conciencia en el trato con hechiceros. Es cierto también que en el proceso de hombres, como el licenciado Amador de Velasco, vemos a éste alegar doctrinas aprendidas en Salamanca, de teólogos que tuvieron una influencia decisiva en la creación del Probabilismo, para defender sus experiencias mágicas[45]. Pero estos textos y algunos más que podían alegarse, no bastan para apoyar afirmación tan categórica. Los casuistas, como lo indica su nombre y como se expresa en la palabra Probabilismo, introdujeron en la Teología Moral un concepto de relatividad que resultó liberador en una época, pues dentro de una selva de opiniones se podía escoger, incluso la que pareciera menos probable, atendiendo a un sistema de mayorías y minorías. El siglo XVI, que para La Fuente como para otros hombres de su misma escuela fue el siglo perfecto de la Historia de España, fue más supersticioso, en conjunto, que el XVII. En páginas anteriores hemos visto cómo autores teatrales de segundo orden consideraban la Nigromancía y las distintas clases de hechicerías como imposturas manifiestas en el Madrid de Felipe IV y de Carlos II. Podrían llegar entonces los hechizos a palacio, podrían algunos autores hablar de ellos con excesiva credulidad, a veces mecánicamente, como lo hacen, en verdad, algunos casuistas; pero las narraciones del siglo XVI acerca de hechizos en general reflejan más fe en conjunto y una entrada de la superstición en mentes o personalidades de cultura superior, dentro del nivel cultural de la época. Porque, en primer lugar, durante la primera mitad del siglo XVI, al calor de la cultura renacentista, las «ciencias ocultas» adquieren un gran incremento, una especie de revivificación.

Los «Livros de nigromantia», en general, se hallan prohibidos en un índice manuscrito, portugués, fechado en 1547, que se basa en otro de la Universidad de Lovaina del año anterior, que a su vez arranca de otro que en 1544 editó la Sorbona[46]. Son también prohibidos, en los índices expurgatorios españoles[47], libros usados por gentes de cultura «clerical», en el sentido más amplio de la palabra, y mucho por clérigos y frailes, por hombres de Iglesia desviados, como el deán del *Conde Lucanor*. En los estudios que siguen toparemos con bastantes tipos de éstos. En obras del siglo XVI mismo se alude a ellos de modo que refleja gran fe en su ciencia. He aquí el caso de un fraile mago y alquimista:

«El maestro de Santo Domingo –dice el autor de *Floreto*–, que fue gran varón en magia y alchimia, dizen que hazía cada semana para su gasto dos onzas de plata; hizo assimismo una espada de gran valor, que endía una yunque de un herrero, y porque no viniesse a manos de alguno que usasse mal de ella la quebró»[48]. Esta actividad no le impedía ser gran predicador en la plaza de San Martín de Salamanca, porque sus oyentes no cabían en la iglesia... Otro caso de hombre vinculado a la Iglesia con fama parecida da el mismo autor anónimo:

«En la iglesia de Palencia hubo un maestro de capilla llamado Ribaflecha, de mucha habilidad en su arte, y dezíase dél que era medio nigromántico, porque hablava en diversas facultades como si toda su vida las oviera estudiado. Dizen que tuvo un lebrel que, sino era hablar, no le faltaba otra cosa; si le mandaba quitar a uno el bonete, saltava poniéndole las manos sobre los hombros y quitávaselo; si le mandaba cantar ponía las manos sobre el facistol y aullaba; si estando en la iglesia le faltaba algún moço, de los Ribadeflecha, iva a su casa y traíale asido, con otros muchos casos que cuentan, así del perro como del amo»[49].

Ante estos y otros ejemplos que se recogen en este libro no ha de chocar que Gil Vicente, en la *Exortação da guerra* (1513), saque, en primer lugar a un clérigo,

> «mui copioso
> mágico e nigromante,
> feiticeiro mui galante,
> astrólogo bem avondoso».

metido en toda clase de artes diabólicas, el cual enumera los encantos que puede realizar y después hace una especie de conjunto jerigoncesco-cabalístico a Satanás, Belcebú, Lucifer y otros diablos, invocando a San Cebrián, es decir, al santo que fue nigromante antes de convertirse: San Cipriano[50]. Aparecen luego los diablos Zebrón y Danor, que realizan, más o menos a regañadientes, lo que quiere el clérigo[51].

En el siglo XVII la opinión está más quebrantada. La ironía de los literatos había comenzado a hacer sus efectos. Cierto es que las causas por Hechicería abundan; pero también las burlas, y la realidad es que los casuistas dedicaron más espacio a otros problemas que a éste. España no es una excepción en Europa a este respecto; pero el cliché que tenemos del siglo XVII exige que lo sea. Hubo entonces, como antes, personas que navegaron en las turbias aguas del interés mezclado con la credulidad más o menos sostenida[52]. Continuó después esta credulidad haciendo acto de presencia...

Todavía hacia 1867 decía don Basilio Sebastián de Castellanos que de los monjes de San Bernardo en Madrid se decía que –hasta unos pocos años antes– curaban a los niños encanijados, que se suponía habían sido aojados o chupados por las brujas, mediante ritos que describe[53]. Hoy día, cien años después, el arquetipo de la bruja, de la hechicera, podrá aún hallarse. También el del nigromante «a lo culto». Alguno conozco, y bibliófilo por más señas; pero la fragmentación de las creencias (o increencias) en la sociedad es uno de los signos de la marcha de los tiempos. Hoy, digan lo que digan los unitarios, o los que creen que la unidad es una virtud, vivimos tiempos quebrados, y el siglo XVII ya lo fue más que el XVI.

NOTAS

1. «Haec (o bien Hoc), mihi (jam) crede, ne aniculae quidem existimant», *De divinatione* II, 15, ed. Hottinger (Leipzig, 1793), p. 205.
2. Fray Bartolomé de las Casas habla también de la credulidad de las mujeres.
3. Fray Martín de Castañega, *Tratado muy sotil y bien fundado d'las supersticiones y hechicerías* (Logroño, 1529), sin foliar (Biblioteca Nacional de Madrid, R.-11.066). *El casamiento engañoso y El coloquio de los perros*, ed. de A. González de Amezúa (Madrid, 1912), p. 336, más la nota correspondiente, núm. 269, pp. 615-618.
4. Hago la cisura principal en el párrafo que comienza: «Muchas veces he querido preguntar...», *ed. cit.*, p. 337; la parte primera reputo que es la que va desde la p. 334 («Bien esperaba yo en el cielo...») a la p. 337. La segunda, desde ésta hasta el final (p. 334).
5. Fray Martín de Castañega, *op. cit.*, sin foliar. A estos argumentos podría añadirse otro que hallo en un texto literario: «Porque aun los demonios tratados son menos temerosos, o a lo menos así lo han presumido muchos engañados que ha castigado el Santo Oficio.» Gonzalo de Céspedes y Meneses, «Los dos Mendozas», *Historias peregrinas y ejemplares* (Zaragoza, 1623), ed. de don Emilio Cotarelo, Colección Selecta de Antiguas Novelas Españolas, II (Madrid, 1906), p. 402.
6. Sebastián Fernández, *Tragedia policiana* (Toledo, 1547), fols. XXXIX vto.-XLII r., acto XV.
7. Causa contra Juana la Izquierda, Archivo Histórico Nacional. Inquisición de Toledo, leg. 88, núm. 128, *Catálogo*..., p. 91. La citó González de Amezúa en su introducción a *El casamiento engañoso y El coloquio de los perros*, de Cervantes, p. 183.
8. González de Amezúa, *op. cit.*, p. 183.
9. J. M. de Pereda, «Las brujas», en «Tipos y paisajes» (segunda serie de *Escenas montañesas*), citado por Menéndez Pelayo, *Historia de los heterodoxos españoles*, II, 2.ª ed. (Madrid, 1913), pp. 238-239; Rodrigo Amador de los Ríos, «Santander», en *España, sus monumentos*... (Barcelona, 1891), pp. 263-267 (la p. 264 en especial).
10. Fernán Caballero, *Cuentos, oraciones, adivinas y refranes populares e infantiles, recogidos por*... (Madrid, 1880), pp. 207-208.
11. J. Sharoïhandy, «El bloque de Biterna en los fueros catalanes del valle de Aneu», *Revista de Filología Española*, IV (1917), pp. 33-34 especialmente.
12. Julio Caro Baroja, *Las brujas y su mundo* (Madrid, 1961), pp. 98-99 y 109-120.
13. *Vocabulario de refranes y frases proverbiales y otras fórmulas comunes de la lengua castellana* (Madrid, 1924), p. 543 a.
14. Hizo la incorporación Moratín en sus notas al proceso de Logroño de 1610 (*B.A.E.*, II, p. 628 b, nota 10) y luego utilizaron la palabra el duque de Rivas, don Juan Valera, etc.
15. Gabriel María Vergara, «Apodos que aplican a los habitantes de algunas localidades españolas los de los pueblos próximos a ellas», en *Boletín de la Real Sociedad Geográfica*, XV (Madrid, 1918), p. 339.
16. *El laberinto de Fortuna*, estrofas 238-257, en *Cancionero castellano del siglo XV*, ed. Foulché-Delbosc, I, *Nueva Biblioteca de Autores Españoles*, XIX (Madrid, 1912), pp. 176 a-178 a.

17. «Havréis, pues, de saber, señor, que las casas donde agora está la chancillería de Valladolid, eran de un cauallero de los Viveros cuyo reuisnieto creo que es el vizconde de Altamira, que oy vive. Acaso, pues, quando este Don tal Vivero, que fue secretario del condestable Don Alvaro, edificaua estas casas, en el cimiento dellas se halló vna cabeça de hombre; él, preguntando, como hombre que debía ser agorero, a algunas hechiceras de las que en aquel tiempo havía en Castilla en tanta abundancia, la significaçión de aquella cabeça, dixéronle que el señor de aquella casa havía de mandar a España, y que la casa sería cabeça de toda ella. Levantado su ánimo con este agüero, al parecer suyo tan ymposible, pero no olvidándole acaso quando secretario se vio del Condestable, teniendo en su pecho algunos secretos suyos de mucha ymportancia, parecióle que si por alguna vía aquel agüero de su casa havía de tener effecto, sería descubriendo aquellas cosas al Rey, de donde se esperava el quedar tan en su gracia que derribando al gran Condestable della ocuparía él su lugar, lo qual, según dizen fue causa de perder la vida en Burgos despeñado de un corredor por su amo, y la casa vino a ser, como es, del Rey nuestro señor que la compró para la chancillería que desde ella manda estos Reynos, por donde vino a cumplirse el agüero de los hechiceros.» Esto no quita para que en boca del otro interlocutor, aluda a la vanidad de los que, con curiosidad *inútil*, andan perdidos tras hechiceros, judiciarios y quirománticos que pueden acertar en el mal. Narciso Alonso Cortés, *Miscelánea vallisoletana (segunda serie)* (Valladolid, s. a.), pp. 131-132. La *Crónica de Don Alvaro de Luna*, ed. de J. de M. Carriazo (Madrid, 1940), *passim*, habla del contador de Juan II, Alfonso Pérez de Vivero y de un hijo de éste llamado Juan. Fue el padre el traidor (véase pp. 295-296) y la manera cómo le dio muerte don Alvaro se cuenta con mucho detalle (pp. 347-352): es un modelo de perfidia todo lo que se refiere a este asunto.

18. El texto que habla de esto es la continuación de la *Historia de España* de Rodrigo Sánchez de Arévalo, y lo publicó Clemencín en el *Elogio de la Reina Católica*, apéndices, pp. 569-570, tomándolo de allí Menéndez Pelayo, *Historia de los heterodoxos españoles*, III, 2.ª ed. (Madrid, 1918), p. 385.

19. *Opera philosophica*, ed. Joaquim de Carvalho (Coimbra, 1955), p. 92.

20. Clemente Romano, *Recognitiones*, II, 13; III, 44, etc.

21. De inspecciones, por ejemplo, habla Juvenal, *Sat.*, VI, pp. 551-552. De invocaciones, Ammiano Marcelino, *Hist.*, XXVIII, 1.

22. *Etym.*, VIII, IX, 4.

23. *Etym.*, VIII, IX, 1-21.

24. Alexo Venegas, *Agonía del tránsito de la muerte*, cuarto punto, cap. IX, *Escritores místicos españoles*, I, *Nueva Biblioteca de Autores Españoles*, XVI (Madrid, 1911), p. 204 b. Según Venegas, las apariciones de los muertos son siempre diabólicas.

25. *El conde Lucanor escrito por Don Juan Manuel*, ed. Eduardo Juliá (Madrid, 1933), pp. 57-65, exemplo XI, *B.A.E.*, LI, pp. 379 a-380 b.

26. *Comedias de D. Juan Ruiz de Alarcón*, *B.A.E.*, XX, pp. 433-449.

27. Véase el capítulo XI de la segunda parte, § 5.

28. *Obras de Lope de Vega*, X, *B.A.E.*, CLXXVIII (continuación), pp. 286 b-288 b.

29. Véase el capítulo II de esta parte, § 4.

30. *Las tres comedias de Juan de Timoneda (Valencia, 1559) reproducidas en facsí-

mile por la Academia Española (Madrid, 1936), fol. b, V, r y ss., escena IV. El mismo Juan de Timoneda, en *El patrañuelo*, a la patraña cuarta asocia en un griego residente en Roma la práctica de la Astrología a la de la Nigromancia e invocación de demonios. *Novelistas anteriores a Cervantes*, I, *B.A.E.*, III, pp. 134 b-137 b.

31. Timoneda, *Las tres comedias...*, ed. cit., fol. c, I vto., escena V. También fol. c, IV r.

32. Timoneda, *op. cit.*, fols. c, V vto., escena V, y C, VI r., escena VI.

33. Utilizo la reproducción en facsímile de la Academia Española (Madrid, 1936), fol. d, I r., y al final.

34. Timoneda, *Turiana*, fols. d, IV vto.-d, V vto.

35. *Dramáticos posteriores a Lope de Vega*, II, *B.A.E.*, XLIX, jornada III, pp. 217 b-218 b.

36. Vicente Espinel, *Vida de Marcos de Obregón*, relación III, descanso IV, ed. S. Gili Gaya, II (Madrid, 1923), pp. 163-164; *B.A.E.*, XVIII, p. 450 b.

37. Espinel, *op. cit.*, *loc. cit.*, p. 165; *B.A.E.*, XVIII, pp. 450 b.

38. Espinel, *op. cit.*, *loc. cit.*, pp. 166-167; *B.A.E.*, XVIII, pp. 450 b-451 a.

39. Al cap. V, *Obras...*, I, *B.A.E.*, XXIII, p. 516 a: «Díjeles que sabía encantamentos y que era nigromante, y que haría que pareciese que se hundía la casa y que se abrasaba, y otras cosas que ellas (como buenas creederas) tragaron.» Al final, para salir de la casa, finge que le prende el Santo Oficio, cap. VI, p. 517 b. Como personaje de novela fabulosa saca don Alonso de Castillo Solórzano, en sus *Noches de placer* (Barcelona, 1631), a un insigne astrólogo y mágico que usaba de los cuatro modos de Magia que trae Marco Varrón, residente en una Inglaterra fantástica (véase la ed. de don Emilio Cotarelo, *Colección selecta de antiguas novelas españolas*, V [Madrid, 1906], pp. 61-66, 73, 93, etc.). También sale otro mágico francés, Brunete de nombre, pp. 85, 87. En la misma obra hay otra novela, titulada *El pronóstico cumplido*, en que aparece un astrólogo y músico de Nicosia, caracterizado como personaje de comedia de Magia, que hace una natividad al hijo de un noble veneciano (pp. 276-280).

40. *Dictionnaire philosophique*, IV (París, 1821), pp. 343-344 (artículo «posédés»), *Oeuvres complétes*, ed. Beuchot, XXXII.

41. Vicente de la Fuente, *Historia eclasiástica de España*, III (Barcelona, 1855), pp. 220-222. Lo repite en la segunda edición, V (Madrid, 1874), pp. 428-430, 472-478.

42. La Fuente, *op. cit.*, III, pp. 332-333; en la ed. 2.ª, V, pp. 515-520.

43. *Historia de los heterodoxos españoles*, 2.ª ed., VII (Madrid, 1932), pp. 419-420.

44. Cap. IV de la parte I, § 3.

45. Cap. III de esta parte, § 5.

46. L. S. Révah, *La censure inquisitoriale portugaise au XVI siècle* (Lisboa, 1960), pp. 88-89, 97, núm. 118 y el facsímile.

47. Tres índices expurgatorios de la Inquisición Española en el siglo XVI, salen nuevamente a la luz reproducidos en facsímile por acuerdo de la Real Academia Española (Madrid, 1952), de 1551 a 1559 (véase p. 49 de éste).

48. *Floreto de anécdotas y noticias dispersas*, en «Memorial Histórico Español», XLVIII (Madrid, 1948), p. 198. núm. 219.

49. *Floreto...*, p. 198, núm. 220.

50. Gil Vicente, *Obras completas*, ed. Marques Braga, IV (Lisboa, 1953), pp. 127-132.
51. Gil Vicente, *op. cit.*, *loc. cit.*, pp. 132-138. La existencia de clérigos conjuradores de nublados y tempestades, a los que la población rural del norte de la provincia de Burgos daba singular crédito, asignándoles facultades en algo reñidas con la ortodoxia, está acreditada en una narración de don Antonio de Trueba, «La cabra negra. Cuento popular», aparecido en *La Ilustración Española y Americana*, año XV (1871), pp. 147-151 y 178-179.
52. Refleja el miedo a la complicidad, mezclado con la codicia, un texto del libro segundo de *La garduña de Sevilla*, de Castillo Solórzano, ed. de Federico Ruiz Morcuende (Madrid, 1922), p. 160, en el que el truhán Garay convence a un genovés que para transmutar metales era necesario poseer orines de muchacho bermejo y se comenta que éstos «fueron algo dificultosos de hallar, aunque lo consiguió con dinero, que todo lo allana, porque temiéndose de un hechizo, la madre del muchacho quiso que se lo pagasen bien».
53. B. Sebastián de Castellanos, *De las supersticiones populares en general y en particular de las españolas desde los tiempos más antiguos hasta nuestros días* (Madrid, 1867), p. 41.

II
MAGIA NEOPLATONICA Y ARQUETIPOS LEGENDARIOS

El doctor Torralba

> «Quell'altro con la clavicola di Salomone (se egli la fece) e con mille altri libri d'incantagioni spera ritrovare gli occultati tesori nel seno della terra, indure la sua donna al suo volere, saper i segreti del principio, *andar de Milano a Roma in un adorno*, e fai molto altri effeti mirabili.» *Novelle di Matteo Bandello*, parte terza, dedicatoria de la «Novella ventisimanona».

Noticias impresas sobre el doctor Torralba

Escribía Bandello sus novelas en pleno Renacimiento italiano[1], y seguramente el párrafo con que encabeza estas líneas se lo sugirió el hecho de haber conocido a nigromantes, hechiceros y magos de mayor o menor saber, pero con pretensiones intelectuales.

En la época en que vivía el dominico y obispo, más conocido por sus libertades de expresión que por pensamientos piadosos (1485-1561), pululaban por Europa muchos estudiantones metidos en negocios infernales, tanto en Italia como en Francia, como incluso en España, considerada siempre tierra más comedida a este respecto. Mas en punto a transportes rápidos por los aires hubo aquí un hombre que dio ciento y raya al más pintado y que, además, es como el exponente perfecto del hombre del Renacimiento, lanzado a pensar *lo que no manda la Iglesia*, influido por enseñanzas y cavilaciones que se pueden reconstruir. Como figura «real» no creo que haya una más destacada en la historia esotérica de España y sobre la que se haya escrito más: juzgo, por otra parte, sin embargo, que aún puede decirse algo original respecto a la misma.

Desde la época de Pellicer son bastantes los anotadores y comentaristas del *Quijote* que, al llegar a un momento famoso del capítulo XLI de la parte segunda de aquella obra, discurren ampliamente acerca del que Cervantes llamó licenciado Torralba (y que era doctor): «...y acuérdate –dice Don Quijote a Sancho– del verdadero cuento del licenciado Torralba, a quien llevaron los diablos en volandas por el aire, caballero en una caña, cerrados los ojos, y en doce horas llegó a Roma y se apeó en Torre de Nona, que es una calle de la ciudad, y vio todo el fracaso y asalto y muerte de Borbón, y por la mañana ya estaba de vuelta en Madrid, donde dio cuenta de todo lo que había visto; el cual asimismo dijo que cuando iba por el aire le mandó el diablo que abriese los ojos, y los abrió y se vio tan cerca, a su parecer, del cuerpo de la luna, que la pudiera asir con la mano y que no osó mirar a la tierra, por no desvanecerse»[2]. El protagonista de este cuento «verdadero» fue –insisto– un hombre real, y su proceso por la Inquisición de Cuenca ha circulado en varias copias manuscritas y ha sido resumido en distintas ocasiones, no sólo por los cervantistas, sino también por los historiadores de los heterodoxos, como Menéndez Pelayo[3], o de la Inquisición, como el padre Miguel de la Pinta Lorente[4], y antes el canónigo Llorente, sobre el que tanto malo se ha dicho, sin que salga nadie todavía a rendirle la justicia que merece[5]. También el poeta Campoamor dedicó una composición a Torralba, figura que no creo iba muy a tono con la musa burlona y burguesa de aquel vate, y un crítico y comentarista de su tiempo, don Cayetano Alvear, glosó el poema[6], que está viciado, a mi juicio, por una tendencia filosófica, simbólica, muy del gusto de la época en que se escribió, y en la que hasta los folletinistas pretendían hacer reflexiones profundas acerca del hombre, la mujer, el bien y el mal, a cuenta de sus personajes de cartón. Pero dejemos esto.

Hizo Pellicer el extracto del proceso sobre una copia que había en su tiempo en la Biblioteca Real. Menéndez Pelayo confrontó otra copia que poseía con la que está en la Biblioteca Nacional de Madrid, que es la que ha utilizado el padre La Pinta, la cual lleva el número 8252 de la sección de manuscritos y es también la que yo voy a analizar[7]. Pero antes quiero hacer unas reflexiones generales sobre la índole de los actos atribuidos al médico conquense. Uno de los objetos de este escrito es mostrar, mediante un ejemplo típico, cómo los arquetipos legendarios, los «sucedidos» de cuño folklórico, se refieren en momentos dados a varios personajes de carne y hueso; no sólo cuando tienen un carácter realista y aun humorístico, sino también cuando alcanzan órdenes sobrenaturales. Sabido es que las mismas anécdotas y situaciones burlescas se han atribuido, a lo largo de los tiempos, a distintas personalidades, conocidas por su humor (como Quevedo o Samaniego entre nosotros), su cinismo (por ejemplo Talleyrand), etc. Pero más grave, a mi juicio, es encontrar el mecanismo en órdenes trascendentes.

Leyendas sobre viajes extraordinarios a Roma

En santorales antiguos de algunas iglesias francesas se cuenta la historia de un obispo que, domeñando al diablo y a cuestas de él, fue desde su diócesis a Roma, para enmendar males provocados por el mismo diablo cerca de los pontífices. Esta tradición tuvo tanto éxito en la Edad Media que el hecho se atribuyó luego a otros prelados, sabios o santos, aquí y allá. En el Renacimiento, y aun posteriormente, el protagonista del viaje famoso fue descendiendo en categoría y santidad: es el personaje del que luego he de hablar más o son otros que no pasan de curas de pueblo, con sus puntos y ribetes de hechicero, y aun ganapanes, los que se dice que lo hicieron; a Roma mismo o a otras partes. Ya en el siglo XVIII uno de los muchos corresponsales espontáneos del padre Feijoo tuvo la ocurrencia de preguntarle qué opinaba de un traslado de éstos atribuido a cierto obispo de Jaén por la tradición. Respondió el padre maestro con un poco de zumba, lamentándose de que le hiciera perder el tiempo con aquella clase de preguntas sobre «cuentos de niños y viejas»[8]. Pero, al fin, respondió. Según el cuento, el obispo fue a Roma sobre el diablo, pasó los Alpes, su cuerpo se cubrió de nieve y en otro momento, al pasar por encima del mar, el Diablo quiso hacerle pronunciar el nombre de Jesús para echarlo al agua, pero el prelado previó la intención y le dijo: «¡Arre diablo!» Se afirmaba que el sombrero del obispo quedó en la Ciudad Eterna para dar fe del hecho. Mas aparte de la narración escueta y de las zumbas, no hay en la carta más datos que una referencia en nota final a cierto pobre ganapán de Oviedo, contemporáneo de Feijoo, al que se le atribuía un viaje parecido. Se llamaba aquel humilde recadero Pedro Moreno. Aseguró haber ido de Oviedo a Madrid con la ayuda de cierto misterioso fraile, que le entregó un báculo de tan portentosa virtud que llegó a comer a Valladolid el mismo día de la partida. El hombre contó el caso como sucedido recientemente, pero, acosado por preguntas, se contradijo un poco y Feijoo sacó en limpio que había oído el cuento del obispo y que «le pareció se haría famoso, haciendo creer de sí cosa semejante»[9]. No era el monje hombre que ante esta clase de fábulas se quedara sin apurar en lo que pudiera las averiguaciones respecto a su origen. Así, en otra carta, hizo un examen de las fuentes de ella y encontró lo que sigue[10]:

I) La historia del obispo se halla en la *Crónica general*, de Alfonso X, pero referida, no a uno de Jaén, sino a San Atendio, obispo de Visitaña[11] o «Vesytaña». Feijoo insiste en que tanto el nombre del santo como el de la diócesis están alteradísimos; mas por el contexto se puede fácilmente averiguar a quién se refiere la narración.

II) Vicente de Beauvais trae la misma historia referida a un obispo real de una diócesis real: San Antidio de Besançon. Escribió el *Belovacense*, como le llaman los escritores españoles, su *Espejo historial (Speculum Historiale)*, en pleno siglo XII, dividiéndolo en treinta y un libros, y Feijoo pudo consultar su texto directamente y el padre Sarmiento le halló, a su vez, el texto sobre el que parecía haberse inspirado[12]: es la «Crónica» de Gemblacense; es decir, Sigeberto o Sigebert de Gembloux (c. 1030-1112).

III) La crónica de Sigeberto ya trae, pues, la historia, y de ella han debido sacarla los dos autores medievales más tardíos de la «Crónica» citada y del *Speculum*... El texto del cronista dice: «De hoc Antidio legitur, quod aliquando tertia feria post Palmas transiens pontem Duvii Fluminis, vidit agmen daemonum, gesta Principi suo referentium, et inter eos Aethiopem in manu sandalium proferentem ad iudicium, quod Romanum praesulem, cuius hoc erat, per septem annos impugnatum, tandem ad lapsum traxerit. Qui vocans ad se Aethiopem, et in virtute Dei, et Sanctae Crucis super eum ascendens, eo vectante, Roman venit feria quinta, hora celebrandi Oficii; et daemone pro foribus expectante, Papae rem retulit, negantem per sandalium ad poenitentiam movit, et Missa vice eius celebrata, et parte Chrismatis a se consecrati assumpta, daemone revectante, ad Ecclesiam suam rediit, Sabbato Sancto hora celebrandi Oficci»[13].

Señalaba ya Feijoo que los Bolandistas rechazaban la narración al escribir la historia del santo (el cual fue muerto por los vándalos el año de 411) y podía haber dicho, también, que ya está impugnada en el martirologio de Baronio[14]. Aparte de que algún otro autor medieval la usó y de que fue conocida por escritores españoles del XVI, a través de autores no citados hasta ahora[15].

IV) La leyenda se atribuye también a San Máximo de Turín, obispo y mártir cuya fiesta se celebra el mismo día, y así se aplicó –dice Feijoo– «de obispo en obispo y de obispado en obispado»[16]. Para corroborar esto puede recordarse que Lucas de Tuy atribuye a San Isidoro un viaje similar[17], aunque sin intervención diabólica y por motivos piadosísimos. Cosa que acaso hubiera debido aclarar más Feijoo, pues resta un elemento fundamental al tipo o arquetipo de leyenda en estudio. Desde la época de Lucas de Tuy tradiciones y narraciones similares parecen haberse popularizado en la Península: en el siglo XVII aun los más grandes autores dramáticos la recordaban[18].

Dejando obispos a un lado y avanzando en el tiempo, hay que observar que en otros textos el viaje extraordinario se atribuye a reyes y emperadores: Carlomagno, según cierta leyenda, fue de España a Francia de modo parecido y según la nota que puso Clemencín al pasaje cervantino[19] otros textos posteriores, relativos a gente más humilde, podrían relacionarse con el viaje de Torralba; incluso uno de A. de Torquemada en su *Jardín de flores*. Cuenta, en efecto, este autor, al que Cervantes hizo muy flaco servicio, respecto al padre de un conocido suyo, que yendo de Valladolid a Granada con un compañero, pasado Olmedo, se encontraron en ruta con otro viajero y a las dos o tres leguas el caminante desconocido les colocó a ellos y a los mozos y bestias que les servían sobre un manto grande, extendido, y a poco se vieron todos en la capital andaluza, rogándoles luego el autor del prodigio que no dijeran nada de él[20]. Si el que narró esto había oído el cuento similar de las *Mil y una noches*, y si Cervantes tenía presente el del caballo encantado, al escribir el episodio de *Clavileño*, son cosas que no vamos a aclarar ahora. Pero lo que sí es evidente es que al médico Torralba le imputaron un viaje de esta misma naturaleza y que él reconoció haberlo hecho, y que a otro personaje contemporáneo suyo, o algo anterior, se le atribuyeron varios muy similares (incluso en la intención) y siguen atribuyéndosele, todavía en nuestros días, por la parte de Navarra lindante con Álava y Logroño, como será ocasión de ver un poco más adelante. Esto dejando a un lado los relativos a personajes no españoles[21] y los relatos de viajes de carácter legendario o novelesco que podrían correr por esta época de libro en libro o de boca en boca, en distintas partes del continente, y que con motivo pueden sacarse a colación como antecedentes, no de la alusión a Torralba, sino de la misma aventura de *Clavileño*[22].

El caballo de madera hecho por el rey Cropardo, en el que monta Clamades y sobre el que realiza viajes maravillosos, una vez que sabe ya manejar las clavijas que sirven para conducirlo[23], no es el único que aparece en los libros de caballerías. También en la historia de Orson y Valentín sale otro semejante[24]. Aún hemos de volver sobre el tema en otro capítulo de este libro.

Los espíritus familiares en el Renacimiento

Que los obispos sean transportados por los aires a cuestas del diablo, para resolver negocios de urgencia, es cosa que entra de lleno en la ideología medieval. Que los caballeros andantes y héroes vuelen sobre alazanes mágicos, también. Pero que hombres menos importantes tengan a su servicio a un *espíritu* o *genio* familiar, no forzosamente diabólico, que les aconseje y aun cargue con ellos, resulta más difícil de encuadrar en el sistema de creencias y prácticas populares del medievo y, en cambio, es relativamente fácil en las del Renacimiento. No estoy en situación de determinar si ello se debe más a las lecturas platónicas o neoplatónicas que a lecturas cabalísticas, al conocimiento de lo que se dice en escritos helénicos respecto al espíritu o genio que ayudaba a Sócrates o a otros personajes de la Antigüedad, personajes que Dom Augustin Calmet ponía en relación con espíritus familiares de personalidades de los siglos XVI y XVII[25]. Los ejemplos abundaban. He aquí algunos. Por los años de 1580 vivía en Francia un hombre al que conoció Bodin, el cual –según afirmaba– tenía desde la edad de treinta y siete años su espíritu familiar, que no sólo le corregía los defectos, sino también le obligaba a vivir virtuosamente y hasta le ayudaba a resolver las dificultades que encontraba al leer las Sagradas Escrituras. A las cuatro de la mañana le obligaba a levantarse para rezar y le fijaba el programa de acciones (buenas acciones) del día[26]. Dom Calmet recoge la historia y añade otra más moderna, respecto a un sabio de Dijon que, habiéndose cansado mucho en interpretar un texto griego, sin llegar a entenderlo, su genio familiar, durante el sueño, le llevó de noche a Estocolmo, le introdujo en el palacio de la reina Cristina, le metió en él y en la biblioteca le puso a la vista de un pequeño volumen en el que había unos versos griegos que le aclararon completamente el problema filológico que le perturbaba. Se despertó lleno de alegría y fijó el texto. Al reflexionar luego sobre el hecho se decidió a seguir adelante y escribió a Monsieur Descartes, a través del embajador de Francia, suplicándole le dijera si en tal sitio de la biblioteca de la reina Cristina había, en efecto, tal volumen con tales versos: «M. Descartes, qui étoit dune civilité sans pareille, satisfit bien-tôt notre savant; et lui répondit, que plus habile ingéniéur n'auroit pas mieux tiré le plan de Stokolm, qu'il avoit fait dans sa lettre.» Todo era exacto, los versos estaban como decía[27]. Aún añade Dom Calmet otra historia o «sucedido», sacado de la continuación del *Comte de Gabalis*, relativa a un consejero del Parlamento de París, que también tenía un familiar de éstos[28]. Por otra parte, conviene recordar que bastante antes ya se dijo del humanista veneciano Hermolao Bárbaro (1454-1493) que recurrió a un demonio para que le aclarara el sentido de la palabra griega ἐντελεχεια en un texto difícil y famoso. Crinito afirma que el mismo Hermolao se glorió de haber realizado la mágica consulta, y algunos autores posteriores, confundiendo este hecho con los que narra Bodin, dan a éste como fuente de información[29].

Vemos, pues, que los sabios renacentistas y aun posteriores, creían poder resolver sus dudas científicas con la ayuda de «ángeles buenos» o *agathodaemones*, que resulta difícil se confundieran con el ángel de la guarda, pero que de hecho se confundían. Ahora bien, existen varios procesos de la Inquisición española contra escolares acusados de tener un espíritu familiar, y siempre fueron condenados porque los inquisidores consideraron que estos familiares, por mucho que dijeran los encausados que eran buenos, tenían que ser malos y de la misma casta y linaje que el diablo al que sacó de la redoma don Cleofás Leandro Pérez Zambullo[30], y de los que nos hablan en serio autores de épocas algo más antiguas, como el bueno de Torquemada: «... pues es cosa muy notoria –dice– que los nigrománticos y hechiceros apremian a los demonios, y los fuerzan a hacer y cumplir su voluntad: y assi muchos los tienen atados, y ligados en anillos, y en redomas, y en otras cosas, siruiéndose dellos en lo que quieren, y a estos tales demonios llaman comúnmente familiares»[31]. Pero su reducción no puede obtenerse sin haber hecho antes pacto con el Demonio, o, mejor dicho, con los demonios superiores, que son los que sujetan a los de inferior calidad[32].

Cuando el inquisidor Manrique (1523-1538) reformó el edicto sobre denuncias, introdujo en él varios capítulos (seis) sobre artes mágicas, adivinatorias y astrológicas, y en uno pedía que se denunciara a aquellas personas de las que se oyera decir que tenían espíritus familiares o que invocaran en cerco a los demonios[33].

La broma de Vélez de Guevara puede asociarse con las de Quevedo, que, por ejemplo, en *El Buscón*, hizo burla de la creencia en familiares[34]. Pero la realidad es que en su época aún se acusó a varias personas de poseerlos y en algunos procesos, que luego se estudian, se describe la forma de constreñirlos en objetos, como los que indica Torquemada y en otros. Por otra parte, los mismos hechiceros creían poder meterse en ellos para sobrevivir. Así, por ejemplo, lo de la redoma gustó mucho por España, porque al hacerse legendaria la figura del marqués de Villena se dijo de él que al morir ordenó que se le metiera en una hecho tajadas para ser inmortal, como la pinta Quevedo mismo en la *Visita de los chistes*[35] y como se le recuerda en otros textos clásicos[36].

Aun en pleno siglo XIX, Hartzenbusch, que tanto sentía el teatro antiguo español, estrenó (el 26 de octubre de 1839) en el teatro del

Príncipe, de Madrid, una «comedia de Magia» que se llama *La redoma encantada* y que recoge la tradición referida respecto al marqués; pero haciéndole salir de la redoma a comienzos del siglo XVIII y cargando sobre los efectos escenográficos[17].

En el «verdadero cuento» de Torralba vamos a encontrar combinadas: 1) la idea de un viaje rápido, extraordinario, hecho a Roma en circunstancias especiales; 2) la creencia en espíritus familiares, malos según los inquisidores, buenos según el interesado. Pero no en una forma de elaboración libresca o de tradición oral, como ocurre en obras impresas con leyendas, cuentos, romances, etc., sino en torno a una persona, denunciada, procesada, juzgada y condenada por haber hecho tal viaje y por haber tenido tales espíritus a su servicio, según confesión propia. Esto nos obliga a una última reflexión preliminar.

Joanes de Bargota y su vuelo a Roma

Hay un sistema mitológico, el de Evhemero o Euhemero, filósofo griego que floreció hacia el año 316 a. de J.C., según el cual los dioses habrían sido hombres en principio y los mitos tendrían como origen hechos reales, aumentados y alterados. Aunque en épocas modernas ha habido quienes salieran a defender esta tesis, no es ahora el caso sino de indicar cómo precisamente el *proceso contrario* se ha repetido con gran frecuencia; es decir, cómo a un hombre se le atribuyen, o se atribuye a sí mismo, hechos míticos, legendarios o más humildes en sus caracteres, de origen folklórico[38]; el móvil puede ser distinto.

Ante el *mitómano* toda teoría *evhemerista* queda chica y además incontrolable: la contraria resplandece en su verdad.

En el caso de Torralba veremos claro cómo una serie de tradiciones y creencias se acumulan sobre él, en parte porque él busca tal acumulación, en parte también porque sus jueces le hicieron declarar muchas cosas en comprobación de sus puntos de vista y de lo que ellos habían leído u oído..., si es que no queremos meternos en el mundo de lo esotérico y defender (como parece que defienden algunos contemporáneos nuestros) que las cosas escritas en un tiempo son realizadas algo después en condiciones extrañísimas de explicar, pero absolutamente coincidentes. Los teóricos del «realismo fantástico» encontrarían en el doctor Torralba un buen objeto de investigación. Pero los que no estamos metidos en tales corrientes y vemos los problemas de esta índole en frío podemos llegar a pensar que es justamente un sistema inverso al imaginado por Evhemero el que explica lo que se dijo de Torralba y de otros hombres reales; es decir, que el mito es anterior a su «encarnación» en un ser viviente y luego perdura vinculado a él. He aquí otro ejemplo ilustrativo antes de contar la vida del médico conquense.

El canónigo Llorente, que, como he dicho, recogió la historia del doctor Torralba, era, según es sabido, riojano, de Rincón de Soto, y había ejercido algún cargo en la Inquisición de Logroño y Calahorra antes de empezar su accidentada carrera madrileña. Pues bien, en la misma historia de la Inquisición española ya citada, y poco antes de ocuparse de Torralba, da como existentes en su época unas memorias particulares escritas y muchas tradiciones orales repecto a Joanes de Bargota, cura del pueblo del mismo nombre, próximo a Viana de Navarra, aunque en la diócesis calagurritana. Dice más Llorente. Dice que el cura llevó a cabo grandes operaciones de hechicería en tierras de la Rioja y Navarra, realizando distintos viajes en muy poco tiempo. En la época de Fernando el Católico y de su nieto Carlos I *vio*, así, las guerras de Italia, y en Logroño y Viana anunció las victorias que aquellos dos soberanos alcanzaron, no sólo el mismo día sino en víspera de las batallas. Los correos confirmaban luego lo dicho por el clérigo.

Pero aún hay más. Se decía –añade Llorente– que en cierta ocasión el cura de Bargota engañó a su demonio familiar para salvar la vida de Alejandro VI o de Julio II. Andaba el papa enredado en un escandaloso comercio con la mujer de un alto dignatario de su corte, el cual no se atrevía a dar queja, porque entre los cardenales y otros prelados había parientes de la mujer adúltera. No obstante, deseaba vengarse, y así organizó con otros agraviados un complot contra la vida del papa. Joanes de Bargota resolvió impedir el atentado, y sin decirle la razón a su familiar, le propuso que le transportara a Roma para asistir a los funerales del Pontífice y ver lo que resultaba de la conspiración. Llegó a Roma, sobre el familiar, alcanzó, tras muchas dificultades, ver al papa, le dio cuenta de lo que sabía y, en recompensa, recibió absolución plena de todos sus pecados, luego de haber prometido romper su comercio con el Demonio. Es caso parecido al de los obispos medievales. De vuelta a su tierra, el cura de Bargota fue puesto en manos de la Inquisición de Logroño, al menos *pro forma*, y ésta le perdonó y le puso en libertad. Llorente no indica si entre los papeles de la Inquisición de Logroño había, en efecto, algo sobre la vida de este nigromante; se limita a aludir a tradiciones y «memorias» que no parecen haber tenido valor «oficial» u «oficioso»[39].

Por su parte, Menéndez Pelayo reconoce que la historia del clérigo navarro es muy parecida a la de Torralba, pero no la considera confirmada de modo documental[40]. Yo no he llegado tampoco a ver «memorias» como las que dice Llorente que existían en su época; pero sí he encontrado alguna indicación concreta respecto a la fecha que da a la vida y a los actos del nigromante navarro.

En efecto, en una carta escrita al parecer en Burgos y *fechada* el 15 de septiembre de 1522, es decir, antes del famoso *viaje* del doctor Torralba, fray Antonio de Guevara alude al navarro llamándole *Johanes de Barbota* y dándolo como vivo[41], lo cual concuerda con lo que dice Llorente, no con lo que posteriormente se ha escrito, haciéndole vivir a finales del siglo XVI.

Por otro lado, fray Martín de Castañega, en el tratado acerca de las supersticiones que publicó en Logroño el año de 1529, parece referirse a Joanes de Bargota cuando escribe lo que sigue en el capítulo XXIII: «y en nuestros tiempos vno fue en el reyno de Nauarra muy famoso nigromántico tenido en mucha reputación de la gente popular a quien recurrían muchos de diversas partes, como a persona que por la familiaridad y pacto expresso que tenía con el demonio descobría y dezía cosas secretas y marauillosas, y curaua passiones incógnitas»[42]. Por memoria indicaré que en un texto más viejo, en un auto de fray Íñigo de Mendoza, el zagal Juan dice a otro llamado Mingo:

> «Que no puedo imaginar,
> hablando, Mingo, de veras,
> que hombre puede volar
> si no es Juan Escolar,
> que sabe de encantaderas»[43].

Todavía Joanes de Bargota es personaje folklórico, protagonista de muchos sucedidos y arquetipo de mago en su tierra[44]. Pero lo extraordinario –repito– es que por la misma época otro personaje de carne y hueso fuera procesado a causa de acciones semejantes a la que más fama le dio, e incluso condenado, tras un proceso en que se aclara el modo y circunstancias del viaje y se suministran otras noticias a cuál más peregrina y que se han interpretado de maneras diversas.

Los textos de Bandello, las noticias respecto a familiares y viajes fantásticos recogidas aquí y allá, las narraciones de Torquemada y de Cervantes, nos indican que durante todo el siglo XVI gravitó sobre las conciencias de modo poderoso la idea de que había escolares, laicos o religiosos, capaces de domeñar a los espíritus (o demonios) para viajar rápido. Y justamente en Roma, por la época de Torralba y del clérigo navarro, su émulo y precursor, hablaba de esto mismo un ingenio de los más famosos en los anales literarios, como «primitivo» del teatro español.

En efecto, en la *Comedia Jacinta*, que es una de las que aparecen impresas en la *Propalladia*, de Torres Naharro (Nápoles, 1517), aparece el rústico Pagano, el cual al final resulta astrólogo y hechicero y al enumerar las cosas que sabe hacer dice:

> «Sé mil cosas especiales (sic)
> d'achaque d'Astrología;
> sé, como el Ave María,
> las siete artes liberales,
> y en regras medicinales
> sorbessa son mis cuydados;
> sé sanar llagas y males
> y enxalmar descalabrados,
> y en los de miembros cortados
> hago curas a hombre macho,
> que en Dios padre los despacho
> porque no queden lisiados.
> Item más, sé conocer
> las yervas más señaladas;
> sé cosas muy aprobadas
> para hazer bien querer
> y también, si es menester,
> sé tornar del agua vino
> *y aun hazeros trasponer*
> *en un ora un gran camino.*
> Muchas cosas adeuino,
> descubro cualquiera hurto,
> sé más que supo Basurto,
> aunque era astrólogo fino,
> y en una sala muy bella
> sé hazer en chicas pieças
> que parezcan sin cabeças
> todos quantos son en ella,
> y aún haré que en toda ella
> llena d'uvas la veáis,
> y sé hazer vna estrella
> que os guíe donde queráis»[45].

Se ve también por este texto que la idea de la posibilidad del viaje o vuelo rápido gravitaba en el ambiente romano. Digna de ser subrayada en el texto transcrito es la mención al astrólogo Basurto, que fue catedrático en Salamanca y que publicó alguna obra antes de acabado el siglo XV y al que se atribuye la predicción de la muerte del hijo de los Reyes Católicos[46].

Pasan los años, y un contemporáneo de Cervantes, gran novelista también, al hacer alusión fugaz a las artes nigrománticas, se refiere a los viajes rápidos por los aires: «Huélgome de saber que también sois nigromántico, pues desde ayer habéis venido de Illescas», dice uno irónicamente en el *Marcos de Obregón*[47].

Hasta que el padre Feijoo hable de casos tales como de cuentos de viejas pasa aún bastante tiempo, y los folkloristas de nuestros días no sólo han podido recoger tradiciones repecto a Joanes de Bargota, sino también otras muy parecidas en esencia referentes a otras personas. Hace años que –por ejemplo– don Resurrección María de Azkue oyó a un maestro apellidado Iguzquiza, natural de Larraun, una leyenda relativa a don Juan de Atarrabio, del que se dice fue párroco de Goñi y al que se atribuían viajes parecidos a los de Joanes de Bargota, en la zona de la Navarra vasca de habla. Según Iguzquiza, Atarrabio había ido nada menos que a los propios infiernos a *aprender* junto con otros dos estudiantes, uno fraile de Vera, por cierto. A consecuencia de ello perdió la sombra, de la que se apoderó el Diablo, «Txerrén». Posteriormente fue a Roma sobre uno de los tres genios o espíritus a los que acudía en sus consultas para *salvar al papa en un mal trance* («Erromara gan ta Aita santua istilu artatik ateratzeko»). Durante el viaje el genio quería también que Atarrabio pronunciara el nombre de Dios para poder echarle al mar; pero el jinete le respondía, en castellano al parecer, «¡Arre, diablo!» A la hora de morir hubo señales de que Atarrabio se había salvado, y una de sus mayores preocupaciones era la de no irse al otro mundo sin sombra, que sólo se le veía durante la Consagración[48].

Advirtamos que la idea de que cuando un clérigo u otra persona se da a las artes mágicas pierde la sombra se halla extendidísima en el folklore europeo. En el país vasco-francés mismo recogió Cerquand un cuento en el que el protagonista es cierto cura que había estudiado en la cueva de Salamanca, fundada por el Diablo, y que a consecuencia de ello se quedó así[49]. Pero dejemos ya los antecedentes.

El doctor Eugenio de Torralba: nacimiento, infancia y juventud

Cuenca ha sido siempre tierra de fuertes personalidades. En el siglo XVI de allí salieron sabios y fieros campeones de la ortodoxia católica, como Melchor Cano, y también hombres talentudos, pero tachados de heterodoxos, como los hermanos Valdés. Por la parte de la Mancha hubo asimismo famosas hechiceras y hechiceros y los ingenios conquenses siempre han tenido algo de genial y de áspero a la par, que ha sido puesto de relieve varias veces y con ocasiones distintas. Durante la segunda mitad del siglo XV la ciudad parece haber alcanzado un momento de mayor pujanza, tanto económica como intelectual, y en pleno siglo XVI se enriquece con iglesias, palacios y monumentos, que aún hoy producen fantásticos efectos. Cuenca es una ciudad de aspecto mágico; todos lo sabemos. Pues bien: allí nació el mago más famoso del Renacimiento español o hispano-italiano, Eugenio Torralba, al que en el proceso inquisitorial se le llama siempre doctor y no licenciado, como le llamó Cervantes, el cual cometió a su cuenta otras inexactitudes que a su tiempo se pondrán de relieve. Recordemos que Campoamor también le rebajó el grado, cosa que, de seguro, le hubiera molestado, pues, a lo que parece, era hombre con sus puntos de orgullo, entre ellos el orgullo académico.

Puede ponerse la fecha de su nacimiento entre 1485 y 1490. Pertenecía –según repitió varias veces en el proceso– a una familia de cristianos viejos, hidalgos y caballeros, y no tenían él ni ninguno de sus antepasados antecedentes inquisitoriales[50]. No había sospecha de moro, judío o hereje en los Torralba, que, de alguna forma, hallaron la conexión suficiente con Italia para mandar a este vástago famoso y escandaloso del linaje a aquel país, cuando contaba quince años de edad. Para explicarse tal hecho, aparte de recordar que por entonces España estaba en su «hora italiana», acaso convenga tener en cuenta que durante muchos años tuvo, entre otros, el obispado de Cuenca el cardenal de S. Giorgio, Raffaello Riario, el cual, habiendo conspirado contra León X, fue degradado y perdonado luego, retirándose a vivir en Nápoles, donde murió en 1521[51]. Pero la marcha de Torralba a Italia data de mucho antes, de comienzos del siglo cuando menos, y puede ponerse en relación con la ida allí de alguna dignidad catedralicia conquense que estuviera en relación estrecha y obligada con Riario[52].

«Roma veduta»

No menos de diez o doce años pasó en Roma el joven castellano. Allí se «formó», en un medio fascinador, estudiando Filosofía y Medicina, también ciencias ocultas al parecer, protegido por el obispo de Volterra, hombre señalado en los anales pontificios –como se verá– tanto por su espíritu de intriga como por su habilidad diplomática, su cultura y curiosidad intelectual. Era, pues, aquel en que vivió Eugenio un ambiente para embriagar a cualquier espíritu imaginativo, y él lo tenía en grado sumo.

Estudiar Filosofía y Medicina en Roma a comienzos del siglo XVI era estar metido en plena vorágine renacentista. Los maestros que cita Torralba no creo que fueran figuras de primera magnitud, y es difícil seguirles la pista desde España, porque incluso sus nombres están desfigurados. De todas maneras, debieron de haber sido, al menos cuatro de ellos, fieros materialistas, negadores de la inmortalidad del alma y por consiguiente de los premios y castigos *post mortem*, de la existencia del Paraíso, del Purgatorio y del Infierno. Un maestro Escipión, otro llamado Mariana y otro «Auangelo», junto con Juan de Maquera, defendían aquellas tesis atrevidísimas con gran copia de argumentos, en público y en privado[53], sin que por ello fueran menos estimados de sacerdotes y prelados. Torralba, pues, se dejó guiar por sus maestros y cuatro o cinco años vivió en esta negativa persuasión, aunque, a veces, volvía a su vieja fe paterna y «precetos de España». Los «precetos» de Italia eran muy otros, y especialmente en el medio en que se movió[54].

Antes de que el obispo de Volterra fuera nombrado cardenal (el 31 de mayo de 1503, según Llorente)[55], debió de tener ya un trato muy frecuente con literatos y filósofos, pues era hombre de mucho ingenio, y acaso de este trato hizo partícipe a su joven servidor. En todo caso, los médicos italianos, maestros de éste, se planteaban un asunto por el cual alcanzó notoria fama un humanista de aquella época: aludo a Pomponazzi, que, como es bien sabido, demostró contra los aristotélicos-escolásticos que Aristóteles no creía en la inmortalidad del alma precisamente y defendió también que las pruebas naturales de la misma no eran demasiado sólidas[56].

No es cosa de describir ahora la personalidad de Pomponazzi. Pero sí hay que recordar que su tratado acerca de la inmortalidad del alma misma, en el que recoge, expone y comenta libremente la doctrina del estagirita, fue causa de que se le considerara como negador de la inmortalidad misma, de que la Inquisición veneciana arremetiera contra él y de que a la postre se le considerara un filósofo herético. Ahora bien: como su libro no apareció sino en 1516, hay que suponer que los médicos maestros de Torralba discurrían por su propia cuenta[57], y como naturalistas tanto como filósofos, o más si se quiere. Pero el estudiante conquense tuvo otras dudas también antes de meterse ya en el Ocultismo. En Roma asimismo conoció a un personaje de otra vitola: a un maestre Alfonso de origen judío, que luego había sido moro y que, al fin, se hizo cristiano «pro fórmula», el cual negaba la divinidad de Cristo, la santidad del Viejo y Nuevo Testamento y la verdad de su contenido[58], diciendo que todo era «burlería» en ellos y proclamando las excelencias del Islam o de la ley de Mahoma. Torralba reconocía mucho después, al tiempo del proceso, que maestre Alfonso no llegó nunca más que a poner escrúpulos en su ánimo, pero que su fe cristiana alcanzaba a combatir y vencer esta influencia[59] de modo más efectivo que cuando se enfrentaba con las doctrinas médico-filosóficas de los maestros italianos antes citados[60].

Menéndez Pelayo creía a Torralba contagiado de las ideas de Pomponazzi en lo que se refiere a sus dudas respecto a la inmortalidad del alma, y dice también que el judío Alfonso, «como Uriel da Costa y otros de su raza, habían parado en el deísmo y en la ley natural»[61]. Respecto al primer hecho ya se han expuesto las objeciones que pueden hacerse; con relación al segundo hay que oponerle otras.

La figura del judío que cambia varias veces de credo y que termina dudando de la verdad de todas las religiones positivas aparece varias veces escorzada en procesos inquisitoriales y otros textos. Es una figura que se repite en los siglos XVI y XVII, como puede verse en mi libro acerca de los judíos españoles de aquella época[62]. Pero maestre Alfonso parecía haber llegado, al menos en el momento de su trato con Torralba, a una fe dogmática, absoluta: a ser un mahometano convencido.

Por su parte, Torralba, como otros muchos estudiantes de Medicina y médicos contemporáneos suyos y aun posteriores, no se contentó con estudiar la Filosofía y la Religión, la Ciencia también, según los criterios radicales de sus maestros. Algo después, o simultáneamente, se sumergió en la averiguación de cosas ocultas, que rozaban la fe o que iban contra ella, por otro motivo. En una Roma neopagana, la Roma magistralmente descrita por Burckhardt, la Roma de los Borgia y de otros papas famosos no precisamente por su piedad y buenas costumbres, los astrólogos y nigromantes, los magos y hechiceros a lo culto, tanto como las mujeres dadas a tratos infernales, eran abundantísimos.

Cardenales y prelados tenían a su servicio a personas que no andaban muy provistas de fe cristiana: médicos judíos o judaizantes, cultivadores de la Cábala, lectores de los textos neoplatónicos, divulgados por medio de traducciones latinas; cultivadores de todas las artes adivinatorias, buscadores de tesoros. Los razonamientos teológicos, físicos y metafísicos se hallaban enredados en deseos vehementes de poder, riqueza, placeres que algunos creían poder obtener por medio de fórmulas y recetas. Por un mecanismo que se repite a lo largo de la historia de la Roma papal sabemos también que no pocos de estos hombres que trabajaban al servicio de los grandes, deseosos de bienes terrenos y que para obtenerlos empleaban los «recursos» del Ocultismo, eran clérigos y frailes. Así, resulta significativo que el hombre de mayor influencia en la vida esotérica de Torralba no fuera ninguno de aquellos médicos materialistas de que se ha hecho memoria ni el maestre Alfonso, sino un fraile dominico llamado fray Pedro, al que conoció también hacia más de veinte años antes que se iniciara su proceso; es decir, antes de 1507. En un momento de amistad llevada al extremo, el fraile le dijo al joven español que si quería saber las cosas futuras, tanto como las pretéritas, él estaba dispuesto a poner a su servicio a un «ángel bueno», llamado «Zaquiel», «Çaquiel» o «Çequiel», que le acompañaría en vida..., y así lo hizo[65]. Ha de advertirse que el hecho de que fuera un dominico, en Roma y a comienzos del siglo XVI, el que asesorara a Torralba en este orden no puede considerarse como fortuito, porque como dominico, en Florencia, a fines del siglo XV, terminó sus días el mayor cabalista y neoplatónico del Renacimiento italiano; es decir, Giovanni Pico della Mirandola (1463-1494), cuyas *Conclusiones philosophicae, cabalisticae et theologicae* aparecieron en Roma en diciembre de 1486 y en número de novecientas, y fueron condenadas (5 de agosto de 1487). Sin embargo, sólo poco antes de morir el joven conde fue acogido por la Iglesia y vistió el hábito dominicano.

El «ángel bueno»

Fray Pedro, que, según la primera declaración de Torralba ante el inquisidor de Cuenca, había sido hombre de buena vida, sabio en Artes y Teología y que murió yendo a Grecia hacia 1522, llamó al espíritu y le dijo: «Yo te e llamado y e hecho venir aquí para que sirvas y hagas lo que Eugenio de Torralua te dixere para que le acompañes todo el tiempo de su vida»[64]. Pero en realidad lo de la obediencia era relativo: se trataba más bien de una protección, de un «asesoramiento» del espíritu, doblegado ante los ruegos de un hombre infinitamente más sabio que Torralba, pues si fray Pedro supo vincular al espíritu a su condiscípulo, éste jamás supo, ni pudo, deshacerse de él. No hubo así ni pacto, ni invocación, ni ofrenda, sino un ruego amistoso y una aceptación[65] por parte de Zaquiel, que le hizo a Torralba despreciar para lo futuro las formas más conocidas de relacionarse con los espíritus sobre todo con los reconocidamente malos[66]. No se comportó, ni más ni menos, que como *daemon* en el sentido que daban a éstos los neoplatónicos como Jamblico[67] o quien sea el autor del tratado sobre los misterios de los egipcios, etc. Así, pues, se apareció la primera vez Zaquiel a Torralba en forma de hombre, y de hombre *venusto*, de color blanco con una especie de cendal rojo, sobre el que llevaba una sobrevestidura negra[68]. Le hablaba en latín e italiano incluso durante los viajes que hizo a Francia y a Turquía[69]; no consentía que le tocaran. Una vez, Torralba, contento y agradecido, le quiso abrazar, y él respondió: «No me toques.» Tampoco gustaba de mostrarse ante otras personas que no fuesen su protegido. Sin embargo, le había visto una vez el cardenal de Volterra estando con Torralba y el prelado le preguntó algo acerca de él sin mayor alboroto. Otra vez, estando Torralba en el muelle de Nápoles con un paisano llamado Tomás de Silva, alias de Salcedo, que le quería llevar «a placer», apareció el espíritu y dio un *rempuxón* al tentador, el cual se turbó muchísimo al verle; prueba de su carácter de «ángel bueno», según la tesis defendida insistentemente por Torralba mismo, cuando estaba procesado y preso por la Inquisición[70]. ¿De dónde sale este Zaquiel? No creo que sea difícil determinarlo. Como me indica mi querido amigo y colega J. Roger Riviere, la base fundamental del esoterismo hebraico es la Angelogía. Profundas son las raíces históricas de ésta y no seré yo quien las exponga. Sí he de señalar sus relaciones con doctrinas griegas de distinta época. Ya en el siglo I d. de J.C. Filón de Alejandría significa ante todo un proceso de síntesis de ideas griegas e ideas hebreas respecto a la serie de espíritus que pueblan el aire, síntesis que, a veces, no llega a perfección ni mucho menos.

Durante la Edad Media, en el mundo judío, las especulaciones en este orden tienen una autonomía muy grande, sin embargo. Pero durante la segunda mitad del siglo XV vuelve a haber un momento en que las especulaciones cabalísticas y las que podríamos llamar helenísticas vuelven a conjugarse. Un erudito francés, magistrado en Angers en tiempo de Enrique IV, Pierre Le Loyer, al referirse a ciertos teólogos y a aquella época (concretamente al abad Tritheim o Trithemio), dice que «c'estoit en un temps ou les sçavans Theologiens fueilletoient plus souvent les Cabalistes que la Bible, que ne leur estoit que trop commune. Et suivant ces Cabalistes –añade– Tritheneme auroit composé un livre des Septs Esprits et Anges mouvans les Cieux des septs Planettes, & de leur Gouvernement et influence»[71]. No le hubiera gustado al padre Feijoo, defensor del benedictino alemán, este texto; mas hay que reconocer que las grandes listas de Tritheim hubieron de impresionar, como también impresionaron las traducciones de Marsilio Ficino. Por lo demás, el nombre del espíritu resultaba ya más que sospechoso a oídos ortodoxos. En un texto como el *Libro de Henoch* aparece «Zakiel» (por lo menos en la versión de Syncella) en octavo lugar; «Zaqile», al parecer, en otras transcripciones del mismo texto[72]. El nombre se repite en textos mágicos hebraicos, en grimorios medievales del mundo europeo y hasta en otros árabes; «Zakiel» es uno de los ángeles del monte Hermón. Al parecer, el fraile dominico que aleccionó a Torralba era un cabalista, cosa que no ha de chocar en una época en que hombres como Reuchlin, Pico della Mirandola y un riguroso contemporáneo de Torralba y médico como él, Paracelso, andaban metidos en el estudio de la Cábala de modo obsesivo. En éste y otros casos el valor científico del cabalista era tan grande como su imaginación esotérica. John Dee (1527-1608) representa en Inglaterra al tipo de hombre que tenía grandes capacidades científicas y que al mismo tiempo practicaba la Magia y la Astrología. Con Agrippa, Paracelso y Cardan puede formar grupo. Dee creía firmemente que los ángeles buenos, enviados con tanta frecuencia a los personajes mayores del Antiguo Testamento, habían sido parte en sus descubrimientos; usó de mediums, entre ellos de Kelley, con el que luego se llevó muy mal[73]. Pero nuestro Torralba no llegó a ser un científico de esta talla, hay que reconocerlo.

Actividades de Torralba bajo la protección de Zaquiel

Sin embargo, su pericia médica debió de ser notada desde la juventud. En el proceso se ve claro que gozó de fama de hacer curas que estaban fuera de lo común. Pero no hubiera pasado de tener fama de médico distinguido y acaso un poco sospechoso en la fe (como tantos otros galenos renacentistas) de no haber vivido en la persuasión de que Zaquiel le protegía, le asesoraba y aun le avisaba los grandes acontecimientos que estaban a punto de suceder y el sesgo que habían de tomar. «Roma veduta fede perduta» es un viejo dicho. Torralba también se descarrió por otras razones. Torralba –como otras personas no desprovistas de fe, como fray Bartolomé de las Casas, por ejemplo– se había escandalizado del modo de interpretar la religión de los prelados romanos o los que iban a Roma a negociar, los cuales rezaban y hacían tratos a la par: ocasión de ironías, acerca de las que se le hizo cargo[74]. De tales hábitos de tipo simoníaco estaban contaminados paisanos y conterráneos suyos. Pero su contemplación no era lo más grave, sin duda, en el proceso de descomposición de una fe. Por otra parte, el ambiente renacentista era mucho más fluido en Italia que en España, y Torralba se acostumbró con el curso de los años a que sus «familiaridades» esotéricas no chocaran, sino que más bien divirtieran a sus protectores y amos. El cardenal de Volterra fue –según va dicho– uno de los pocos que vieron a Zaquiel, y al cardenal de Volterra quiso cedérselo en un momento... Pero el espíritu no se apartaba de su lado, y otros cardenales, prelados y magnates, debían saberlo igual que el de Volterra. Jamás Torralba debió de hacer ocultación de la situación en que estaba o creía que estaba. Tenemos derecho a imaginárnoslo en aquellas tertulias abigarradas, en que se juntaban artistas, teólogos, médicos, filósofos y poetas bajo el patronato o mecenazgo de un príncipe de la Iglesia, desempeñando el papel del ocultista, del taumaturgo. Así, en cierta ocasión el cardenal de Santa Cruz[75] le mete en un negocio de fantasmas («negotium perambulans in tenebris») en compañía de su propio médico, el doctor Morales, español como Torralba y como el mismo cardenal, hombre conocidísimo por su ambición extremada[76] y que llegó a dirigir un grupo de prelados cismáticos y «anti-españoles» en ocasión memorable. Otros paisanos, caballeros, amigos de nuestro médico *hasta cierto punto*, pues la amistad se quebró cuando la Inquisición ejerció sobre ellos la reconocida influencia que tuvo sobre los españoles en general, recibieron también confidencias de él respecto al espíritu[77], y fue justamente un caballero muy amigo, en Italia y en España, el que, al fin, le denunció, como veremos.

Era Zaquiel, según Torralba, espíritu oriundo o localizado en la India Alta, en tierras del preste Juan, famosas entonces por su excelencia y cristiandad[78], pero tan metido en política internacional, que hizo de su protegido un especialista en ella, aunque muy poco parecido a los actuales. En efecto, desde 1510 a 1527 puede decirse que no hay asunto grave en Italia, Francia o España, que no quedara anunciado o visto por Zaquiel y comunicado a Torralba. El 30 de agosto de 1510 Torralba anuncia la derrota de don García de Toledo en la isla de los Gelves, nada menos que al Gran Capitán y al cardenal Cisneros, con el resultado estupendo (si la confesión del médico es verídica) de que el hombre de Iglesia, sintiendo más la razón de Estado que escrúpulos religiosos, pretendiera que Torralba, mediante Zaquiel, averiguara otras cosas, a lo que el espíritu no accedió[79]. La escena no puede ser más folletinesca. Algún tiempo después el espíritu comunicó a su protegido, sin embargo, que el cardenal Cisneros sería elevado al gobierno de España, pero se lo dijo de forma ambigua, de suerte que le hizo errar en parte, cosa que le ocurrió también en otras ocasiones[80], aunque no muchas. Estando en Roma, Zaquiel le avisó también la muerte de Fernando el Católico[81], ocurrida el 23 de enero de 1516. Después, un acontecimiento que de manera más directa debió de afectar a Torralba, si se halló en la capital del mundo cristiano por aquel entonces. Coincide la regencia de Cisneros (del 28 de enero de 1516 al 8 de noviembre de 1517) con la conspiración del cardenal Petrucci. Ahora bien: Torralba en sus declaraciones manifiesta que el espíritu le anunció también la muerte del cardenal de Siena, ordenada por León X[82]. Y esta conspiración pudo moverle a volver a España, a causa de que en ella tomó no poca parte su patrón italiano.

La relación de Torralba con Francesco Soderini, obispo de Volterra, es algo acerca de lo que, en efecto, conviene insistir en términos generales, dada la personalidad de aquel prelado. Pertenecía a una antigua y rica familia de Florencia y su hermano fue el famoso gonfaloniero. Nacido a mediados del siglo xv, en 1454, ejerció distintos cargos hasta que en el pontificado de Sixto IV fue nombrado obispo de Volterra. Después se ejercitó mucho en la diplomacia. Aparece su nombre en 1496, cuando los pisanos expulsaron a los funcionarios florentinos de Pisa, defendiendo los derechos de Florencia[83], y en otras negociaciones que ocasionaron la entrada de Carlos VIII de Francia en Italia. Nombrado cardenal poco antes de la muerte de Alejandro VI, desempeñó un papel aún más importante en la diplomacia de la república florentina al tiempo que fue regida por su hermano[84]. Se mantuvo, sin embargo, al margen del concilio de Pisa, en 1511[85]. Después dirigió el grupo de cardenales contrarios al cardenal de Médicis, elegido papa en 1513; no podía imaginarse otra cosa, dada la posición antagónica de las dos familias en Florencia. Desde esta fecha su vida entra en un período triste y peligroso[86].

En 1517 se le dice implicado en la indicada conspiración del cardenal Petrucci, que se decía también enderezada a envenenar a

León X. Después de pagar una fuerte multa, se le perdonó y se retiró a Fondi, donde vivió, protegido por Próspero Colonna, hasta que murió León X[87]. Observamos ahora que por la época de la conspiración, Torralba debía de estar en Italia; allí supo la muerte de Fernando el Católico por medio de Zaquiel. Acaso la desgracia de su amo le hizo moverse. Pero no fue aquélla la única que cayó sobre el cardenal en su vejez. En el Cónclave de 1521 era considerado como uno de los «papables» y deseaba la tiara. El cardenal Giulio de Médicis temía esta elección por las repercusiones que hubiera podido tener en Florencia[88]; así, en la pugna salió Adriano VI. En 1522, Soderini urdía un complot para expulsar a los Médicis de Florencia con ayuda de Francisco I[89]. Se descubrió también que el cardenal había escrito a un sobrino suyo, obispo de Saintes, para que instara al rey de Francia a que atacara Sicilia. Fue el embajador español, Sessa, el que interceptó las cartas del tío al sobrino. Soderini pasó de ser el principal ministro del papa Adriano, a procesado por el mismo, quien lo encerró en el castillo de Sant Angelo y le confiscó los cuantiosos bienes que poseía. Desde este momento Adriano abrazaba también de modo abierto la causa de su antiguo discípulo don Carlos[90]. Soderini no había estado leal evidentemente con aquel papa, tenido por bárbaro por los hombres de letras italianos, pero que le había escogido como confidente por su grave expresión, su ciencia teológica, su ingenio, elocuencia y cultura literaria[91]. Muerto Adriano, la pugna entre los Soderini y los Médicis volvió a expresarse en el Cónclave en que fue elegido Giulio de Médicis con el nombre de Clemente VII. El Sacro Colegio Romano había exigido que Soderini fuera libertado. Soderini volvió a pensar en ser papa, pero acaso más que esto deseaba que no lo fuera el cardenal de Médicis[92]. A su lado tenía al partido francés, mientras que los imperiales dudaban entre los cardenales Colonna y Médicis.

Se dice que Clemente VII escogió este nombre por alusión a la clemencia que tuvo lugar con el cardenal de Volterra[93]. Pero la realidad es que ya antes de la elección se «compusieron», siquiera fuese a regañadientes. Poco después de la elección, en este mismo año 1523, moría Soderini. Otros cardenales viejos de la oposición también[94]. En suma, Torralba sirvió en Roma a un hombre de tendencia que resultó contraria al «Rey Católico» y simpatizante con el «Cristianismo»[95].

La amistad y protección del cardenal se halla evidenciada hasta muy última hora. Pero, siguiendo el orden de los acontecimientos políticos, Torralba dijo haber sabido también, mediante Zaquiel, el alzamiento de las comunidades, del que dio aviso al duque de Béjar[96]. Estamos en 1519. Torralba se hallaba en España y pasó algún tiempo en la corte y en Cuenca. Volvió luego a Roma; pasó de allí a Bolonia, donde estaba aún a mediados de 1526, según dice, aunque, según Zapata, acompañó a la emperatriz en su venida a España de Portugal. Pero en la primavera de 1527 lo encontramos en Valladolid, quedando al servicio de doña Leonor de Austria, hermana de Carlos I, en lo que parece que influyó otro prelado famoso, educado en Italia y muy inteligente también[97], el cual debía de estar bien relacionado con la que había de ser mujer de Francisco I[98]: el arzobispo de Bari.

El viaje a Roma

Una noche famosa, el 6 de mayo de 1527, Zaquiel se presentó a Torralba en su domicilio de Valladolid y le describió lo que estaba ocurriendo en Roma; es decir, el asalto de las tropas imperiales. Torralba no solamente no le creyó, sino que se rió de Zaquiel, el cual le propuso el consabido viaje, que no era el primero que hacía; Torralba, contra lo que se afirmó en una primera declaración, aceptó, y en hora y media se encontró en la Ciudad Eterna. Estuvo allí media hora, y allí oyó tocar las cinco de la mañana, vio el desastre, y en otra hora y media más se halló de nuevo en su posada de Valladolid (no en Madrid, como creía Don Quijote), que estaba cerca del monasterio de San Benito. Los detalles del viaje, los dichos italianos del espíritu durante él, los miedos del médico, quedan consignados en una audiencia[99] y en forma distinta a como posteriormente describieron o resumieron el hecho Zapata y Cervantes.

La denuncia y el denunciante

La copia del proceso que utilizo es parcial y en ella no se encuentran transcritas las testificaciones al pie de la letra. No se ve el orden que hubo en la reunión de éstas. Pero, según Llorente, que acaso vio documentos más antiguos y próximos a la época de la prisión de Torralba, éste fue encausado por obra de un solo testigo: su amigo de largos años don Diego de Zúñiga, quien se espantó de sus dichos de repente y tras haberle «asado» (como vulgarmente se dice) a preguntas y peticiones durante su trato continuo en Italia y en España. Poco he averiguado del tal don Diego. El mismo nombre lleva al comienzo del siglo XVI un señor de Aldehuela y Flores Dávila[100], y en tiempo de Felipe II, un descendiente suyo que tuvo los mismos señoríos y que fue embajador en Francia[101]. Otros personajes surgen en época intermedia, incluso en América[102], dejando a un lado a un obispo de Calahorra del siglo XV[103], que son otros tantos don Diegos de Zúñiga.

Mas creo que de quien se trata aquí es de un soldado de la época de las Comunidades, que aparece como don Diego López de Zúñiga[104], nombrado capitán de la gente de infantería de Valladolid siendo colegial, y que es nombrado luego como uno de los capitanes del ejército real, disuelto el 28 de agosto de 1520[105]. Este caballero sería de la parentela del mismo duque de Béjar y acaso hace de él una semblanza burlesca don Francesillo de Zúñiga, que parece aludir a lo supersticioso que era y a lo alcanzado de dineros que andaba[106]. De todas formas, como el nombre y el apellido juntos se repiten en la época, es difícil «aislar» al personaje; pero lo que más hace pensar en que el denunciante de Torralba es este al que alude el bufón es que Torralba habla de él como unido en ocasión memorable al prior de San Juan y don Francesillo le hace sobrino del mismo.

En Italia había sabido ya el caballero cómo Torralba tenía un espíritu familiar o lo que fuere. En Italia, don Diego se sintió italiano; pero en España se sintió español. El año 1527 vivía en Valladolid de huésped de una mujer en cuya casa se decía había un tesoro. Tanto la huépeda como don Diego instaron al doctor a que preguntara al espíritu la manera de rescatarlo. Zaquiel respondió que no era tiempo de hacerlo, porque el tesoro estaba custodiado por dos espíritus encantados en tiempo de los moros, respuesta que no satisfizo a los interesados. Es posible que ella fuera elemento fundamental para que Zúñiga tomara la decisión que tomó de denunciar a su amigo[107], haciendo numerosos cargos contra él, en torno a los cuales se desarrolló el proceso[108]. Como ocurre muchas veces en estas clases de acusaciones ante la Inquisición y en los procesos políticos en general, los delatores saben la existencia de los delitos supuestos o reales durante años y años, pero esto no les conmueve hasta que llegan ciertas coyunturas. Zúñiga sabía los vuelos de Torralba desde 1520[109], pero su conciencia no se alteró hasta siete u ocho años después. La ida a Roma del doctor, asunto sensacional, se mezcla en la conciencia del denunciante con resquemores, con pequeños asuntos de juego, con miedo real a quedar comprometido. A fines de la primavera o por el verano de 1527, lo que sabía Zúñiga de Torralba lo sabía ya el Santo Oficio; pero no fue el tribunal de Valladolid el que actuó contra el médico, sino el de su ciudad natal, es decir, Cuenca. Podemos imaginarnos el escándalo que produciría la noticia de que un hijo conocido de la ciudad, miembro de un linaje respetado, cayera en las prisiones de la secreta por hechos inauditos, cosa que debió de ocurrir a fines del mismo año 1527 o muy al comienzo del 28.

El proceso

En efecto, a 10 de enero de 1528, estando el reverendísimo doctor Ruesta, inquisidor de Cuenca, en sesión de audiencia, y ante el notario Francisco de Herrera, mandó comparecer al doctor Torralba, médico, y después de hacerle jurar en la forma acostumbrada pidió le suministrara los datos también acostumbrados acerca de su familia y antecedentes, limpios de sospecha heretical, como se ha dicho. Contó el doctor luego su vida a grandes rasgos. El inquisidor le informó de cómo existía una denuncia contra él «de cosas que ha hecho y dicho y cometido contra nuestra Santa fe Cathólica tocantes a eregías», causa de su prisión, y le hizo las amonestaciones de rigor, exhortándole a que declarara toda la verdad[110]. Torralba –seguro de sí o astuto en principio– se proclamó católico a machamartillo y sostuvo que no había dicho ni hecho herejía ni cometido acto alguno contra la fe...; pero a esto sigue el reconocimiento de un hecho extraño, de un hecho que para un inquisidor español, aunque fuera de este momento, debía de sonar a cosa tremenda: Torralba reconoce que está a su servicio un «ángel bueno», el ángel bueno que nos es conocido, y narra la circunstancia en que se le presentó, cómo fue un padre dominico el que le puso a su servicio por vida, la forma en que se le apareció la vez primera, insistiendo siempre en el carácter ejemplar de todos sus consejos y servicios. Mas, por otro lado, para eludir ulteriores responsabilidades sin duda, afirmó que varias veces había querido deshacerse de él, pidiéndole incluso que no le visitara, cosa a la que el espíritu no accedía. Por otra parte, advierte que el espíritu casi nunca había obedecido a sus llamadas, que se le aparecía a tiempo fijo, con las lunas o cuando quería comunicarle algo[111]: graves negocios de Estado, de «príncipes y señores», acontecimientos políticos de primerísimo orden, como la muerte de Fernando el Católico, la prisión del papa, la guerra de las comunidades, etc., acontecimientos ya examinados[112]. Pasó luego el inquisidor a hacerle otra pregunta acerca de sus actividades como quiromántico, y Torralba respondió que, en efecto, había practicado la adivinación mediante las manos, siguiendo la doctrina de libros conocidos y en personas de categoría siempre[113]. El inquisidor le buscaba las vueltas y él se defendía. La pregunta siguiente fue la de si había hecho con el espíritu algún pacto contra la fe, y él, insistiendo en su tesis, respondió que Zaquiel siempre le había aconsejado fuese buen cristiano, apareciéndosele no sólo en su posada, estando en la cama, sino también en el campo, en iglesias y templos[114]. Insistió también sobre algunos de sus rasgos, acerca de los que ya hemos hablado; aclaró cómo el fraile dominico que se lo dio había muerto ya, y con esto terminó la primera audiencia[115].

Tuvo lugar la segunda el 11 de enero del mismo año. Torralba insistió en que el espíritu no comparecía cuando le llamaba, pero que sí se le presentaba puntual cada luna, una y aun tres o cuatro veces[116]. Le confiaba, en cambio, secretos que no le preguntaba o le daba avisos respecto a «cosa de infortunios y cosas que han de uenir a algunas personas como fue a Pedro Margano romano que le hauiso ha *(sic)* este confesante que no fuese fuera de Roma que le harían pedazos y este confesante no tuuo lugar de le havisar y assí murió el dicho P. de Margano que lo mataron como lo dixo el dicho espíritu y que también le dijo que el Car. de Sena y J. Pablo Mallo hauían de ser muertos del Papa León y assí fueron muertos como lo dijo»[117].

La siguiente pregunta fue dirigida a saber si el espíritu había llevado o transportado a Torralba corporalmente de un sitio a otro. Torralba respondió que no[118], y aunque reconoció que estando en Valladolid le anunció la entrada del condestable de Borbón en Roma y le propuso llevarle a la ciudad para que se cerciorara del hecho, dijo que se negó a ir. Es decir, que aceptó parcialmente lo que más adelante reconocerá del todo[119]. Admitió también que el espíritu le había descubierto secretos medicinales para curar con hierbas y otras sustancias, pero que le pesaba que Torralba cobrara utilizando sus remedios. Declaró al final de esta audiencia que también le había revelado que el año de 1528 sería año en que «prevalecería» la religión cristiana y comienzos de daños para la «Seta mahomética»[120]. Insistió, pues, en la bondad del espíritu. Pero el doctor Ruesta seguía en sus trece. Torralba, por su parte, veía claro de dónde venían las denuncias contra él. En la audiencia fechada el 17 de marzo de 1528 el inquisidor empezó haciéndole preguntas relativas a hechos de segundo orden. Por ejemplo, la de si el acusado sabía curar cataratas, a lo que Torralba responde que sí, aunque no se ejercita en esto y lo deja a cirujanos[121]. Sin duda pensaba que la Cirugía era cosa ordinaria y mecánica para que la practicara un hombre como él.

Luego le preguntó el inquisidor respecto a arbitrios para ganar en el juego. Torralba responde que tenía en un tiempo un amigo pobre, napolitano, llamado Camilo Rufino, que le pidió le ayudara en su desamparo y que, por medio del espíritu siempre, escribió de su propia mano tres letras, una a modo de **M**, otra de **Q** y otra de **D**, volteadas en tinta negra. Con estas letras el mismo espíritu hizo que el napolitano ganara cien ducados, pero advirtió que si jugaba con ellas para ganar más perdería[122]; en las declaraciones siempre se observa el carácter moderado y moral de Zaquiel.

Declaró también que, estando en Barcelona, vio un libro que poseía el canónigo Martín García con un «remedio» para ganar mediante ciertos caracteres que se habían de escribir con sangre de murciélago. Esto, en presencia de don Diego y don Antonio de Zúñiga, prior de San Juan el segundo, quien lo quiso experimentar; pero Torralba se abstuvo de tal prueba[123]. Respondió negativamente a la pregunta que se le hizo a continuación repecto a haber comunicado sus experiencias y a haber dicho que Zaquiel fuese «príncipe de los espíritus malinos que fueron echados del cielo»[124], pero sí reconoce, en cambio, haber encontrado en su cama algunas veces dos, cuatro y hasta seis ducados «sin sauer quién los trae», y que estando en Madrid, en tiempos del rey don Fernando, y hallándose muy apurado por haber perdido una cédula de su amo, el cardenal de Volterra, halló seis ducados; bien podía haberlos dejado el espíritu, que a veces se le solía aparecer también en figura de romero o de ermitaño[125]. Tras estos detalles peregrinos «confesó» su viaje por los aires a Roma y otro anterior de Roma a Venecia[126]. Negó luego el haber hecho conjuros y respondió agudamente a otra pregunta del inquisidor: «Preguntado si después que está en esta cárcel si (el espíritu) se le ha ofrecido que le sacaría della y le lleuaría adonde quisiese y este confesante le dijo que su linage no tenía obras ni nombres de erexes que menos este confesante se lo quería dar porque huyendo de la prisión se la hazía hechar»[127]. Es decir, que Torralba quería demostrar todavía su buena fe ortodoxa: si el ángel era malo, a él le había engañado dándose por bueno, ni más ni menos. Continuó la declaración el día siguiente, el 18 de marzo, en que Ruesta le hizo responder a las testificaciones en forma de cargos[128]. Va, en primer término, la respuesta al cargo de que había dado cédulas para ganar en el juego. Confirmó lo dicho antes respecto a su amigo napolitano y dijo que la utilizada por los Zúñiga se sacó del libro que tenía el canónigo García, y que no se acordaba incluso de si la sacó él u otro ni de su contenido[129]. El segundo cargo se refería a la aparición de Zaquiel en la Barceloneta[130], cuando don

Diego de Zúñiga notó su presencia. Hay en esta parte y en otras un tono de burla hacia el denunciante; así también cuando responde al tercer cargo, relativo a las nóminas para ganar, que a don Diego le debían de interesar de modo particular[131]. El cuarto capítulo de cargo se refiere a un hecho en el que de modo concreto se manifiesta la amistad de Torralba con Zúñiga. Iban los dos en cierta ocasión juntos, cuando apareció un niño. Torralba, para distraerle, le enseñó un anillo, y el niño comenzó a llorar a la vista de él. Según Zúñiga, el anillo estaba fabricado el día de Viernes Santo, mezclando, entre otras sustancias, la sangre del macho cabrío para fijar el diamante al metal. Pero Torralba respondió que no recordaba semejantes detalles y que en lo referente a la sangre, «antes dizen los filósofos que la sangre del cabrón quiebra el diamante»[132].

Al capítulo cinco respondió lo tocante a su «vuelo» a Roma, confiado a Zúñiga en 1520[133], época en la que el caballero afirmó que Torralba iba a hacer «una bellaquería». Esto no quitó para que en 1527 el mismo Zúñiga quisiera que Torralba le descubriera a él y a su huéspeda de Valladolid la forma de rescatar el tesoro, objeto del cargo sexto, cargo al que el médico vino a responder que don Diego de Zúñiga le rompía la cabeza a preguntas y que, a veces, le respondía, para zafarse de sus importunidades y molestias, como buenamente podía[134]. Le preguntó luego el inquisidor si por medio del espíritu podía echar tempestades sobre alguna parte, y respondió que tanto en Roma como en Valladolid había pedido a Zaquiel lo contrario[135]; es decir, que las tormentas descargasen en lugares donde no hubiera gente ni posibilidad de daños. Con una pregunta respecto a algunas interjecciones que se le atribuían y la interpretación que les daba, terminó esta audiencia, en que respondió a los sietes cargos del testigo[136].

La siguiente tuvo lugar el 21 de marzo de 1528, y durante ella el inquisidor le hizo preguntas enderezadas a averiguar la verdadera naturaleza del espíritu[137]. Fuele preguntado, en primer término, cómo había podido saber si el espíritu era bueno o malo, y respondió que el espíritu no se declaraba a este respecto ni el fraile dominico que se lo dio le habló de su origen, contentándose con decirle que era «una alta ynteligencia». Él, por su parte, comprobó –como repetidas veces había dicho– que no le instigó el mal[138]. Preguntó luego Ruesta si el espíritu acompañaría antes al fraile; Torralba respondió que creía que sí[139]. Respecto a si acompañaría a otras personas a la par que al doctor, éste dijo no saber nada, pero sí que Zaquiel afirmaba que no quería a nadie más que a él y que en esta inteligencia le aconsejaba y guiaba[140].

257

El saber del espíritu –por otra parte– estaba, según Torralba, en la primera causa divina. Dios, ante todo, es siempre la divisa del médico preso, quien no vacila nunca ante el acoso teológico, al menos en esta primera parte de su causa[141]. Vuelve a insistir en que nunca existió «pactión o conuenencia con él»; recuerda la forma por la que el fraile, de modo suplicante y amistoso, le pidió auxiliara a Torralba; indicó que Zaquiel era incluso sumiso ante los enojos de éste y que estaría vinculado con él hasta la muerte[142]. En cuanto a si podría dejarlo a otras personas, respondió que el fraile no le quiso decir nada a esto, en previsión de que pretendiera quitárselo de encima; que alguna vez rogó a Zaquiel que acompañase al cardenal de Volterra y a don Antonio de Zúñiga, prior de San Juan, pero que no lo consiguió[143]. Y con esto terminó la sesión de aquel día. El día 24 de marzo del mismo año 1528, el doctor Ruesta o Roesta hizo comparecer ante sí por un momento a Torralba para preguntarle si el espíritu se equivocaba o no, pregunta intencionada, como todas.

Torralba replicó que alguna vez se equivocó, pero muy pocas, y que lo que le había ocurrido era que Zaquiel le decía algo de modo un poco oscuro, como cuando le comunicó que el cardenal Cisneros había de ser «rey» de España y luego fue regente[144].

En la audiencia del 4 de abril Torralba hubo de responder a los cargos que se le hacían respecto a las pullas que había dicho varias veces en Roma en punto a la mezcla de la religión con los negocios[145]. Teníale el testigo que había declarado sobre el particular por «mal cristiano» y por «gentil». Pero Torralba replicó que en Roma había cumplido siempre con la Iglesia, yendo a oír misa a San Lorenzo, y que en algunas ocasiones en que intervino en adivinar hurtos y robos hechos en su derredor, motivo de comidillas, lo hizo con la mayor discreción, porque era «enemigo de infamar a nadie ni dezir mal»[146]. Ruesta, al llegar a este punto, se dejó llevar de la ironía y preguntó a Torralba cómo si Zaquiel pronosticaba tantas cosas y tan bien no le había predicho lo que le había de ocurrir con el Santo Oficio, a lo que Torralba contestó que, en efecto, le había recomendado no fuera a Cuenca y que ahora entendía la razón[147].

Final del proceso

El doctor Ruesta, después de reunir todas estas declaraciones durante el invierno y el comienzo de la primavera de 1528, debió de quedarse un tanto perplejo e indeciso, porque Torralba hablaba con gran tranquilidad de su caso, mezclando en él a cardenales, estadistas, aristócratas, capitanes, etc., y negando toda interpretación diabólica a su trato con el espíritu. ¿Qué hacer? El inquisidor de Cuenca mandó el proceso a la Suprema y se encomendó su examen a tres miembros de ella: el licenciado Fernando de Valdés, el licenciado Fernando Niño y el doctor Saldaña, que lo estudiaron detenidamente y que, tras varias deliberaciones, el 4 de septiembre de 1528[148], resolvieron que el doctor Torralba debía ser puesto a cuestión de tormento en tanto en cuanto lo resistiera su edad y calidad para ver si en él cambiaba, sin duda, la interpretación de los hechos por los que estaba encarcelado y procesado. Los señores consultados, a la luz de ciertas declaraciones, creían ver manifiesta la maldad del espíritu en cuestión y encomendaban al inquisidor de Cuenca la terminación de la causa, ayudándose de cuantos asesoramientos fueran necesarios de teólogos, canonistas y letrados, de Cuenca o de fuera de la ciudad si lo juzgara necesario. La audiencia de tormento hubo de tener lugar al caer el año de 1528[149]. El extracto del proceso no es muy abundante en detalles sobre la misma: ni siquiera da la fecha. Pero se ve que éste quebró bastante la moral de Torralba, si es que hasta entonces obraba con astucia, o si obraba de buena fe, le persuadió de que el espíritu que le había puesto en aquel trance no podía ser un «ángel bueno» y protector. He aquí el párrafo, corto pero significativo, que alude a esta audiencia: «En el tormento que se le dio dixo que hasta entonces hauía tenido el dicho espíritu por bueno y que aora veya que era malo y peruerso por hauerle traydo en el paso donde se veya, a mal aventurado»[150].

Llegó el invierno; se cumplió el año de la prisión de Torralba. El 12 de enero de 1529 volvió a comparecer ante el doctor Ruesta, que, atento a seguir lo dispuesto en la consulta de los inquisidores de la Suprema, volvió a preguntar a Torralba si había hecho adoración o invocación, ofrenda o donación del cuerpo o del ánima que denotara la maldad específica de Zaquiel. Pero Torralba vuelve otra vez a sostener que cree que no es ángel malo o demonio, porque por sus efectos lo hubiera notado. Insiste ahora en el espíritu de las declaraciones anteriores al tormento, y nada más[151]. La técnica de dejar cocer las conciencias en la prisión para hacer cantar a los que todavía son dueños de sí mismos no es de hoy. El doctor Ruesta dejó así al doctor Torralba sin recibirle ni interrogarle más hasta el 6 de mayo de 1529. Movido acaso por personas consultadas al efecto o que habían visitado al preso, le recibió aquel día en audiencia y le hizo varias preguntas, alguna de ellas muy significativa. Preguntó, pues, en primer término, si el espíritu había hablado a Torralba del Paraíso, el Purgatorio y el Infierno. Torralba replicó que sí, que Zaquiel le había dicho que los bienaventurados que morían sin pecado y confesados iban directamente a la Gloria, pero que nada le habló del Purgatorio. Respecto a los sacramentos, había departido respecto a la naturaleza de la Eucaristía y las excelencias de la Confesión, advirtiendo Torralba en sus respuestas que siempre había confesado[152].

Mas he aquí que el inquisidor pasa del plano teológico general a otro muy particular y de actualidad en el momento. ¿Qué ha dicho el espíritu a Torralba de Lutero, qué de Erasmo, si ha hablado de ellos?[153]. El doctor replicó tajante respecto a Lutero: era un mal hombre, hereje. De Erasmo, el mismo Zaquiel tenía opinión más matizada; pero en el fondo le creía en complicidad con el heresiarca alemán. Ahora bien: esta pregunta, hecha justamente en 1529, cuando el problema del erasmismo empieza a tomar caracteres violentos, amenazadores, para los amigos y partidarios españoles del humanista de Rotterdam, es extraordinariamente reveladora, pues viene a hacernos ver que los inquisidores, en su deseo de recoger testimonios, los procuran allegar incluso de origen terrible: provenientes de un espíritu malo, según ellos. Si en esta declaración hubo complacencia por parte de Torralba es difícil decirlo; pero lo que sí se ve es que Ruesta le dejó otro tiempo en la cárcel y que en enero de 1530 hizo una declaración de su puño y letra en la que reconoció muchos errores que hasta entonces no había reconocido[154]; el 30 de enero del mismo año, luego de amonestado por el padre fray Antonio Barragán, dominico, y por el canónigo Manrique, en presencia del inquisidor[155], reconoció haber estado bajo el influjo del maestro Alfonso, que le hizo dudar de la divinidad de Cristo y la verdad de las Escrituras[156], de los médicos romanos, negadores de la inmortalidad del alma[157], y todos los extravíos de su juventud. El hombre, vencido, se avergüenza de sí mismo y se agolpan en su conciencia todos los viejos ideales o prejuicios del castellano, todas las ideas recepto a la honra, el honor personal y del linaje vinculadas a la fe, a la religión, según las cuales una de las mayores creadoras de «infamia» y de «vergüenza» públicas es la apostasía o la herejía. Así lo refleja un párrafo[158] de esta confesión dramática. Pero todavía en la audiencia del 28 de enero de 1531 (?) insistía en que los errores relativos a la fe en que cayó fueron debidos al adoctrinamiento de sus maestros, no a la acción del espíritu, que en este orden siempre le dio buen consejo y que se le apareció muchas veces en la iglesia[159].

Había que terminar con esta predisposición del ánimo del preso. El doctor Ruesta le preguntó si Zaquiel se le seguía presentando, y, en caso afirmativo, cuándo fue cuando se le presentó por última vez. Respondió Torralba que hacía quince días, pero que él no le quiso escuchar ni hablar, metiéndose entre los compañeros de cárcel. El inquisidor le amonestó en nombre de Dios y de la Virgen María para que no comunicara con él[160]. Recibió Torralba con humildad y arrepentimiento las palabras pidiendo castigo y penitencia por sus errores. Y al fin vino la sentencia. Era por marzo de 1531[161]. Eugenio Torralba fue admitido a reconciliación, con cárcel y hábito penitencial, a voluntad del inquisidor general[162], conminándosele a que en adelante no se comunicara ni hablara con Zaquiel ni escuchara nada de lo que le dijese, porque así cumplía a su ánima y conciencia.

Y desde este año de 1531 la figura de Torralba deja de ser una figura real y se convierte en un mito. Ya hemos visto cómo para Cervantes, por boca de Don Quijote, fue un hechicero «a quien llevaron los diablos en volandas por el aire, caballero en una caña». Pero ésta es una imagen caricaturizada y hasta si se quiere vulgarizada que ha llegado hasta nuestros días. Por su parte, don Marcelino Menéndez Pelayo afirma que la sentencia benigna que merecía la manifiesta locura de Torralba fue aún mitigada por la blandura de condición del inquisidor don Alonso de Manrique, quien a los cuatro años le indultó de la penitencia, volviendo nuestro personaje a ser médico del almirante de Castilla, don Fadrique Enríquez[163]. Ignoro la fuente de esta noticia, pues no he visto la copia del proceso que estaba en su mano. Pero ¿por qué castigar a un loco? ¿Por qué insistir por dos veces en la benignidad del castigo de un anormal? Don Marcelino antes ya había estampado estas palabras: «De nigromantes doctos sólo se procesó (que yo recuerde) al doctor Torralba, que era un loco de atar. Así lo entendió la Inquisición, y por eso no perdió el tiempo en atormentarle ni en quemarle»[164]. Si le atormentó –hay que corregir– y si fue considerado loco o no, no se puede inducir del proceso extractado. Antes parece que el doctor Ruesta vaciló, dada la vitola del personaje con quien tenía que entendérselas.

Torralba, personaje poético

Pudo el doctor Torralba llegar a vivir en la segunda mitad del siglo XVI, cuando Cervantes era niño y aun jovencillo, tal vez protegido, en efecto, por algún magnate de los que conoció antes del proceso.

Pero no creo que se le haya seguido nunca en sus andanzas postreras. En todo caso, su fama era tan grande por entonces, que los fieros soldados que se mataban entre sí cuando las guerras civiles del Perú, conociendo de oídas sus hechos, se lamentaban a veces de no tener a su servicio a Zaquiel como lo tuvo el médico conquense, para conocer lo que pasaba en el mundo[165].

La tradición local, que casi siempre anda un poco a ciegas, decía que Torralba vivió en Cuenca en la casa de los Gómez Carrillo, un palacio de estilo romano, como de la época de Julio II, escondido en cierta calleja del barrio de San Martín, alzado sobre el solar de las casas de la familia del condestable Miguel Lucas de Iranzo. Que Torralba fuera secretario-mayordomo de un Carrillo de Albornoz justificaría la tradición[166]. ¿Lo sería antes o después de su condena? Lo ignoro, pero sí puedo decir que después de ella y bastante antes de la aparición de la segunda parte del *Quijote* se publicó una obra poética, épica, en la cual Torralba desempeña un papel importante y que debe ser analizada. Aludo al *Carlo famoso*, de don Luis de Zapata.

La personalidad de este autor es conocida ante todo a través de una *Miscelánea* que se publicó en el siglo XIX, obra en la línea de la *Silva de varia lección* de Pedro de Mexía, aunque de contenido menos libresco; Zapata se muestra allí como hombre crédulo, curioso de prodigios y maravillas, enterado también de anécdotas cortesanas y guerreras[167] recibidas de muy primera mano, dada la oriundez y linaje del colector.

Es probable –en efecto– que Zapata tuviera noticias de Torralba recogidas de boca de su padre, don Francisco, comendador de Santiago, que vivió en Llerena, o incluso de la época de su abuelo, el famoso licenciado Zapata, su homónimo, que estuvo encargado de apaciguar la guerra de las Comunidades, durante la cual era ya viejo, al parecer, desempeñando no obstante un papel señalado en aquella circunstancia[168].

El poema de Zapata, impreso en 1566, el *Carlo famoso*, no ha merecido más que censuras o alusiones muy ligeras y despectivas. Hay obras que no producen a sus autores más que desengaños y digustos[169] y que, muertos aquéllos, siguen perseguidas por un mal hado.

Es evidente que Zapata no fue un gran poeta. Pero cosa distinta es que aquel poema sea en absoluto deleznable. Manejó algunas fuentes no del todo conocidas. Recogió anécdotas directas. En esta masa de información rimada metió la figura de Torralba del modo que vamos a ver, insistiendo en que si no lo conoció en su niñez o juventud, su memoria sí debió de ejercer sobre él, así como sobre otras muchas gentes, una gran impresión, no sólo como médico, sino también como mago y nigromante. He aquí un punto de arranque que el mismo Torralba hubiera rechazado, como se desprende del contexto de sus declaraciones: mas la figura del médico hechicero o nigromante estaba a la orden del día.

Un contemporáneo de Torralba, más famoso que él, médico también, pero mejor conocido acaso como escritor humorístico que como galeno, fue acusado en su época de delitos que recuerdan bastante a los acumulados sobre el conquense. Aludo al doctor Francisco López de Villalobos (1473?-1549). Vivió este zamorano de origen judío muy protegido por reyes y magnates, como lo demuestra su correspondencia, compuesta de cartas escritas en castellano y en latín. Entre las últimas hay una dirigida a don Cosme de Toledo, obispo de Plasencia, en la que le cuenta de cómo fue denunciado por envidiosos de su favor cerca del rey. Le acusaron así de mago *(magus)*, de autor de maleficios *(veneficus)* y encantador *(incantator)*. Los inquisidores dieron fe a la acusación y le prendieron. Los cargos se especificaron. Unos decían que tenía *un familiar* en un anillo y que incluso era personalidad demoníaca; otros, que tenía hechos pactos y federación con los demonios; otros, que predecía el porvenir, que era adivino y tenía un libro con las predicciones que hacía; otros, que podía ligar a las mujeres y llevárselas de noche... La ciudad donde vivía estaba escandalizada por los rumores. Pero después de ochenta días de prisión y proceso, el médico salió libre y honrado[170].

Es decir, que el hombre de ciencia, médico o letrado (más todavía si era de origen judío), estaba sujeto a acusaciones de tipo estereotipado, en punto a la práctica de la Magia. Villalobos era –al parecer– lo contrario de un espíritu dado a especulaciones esotéricas; pero su ciencia médica y su erudición humanística le hacían sospechoso. En Torralba se asocian rasgos más acordes con el gusto popular y las tradiciones poéticas literarias y filosóficas respecto a saberes esotéricos.

Pero vamos a leer un poco el *Carlo famoso*[171]. Hay en él un considerable elemento sobrenatural, mitológico. También alguna anécdota de la época relativa a astrólogos, como la que refleja una conversación de Francisco I, preso, con uno de ellos[172]. Pero se ve que en este orden fue la figura del conquense la que obsesionó a Zapata.

Aparece, pues, Torralba en el séquito de la emperatriz, camino de Sevilla, en 1526, sirviéndole a veces de guía en el viaje de Portugal a la capital andaluza, y con título de médico y familiar del almirante. En una ocasión:

> «La gran Emperatriz, que mucho estaua
> del sitio y del lugar noble contenta,
> al duque de Calabria preguntaua:
> «¿Qué ciudad es la qu'esto representa?»
> El, que no sauía dello, así llamaua,
> para que diesse dello entera cuenta,
> a Torralua, un grande hombre, y nigromante,
> médico, y familiar del Almirante»[173].

No deja de ser curiosa esta relación expresada de Torralba en el almirante de Castilla, don Fadrique Enríquez, porque este personaje, tan señalado en la vida política y literaria de la época, fue gran protector de los «iluminados», haciendo ir en 1525 a Medina de Rioseco a Juan López, cuyas ambiciones reformistas eran grandes[174]. Pero parece que el almirante no siguió protegiendo al grupo, aunque, incluso después de condenados algunos de ellos, recibió y trató[175].

El almirante murió en 1538. Según el *Floreto*, fue conocido por «el sabio», era muy pequeño de cuerpo y «aficionado a varones sabios y curiosos»[176], lo cual explica también que estuviera cerca de él Torralba. Don Francesillo de Zúñiga, que participó en el viaje referido, habla del almirante en su *Crónica*, aludiendo a su piedad y a su pequeño tamaño[177]; en 1529, viudo, dice que «parecía con el luto ratón con gualdrapa»[178]. Pero sigamos con el viaje, según Zapata.

Torralba, reverente, hace a la soberana la descripción de Llerena en cuatro estrofas[179]. Podríamos pensar que estuvo luego en Sevilla; podríamos suponer que algún pariente de Zapata le trató en Llerena misma. Pero el rumor de su viaje aéreo a Roma llegó ya a éste bastante alterado. Torralba es un nigromante famoso, *un severo mago*, no un filósofo y médico neoplatónico, cabalista o algo parecido, que es lo que él mismo creía o pretendía ser. Torralba tiene un familiar, y también, contra lo que él mismo dijo, este familiar se le aparece en la figura de viejo y es un espíritu maligno. Se llama Zaquiel en verdad; pero ésta es la única semejanza que hay entre él y el proceso[180]. Zaquiel no lleva a Torralba a Roma para convencerle de la verdad de lo que le ha dicho respecto al saco. Es Torralba el que, haciendo consultas astrológicas, advierte que va a ocurrir algo muy grave en la ciudad y desea estar presente. Zaquiel puntualiza lo que va a ocurrir, y Torralba le agradece el que se preste a cumplir su deseo. Salen así, al momento del anochecer, de las afueras de Medina de Rioseco, donde vivía a la sazón el médico (con su señor el almirante), y cabalgando sobre dos cuártagos negros, llegan a Roma, después de haber visto los abismos del Mediterráneo y las cercanías de la Luna (recuérdese el texto de Cervantes), y pasando el doctor no poco miedo. Ya en Roma, Zaquiel coloca a Torralba en un lugar apropiado para ver todo lo que ocurre, y así asiste al saco memorable. Por mucha admiración que sintiera Zapata por el emperador, este hecho de armas le estragó el ánimo y lo interpretó como gran maldad, de la que, al fin y al cabo, el responsable directo no fue un español, sino un francés: el condestable de Borbón. Así hace que Torralba vea también a un ángel vengador, dispuesto a castigar a los imperiales con una pestilencia y mortandad grande[181].

Fue el saco de Roma episodio tan extraordinario en la historia del Pontificado que puso espanto a toda Europa[182]. Sabido es que los españoles buscaron explicaciones, incluso religiosas, al hecho y que escritores poco ortodoxos en el fondo, más cercanos en sus actividades públicas al emperador, lo comentaron de modo muy peculiar[183]. Pero el poema de Zapata corresponde a época en que la interpretación no podía tener regustos «erasmistas» o «valdesianos». Según él, el médico se vuelve después a Medina y allí cuenta lo ocurrido al almirante[184]: detalle con algo de realidad acaso, que no figura en el proceso.

Dice luego Zapata que, a consecuencia de esto, Torralba, «el Mágico seuero», vivía muy honrado de las gentes, y que yendo de más a más en su «levantamiento», tuvo voluntad de dar la vuelta al mundo. Puso Zaquiel grandes dificultades a la empresa: inclemencias naturales, monstruos que habían de topar, «ritos de las gentes». Pero Torralba explicó que todos estos elementos contrarios se le volverían propicios y concertaron el viaje, partiendo de Medina con los «cuártagos de malina color» que nos son ya conocidos; y aquí acaba el canto XXX del *Carlo famoso*[185].

En el XXXI se describe a Torralba en el comienzo de su viaje antes del cual Zaquiel le toca la cabeza y en los ojos, de suerte que le da –para siempre– «gran seso y gran vista»[186]. Pero el viaje en sí se halla iniciado en el canto XXXII, en el que una viñeta nos indica «Aquí el viaje de Torralba»[187]; en realidad, Zapata le hace ver todo lo ocurrido durante el año 1528 en punto a guerras y «casos grandes», como había visto el saco de Roma[188]. Aun en el canto XXXVI, y en relación con sucesos de 1533, la viñeta a que se ha hecho referencia vuelve a repetirse y da a entender que Zapata quería desarrollar la idea del viaje hasta sus límites[189]. Mas la verdad es que la dejó proyectada tan sólo, y así al final del canto XL otra viñeta nos indica escuetamente «Aquí entra el fin del viaje de Torralba»[190]. Pero no está versificado ni aun resumido. Nosotros ya sabemos qué viaje hizo el doctor de 1527 a 1531. Fue con parada, y parada larga, en las cárceles de la Inquisición de Cuenca. Zapata, sin duda, estaba bajo el efecto fascinador del Ariosto y convierte a Torralba, si no en el bello Ruggiero, sí en el viejo Atlante, su celoso protector[191]; claro es que sin utilizar ironía alguna en sus descripciones.

Final

Es probable que Cervantes, al escribir el pasaje del *Quijote* que va al principio, tuviera presentes los versos de don Luis de Zapata. De lo que no debió de tener ni remota idea es del espíritu de las declaraciones de Torralba mismo en su prisión. El «ángel bueno», el *agathodaemou* cabalístico, platónico o neoplatónico, en la memoria de Don Quijote se convierte en una turba de demonios populacheros, pasando por el familiar, en figura de viejo, pero viejo maligno, del *Carlo famoso*. La impresión de que Torralba era un hechicero un poco más culto que los comunes y corrientes, pero nada más, subsiste en los comentarios al *Quijote* y en los textos de los historiadores de la Inquisición aludidos al principio. Sólo Campoamor quiso utilizarlo, elevando su significado poético, pero deformó la personalidad del médico de Cuenca. Para mí, lo más curioso de ella es que se trata de una figura renacentista hispano-italiana, con más de italiano que de español, en lo que hasta cierto punto coincide con Alfonso y Juan de Valdés, sus paisanos. ¿Por qué Cuenca da tales personalidades en determinada época? Difícil es responder. Pero no hay duda: Torralba es un *dépaysé* en el sentido más estricto de la palabra, un *déraciné*. El cardenal de Volterra, príncipe de la Iglesia, florentino sutil, pudo tenerlo a su servicio, sin escrúpulo alguno, año tras año. El doctor Ruesta, oscuro inquisidor español, debió de sentir más de un tártago durante su proceso. ¿Qué hacer en Cuenca con este médico, que podría haber vivido entre los discípulos de Marsiglio Ficini mejor que en otro medio?

En todo caso Torralba queda también como un enigma psicológico, como un mitómano que pretende personificar viejas leyendas sobre viajes extraordinarios, como las que corrieron en la Edad Media y el Renacimiento, y que vive vinculado a Zaquiel en forma nunca vista en sociedades o, mejor, asociaciones de hombre y espíritus en la España renacentista, pero aceptada desde época antigua en otros países y otros medios. No puede sostenerse tampoco que fuera un loco a secas, como pretendió Menéndez Pelayo, so pena de incluir en esta categoría a cantidad de hombres conocidos del siglo III al XVI por lo menos. En efecto, ya los gnósticos parecen haber aceptado tres rasgos propios del zoroastrismo, a saber: revelación de una vida futura, creencia en la Astrología y culto a los *daemones*. Estos rasgos se hallan en los gnósticos del siglo III, contra los que escribió Plotino[192]. Pero, a su vez, los neoplatónicos se vieron implicados en este culto, aunque entre ellos existen grados y diversidad de opiniones respecto a este punto y a otros; y lo que decía el vulgo de ellos es harto distinto a lo que profesaban los más destacados.

De Plotino mismo dice su biógrafo Porfirio que tenía un demonio de índole muy superior desde la fecha de su nacimiento, lo cual fue conocido a causa de que cierto sacerdote egipcio le invocó en el Iseion de Roma, y ante varios asistentes se vio –en efecto– que no era de la raza de los demonios corrientes, sino de la de los dioses (τὸν δαίμονα δεὸν ἐλδεῖν χαὶ μή τοῦ δαιμόνων εἴναι γένους)[193]. También se decía entre los neoplatónicos que Pitágoras tuvo relación con un dios olímpico o con un demonio que habitaba la Luna[194]. Estas ideas, divulgadas por los biógrafos de aquellos filósofos, vienen a constituir como el resultado final (e inferior, podríamos decir) de una serie de especulaciones que tienden a dar coherencia a los mitos que usó Platón mismo acerca de los demonios como intermediarios entre el mundo intelegible y el mundo sensible o como guías de cada alma en sus vidas sucesivas. Plotino escribió sobre el tema en forma que se aparta de las formas populares a que Porfirio y Jamblico hacen referencia[195].Torralba parece haber sido un seguidor de autores semejantes. De no haber «ocurrido» el sensacional viaje a Roma en una circunstancia espiritualmente extraordinaria, acaso hubiera podido vivir tranquilo, aunque envuelto en una atmósfera misteriosa. Pero el caso es que, en sí, el saco de Roma fue acontecimiento que produjo una sensación enorme en toda Europa y que provocó cantidad de reacciones distintas, como varias veces se ha puesto de relieve y como antes se ha indicado.

Hay, por ejemplo, varias alusiones al año 1527 en *La loçana andaluza*, de Delicado, como si el autor se gozara con las humillaciones por las que entonces hubieron de pasar los cardenales en la Ciudad Eterna[196] y la ciudad misma: «... triunfo de grandes señores, parayso de putanas, purgatorio de jóvenes, ynfierno de todos, fatiga de bestias, engaño de pobres, pecigueria de vellacos». Pone el hecho en forma profética, como si la acción de la obra pasara antes[197]. Pero al final en una epístola, da gracias a Dios por haber visto aquel «castigo»[198].

Siguiendo una vía protestante u otra hostil, por lo que sea, a la religión católica, el viaje a Roma de un doctor en Nigromancía es elemento que juega un papel en el folklore y la literatura europeos de tiempos posteriores a Torralba. Es un viaje que, como los de los santos de la Edad Media, como el de Joanes de Bargota, como el de Torralba mismo, presenta a la ciudad, al pontificado o a un Pontífice, en coyuntura trágica y bajo influencia maligna. En esta voluntad popular de infamar al Pontificado hay algo misterioso y perenne, más explicable a la luz de desviaciones heterodoxas que dentro de un puro sistema de creencias católicas.

Ilustremos esta afirmación mediante el ejemplo que sigue. En *The tragical history of Doctor Faustus*, de Marlowe, vemos cómo el coro, en un momento dado, anuncia el viaje a Roma del doctor, precisamente llevado allí por Mefistófeles después de recorrer gran parte de Europa: Roma, en donde ve al papa celebrando un gran banquete con el cardenal de Lorena y unos frailes (los frailes de la Liga), ocasión para una diatriba contra la Iglesia[199]:

> «He now is gone to prove cosmography,
> And, as I guess, will first arrive in Rome,
> To see the Pope and manner of his court,
> And take some part of holy Peter's feast,
> That to day is highly solemmis'd.»

Así dice el coro[200]. ¿Hay alguna relación entre esta visita al papa y las tradiciones medievales de viajes a Roma, o las renacentistas realizadas no por santos, sino por magos? Es posible, a mi juicio. Es posible también que los sistemas de transmisión oral hayan hecho que en obras literarias españolas posteriores se utilice la idea del viaje mágico y que la historia del viaje de Torralba influyera sobre la imaginación de otro tipo de *iludentes*. Con respecto a la primera posibilidad, podemos recordar que en el entremés cantado *El mago*, de Luis Quiñones de Benavente, se aprovecha la idea de un viaje mágico, organizado por Salvador, y en poco tiempo se pasa de Zaragoza a Segovia, en donde aparecen los diablos construyendo el acueducto famoso (de acuerdo con la leyenda), y después a Toledo, en donde se simula la salida de agua del artificio de Janelo. Luego se llega a Madrid, al Sotillo de Manzanares[201].

En relación con la segunda, hemos de volver a recoger testimonios de don Luis Zapata. Dice éste en la *Miscelánea* a la que se aludió antes que Magdalena de la Cruz, la famosa monja milagrera de Córdoba, aseguró haber visto la batalla de Pavía y divulgó la prisión del rey de Francia[202]. No es éste el único caso de *visión* semejante. Pero tiempo es ya de que cerremos nuestros comentarios.

Eugenio Torralba no figura en la *Galería de conquenses ilustres* que, con gran erudición, empezó a formar don Fermín Caballero, uno de los pocos progresistas a quienes admiró Menéndez Pelayo. Eugenio Torralba ha tenido mala prensa. Hoy estamos en situación de comprenderle mejor que a fines del siglo XIX. Médico, taumaturgo, cabalista y neoplatónico, italiano de formación, pagó en su patria lo que otros han pagado después en formas diferentes: el ser extranjerizante. Pecado singular. El que esto escribe siente que en vez del doctor Ruesta no hubiera sido otro personaje de la época el que hubiera llevado adelante el proceso; es decir, fray Antonio de Guevara, que estuvo metido en negocios inquisitoriales, incluso después de nombrado obispo. Porque el doctor Ruesta se limitó a proseguir el asunto del modo más jurídico que pudo y sin dudar –creo yo– por un momento de que Zaquiel era un espíritu malo, de acuerdo con principios que se hallan expuestos en libros de Derecho inquisitorial. En efecto, incluso la doctrina de los inquisidores del siglo XVII, relativa al uso del nombre de los ángeles, se ciñe a lo resuelto en un Concilio al que se refería el cardenal Baronio, fechado el año 745, según el cual no se conocen más que tres nombres de ángeles: Michael, Gabriel y Raphael. Otros nombres, tales como los de Raguel, Tabuel, Adimis, Tubas, Simihel, aplicados a ángeles, se consideraban más bien nombres de demonios, condenando una oración compuesta por cierto Aldeberto, «pseudobispo» herético. Podía haber controversia respecto al nombre de Uriel. Los «siete ángeles» a que se daba culto en algún templo no eran más que los ya citados bajo otra interpretación (Seatiel, Jehudiel, Barachiel...)[203].

Esta doctrina, que se halla sacada del libro acerca de los ángeles de Jacobo Granado, es también la de Martín del Río[204], y sin duda algunos otros procesos de cabalistas y neoplatónicos debieron de contribuir a fijarla. Pero insisto, ¡cómo hubiera llevado el proceso el renacentista fray Antonio!

NOTAS

1. *Raccolta di novellieri italiani*, parte prima (Florencia, 1833), p. 596.
2. Cervantes, *Quijote*, ed. Rodríguez Marín, V (Madrid, 1928), pp. 323-324.
3. M. Menéndez Pelayo, *Historia de los heterodoxos españoles*, 2.ª ed., V (Madrid, 1928), lib. V, cap. IV, § II, pp. 365-368.
4. Miguel de la Pinta Llorente, *La Inquisición española y los problemas de la cultura y de la intolerancia*, II (Madrid, 1958), pp. 176-184.
5. J. A. Llorente, *Histoire critique de l'Inquisition d'Espagne*, II (París, 1817), pp. 61-76.
6. R. de Campoamor, *El licenciado Torralba* (poema en ocho cantos). Yo uso la edición de Valencia de 1892 (LVI de la Biblioteca Selecta). El artículo de Alvear, «La leyenda del licenciado Torralba y el nuevo poema de Campoamor», apareció en el suplemento al núm. 47, de diciembre de 1887, de *La Ilustración Española y Americana* y como prólogo (pp. 9-49) de la edición que utilizo.
7. Es un tomo de miscelánea, compilado en el siglo XVII, y del fol. 23 r. al 43 r. contiene el *Proceso que se fulminó contra el doctor Eugenio Torralua en la Inquissón de Cuenca año de 1531*. Ya veremos que la fecha que da este título es de la sentencia. La edición del *Quijote* de don Juan Antonio Pellicer se publicó en Madrid, entre 1797 y 1798. Consta de cinco volúmenes. Fue reproducida en 1905, por el Centro del Ejército y la Armada (Imprenta de los Hijos de M. G. Hernández), y la nota sobre Torralba se halla en las pp. 685-686 de esta edición. La copia del proceso de la Real Biblioteca llevaba la signatura «est. X, cod. 87». Pellicer usó también de un manuscrito de Luis Pinedo («est. T, cod. 18») que contenía una anécdota sobre Torralba. Ver también la edición comentada por Clemencín y anotada por Miguel de Toro Gomes, V (París, 1914), pp. 43-44. Advierto que en el catálogo de causas hechiceriles de la Inquisición de Cuenca, que son hasta 205, no debe aparecer Torralba. Sebastián Cirac Estopañán, *Los procesos de hechicerías en la Inquisición de Castilla la Nueva (Tribunales de Toledo y Cuenca)* (Madrid, 1942), p. 250.
8. *Cartas eruditas y curiosas*, I (Madrid, 1777), pp. 195-198. (Carta XXIV. De la transportación mágica del obispo de Jaén.)
9. Feijoo, *op. cit.*, pp. 197-198.
10. *Cartas eruditas y curiosas*, II (Madrid, 1773), pp. 266-271. (Carta XXI. Nuevas noticias en orden al caso fabuloso del obispo de Jaén.)
11. He consultado el ejemplar de la Biblioteca Nacional de Madrid, R.-24.890, cuya portada corre de esta suerte: *Las quatro parte en- / teras de la Crónica de España / que mandó componer el Sereníssimo rey don Alonso lla- / mado el sabio. Donde se contiene los acon- / tecimientos y hazañas mayores y más señala- / das que sucedieron en España: desde su prime- / ra población / hasta casi los tiempos del dicho / señor rey. / Uista y emendada mucha / parte de su impresión por el maestro Florián / Docāpo: Cronista del emperador rey nro señor. Con preuilegio imperial*. Es la edición impresa en Zamora, por Agustín de Paz y Juan Picardo, a costa del librero Juan d'Spinosa, vecino de Medina del Campo, acabada el 9 de diciembre de 1541 (según se lee al fol. CDXXVII vto.). El texto se halla al fol. CX vto., parte I, capítulo sobre Arcadio y Honorio: «Fue otro sí martyriado. Sant Atendio obispo de Vesytaña.

»E deste Atendio cuentan las estorias que le auino que el marte después de Ramos: passó por la puente de vn río que ha nombre Diuino: e vio vn campo grand compaña de diablos que estauan contando a sus prínçipes los males que fazien por las tierras; e entre todos los otros stauan vn negro a la menera de etyopiano; e alabáuase que auie siete años que andava lidiando con el papa por le fazer pecar: e nunca pudiera synon entonçes que le fiziera fazer ya que pecado muy grave: e esto prouaua lo por la sandalia del apostóligo que traye. E sant Atendio que vido aquello llamó aquel diablo e conjurol por virtud de dios: e por la santa cruz que lo lleuase a Roma: e caualgó en él e lleuol a Roma: el jueues de la çena a hora de missa el papa que quería reuestirse para dezir missa dexó sant Atendio al diablo a la puerta e dixol que lo atendiese: e él entró dentro e sacó el papa aparte: e dixol que fiziesse penitençia de aquel pecado: e él quiso lo negar mas fizo gelo otorgar el santo obispado con la sandalia que le dio. E fizo el papa penitencçia: e dixo sant Atendio la missa en su logar e consagró la crisma: e tomo vna partida della para sy: e despidióse del papa e salió fuera e caualgó en el diablo: e lleuólo a su arçobispo el sábado de pascua a hora de missa.» Al fol. XXXIX, r. indica que esto ocurría cuando los vándalos entraron en Francia, destruyendo y matando.

12. Feijoo, *op. cit.*, II, p. 268, núm. 3.

13. Feijoo, *op. cit.*, II, pp. 268-269.

14. C. Baronio, *Martyrologium Romanum...* (Amberes, 1589), p. 281, dice aludiendo a Sigeberto: «Sed quaedam admiscet aprocrypha, et a veritate aliena: quae cum magiam magis quam pietatem redoleant, merito reiicienda sunt.»

15. «Guillemo parisiense tracta y disputa desta materia larga y sotilísimamente en la última parte del *Libro del Uniuerso* que hizo, capítulo 22, donde cuenta de un varón sacto que mandó a un demonio que le lleuase desde Borgoña, y lo llevó en espacio de dos o de tres horas, a Roma.» Fray Bartolomé de las Casas, *Apologética historia*, cap. LXXXIX, *Obras escogidas*, III, *B.A.E.*, CV (continuación), p. 301 a. Parece que Las Casas había leído también a Vicente de Beauvais, pero que no evacuó la cita. El autor a que se refiere es Guillaume d'Auvergne, llamado también de París, muerto en 1248: es su obra más conocida.

16. Feijoo, *op. cit.*, II, p. 270.

17. La amistad entre San Isidoro y San Gregorio papa. He aquí algunas noticias que he allegado sobre este texto. Fue un bachiller Juan de Robles, prior de San Julián de la Calzada, el que obtuvo en 1523 el privilegio para imprimir un libro escrito por don Lucas de Tuy, por mandato de la reina doña Berenguela, con los milagros de San Isidoro. Este bachiller, que era también vicario de Santa María de la Vega, cerca de Salamanca, traspasó el privilegio a Alonso de Porras y Lorenzo de Lión, vecinos de la ciudad, que imprimieron el libro en 1525. He consultado el ejemplar de la Biblioteca Nacional de Madrid, R.-6.546, cuya portada reza así: *Libro de los miraglos de sant Isidro, arçobispo de Sevilla / Primado e doctor excellétissimo de las Españas sucessor del / apostol Sátiago en ellas: có la hystoria de su vida e fin, e de su / trasladació, e del glioso doctor Scó Martino su canonigo e có / pañero. En q. se cótiené muchas cosas deuotas y púechosas / pá la cóciencia: e para saber las antiguedades de España. / Con Preuilegio Real.* Al final, fol. CXXXII r. se lee: «La presente obra fue impresa de primera impressión en Salamanca. Acabose a dos días de Enero del

año de mill e quinientos e veynte e cinco años.» Al narrar escuetamente la vida de San Isidoro, a los fols. III vto.-III r. dice así: «e ansi mismo desseaua mucho, y que me casaria con ella. Yo le rogue que me mostrase, o por sancto desseo de ambos se cumplio despues marauillosamente quando la noche de la sanctissima natiuidad de nuestro redemptor estando sant Isidro en los maytines en la yglesia de / Seuilla leyda la primera lecion dellos fue a la yglesia de Roma donde sant Gregorio estaua faziendo el officio de los mismos maytines e alli se vieron e comunicaron los dos sanctos gloriosos y boluio sant Ysidro a su yglesia de Seuilla antes de que se acabassen los maytines que avia dexado començados según que mas largamente se contiene ènl capitulo LXXXIII del dicho libro siguiente de los miraglos del mismo Sancto Ysidro.» En efecto, a los fols. CXII vto.-CXVIII vto. se halla el «Capítulo LXXXIII. De como estando sant Isidro en la yglesia de Seuilla noche de Navidad diziendo los martines: partio de alli e fue a Roma e visito a sant Gregorio: e torno a la dicha yglesia de Seuilla antes que se acabassen los dichos maytines.»

«E non sabemos quien le traxo ni como: sino que en un muy poquito interualo de tiempo fue puesto en Roma», se lee al fol. CXVIII r. Y al siguiente: «Que esta marauilla acaeciesse por intercession de sant Gregorio: o por los meritos de sant Isidro o de otra manera no lo sabemos cierto: Cosa es mas verissimile que dios quiso hazer este miraglo por los meritos de ambos los dichos sanctos e por satisfazer a sus sanctos deseos que tenian de comunicarse personalmente.»

18. Así Lope de Vega en *El capellán de la Virgen*, acto I, *Obras*, X, en *B.A.E.*, CLXXVIII (continuación), p. 276 b:

«Con esto el papa Gregorio
tanto verlo ha deseado,
que para que se le envíe,
escribiendo a San Leandro,
una noche, que salía
de maitines, fue llevado
Isidro a Roma, y estuvo
al santo Gregorio hablando.
Mas cuando volvió a Sevilla
aún no habían acabado
los maitines que dejó
cuando partió comenzados.»

Esto se pone en boca de San Ildefonso.

19. En él usa las referencias de Feijoo a Sigeberto, a Vicente de Beauvais, a la vida de San Máximo de Turín y al obispo de Jaén (*ed. cit.*, en la nota 7, *loc. cit.*, pp. 43-44).

20. A. de Torquemada, *Jardín de flores curiosas*, edición facsimilar de la Academia Española (Madrid, 1955), fols. 136 r.-136 vto., coloquio III.

21. Los anotadores del *Quijote* recuerdan también un texto de Martín del Río con cierta similitud. Cuenta, en efecto, éste, *Disquisitionum magicarum libri sex...*, libro II, quaestio XXVII, sect. II (ed. Venecia, 1616), pp. 278 b-279 b, la historia a que alude el comentario, de un noble renano que se encontró de noche en un bosque a cieta misteriosa hueste y en ella a un caballero que llevaba otro caballo sin jinete de la brida. Resultó que aquel caballero había sido su cocinero, en efecto. Pero dejemos

hablar ahora al autor: «Numquid tu cocus meus es? ita enim sibi a longinquo videbatur, paulo etiam antea cocus eiusdem militis vita functus fuerat. Qui respondit: Sum Domine, cui miles. Quid ait hic facis? et qui sunt hi, qui praecesserunt = cui defunctus respondit. Domine, hi qui praecesserunt, sunt nobiles, et armigeri tales, et tales (multos enim expressit nomine proprio) quos oportet, et me cum eis ista nocte esse Hierosolymis, quia haec poena nostra est. Et miles iterum. Quid sibi vult equus iste, quem ducis nullo sedente? Ad vestrum, respondit, obsequium erit, si mecum ad terram sanctam venire velitis. Securus esto, te per fidem Christianam, recedendo, et revertendo vinum reducam, si meis obtemperabitis monitis. Tunc miles ait, Diebus meis mira attentavi, his hoc addam etiam mirabile. Dissuadentibus igitur illud famulis, de equo proprio miles desiliit, defuncti equum ascendit, et ab oculis famulorum uterque equester subtractus est. Sequenti autem die famuli iuxta conditum expectantibus miles et defunctus redierunt ad locum ubi primum convenerant. Tunc defunctus militi ait, Ne phantasma ommino victum ista fuisse credatis, duo quae vobis do rara, reservate in mei memoriam, inde protulit mappulam parvam de salamandra, et cultellum in vagina. Primum, inquit, cum immundum fuerit igne purgare: alterum caute tractetis, quia ab eo vulneratus, intoxicatus erit.»

22. Citando asimismo a Ferrairo (III, 312), Clemencín recuerda la historia de Oger Danés, que viajó a caballo sobre el duende Parpallón, hasta el lugar en donde encontró a la encantadora Morgana.

23. *Clamades y Clarimonda*, I: *Libros de caballerías*, II, *Nueva Biblioteca de Autores Españoles*, XI (Madrid, 1908), pp. 426-427, etc.

24. Menéndez Pelayo, *Orígenes de la novela*, I, *Nueva Biblioteca de Autores Españoles*, I (Madrid, 1905), p. CL (sobre Clamades).

25. A. Calmet, *Dissertations sur les apparitions des anges, des démons et des esprits. Et sur les revenans et vampires* (París, 1746), pp. 54-63 (cap. XX de la primera disertación).

26. Jean Bodin, *De la Demonomanie des sorciers* (París, 1580), fols. 10 vto.-13 r., lib. I, cap. II. Merece leerse todo el capítulo: fols. 7 r.-14 r.

27. Calmet, *op. cit.*, pp. 55-58.

28. Calmet, *op. cit.*, pp. 58-61.

29. Yo sigo a Bayle, *Dictionnaire historique et critique*, III (París, 1820), pp. 92-93, nota N.

30. Luis Vélez de Guevara, *El diablo cojuelo*, ed. de Francisco Rodríguez Marín (Madrid, 1927), pp. 21-22, tranco I. Compárese con Le Sage, *Le diable boiteux* (París, s.a., Nilsson), pp. 11-12, la variación en la concepción demoniológica es sensible.

31. Antonio de Torquemada, *Jardín de flores curiosas* (Lérida, 1573), fol. 122 vto., coloquio III.

32. Torquemada, *op. cit.*, fol. 124 r., coloquio III.

33. J. A. Llorente, *op. cit.*, p. 59. H. Charles Lea, *A History of the Inquisition of Spain*, IV (Nueva York, 1907), p. 184.

34. *Obras...*, I, *B.A.E.*, XXII, p. 517 b al cap. VI, cuando finge que el protagonista es preso por el Santo Oficio.

35. *Obras...*, I, *B.A.E.*, XXIII, p. 339 a. Lo cuenta como conseja, como «conversación de la cuna y cuento de entre dijes y babador». Rojas Zorrilla, en *Lo que quería*

ver el Marqués de Villena, acto II, escena I, *B.A.E.*, LIV, p. 328 b, pone al marqués entrando en la cueva del mago Fileno, del que el criado Zambapalo dice que tiene un demonio en una redoma.

36. En la obra de Rojas citada en la última nota, acto III, escena VIII, pp. 344 c-345 a, se alude a esto. El marqués sale como personaje distinto al que fue.

37. *Teatro de D. Juan E. Hartzenbusch*, I (Madrid, 1888), pp. 287-474.

38. El texto fundamental respecto a la doctrina de Evhemero está en Diodoro de Sicilia, fragmentos del libro VI, de los cuales el principal se saca de la *Praeparat. Evang.*, de Eusebio de Cesarea, II, 55. Los paganos consideraban impío el sistema llamado evhemerista y ateo a su autor. Así, Eliano, *Var. hist.*, II, 31. (Pseudo) Plutarco, *De placit. phil.*, I, 7. Pero los Padres de la Iglesia lo aceptaron, en parte, porque serviría para destruir las bases del paganismo. Evhemero no sólo parece que atacó la creencia en los dioses del Olimpo. Rebajó también el *nivel* de los héroes civilizadores. Cadmo era, según él (Ateneo, *Deipnos.*, XIV, 658), un cocinero del rey de Sidón que se escapó con la flautista del mismo. La explicación no puede ser más *ordinaria*. Por otra parte, bastante antes ya ciertos de los llamados sofistas, como Pródico, habían buscado el origen de la creencia en algunos dioses en el culto y adoración dados a grandes descubridores de adelantos técnicos, después de muertos. Y se le puso en relación con Evhemero. Wilhelm Capelle, *Die Vorsokratiker; Die fragmente und quellemberichte...* (Leipzig, 1935), pp. 377-379.

39. J. A. Llorente, *op. cit.*, cap. XV, art. I, § XXI, pp. 46-48.

40. Menéndez Pelayo, *Historia de los heterodoxos españoles*, ed. cit., V, p. 368.

41. Escribía, en efecto, a don Pedro Girón y decía: «Yo le di a leer vuestra carta a Pedro Coronel para ver si venía en hebraico: dila al maestro Prexamo, para que me dijese si estaba en caldeo: mostréla a Hamet Abducarin, para ver si venía en arábigo: di se la también al Siculo, para que viese si aquel estilo era griego; embiésela al maestro Salaya, para ver si era cosa de astrología; finalmente, la mostré a los alemanes, flamencos, italianos, ingleses, escocianos y franceses, los cuales todos me dicen que o es carta de burla o escriptura encantada. Como me dixeron muchos que no era posible sino que era carta encantada o endemoniada, determinéme de enviarla al gran nigromantico Johannes de Barbota, rogándole mucho que la leyese o la conjurase; el cual me tornó a escrebir y avisar que él habia la carta conjurado, y aun metídola en cerco, y lo que alcanzaba en este caso era que la carta, sin duda ninguna, no tenía espiritus, mas que me avisaba que el que la escribia debia estar espiritado. Por lo que os quiero y por lo que os debo os aviso y ruego, Señor, de que aqui adelante toméis estilo de mejorar la letra, y si no podéis, encomendaros a Johannes de Barbota.» *Libro primero de las espístolas familiares de Fray Antonio de Guevara*, ed. de José María de Cossío, I (Madrid, 1950), pp. 68-69, hace la núm. 9 de la primera parte de esta edición. La V, en *B.A.E.*, XIII, p. 85 a, donde parece existen algunas variantes y yerros. Este texto lo transcribió en parte también el padre Andrés Merino, *Escuela paleographica, o de leer letras antiguas, desde la entrada de los godos en España hasta nuestros tiempos* (Madrid, 1780), al prólogo y tratando de lo malas que eran las letras del siglo XVI. Joanes de Bargota es —como digo— un personaje popular aun en nuestros días. En pueblos alaveses, como Bujanda y Apellániz, recogió Barandiarán por mediación de don Pedro Pérez de Arenaza, allá por el año 1934,

varios hechos extraordinarios que se le atribuían. Joanes, cura, tiene a su servicio a los «enemiguillos» en el clásico alfiletero: pequeños como mosquitos, de color negro, que cuando se les saca revolotean y preguntan: «¿Qué quies c'haga? ¿Qué quiés c'haga?» Estos le construyen la casa, hacen que vaya a Madrid a ver una corrida de toros con la criada, etc. *Eusko-Folklore. Materiales y cuestionarios*, año 42, 3.ª serie, núm. 16 (enero-junio, 1962), s. p.

42. *Tratado muy sotil y bien fundado d' las supersticiones y hechizerias...* (Logroño, 1529), s. p.

43.. B. J. Gallardo, *Ensayo de una biblioteca española de libros raros y curiosos*, III (Madrid, 1888), col. 766 (núm. 3047). Fray Iñigo de Mendoza floreció como poeta en la Corte de los Reyes Católicos.

44. Sobre éste hay un escrito, algo fantaseado, de don Agapito Martínez Alegría, *La batalla de Roncesvalles y el brujo de Bargota. Historia, leyenda y folklore* (Pamplona, 1929), pp. 185-264. Este autor es el que le hace vivir a fines del XVI.

45. Jornada V, fol. y, r. de la edición en facsímile de Madrid, 1936.

46. Martín Fernández de Navarrete, *Biblioteca marítima española*, II (Madrid, 1851), p. 665. Felipe Picatoste, *Apuntes para una biblioteca científica española* (Madrid, 1891), p. 26 a-b (núms. 69-70).

47. Relación I, descanso XVI, *Novelistas posteriores a Cervantes*, I, B.A.E., XVIII, p. 411 b.

48. Resurrección María de Azkue, *Euskalerriaren yakintza. Literatura popular del País Vasco*, II (Madrid, 1941), pp. 69-73.

49. «Juan sin sombra» fue también Joanes de Bargota, según las tradiciones recogidas por Martínez Alegría, *op. cit.*, p. 236. El cuento oído por Cerquand en Musculdy lo reprodujo con el título de *Le prêtre sans ombre*. Julien Vinson, *Le folklore du Pays Basque* (París, 1883), pp. 6-7.

50. Fol. 23 vto. de la copia de la Biblioteca Nacional de Madrid, ya reseñada en la nota 7.

51. F. Guicciardini, *Historia de Italia, donde se describen todas las cosas sucedidas desde el año de 1494 hasta el de 1532*, IV, traducción de Felipe IV (Madrid, 1890), lib. XIII, cap. III, pp. 328-329.

52. En el catálogo de obispos de Cuenca que da Quadrado, «Castilla la Nueva», en la serie de *España, sus monumentos...*, II (Barcelona, 1886), p. 259, pone a Riario entre 1491 y 1521.

53. Fol. 40 vto.: «Iten dijo que en quanto a la inmortalidad del alma oyendo a sus precetores en Roma a mro. Cipión médico romano y a mro. Mariana y al mro. Avangelo los quales dezían por palabras mal puestas y desbiantes y yncrédulas de nra. relixión Católica y también mro. Jun. de Maquera, con los cuales tuuo muchas conuersaciones hablando de la ynmortalidad del alma y desputado muchas veces le pusieron ser mortal publica y secretamente que es peor a los quales vido este confesante con tanta doctrina y tanta reputación con principales eclesiásticos le pusieron y desbiaron su ánimo de la intención sana y buena vida de sus padres y precetos de España dudando de la ynmortalidad del alma y creer ser mortal como ellos lo dezían más que este confesante de sí mismo aunque muchos años fueron los que con ellos conuerso dudando como dicho es por hauer dellos la doctrina medicinal y filosofía

(fol. 41 r.) también estuvo con ellos en el mismo error quatro o cinco años y después en vezes hauerlo dicho y tener el tal error y que como los dichos dotores, también hablasen del Infierno y del purgatorio y del parayso, dudando, como dudauan del ánima se lo pusieron también en cabeza, y que lo dijo, muchas vezes no hauer parayso ni infierno ni purgatorio.»

54. En el artículo acerca de San Gregorio el Grande o Gregorio I de Bayle, en *Dictionnaire historique et antique*, VII (París, 1820), pp. 232 b-233 b, puede verse cómo ya en la época de aquel Pontífice había personas educadas en el seno del Cristianismo que no creían en la inmortalidad del alma ni en la resurrección de la carne. Pero el filósofo escéptico creía que nunca existieron tantos incrédulos como en los siglos XVI y XVII.

55. J. A. Llorente, *op. cit.*, II, p. 63.

56. El artículo «Pomponace», de Bayle, *Dictionnaire historique et antigue.*, XII (París, 1820), pp. 226-244, demuestra claramente que, en efecto, el filósofo italiano no creía sólidas las razones naturales que se dan para defender la inmortalidad del alma, dogma del que —por otro lado— decía que no dudaba.

57. El planteamiento, desde un punto de vista crítico, es ya antiguo: puede hallarse en el citado artículo de Bayle. Mas, de acuerdo con avances posteriores, la exposición general de Victor Cousin, *Histoire générale de la Philosophie* (París, 1867), pp. 295-297. Más moderna aún la de Harald Höffding, *Historia de la Filosofía moderna*, I (Madrid, 1907), pp. 17-21. Guido de Ruggiero, en su conocida *Storia della Filosofia. Parte terza Rinascimento, Riforma e Controriforma*, II (Bari, 1947), pp. 5-20, dedica también un buen análisis al estudio de «Pomponazzi e il problema dell'anima». En nuestros días la obra se examina siempre con rigor. Véase simplemente un artículo del *Diccionario literario* de González Porto Bompiani, IV (Barcelona, 1959), pp. 175 a-176 b.

58. Fol. 40 r.: «Fue preguntado si ha tenido y creydo que Xpo no sea Dios y que también que tanto tiempo ha que ha estado en dicho error = Dixo que ha estado de 20 años ha esta parte en el dicho error en diuersos tiempos algunas vezes por espacio de tres años y después tornaua a la fee de Xpo y que quando dezía las palabras que los testigos dizen y deponen contra él tenía y creya que Xpo no era Dios y que un mro. Alfonso que estaua en Roma, que antes fue Judío y después moro y después Xpiano hablando a este confesante le dixo que todas las cosas (del) testamento biejo y nueva (sic) eran burlería y que Xpo no murió y assí negaua que no huuo apóstoles y todos los otros sacramentos de la yglesia y que creya en la ley de (fol. 40 vto.) Mahoma y que tantas vezes le persuadió aquesto en sus tiernos años porque había más de 20 años diziéndole que no creyese ni pensase en el testamento biejo y nuevo sino en la ley de Mahoma que con esto este confesante pasó escrúpulo en el ánimo y le hizo apartar y desbiar del camino de la verdad =.»

59. Fol. 41 r.: «Fue preguntado si aliende de dudar de la fe de Xpo como dicho y confesado tiene tuuo y creyó en la seta de Mahoma según que el dicho mro. Alfonso dixo que le persuadió =.

»Dixo cómo dicho tiene hauerle desbiado de la fe y ser combiguo (sic) y dudoso no para ser judío ni moro porque si lo determinara ser no se viniera a España antes se fuera a Turquía, o, a Beruería a tornar moro, mas como en la leche mamó ser

Xpiano nunca enteramente se animó ni tuuo yntención de dexar a su uerdadero Redentor y assí enteramente aunque el dicho mro. Alfonso y otras personas de que no tiene memoria le pusieron en duda y en los dichos errores en los quales ha estado dudoso, confuso y perpexo, y que no saue de dónde el dicho mro. Alfonso era natural y dónde viue y que no saue de los otros que dicho tiene si son viuos, o muertos =» En la lista de profesores y lectores de Medicina de la Universidad de Bolonia que da Albano Sorbelli, *Storia della Universitá di Bologna*, I (Bolonia, 1940), p. 254, aparece un Alfonso di Spagna, entre 1461-1462, y poco antes un Alfonso di Sibilia, 1458-1459. Podría ser un anciano cuando estudió Torralba en Roma.

60. Ello podría indicar —a mi juicio— que Torralba sentía una antipatía ancestral, de cristiano viejo, hacia moros y judíos.

61. M. Menéndez Pelayo, *op. cit.*, V, 2.ª ed., p. 365.

62. Julio Caro Baroja, *Los judíos en la España moderna y contemporánea*, I (Madrid, 1962), pp. 489, 491-493, 445; II (Madrid, 1962), p. 377; III (Madrid, 1962), p. 139.

63. Fol. 23 vto.: Menéndez Pelayo, *op. cit.*, V, p. 366. La Pinta, *op. cit.*, pp. 176-177.

64. Fol. 25 vto.

65. Fol. 35 vto.: «O Zaquiel yo te ruego y te pido de gracia que a Ugenio de Torralua que presente está le guardes aquella fe y amor que comigo tienes y as tenido desde el primero día que te conocí y el dicho Zaquiel dijo y respondió yo soy contento y así lo prometo, y que no pasó más y que de allí en adelante el dicho espíritu le ha uenido las lunas ha visitar...»

66. Fol. 36 r.: «Preguntado si ha tenido alguna inteligencia de espíritu familiar que se suele traer y conuocar en lugares diáfanos y otros transparentes y en formas diuersas = dixo que ni saue la ynuocación dellos y que teniendo la dicha ynteligencia espíritu que dicho tiene es de poca ymportancia lo otro porque las otras ynuocaciones de espíritu de familiares cree que sean ylusiones malas porque ha oydo dezir que algunos de los tales espíritus persuaden a mal y assí lo ha dicho el espíritu Zaquiel y que ésta es la verdad.»

67. «Animae nostrae in divinorum generibus computantur. Heroes sunt maiores hominibus, ergo multo grandiores sunt daemones. Primum divinorum est ipsum bonum diique sequentes, ultimum particulares animae rationales: horum media duo sunt, scilicet heroes prope animas, et daemones prope deos, sicut inter ignem ac terram est aer et aqua. Heroes etsi potentia, virtute, pulchritudine, magnitudine nobis praestant, tamen cum anima nostra et vita eius multum congrunt. Daemones sunt superiores heroibus, et ministri deorum tanquam architectorum in opificio mundano. Quae sunt in diis ineffabilia et occulta, daemones exprimunt atque patefaciunt. Daemones et heroes accommodant inferioribus universales, simplices, immobiles deorum dotes, et conciliant omnia, atque harmonici consensus, et compassionis omnium invicem sunt auctores. Traducunt divina ad nos, et nostra aequaliter ad divina perducunt. Praeterea gradus in donis superiorum et in preparatione suscipientium aeque disponunt.» *Iamblichus de mysteriis Aegyoptiorum, Chaldaeorum, Assyriorum* (Lyon, 1570), p. 10, «De ordine superiorum». Esta traducción va con las de los demás libros herméticos, hechas por Marsilio Ficino.

68. Fol. 24 r.

69. Fols. 25 r.-25 vto.

277

70. Fol. 25 r.
71. Pierre le Loyer, *Discovrs, et histoires des spectres, visions et apparitions des esprits, anges, demons, et ames, se mostrans visibles aux hommes* (París, 1605), lib. III, cap. VIII, p. 222.
72. *Le livre d'Hénoch traduit sur le texte éthiopien par François Martin* (Documents pour l'étude de la Bible) (París, 1906), p. 12, VI, 7. Agradezco estas informaciones a Roger, conocedor profundo de la historia de las técnicas mágicas. Para más detalles acerca de nombres de ángeles pueden verse varios libros. Por ejemplo: Hugo Odeberg, *3 Enoch of the Hebrew Book of Enoch, edited and translated for the first time with introduction, commentary and critical notes* (Cambridge, 1928). Mucho antes, Moise Schwab, *Vocabulaire de l'Angélologie, d'après les manuscrits hébreux de la Bibliothèque Nationale* (París, 1897). No muy seguro, al parecer; respecto a textos renacentistas, cabe advertir que en 1587 se publicó en Basilea el primer tomo de una colección, *Scriptores artis cabalisticae, hoc est reconditae Theologiae et Philosophiae Scriptores, ex bibliotheca Ioan. Pistorii* (por el impresor Henricpetrus), y allí van reunidos los tratados más conocidos, entre los publicados, de fines del siglo XV en adelante.
73. E. M. Butler, *The myth of the magus* (Cambridge, 1948), pp. 160-172.
74. Fol. 36 vto.: «En otra audiencia a 4 de Abril de 1528 antes el dicho Sr. Inqdor. el doctor Roesta respondió a vn testigo que se le dio en público abiendo xurado de dezir verdad = Dijo que algunas vezes estando en Roma y biendo rezar a algunos amigos suyos y xuntamente con el rezar negociar ynterponiendo negocios a las oras deuidas este confesante diría y tiene memoria que lo ha dicho muchas vezes en muchas partes en especial hablando con el Deán de Cuenca biéndole rezar y con Jun. de Palomares cantor del Papa y con el Datario que es Cardenal y con el Cardenal de (fol. 37 r.) Ancona y con otras personas muchas assí españolas como italianas y biendo como dicho tiene que estauan rezando y negociauan este confesante dezía a las dichas personas que aquello era más presto fábula y burla que no orar a Dios porque lo tal se ha de hazer secreto.»
75. Fol. 32 r.: «Al sesto Capítulo dijo que lo que en esto pasa es que estando en Roma hablando con el Cardenal de Sta. Cruz y con el Doctor Morales su médico y el dicho dotor (borrado: «rosales») dezía que en vna casa en Roma en casa de Rosales española se aparecía a la dicha muger vn hombre con puñaladas y que el dicho Dotor Morales hauía dormido en la dicha casa y no hauía visto nada, y que el dicho Cardenal dixo a este confesante por vra. uida que vays vos allá, y ueremos si lo veys Y este confesante y el dicho Dotor fueron y durmieron en la dicha casa, y que vr ora después de media noche, la dicha muger gritó diziendo elo aquí a donde biene y este confesante le habló y le dijo que buscaua a vn bulto de hombre, con puñaladas y que mostraua echar fuego por ellas; y qué hazes aquí y el dicho fantasma dixo tesoro, no diziendo más palabra y assí se fue y desapareció y que le pareció a este confesante que estaua tras el dicho hombre otro fantasma a manera de muger y ass se fueron entrambos, y que el dicho Dotor (fol. 32 vto.) Morales dijo hauer oydo las tales palabras dichas pero que no uido los bultos porque este confesante no le hizo ningún conxuro, ni menos se acostó con este confesante ni les vido xamás en su casa allí ni en otra parte aunque oyó dezir a la dicha Rosales que la dicha fantasma se l

venía cada noche a la cama y se echaua en la cama y ella daua bozes y por eso salió de la dicha casa y que este confesante no supo más de la dicha fantasma, ni le pudo más preguntar y que informándose este confesante de Çequiel espíritu que fuese aquella cosa le dijo que era vn hombre que hauía sido muerto y enterrado en la dicha casa y que no curase este confesante y de yr más allá...»

76. El cardenal de Santa Cruz, del que habla el doctor Torralba, fue don Bernardino [López] de Carvajal, natural de Plasencia, el cual ha dejado un recuerdo no muy grato en los historiadores y cronistas españoles. Era hechura de Alejandro VI, al parecer, y fue elevado a la púrpura el 21 de agosto de 1493. En ella se mantuvo, no sin grandes altibajos, hasta que falleció en Roma el 16 de diciembre de 1523. Al morir Alejandro VI hubo de acoger en su casa a muchos españoles, para salvarles del odio que dejó como herencia aquel papa. (B. Croce, *La Spagna nella vita italiana durante la Rinascenza* (Bari, 1917), pp. 82-83. Después, procuró salvar de las iras del nuevo Pontífice a César Borgia y sus gestiones dieron como resultado, entre otros, que los Reyes Católicos escribieran a su embajador en Roma, el 20 de mayo de 1504, una carta, de la que es este párrafo significativo: «Del Cardenal de Santa Cruz no nos maravillamos, porque mucho ha que conocemos la ambición que tiene al Papado y a nuestros negocios, e por eso le apartamos dellos» *(Crónicas del Gran Capitán*, ed., de A. Rodríguez Villa, en *Nueva Biblioteca de Autores Españoles*, X [Madrid, 1908], p. XXXVII [carta 25]; ver también la *Crónica general del Gran Capitán* en aquella obra, pp. 80-81 y 201). Pero el episodio más escandaloso de su vida se fecha cuando, en 1511, se erigió en cabeza de varios cardenales contra la autoridad de Julio II, apartándose de él y convocando un Concilio en Pisa. En esta acción se puso de parte del rey de Francia e incluso, según algunos autores, como Pedro Mexia, instigado por aquél (Pedro Mexia, *Historia del emperador Carlos V*, ed. de Juan de Mata Carriazo [Madrid, 1945], p. 51). El escándalo enorme privó al cardenal cismático del obispado de Sigüenza, que tenía en España, junto con el patriarcado de Jerusalén y el arzobispado de Rossano (Alonso de Santa Cruz, *Crónica de los Reyes Católicos*, ed. de Juan de Mata Carriazo, II [Sevilla, 1951], pp. 149 y 256. Habla de esto también Gonzalo Fernández de Oviedo en *Las Quinquagenas de la nobleza de España*, I [Madrid, 1880], p. 133, donde dice que «se juntó con Francia»). Posteriormente aún, al tiempo de la elección del papa Adriano, hubo en Castilla quienes creyeron que había sido él el elegido, y poco antes, al vacar el obispado de Plasencia, sus deudos se apoderaron del mismo: esto en plena guerra de las Comunidades (M. Danvila, *Historia crítica y documentada de las Comunidades de Castilla*, III [Madrid, 1898], pp. 562, 571, 585; IV [Madrid, 1898], p. 260; V [Madrid, 1899], pp. 36 y 37, tomos XXXVII, XXXVIII y XXXIX del «Memorial Histórico Español»). Fue el cardenal hombre ambiciosísimo, al parecer, del que en España se tuvo mala opinión. Los anecdotarios de la época o algo posteriores hablan bastante de él. Así, el *Floreto*, publicado por Sánchez Cantón, «Memorial Histórico Español», XLVIII (Madrid, 1948), p. 826, núm. 103; p. 87, núm. 106; p. 99, núm. 120; donde se recuerdan los episodios de su vida que lo enfrentan con Julio II o le hacen estar combinado con embajadores españoles para obtener prebendas. Como comensal de don Bernardino, podía ser también Torralba sospechoso en su propia tierra. Una biografía del cardenal hay en la conocida *Historia y anales de la ciudad y obispado de Plasencia*, de fray Alonso Fer-

nández (ed. Cáceres, 1952), lib. II, caps. XXIV y XXV, pp. 302-310. Respecto a su reputación como escritor y orador latino, recogió abundantes informaciones don Nicolás Antonio en el artículo que le dedica, *Biblioteca Hispana Nova*, I (Madrid, 1783), pp. 215 b-216 a. Transcribe al final un juicio de Marineo Siculo acerca de su buena oratoria.

77. Fol. 30 r.: «Al segundo Capítulo del dicho testigo dijo que lo que tiene en memoria es que estando éste confesante y Don Diego de Zúñiga y el secretario Azeuede maestre de campo que fue en Italia y en Savoya, cabe una villa que se llama Barzeloneta estando retirados por la pestilencia que hauía en la ciudad de Iumi, vino e dicho espírito estándose paseando en el campo los susodichos que le tuuieron miedo diziendo que hauían visto cierta cosa que se fuesen de allí y este confesante les dijo que no tuuiesen miedo porque era vn espírito que le solía hablar a este confesante y los susodichos le dixeron qué espírito era y este confesante les dijo que era vn espírito Príncipe dellos y que no era mal espírito para hazer mal ni daño y que este confesante, no uido en él malinidad, ni se lo aconsexaua como dicho es.»

78. Fol. 34 vto.: «Preguntado si le dize el dicho espírito dónde hauita el más del tiempo y en qué región = dize que el dicho espírito le dize muchas vezes que biene de la Yndia alta que señorea el preste Juan la qual dize ser buena tierra y de buena gente católica y que le dize nouedades de todas las prouincias del mundo de hazia Africa y Europa sigún que este confesante le demandaua = Dixo que dicho espírito preguntándole si biene en otro háuito e figura de lo que dicho tiene (fol. 35 r.) que lo que más común es sigún dicho tiene y que algunas vezes biene en háuito de ermitaño, o, religioso, con háuito onesto y nunca en figura de muger sino de hombre de hedad de hasta veynte i treinta años.»

79. Fol. 30 vto.: «Y que también tiene memoria que estando en España al tiempo que Don García de Toledo hijo del dicho Duque de Alua pasó a los Gelues el dicho espírito dijo a este confesante hablando con el gran capitán que aya gloria y con el cardenal Don Francisco Ximénez de buena memoria inquisidor que estando en la villa de Madrid, y este confesante le dijo que antes de 24 oras vendrían nuevas al Rey Católico de gloriosa memoria que mucho le doliesen y sucedió que otro día siguiente le vino la nueua del dicho Don García. El dicho Cardenal desseó de sauer el origen de la dicha nueua rogó a este confesante le dijese cómo la sauía y este confesante se lo dixo (fo. 31 r.) como el dicho espíritu inteligente se lo hauía dicho como le hauía dicho otras cosas, desta calidad y el dicho Cardenal le importunó porque desseaua ver cosas nueuas y no vistas y este confesante rogó mucho al dicho espírito, le diere dineros, como el testigo lo dize aunque pasa en uerdad, como el dicho tiene en este proceso, sobre esto y que a manera de burla y de pasatiempo puede hauer dicho este confesante esto...»

80. Fol. 36 vto.: «Preguntado si en algunas cosas que el dicho espírito le dize que han de suceder le ha hallado que es yncierto y no uerdadero = Dixo que la mayor parte y casi todas de las que le dize son verdaderas, saluo que algunas dellas no las entiende porque el dicho espírito habla algunas vezes, equíuocamente como fue de zirle a este confesante que el Cardenal Don Fray Francisco Ximénez hauía de ser Rey de España y después sucedió ser Gouernador de España y el Cardenal de Remolnis que hauía de ser Rey y después fue Visorrey de Nápoles y otras cosas semexantes que este confesante no las pudo entender hasta que las vido.»

91. La Pinta, *op. cit.*, pp. 177-180, hace un resumen de sus profecías de eventos, lo que le preguntaron respecto a curar de cataratas y su ida a Roma; pero no pasa de considerarle un hechicero vulgar.

92. De la conspiración del cardenal Petrucci trata F. Guicciardini en su citada *Historia de Italia*, IV (Madrid, 1889), lib. XIII, cap. III, pp. 325-331.

93. F. Guicciardini, *Historia de Italia*, I, lib. II, cap. I, p. 135, y F. T. Perrens, *Histoire de Florence depuis la domination des Médicis jusqu'à la chute de la République 1434-1531)*, II (París, 1889), pp. 184-186.

84. Perrens, *op. cit.*, II, pp. 215, 322-323, 394-395, 418-419, 424, 436, 440, 444.

85. Perrens, *op. cit.*, II, pp. 481 y 485.

86. Perrens, *op. cit.*, III (París, 1890), pp. 32-33.

87. F. Guicciardini, *Historia de Italia*, IV, pp. 328 y 330. La conspiración entera, descrita en lib. XIII, cap. III, pp. 325-331; William Roscoe, *The life and the pontificate of Leo the tenth*, II (Londres, 1846), pp. 69-80.

88. Perrens, *op. cit.*, III, pp. 80-82.

89. Perrens, *op. cit.*, III, p. 89.

90. Perrens, *op. cit.*, III, pp. 95-96.

91. Perrens, *op. cit.*, III, p. 94.

92. Perrens, *op. cit.*, III, p. 97.

93. F. Guicciardini, *Historia de Italia*, V, lib. XV, cap. III, p. 162.

94. Perrens, *op. cit.*, III, pp. 97-99; fray Prudencio de Sandoval, en la *Hiswtoria de la vida y hechos del emperador Carlos V*, I, *B.A.E.*, LXXX (continuación), p. 182 b, dice que murió de «pura melancolía».

95. F. Guicciardini, *Historia de Italia*, V, lib. XV, cap. II, p. 136.

96. De este prócer tratan bastante todas las historias de los hechos del emperador y de su reinado. También habló repetidas veces de él don Francesillo de Zúñiga en su *Crónica*. Se trata de don Alvaro de Zúñiga, tercer duque de Béjar; pero las bromas mecánicas del bufón no permiten ver detrás muchos perfiles psicológicos. Véanse, por ejemplo, caps. IV, *B.A.E.*, XXXVI, p. 10 b; XIX, p. 16 b; XL, p. 31 a; LII, p. 37 b; LVI p. 39 b. Se sabe que fue su primer amo, que era hombre nervioso, que votaba y renegaba mucho y de subida avaricia. Juan Menéndez Pidal, «Don Francesillo de Zúñiga, bufón de Carlos V», en *Revista de Archivos, Bibliotecas y Museos*, XX (1909), pp. 187, 189-190; XXI (1909), pp. 79, 94.

97. El arzobispo de Bari aquí aludido, que fue luego cardenal de Jaén, se llamó Esteban Gabriel Merino. Empezó siendo cuidador de unos galgos en casa del cardenal Ascanio Colonna. Fue luego hombre de confinza de Julio II. El 9 de mayo de 1513 fue nombrado arzobispo de Bari, después patriarca de las Indias, obispo de Jaén en 12 de junio de 1523, cardenal en 1533. Murió en agosto de 1535. Una semblanza de él hay en el *Floreto*, que completa la correspondiente nota de Sánchez Cantón, *op. cit.*, pp. 82-84, núm. 104. Don Francesillo de Zúñiga habla de él y de su carácter italianizado precisamente, caps. XIII y XIV de la *Crónica...*, *B.A.E.*, XXXVI, pp. 14 b-15 a.

98. Fol. 24 r.

99. Fol. 28 vto.: «Preguntado si el dicho espíritu Cequiel le ha trasportado corporalmente a alguna parte y de la manera que lo lleua, dixo que hauría 15 años que el

dicho espíritu lleuó a este confesante desde Roma a Venecia queriendo hablar est confesante a un amigo suyo que se llama Alesandro de Becara y assimismo estando en Balladolid el mes de mayo próximo pasado habiédole visto y dicho el dicho Cequiel (fol. 29 r.) que de como aquella ora era entrada Roma y saqueada se lo dixo este confesante se lo dixo a algunas personas y lo supo el emperador pero este confesante no lo creyó antes se reya de lo que dezía y otra noche siguiente el dicho espíritu Cequiel biendo que no quería creer nada le persuadió que fuese con él que lo lleuaría a Roma y lo voluería la misma noche y assí fue que el dicho espíritu y este confesante salieron, a las quatro oras de la noche paseándose hasta fuera de la villa de Valladolid y estando fuera le dijo el espíritu, *no hauer paura fidate de me* que yo te prometo que no tendrás ningún desplacer *pertanto piglia a queso in mano* y ha este confesante le pareció que quando lo tomó en la mano era vn leño nudoso y dijo a este confesante, *cierra occhi* y quando los abrió le pareció a este confesante ser tan cerca de la mar que con la mano la podría tomar y después le pareció quando abrió los ojos cómo dicha tierra le pareció una grande oscuridad a manera de nuue y después un resplandor donde tuuo este confesante un gran miedo y temor y el dicho espíritu le dijo *noli timere bestia fieia* (sic *ferma*), *ho oqui* y assí lo hizo este confesante y quanto se acordó por espacio de media ora se halló en Roma en el suelo y le demandó aqueste confesante *doui pensate che estate, adesso* y este confesante dixo que estaua en Torre de Nona y allí (fol. 29 vto.) contó este confesante que dio el Relox del Castillo de St. Angel las cinco oras de la noche y assí fueron este confesante y el espíritu paseando y hablando hasta torre St. Ginia donde vivía el obispo de Copis tudesco y vido este confesante saquar muchas cosas y vido y sintió todo lo que en Roma pasaua y de allí se tornó de la manera que dicho tiene ser espacio de ora y media hasta Valladolid, que le tornó a su posada que es cerca del monasterio de St. Benito y que estuuo con él después vn poco y le dijo de aquí adelante me cree = *omini cosa valet*.» Resumen en Menéndez Pelayo, *op. cit.*, V, p. 367, y La Pinta, *op. cit.*, pp. 179-180.

100. *Indice de la colección de Don Luis de Salazar y Castro...*, XXXIII (Madrid, 1964), pp. 123-124, núm. 52.519, escritura de 1513; 128, núm. 52.539, escritura de 1594.

101. *Indice de la colección de Don Luis de Salazar y Castro...*, XXXII (Madrid, 1963), p. 90, núm. 50.904.

102. *Indice...*, XXXII, p. 143, núm. 51.131.

103. *Indice...*, XXXII, p. 281, núm. 51.728.

104. Manuel Danvila, «Memorial Histórico Español», XXXV (Madrid, 1897), p. 504, III; «Memorial...», XXXVII (Madrid, 1898); p. 624.

105. Manuel Danvila, *Historia...*, VI, «Memorial...», XL (Madrid, 1899), p. 104, núm. 187.

106. *Crónica de Don Francesillo de Zúñiga*, cap. XLIV, *B.A.E.*, XXXVI, p. 33 a. Don Diego López de Zúñiga, señor que fue de Monterrey, hijo de don Francisco de Zúñiga, como fuese devoto, hincado de rodillas a la orilla del río, en alta voz decía, en palabras griegas para más devoción: «Domine, tú, que libraste a Rodrigo de la Hoz del pleito, y tú, que libraste el pueblo de Israel del poder de Faraón, a mi tío el prior de San Juan del pleito con don Alonso de Toledo, líbrame hoy a mí, que paresco a

maestro Jacobo, fundidor de campanas y esquilones.» Este don Diego López de Zúñiga fue buen caballero y devoto en tanto grado, que traía de camino dos diurnales y ciento y seis nóminas del deán de Córdoba y la oración de la emparedada, y porque no tropezase su mula ayunaba los viernes. Murió en Carrión de los Condes, fue enterrado con Nuño Payo de Ontiveros, alcaide que fue de las Gordillas. Dice el autor de esta crónica que este don Diego López paresció mayordomo de la beata de Avila: tuvo una letra sobre su sepultura en letras góticas que decía: «Estos caminos tan luengos, para mí no solían ser.» Se refiere al viaje de la reina de Portugal en 1525. Al recibirse a la emperatriz, *op. cit.*, cap. LVII, *loc. cit.*, p. 14 a, alude al comendador don Diego de Zúñiga.

107. Fol. 33 r.: «Al Setimo Capitulo dixo que Don Diego de Zuñiga rogo y dixo a este confesante por muchas vezes y su guespeda que hauia vn tesoro en su casa y que este confesante supiere si era verdad, y este confesante lo demando al espiritu Zaquiel por le hazer placer y el dicho Çaquiel le dixo que era verdad que allí auia thesoro, pero que no era tiempo de lo hallar porque estauan alli dos espiritus encantados por moros, y que por no descubrir este confesante el secreto de donde lo sauia dixo al dicho Don Diego de Zuñiga y a la dicha su guespeda que hauia hecho ciertos conxuros y que no aprouechauan porque no era tiempo pero que este confesante nunca hizo ningún conxuro ni lo saue hazer, y que también dixo este (fol. 33 vto.) confesante al dicho Don Diego de Zuñiga que era menester que mediante vn espiritv mas poderoso para que aquellos fuesen echados de allí y que esto es lo que pasa y que les dezia algunas cosas por quitarse de sus molestias...»

108. Dado que don Diego andaba por tierras de Valladolid, cabe suponer que allí hizo la denuncia.

109. Fol. 31 vto.: «Iten dijo que el año pasado de quinientos y veinte, estando en cierta parte y lugar dixo el dicho Dotor a este testigo que yua y venia a Roma en vna noche y que lleuaria delante vna guia y que no se acuerda este testigo en que iua caualgado, mas de quanto que la guia que lleuaua resplandecia como el fuego, tras la cual se guiaua el dicho Dotor que no se acuerda este testigo si el dicho Dotor le dijo que yua cauallero en vn caña, o en que yua y que antes que saliese de España hauia de hazer vna bran bellaqueria y no declaro que de manera de que este testigo cree que debia ser de cosa de su arte, porque en ello hablaua el tiempo que el dicho Dotor se lo dixo =.

»Dixo que podria hauer dicho este confesante al dicho Don Diego lo que se contiene en el capitulo porque el dicho Don Diego le (fol. 32 r.) preguntaua tantas cosas que le rompía la cabeza y que lo demas que el testigo dize que hauia de hazer vna vellaqueria que no tiene memoria de hauerlo dicho, ni su arte ni condición es para hazer ni nunca lo hizo, ni lo entiende hazer.»

110. Fol. 23 vto.

111. Fol. 23 vto: «Que en lo demas habia veinte años y mas que este confesante en Roma tuuo amistad estrecha con vn fr. Pedro de la horden de los dominicos el que es difunto (fol. 24 r.) y este dicho frayle tenia vna inteligencia con un angel bueno por nombre Zaquiel y este frayle le dijo a este confesante que si queria sauer las cosas futuras y qualquier cosa preterita que le daua aquel espiritu el qual le acompañaria hasta que muriese y este confesante lo reciuio y que la primera vez que este

dicho espiritu vino a este confesante le dixo, yo soy tuyo y te seguiré para entre tan to que viues y se aparecio en figura de hombre con gesto benuesto (sic: por *venusto* blanco bestido de vna vestidura de color roxa como cendal y encima vna sobrevestidura negra, y que anssi le hablaba las cosas que este confesante le pedia y otras cosas le dezia el de suyo y que este espiritu biene a este confesante cada luna y otras vezes a la conjunción y otras vezes sin aguardar esta horden y que siempre le biene el dicho espiritu sin llamarle este confesante y se pesa mucho dello y no le puede echar de ssi que siempre le sigue aunque muchas vezes le ha rogado que le dexe, y ha confesado a sus confesores desto, y que las cosas que le dize dicho espiritu han sido de cosas de estado de Principes y señores y muertes dellos y que estando en Roma le hauia dicho la muerte de Catolico Rey Don Fernando y estando en la corte le hauia dicho la prisión del Papa, y que muchos dias ha que estando con el Duque de Bexar le dijo lo de las comunidades y con el Cardenal praticó (por *platicó*) muchas cosas a el qual descubrio todo el secreto de lo que hauia dicho no otra persona ninguna mas (fol. 24 vto.) de a sus confesores y el Cardenal de Bolterra a su sr. y que estando en Roma le dijo el dicho espirito a este confesante que viniese a seruir a Madama Leonor porque con ella se le seguiria mucho bien, y que esto ha descubierto el duque de Bexar y al arçobispo de Vari que le hablaron a la dicha Reyna Madama Leonor los susodichos para que lo reciuiesen y assi lo hizo =»

112. La reina Leonor de Francia había sido casada con don Manuel de Portugal y su hermano el emperador había apalabrado su boda con el condestable de Borbón. Pero al quedar preso Francisco I en 1526, prefirió el matrimonio con un rey que con fugitivo. Prudencio de Sandoval, *op. cit.*, II, *B.A.E.* (continuación), LXXXI, pp. 111 b-112 b. Así se desposaron por poderes (*op. cit.*, *loc. cit.*, pp. 160 a-161 a): poco duró, pues, Torralba al servicio de aquella señora.

113. Fol. 24 vto.: «Item dixo que estas cosas de quiromancia las ha estudiado por teorica en los libros que estan escritos y lo ha praticado con muchas personas que le han rogado a este confesante que les mirase las manos para que les dixese que hauia de ser dellos.»

114. Fol. 24 vto.: «Dixo que mas presto en sus tribulaciones y fatigas le aconsejaua que en ninguna manera consienta ni dexde de ser xpiano.»

115. Fol. 25 vto.

116. Fol. 25 vto.

117. Fol. 26 r.

118. Fol. 26 vto.: «Preguntado si el dicho espiritu a lleuado o trasportado de una parte a otra en cuerpo y alma a este confesante dixo que no.»

119. Fol. 26 vto.: «Preguntado si tiene poder para lo hazer y si se ha ofrecido a este confesante alguna vez de lleuarlo dixo que si especialmente estando en Valladolid el mes de mayo proximo pasado habiendole dicho el dicho espirito a este confesante la entrada de Borbon en Roma y la prisión del Papa a este confesante le decia que el no lo creya y el dicho espirito le rogo que se fuese con el a Roma que el lo lleuaria y lo trayria y veria todo lo que le dezia y volueria aquella noche a Valladolid y que este confesante no quiso y que assimismo dixo este confesante antes que pariese la emperatriz un mes a Don Diego de Zuñiga y a Don P° que hauia de parir un hijo porque assi se lo dijo a este confesante el espirito.» Se refiere al nacimiento de Fe-

lipe II, ocurrido unos días después del saco de Roma (a 21 de mayo de 1527), en Valladolid. Prudencio de Sandoval, *op. cit., loc. cit.*, p. 276 b.

120. Fol. 27 r. Aquí parece que Zaquiel se equivocó de pleno, pues hacia 1529 nos encontramos a Barbarroja en pleno auge, con su equipo de corsarios. Prudencio de Sandoval, *op. cit., loc. cit.*, libro XVIII, caps. IX-XI, pp. 375 a-380 a.

121. Fols. 27 r.-27 vto.
122. Fol. 28 r.
123. Fol. 28 r.
124. Fol. 28 r.
125. Fols. 28 r.-28 vto.
126. Fols. 28 r.-28 vto.
127. Fol. 29 vto.
128. Fol. 29 vto.
129. Fol. 30 r.
130. Fol. 30 r. Se ha copiado.
131. Fol. 31 r.: «Al tercero capitulo del dicho testigo dixo que bien tiene en memoria que el dicho Don Diego de Zuñiga, tomo lo dichos murcielagos y ese confesante dixo que se hauian de guardar y escriuir la nomina el miercoles que era dia de Mercurio según dize el dicho librillo.» La sangre de murciélago aparece como sustancia mágica en la *Tragicomedia de Lisandro y Roselia* (Madrid, 1862), p. 74, entre los ingredientes usados por Celestina.
132. Fols. 31 r.-31 vto.
133. Fols. 31 vto.-32 r. Ya copiada.
134. Fols. 33 r.-33 vto. Ya copiada.
135. Fol. 32 vto.: «Dixo que antes algunas vezes viendo nuues de piedra (fol. 33 r.) estando en Roma y en Valladolid este confesante rogaua al dicho Cequiel que echase las dichas nuues fuera de las partes donde no hiziesen mal y que el dicho espiritu se ofrecia a lo hazer y le decia que ueria el effeto, y después quando tornaua el dicho espiritu dezia a este confesante que hauia hecho que tal nuue descargase en despoblado donde no hiziese daño y assi parecia, después por información de personas que lo dezian y lo habian visto y que esto es lo que este testigo puede dezir y no otra cossa.»
136. Fol. 33 vto.
137. Fol. 33 vto.
138. Fol. 34 r.
139. Fols. 34 r.-34 vto.
140. Fol. 34 vto.
141. Fol. 35 r.
142. Fols. 35 r.-35 vto.
143. Fols 35 vto.-36 r. De uno de los Zúñiga, don Antonio, prior de San Juan, habla varias veces Pedro Mexía en su ya citada *Historia del emperador Carlos V*, pp. 228, 234, 235, 241, 243, 245-249, 257, 265, 276-279, 296, 297, 327. Su papel en la guerra de las comunidades fue distinguido como partidario del rey; tanto es así que luego (1523) fue nombrado capitán general y virrey de Cataluña; entonces estaría Torralba con él en Barcelona. Hace grandes elogios de él don Francesillo de Zúñiga en

su *Crónica...*, caps. XI y XII, *B.A.E.*, XXXVI, pp. 13 b-14 a, y era hermano, al parecer, del duque de Béjar, don Alonso. Manuel Danvila, *Historia crítica y documentada de las comunidades de Castilla*, IV, «Memorial Histórico Español», XL, pp. 131-132.

144. Fol. 36 r.

145. Fols. 36 r.-37 r. Ya copiado.

146. Fols. 36 r.-37 r. Copiado ya en parte.

147. Fol. 37 r.: «Fue preguntado si el dicho espiritu Zaquiel le dixo algunas vezes ha este confesante que hauia de ser preso por el Santo Officio = Dixo que algunas vezes le dixo que no uiniese a Cuenca que no le vendria bien dello y que no le dijo mas acerca desto, que este confesante despues de ser presso ha conocido que lo dezia por esta prisión en que está de lo que ha sentido (fol. 37 vto.) mucho por lo que toca a su persona y linage.»

148. Fol. 37 vto.: «Despues de concluso este proceso se botó en discordia y fue lleuado el proceso al consejo, a donde se botaron los botos siguientes en la ciudad de Toledo a 4 dias de xbre de 1528 años. Los señores del Consejo de la G. Inquissicion el licenciado Fernando de Baldes el licenciado Fernando Niño y el dotor Saldaña, después de hauer visto y examinado este proceso diuersas vezes en conformidad de nemine discrepante, fueron de boto y parecer que este dotor Eugenio de Torralua deue ser atormentado cuando la calidad y edad de su persona lo sufriere y que en el tormento sea preguntado sobre las cosas de que esta certificado y de la intención que las dixo y assimismo acerca del espiritu, que el llamaua Zaquiel sea preguntado en el dicho tormento, como le huuo y de las cosas que ha pasado con el y si huuo conjuraciones, o ynuocaciones, o adoraciones, o otras cosas desta calidad porque según la calidad de su persona del dicho Dotor Eugenio de Torralua y de lo que esta testificado y dize vn testigo que se hauia espantado de uer vna piedra que traya en vna surtixa en vn dedo que hauer visto alguna cosa mala en ella y también porque dize que este espiritu le dize cosas futuras, como es que ha ciertos Cardenales hauian de ser Reyes presumese que dicho espiritu deue de ser espiritu malo y también porque dize (fol. 38 r.) lo que le ha pasado con el y no dize otras cosas y que hecha esta diligencia el ynquisidor torne a uer el proceso con letrados, canonistas y teologos y si no se pudiesen hauer en Cuenca lo enbien a otra parte, quel les pareciese sin sospecha y que con sus pareceres haga justicia. Yo Lope Diaz de Çarate secretario del dicho Consejo fui pressente.»

149. La Pinta, *op. cit.*, pp. 180-181.

150. Fol. 27 r. Obsérvese la colocación del párrafo, mucho antes que la decisión de los inquisidores consultados.

151. Fols. 38 r.-38 vto.

152. Fol. 38 vto.

153. Fol. 39 r.: «Preguntado si comunicado con el dicho espirito Zaquiel le ha preguntado de Lutero y de sus errores y opiniones, si las aprueua o reprueua y si le ha dicho que Erasmo de secreto tenga con el comunicaciones y apreueua sus errores y le aya dado alguna industria para ello, dixo que de las cosas y errores de Lutero y de Erasmo nunca le ha demandado nada este confesante saluo que le parecia tener el dicho Erasmo sigun le dixo una vez buen juizio y malicia Martin (fol. 39 vto.) Lu-

tero le dijo el dicho Zaquiel que se entendian ambos a dos y que eran de vna voluntad y entenderse entrambos. Preguntado si reputa el dicho espiritu Zaquiel aber dichos Martin Lutero y Dessiderio Erasmo por erexes y malos = Dixo que Martin Lutero le tiene por mal hombre y sin ninguna relixión xpiana y que de Erasmo no le a dicho nada =.» La Pinta, *op. cit.*, p. 184, subraya, con razón, la importancia de este párrafo dentro del momento en que empieza la reacción antierasmista: en 1527 había tenido lugar la famosa Junta de Valladolid, que quedó en suspenso. Pero en 1529 las cosas comienzan a tomar otro cariz y aún peor en 1530 para los erasmistas.

154. Fol. 39 vto.: «= en vna confesión que dio escrita de su mano en 29 de enero de 1530 años, entre otras cosas declaro hauer dudado de la ynmortalidad del alma y de Xpo nuestro señor Dios y que no se hauria dexado de matar (de) tan ruyn gente, como los Judios y que si no murio que no resucito y assi ni a los apostoles ni al papa tener el lugar de Sant Pedro porque *qui negat eclesie materiam negat Christi mortem ydeo non nego Cristi mortem, sed duuito* y también por hauerlo leydo en un libro de Martin Lutero dixe que mentia como grandissimo bellaco.»

155. Fol. 39 vto.: «Por vna carta del Consejo de la general Inquisición se mandó a los inquisidores proueyessen que algunas personas relixisoas (fol. 40 r.) de letras y autoridad de quien tubiesen confianza que harian fielmente lo que les mandasen hablasen al Doctor Eugenio Torralua y le amonestasen y persuadiesen confesasse los delitos y errores de que estaua testificado y siendo amolestado (sic) acerca de lo suso dicho por el maestro Francisco Antonio Barragna prior del monasterio de Sant Pablo de la horden de Sto. Domingo y por Diego Manrrique Canonigo de Cuenca en presencia del dicho Señor Inquisidor el dotor Roesta a 30 días del mes de Henero de 1530 años el dicho dotor Eugenio de Torralua entre otras cosas declaro lo siguiente.»

156. Fol. 40 vto. Copiado.

157. Fols. 40 vto.-41 r.

158. Fol. 41 vto.: «Fuele preguntado y dicho que porque lo que dicho y confesado tiene no lo a dicho hasta agora despues que esta presso siendo tantas vezes amolestado =

»Dixo que por traer origen de tan nobles cauualleros de xpo como fueron sus antepasados ni tiene ni ha tenido tanta berguenza de sus verguenzas y flaqueças e ynorancias y perseuerancias que mas quisiera padecer cien mil muertes que no que huuieran enxendrado tan ruyn hijo como este confesante y que por esto lo ha dexado de dezir y que aora Nuestro Señor Dios le ha alumbrado pues ha confesado la verdad y que de todo ello se halla culpado y pide a Nuestro Señor perdon y a su Reuerendissima penitencia y misericordia lo cual dijo con muchas lagrimas. Fuele preguntado si el dicho espiritu Zaquiel es demonio espiritu malino y le ha persuadido a tener y creer los dichos errores. Dixo que no saue mas de lo que dicho tiene y que nunca le ha persuadido en los errores ni en ninguno de ellos ni le hablo en ellos nunca y que quando este confesante le pide el estado de las animas o de leyes que no le responde cosa alguna y que si alguna cosa mas de lo que dicho tiene del (fol. 42 r.) si lo supiese lo diria y manifestaria como ha dicho y confesado y manifestado lo que dicho tiene =.»

159. Fols. 41 vto.-42 r. La Pinta, *op. cit.*, pp. 181-183, resume las amonestaciones y los errores.

160. Fol. 42 r.: «Preguntado quanto ha que no le biene a uer ni visitar el dicho espirito Zaquiel = Dixo que puede hauer 15 dias que fue el tiempo del lleno de la luna (fol. 42 vto.) pasada y que este confesante no le quiso hablar ni le quiso escuchar y que se metio entre sus compañeros =

»Luego su Reuerencia le dijo y amonesto de parte de Dios y de Nuestra Señora su gloriossisima madre que no comunique con el dicho espirito y que si algunas vezes le viniere se le eche en rrogatiua a Nuestro Señor Dios le aparte de si y que no le responda a sus falsas persuasiones, dixo y prometio que assi lo haria y de todo lo que dicho y confesado tiene se arrepiente y se tiene por pecador, y a su reuerencia (pide) misericordia y piedad = y assi mismo para mas siguridad de su conciencia dixo que se acusaua por pecador en hauer dado orejas y credito por muchos años, en sus dichos y persuasiones vanas que el dicho espirito Zaquiel le ha dicho sigun que en este proceso tiene confesado y en hauer creydo en las cosas futuras que el dicho espirito le ha dicho porque cree y tiene por solo Xpo Nuestro Señor, el sauidor de todas las cosas y que con esto concluye y esta presto de sufrir cualquiera pena y hazer cualquiera penitencia que por su reuerencia le fuese impuesta en remission de todos sus pecados.»

161. Fol. 42 vto.: «Sentencia. Fue admitido a reconciliación con carcel y hauito a voluntad del Illmo. Sr. Inquisidor General y se le mando que de alli adelante no hable ni comunique con el dicho espirito Zaquiel, ni le oyese ninguna cosa de las que le dixese porque assi cumplia a su anima y conciencia.

»Pronunciose la sentencia en la ciudad de Cuenca a 6 dias del mes de marzo de 1531 años =

»Fue sacado lo contenido en las hatas precedentes del proceso del Dotor Eugenio de Torralua que esta en Cuenca por Xristoval Simon Angel secretario del secreto del dicho sato Officio.

»Trasladóse de un traslado que tiene Don Juan de Mendoza y Luna Marques de Montes Claros que era a la sazon asistente en Siuilla.»

162. Era entonces inquisidor general el arzobispo de Sevilla, don Alonso Manrique, que empezó a serlo en 1523; cardenal el 22 de febrero de 1531, murió el 28 de septiembre de 1538. Manrique fue ya obispo de Badajoz en 1499. (Véase la nota de Sánchez Cantón al *Floreto*..., «Memorial Histórico Español», XLVIII, pp. 132-133, núm. 160)

163. *Historia de los heterodoxos españoles*, V, pp. 367-368.

164. M. Menéndez Pelayo, *La ciencia española*..., II (Madrid, 1915), p. 136.

165. Pedro Gutiérrez de Santa Clara, *Historia de las guerras civiles del Perú*, libro IV, cap. XXXIX, *Crónicas del Perú*, III B.A.E. (continuación), CLXVI, p. 374 a.

166. *Guía de Cuenca. Edición hecha por el Museo Municipal de Arte* (Cuenca, 1923), pp. 169-170 (texto de Giménez de Aguilar).

167. Estos dos ingredientes son los que le prestan el interés. Sobre don Luis Zapata dio una nota biográfica don Pascual de Gayangos, como introducción a su *Miscelánea*... , *loc. cit.*, pp. V-XI. Posteriormente trató de él Menéndez Pelayo, *Orígenes de la novela*, II, *Nueva Biblioteca de Autores Españoles*, VII (Madrid, 1931), pp. XXXIX-XLIII. También en prólogo de la *Historia de la literatura española*, de Fitzmaurice Kelly, donde califica al «Carlo famoso» de perverso poema *(Estudios y discursos de*

crítica histórica y literaria, I, Santander, 1941, p. 97). Posteriormente aún allegó muchas noticias acerca de él don Juan Menéndez Pidal en su discurso de ingreso en la Academia Española, fechado en 1915. El gran erudito Rodríguez Moñino ha publicado una nueva edición de la *Miscelánea*... que no he tenido a mano.

168. Este licenciado asistió como letrado a las Cortes de abril de 1520, en Santiago, poco anteriores al levantamiento Pedro Mexía, *Historia del emperador Carlos V*, ed. cit., p. 138.

169. «Yo pensé –dice en la *Miscelánea*..., p. 304– también que en haber hecho la historia del emperador Carlos V, nuestro señor, en verso, y dirigídola a su pío y poderosísimo hijo, con tantas y tan verdaderas loas de ellos y de nuestros españoles, que había hecho algo. Costóme cuatrocientos mil maravedís la impresión, y de ella no saqué sino saña y alongamiento de mi voluntad.»

170. Publicó este texto el autor de *Médicos perseguidos por la Inquisición española* (Madrid, 1855), pp. 12-17, y modernamente Miguel de la Pinta Llorente, *La Inquisición española y los problemas de la cultura y de la intolerancia*, II (Madrid, 1958), pp. 167-176, 173-174 especialmente.

171. He utilizado el ejemplar que existe en la Biblioteca Nacional de Madrid, R-17542: *Carlo famoso / De don Luys Çapata, a la / C.R.M. del rey Don Phe- / lippe segvndo nve / stro Señor / (§) / A gloria y honrra de / nuestro Señor, so protection y correction de la / sancta madre Yglesia. / (§) / Con priuilegio Real. / Impresso en la muy insigne / y coronada Ciudad de Valencia, en casa / de Ioan Mey. Año de / M.D.LXVI. / (§). IV + 289 fols.*

172. Fol. 142r. a (canto XXVI, año 1525):
«Y un dia alguna merced le demandando
Vn Astrologo uiejo ant'el Rey uino,
Señor porque yo dixe (el dixo quando
Con las figuras altas tuue tino)
Que tu à Madrid uendrias el tiempo andando,
Me açotaron aqui por adeuino.
El Rey respondió: tu astrologia
Adiuino tu ruyn suerte y la mia.»

173. Fol. 155 r. a (canto XXVIII, año 1526). Sobre este viaje, Prudencio de Sandoval, *op. cit.*, II, *B.A.E.* (continuación), LXXXI, pp. 137 a, 162 b-163 b. La entrada en Sevilla a 11 de marzo.

174. Marcel Bataillon, *Erasme et l'Espagne* (París, 1937), pp. 197-198.

175. Bataillon, *op. cit.*, p. 199.

176. En «Memorial Histórico Español»..., XLVIII, p. 132, núm. 159.

177. *Crónica...*, cap. LXXXVI, *B.A.E.*, XXXVI, p. 49 a-b.

178. *Crónica...*, cap. LXXXIII, *B.A.E.*, XXXVI, p. 51 b.

179. Fol. 155 r. a-b.

180. Fol. 165 vto. b (canto XXX, año 1527):
«Torralua aquel famoso Nigromante
De quien yo atras un poco cuenta daua,
Quen en Medina un lugar del Almirante
(Donde biuia) en tal punto se hallaua:

En su casa encerrado con semblante
Pensatiuo y profundo este dia estaua,
Y ya à unos y otros libros reboluia,
Y à pensar el de nueuo se boluia.»
(Fol. 166 r. a.)
«Zaquiel un familiar qu'en la figura
De un uiejo sano ant'el se aparescía,
Con un bordón, y en cuerpo en uestidura
Blanca que hata el suelo le cubria:
Y con la barba blanca à la cintura,
Como assi tan pensoso estar le uia,
En la çerrada pieça en este instante
Se aparecio a Torralua nigromante.
Y le dixo: En qu'estas, qu'estas pensando?
Alçó el rostro Torralua, y sosegado
Le dixo: En que ueo agora contemplando:
Que a un termino se uan ellos llegando
De algun caso en el mundo señalado,
Como un candado se abre, y cierra el cuento
De las letras que junta el pensamiento
Assi es, dixo Zaquiel, que hoy ha uenido
Sobre Roma Borbon con su compaña,
Y segun por los cielos esta urdido,
Que nadie, si Dios no, lo desmaña:
Mañana a hierro cruel sera metido
El rico y gran lugar de gente estraña,
Haura sangre y crueldad en abundancia,
De que yo espero hauer muy gran ganancia.
Quien pudiera hallarse à esso presente,
Dixo Torralua, en Roma soberana:
Zaquiel dixo: si quieres facilmente
Podras, antes que salga el sol mañana:
Quiero, ni haras nunca, ó leal siruiente
Dixo, cosa de que haya yo mas gana,
Ni dudare yr contigo en toruellino,
Y sea por do quisieres, el camino.
Se concerto el uiage, y sin heuilla
Añadir, fue a prestarse el arriero,
Medina de Ruyseco es una uilla
Que de grande, o señor o caballero
Como aquesta otra tal no hay en Castilla,
Y la han de tiempo antiguo à este postrero
Sucediendo assi de unas a otras gentes,
Señoreando señores excelentes.»
(Fol. 166 r. b, dos estrofas con el elogio de don Luis Enríquez.)

«Salio al campo Torralua, adonde hauia
Unos casares propios para Magos,
Y ya sin resplandor Apollo hauia
Dexado el mar, las fuentes, rios y lagos:
Detras dellos hallo que le tenia
Zaquiel a punto dos negros quartagos,
Estaua en uno el puesto, y sin emienda
Tenia el otro à Torralua de la rienda.
Como assi postillon tal uez à fuera
De lugar, al uiandante esta esperando,
Puso Torralua el pie, y hizo tixera
Su posta los oydos amusgando:
Mas para regir bien la bestia fiera
A Torralua una uara Zaquiel dando,
Sin pensar mas ruindad, aquel malino
Caualgo, y se pusieron en camino.
Assi ambos començaron de portante
A andar por el camino real sin senda,
Pregunto allí à Zaquiel el nigromante
Si à aquel passo haran mucha hazienda?
Dixo el: Quando mas vamos adelante,
Entonces tenderemos mas la rienda,
Assi se yuan hablando hasta tanto
Que la noche estendio su negro manto.»
(Fol. 166 vto. a.)
«Y aun que se uia yr con limpio y claro gesto
Diana, como qu'ella los guiasse,
A Torralua Zaquiel le dixo en esto
Que los ojos un rato se tapase:
Luego el se los tapo, y sintio tras esto
que a mas priessa algo mas se caminasse,
Por lo que por delante en el momento
Se le hauia leuantado un muy gran uiento.
A abrir desseo los ojos todauia
Para uer à que paso caminaua.
Y dixo à Zaquiel: Esto querria,
Y el que, los abriese le dexaua;
De ante ellos pues, de donde assi traya
La mano, el que à este punto le quitaua,
Se uio muy espantado yr mas ligero
Que si fuera en el uiento cauallero.
Ni pudiera tener por el camino
Con el, de cuatro plumas una xara,
Ni el halcotan que alcança a un golondrino
Y aissí por no perder el seso: ò el vino

291

Y atras à un uencejo le dexara:
A boluerse torno à tapar la cara,
Demos dixo, agua aqui en este baxio,
Zaquiel, y era aquella agua de Ebro el rio.
Y uieron junto à si de çaragoça
Las torres, ni una hora passada,
Iesus quiso dezir sobre su roça
Como persona el Magico espantada.
Mas se callo, y tapo ya a todo broça
A proseguir tornando su jornada,
Sintio como en lodosa auia soñando
Que por un chapatal se yuan passando.
Y diziendo a Zaquiel, que si animoso
Era, abriesse los ojos el mirando,
Por el Mediterraneo mar hermoso
se vio mas que de priessa caminando:
Le daua a las quartillas espumoso
Subiendo el por las olas, y baxando,
La priessa, el negregor del mar no quedo,
Y la guia tal, le puso espanto y miedo.
(Fol. 166 vto. b.)
Mas se encomendo à Dios secretamente,
Y paso del mar luego esta fortuna,
Y en otro abre y cierra ojos, solamente:
Se hallo junto al cielo de la luna:
Que la que tenia estando tan ausente
Por chica, proporcion no tenia alguna,
Y la tierra de allá de suyo escura,
Perdio luego de uista en tanta altura.
Al fin tapado en lo alto con carcoma
De no hauer el fin de Icaro innocente,
Al Imperial exercito y à Roma
Dende à poco llegaron finalmente:
Zaquiel un buen lugar, un sitio toma,
De do ya que mouer se uia la gente
Lo pueda à saluo uer todo Torralua
Y ya a un lado del cielo rompia el alua.»
181. Fol. 168 r. a:

«..

Mostro Zachiel en tanto con el dedo
A Torralua un santo Angel sobre Roma:
Que una espada sacada con denuedo
Tenia sobre mal tanto y su carcoma,
Como que tanta offensa quanta uia
De la uengar por dios el prometia.»

Por sentencia divina y en castigo de haber violado a la Iglesia, se declara la peste en el campo imperial: «nuestro campo», dice don Luis.

182. Francisco Guicciardini, *op. cit.*, VI (Madrid, 1890), libro XVIII, cap. III, pp. 146-150, hace una descripción terrible.

183. Alfonso de Valdés, *Diálogo de las cosas ocurridas en Roma*, introducción, edición y notas de José F. Montesinos (Madrid, 1956), pp. LVI-LXVI.

184. Fol. 168 r. b:

«Torralua ya tampoco no pudiendo
Ver lo qu'en la infeliz Roma passaua,
Por donde hauia uenido algo comiendo
Primero, à España assi la buelta daua,
Y en un dia natural a ella uniendo
Lo uisto al Almirante lo contaua,
Y en un dia solo assi se supo quanto
En Roma hauia passado por encanto.»

El palacio de los Enríquez, obra del tiempo de los Reyes Católicos, donde, según el poema, estaría Torralba de vuelta, se hallaba ya en ruinas en tiempos de don José María Quadrado.

«Valladolid», «Palencia» y «Zamora», en *España, sus monumentos...* (Barcelona, 1885), pp. 296-297.

185. Fols. 169 r. b-169 vto. b.

186. Fols. 169 vto. b-170 r. a. Esto ya en 1528.

187. Fol. 170 vto.-171 r. a.

188. Fol. 174 r. b. Término de la guerra de Nápoles.

189. Fol. 197 r. b.

190. Fol. 219 r., al año 1536.

191.

«Vede passare un gran destriero alato
Che porta in aria un cavaliero armato.
Grandi eran l'ale e di color diverso
E si vedea nel mezzo un cavaliero,
Di ferro armato luminoso e terso;
E ver Ponente avea dritto el sentiero.
Calossi, e fu tra la montagne immerso:
E comme dicea l'oste (e dicea il vero)
Quell' era un nigromante, e facea spesso
Quel varco, or più da lungi, or più da presso
Volando talor s'alza ne le stelle
E poi quasi talor la terra rade;
E ne porta con lui tutte le belle
Donna che trova per quelle contrade...»

Esto se lee en el canto IV del *Orlando furioso*, estancias 4-6, refiriéndose a un nigromante que tenía su castillo en los Pirineos, donde llevaba a las mujeres. En cuanto a su *ippogrifo* hay más detalles en las estancias 18-19: incluso referencias a los viajes extraordinarios que hacía sobre él. Este mago viejo, Atlante, realizaba todo por cariño o amor hacia Ruggiero, que luego, en el canto VI, estancias 17 y siguientes, hace a su vez un viaje aéreo. No es el que termina la serie de viajes de tal clase dentro del poema. Y lo que del viaje del mismo se narra en el canto X recuerda bastante, en intención y plan, el «Carlo famoso». Memorables son también los traslados de Astolfo sobre el Rabicán, en el canto XV, estancias 40, etc..

192. Porfirio, *Vida de Plotino*, 17. En la edición de E. Bréhier, *Ennéades*, I (París, 1924), pp. 17-18. Además, *Ennéad.*, II, 9, pp. 111-138.

193. Porfirio, *op. cit.*, 10. En la edición de E. Bréhier. *Ennéades*, I, pp. 12-13.

194. Jámblico, *Vida de Pitágoras* XXX.

195. *Ennead.*, 11, 4, ed. Bréhier, III (París, 1925), pp. 61-63, noticia del editor; 64-70, texto.

196. Francisco Delicado, *La loçana andaluza*, ed. Antonio Vilanova (Barcelona, 1952), p. 38, parte I, mamotreto XII.

197. Delicado, *op. cit.*, p. 60, parte I, mamotreto XV.

198. Delicado, *op. cit.*, pp. 271-274.

199. Marlowe, *Plays and poems*, ed. de M. R. Ridley (Londres, 1955), pp. 140-143.

200. Marlowe, *op. cit.*, p. 140.

201. Colección de entremeses, loas, bailes, jácaras y mojigangas desde fines del siglo XVI a mediados del XVIII, I, 2.º, en *Nueva Biblioteca de Autores Españoles*, XVIII (Madrid, 1911), pp. 578-581.

202. Luis Zapata, *Miscelánea*, en «Memorial Histórico Español», XI (Madrid, 1859), p. 70.

203. C. Carena di Cremona, *Tractatus de Officio Sanctissimae Inquisitionis et modo procedendi in causis fidei, in tres partes divisus...* (Lyon, 1649), parte II, tít. XII, § IX, p. 225.

204. Martín del Río, *Disquisitionvm magicarvm libri sex...* (Venecia, 1616), lib. I, cap. IV, quaestio IV, p. 56.

III
EL LICENCIADO VELASCO
Y SU RECETARIO MAGICO

El aprendiz de brujo

El aprendiz de brujo es un personaje conocido en la historia de las Artes. Pero es también un personaje real, que se presenta bajo formas múltiples. Hemos de empezar contando ahora la historia de un aprendiz de brujo español, que traicionó a su maestro, allá por el año de 1576.

En la primavera de aquél y en la calle madrileña de la Cruz existía una especie de academia de baile, que regían los Solanos. Frontera a la casa de los Solanos había otra de una viuda, llamada «la del Hidalgo», en que hizo su residencia cierto clérigo licenciado, que pronto adquirió fama, al parecer, por los saberes que se le atribuían en materia de Astrología, artes adivinatorias, etc. El licenciado entraba en los hogares de familias conocidas de Madrid. Un día, para su mal, fue a la de un oficial en cierta secretaría pública, llamado Aguirre, y allí, mientras examinaba las manos a ciertas damas, entró un jovencito de menos de veinte años, que observaba maravillado lo que hacía nuestro licenciado. Quiso el joven, claro es, que también le viese las manos, a lo que el quiromante accedió. La amistad, efectiva al principio, del licenciado Amador de Velasco y Mañueco y Juan Alonso de Contreras quedó establecida desde aquel momento. El joven pidió al hombre ya hecho que le enseñara su arte mediante pago; pero el licenciado, al saber que el mozo tenía habilidad en las artes del diseño, le replicó que le enseñaría cuanto supiera a cambio de que le retratase. He aquí un paso más dado en el trato y contrato. Fue Juan Alonso a visitar al licenciado repetidas veces, y éste le averiguó cosas que no creo hace falta tener mucha ciencia para averiguar tratándose de un joven. Le averiguó que tenía afición a una dama soltera y a una doncella; por su arte –o por averiguaciones– le dijo también que la doncella le quería bien y que al final se casaría con ella. Pero, ¿qué importancia podía tener esta sencilla adivinanza para un hombre que se jactaba de poseer secretos capaces de rendir a cualquier mujer, hacer invisible a cualquier ser humano y entrar en la casa de la mujer deseada (la dama en cuestión) sin que nadie se diese cuenta o para caminar en una noche trescientas leguas? Juan Alonso de Contreras estaba embobado realmente ante los conocimientos de su nuevo amigo. Pero desde un principio dudaba de si todo aquello podría hacerse con *buena conciencia*. El licenciado, hombre de manga más ancha, como se va a ver, le replicó que había que guardar secreto en efecto, porque si alguno de la Inquisición sabía sus trabajos, ello le podía costar caro. Prometió secreto el joven, y aparte de las lecciones de Astrología que fue recibiendo del licenciado, éste empezó a entregarle unos cuadernos para que los copiara. No se averigua si en esto había alguna malicia o no; lo que sí es claro es que Contreras tenía una bonita letra, caligráfica, poco personal, y la del licenciado, aunque no oscura, resultaba fea y abrupta. ¿Por qué vio Contreras de repente que había *bellaquería* en aquel trato? El caso es que, poco después de haber comenzado a copiar los cuadernos referidos, el «aprendiz de brujo» sintió miedo y deseo de traicionar al licenciado y maestro. ¿Le instigaron remordimientos religiosos o pasiones más bajas? Fingió, pues, durante algún tiempo que su amistad era invariable, con la intencion de adquirir la mayor cantidad de pruebas de la culpabilidad del licenciado; consultó, al fin, con el confesor, y éste, claro es, le dijo que se presentara ante el inquisidor de corte y denunciara los hechos relatados hasta aquí. El 11 de mayo de 1576, estando en audiencia de la tarde el doctor don Juan de Llano de Valdés, le entregó su denuncia, escrita el mismo día, Juan Alonso de Contreras, de diecinueve años de edad, y con ella algunos papeles del licenciado Velasco. Con esta denuncia empieza un proceso bastante voluminoso, que nos presenta a una curiosa figura de clérigo astrólogo, hechicero[1], coleccionista y curioso insaciable. Juan Alonso de Contreras pasó así de amigo y discípulo a primer testigo de cargo contra Velasco[2]. La verdad es que el licenciado no tuvo a su lado a un doctor Wagner precisamente. Pero también es cierto que, dada la índole de los cuadernillos que manejaba, debió haber sido más prudente y conocer con mayor profundidad el carácter del jovencillo a quien los confió. Don Juan del Llano de Valdés, que por los apellidos parece haber sido un letrado de origen asturiano, recibió los cuadernillos y demás papeles que le entregó Contreras, mandó hacer un catálogo de los mismos y los incorporó al atestado. Allí siguen cosidos, tras la denuncia. En efecto, hay primero tres figuras astrológicas en medios pliegos. Pero esto, en verdad, no era tan comprometedor en la época como lo contenido en cuatro cuadernillos que van cosidos después. En uno de ellos está escrito de su mano el índice de todos los que poseía el licenciado y en los otros tres algunas recetas de lo más extraordinario que cabe en materia de Magia.

El recetario y su autor ante el Santo Oficio

Hagamos, pues, su descripción siguiendo en parte el ácta levantada por el inquisidor[5], pero examinando también directamente aquellos recetarios o formularios, que constituyen un *Manual del hechicero*, al lado del cual las recetas de Celestina, sus discípulas y descendientes son poca cosa. Un examen de la «tabla» o índice en cuestión basta para probarlo, y así se da en nota[4]. Que el licenciado Velasco debía de tener una conciencia religiosa cristiana poco firme y una moral muy laxa es lo primero que parece quedar patente tras el examen. Que era un hombre de credulidad extraordinaria, también: las cincuenta y tantas fórmulas mágicas por él recogidas se enderezan no sólo a satisfacer los deseos humanos más comunes, las pasiones más vehementes del hombre, sino, además, los caprichos, que a veces son de carácter burlesco, como el de que unas mujeres bailen en la calle o cometan ciertas indecencias sin provecho de nadie más que el que supone la problemática diversión del presunto mago. No deja de haber en el índice alguna otra nota humorística que da algo que pensar[5].

Hoy día muchos también podrían imaginar, a la vista de estos documentos, que el que los poseía y manejaba era un simple simulador o impostor. Pero otros admitirían, en cambio, que en ellos hay algún fondo esotérico positivo. Yo no soy ni de los unos ni de los otros. Creo simplemente que la credulidad del licenciado y de su clientela era grande, que mantenían la fe a prueba de fracasos y que otras veces su ilusión mayor consistía en la simple *posesión* del secreto, sin necesidad de experimentarlo, pues ya veremos cómo era «coleccionista» por naturaleza. Uno de los cuadernillos entregados por Contreras contiene la fórmula para caminar cien o más leguas en una noche, haciendo venir, mediante conjuros medio cristianos, medio judaicos, a un caballo negro. La fórmula está descrita al dedillo[6]. Mas he aquí que, habiendo preguntado el mismo Contreras al licenciado Velasco si la había puesto a prueba, aquél replicó que él no lo había hecho, mas sí un racionero de Salamanca, amigo suyo, el cual, por lo menos, había hecho aparecer y enseñado el misterioso alazán a otros amigos[7], que lo tasaron en más de ciento cincuenta escudos; pero nada mas. Igual o mayor limitación en el empleo atestigua el mismo Contreras, con relación a la receta para hacerse invisible[8], harto más complicada de poner en práctica que el conjuro del caballo encantado, y que va con otras muy breves para quebrar hierros, cerraduras, etc.[9]. En uno de los cuadernillos entregados por el joven hay varias fórmulas para conciliar amores o querencias de distintas clases[10], que con seguridad serían las que más le interesarían a éste; y respecto a una de tales fórmulas, acaso la de aspecto más elemental o brutal, Contreras manifestó que el licenciado parecía haberla empleado para tener enamorada a una esclava del susodicho racionero de Salamanca[11].

No acabó Contreras su declaración sin comprometer también a un morisco «que tenía unos letreros grandes azules en el rostro», como conocido de Velasco y como hechicero que decían sabía mucho. Sospechaba asimismo que el mismo licenciado había enseñado algunas de sus fórmulas a Juan de León, soldado, el cual había descrito al mismo Contreras algunos hechizos *ad amorem*, e incluso le «acosó» para que los emplease. Pero, como va dicho, a nuestro joven le entraron escrúpulos y su confesor del Carmen le incitó a que entregara los papeles a los inquisidores y no volviera a tratar a Velasco ni al morisco. Con esto termina su declaración, ratificada el 25 de octubre de 1577 en Madrid.

Fuera por «soplos», fuera por advertencias, fuera por admoniciones de mayor alcance, el caso es que seis días después de la testificación de Contreras se presentó el propio licenciado Velasco ante el inquisidor de Madrid con un escrito, de su puño y letra, en que relataba algunos de los hechos que ya conocemos de modo más suave para él, claro es. En este escrito, fechado a 17 de mayo de 1576, se dice clérigo y beneficiado en la villa de Ciruelos, del arzobispado de Burgos, arciprestazgo de Santo Domingo de Silos, y empieza diciendo que por tener amistad con un mancebo llamado Contreras y con sus padres «y por la aver convidado a comer en su casa y hecho mucho regalo» y «también porque el dicho Ju.ᵃⁿ Alonso me començó a hacer vn retrato» se comprometió a enseñarle muchas cosas curiosas de Astrología y Quiromancía, Fisognomía y algunos secretos naturales. Contreras le dibujó en limpio una tabla, que puso en práctica el maestro Esquivel, sacándola de Pitágoras, y al final reconoce también que le prestó «vn cuadernillo que yo tenía con vna tabla de las cosas más que entonces tenía por curiosidad y no para usar dellas», como era público. Todas las fórmulas de que se ha hecho relación las poseía el buen licenciado, según su declaración, para reírse de ellas y «ver las burlerías del mundo». Y si afirmaba esto, es que era verdad..., porque no se le había de considerar tan infame que fuera a perjurar. La crisis de conciencia de Contreras, que debió de ocurrir en la Semana Santa, hizo que Velasco también tuviera alguna intuición respecto al trance en que se hallaba y, por otro lado, le debió de dar qué pensar el que había suministrado tres o cuatro fórmulas eróticas a un amigo del mismo Contreras, llamado León: el Juan de León de que habló aquél acaso, aunque el licenciado lo identifica más vaga y pintorescamente[12]. Al fin, Velasco, dispuesto a ganar el nuevo jubileo, fue a confesar, y el confesor no le quiso dar la absolución si no comunicaba primero lo que sabía y tenía en materias de fórmulas mágicas al comisario o a un consiliario del Santo Oficio. Apurado el hombre –según revela lo que escribió entonces–, recurrió a un doctor Heredia, consultor, y pidió sus papeles a Contreras, pasando verdaderas agonías porque éste no se los devolvió. El doctor, por su parte, le recomendó que, en última instancia, lo que debía hacer era presentarse al inquisidor de la corte. Después de relatar estas peripecias reconoce haber usado de la Astrología, de la Quiromancía y de la Fisiognomía, de buena fe y siguiendo las enseñanzas de los maestros Aguilera y Francés[13], dejando aparte los textos usuales y «vendibles» de Juntino, Julio Firmico, Joanes Ganibetus, Hali Aben Ragel, Guido Bonato, Taisnier (para la Quiromancía), Micael Schoto (para la Fisiognomía)[14], e incluso muchos de Arnaldo de Vilanova, *El gran Alberto* y alguno más malo que le franqueó un estudiante de Salamanca, llamado Ramírez (que era sevillano), ya en la corte, y un ermitaño de San Miguel, de Burgos, francés de origen[15].

Confesó también que había aprendido a hacer sigilos por Astrología[16], aunque no usó de ello, y terminaba su escrito abjurando de lo que hubiera realizado de erróneo y pidiendo penitencia. Después de leer esto, el inquisidor le hizo algunas preguntas. Entre ellas, dónde estaban los libros o papeles de Ramírez y el ermitaño; Velasco respondió que en casa de Contreras[17]. Gran alivio sentiría, sin duda, al ver que salía del Santo Oficio, sin más, como salió aquel día de mayo; pero después dio un malísimo paso, como se verá, que tal vez agravó no poco su suerte futura, si es que no la agravaron otros tratos que tuvo con otros aprendices de brujo, si no iguales, sí parecidos a Contreras, al que como pintor o dibujante no le puedo seguir la pista, aunque me aseguran personas competentes en materia de Bellas Artes que no es imposible hacerlo.

El segundo y el tercer aprendiz de brujo

Que había muchos aprendices de éstos lo atestigua la segunda persona, el segundo testigo de cargo, que aparece en el proceso. El 13 de junio de 1576 ante el mismo inquisidor y en la corte se presentó Sancho de la Torre, vecino del valle de Carranza, en las Encartaciones de Vizcaya, el cual declaró que hacía tres o cuatro meses había tenido noticia de que estaba en Madrid mismo un astrólogo llamado el licenciado Velasco. El encartado fue a visitarle a su posada y le pidió una natividad, que el astrólogo le dio, escrita de su puño y letra, cuatro o cinco días después. Más adelante le dio un remedio para cierto hurto que le amenazaba, según sus adivinaciones, y con esto Sancho –como le había ocurrido a Contreras– se aficionó a la Astrología. El licenciado Velasco, que, a lo que se va viendo, tenía cierto furor proselitista o propagandístico, le entregó unos «cartapacios» para que se instruyera en aquella disciplina y otros con elementos de Quiromancia. Después Sancho cayó en desear cosas más vitandas; el licenciado le ofreció sus fórmulas *ad amorem conciliandum*. Sancho de la Torre, que sin duda no era un valetudinario (tenía treinta y siete años al tiempo de su declaración), sintió interés creciente por la Astrología y las artes afines y forzó un poco la voluntad de Velasco para que se las enseñara, pues el licenciado le creía hombre «escrupuloso», y que en tiempos «delicados», como los que corrían[18], acaso le había de comprometer, como le comprometió. Pero lo que debió de parecerle al mismo Sancho poco serio, «burla y bellaquería», era el contenido de las recetas mágicas, no sólo las relativas *ad amorem*, sino también las que ya conocemos para disponer del caballo veloz y otras. Así, siguiendo los pasos de Contreras, entregó seis cuadernillos y un pliego aquel mismo día[19] y otros cuadernillos y dos pliegos más el 19 de junio, en que terminó de testificar contra Velasco, al que creía de Herrera del Pisuerga y de los linajes, conocidos allí, de los Herreras y Velascos.

Sancho de la Torre manifestó, además, que por el desvío irreligioso que suponían sus aficiones a la Astrología, la Quiromancia, etc., había hecho penitencia y había sido absuelto, acogiéndose al jubileo centésimo. Poco después declaraba un tercer testigo, comprometiendo más al licenciado. Fue recibido en audiencia de la mañana, por el inquisidor Llano, el 2 de julio de 1576, siempre en Madrid. Dijo llamarse Miguel de Heredia, ser de veintinueve años, natural de Quesada, con residencia en Salamanca y deudo del doctor Heredia, capellán de su majestad.

Heredia conocía muchas gentes de cierto lustre y tenía, a lo que parece, ganas de medrar. Acaso la reputación astrológica de Velasco le venía desde Salamanca. El caso es que así como Contreras se relacionó con el licenciado movido por un señuelo erótico y La Torre por cuestiones de negocios, Heredia lo hizo buscando el modo de ser bien quisto de los poderosos y afortunados en aquel género de gestiones para obtener mercedes, en que tanto se han visto metidos los españoles de su época y de siempre. El licenciado le dio unos horarios para negociar lo mejor posible, no sólo con señores y magnates, sino también con eclesiásticos, letrados, viejos y mujeres[20]. Aparte de ello, le franqueó otro para jugar bajo buenos auspicios, una fórmula para afectos y la de la verbena, ya copiada en nota, para alcanzar mujeres[21]. Pero Heredia pronto pensó, como habían pensado Contreras y La Torre, que aquello era «burlería» o bellaquería. Acaso, en última instancia, le asustó más que nada el que el licenciado Velasco le dijera que daría cualquier cosa por obtener un pedazo de Forma, que intentase obtenerlo o, cuando menos, que tocase una con un anillo al tiempo de comulgar. Heredia se ratificó en Toledo el 18 de abril de 1577, y el 4 de mayo del mismo año, en Toledo mismo, fue utilizado para el reconocimiento de algunos presos que se hacía en ciertas ocasiones. Pero desde julio de 1576 el licenciado ya estaba encarcelado.

Formalidades e incidencias del proceso

El inquisidor Llano de Valdés debía de ser hombre bastante activo. A los dos días de haber testificado Heredia, o sea el 4 de julio de 1576, se reunieron fray Lorenzo de Villavicencio, predicador del rey, y fray Juan de Astudillo, prior de los Jerónimos de Madrid, con objeto de hacer las calificaciones. Lo declarado por los tres testigos y por el denunciado y lo que se descubría a través de los papeles del mismo no dejaba lugar a dudas respecto a la poca ortodoxia de aquel hombre: las calificaciones están llenas de adjetivos graves. Así, en vista de ellas, el día 13 de julio el inquisidor extendió una orden de prisión, comunicándosela al nuncio del Santo Oficio, Francisco de Arce. Fueron a prender al licenciado a su domicilio madrileño de la calle de la Cruz, casa de Juan Hidalgo, o su viuda por mejor decir, unos alguaciles. Pero ya no vivía allí. Alguien, sin embargo, supo decir o «soplar» que se había ido a Valladolid, que tenía aposento en la plaza del Almirante de aquella población y que comía en casa del conde de Fuentes. Esto era grave, según las normas inquisitoriales, porque tenía todo el aspecto de una huida consciente. El 14 de julio, el inquisidor de Madrid daba a Valladolid orden escrita de prender a Velasco, con confiscación de bienes, disponiendo también que se remitiesen sus papeles a Toledo. El encargado de la misión de ir a Valladolid y prender al licenciado fue un tal Antonio del Río, el cual invirtió once días en su comisión, presentando la cuenta correspondiente por comidas, piensos, salario propio y dinero dado a un mozo para que vigilara al preso. La prisión se realizó en Valladolid el 17 de julio, la efectuó «el noble Juan Velázquez de Ortega», alguacil del Santo Oficio. Después el notario Francisco de Chaves, ante Alonso de Solórzano, registró la posada del licenciado, haciendo un corto inventario de los libros que encontró en su poder y de algunos otros efectos. Del 17 al 24 de julio estuvo el acusado preso en Valladolid, como se ve por la cuenta correspondiente. Pero tal era su actividad adivinatoria que antes que se dictara el auto de prisión en Madrid, ya la Inquisición vallisoletana había recibido varias denuncias respecto a aquella actividad en la ciudad misma. En efecto, el 5 de julio de 1576 declaró un corredor de joyas, llamado Juan de Montemayor, que, estando muy preocupado porque le habían desaparecido una capa y otros objetos, cierta vecina suya, *aloxera*, llamada Francisca Gómez, le hizo ir a consultar a un licenciado, del que no sabía el nombre, con residencia en la calle frontera al hospital, en casa de una mujer a la que se conocía por la «Requeséns», el cual licenciado le dio las señas del ladrón, aunque el hombre acusado negó serlo. El 9 de julio declaraba, por su parte, María de Ribera, viuda de Baltasar de Tovar (que era de las del Corrillo), mujer de cincuenta y cuatro años, la cual consultó al licenciado respecto a un hurto hecho a su nuera, por consejo de Montemayor. Tampoco el licenciado tuvo empacho en dar las señas de una mujer que decía ser la ladrona. La Ribera indicó que éste era un hombre de mediana estatura, ojos pequeños, barbinegro y de treinta y cuatro años: ni uno más ni uno menos. Aparte de las señas de la ladrona, obtuvo de él noticias satisfactorias de unos parientes que tenía en Sevilla y en las Indias.

Podemos reconstruir el viaje del preso, de Valladolid a Toledo, en pleno verano, custodiado por sus dos guardianes, que imagino pasarían zozobras e inquietudes, pues por entonces no debía de ser cosa tranquilizadora custodiar a un mago de reputación y su fama habría transcendido. Antes de la marcha hay que recordar que el 19 de julio, el licenciado Diego González, inquisidor de Valladolid, tomó declaración al preso respecto a sus bienes, y que éste le manifestó que lo único que poseía eran unos libros (más de cincuenta cuerpos) metidos en un arca depositada en tierra de Burgos, en casa de Hernando de Riaño, que vivía a la Comparada, los cuales libros había de llevar a Valladolid el carretero Juan Martínez. Pero sigámosle a Toledo por los campos resecos de las dos Castillas.

Vida del licenciado

Según declaró el 31 de julio de 1576, preso ya en Toledo, y en la audiencia primera que se le concedió, por la tarde, ante el inquisidor licenciado Alonso Matos de Noroña[22], nuestro hombre era conocido por el licenciado Amador Velasco y Mañueco, vecino de Grijalba, arzobispado de Burgos, merindad de Castrojeriz, y tenía treinta y tres años, antes más que menos. Para la *sociedad, oficialmente*, era hijo del escudero Juan de Mañueco, de Grijalba, y de Ana Pz. de Pozancos, viuda a la sazón.

Sabía que el padre de Juan de Mañueco se llamaba igual que aquél, pero no se acordaba del nombre de su «abuela paterna». El abuelo materno, Alonso Pz. de Pozancos, de Herrera del Río Pisuerga, y la abuela, Fulana de Polanco, habían muerto. De la familia paterna no recordaba más parientes... De la materna sí: al «alférez de hombres de armas» A. Pz. de Pozancos, difunto; a Isabel de Pozancos, a fray Pedro de Herrera, dominico, predicador, tíos suyos. Sus hermanos eran varios y acomodados en la labranza: Joseph de Herrera, en Grijalba; Juan de Mañueco y Pedro de Velasco Mañueco, todos casados. Tenía, además, dos hermanas, Escolástica Mañueco e Isabel de Mañueco, casadas también. Consideraba a la suya familia de cristianos viejos, limpios y sin antecedentes inquisitoriales... Pero en su declaración más adelante manifestó algo muy grave y decisivo para el curso de su vida. Siendo niño, su propia madre le hizo saber que él y su hermana Escolástica no eran hijos de Juan de Mañueco, sino que los tuvo de un pintor, residente en Villada y llamado Juan de Herrera, como el arquitecto famoso[23]. La cosa era muy secreta; pero, sin duda, entre los dos hermanos, gemelos, y la madre, viuda ya, había más unión que con el resto de la familia viviente[24].

Residió Amador los primeros años de su niñez con su abuelo, en Grijalba, hasta tener cuatro; después, con su familia más cercana podemos decir hasta los siete, y con un labrador algún tiempo. Aprende a leer, pero no a escribir, y a eso de los ocho años comienza estudios más sólidos en Melgar de «Hernanmental»[25]. Después los continuó en Granada, Valladolid y Salamanca; no dijo con

303

qué medios. En Granada acabó los estudios de Gramática y fue discípulo del famoso maestro Juan Latino[26], y en Artes del maestro Álvarez. Se graduó luego de bachiller, sin duda. Pero quiso saber más, y en Granada aun oyó algo de Medicina a los doctores Mercado y Torres, entre otros[27]. Vuelve luego a su tierra y va a estudiar en Valladolid, prosiguiendo con los cursos de Medicina del doctor Enríquez y otros. En Valladolid comenzó también la Teología, siendo discípulo de los doctores Salamanca y Villarreal y asistiendo a las clases del Colegio de San Gregorio. Después estudió en Salamanca, por dos años, con los maestros Mancio, Gallo, fray Bartolomé de Medina y Grajal (eminencias conocidas); también «oyó al maestro Don Carlos». La Astrología era materia que le enseñó el maestro Aguilera, es decir, Juan Aguilera, autor conocido por los historiadores de la ciencia como astrónomo, médico y matemático[28], y también Barrientos[29], o el doctor Bartolomé Barrientos; o sea que Velasco se movió en la Salamanca de fray Luis de León o, mejor dicho, de los enemigos de éste. El doctor Barrientos fue dado por libre precisamente, por el Santo Oficio, poco antes de la prisión de fray Luis (26 de marzo de 1572)[30]; fray Bartolomé de Medina, creador del Probabilismo, dominico, fue, con León de Castro, el denunciante más significado contra el mismo fray Luis[31]; y el maestro Mancio, dominico también, intervino activamente en el primer proceso del mismo de modo contradictorio[32]. Nótese, por último, que el segundo proceso de fray Luis se fundó, en parte, sobre testificaciones reunidas por el inquisidor Juan de Arrese, que había llegado a Salamanca, donde estaba por marzo de 1582, con la misión de suprimir la Astrología[33]. Acaso las declaraciones y lamentos de Velasco, preso, contribuyeron a esta acción. Pero volvamos a los años de aprendizaje de nuestro hombre.

Por fin, tomó grado en Artes. Con su título ya, se ve que estuvo en Burgos, Valladolid y Madrid, y que el haber estudiado en las universidades susodichas le hizo conocer a mucha gente, y que se movió en un medio de eclesiásticos y caballeros, dentro del cual era estimado por su pericia en la Astrología, precisamente, y en actividades que entonces, y aun después, han estado muy relacionadas con aquélla: la Quiromancía y la Fisiognomía o Fiosgnómica. Sobre tal pericia suministra muchos datos otro documento de su puño y letra que se ha de examinar despacio.

No terminó la audiencia sin que el licenciado Matos de Noroña le hiciera la primera monición: Amador de Velasco quiso justificar su viaje a Valladolid, habló de su confesión de culpa presentada al doctor Llano de Valdés y, declarándose hombre de flaca memoria, se ofreció a escribir en un pliego lo que más pudiera contribuir a aclarar su situación. Este pliego se convirtió en un escrito larguísimo y curioso por demás.

La defensa de un astrólogo

El 9 de agosto de 1576, en la audiencia de la tarde, Velasco pidió dos pliegos de papel para hacer su declaración. Otros dos el 16, fecha en que se le hicieron segundas moniciones. Otro el 22. El 5 de septiembre decía que, para terminar de poner el orden en aquel *factum*, necesitaba ocho pliegos, «allende de los que se le an dado». No los usó todos, sin embargo, y en la audiencia de la mañana del 22 de septiembre de 1576 presentó dieciséis folios de letra apretada, escritos por las dos caras, en que hace unas confesiones que para nosotros son muy preciosas, pero que a los inquisidores no debieron de parecerles del todo satisfactorias. Este escrito lleva el encabezamiento que sigue: «Lo que hallo conforme a mi memoria, e dicho, he hecho, o visto deçir, haçer, o tener. Es lo siguiente.» Para tener una idea de lo extendida que estaba la fe en la Astrología entre los españoles de aquella época no hay documento más directo. Así, Velasco comienza recordando sus éxitos como astrólogo, en Burgos, donde, en primer lugar, pronosticó al doctor Hiermo, canónigo y catedrático de Escritura, que le darían obispado y le dieron el mismo año la mitra de Mondoñedo. Para esta averiguación aplicó las ruedas de Pitágoras «declaradas» por el maestro Esquivel, catedrático de Alcalá y autor conocido entre los cultivadores de las ciencias cosmológicas en la España del siglo XVI, con su parte de astrólogo al parecer [34]. Completó su pronóstico con un examen de la mano del doctor... y después usó de otros razonamientos que no tienen nada que ver con la Judiciaria. El canónigo tenía partes, había muchas vacantes de obispados y «era mui amigo del presidente del Consexo». Su buena fortuna quedaba manifiesta. Todo lo que en aquel orden había hecho lo realizó sin censura, antes bien con la aprobación de grandes letrados y teólogos, como un fraile agustino, gran predicador, que vivía en Burgos mismo, fray Bernardino de Castro, «el qual en el púlpito dixo ser lícitos los juicios», predicando en Sant Gil «contra un fraile dominico que tenía lo contrario llamado Saravia». También usó de los pareceres de «un fraile trinitario», gran letrado predicador («el cual –indica– no caigo cómo se llama más que traía antojos y decían era consultor del Sancto Officio en Balladolid y por más señas dicen es gracioso en el púlpito como Man-

305

cio»), del mismo doctor Hiermo, del licenciado Fuentes, comisario del Santo Oficio y canónigo magistral; de un fray Bernardo, predicador y confesor de las monjas de «Renuncço»; del maestro Carranza, fraile agustino en Valladolid; del obispo de Laodicea, buen letrado y teólogo, «al qual dixe le darian el Arcidianazgo de Treviño y se le dieron...».

Escudado en tantos pareceres, el licenciado hizo muchos pronósticos: en la corte anunció que le habían de dar un corregimiento, el de Medina del Campo, a don Perafán de Ribera; otro, el de Agreda, al licenciado Oviedo, y el gobierno de las Asturias al doctor Gutierre Gómez. Trabajaba en su posada, e incluso en *palatio* cuando tenía recado para ello. Anunció en Burgos la muerte de doña Isabel de Melgosa a sus parientes. Pero la culminación de su carrera astrológica y quiromántica tuvo lugar cuando, después de haber visto la mano a muchos letrados, inquisidores y obispos, se la examinó nada menos que al inquisidor mayor Espinosa, el cardenal ministro de Felipe II, el cual le prometió ayuda absoluta en cuanto se ordenara[35]. Fue en Burgos donde alcanzó, sin embargo, un beneficio por influencia del gobernador del Arzobispado, y allí enseñó Cosmografía y otras ciencias, siendo el astrólogo y quiromántico de moda. Los textos que usaba eran conocidos. Del de Taisnier[36], autor que «dicen biue agora», recuerda que «es un libro vendible y le he visto en librerías de conventos y en pocos monasterios ai donde no se hallen algunos frailes que la saben este Arte», siguiéndolo o con arreglo a lo que dice otra autoridad. A la Fisiognomía de Escoto (Michael Scoto) le pasa igual y otros libros como los problemas *ad Alexandrum* contienen descritas técnicas adivinatorias de las que él utilizó[37]. Insistió así, una y otra vez, en su buena fe y verdad, porque no hay duda de que el licenciado Velasco se consideraba a sí mismo un astrólogo peritísimo. Entre sus éxitos cuentan también la predicción de la muerte del presidente de Indias, Ovando, o sea el licenciado Juan de Ovando, del Consejo de la Inquisición, que presidió también la Real Hacienda[38], hecha por consulta de un criado de aquél, el doctor Mesa, que luego fue oidor en las mismas Indias, y ante don Guillén de Casas, astrólogo asimismo, y que también tuvo un gobierno en aquellas tierras, y que hacia 1592 debió de tener un proceso como iludente o impostor[39]. Las personas a las que averiguó hurtos parecen de menor importancia, aunque el tema le da ocasión para desarrollar con bastante amplitud lo que sabía y creía de la técnica averiguatoria a este respecto. Cuando discurre en punto a pronósticos en relación con pleitos y sentencias, da rienda suelta a su resentimiento contra don Íñigo de Mendoza, al que indicó las horas propicias para hablar con los oidores que debían sentenciar respecto a la posesión de grandes títulos que solicitaba, pues el aristócrata no le dio nada de cuanto le había prometido y le entretuvo en Valladolid. En este caso, como en el de un pleito del conde de Puñoenrostro[40], el licenciado Velasco completó sus «ideas» atendiendo a la voz pública, al rumor popular.

Aceptemos que don Íñigo no cumplió y que esto fue causa de que Velasco no estuviera en Madrid cuando los inquisidores le exigían ya absoluta sumisión y permanencia a su merced, como prometió, según dice, al doctor Heredia. Hay que aceptar también que, como astrólogo, creía de buena fe que hasta el día que le prendieron no había cometido pecado mortal. Su defensa ha de ir unida a la de la Astrología en general y así lo está.

La doctrina que sobre ella había reunido en un cartapacio estaba sacada de varios autores, y no sólo se refería a la técnica, sino también a la opinión que merecía a grandes figuras, desde el punto de vista teológico. Justino afirmaba que Jesucristo usó de «elecciones». Conocido era también que varios personajes bíblicos contaron con los astros, y que los médicos y los arquitectos los tienen presentes en sus tareas. Dejando a un lado ejemplos modernos y la exposición técnica que hace del levantamiento de figura astrológica (en la que va incluso un dibujo) Velasco pasa luego a tratar de los pronósticos del año, de los modos de anunciar lluvias, tormentas y otros males, como los que anunció para Valladolid y Toledo, y que cogieron en estado de imprevisión a la segunda ciudad. En este género de averiguaciones se confiesa deudor y discípulo de un autor de almanaques y pronósticos de Barcelona, por el que tenía tal admiración que dice podría ser su maestro durante muchos años[41]. Del pronóstico de cosas naturales pasa al de acontecimientos políticos y hechos de carácter social, colectivo. Para Velasco no hay duda de que tanto los unos como los otros están sujetos a unas leyes establecidas por Dios, unas leyes mecánicas en parte, que hay que estudiar, considerando ignorantes a los que se contentan con reconocer la mera intervención divina, que es obvia. Ello le da ocasión para recordar un texto de Huarte de San Juan, lo cual prueba el éxito que debió de tener desde el momento en que apareció el *Examen de ingenios*. En efecto, estamos en el verano de 1576 y aquella obra famosa salió a la luz en 1575[42], de suerte que estaba en plena «prueba» primera de éxito científico. La lectura era para el preso cosa fresca[43]. De Huarte pasa Velasco a otras autoridades y viene a sentar la tesis de que la maldad de los años pasados se debió a la funesta influencia de Saturno, «lo qual vi tratar a mi maestro

Aguilera leyendo, y después al pastor que llaman, donde dixo todo lo que aquí relato». Otros pronósticos había consultado, entre ellos el del barcelonés para los años 1573-1582; otro que le prestó don Pedro de Velasco, hijo natural del condestable de Castilla, y otro romano en que para el año 1580 se predecía *erit unus pastor et unum ovile*. A pesar de su «flaca memoria», el licenciado era capaz de recordar largas citas en latín y de suministrar referencias bibliográficas bastante exactas.

Por otra parte, a partir de 1579 anunciaba grandes venturas materiales y triunfos de la Cristiandad, prediciendo un siglo de oro o «dorado», el XVII[44], en lo que coincidía con otros astrólogos. Para dar a todo ello el aire más grave y respetable posible sacó a colación también que el obispo de Astorga, don Francisco Sarmiento, había hecho un pronóstico, *De aversione Europae*, que él mismo prestó a Velasco. No es el momento de determinar hasta qué punto toda esta producción profética está en relación con las tensiones políticas de la época. El caso es que hasta aquí Amador de Velasco discurre acerca de asuntos que, en realidad, no interesaban primordialmente a sus jueces. Para éstos, como se verá, lo grave de su caso estaba en la posesión y uso de las fórmulas y recetas que había dado a Contreras, La Torre, Heredia y León. Velasco tenía que hablar de esto por fuerza en su escrito. Reconoce así que había llevado a cabo algunas cosas forzado por la necesidad. Que usó de la *scientia* un poco laxamente, aunque siempre –para justificarse– consultó a mucho doctor, mucho teólogo y letrado. Sostiene que no posee libro prohibido por el *Cathalogo*; es decir, el Índice. Respecto a lo que dio a los mozos, repite –como había dicho en el documento presentado al inquisidor Llano de Valdés– que se trataba de burlerías «forçado de la importunidad», y después hace una llamada patética en su desamparo, pidiendo que le socorran a él con tres hermanas doncellas (?), la menor de veinte años, y a sus «padres pobres y viejos y nobles» (?). Tuvo acaso en el momento en que escribió estas líneas una crisis depresiva, producida por el mismo hecho de que de las grandezas de la Astrología tenía que pasar a describir pequeñas y humildes hechicerías, en las que siempre había –es verdad– cierta complicidad de alguna persona ilustre. Así, a la condesa de Fuentes le había dado unos remedios medio medicinales, medio religiosos, pues el licenciado también sentaba plaza de médico y tenía escrito de su mano un libro de Medicina, encuadernado, con manezuelas que «parece breuiario». Reconoció haber realizado algunas adivinanzas, acaso supersticiosas, como, por ejemplo, cuando, al llevarse a cabo unas oposiciones a cierta canonjía de Mondoñedo, apostó diez escudos a favor de Villarreal, su maestro, y rezó la oración de Santa Elena para que se le revelase en sueños el resultado[45], y así dice que se le apareció vestido de canónigo y al coro... También hizo adivinaciones respecto a si una mujer había de parir macho o hembra. Pero, en suma, pocas veces había salido de la ortodoxia. Si conjuró nublados en su tierra, fue con el *Manual de Salamanca*, ni un punto más. A los tullidos, perláticos, cuartanarios y ciegos que le pedían auxilio en sus dolencias, les daba remedios naturales, o les pretendía curar con oraciones y devociones. Si se presentaban casos de «desligar casados», utilizaba el susodicho *Manual* y medios naturales, «lo qual no digo aquí por la deçentia». Amador de Velasco aparece en su escrito como un estudiantón bastante ingenuo y crédulo, con algunos rasgos de malicia y picardía. Con su dosis de orgullo, también.

Dejamos atrás, en los penúltimos folios de su defensa, las fases de depresión. El hombre vuelve a crecerse y, en última instancia, pide razón de por qué a él se le acusa de prácticas que son comunes entre nobles, caballeros, hidalgos, letrados, teólogos, frailes, clérigos, hombres y mujeres de toda clase y condición. Dos tácticas sigue ahora en la defensa de su posición. Como él hay muchos con los que la Inquisición no se mete. Por otro lado, los señores jueces han de saber que en las universidades existen sabios que indican a los estudiosos el modo de poseer secretos y aun fórmulas supersticiosas sin pecar, aplicando la doctrina de *activa passivis*, que produciría el horror de un rigorista jansenista estilo Pascal[46] y las delicias de un aficionado a la Casuística. El licenciado se pinta como un hombre pobrísimo que transcribe y copia una y otra vez textos de libros, que él no puede comprar y que le prestan hombres más pudientes. Asienta en sus papeles oraciones supersticiosas, fórmulas mágicas, recetas adivinatorias, alfabetos, ruedas más o menos pitagóricas, procedimientos para averiguar si lo que se dice es verdad o mentira... La comunicación de tales secretos era poco secreta, según él: esto en tierra tan austera como la de Burgos. Un mozo que vivía con Andrés de Polanco le prestó un texto de Quiromancía, poseía otros muchos papeles de secretillos... «y fuese porque dicen empreñó vna moça», aclara de modo un tanto innecesario. Pedro de la Jara, entallador, tenía en su poder alfabetos astrológicos. Un criado de don Juan Alonso de Salamanca, llamado Contreras, poseía un texto astrológico italiano, trasladado de su mano, en el que se daban reglas, según los sexos. Cantidad de caballeros poseían las ruedas de Pitágoras, los alfabetos, etc., y un texto de Valentino Nevod era harto conocido entre ellos. Otro tanto se podía decir de los frailes. Personas escrupulosas y timoratas podían ver, por otra parte, elementos supersticiosos en los tratados de Arnaldo de Villanova, Alberto Magno, Porta, incluso en el *Dioscórides* del doctor Laguna. Lo malo es que Velasco no parece que se daba cuenta de que estas personas podían tener razón desde un punto de vista piadoso[47] o desde un punto de vista experimental y que muchos inquisidores empezaban a aplicar un experimentalismo fuerte en su profesión. Seguía, por lo demás, aduciendo la doctrina, aprendida de Mancio, de *activa passivis*, aunque, por otra parte, en su aplicación no se presenta tan radical como un médico de Burgos, el doctor Aguiar, que quería preguntar a ciertos espíritus malignos, sacados a unas mujeres en la ermita de Santa Cruz, la «inteligentia de cierta proposition de Philosophia y otra de Medicina». Velasco vivió en un mundo en el que lo sobrenatural y arcano estaba unido a lo natural y cotidiano de manera difícil de imaginar hoy día. Él mismo lo da a entender y reconoce haberse excedido en la familiaridad con ciertos hechos a causa de la familiaridad con ciertos textos[48]. Pero siempre vuelve a insistir en su rectitud religiosa y moral, en su hombría de bien, en su dominio de las pasiones, pues resultaba claro que otro, con menos prudencia, podía haber llegado a más, y que otros, en efecto, habían llegado. No había usado de los «sigilos», había tenido en sus manos más de tres mil secretos naturales, *sin abusar*[49]; conocía ciertas artes que, para el vulgo, podían parecer mágicas, como las de la Prestidigitación[50], y así reconocía «que no es mucho me tengan en lugar de negromántico, y aun peor, y al cavo todo es vn mosquito entre elefantes». He aquí ahora, pues, el desfile de «elefantes» que promueve el mosquito acusado.

Salga primero el ya aludido hijo del condestable de Castilla, don Pedro de Velasco, que, con el famoso astrólogo Zamorano, se hallaba metido en la empresa de hacer el «círculo magistral», cosa prohibida. Salga Pedro de la Hera o Pedroso, de Sevilla, clérigo y astrólogo que vivía en la corte con una hermana. Salga el doctor Pereira, médico en Sarmental y médico del mismo don Pedro de Velasco, con el que hacía juicios, y que se daba especialmente a la Geomancía[51]. Salgan don Pedro Manrique de Santo Domingo, poseedor de la *Clavícula de Salomón*, y don Francisco Orense Manrique, pariente suyo, de un linaje muy ilustre en Castilla, pues era nieto del duque viejo de Nájera, que hacía juicios para alegría y para tristeza[52]. Salgan don Alonso de Salamanca, mozo por casar, muy rico, mercader, astrólogo y poseedor de ruedas[53], y el doctor Gutiérrez, canónigo, «algo seglar en sus tratos» e igualmente astrólogo; salga el cura de San Pedro de Sahelices, conjurador y exorcista, que tenía en su poder un libro de Cornelio Agrippa que prestó a Velasco, al cual el doctor Fuentes le dijo que aquel libro estaba prohibido, recriminándole el cura después a Velasco porque lo había mostrado al doctor; salga el licenciado o doctor Ortega, también astrólogo. Y, en fin, aparezca una figura que nos es conocidísima en su versión literaria. Aparezca la Celestina, ni más ni menos, en la persona de cierta Fulana (¿Isabel?) de la Rosa, vieja enrubiada, que moraba en la calle de Tenebregosa, mal famada en su barrio[54] y a la que don Pedro de Velasco había dado dinero, un librillo de cera y varias prendas para que hiciera «unas cosas» mediante las cuales cierta señora le quisiese bien. Entendía el licenciado que la tal vieja era hechicera y que de ella dirían «una doncella llamada Villalva de Cauallos, que posa al hospital de los Çiegos, en casa de la de Cuevas», y Mariana de Collantes, que vivía con su madre en casa del escribano Valle, en Comparada, y su propia hermana Escolástica. Henos en el mundo de Fernando de Rojas, de don Feliciano de Silva, de Sancho de Muñón. No andaba, pues, falto de razones Velasco cuando, dejándose llevar por la ironía, decía en su escrito: «Y vien puede ser aya yo sido como los gitanos, que hacen los hurtos los vecinos y échanselo a ellos.»

No termina el desfile con la hechicera. Aparecen luego un clérigo bizco, bachiller en cánones, beneficiado en Villegas o Villamorón, cerca de Burgos, que hacía cercos contra los nublados y que estuvo preso en el Santo Oficio de Valladolid, y un caballero prestigioso de Valladolid mismo, don Luis de la Cerda, gran astrólogo judiciario, que había estado en Italia, Francia y Alemania, tratando con los astrólogos más famosos del mundo. Don Luis poseía muchos libros y escritos: al lado de ellos era «aire» cuanto tuviera o hubiese tenido Velasco. Practicaba toda clase de adivinaciones por el agua, por espejos, etc., y acaso se valía en sus experiencias de una licencia especial del mismo Santo Oficio. La cuestión es que, mirando las manos al licenciado Velasco, le anunció su prisión unos ocho días antes de que aquélla tuviera efecto. Por lo demás, era todo un caballero y «buen cristiano». ¿Qué decir del licenciado Samaniego, médico conocido en Briviesca, gran astrólogo, que, según tenía entendido Velasco, había sido nombrado comisario del mismo Santo Oficio? El licenciado Morón de Valladolid también lo era, y asimismo un clérigo sordo y viejo al que conocían muchos, y en Medina y en Zamora podía ampliarse la lista de los cultivadores de las artes raras. En Medina, con el nombre de don Juan de Alamos Barrientos[55], que en su alta posición hacía contraste con el licenciado González o Martínez, judiciario con mala fama, aunque clérigo, que vivía con una hermana casada con un sastre[56]. En Zamora tenían fama de astrólogos el canónigo Bernardo García y el doctor Dimas, clérigo[57]. Con una invocación a su propia honra en que recuerda cómo Jesucristo disimuló con el Demonio tentador, hasta que le tocó en ella[58], y con una petición de misericordia terminó el licenciado Amador Velasco su defensa, escrita durante el mes de agosto de 1576 en las prisiones toledanas.

La marcha del proceso

Presentada el 22 de septiembre, como se ha dicho, el 30 de octubre, y esta vez ante el inquisidor Llano de Valdés, el licenciado Velasco reconoció los papeles que había entregado al joven Contreras, causa de su desgracia. Con esta prueba ya el fiscal realizó su acusación, que debió de presentar el 22 de diciembre de 1576 mismo. Don Francisco de Arce, que fue el fiscal en cuestión, hizo nada menos que cuarenta cargos a Velasco, tomando casi todo de las declaraciones de los testigos, siguiendo en la doctrina a los calificadores y sin tener en cuenta casi lo que el acusado manifestó por escrito respecto a sus actividades. Pero una cosa son las calificaciones y acusaciones y otra las tareas del tribunal en sí. Según Arce, cuyo escrito se le leyó al acusado en la audiencia de la mañana del dicho día, tras una tercera monición en forma, Velasco era apóstata, fautor y encubridor de herejes, incurso en excomunión mayor y diminuto en sus confesiones: debía ser penado con confiscación y pérdida de bienes, incapacitación para ejercer cargos e inhabilidad o inhabilitación para sus descendientes, si los tuviere.

El inquisidor Llano de Valdés comenzó, lentamente, a consignar las respuestas del acusado a aquella acusación larga. Velasco volvió a repetir gran parte de lo que había escrito de su puño y letra, suministrando, de cuando en cuando, algún detalle nuevo. Así, por ejemplo, y posiblemente con el ánimo de impresionar algo a su interrogador, al responder al cargo segundo, dijo que estando en Madrid iba a casa de don F. de Valdés, caballero del hábito de Santiago y sobrino del famoso arzobispo de Sevilla e inquisidor general Valdés, y que nunca este caballero le tomó cuenta de sus habilidades. Insiste en su «buena conciencia» frente a otros. Destaca la personalidad del cura del lugar de Cogollos, a tres leguas de Burgos, llamado Lerma, como gran cazador, conjurador de tempestades y hechicero, al responder al cuarto cargo, y al séptimo vuelve a la carga contra don Pedro de Velasco, que era hijo del condestable don Bernardino y que debía de ser un maestro consumado en las curiosas artes. Éste era el que sabía hacer sigilos, imágenes en plomo y plata con ciertos caracteres, teniendo en cuenta las constelaciones y observando los signos y planetas. Éste le había enseñado la fórmula para que las mujeres se levantaran las faldas y otras. Éste se dedicaba a hacer el círculo magistral[59], y con su pariente Manrique usaba de continuo de un libro que ya nos es conocido, repetidas veces nombrado; de un ejemplar en pergamino, muy antiguo, de la *Clavícula de Salomón*[60] y de los textos de Arnaldo de Vilanova[61].

El inquisidor, a veces, parece interrumpir la declaración con una pregunta concreta; por ejemplo, la de qué es el «círculo magistral». Velasco responde que es una figura que se hace con tres fines u objetos fundamentales: para que cuando se hace trato con un mercader y se le paga el dinero se le vuelva a uno, *ad amorem* y para juego. Y sigue insistiendo en que un fraile le aprobó como buena y católica la fórmula para conjurar al caballo, que el nieto del duque de Nájera había hecho algunos siglos en San Andrés de Pedernales, etc.

Continuó la audiencia el 8 de enero por la mañana. El tema central del interrogatorio a la sazón fue el de los espíritus familiares. Creían en ellos don Pedro de Velasco y el cura Lerma, con gran escándalo del licenciado, que no quiso seguir su «orden» para tener uno[62], en parte por miedo, en parte por incredulidad. Cosa que parece extraña, pero que es aceptable desde un punto de vista psicológico. En cambio, procuró obtenerlo el cura de San Pedro de Sahelices, ya citado[63], poseedor de un libro de Agrippa[64], gran alquimista, que sacaba demonios, que tuvo un altercado con Amador porque éste confió el libro al doctor o licenciado Fuentes, canónigo de la magistral, que fue el que le dijo estaba prohibido, según se recordará. Adscrito a la catedral misma, por otras razones, vivía en Burgos un Pedro o Martín «del Aya», que era astrólogo, poseedor de muchos libros en romance e italiano y papeles de los que le hacían cargo a Velasco, el cual precisa que era hombre soltero, como de cuarenta años, y «paresce que tiene la obra él y su hermano de la yglesia mayor de la dicha ciudad»[65]. Conviene aclarar que esta obra es la del retablo mayor, acabado a 9 de febrero de 1580, según dicen los eruditos. Rodrigo de la Haya dirigió la obra desde 1562, y al morir se encargó de ella su hermano Martín, con el que colaboraron Simón de Bueras, el famoso Ancheta y Domingo de Berriz. Los Haya parecen haber sido familia de artistas en varias generaciones[66]; pero este testimonio de Velasco nos da un perfil interesante para reconstruir la personalidad de un arquitecto de la época de

Felipe II. Respecto al joven y rico mercader don Juan de Salamanca[67], precisa también que vivía en la calle de San Llorente, frente de las casas del Canto, que era poseedor de muchos secretos naturales, no naturales y sobrenaturales; que era el dueño de aquel texto astrológico italiano que, en parte, le tradujo un criado del obispo conocedor de aquel idioma, siendo otro criado del mismo Salamanca el que se lo había confiado. Usaba el mercader las tablas y ruedas de Pitágoras, declaradas por el maestro Esquivel, y las «dichas Ruedas seruian para sauer sus casos de negocios».

Recuerda luego al canónigo Joan Clemente, de Burgos asimismo, dado a la Alquimia, el cual daba gran crédito y tenía en su poder el texto de Agrippa sobre esta materia[68], y trata con más detalles de un fraile agustino que había estado en Indias, portero del monasterio de Burgos y que no había pasado a mayores por escasez de estudios y que, sin embargo, presumía de saber descubrir dónde había tesoros y desencantarlos mediante cercos. Este fraile comunicó a Velasco que uno de tales tesoros escondidos estaba en el corralillo de la casa de Oñate, el barbero, que daba al río; se prestó a indicar el modo mediante el que se podía sacar (ya que le era imposible salir del monasterio), pero siempre que le dieran su parte. Había, pues, que hacer un cerco y pronunciar ciertas palabras invocatorias en latín[69], que debió de ser Velasco el encargado de pronunciar, porque se concertó con el barbero; cavaron éste, sus hijos y hasta una criada, «y aunque más se aondó no se halló nada». Acaso porque Velasco, en última instancia, no dijo las palabras requeridas.

Continuó la audiencia el 8 de enero por la tarde, tratándose más en ella de la busca del tesoro y de las actividades de otras personas metidas en negocios poco ortodoxos. Así de un fulano Saravia, de Burgos, que vivía en Cantarranas, poseedor de papeles mágicos, el cual había dado a Velasco un pergamino con palabras escritas y que tenía trato con cierto hombre de armas, del que se decía poseía un familiar, descubría hurtos y sacaba demonios; de un mozo hermano del maestro don Carlos, «el que mataron en Salamanca», que poseía muchos secretos *ad amorem* y conjuros infernales con nombres de demonios más o menos bien transcritos siempre[70]. Más detalles acerca de la personalidad del beneficiado de Villegas, al que se había acusado de haber hecho caer un pedrisco sobre Burgos, y sobre el licenciado Samaniego de Briviesca, al cual dice Velasco que escribió, recomendando a ciertos hombres que andaban buscando un tesoro, para que les auxiliara con sus conocimientos astrológicos. Y salen después más clérigos, más estudiantes, más caballeros. El 9 por la mañana le toca la vez a don Luis de la Cerda, y el 11 hace más rebusca en la memoria, hablando de Alamos Barrientos y de un librero que también vivía en Medina, el cual proveía de literatura mágica a don Diego de Sandoval, corregidor de Segovia, «aunque fuese de libros traídos de casa del diablo»[71]. Del librero medinés, Urueña, pasa a las grandes figuras: a sus maestros de Salamanca y Granada. El maestro Barrientos no era sólo astrólogo judiciario; era también poseedor de conjuros, hechicerías, encantos y fabricante de sigilos. Había sido llamado por dos veces al Santo Oficio, y una de ellas estuvo detenido en casa de Corcuera, librero y familiar; familiar, aclaremos, no de los de tipo mágico-demoníaco, sino de la Inquisición. Barrientos había sido penitenciado, al decir de Velasco.

El catedrático de Filosofía Natural, el maestro Francés, también era dado a Quiromancía y Astrología[72], y un carácter más perverso tenían las actividades de un mozo de Burgos llamado Carrión, llegado luego de haber hecho estudios en Salamanca a la ciudad natal, prestimano, que hacía juegos de cartas y otras experiencias, a escondidas, con don Pedro de Velasco y hombres de mal vivir por todos conceptos. Tampoco sale muy bien de estas declaraciones la figura del maestro fray Agustín de León, premostratense, hechicero notario, sacrílego, fabricante de hechizos *ad amorem* y que parece haber sido el poseedor primero de las fórmulas para hacerse invisible que tenía el licenciado. Según declaró éste el 14 de enero en la audiencia de la mañana, en que siguió hablando del fraile, aquél había estado preso en Valladolid, y cuando Velasco le planteaba el posible carácter herético de sus actividades, le hacía una distinción según la cual él no incurría en *herejía*, sino en *abuso*. También afirmaba que en una invocación a Belzebú se podía considerar que no había más que referencia al «Príncipe de las moscas», que es lo que quería decir la palabra, según le confirmó a Velasco un teólogo «hebreo», es decir, hebraísta. Continuó nuestro clérigo declarando todavía el 15 de enero por la mañana, en que habló de los maestros de Granada, alguno de los cuales era también astrólogo, y de otras personas que conoció allí, que manejaban las fórmulas de que a él se le hacía cargo[73].

El 19, por la mañana también, recordó el parecer de fray Bernardino de Castro, el fraile que había predicado en Burgos a favor de los juicios astrológicos, el cual enseñó a Velasco en corroboración de su tesis un texto del Abulense en su comentario al Génesis. Viene luego un examen de lo dicho respecto a libros y textos utilizados. El 8 de febrero por la mañana siguieron tomándole aclaraciones acerca de aquella materia, y el 9 a la tarde responde a los capítulos VIII-XIX de la acusación, señalando el origen diverso de las «receptas» recogidas por él. El 13 a la tarde continuó con los cargos del capítulo XIX respecto a las mismas, en número de veinticuatro. El 28 a la tarde examina el contenido de las recetas 25-26, y el 11 de marzo por la mañana, de las que hacían los números 37-45. Al fin, el 14, por la mañana también, dio término aquel análisis, hablando de las recetas 46-54. Se ve que en muchos casos no se acordaba de su índole. «Todas estas receptas –advierte el escribano– an entrado debaxo del cap. 19.» Así, el 18 de febrero por la tarde, aún ha de responder a los cargos contenidos en los capítulos XX-XL. Y por entonces se le comunica que su letrado defensor será el doctor Tello Maldonado. Con él se comunicó a la tarde del 27 del mismo mes, en que reconoce la exactitud de todo lo escrito en el proceso y en que el mismo doctor Tello le aconseja que diga siempre la verdad. Velasco, por su parte, manifiesta que no tiene más que decir y aun pide ser dado por libre. Consideró el inquisidor de turno, licenciado Reinoso, en vista de esto, que la causa estaba conclusa. Por su parte, el fiscal, que lo era a la sazón el licenciado Sotocameno, presentó otra vez los formularios, y Velasco fue de nuevo amonestado, tras lo cual pasaron varios largos meses de silencio en la cárcel.

Las tareas se reanudan el 9 de julio de 1577, en que otra vez Llano de Valdés interviene en una audiencia de la tarde en que se hace la publicación de testigos: son los cuatro testigos iniciales, y su deposición se halla descompuesta y ya analizada con arreglo a la acusación fiscal. Punto por punto hubo de responder otra vez el licenciado, reconociendo con claridad de dónde venían las acusaciones e insistiendo en su punto de vista: admitió que algo «puede ser» o «bien puede ser» que fuera así, y se remitió a «lo que dicho tiene». Insistió, por lo demás, en la influencia que ejercieron sobre él las ideas de fray Agustín de León. El 15 de julio por la mañana hubo de asistir a la lectura de sus cuadernillos malhadados. Llano de Valdés seguía, insistente, en funciones. La respuesta esta vez la hace su letrado, y el mismo día 15 presentó un nuevo escrito de su puño y letra, de un folio y medio casi, recusando al tercer testigo, que le atribuye cosas sacrílegas que él no ha hecho ni creído y calificando siempre de «burlerías» al contenido de sus recetarios. El 13 de agosto por la tarde, el 14 por la mañana, el 17 por la tarde otra vez, aparece ante el infatigable inquisidor con su letrado, y el último de estos días se leyó la defensa que el 16 había presentado el doctor Tello, escrita con muy bonita letra, breve y claramente. En ella se pide la absolución: Velasco niega todo lo que excede a sus propias confesiones, alude a su obediencia y sumisión al Santo Oficio y, en última instancia, advierte que de la posesión de unas fórmulas no se infiere su utilización[74].

La posesión no prueba uso, en efecto; menos en un hombre cristiano, temeroso de Dios, estudioso, que asiste regularmente a misas y sermones, que confiesa y comulga con la regularidad debida. Los testigos de cargo son —por otra parte— singulares, varios y contradictorios en sus acusaciones. Contreras —al que indentifica tras el anonimato— es menor de edad y de poco seso; «Fulano de León», del que sospecha «muy mal christiano de malos tratos», amancebado que «trata con mugeres de mal biuir y rrameras». Pide por fin la absolución y que se use de benignidad con él, atento a que es letrado, graduado de licenciado, tenido en buena reputación, de buenos y honrados padres y deudos.

A la mañana del día 17 de agosto volvió a comparecer a petición propia y solicitando que se interrogara a varias personas, que habían de responder a seis preguntas, a saber: 1) Si le conocían.— 2) Si le habían visto en hábito clerical y honesto, como hombre de bien «que tratava con gente prinçipal y religiosa».— 3) Si era tenido por buen cristiano, cumplidor, y con trato con los padres Jerónimos de Madrid, a los que visitaba en su monasterio.— 4) Si vivía recogido en su posada, sin tratar de hechicerías, adivinanzas, etc.— 5) Si sabían algo acerca de su estancia en la corte, con idea de solicitar una plaza de maestro de los pajes del rey, porque tenía favor para alcanzarlo.— 6) Acerca de su persona en general.

Dio como testigos de descargo, para lo que se refiere a los puntos primero, segundo y tercero, a fray Juan de Toledo, preciador, de sesenta años; a fray Andrés del Águila, lector, de treinta y cuatro; al maestro de novicios de los Jerónimos, fraile noble, letrado, alto de cuerpo, de unos cincuenta años (del que no daba el nombre) y a dos sacristanes del mismo monasterio, uno sacerdote, alto, enjunto y gotoso, y otro lego, de treinta y dos años, que hacía de vestir a los frailes, «los quales son todos de S. Hieronymo en Madrid». Para las cuestiones primera, segunda y quinta pedía el testimonio del doctor Heredia, confesor de las damas de la reina y examinador de los libros prohibidos, que moraba junto a Santa Cruz (y que él «diga si el dicho licenciado Velasco le suplicó sobre su pretensión de plaça de los paxes»). Para la misma averiguación requiere también los de Tristán de Porres, montero mayor de Su Majestad y guardadamas de la difunta reina doña Isabel, su yerno Adrián de Torres y el del hijo menor del secretario Gracián, al que pidió le mostrase la librería de don Juan de Mendoza, que, a lo que parece, era importante. También pidió testificación de Tomé de Villa Real o Villarroel, su mujer y su hijo, fraile, trinitario que vivían frente a la puerta de San Luis, la de Pedro de Padilla, su mujer y suegra (Catalina de Escalante) y la de María García, doncella, residente a la sazón en Toledo, en casa de Alonso de Medina, que era tío de ella. Pide también que declaren «la de Montañés, viuda en Madrid, y su hierno, que es de la guarda del Rei y su hija. Viue en frente de la puerta trasera del monasterio nuevo de las Arrepentidas; tenía –añade– el dicho licenciado Velasco los dos aposentos vajos de manderecha en entrando, y llevólo allí Pedro de Padilla para concertar los aposentos».

En relación con el punto cuarto, y respecto a su vida religiosa, pedía testimonio de cómo confesaba al cura de San Sebastián de Madrid, Aguilera, que le había de tener inscrito en su matrícula de confesados el año de 1576, y del cura de San Luis, que le confesó cuando Velasco estaba enfermo en casa de un sastre apellidado Campo, como también podían atestiguar éste, su mujer y su suegra.

Por último, pedía que declarasen dos criados que había tenido, Martín de Lázaro, de veintitrés años, y Brizuela, de veinte. Esta petición fue enviada a Madrid, el 6 de octubre de 1577, para que se llevasen a cabo los interrogatorios correspondientes, y con ella otra respecto a la personalidad de los testigos de cargo. Tocante a la mala vida de «Fulano de León», podrían decir algo Jerónima de San Miguel, «la de Hidalgo» y la Núñez, Solana y su mujer. Respecto a si Contreras era muchacho, «tavarillo de poco seso», metido en trato con mujercillas bajas y de vida sospechosa, el mismo Solana y Lucía Vázquez, mujer casada que vivía en la calle de los Gitanos.

Pero ya antes habían declarado algunas de las personas que el licenciado ponía como testigos de descargo dando fe de su personalidad, aunque no fuera más que en términos rápidos y poco expresivos. El 9 de agosto, por la tarde, había comparecido en Toledo la doncella Marina García, de dieciocho años, la cual reconoció que sabía quién era el licenciado, pero dijo no saber nada respecto a las cuestiones tercera, cuarta y quinta del interrogatorio que le presentaron. También declaró el tío de ésta, Alfonso de Medina, natural de Villada, de cincuenta y seis años, quien dijo conocer al licenciado desde hacía veinte años en su pueblo natal, «porque dezían que era hijo de un Juan de Herrera pintor cuñado deste declarante, tornó a dezir hijo bastardo del dicho Juan de Herrera». Respecto a su vida en Madrid, Alonso tampoco sabía nada. El 20 de agosto, por la mañana, Andrés Núñez Cerezo, de veintiún años, natural de Villada asimismo, dice saber también que el licenciado era hijo del dicho Juan de Herrera, pero que cuando él le conoció no iba en hábito clerical, sino con herreruelo y sombrero grande. Y nada más.

«El hechicero folklorista»

Ha de advertirse ahora que el 27 de agosto de 1577 Velasco presentó al Tribunal otros dos folios y medio, o casi tres, escritos en defensa propia y revelando un nuevo aspecto, curiosísimo, de su personalidad. Según este escrito, era un hombre tan ávido de saber que recogía febrilmente toda clase de noticias y curiosidades. Las recetas mágicas no constituían más que una parte pequeña de una especie de archivo documental histórico y *folklórico*, diríamos hoy, porque estaba compuesto de papeles curiosos, como el testamento del arzobispo Valdés, el del conde Garci Fernández, noticias sobre la orden de los trinitarios, muy interesantes para la misma, acerca de las encomiendas de Calatrava y mil papeles más de este jaez[75]. Pero, por otro lado, el licenciado, además de ser poeta en latín y romance, era colector de lo que componían otros y de lo que oía. Llevaba, así, un librillo en las calzas y si oía un dicho gracioso o una anécdota los transcribía; copiaba también inscripciones sepulcrales y, en suma, tenía una «agonía» de saber que le había hecho ser gran experto en la determinación de dónde había minerales valiosos, no por procedimientos de zahorí, sino observando las *hierbas* y el terreno. Así se considera el hombre más aventajado en España en lo que hoy se denominaría Metalogenia. Por saber la fórmula de la fabricación de espejos fue andando desde Granada a Alhama, y este apetito de saber le tenía dominado de tal suerte[76], que no había biblioteca que no hubiera explorado si quedaba a su alcance hacerlo. Presentándose, pues, como hombre de cultura superior y adulando a los inquisidores en lo que pudieran tener de letrados de alta escuela, el licenciado discurre luego acerca de lo que es este apetito de saber y recuerda un texto de Isócrates sobre el particular[77]. Pero al fin, como en otras ocasiones, pide piedad para él, para su madre anciana y desvalida, para sus hermanas doncellas, y vuelve al tema de lo extendida que está la Astrología en España, repitiendo que habrá diez mil personas que la cultivan y que no va a ser él el que pague por todas ellas.

En fin, en este momento curioso termina haciendo uso de un texto de fray Miguel de Medina en *De recta in Deum fide*, libro II, capítulo VII, fols. 58, 59 y 60, en que aquél enumera todos los géneros de hechicerías, encantamientos y supersticiones que existen y en que afirma que la Astrología es la madre de todas las artes condenables y condenables[78], concluyendo que *en lo futuro* debe ser condenada ella misma[79].

La sentencia

Del 26 de septiembre al 22 de noviembre de 1577 se reunieron las declaraciones de los testigos de la corte. Primero, el 26, las de los frailes jerónimos, que fueron fray Juan de Toledo, fray Francisco de San Jerónimo, fray Andrés del Águila y fray Francisco de la Fuente, sacristán, el cual había conocido a Velasco siendo novicio. Más o menos todos se acordaban de él como de un clérigo que les visitaba, que solía hablar de Astrología y que tenía conversación propia de hombre culto. Desfilan luego el licenciado Adrián de Torres, Tristán de Porres, Santiago López, Catalina Beltrán, mujer de Juan de Montañés; María de San Pedro, mujer de López... Sus testificaciones son anodinas, como la de Juan de la Puente, cura de San Luis. Por su parte, un fray Juan de Castañeda, a 8 de octubre de 1577, declaró haber oído que Velasco sabía dónde había muchos tesoros, con lo que podría servir a Su Majestad, y la familia Villarroel, fray Tomás y sus padres Tomé Villarroel, sastre, y Juana de Torrejón, depusieron favorablemente, en el sentido que quería Velasco, sin duda. Aún el 22 de noviembre declararon el doctor Heredia (reconociendo que conocía a Velasco como hombre de vida regular), María de Alcántara y su marido P. de Solana.

Todos los requisitos legales estaban cumplidos para poder sentenciar. Una tarde de diciembre de 1577 hubo en el palacio de la Inquisición de Toledo junta de lo que en francés llaman *gros bonnets*. Era el día 20, poco antes de Navidad. Allí aparecieron los tres inquisidores que habían intervenido en el proceso que nos ocupa, es decir, el doctor Llano de Valdés y los licenciados Matos de Noroña y Reynoso; asistían también el doctor Obregón, vicario general del arzobispado (que tenía las veces del licenciado Gutiérrez); el licenciado Pineda, el doctor García de Loysa, el vicario de Guadalajara, el maestro fray Marcos de Valladares, de la Orden de Santo Domingo, y el canónigo don Jerónimo Manrique. Todos estuvieron de acuerdo. Velasco debía salir en un auto de fe público, en forma de penitente, sin cinto y sin bonete, con una vela de cera en la mano; allí se le leería la sentencia y había de abjurar «de levi», tras lo cual quedaría desterrado por seis años[80] del distrito inquisitorial. Después de tantas averiguaciones e «inquisiciones», después de tanto interrogatorio, la sentencia venía a recoger la acusación fiscal, basada en los testimonios de los primeros denunciantes y en las «receptas». El 13 de abril de 1578 le era leída al licenciado Amador de Velasco en el auto de fe, celebrado en la plaza de Zocodover, donde para los efectos se habían dispuesto dos cadalsos, uno donde estaban sentados los inquisidores y sus invitados, otro donde estaban los reos, y en presencia de cantidad de eclesiásticos y hombres nobles de la imperial ciudad, que debían de estar muy acostumbrados a esta clase de espectáculos sombríos[81]. Muchos meses de cárcel le costó al clérigo burgalés su «agonía» de saber y su curiosidad inquieta. Al día siguiente, el 14 de abril, el licenciado Reynoso o Reinoso le hacía comparecer de nuevo ante sí. Con arreglo a una fórmula establecida le preguntaba si tenía algo que decir y le hacía jurar que guardaría secreto de cuanto había visto, oído y hecho, conminándole a que cumpliera la sentencia y saliera de la ciudad inmediatamente. Sin embargo, Amador de Velasco se retrasó algo. Redactó un corto escrito, pidiendo que los inquisidores le dieran algún documento para rescatar sus libros, confiscados en Valladolid, cuando le prendieron; pero la respuesta de Llano de Valdés, Matos de Noroña y Reynoso fue conminatoria. El 18 de abril le repetían que saliera de Toledo y que en seis días se pusiera fuera de su jurisdicción. Ya era bastante. Ya era bastante, sí, porque a otros, tras experiencias parecidas, les había ido peor...

He aquí que Don Quijote, en ocasión memorable, se encuentra con aquellos desdichados a quienes «llevaban donde no quisieran ir»[82], y que al interrogar a los condenados, camino de galeras, topó en cuarto lugar con un hombre de rostro venerable y larga barba blanca, que al preguntarle la causa de su condena comenzó a llorar. Había sido sacado a la vergüenza y penado «por haber sido corredor de oreja y aun de todo el cuerpo», según aclaró uno de sus compañeros; es decir, por alcahuete y por tener sus puntas y collar de *hechicero*. Hace entonces Don Quijote el elogio de la alcahuetería, como oficio utilísimo en las repúblicas, y con respecto a las hechicerías declara que no hay peligro en el mundo capaz de mover a forzar voluntad; que el albedrío es libre y no hay hierba ni encanto que lo fuerce si no se emplean misturas y venenos que afectan puramente al cuerpo, como son los que emplean algunas mujercillas simples y algunos embusteros bellacos. Asiente el anciano a aquellas palabras discretas y luego ocurre lo que todos sabemos. Amador de Velasco, si cumplió puntual con la pena de destierro, no se vería en el trance de ir encadenado, rumbo a algún puerto del Mediterráneo, como el viejo venerable a quien libertó Don Quijote.

Pero dejando aparte este recuerdo cervantino, hemos de preguntarnos al fin: «¿Qué clase de hombre era nuestro licenciado?» Para mí, un pequeño Cardan, un clásico clérigo de los que salen ya en el más viejo teatro peninsular, conjurando nublados, curando, dándose a las artes curiosas. ¡Lástima no conservar su colección de anécdotas y aun su colección de poesías! De tenerla en nuestras manos, acaso de oscuro penitenciado por el Santo Oficio hubiera pasado a ser un personaje algo conocido de la literatura castellana.

NOTAS

1. Archivo Histórico Nacional. Inquisición de Toledo, leg. 97 (núm. 279), 8 (*Catálogo...*, p. 103), sin foliar y con documentos duplicados, como esta testificación.
2. He aquí su denuncia: «Digo yo Juan Alonso de Contreras estante en la corte de su Magestad en la villa de Madrid que yendo a visitar a Aguirre official del Secretario Delgado tope allí al Licenciado Velasco, que dizen que es Astrologo, el qual estaua allí mirando las manos a unas mugeres, supe que echaua juizios, y viendo y esto le roggue me mirase la mano, y me la miro y quedamos muy grandes amigos. Yo afficionado a su habilidad le rogue me le enseñasse, y que se lo pagaría, y el me dixo, que no queria de mi otra cosa, sino que le retratase. Yo le dixe, que le retractaria, y aun se lo seruiria muy bien. Y ansi le empece luego a visitar, y el a darme liciones de Astrología, y un dia estandome mirando la mano me dixo, que tenía afficion a una dama soltera y a una donzella, y que auia dias que estaua afficionado a la donzella. A mi pareciendome que dezia bien le pregunte, que como sabria yo si me quirie bien, y me dixo que me quirie mucho sant Isidro ver e comunicar presencialmente a sancto Gregorio: y el mejor dezir, que me lo enseñase, y me dixo, que no tan solamente me mostraria a saber si una muger me queria, pero que me enseñoria tambien a hacer, que aunque me quisiesse mal, me quisiesse mas que a su vida, y que me enseñaria a echar un juizio, y que me enseñaria a hazerme imnuisible, para que pudiesse entrar en casa de mi dama, sin que nadie me uiesse, lo que alla pasaua, y tambien me daria remedio para caminar en una noche treszientas leguas, y yo de que oy esto eleme y estaua medio embobado de oir aquellas cosas, y como vi que entrauan tan en gruesso no sabia que dezirme, y preguntele si podia hazer aquello con buena consciencia y me dixo que bien podia hazer como no lo uiesse naide, porque si lo sabia alguien de la Inquisición (fol. vto.) le podia acusar y costarle caro, por esto que lo hiziese muy secretamente sin que nadie lo supiesse. Yo le dixe que yo le prometía guardarle secreto y ansi el fiandose de mi, em empeço a dar liciones de Astrología y juntamente con esto me daua algunos quadernos, que trasladaba destas sus habilidades secretas, y me aconsejaba que fuesse trasladando, que el me iria dando quadernos que trasladasse. Yo le dixe entendimiento ya su bellaquería, y con quan poco temor de Dios y de sus santos me mostraua aquellas tan abominables graçias, yo yua dissimulando con el, y haziendome mas su amigo, para sacarle todos los mas papeles que yo podía, con intencion de deponer dellos de la suerte que Nuestro Señor mas fuesse servido, y assi yo lo comunique con mi confessor y me mando que yo presentasse a V. M. estos papeles, y denunciasse deste tal hombre, y assi presento a V. M. tres quadernos y un Abecedario, sin otros dos o tres casos o ruedas de Astrologia, y porque es uerdad lo firma de mi nombre en Madrid onze de mayo deste año del Sr. de mil y quinientos y setenta y seis. Juan Alonso de Contreras.»
3. «El luego el dicho Juan Alonso de Contreras presento un medio pliego de papel, que tiene dos quadros escritos y en el uno están unas letras de guarismo, y en el otro unos signos, y a derredor unas letras de quenta de guarismo, que tiene esta señal ☿. Yten presento, otro medio pliego de papel con un cerco de rueda y otros dos en el mismo, y dentro de un cerco esta un abecedario, y dentro del otro estan

323

unas letras de guarismo, y encima de la letra A esta una cruz, el cual tiene esta señal ⊕. Yten presento un quadernillo de ochauo de pliego con diez hojas las tres y un poco de otra escritas el que empieça para que alcances el amor de cualquiera muger, y acaba, para caminar en una noche cien leguas, y aun trezientas cinquenta y quatro, y el trezientas cinquenta y quatro esta en guarismo. Dize en la cara de la primera hoja, tabla, y estan luego allí puestas unas quentas de guarismo, y dize dicho Juan Alonso de Contreras que este quaderno es tabla y memoria de todos los quadernos, que el dicho Licenciado Velasco tiene y para lo que son el qual tiene esta señal ₠ . Yten presento otro quaderno de ochauo de pliego que tiene seis hojas las dos de cobrança, que es cubierta del dicho quaderno, y la una dellas que es de papel blanco esta toda escrita y un poco de otra hoja y empieça para se hazer un hombre unuisible, y acaba tocan a cerrojos y herraduras luego se quiebran, el qual tiene tal señal ₽ . Yten presento otro quaderno de ochavo de pliego que tiene ocho hojas las dos destraça que son cubierta y las seis de papel blanco y la vna y media de las blancas estan escritas, y empieça assi. Para caminar cient leguas en una noche, y acaba, no te santigiues ni mientes a Dios, ni a sus santos, el qual tiene esta señal ₼. Yten presento otro quaderno de ochauo de pliego, que tiene doze hojas de papel blanco, las siete dellas escritas, y empieça ad amorem conciliandum, y acaba o escriuir esto en una oblea, y echarla por cu- (fol. vto.) bierta, de lo que se da a comer como turrón, etc., el cual tiene esta señal ♐.»

4. «– + A.B. / A ♯. Esto es la tabla. Presentólo Joan Alonso de Contreras y este es el primero numero. Empieza así:

1) Para que alcances el amor de qualquier muger que quisieres y que ella misma te ame, quaderno primero y todo lo que toca a amores y para que marido y muger se quieran mucho.
2) Para que la muger no pueda hacer maleficio a su marido sino que le ame como a si misma = 2.
3) Para ligar y desligar a las personas que lo estan = 3.
4) Para que el marido conozca si su muger le hace maleficio y si le quiere bien = 15.
5) Para que la muger conozca si su marido le a hecho malificio cuando se a ido a un viaje = 57.
6) Para que vna mujer se muera por tener acto con hombre = 16. (Fol. vto.).
7) Para proueer de vn virgo alguna dama que por su mal le perdio = 18.
8) Para que vna muger por más actos que tenga con vn hombre no conciua = 17.
9) Para que la muger después de preñada y le ymporte la vida el no lo estar lo mal para = 19.
10) Para que vna muger no espere tener acto con vn hombre aunque tenga voluntad ni hombre con muger = 41.
11) Para que el hombre o muger esté seguro de que no le hechiçen = 27.
12) Para contra el veneno, phantasmas, brujas y cualesquier pavores = 27.
13) Para se guardar de phantasmas y miedo = 20.
14) Para que entre sueños no se vea visión mala = 34. (Fol. r.)

15) Para que una persona diga entre sueños lo que a hecho entredía preguntándoselo = 21.
16) Para que los hombres canten y vailen en cualquier lugar que estuvieren = 48.
17) Para que pasando vnas mugeres por vna calle salten y vailen = 45.
18) Para que pasando vnas mugeres por vna calle se arregaçen hasta mostrar sus vergüenças = 40.
19) Para que pasando vnas mugeres por vna calle se destoquen la caveça y que sucedan cosas mui riduculosas y de maravilla = 39.
20) Para que estando las mugeres al fuego vailen las faldas alçadas y otras maravillas = 46.
21) Para que puedas ser bien quisto de todos, y alcançar lo que pretendes (fol. vto.) de señores y príncipes y puedas vençer a los enemigos = 14.
22) Para que nadie te pueda haçer mal ni daño ni mueras de ninguna herida ni mal que te hagan hasta que te quiten çierto scrito que as de traer = 11.
23) Para atormentar a los demonios en conjuros y constriñirlos a que hagan lo que tú quieres = 10.
24) Para hacer que vno se vaya secando hasta que muera, o que padezca enfermedad, o que muera de presto y con violentia = 9.
25) Para que si jugaras siempre ganes a todo género de juego = 7.
26) Para saber dónde ai tesoros y para desencantarlos = 6.
27) Para hacer que no se apedree vn pueblo (fol. r.) o termino y hacer que la piedra caiga do quisieres = 5.
28) Para que ningún perro te ladre ni muerda = 4.
29) Para que puedas atravesar la caveça de vn perro o qualquier animal y que dentro de 24 horas esté sano, esta cosa es grande = 55.
30) Para si uviere lobos en vn monte haçerlos juntar donde quisieres, que es muy provechosa = 44.
31) Para haçer que los lobos no entren en el término do quisieres (aunque) más abundantia dellos aya = 53.
32) Para haçer que no aya ratones en vna casa iamas = 49.
33) Para haçer que no aya moscas en vna casa iamas = 56.
34) Para ahuyentar la langosta (fol. vto.) y se vaya donde no hagan mal = 31.
35) Para encantar las serpientes y haçer que te ovedezcan y se vayan donde quisieres = 24.
36) Para haçer que donde quisiéremos en vn río se junten muchos peçes = 50.
37) Para haçer que las vacas y ovejas y qualesquier animal huigan y vayan saltando como que ravian el tiempo que quisieres. Lo qual acaeçe muchos años en la feria de Salamanca y es harto mal hecho = 51.
38) Para hacer que por mas espoladas que ven den a vn caballo o a qualquier otro animal no pase por vna calle = 22.
39) Para que las palomas huigan de sus palomares y las avejas de sus colmenas = 25. (Fol. r.)
40) Para pescar y caçar en gran cantidad = 8.
41) Para que en vn palomar aya gran número de palomas y se vengan de los otros a él = 29.

325

42) Para que se lleguen gran número de cueruos a la parte do quisieres = 12.
43) Para entender lo que las aues diçen quando están grojeando = 13.
44) Para que ningún género de gusano se críe, en los áruores = 25.
45) Para que en una huerta no se críe njngún género de fruta aunque más veloçes estén los árboles ni ubas en vna viña = 43.
46) Para que el vino dure mucho y sea bueno y no se buelua = 35.
47) Para hacer que vna Barrilla de oro pese más de lo que tiene o vn doblón = 33.
(Fol. vto.)
48) Para haçer que la casa esté segura de ladrones ni que nadie se atreuá a entrar en ella a hacer agravio = 37.
49) Para haçer que la casa esté libre de fuego = 38.
50) Para haçer que vna ciudad, villa o lugar esté libre de enemigos = 42.
51) Para que vn hombre se haga invisible = 23.
52) Para que vna persona no pueda dormir sueño en toda vna noche = 30.
53) Para enveodar a qualquiera persona que quisiéramos sin que lo sienta la persona = 26.
54) Para sin medisçinas sanar de qualquier enfermedad = 47.
55) Para restañar la sangre de qualquiera herida = 36.
(Fol. r.)
56) Para saver cómo se hallarán los hombres ahogados en los ríos = 32.
57) Para caminar en vna noche çien leguas y aun 300 = 54.» Los cuadernillos que entregó Contreras, además de éste, son los que llevan los núms. 4, 23 y 54 precisamente.

5. Encuentro que Velasco debió utilizar textos relacionados con los que usó el autor del librito que se dice que originariamente llevaba el título de *Alberti parvi Lucii, libellus de mirabilibus. Naturae Arcanis*, reimpreso muchas veces en francés. A mano tengo una edición, *Secrets merveilleux de la Magie Naturelle & Cabalistique. Du Petit Albert, traduit exactement sur l'Original Latin, intitulé...* (Lyon, 1729), y allí encuentro recetas «pour faire danser une fille en chemise» (pp. 26-27) y otras semejantes

6. «(Reconocido por el reo en la audiencia de 30 de octubre 1576).
»Para caminar cien leguas en vna noche. Vete a vn despoblado a vna parte y en vna puerta de alguna casa que a sido, o es hermita vna hora antes que se ponga el sol y escriue en la puerta con sangre de murciélago estos tres nombres Amphia, Jepia, Detarai, y después vete a tu casa y ten aparejado vn freno nuevo y desque fuere noche vete adonde escriuiste los nombres y hallarás vn cavallo, y llégate a él sin miedo y enfrénale y primero que en él subas dirás teniéndola con tu mano derecha esta conjuración —Conjúrote cavallo por la Sanctíssima Trinidad que es Padre, Hijo y Spíritu Sancto y vn solo Dios verdadero y por la Incarnaçión del hijo de dios verdadero nuestro Señor (fol. vto.) Iesu Christo, el qual naçió de la Virgen Sancta María Nuestra Señora, la qual parió sin dolor, quedando ella Virgen, antes del parto, en el parte y después del parto, y por lo sanctos nombres que Daniel traya scritos en su anillo Y por la Sancta vida y muerte de Nuestro Señor Iesu Christo, y por las palabras que dixo estando en la cruz y pcialmente (?) por aquella que dixo consumatum est y por el despojo que hiço en los infiernos y dende al tercero día resucçitó de muerto, y por el fuerte y grande Adonay Deus Sabaoth, Dios de los dioses y señor de los seño

es, que tú me lleues sano y saluo andando por tierra y sin daño de mi Anima ni de mi [cuerpo] (fol. r.) ni de ningún miembro y em paz y sosiego, a tal, o tal lugar en tantas horas y guardando la ovedientia a nuestro Señor Iesu Christo el qual solo viue y reina per infinita seculorum secula Amén. Y después que hubieres llegado al lugar donde vas quítale el freno y despídele y entierra el freno en algún muladar, y luego vete al pueblo y negocia, y quando quisieres voluerte, vete al muladar y saca el freno y sacúdelo tres veces, luego verná el cavallo, y harás la misma conjuración primero que subas y o en tu camino como de primero, y mira que te aviso que quando fueres cavallero no te santigües ni mientes a Dios ni a sus sanctos.» En el capítulo siguiente hallará el lector noticia de un morisco que por la misma época decía tener a su servicio un caballo volante; aunque los conjuros que utilizara no serían mixtos de Judaísmo y Cristianismo, como éste, sino más metidos en la tradición islámica.

. «Y assimismo preguntó el declarante al dicho licenciado Velasco, si auía esperimentado otra cosa principalmente lo del cauallo, y de hazerse inuisible, y respondió el dicho licenciado Velasco, que un racionero en Salamanca amigo suyo, auía hecho venir al cauallo y auían lleuado unos amigos suyos a uerle como que le quería comprar, y se le apreciaron en más de ciento cinquenta escudos, y que era un cauallo negro ancho, que tenía una canal, que se podían esconder tres dedos en lo ancho de la canal que tenía en las ancas. Pero no declaró si auían andado en él las dichas yeguas, ni más de lo que tiene dicho y que no le dixo cómo se llamaua el dicho racionero.»

. «D (+ Reconocido por el Reo en la aud². de 30 octubre 1576).
»Para se haçer vn hombre inbisible. Maten un gato del todo negro en febrero y córtenle la caveça en viernes, en hora menguada, la cara açia donde el sol sale, y póngala enterrada donde no se vea, y métala 4 havas en los ojos, voca y narices y oídos y esténse allí hasta que granen y estén vien saçonadas y luego se quiten todas sin dejar vna y desgránenlas en vna mesa y pónganlas en vn plato y váyalas vna a vna metiendo en la voca teniendo con la mano izquierda vn espejo y como va metiendo en la voca vaya echando a cual hasta que no se vea aunque se mire, y quando se quiera hazer inbi- (fol. vto.) sible meta su hava en la voca y no se verá de nadie. / O busca vn nido de cueruo que tenga huebos y tómale vno, el qual cueçe hasta que esté duro y luego buéluesele al nido y desde a poco trairá vna piedra para le blandar y la dejará en el mismo nido y tómala y enbuélvela en vna hoja de laurel y quando te quisieres hazer invisible apriétala en el paño (puño?) y no te verá nadie y si con esta hierva tocas al hierro lo quebrará luego y si la traes contigo entenderás lo que las aues diçen. Y para lo de quebrar hierro pueden tamvién hacer lo de la ierua del pito, poniendo en el nido vna herradura digo en el agujero por donde entra por alrrededor del árvor vna savana donde caira (fol. r.) la hierua y para conocer si es ella echarla en vna corredera de agua y si lo es voluerá arriua y si se va por el agua avajo no lo es, y con ella tocando a cerrojos y herraduras luego se quiebran.»

. Inútil es recordar la similitud de lo que aquí se describe con lo que se ha dicho en el capítulo anterior respecto a alazanes diabólicos y viajes maravillosos.

0. Del quaderno 4.º, *Ad amorem conciliandum*, copio la primera receta o fórmula:
«Vete antes que salga el sol y mira donde estuviese vna Berbena con flor y dirás cortándola y teniéndola en tu mano el pater noster y el aue maría, credo y el euan-

327

gelio de Sant Ioan in principio erat verbum etc., y luego de cara oriente dirás hincadas las rodillas en el suelo santiaguándola primero in nomine patris et filii, et spiritus sancti, Amén. Y luego dirás Verbena yo fulano te mando por dios que te crió que me guardes y me (fol. vto.) valas en todas las cosas para que yo te coxga y que todo lo que yo quisiere pretender, v. g. para que llegando contigo a vna dama me ame o que trayéndote conmigo todos me amen espeçialmente llegando contigo a la persona que yo quisiere me ame y si fuere señor se aficione a mí para me haçer mercedes, o trayéndote conmigo sea yo libre de todos los peligros que a los hombres suelen suçder, y después quando quisieres experimentarlo toca con ella a quien quisieres y verás el efecto.»

11. «... y especialmente se acuerda el declarante que preguntó al dicho licenciado si auía esperimentado algunas cosas, de las que estauan en aquellos cuadernos, y el dicho licenciado dixo que sí, que algunas auía esperimentado y otras no. Y que se acuerda especialmente el declarante que le dixo, que auía esperimentando aquello del hilo de alambre que le auía dado cinco ñudos nueue días arreo sobre una sepultura. Lo qual auia hecho para esperimentado en una esclaua de un racionero. La qual preguntaua a su amo por el dicho licenciado Velasco y que quándo vendría a casa, en todo lo qual el dicho licenciado Velasco y que quándo vendría a casa, en todo lo qual el dicho licenciado Velasco daua a entender, que la dicha esclaua le tenía afiçión.»

12. «Ansí mesmo por conocimiento suio vine a tener amistad con vn manzebo llamado León que es de Segovia, creo hijo de vn canónigo.»

13. «Y tamvién digo que yo e usado de la Astrología Judiciaria natural, y de la Chiromantia y Phisiognomía bona fide pues la aprendí del maestro Aguilera cathedrático de Salamanca y del maestro Francés también cathedrático.» De ellos se indica algo en la nota 28.

14. Todos los autores conocidos, en efecto. Véanse las notas del cap. I de la parte III. Bonato fue un astrónomo italiano del siglo XIII, célebre por sus predicciones.

15. «... tamvién e sacado los más o casi todos de Arnaldo de Villanoba y de la Magia natural y de vn librillo que intitulan *De Secretis mulierum* et virtutibus herbarum de grande Aluerto que todos son libros vendibles lo qual me dava ocasión a los tener y los más malos que yo tenía eran lo que di a Juan Alonso los quales ube de vn studiante de Salamanca que se deçía Ramírez de Seuilla el qual me los dio aquí en la corte y otros uve de vn ermitaño que estava en Burgos en Sant Miguel, el qual era francés...» De estos libros de secretos se dice algo en la nota 5 y en el capítulo VI de la parte primera.

16. El sello o siglo se halla plenamente descrito por H. Cornelio Agrippa en la *Filosofía oculta*, de la que tengo a mano una traducción francesa, muy tardía: *La Philosophie occulte de Hen. Corn. Agrippa, conseiler et historiographe de l'Empereur Charles V...*, II (La Haya, 1727), lib. III, caps. X-XIII, pp. 33-58, etc.

17. «Preguntado que adónde están los otros Papeles que dize según razon le dio e estudiante de Seuilla y el hermitaño francés.

»Dijo que los tiene el dicho Joan Alonso de Contreras que bibe a la puerta de Gua dalajara, en caso de vn librero que no saue el nombre del más de que es a la memori vn librero viejo. Y que los papeles que dio a León no los ha visto...»

18. «... y le interrogué para que me las amostrasse, a lo qual me dixo, que yo er

hombre muy escrupuloso, y que los tiempos andauan muy delicados, yo le referí que no lo era en cosas de Astrología pues se leyan en Salamanca, y como uviesse tenido noticia que se leya la dicha Astrología en las dichas escuelas, le torné a interrogar para que me las dixesse...» En el interrogatorio del 19 de junio, el inquisidor le preguntó: «Que diga si le declaró qué delicadeza es esta de los tiempos, y quién la tractava.» La Torre replicó que el licenciado no se declaró más.

19. Los cuadernillos 1, 2, 3, 4, 5 y 6 del *Catálogo...* (numeración original).

20. «Lo primero, qué horas se auían de escoger para negociar bien con señores, de todo estado, y cada hora en que oír que dice así.

»Domingo, de vna a dos y de ocho a nueue de la noche.

»Lunes, de diez a once del día y de çinco a seys de la tarde.

»Martes, de dos a tres de la tarde y de nueue a diez de la noche.

»Miércoles, de onçe de doçe y de çinco a seys, y de seys a siete de la noche.

»Jueues, de ocho a nueue y de tres a quatro de la tarde (fol. vto.).

»Viernes, de doçe a vna de siete a ocho de la noche.

»Sábado, de nueue a diez y de quatro a çinco y de honce a doze.»

Siguen las horas para eclesiásticos, letrados viejos y mujeres. Para juegos al final. Después una fórmula para afectos: la de la verbena para alcanzar mujeres.

21. La verbena es una planta mágica de gran abolengo. En España y fuera. Sin embargo, en Italia se consideraba hierba pura y patrocinadora de castidad. Angelo de Gubernatis, *La mythologia des plantes ou les légendes du règne végétal*, II (París, 1882), pp. 367-369. En España es una de las plantas que se relacionan con la noche de San Juan.

22. Este inquisidor era conocido de Garibay, que le llama el licenciado Antonio Mathos de Noreña y le hace natural de Portugal. Aún trabajaba por los años de 1586. *Memorias*, lib. V, tít. II, «Memorial Histórico Español», VII (Madrid, 1854), p. 430.

23. No lo encuentro en los repertorios más conocidos.

24. «... y finalmente estaua en Valladolyd y de ánimo para venyrse a la Corte dende la que se fue a Valladolyd a traer vna hermana suya putatiua y que la hermana putatiua porque siendo este declarante nyño su madre le dixo y declaró cómo este confessante y la dicha Scolástica su hermana que nascieron ambos juntos heran hijos de vn Joan de Herrera pintor que (fol. vto.) reside e Villada porque secretamente avía tenydo unión carnal.»

25. Hoy Melgar de Fernamental, fundación de Fernán Armentález.

26. Este negro letrado no era catedrático de la universidad, sino de un colegio de San Miguel, fundado por don Gaspar de Avalos, para enseñar a hijos de moriscos, etc., según indica don Antonio Marín Ocete, *El negro Juan Latino* (Granada, 1925), pp. 23-25. Llegó a ser protagonista de una comedia de Diego Ximénez de Enciso, reeditada en nuestros días por don Eduardo Juliá, *El encubierto y Juan Latino* (Madrid, 1951), pp. 141-356. El maestro Alvarez no alcanzó, sin duda, tanta y tan legendaria celebridad.

27. Parece haber aquí confusión en lo expresado por el texto. El doctor Mercado más famoso, o sea Luis Mercado, trabajó en Valladolid y fue allí catedrático desde el 1 de agosto de 1572, según don Nicasio Mariscal en el prólogo a *El libro de la peste* de aquél (Madrid, 1921), p. 37; el médico se jubiló en 1592 (p. 38), pero aún vivió

bastante. De los otros profesores de Valladolid, médicos y teólogos, no es cosa de hablar ahora.

28. Su obra *Canones astrolabii universalis, secundo editi, auctore doctore Joanne Aguilera, praefecto aerarii Salmantinae ecclesiae, et Astrologiae publico in ejusdem civitatis Scholis professore* (Salamanca, 1554) puede verse analizada por Felipe Picatoste, *Apuntes para una biblioteca científica española del siglo XVI* (Madrid, 1891), p. 6 a-b, núm. 18. Noticias sobre el mismo da don Nicolás Antonio, *Bibliotheca Hispana Nova*, I (Madrid, 1783), p. 629 a.

29. De éste se conocen varias obras sobre Gramática, Cosmografía y Astrología. En 1574 publicó en Salamanca un libro titulado *De comentarum explicatio atque predictio* (Picatoste, *op. cit.*, p. 25 a, núm. 62). Dejó manuscrito un *Tratado de Cosmographia* qe existía en la biblioteca del conde-duque de Olivares. Gallardo, en el *Ensayo de una biblioteca española de libros raros y curiosos*, II (Madrid, 1886), cols. 41-45 (núms. 1.319-1.325), da la ficha de las obras más importantes del maestro entre ellas, el *Tratado de los cometas*, núm. 1324. Nicolás Antonio, *op. cit.*, pp. 188 b-189 a también le dedicó un artículo.

30. H. Charles Lea, *A History of Inquisition of Spain*, IV (Nueva York, 1907), p. 150.

31. Lea, *op. cit., loc. cit.*, p. 151.

32. Lea, *op. cit., loc. cit.*, p. 155. Fray Mancio del Corpus Christi tuvo una actuación bastante equívoca, como puede verse leyendo algunos textos de la parte final del proceso (el primer proceso se entiende), publicados en la *Colección de documentos inéditos para la Historia de España*, XI (Madrid, 1847), pp. 25-37, etc. De «modorro» o «dominico modorro» le trató el Brocense por su parte. Pedro Urbano González de la Calle, *Francisco Sánchez de las Brozas. Su vida profesional y académica* (Madrid, 1923), p. 231.

33. Lea, *op. cit., loc. cit.*, p. 160.

34. Pedro Esquivel, catedrático de Alcalá y nacido allí mismo, fue autor de un proyecto de descripción de España y de un primer plan de medición geodésica: recorrió toda la Península para llevar adelante el proyecto, que al morir él continuó don Diego de Guevara, pero éste murió a los veintiocho años, y los trabajos hechos debieron de perecer en el incendio de El Escorial (Picatoste, *op. cit.*, pp. 86 a-89 b). Véase también Nicolás Antonio, *op. cit.*, II (Madrid, 1788), p. 191 a.

35. «Ansí mesmo que yo e visto la mano a vn inquisidor que era de Murcia arcipreste de Arévalo, y al inquisidor mayor Espinosa, y a ovispos y a grandes letrados en Theología, y nadie me lo prohibió, mas antes el Cardenal me dixo, me ordenase, y me viniese luego a la corte, y que él me daría de comer, y me fui a Burgos donde viendo mis studios y avilidad me hiço el governador que era en aquella saçon merced de vn benefficio mui bueno, sin ser hijo patrimonial. Y leí en aquella ciudad, el cómputo fundado en derecho canónico y cibil y declaré muchas cosas sobre los misterios de la missa, y pasos de la Sagrada Scriptura, y leí la Sphera y Cosmografía y pretendí leer el Sacro Concilio Tridentino sino que no me dieron liçentia, y finalmente siempre e procurado en quanto e pudido, ocuparme en exercitio de letras. De más desto no entiendo ai Astrólogo que no sepa de Chiromantya y lo use quando le pareçe. Y yo vi al ovispo de Mondoñedo mirar muchas manos a canónigos y a otros clérigos, y tamvién dicen del ovispo de Ávila que lo save. Y a mí me dixeron uvnas

señoras que él las avía visto las manos a ellas y les avía dicho muchas cosas. Y diçen que tiene cosas destas mui curiosas, y entiendo ay en Hespaña más de 10.mil que lo saben y muchos los más lo usan quando les pareçe.»

36. Acerca de éste y de otros textos véase lo que se dice en las notas 21-27 del capítulo III de la tercera parte y la 48 de éste. Conviene advertir, de todas maneras, que el licenciado estaba bastante al día en sus lecturas; es curioso también que diga que al tiempo en que escribía su defensa vivía Taisnier, nacido en 1509, porque casi todas las notas bibliográficas antiguas sobre éste indican que se ignora la fecha de su muerte y aun pierden bastante el hilo de su existencia.

37. Debe de referirse en primer lugar a la obra titulada *Incipit liber phisionomiae: què compilavit magister Michael Schotus... Michaelis Scotti de procretione & hominis phisionomia opus feliciter finit MCD. LXXVII*, IV (J. Ch. Brunet, *Manuel du libraire et de l'amateur de livres*, V, 1 (París, 1863), fol. 240. Hay otras ediciones del siglo XV.

38. Antonio de Herrera, *Historia general de los hechos de los castellanos en las islas y tierra firme del mar Océano*, I (Madrid, 1934), p. 243.

39. Lea, *op. cit.*, p. 86.

40. «Ansí mesmo dixe estando en Valladolid el sucçeso de vna sentençia que se dio en favor de Don Iñigo de Mendoça, del ducado de Francavilla, y principado de Melito, y le dixe usase de çiertas electiones para hablar a los oidores, porque los hallase más propiçios, las quales electiones son por las horas que dicen los Astrólogos planetarias, savido el ascendente de la persona que quiere elegir las tales horas, lo qual es cosa muy común para los Astrólogos, y si me determiné en deçir saldría por la setentia, fue porque lo vno salió bien por la figura Astrológica judiciaria natural, y por la rueda, como lo mesmo por otra rueda que tamvién diçen es del mismo Pitágoras, la qual sirue para esto de sentençias y partidos (fol. r.) que pelean, quál de ellos saldrá vencedor, y sobre quál de ellos ganará. Lo otro porque todo el pueblo a vna voz deçia que si por él no sentençiasen le harían agravio manifiesto, y como concurren estas cosas con lo que sale en los juicios, pareçe que es ocasión de con más ánimos determinarse el Astrólogo a dezir que saldrá vien. Y también dixe saldría la sentençia que salió por el Conde de Puñorrostro, y fue por la misma raçón pues hasta los officiales de la Chancillería lo deçían.»

41. «... pero tampoco quiero me atribuyan el pronóstico a mí, pues es de quien puede ser mi maestro, muchos años, como es un barcelonés, el qual ymprimió vn pronóstico desde año, y le dirigió al Señor Don Juan donde por él lo dixe.» Aunque las ediciones conocidas de los lunarios y repertorios de Juan Alemán o Alemany son posteriores a la prisión de Velasco (1580, 1593, 1640, 1625), se dice que antes ya los dio a luz: Picatoste, *op. cit.*, p. 9, núms. 20-21. Pienso que era ése el autor admirado por nuestro clérigo. Nicolás Antonio, *op. cit.*, I, p. 629 b, lo llama «doctor medicus».

42. La primera edición del libro de Huarte de San Juan es de 1575 y fue publicada en Baeza. En los índices inquisitoriales aparece ya censurado en 1581 (Lisboa) y 1583. La segunda edición admite las correcciones, pero plagando de erratas toda la obra. El texto de otro proceso (véase cap. IV, § 5, nota 52) y la referencia de éste nos dan idea del éxito que tuvo al ser publicado. La cita que hace de memoria Amador de Velasco se refiere al cap. IV de las ediciones comunes del *Examen de ingenios*, que precisamente sufrió muchas alteraciones en las distintas ediciones posterio-

331

res a la primera. Así lo compruebo comparando la de 1594 (Baeza), fol. 53 vto.-56 vto., con la de 1603 (Amberes), pp. 32 y siguientes. La de Alcalá (1640), fols. 39 vto.-41 r., vuelve a ser parecida a la citada de Baeza. La de Leiden (1652), pp. 32 y siguientes, sigue a la de Amberes, y la de Madrid (1668), pp. 43 a-45 b, a las españolas. A lo que parece, el cap. IV de las ediciones más usadas (incluso en la de Madrid, 1840, pp. 37-39) es el II de la primera, por lo cual tenía razón el licenciado Velasco al decir, como se verá en la nota que sigue, que la conversación del hortelano con el gramático y el filósofo a que se refiere está casi al principio.

43. «... y tamvién sería mal hecho negar el orden que Dios tiene puesto en las cosas naturales, como sobre esto avrán visto vn libro intitulado examen de ingenios, en vn diálogo que hace casi al prinçipio, de vn philósopho, de vn grammático, y de vn hortelano, donde dice que es rrespuesta de hombres que saven poco, decir a todas las cosas, que se causan porque Dios lo quiere, porque rrespondiendo assí, niegan el orden que Dios puso tan bueno en las cosas naturales, como si me preguntasen porqué tiene el hombre varba y la muger no? si rrespondiese porque Dios lo quiso assí, no seria respuesta de savio, pues ya se está claro: sino porque el hombre es cálido y húmedo, en lo qual consiste la vida, como dice Aristóteles (fol. vto.) libro de longitudine, et breuitate vitae, donde dice, causa vitae est humiditas, et caliditas, et causa mortis, frigiditas et sicitas. Y por ser assí el hombre cálido y húmedo, le suçede tamvién tener la habla más gruesa que la muger, y por lo mismo no le viene la rregla, como a las mugeres, y lo contrario suçede a las mugeres, por ser frías y húmedas.»

44. «= dixe más que el año de 79 que verna será de los más fertilíssimos que avido muchos años, y que desde él, hasta el año de 92 suçederán los años boníssimos, y que mediante Dios, la gente será de mexores inclinaciones, y no tan crueles, ni suçederán tantas heregías como hasta aquí, pues antes serán extirpados los herexes, y luteranos, y que finalmente pareçerá vn siglo dorado, lo qual todo coligen, muchos Astrólogos, por las buenas influencias que se esperan.»

45. Sobre esta oración véase el cap. XVI, § II, de esta parte. De los personajes citados el más conocido es don Francisco Sarmiento de Mendoza: véase Nicolás Antonio, *op. cit.*, pp. 476 b-477 a-b.

46. «Agora que he dicho lo que hecho diré lo que tengo y e tenido. Primeramente digo que conffieso aver tenido papeles superstitiosos, pero yo los quemé en este juvileo pasado, sólo quedaron los que di aquel moço de Madrid, porque dixo se le avían perdido, de los quales ya me acusé ante el Señor Inquisidor en Madrid. Y aunque es verdad que e tenido papeles superstitiosos, pero nunca los tenía más de vna conffesión a otra y algunas veces conffesando me decían los confesores que todas las cosas que se haçían aplicando, y activa pasivis, se podían hacer, lo qual me parece oí sustentar en vnos quodlivetos en Salamanca y si andava dexándolos y tornándolos a tomar era porque los hallava después que los avía quemado, o dado, al conffesor, en librillos bendibles y aun en libros que no a 10 años que se imprimieron, y viéndolos en los tales libros, los volvía a transladar, por no tener con qué los comprar, pues me parecía que estar en mis papeles transladados, o estar en los libros, era todo vno, y ésta era la causa de muchas veçes no me escandaliçar, y así lo comunicaba con mis conffesores, y me dicían algunos que los podía tener, mas que no los usase los que eran malos, y que los tuviesse para ver las vanidades del mundo, y reírme dellas.»

47. «Vean a Arnaldo de Villanova, Alverto magno de secretis mulierum, donde hallarán para cosas de amores, y cosas semejantes y otras cien mil cosas. Y a Juan Baptista napolitano en su magia natural, dirigido al Rei, y otro libro que se intitula de prestigiis demonum, donde ai el modo de cómo se hacen brujas y de cómo se pueden abrir las puertas con palabras y otras cien mil cosas, que pareçen mui supersticiosas. Este libro me prestó Don Pedro de Velasco, y después vi el mismo libro en casa del ovispo de Laudicea. Y aun hasta Dioscórides traducido por Laguna, a los que son scrupulosos les pareçerán superstitiones, algunas cosas de las que diçe, como deçir, que trayendo la peonía al cuello, huyen los demonios, y assí otras cosas. Y ansí mesmo mi maestro Mantio me dixo tamvién que aplicando activa passivis, se podía provar cualquiera cosa, como no fuese para mal fin, y esto me hiço haçer lo de las mugeres dichas pues me pareçe era para buen fin, y las palavras no eran con invocatión de demonios. Y me acuerdo si no me engaña el mal entenderlo que oí disputar en los mismos quodlivetos o en vnas conclusiones que para ver la verdad de vna propositión se podía preguntar al demonio, aunque a mí me pareçe mal sonante, pero después en Burgos vi que vn médico buen letrado llamado el licenciado Aguiar siendo él y yo con otros, aver sacado vnos spíritus de vnas mugeres a una hermita llamada Sancta Cruz, dixo que quería rrogar al clérigo llamado Asperilla preguntase a los demonios la inteligentia de çierta proposition de Philosophía y otra de Medicina, y el clérigo no quiso, y pareçióme aver dicho el médico que se podía preguntar sin peccado, mas a mí paréçeme no se puede haçer sin grave peccado...» Este médico podría ser acaso el Tomás de Aguiar del que trata Nicolás Antonio, *op. cit.*, II, p. 298 b.

48. «... e ansí mismo las obras de Antonio Mizaldo, y hallarán hartas cosas que parecen de gran superstitión el qual scrivió de archanis naturae. Tamvién Michael Scoto trata algunas cosas, cómo es el modo de conocer si la mujer es virgen, y así otras cosas, hasta Alexo Piamontes traía algunas cosillas que parecen semejantes a las dichas. Y tamvién en Tesoro de pobres, de suerte que el ver yo tantas cosas en los libros, me quitava la sospecha de tenerlos yo, hasta que me vine a conffesar a Madrid en el juvileo con vn fraile de la Victoria, el qual me mandó los quemase, y si no que no me quería absolver.» Lo enterado qu estaba el licenciado de los libros de su época le permite hablar de «Mizaldo», es decir, Antoine Mizauld, astrólogo francés nacido hacia 1510 y muerto en París en 1578 precisamente. Su producción escalonada de 1546 a 1577, es abundante; pero el libro al que se refiere Velasco es *De arcanis Naturae*, lib. IV (París, 1558). Los secretos de Mizauld tuvieron tal éxito que todavía en la segunda mitad del XVII se publicó un libro titulado *Mizaldus redivivus, sive centuriae XII arcanorum* (Nuremberg, 1681). De la obra fisiognómica de Scoto ya se ha dicho algo. Alexo Piamontés es el autor supuesto de un libro muy conocido en el siglo XVI: *De' secreti del reverendo Donno Alessio Piemontese sei libri* (Venecia, 155). Del libro se hicieron muchas ediciones y parece que el verdadero autor fue Jerónimo o Girolano Ruscelli (muerto en 1566). Una copia de referencias hay en el *Manuel du libraire et de l'amateur de livres*, de J. Ch. Brunet, I, 1 (París, 1860), col. 159. En Italia se ha publicado muy avanzado el siglo XVIII (Venecia, 1783); en Francia, a fines del XVII (Ruan, 1699). Su popularidad no es comparable a la de otros textos a que alude Velasco, como el *De secretis mulierum (et virorum)*, atribuido a Al-

berto Magno, u otros sobre virtudes de plantas, piedras y animales, que tienen un historial como incunables preciadísimos, que se publican en los siglos XVI, XVII y XVIII y que terminan en literatura de *colportager* del siglo XIX; véase Brunet, *op. cit.*, I, 1, cols. 137-140. El *Tesoro de pobres* es el *Thessaurus pauperum*, de Pedro Hispano, que corrió en Italia como *Tesoro de'Poveri*, de un Piero Spano. Sobre esta obra, Tomás y Joaquín Carreras y Artau, *Historia de la Filosofía española. Filosofía cristiana de los siglos XII al XV*, I (Madrid, 1939), pp. 123-124.

49. «... pues tengo y e tenido más de 3 mil secretos naturales y todo se haçe con cosas compradas en las tiendas y naçidas en los campos.»

50. «Como tamvién si fuese lícito a mi persona haría cosas de juegos de Maestre Coral que admiraría a quien las viese...»

51. En la Capilla del Condestable, de la catedral de Burgos, está enterrado un hijo natural del condestable, llamado don Juan, muerto, al parecer, el 4 de julio de 1551. Pero en el mismo sepulcro, que está al lado del Evangelio, otro epígrafe dice que «Está también aquí sepultado D. Pedro de Velasco, hijo de dicho Condestable, y D. Juan de Velasco, hijo del dicho D. Pedro y de Doña Luisa de Velasco y Vivero, su mujer.» Rodrigo Amador de los Ríos, «Burgos», en *España, sus monumentos...* (Barcelona, 1888), p. 558. Se ve ya, pues, por la inscripción que éste murió después que el primer bastardo. Rodrigo Zamorano es figura conocida entre los cosmógrafos (Picatoste, *op. cit.*, pp. 336 b-339 a, núms. 874-879), así como lo son también Pedro de la Hera y su hermano Valentín (Picatoste, *op. cit.*, pp. 141 a-141 b, núm. 368). Ver también Nicolás Antonio, *op. cit.*, pp. 200 b (Hera) y 272 b-273 a (Zamorano).

52. «... Don Pedro de Velasco hijo del Condestable, el qual residía en Burgos en las casas de su padre, del qual oirían, Zamorano, un astrólogo famoso, que está en Seuilla, y Pedro de la Era, y por otro nombre Pedroso, grande astrólogo, clérigo, el qual residía en la corte agora poco a, y posava detrás de S. Migel, o detrás de Sant Gil, en casa de vna a su parienta, según decían, y digo esto porque oí decir que el don Pedro y el Çamorano querían haçer o avían comenzado a hacer, el círculo magistral, que entiendo está prohiuido. Y dirá ansí mesmo del, el doctor Pereira, médico y astrólogo, que viue en Sarmental en Burgos, porque fue su médico y ya les vía estar haciendo juiços a amvos, algunas veces en casa del Don Pedro. Dirá dél tamvien Don Pedro de Manrique de Santo Domingo, porque se comunicavan mucho y vi que tenía la Clauícula de Salomón, la qual entiendo se la dio, el dicho Don Pedro Manrique de Santo Domingo, el qual creo tiene cosas, es moço por casar, y andubo en los mismo juycios. Otrosí Don Francisco Orense Manrique, nieto del Duque viejo de Najara en Burgos, casado con hija de Diego de Bernui. Hace juicios y haçia sigilos él y Pedroso, pues yo vi vno o dos y envió a Doña Isabel Barva de Acuña, muger de Don Antonio Sarmiento, y creo era para alegría, y otro para tristeça...»

53. El doctor Pereira podría ser pariente del famoso Gómez Pereira, médico en Medina del Campo por los años de 1554-1558, al que se debe un libro mucho más citado que leído, pero del que se supo algo más gracias a la exposición de su doctrina, hecha por Menéndez Pelayo, *La ciencia española*, II (Madrid, 1915), pp. 249-381. (*La Antoniana Margarita*, de Gómez Pereira.) La familia de Salamanca es conocida en el Burgos mercantil y señorial de los siglos XVI y XVII.

54. «Y entiendo dirán en su varrio della porque tiene mal nombre acerca de mu-

chos, es coja, llámase Fulana de la Rosa, creo que Ysauel, es vieja casada, y anda enruviada, creo vive donde hacen las arcas arriua de la calle Tenebregosa, todos los dichos son de Burgos.»
55. Estas personalidades de Medina y Valladolid son hoy poco conocidas. Don Juan de Alamos Barrientos supongo sería pariente del famoso don Baltasar, amigo de Antonio Pérez, jurisconsulto que llegó a la época de Felipe IV y del que se conocen varios escritos. Luises de la Cerda hay bastantes en el siglo XVI, señores de lugares, caballeros de Ordenes, etc.
56. «Ansí mismo en Medina del Campo está vn caballero llamado Juan de Alamos Barrientos que es astrólogo y es curiosíssimo en extremo, pues vi en su scriptorio mil géneros de aguas y licores y libros traídos de mil partes, como es de Benecia y de Italia y él me dio un libro de Antonio Mizaldo de archanis naturae = Allí avía otro astrólogo clérigo pequeño de cuerpo llamado creo el licenciado Gonçález o Martínez y posava en casa de vna hermana, muger de vn sastre, hacía juicios, y lo más eran hurtos lo que hacía. Y con toda la libertad del mundo = conozco otro astrólogo llamado Villanueva, y por otro nombre Céspedes, grande artífice en hacer spheras, Astrolabios, Reloges y planisferios, usa de los juicios y a mí se me hacen cargo.»
57. Alude aquí a Andrés García de Céspedes, que llegó a cosmógrafo mayor; de su habilidad en la corrección e invención de instrumentos hablan los historiadores de la ciencia (Picatoste, *op. cit.*, pp. 120 b-137 b, núms. 313-324). Martín Fernández de Navarrete, *Biblioteca marítima española*, I (Madrid, 1851), pp. 79-81 le dedica un artículo, y también Nicolás Antonio, *op. cit.*, I, p. 754 a-b.
58. Es curiosa esta alusión a textos evangélicos (Mateo, IV, 1-11; Marcos, I, 12; Lucas, IV, 1-13). Más curiosa aún la interpretación de ellos en función de la idea de la honra, que acaso oyó a algún profesor de Salamanca..., pero que no entraría bien en una anotación moderna.
59. El deseo de averiguar el porvenir y dominarlo es el primordial en casi todos estos hombres. El «cerco» era la forma propia del nigromante o nigromántico, su técnica fundamental, según lo indican muchos textos. Por ejemplo, éste de fray Antonio de Guevara: «La verdad es que lo dixe yo al conde de Miranda, y aun al doctor Cartagena, y no lo supe por revelación como prophetas, *ni lo alcancé en cerco, como nigromántico*, ni lo hallé en Tholomeo, como astrólogo...» *Libro primero de las epístolas familiares de Fray Antonio de Guevara*, ed. de José María de Cossío, I (Madrid, 1950), parte I, epístola 29, p. 201; en *B.A.E.*, XII, p. 118 b es la núm. XXVI.
60. «Yten dixo que el confesante vio que tenya el dicho don Pedro de Velasco la clauícula Salomonis de pergamino y parescióle muy antigua con ynfinidad de caratheres y entiende este confesante que alternatiuamente se auían el uso della el dicho Don Pedro de Velasco y el dicho Manrique de Santo Domingo.»
61. Para hacer «sigilos» precisamente. La ciencia astrológica de Arnaldo, relacionada estrechamente con la praxis médica y con una tendencia filosófica antiescolástica, se halla bien estudiada en la citada obra de Tomás y Joaquín Carreras y Artau, *Historia de la Filosofía española*, ed. cit., I, pp. 215, 223.
62. «Yten dixo que ansí mismo el dicho don Pedro de Velasco y el cura Lerma tiene declarado dauan horden al confesante como tomase un familiar que ellos llamauan Baldin, mas este confesante no quiso antes se escandaliçó terriblemente dello. Por

ser de natural escrupuloso y temeroso y porque le deçían que auía de yr en carnes y de noche a vna encrucijada de vn camino, donde auía de dezir ciertas palabras que al presente no se acuerda dellas y haçer çiertos rritos y que le auían de echar una capa enzima no saue quién dixeron que se la auía de echar y tamvién teniendo mucha duda el confesante de si auía familiares le rrespondió y dixo Don Francisco Manrique de Santo Domingo que vien no se engañase al confesante, porque en vn pelo de la barva se podia traher el familiar.»

63. «Y después desto el dicho cura entendiendo que el confesante tenía familiares le rrogó prometiéndome mucha paga le diese vn familiar o horden como pudiese auerle y el confesante se rriyó diçiendo que hera cosa de burla esto de familiares pues entendía no lo auer o ya que lo hubiese no estar sujetos a los hombres sino fuese el nombre de Jhuxpo.»

64. Los libros de Agrippa están prohibidos en los índices impresos del XVI, desde 1551: *Tres índices expurgatorios de la Inquisición española en el siglo XVI* (Madrid, 1952), bajo el nombre; en el facsímile del de Valladolid, 1559, p. 23.

65. Rodrigo de la Haya aparece como célebre imaginero en Burgos el año 1576 mismo. Con él trabaja su hermano Martín, J. A. Ceán Bermúdez: *Diccionario histórico de los más ilustres profesores de Bellas Artes en España*, II (Madrid, 1800), pp. 255-256.

66. Rodrigo Amador de los Ríos, «Burgos», en *España, sus monumentos...*, (Barcelona, 1887), p. 496, basándose en Martínez y Sanz, en su *Historia del templo catedral de Burgos*, pp. 43-50.

67. La familia de Salamanca cuenta en esta época con varios miembros conocidos en el mundo de los negocios internacionales; constituye uno de los grandes linajes o dinastías comerciales de Castilla. Henry Lapeyre, *Une famille de marchands: les Ruiz* (París, 1955), pp. 119 y 235.

68. Acaso haya aquí una equivocación y Velasco se refiera a *De occulta Philosophia* (Amberes, 1531), reimpreso muchísimas veces.

69. «Preçebtis salutari q moriti et diuina ynstitutione formati audemus dicere, ab Abiae, Adonai, Jeoba, Fichei y otras palabras que no se acuerda dellas.»

70. «... el qual dicho cavallero le comunicó al confesante secretos que tenía y papeles ad amorem conciliandum y le dixo el conjuro de que le hacen cargo ques es al pareçer de ynbocación de demonios porque dize allí de Berçebú y otras cosas malas, y lo que se acuerda del conjuro en que dezía el también Asarioz, Cessarioz, Çenaz, Aluaz, y luego dezía conjurobos y otras cosas que no se acuerda y le contó al confesante otras muchas cosas, como para que vna noche una mujer que no quisiese soñase con lo qual todo está en lo de admorem conciliandum.»

71. «Yten que en la villa de Medina del Campo conoziό este confesante a un librero llamado Hurueña que biuía en la librería el qual sauía muchas cosas de encantamientos y conjuros y echiçerías las quales vio este confesante por tener muchas familiaridades con él. El qual dixo a este confesante que vn cavallero amigo suyo, a quien este confesante conoze que se llama Don Diego de Sandoval behedor de honbres de armas que hera en aquella sazón corregidor de Segouia y él del áuito de Santiago, tenía muchas cosas de ber que el dicho Hurueña mostró a este confesante que era honbre tan curioso que aunque fuesen libros traídos de casa del diablo auían de

benyr a poder del dicho Don Diego de Sandoual que fuesen malos que fuesen buenos.»

72. Miguel Francés, que emitió un dictamen sobre la reducción del calendario, junto con fray Luis de León (Picatoste, *op. cit.*, pp. 111 b-112 a, números 299-300).

73. «... yten que en la misma çiudad conosçió a vn hombre flamenco o italyano en el dicho tiempo cozinero del arçobispo don Pedro Guerrero al qual vio este confesante muchos papeles de los que aquí le han hecho cargo entre los quales se acuerda de el de la abubilla ad amorem conçiliandum y lo del gato para hacerse inuisible y lo del cauallo y lo de vn quadro que se le ha hecho cargo porque alcanze con señores lo que quisiere...»

74. «... lo otro por que de mi prozeso y de la probranza que en él ay no consta ni puede constar que yo aya inuocado ni hecho inuocaçión alguna de demonios ni pacto táçito ni expreso con ellos, ni que aya mezclado para cosas illícitas cosas sagradas con profanas ni tal jamás se me puede ni podrá probar (fol. vto.) que es el rrequisito substançial y neçesario conforme a derechos expresos para que en este St.º Tribunal se pueda prozeder contra mí.»

75. «Y vasta creo yo para conocer mi llaneça en lo de tener papeles que vine a sacar como tengo sacado el testamento que dexó el yllustríssimo señor arçobispo de Sevilla Valdés, porque es digno de tenerse y aun de imprimirse, y el testamento de Conde Garçi Fernández que dexó la yglesia colexial de Covarrubias. Y tengo sacada vna particularidad del Orden de los frailes Trinitarios que entiendo yo hasta agora no a venido a su notiçia: con serles harto neçesaria, y que no poco se holgarían en saberla. Y lo mesmo de los comendadores de Calatrava. Y deste jaez de cosas podría hinchir este pliego en sólo nombrarlas.»

76. «Tampoco se me ha escapado la poesía pues por mí mesmo e compuesto en latín más de çinco mil versos y en rromance gran parte, y tengo de lo bueno que ai cosas curiosas. De la materia de minas yo entiendo no ai en España quien me pase adelante hasta conoçer en los sitios y hieruas dónde ai minas y de qué metal sean y quán hondas estén. En lo que toca a la agua no tengo poco sacado y muchos artifiçios y conoçimientos dónde las ai aunque no soi zahorí y finalmente para que del todo (se) conozca mi inclinaçión, digo que se hallarán en mis scritos hasta los dichos graçiosos que en nuestros tiempos se an dicho, y títulos de sepulchros, pues quien hasta en esto se parava a sentar como se puede juzgar que para mal título sacarse estas cosas sino con esta agonía de saber y por esta ocasión siempre traía vn libro de memoria en las calças para que si oyese dezir alguna palabra digna describirse a mi pareçer, las escribiese aunque las dixeses vn pastor. Y vasta creo yo para provar mi intinçión que por sólo saver el secreto de haçer espejos me fuese desde Granada a Alhama que son 14 leguas de ida y venida. Lo qual todo quento no porque entiendo me levante dos dedos del suelo sino para que V. S.ª como letrados que saven en qué consiste el apetito de saver no se espantaran de que en vn hombre moço, y tan inclinado a saver cosas curiosas se le hallasen algunas cosas que no parezcan buenas.»

77. «Isocrates in orat. prima ad Demonicum, sententia 23.» En la vieja edición de Isócrates que tengo a mano (*Isocrates scripta, quae quidem nunc extant omnia, Graecolatina, postremo recognita: Hieronymo Wolfio Oetingensi interprete...* [Basilea, 1602]) la referencia resulta un poco equivocada, porque la sentencia 23 se refiere a

los amigos y compañeros. Mas parece referirse a la núm. 11, pp. 7-9, de esta edición vieja.

78. Este libro se dice compuesto por indicación de Felipe II y su título entero es *Christiana Paraenessis, sive de recta in Deum fide libri VII* (Venecia, 1564). Lo bueno es que, según Llorente, *Histoire critique de l'Inquisition d'Espagne*, III (París, 1818), pp. 86-88, este fraile franciscano, nacido en Benalcázar, murió el 1 de mayo de 1578 en las cárceles secretas de Toledo, después de cuatro años de detención: así es que estaría allí a la vez que Amador de Velasco. Nicolás Antonio, *op. cit.*, II, pp. 140 a-141 b, le dedica largo capítulo.

79. «Y así entiendo que entretanto que no se prohiuere la dicha judiciaria, no faltarán hechizeros en España como se ve en la materia de sigilis que según ellos es la mexor parte de la Astrología judiciaria. Y pues hasta agora éste a sido vn error común suplico a V. S.ª no sea yo el castigo de los que ai y a avido antes de agora, pues podría ser no uviese entrellos todos quien con más llaneza lo aya tenido.»

80. «Vieron este proceso contra el Licenciado Amador de Velasco y todos conforme dixeron que este reo salga al auto público de la fee en forma de penitencia donde abjure de leui, y salga desterrado de todo este distrito por tiempo de seis años, el qual no quebrante so pena que le cumpliera en las galeras por el dicho tiempo de seis años y que no vse ni trate de palabra ni por escrito ni de niguna manera de las cosas de que ha sido acusado so pena que se procederá contra él con todo rigor...»

81. «Dicha y pronunciada fue la dicha sentencia por los dichos Señores Inquisidores y ord[en] que en ella firmaron sus nonbres estando celebrando auto público de la fee en la plaza de Zocodouer desta ciudad de Toledo Domingo treze días del mes de abril de mill y quynientos y setenta y ocho años estando sentados y pro tribunali en un cadahalso entoldado y en otro el dicho licenciado Amador de Velasco y acabado el dicho auto hincado de rodillas abjuró de leui en forma, estando presentes Ju.[an] Gutiérrez Tello corregidor y justicia mayor por Su Magestad en la dicha ciudad y don Ju.[an] de Nauarra y don Thomás de Borja, don Pedro de Carauajal, don Luys de Aualos Capiscol y canónigos de la Santa Iglesia de Toledo (fol. sig.) Comisarios del Cabildo della a la mano derecha y a la mano izquierda don Pedro de Silua, don García de Ayala, don Manrrique de Guzmán, regidores Andrés Téllez y Tello Maldonado jurados de la dicha ciudad deputados della y otras muchas personas.»

82. Parte I, cap. XXII.

IV
MAGIA Y ESTILIZACION LITERARIA.
UN HECHICERO MORISCO:
ROMAN RAMIREZ
(Realidad y ficción en su derredor)

Un personaje de teatro inspirado en otro real

Desde hace mucho viene admitiéndose que don Juan Ruiz de Alarcón fue el dramaturgo español que descolló más en la pintura de caracteres morales y en el análisis de ciertas pasiones. Su producción es más corta que la de otros contemporáneos suyos con los que se le asocia en los tratados de literatura, aunque de seguro a él no le agradaría demasiado asociación tal, pues sabido es lo maltratado y zaherido que fue en vida. Don Juan Ruiz de Alarcón fue –en efecto– poeta con más preocupaciones éticas y planteó en sus comedias conflictos distintos a los que se plantean otros. Hay algunas obras suyas en que también el elemento misterioso juega un papel decisivo. Así en *La cueva de Salamanca*[1], donde se hace eco de una tradición popular, respecto a la enseñanza de la Magia en aquella ciudad. En *Quien mal anda en mal acaba*[2] dice, al final, que es «historia verdadera», cuyo desenlace tuvo lugar en un auto de fe celebrado en Toledo el año 1600[3]. No suele ser corriente que los dramaturgos se inspiren en semejantes «sucedidos», y la realidad es que la figura del mago puesta en escena por el dramaturgo mejicano difiere bastante de la de su homónimo, el morisco relajado en estatua aquel año, cuyo proceso estudió y publicó extractado hace ya bastante don Ángel González Palencia.

No es cosa de reproducir aquí su largo extracto[4], sino de volver a reflexionar sobre él, partiendo de un punto de vista que no es el del historiador de literatura, sino más bien el de un historiador de las costumbres y un sociólogo e insistiendo en algo sobre lo que no veo que dijera nada González Palencia, y es que aquel proceso extractado y puesto en latín, al menos en lo que toca a la acusación fiscal, fue conocido por el público a causa de que en las ediciones del libro del padre Martín del Río acerca de la Ma-

339

gia hay una buena parte[5] suficiente para que se despejen todos los equívocos respecto al origen de la información del dramaturgo[6].

Román Ramírez en la obra de Ruiz de Alarcón «Quien mal anda en mal acaba»

Román Ramírez, el protagonista de la obra de Ruiz de Alarcón, es un personaje convencional, dentro de la literatura y de la historia de las ideas. Román Ramírez, el hombre condenado por el Santo Oficio, fue un pobre y desdichado curandero morisco, víctima del medio en que vivía y de la tradición heredada. No cabe imaginar que Ruiz de Alarcón leyera el proceso que se le formó y que después construyera su personaje. Lo más probable es que se inspirara en Del Río y que ni siquiera oyera directamente la lectura de la sentencia en el auto de fe, sacrificando la verdad en aras del lugar común literario y folklórico. Si en otros casos hemos encontrado personajes reales a los que en los procesos se les atribuyen acciones estereotipadas, aquí nos topamos con un proceso con episodios terriblemente realistas, que da lugar a una «moralidad», a una composición que nada tiene que ver casi con aquél, si no es en lo que se refiere a la ocasión y al referido rumor público. El autor teatral, en éste como en otros casos, rechaza el ingrediente más real y busca la estilización de la realidad hasta un extremo que la marchita y la hace poco interesante.

Román Ramírez I, el de Alarcón, es un arquetipo de mago. Describámosle brevemente. Su perdición comienza de modo «canónico» en tal clase de personajes. Se enamora ardiente, repentinamente, de una mujer noble, rica heredera y huérfana, doña Aldonza de Meneses, a la que ha visto al salir de una venta. Román Ramírez, a quien identifica en su condición de morisco el criado y gracioso Tristán[7], ya solo, se da al Demonio al describir su pasión y éste se le aparece, al punto, en forma de galán; le tranquiliza, le manifiesta que ya fue «familiar» de su abuelo, y le propone el típico «pacto»[8]:

> «Pues con recíproco pacto
> nos obligamos los dos:
> tú a adorarme a mí por Dios,
> y yo, igualando al contracto,
> a cumplirte ese deseo,

> y hacer que de Aldonza goces,
> y que obedezca a tus voces
> todo el reino del Leteo.
> Riqueza, honor y opinión
> de noble y sabio he de darte,
> y, tras de todo, librarte
> del poder y la opresión
> de las justicias; de suerte
> que te valga mi amistad
> eterna felicidad
> en la vida y en la muerte.»

Entra así en Deza, pueblo al que va a casarse doña Aldonza, el hombre entregado, como si fuera un médico notable, un hombre culto, bajo el nombre extraño y poco cristiano de Demodolo. El Demonio Belzebú en persona le promete, en primer lugar, asistencia total en su profesión y crear aborrecimiento entre doña Aldonza y su prometido don Juan de Torres[9].

Desde este momento Ramírez se comporta como mago de «alto coturno», digámoslo así: no en balde su patrón es el príncipe de los demonios, según las escrituras[10]. Doña Aldonza, por su parte, empieza a estar pronto dominada por los prestigios demoníacos, a aborrecer a don Juan cuando le ve y a sentir extrañas melancolías[11], que se complican con alteración en misivas y otros prestigios[12]. Don Félix, amigo mayor y pretendiente de la hermana de don Juan, al saber la mudanza y posible enfermedad de doña Leonor recomienda a su amigo que la visite el médico extranjero recién llegado[13]. Sigue don Juan el consejo, y, así, lleva a doña Leonor a Román, vestido de doctor galán que tiene al Demonio de «platicante». Comienza el fingido médico por querer adivinar la causa del mal, mediante la Quiromancía, con protesta de Tristán, modelo de «cristiano viejo» aragonés[14]. Sale éste del cuarto y el médico diagnostica que doña Aldonza está hechizada produciendo en su «reconocimiento» los celos de don Juan[15]. Pero no son solas éstas las desdichas del caballero. Doña Aldonza, cargando en su odio, le acusa de ser el causante del hechizo, y declara su interés por el doctor, con lo que termina el primer acto[16]. Comienza el segundo con la acusación hecha formalmente por Román ante don Juan de que el hechizo se debe al mejor amigo de aquél, es decir, a don Félix[17], provocando así el odio del primero hacia el segundo. Pero el Demonio aplaza el momento en que su protegido ha de satisfacer los deseos que le encienden[18]. Debe obrarse con prudencia —dice—, y ante la criada de doña Aldonza finge una conversación de la que se extrae

341

la idea de que el médico es, en realidad, un hombre de familia nobilísima que está en Deza de incógnito, un tal don Diego de Guzmán, riquísimo por su parte, que declara además, velada pero astutamente, su amor[19]. Siguen obrando luego los prestigios: Román se venga del criado Tristán, haciendo que, en apariencia, unos doblones que le llevaba éste de parte de su amo, en pago, se conviertan en cuartos para infamarle de ladrón[20]. Por otra parte, aumenta la tensión entre don Juan y don Félix y la inclinación rara de doña Aldonza hacia el médico, cuyo mentido origen le es conocido merced a la criada[21]. La escena cumbre llega, al fin, cuando doña Aldonza declara su amor al mago[22].

El acto tercero, claro es, viene a desenmarañar la situación. Las prevenciones del criado Tristán resultan ciertas: bendito el dinero con agua no hay ya lugar a «tramoyas» infernales. Don Juan se deja convencer por su criado de que el médico no es persona de fiar, en el momento en que ronda la calle de doña Aldonza[23]. Pero aparece Román mismo a excitar sus celos, diciendo que, en aquel momento también, don Félix está gozando de doña Aldonza[24]. Haciendo luego que el Demonio tome la apariencia de don Félix, don Juan se lanza sobre él y cree que lo mata[25]. El caballero y su fiel criado usan luego del derecho de asilo o retraimiento en una iglesia, habiendo entre Tristán y un demonio «en figura y traje de sacristán» ciertas escenas grotescas[26]. Pero cuando don Juan explica a otro amigo, llamado don Pedro, en la iglesia misma, la razón de su retraimiento, aparece don Félix hablando con su criado, produciendo la confusión de su supuesto matador, que atribuye la cosa a hechizos; pero hechizos de don Félix[27]. Don Juan sigue, pues, tan obsesionado, enloquecido, que acepta la sugerencia de Román para que haga que doña Aldonza se case con un forastero vil y venal, al que pueda suplantar en la noche de bodas y así tomar satisfacción sensual y venganza de la dama[28], de la que el mismo Román piensa, al fin, tomar placer y huir luego a tan «remoto hemisferio»:

> «Que no siendo conocido,
> viva alegre y sin recelo
> de castigos ni venganzas»[29].

Cuando doña Aldonza y don Juan están dispuestos a romper su compromiso y acordes en que la dama se case con el supuesto don Diego de Guzmán, alias Demodolo, y cuando el mismo don Félix reconoce a éste como a caballero famoso[30]; cuando el mismo Román cree llegada la hora de la ventura y hace acto de presencia en la sala de la casa de doña Aldonza, donde están congregados casi todos los personajes de la obra; cuando va a dar la mano a aquella señora[31] entran dos familiares del Santo Oficio, que le prenden. Uno de ellos aclara:

> «Éste es Román, el que ha poco
> que en Toledo castigó,
> porque la ley sarracena
> guardaba, la Inquisición;
> que es morisco de nación»[32].

El efecto de los hechizos se desvanece; el Demonio reconoce que el poder del Cielo es mayor que el suyo; doña Aldonza mira otra vez con ojos tiernos a don Juan y éste pide al fin perdón al público, como de costumbre:

> «Y aquí, pidiendo perdón,
> da fin esta verdadera
> historia, que sucedió
> año de mil y seiscientos.
> En sus rebeldes intentos,
> preso en Toledo murió
> Ramírez, y relajado
> en su estatua, por su ciego
> delito pagó en el fuego
> el cadáver su pecado»[33].

Román Ramírez a la luz de su proceso

La historia de Román Ramírez II, es decir, la que da a conocer el proceso inquisitorial, es más dramática, «de verdad», que la del personaje de Ruiz de Alarcón: triste es reconocerlo en contra de una gloria literaria y en abono de un documento que, como todo proceso inquisitorial, siempre tiene un algo o un mucho de repugnante, al menos para ciertos hombres de hoy –como yo mismo–, no diré *modernos*, porque bastantes que presumen de *modernos* hacen gala de reírse de sensiblerías y vejeces «decimonónicas». En primer lugar, nada tiene que ver esta historia con amorosos devaneos ni con conflictos entre caballeretes y damiselas. Es una historia común entre la humillada grey morisca de tierras de Castilla la Vieja fronteras con Aragón. En primer término, Román Ramírez, al ser preso el 27 de octubre de 1959 y al encerrarlo en las cárceles de la

343

Inquisición de Cuenca, no era un hombre como para tener deseos ardorosos. Tenía ya –según declaración propia– unos sesenta años, y por lo que se deduce del proceso era de naturaleza más bien débil que robusta: asmático y tísico. Puede que aumentara su edad para producir lástima, porque en cierta declaración (si no hay error de transcripción en el extracto del proceso) indicaba que el año de 1533 tenía de trece a catorce años[34]. Nacido hacia 1530 o hacia 1540, Román Ramírez era morisco por los cuatro costados, de la casta y generación «más ruin del mundo», según reconocía él mismo. Pero entre sus antecesores había hombres de fuerte personalidad. Su padre, llamado como él, había sido labrador, hombre de memoria prodigiosa, como se verá luego, memoria heredada por el hijo. Su madre, María de Luna, había sido morisca, vecina de Deza también. De los abuelos paternos, Juan Ramírez, labrador y ganadero asimismo, y de su mujer María, no hay cosa mayor que decir. No así del abuelo materno, Juan de Luna, casado con María de la Ferrera, vecinos de Burbáguena, lugar que quedaba a dos leguas de Daroca, en Aragón. Juan de Luna parece haber sido un típico alfaquí rural aragonés, médico reputadísimo en su época, conocedor de la Magia y procesado por la Inquisición de Zaragoza[35]. Román Ramírez tenía como herencia psíquica la memoria de su padre; como herencia cultural particular, algo de lo que le había podido enseñar su abuelo en punto a Medicina, el cual también había hecho que su madre, María de Luna, fuera habilísima emplastera y comadrona[36]. Pero además estaba integrado en un grupo social, en una «casta» muy cerrada: la de los moriscos. No ha de chocar, pues, que «mahometizara» desde muy temprano.

Teniendo unos trece o catorce años un criado de su familia, morisco de Terrer, llamado Jerónimo de Villaverde, le persuadió de que la única vía de salvación era el Mahometismo; le convenció de que siguiera el ayuno del Ramadán y le impuso en otras prácticas. Como un buen «criptomahometano» vivió Román cuatro o cinco años más, avisado siempre por Jerónimo de cuándo caía la fecha del ayuno.

Cuatro o cinco años después de su «iniciación», hacia 1558, se fue a vivir a Teruel, donde casó con su primera mujer, Ángela de Miranda, y se desentendió del ayuno y de otros ritos, pero no por falta de fe, sino porque no había quien le adoctrinara y señalase las fechas. Once o doce años pasó así, hasta que habiendo tenido que ausentarse de Deza otra vez, por una riña a cuchilladas con el licenciado Páez (a causa de una cura) se volvió a Aragón y estando en Osera y Fuentes, haciendo de segador, otros moriscos le volvieron a persuadir de que hiciera el ayuno. Hacia 1570 se dio un edicto de gracia por la Inquisición, y Román confesó sus culpas como moro y se acogió a él. Pasó entonces una verdadera crisis religiosa y quedó vacilante entre las dos religiones. Vivió así muchos años («más de veinte», dice, aunque no pueden ser tantos), y ya talludo, en Deza mismo, trabó amistad con un esclavo turco, llamado Muçalí, que había llevado consigo un capitán apellidado Cabrera, y volvió a cumplir con el Ramadán y a rezar, en árabe mal pronunciado, algunas azoras. Esto debió de ocurrir ya por los años de 1590[37]. Román Ramírez «mahometizó», no hay duda de ello[38], como otros miles de moriscos de su época...

Estamos en presencia de un pobre morisco envejecido en la duda entre dos religiones. Nada más por ahora. ¿Cómo se forma la personalidad demoníaca de Román Ramírez? A base, a mi juicio, de estos elementos:

I) Sus curas médicas, en las que, como en casi toda la Medicina popular morisca, practicada por los «sabios» de aldea, había alguno o algunos elementos mágicos.

II) Su memoria prodigiosa, que hacía suponer que tenía algún fondo supranormal.

III) Lo que contaba y se contaba de su abuelo Juan de Luna y de él mismo en relación con el mundo mágico.

Añádase a esto como elementos auxiliares los que siguen:

I) Viejas enemistades de aldea, que hicieron que muchos testigos declararan contra él.

II) Una doctrina «demoniológica» propia del Derecho inquisitorial de la época, aplicada de forma rígida por el fiscal y los jueces de la Inquisición de Cuenca.

III) Un estado de debilidad cada vez mayor en el reo, que le hace morir al fin en la cárcel antes de que termine su causa y que matiza bastantes declaraciones.

Vamos, pues, por partes.

La acusación fiscal y su interpretación

Cuando el fiscal hizo su acusación sostuvo que Román Ramírez conocía las enfermedades y las virtudes de las hierbas por artes diabólicas. Pero Román no era, en realidad, más que un práctico que seguía al pie de la letra la clásica teoría de los humores, administrando a los flemáticos, coléricos, melancólicos o sanguíneos lo que se consideraba propio para aquellos temperamentos. Así, en las curas de llagas de piernas y brazos. Curaba la «perlesia», el «humor frío», los flujos de sangre, las «opilaciones del bazo y de la madre», los males de sobreparto, males de corazón y de orina, enfermedades de ojos y corrimientos de la cabeza al pecho y al pulmón, mediante hierbas, ungüentos y cocimientos que se apartan poco de lo aceptado en la Medicina antigua[39]. Un caso solo sirvió para que el fiscal sostuviera que, «añadiendo delicto a delicto y culpa a culpa, para malos medios y a fin de grandear hacienda curando enfermedades, ha tenido y tiene pacto expreso con el demonio, mediante cuyo favor ayuda e consejo en el mes de junio de 1594 hechizó y maleficó a una mujer del lugar de Tajagüerce, de la ciudad de Soria, llamada Ana Sanz...»[40].

Tengo por cierto que don Juan Ruiz de Alarcón tomó este triste episodio de la vida de Román como base de su comedia; pero de la pobre Ana Sanz, clásico tipo de «endemoniada» popular, que aborrecía a su marido, «endemoniado» también en un tiempo, que hacía raras gesticulaciones, que profería palabrotas y blasfemaba, a doña Aldonza de Meneses, hay mucha distancia. La malevolencia hizo decir que Román fue no tanto curador como responsable del endemoniamiento, y esto por espíritu de lucro. Acaso algunas palabras jactanciosas del mismo, unidas al descontento de la familia de la endemoniada, terminaron la labor de «mitificar» al morisco, del que se dijo que en sus conversaciones con el Demonio, metido en el cuerpo de Ana Sanz, había querido averiguar la situación económica del suegro de aquélla y de cosa más grave, a saber: «si el turco hacía gente para venir contra el Rey»[41]. Ana Sanz parece que había dado señales de su trastorno en el momento de la boda, y Román, en su descargo, sostenía que la única enfermedad que aquélla tenía eran unos «desmayos recios», debidos a que era mujer «brava de condición y muy fermosa en extremo, y el hombre con quien la habían casado era de mal talle, pequeñuelo, y así estaba descontenta del casamiento; y de los corajes y enojos que tomó desto se engendró abundançia de humor melancólico»[42]. Es decir, que nos encontramos ante un caso muy real y plausible de «bella malmaridada», tema muy utilizado en la poesía popular castellana: primero en un romance famoso[43]; luego, en glosas de autores diversos[44].

Así, pues doña Aldonza de Meneses se nos convierte en una aldeana orgullosa y sexualmente insatisfecha, rodeada de familiares sórdidos y asustados, tratada como aún se trata a los endemoniados en Galicia y en otras partes[45], o con arreglo a las recetas moriscas del desdichado Román Ramírez. De la «explicación del caso» de éste, que niega todo carácter demoníaco a la enfermedad de la casada de Tajagüerce, a la interpretación familiar y de los testigos, de ésta a la del fiscal del Santo Oficio y de la del fiscal a la de don Juan Ruiz de Alarcón, hay otros *saltos*, merced a los cuales de lo más verosímil y racional se pasa a lo menos verosímil y más maravilloso: proceso instructivo en toda esta clase de asuntos. Y he aquí cómo un práctico de la Medicina popular, que todo o casi lo había aprendido de su madre, María de Luna, y que no había usado de más libro que el de Dioscórides, traducido por Andrés Laguna y publicado por vez primera en 1555[46], se convierte en un pequeño Fausto.

Otro hombre perdido por los libros de caballerías

Pero hay otros elementos de la personalidad de Román Ramírez que son interesantísimos y que contribuyeron, directa o indirectamente, a su perdición y a su mitificación teatral. Ya se ha indicado cómo tenía fama de poseer una memoria prodigiosa. Había aprendido a leer tarde, pero con tesón y con pasión. Román Ramírez era un entusiasta de los libros de caballerías, como antes lo había sido su padre. Desde niño, sin saber leer. En aquella edad, durante los ocios, su padre leía en voz alta y bien tales libros, y a él se le quedaban las lecturas tan grabadas en la memoria que podía luego recitar casi todo el contenido de aquéllos, «decorándolo»[47].

Poseyó y leyó luego Román el *Amadís de Gaula*, el *Florambel de Luna, Don Cristalián de España, Don Olivante de Laura, Primaleón* (libro segundo de *Palmarín de Oliva*), *Don Duardos, Don Clarín de Landanos, El caballero del Febo, Don Rogel de Grecia, Don Félix el Magno* o *Felixmarte de Hircania*, y aparte de éstos, *El carro de donas*, de Eximenis; el *Flos sanctorum*, de Alonso de Villegas; la *Historia imperial y cesárea*, de Pero Mexía, y el *Espejo de consolación de tristes*, de fray Juan de Dueñas[48].

Román Ramírez hubiera hecho buenas migas con Don Quijote. Y como «declamador» era solicitado por caballeros y señores. Tan solicitado que su fama le había hecho recitar ante la misma majestad de Felipe IV, «muchas veces», en el Pardo y en Aranjuez[49]. Atribuía esta facultad a que, siendo niño, a los seis o siete años le habían dado «zumo de alcanfora, que tiene la virtud de disecar el celebro»[50]. Reconocía, por otra parte, que de cuatro años al momento de declarar en la prisión había perdido mucha memoria a causa de los disgustos que le había producido el que en el campo de Deza mataran a puñaladas a un hijo suyo y el que el Santo Oficio le hubiera preso[51]. Román Ramírez, viejo, leía mal, «ni despierta ni

347

claramente», según comprobaron sus jueces dándole un ejemplar del *Examen de ingenios* del famoso médico navarro Juan Huarte de San Juan[52]. ¿Cómo podía retener todo aquello que decían que retenía sin intervención de algún prestigio demoníaco? En realidad, en sus recitales se valía de un pequeño truco. Tomaba como base el *Don Cristalián de España*, y con los nombres de los personajes, ciudades y reinos y con la «sustancia» de las aventuras improvisaba, alargando o acortando las «razones» a discreción. El éxito que esta clase de recitales le ocasionaba hizo que estudiara los temas con más cuidado, y al final concluyó en autor de un libro de caballerías, *Florisdoro de Grecia*. «Le daban treçientos reales por lo que tiene escrito», concluye sincera y prosaicamente en una declaración[53].

Román Ramírez –repito– hubiera sido mejor contertulio de Don Quijote que el cura y el barbero. El racionalismo y aun prosaísmo de algunas de ciertas de sus declaraciones puede que estuviera condicionado por la idea de evitar toda impresión de misterio ante los inquisidores. Pero otras veces el hombre caía en una actitud opuesta, y los que testificaron sobre él siempre quisieron darle un aire de personaje extraño, cuando no de «hablador y fanfarrón». Así, el licenciado Bonifaz de Soria manifestó que Román le había contado lo que sigue: «Que estando con su agüelo Juan de Luna en el lugar donde vivía e siendo el dicho Román muchacho, que era el lugar donde le dijo vivía catorce o quince leguas de Zaragoza, le solía decir su agüelo que saliese fuera del lugar para ir a Zaragoza, e que haciendo su agüelo un conjuro, que decía "de bon y barón", hallaban un caballo, en el cual subía el dicho Juan de Luna, y el dicho Román a las ancas e se ponían dentro de Zaragoza en muy breve tiempo; e que a la entrada de Zaragoza le quitaban el freno y se dexaban allí el caballo, e negociaban e tornaban a la parte donde habían dexado el caballo y le tornaban a echar el freno y en otro breve tiempo se volvían a su lugar»[54]. Román, por su parte, afirmó que esto del conjuro «de bon y barón» se lo había oído a un franciscano, el padre Valero, de Medinaceli, hacía catorce o quince años, charlando en Deza, como algo utilizado por un amigo que tenía en Roma dicho fraile y el licenciado Bonifaz se lo atribuía a él por enemistad[55]. Hay que preguntar, como Donna Anna y Don Ottavio en *Don Juan*: «A chi si creaderà.» Y hay que añadir una observación curiosa. George Borrow, tan hostil a la tesis sostenida por un autor español de que los gitanos eran de origen morisco, nos dice que, en su época, los gitanos solían vender varias clases de raíces y hierbas a las que atribuían virtudes mágicas, especialmente a mujeres, con el nombre de «la raíz del buen Barón»: «By the good baron is meant his Satanic majesty», añade[56].

Miseria sobre miseria

Es lástima que González Palencia al hacer su extracto no insistiera más en algunos aspectos del proceso de Román Ramírez; por ejemplo, no examinara despacio el carácter de los testigos y la posición de éstos respecto al morisco. Pero por lo que dice, se ve que éste, en Deza, era de la parcialidad o bando del duque de Medinaceli, frente al vecindario, que tenía pleito con aquel título[57], cosa que se ajusta bien al estatuto general de los moriscos, defendidos, en lo que cabía, por los señores, por los aristócratas, y atacados por los «cristianos viejos» del común, por las gentes «concejiles» y por los funcionarios reales[58]. Román Ramírez había tenido también diferencias con autoridades civiles importantes, había escapado de Castilla a Aragón a causa de riñas y pendencias y había quedado malquisto con bastantes de sus clientes[59]. Ni a él ni a su familia le habían faltado cuchilladas y violencias. Pero, al fin, cayó en manos del Santo Oficio por un accidente verdaderamente miserable y que tampoco tiene que ver con el desenlace de *Quien mal anda en mal acaba*, desenlace, en verdad, un poco brusco y poco explicado.

He aquí que un buen día del año 1595 don Pedro Ramírez, gobernador de los «Puertos secos», que vivía en Soria, llamó a Román para que fuera a entretener con sus declamaciones a don Gil Ramírez de Arellano, oidor de Valladolid, y a su mujer doña Catalina, que estaban en Soria misma de «visitas». Coincidió esta pretensión con la del corregidor de la ciudad, don Diego de Orozco, el cual pidió al oidor que la misma noche fuera Román a su casa a entretener a ciertos caballeros de Guadalajara, huéspedes suyos. No quedaron de acuerdo don Gil Ramírez de Arellano y don Diego de Orozco. Se gravó la disputa y –según Román– por quitar el corregidor al oidor «el entretenimiento que tenía con este confesante, llamó al comisario de Soria, que se llama Rueda, y le dixo que convenía fuese este preso por el Santo Oficio que él daría información bastante de que éste curaba con el diablo y tenía familiar, y que el demonio en Tajagüerce había dicho que no quería salir de la nuera del dicho Ortega, si no lo mandaba Román el de Deça»[60]. ¡Mísera venganza de leguleyo si esto es cierto! Acusado, pues, por el corregidor, que aceptaba el rumor público de que Román Ramírez era hechicero y curaba por medio del Demonio y de que tenía un familiar, se expidió el auto de prisión. Román escapó de Soria; pero al fin le prendieron. El mandamiento data del 19 de octubre de 1595, está fechado en Soria y el 27 era enviado a Cuenca[61]. El proceso fue largo al parecer. En la audiencia primera contó Román su vida, como de costumbre; fue también examinado de doctrina, y dijo bien las oraciones que se solían preguntar[62].

En otra audiencia posterior pidió que le dieran las penitencias que fuera en Deza, donde siempre tendría alguien que le diera de comer, y no en Cuenca, donde no pensaba hallar auxilio «y se moriría de verse andar por las calles». Confesó entonces que «toda su vida ha sido moro»[63]. Acaso creía que con esta confesión paladina iba a aliviar su suerte; pero los inquisidores querían averiguar, además, si era hechicero con pacto diabólico de verdad. Empresa ardua.

Empezaron a reunir testimonios de cargo. Uno de los que participaron como mensajeros entre la familia de la endemoniada de Tajagüerce y el reo declaró que en su viaje a Deza se había encontrado en unos barrancos a «un hombre escueto y sin armas, que por las señas parecía demonio y familiar del dicho Román»[64]. ¡Lindas señas debían de ser aquéllas! Otro de los testigos contó, «por si acaso», aunque no lo creyera, lo del caballo mágico, que obedecía a los conjuros de Juan de Luna. Otro narró lo que sigue, según la acusación fiscal: «Habiendo casado en la dicha villa de Deça una sobrina de cierto clérigo y en la dicha villa desaparecídose o llevádola los demonios, porque cuando se fue a acostar con su marido se encomendó a ellos, y el tío de la dicha casada acudido a una persona conjunta del reo a pedirle remedio; la cual, habiéndole respondido que no tuviese pena que no se perdería la novia, el día siguiente, le dio una carta al marido della, mandándole que se fuese a cierta viña, que le señaló, y allí hiciese un círculo y que, metido en él, cuando oyese pasar un ruido preguntase que adónde iba el Rey, y que si le respondiesen que iba allí, les arrojase la dicha carta; y habiéndolo hecho así y preguntándoles que adónde estaba su mujer y mandándoles que se la trajesen adonde él estaba, se la traxeron, adonde se fueron la dicha persona su conjunta y el dicho reo a volver a la dicha novia, y por llevar a ella en las ancas de la cabalgadura, el dicho reo volvió a pie»[65].

Román Ramírez, en la cárcel, pareció no dar mucha importancia al proceso durante algún tiempo. En la primera audiencia había pedido que su justicia fuera abreviada, que se le diera compañía, porque estaba enfermo; que no se pusieran en poder de otro hasta que no se viera su proceso unas huertas que tenía del duque de Medinaceli; que se le escuchara en relación con lo que creía él causa de su prisión[66]. Insistía más tarde en que si su negocio se podía resolver pagando una multa de cuarenta o cincuenta ducados, la pagaría de buena gana, y que si la cosa era más larga, se le diera la cárcel por fianza, porque estaba muy flaco y apretado de asma, petición a la que el inquisidor de turno respondía diciendo que descargara su conciencia, que era lo principal[67]. Del 11 de mayo de 1599 al 12 de agosto del mismo año se celebraron las principales tareas fiscales; el 13 de agosto nombraba defensor Román Ramírez al licenciado Pedro de Collado. Un mes después el tribunal se enteraba de que estaba «ético, tísico y con peligro de vida», y que pedía confesión. Le confesó así un jesuita, el padre Francisco Escudero, y el 6 de octubre se le llevó al Hospital de Santiago[68], en vista de que agravaba.

Se montó allí un servicio de observación para ver si Román declaraba más. Pero éste no tenía otra idea que la de comunicar con los suyos, con un hijo y con su segunda mujer, Ana de Ucedo[69]. El 6 de noviembre se agravó aún más su estado, le confesó otro jesuita, el rector Gabriel Núñez, y el 8 de diciembre moría. No se le quiso enterrar en sagrado y su proceso siguió adelante[70].

Final

En un momento de él (que no se especifica en el extracto que da González Palencia), Román Ramírez había confesado, al fin, que tenía relación efectiva con un demonio familiar llamado «Liarde». Siendo niño de diez o doce años y estando para morirse su abuelo, Juan de Luna, le dijo que si alguna vez se encontraba en necesidad, entre once y doce de la noche, «llamase y dixese: Liarde». Éste debía de ser un demonio con el que su abuelo tenía pacto y con el que hablaba de noche, estando en la cama.

Román Ramírez llamó por vez primera al tal familiar cuando tenía ya veintidós años, en Deza, estando en la cama, para preguntarle si algún mozo andaba enamorado de Ángela de Miranda, con la que a poco casó. Liarde, a la primera llamada, había respondido de modo desabrido: «¿Qué quieres? ¿Piensas que te tenga yo que servir como a tu abuelo? No tienes la habilidad que él. No me tengo yo de andar en cargo de vosotros; no cures a nadie, sino estáte quedo, no tengas que hacer como tu abuelo», que había sido preso por la Inquisición de Zaragoza[71]. Liarde era un «espíritu» incorpóreo y malhumorado. No hizo caso a Román antes de casarse con Ángela, ni recién casado, ni a la «tercera convocatoria», en la que aquél le pidió «que si supiese de algún tesoro que estuviese escondido, se lo avisase», porque «no tenía blanca». Liarde le replicó otra vez, displicente, que era muy novicio, que él no podía hacer bien a nadie..., que le dejara en paz casi[72].

Al fin, pasados otros cuatro o cinco años, tenía que ir Román a Calatayud, a pretender curar a un caballero que estaba loco, don Carlos López, «a título de ser confesante nieto del dicho Juan de Luna, y que sabría algo de lo mucho que sabía su abuelo». Llamó a Liarde, quien diagnosticó que al caballero le habían dado unas hierbas y que había de procurar curarle con pepitas de membrillo, persicaria o duraznillo, zumo de pempinela mayor y agua de escorzonera. Carlos López sanó, la fama de Román se acrecentó, y así siguió curando, unas veces con ayuda de Liarde, otras sin ella, porque no siempre respondía aquél. Siete u ocho años antes del proceso de Cuenca, estando Román preso en la cárcel de Medinaceli, invocó a Liarde y le reprochó el que no le hubiera avisado que le iban a prender, y el espíritu, incomodado, respondió: «Yo te había de avisar para que te colgasen y ahorcasen... Yo no tengo de hacer cosa buena por ti.» Roman, enfurecido, le mandó con los diablos y maldijo a su abuelo, «que tan mala cosa le había dejado»[73]. ¿Qué pensar de esto? Parece que el morisco tenía fe en la existencia de aquella clase de «genios» que aparecen tanto no sólo en los cuentos y narraciones maravillosas de la literatura arábiga y oriental, sino también en recetarios y libros de Magia de los alfaquíes aragoneses, escritos incluso en aljamía[74], en la época del mismo. Pero la interpretación de esta creencia por el inquisidor no debía de ser como para tranquilizar a nadie.

Muerto ya el desdichado curandero y recitador, a 31 de enero de 1600, el promotor fiscal pedía que se terminara la causa contra su memoria y fama, que sus huesos fueran exhumados, su estatua relajada y sus bienes confiscados. El tribunal citaba a su mujer e hijos para que se hicieran cargo de aquella «herencia». El 12 de febrero, el fiscal mismo daba prisa, con objeto de que la causa de Román se pudiera incluir en el auto de fe que había de celebrarse en Toledo durante la primera dominica de Cuaresma. Pidió misericordia el defensor, puesto que su cliente había confesado sus mayores culpas[75].

Pero la sentencia fue condenatoria[76]. Siendo inquisidor general el cardenal Niño de Guevara (el retratado por el Greco), se celebró auto público de fe en la plaza de Zocodover, de Toledo, el 5 de marzo de 1600, con asistencia de Felipe III y de su mujer, la reina doña Margarita; del duque de Lerma y de otros señores. Los huesos y la estatua de Román Ramírez fueron entregados al brazo secular y quemados luego, como era usual en aquellas ocasiones[77].

Ésta es, en sustancia, la historia de Román Ramírez, según el proceso que se conserva en Cuenca[78]. Su fama póstuma debió de ser grande durante algún tiempo, como lo indica el que Ruiz de Alarcón lo escogiera para protagonista de una de sus obras; pero la fama no correspondía a la realidad. De un humilde curandero se hizo una figura legendaria. La hipertrofia de la realidad siguió en su caso un proceso común en esta clase de negocios.

Lo que el padre Del Río sacó del proceso (acaso la fuente erudita de Alarcón, que parece haberle leído, según se desprende de otras comedias suyas) no es más que lo que dijo el fiscal[79]. Pero como en otros muchos casos la actividad mitógena estaba ya en marcha, auxiliada por la poesía y por el teatro. El latín más o menos cuidado de Martín del Río da a la acusación fiscal un aire más solemne. Tal vez le hizo efecto al poeta esta solemnidad. Pero no cabe duda de que se apartó mucho de aquel texto, que procura, sí, resaltar la personalidad demoníaca de Román Martínez, pero que no hace de él, todavía, un precursor de Fausto enamorado.

De un lado está la personalidad del morisco, con sus rasgos heredados, genéricos unos, familiares otros; su evidente tendencia a curar y simular, a declamar y llamar la atención. De otro, la opinión pública, que, durante años y años, fue formando una imagen del mismo. Vino luego la acción del Santo Oficio, y, en último término, se produjeron los rumores confusos, posteriores al auto de fe. Acaso el poeta también sacó provecho de los últimos, sacrificándole en aras del lugar común. «Quien mal anda en mal acaba»; pero los que «andaban bien» en aquella coyuntura no fueron buenos con el desgraciado viejo que murió en las cárceles de la Inquisición de Cuenca el 8 de diciembre de 1599.

NOTAS

1. *Comedias de D. Juan Ruiz de Alarcón*, B.A.E., XX, pp. 83-100.
2. *Comedias, loc. cit.*, pp. 211-228.
3. *Comedias, loc. cit.*, p. 118 c.
4. Angel González Palencia, «Las fuentes de la comedia "Quien mal anda en mal acaba", de Don Juan Ruiz de Alarcón», en *Boletín de la Real Academia Española*, XVI (1929), pp. 199-222; XVII (1930), pp. 247-274. Luego ha sido recogido en un volumen de escritos del mismo erudito.
5. Uso de *Disquisitionvm magicarvm libri sex*, ed. de Paulino Berti (Venecia, 1616), pp. 198 a-201 a, lib. II, quaestio XXIV, que comienza así: «Hoc anno 1600, mense Martio, Toleti lata per fidei Inquisitores sententia, cuiusdam Roman Ramirez ossa cum statua combusta fuere, qui in reatu, et carcere obierat: huic inter cetera impitabantur accepta a daemone medicina peritia. Quoniam vero multa in hoc facineroso magica concurrere, ideo fiscalis accusationem fide bona ex Hispanico sermone in Latinum transferre non gravabor. Postquan ergo narrasset eum iam semel accusatam, abiurasse errorem Machometanum, addit relapsum (ut sex illa consuevit) et rediisse ad vomitum...» El texto de las acusaciones lo iré poniendo en los lugares respectivos de este capítulo, donde se trate de ellas.
6. Digo que insisto porque Menéndez Pelayo, en la *Historia de los heterodoxos españoles*, V, 2.ª ed. (Madrid, 1928), p. 371, ya advierte que Alarcón usó este texto. Respecto a las otras obras del mismo, véase la p. 383.
7. *Op. cit.*, p. 211, acto I, escena II:
   «Porque os he visto comer,
   y ni vino os vi beber
   ni tocino habéis probado;
   y de hablar con vos me corro;
   que quien no come tocino
   ni vino bebe, es indino
   de hablar ni escupir en corro.»
8. *Op. cit.*, p. 212 a-b.
9. *Op. cit.*, p. 212, acto I, escena VI.
10. San Mateo, XII, 24; San Lucas, XI, V, 15.
11. *Op. cit.*, p. 213, acto I, escena IX.
12. *Op. cit.*, pp. 214 (acto I, escena XII) y 215 (acto I, escena XIV).
13. *Op. cit.*, pp. 214-215, acto I, escena XIII.
14. *Op. cit.*, pp. 215-216, acto I, escena XVII.
15. *Op. cit.*, pp. 216-217, acto I, escena XVIII.
16. *Op. cit.*, p. 217, acto I, escena XIX.
17. *Op. cit.*, pp. 217-218, acto II, escena I.
18. *Op. cit.*, pp. 218-219, acto II, escena IV.
19. *Op. cit.*, p. 219, acto II, escena V.
20. *Op. cit.*, p. 219, acto II, escena VI.
21. *Op. cit.*, pp. 220-222, acto II, escenas VIII-XIII.
22. *Op. cit.*, pp. 222-223, acto II, escena XIV.

23. *Op. cit.*, p. 223, acto III, escena I.
24. *Op. cit.*, p. 223, acto III, escenas II y III.
25. *Op. cit.*, p. 224, acto III, escena IV.
26. *Op. cit.*, pp. 224-225, acto III, escenas VIII, IX y X.
27. *Op. cit.*, p. 226, acto III, escena XIII.
28. *Op. cit.*, pp. 226-227, acto III, escena XV.
29. *Op. cit.*, p. 227, acto III, escena XVI.
30. *Op. cit.*, pp. 227-228, acto III, escenas XVII-XVIII.
31. *Op. cit.*, p. 228, acto III, escena XIX.
32. *Op. cit.*, p. 228, acto III, escena XX.
33. *Op. cit.*, p. 228, acto III, escena XX. Compárese con González Palencia: *op. cit.*, pp. 200-207.
34. González Palencia, *op. cit.*, p. 208.
35. González Palencia, *op. cit.*, p. 207.
36. González Palencia, *op. cit.*, p. 222.
37. González Palencia, *op. cit.*, pp. 208-211.
38. Del Río, *Disquisitionvm magicarvm*, pp. 198 b-199 a, expone así sus delitos desde el punto de vista de la vuelta al Islamismo: «...servasse ritus, et ceremonias Machometi, multis annis ieiunasse magnum ieiunium, quod vocant *del Ramadan*, praemissis *guadoc* et *zala*, lavando totum corpus, induendo indusium mundum, recitando *azoras* (hoc est preces) eius sectae, versa facie ad *alquibla* (hoc est solem orientem), elevando, et demittendo caput, et se ad terram, usque inclinando, et extendendo supinas in caelum palmas cum diceret *Alaqueuir* (hoc Deus est magnus) et surgentem ante diem ad celebrandum ieiunium *Zahor*, eo absoluto servasse, et celebrasse solemniter Pascha ipsius Ramadan per tres días: abstinendo omni labore, et opere servili, praesertim primo die, induendo indusium mundum, faciendum dictum *guadoc et zala*, cum aliis multis ritibus, er ceremoniis Machometismi. El quod addeus delictum delicto, et culpas, ad opus et finem malum, a multis iam annis pactum et foedus inivisset cum daemone expresso...» Siguen los delitos de otra índole, que se describen más adelante (nota 79).
39. González Palencia, *op. cit.*, pp. 247-257, recetas que describe el reo en su confesión.
40. González Palencia, *op. cit.*, p. 212.
41. González Palencia, *op. cit.*, p. 216. Sabido es que a los moriscos se les acusó siempre de tener tratos secretos con los turcos y franceses, enemigos de Felipe II.
42. González Palencia, *op. cit.*, p. 221.
43. *Romancero general*, I, *B.A.E.*, pp. 450-451, núm. 1.459.
44. *Poetas líricos de los siglos XVI y XVII*, I, *B.A.E.*, pp. 99 (Hurtado de Mendoza) y 130 (Castillejo y Gregorio Silvestre).
45. Su marido y ella habían sido exorcizados por el bachiller Ortigosa, cura de Madruédano (González Palencia, *op. cit.*, pp. 217-218).
46. González Palencia, *op. cit.*, p. 222.
47. González Palencia, *op. cit.*, p. 260.
48. González Palencia, *op. cit.*, pp. 257-258. En el famoso expurgo o auto de fe que hicieron el cura y el barbero en la biblioteca de Don Quijote (parte I, cap. VI) se

citan varios libros de éstos: *Amadís, Olivante, Félix-marte*, al que Cervantes llama *Florismarte*, algunos de los *Palmarines*. En el cap. XXXII de la misma parte vuelven a recordarse algunos. Aquí sí *Félixmarte* sale con su propio nombre. El libro de fray Juan de Dueñas, *Espejo de consolación de tristes*, aparecido en Sevilla, 1543, tuvo gran éxito y se reimprimió repetidas veces. Nicolás Antonio, *op. cit., loc. cit.*, p. 684 a.

49. González Palencia, *op. cit.*, p. 258.
50. González Palencia, *op. cit.*, p. 259.
51. González Palencia, *op. cit.*, p. 259.
52. González Palencia, *op. cit.*, p. 260.
53. González Palencia, *op. cit.*, pp. 260-261.
54. González Palencia, *op. cit.*, pp. 261-262, éste le tacha de hablador y fanfarrón.
55. González Palencia, *op. cit.*, p. 262.
56. George Borrow, *The Zincali; or an account of the gypsies of Spain* (Nueva York, 1847), p. 81, segunda parte, cap. VI.
57. González Palencia, *op. cit.*, p. 259.
58. Julio Caro Baroja, *Los moriscos del reino de Granada* (Madrid, 1957), pp. 277-278 especialmente.
59. González Palencia, *op. cit.*, pp. 247-248 y 259.
60. González Palencia, *op. cit.*, pp. 258-259.
61. González Palencia, *op. cit.*, p. 207.
62. González Palencia, *op. cit.*, pp. 207-208.
63. González Palencia, *op. cit.*, p. 208.
64. González Palencia, *op. cit.*, p. 215.
65. González Palencia, *op. cit.*, pp. 262-263.
66. González Palencia, *op. cit.*, p. 265.
67. González Palencia, *op. cit.*, p. 265-266.
68. González Palencia, *op. cit.*, p. 266.
69. González Palencia, *op. cit.*, pp. 266-267. De ésta tuvo dos hijos; de Angela de Miranda, tres, p. 207.
70. González Palencia, *op. cit.*, p. 267.
71. González Palencia, *op. cit.*, p. 263.
72. González Palencia, *op. cit.*, p. 264.
73. González Palencia, *op. cit.*, pp. 264-265.
74. J. Ribera y M. Asín, *Manuscritos árabes y aljamiados de la Biblioteca de la Junta (para ampliación de estudios)* (Madrid, 1912), pp. 98-106, núm. XXII; 112-114, núm. XXVI.
75. González Palencia, *op. cit.*, pp. 267-268.
76. González Palencia, *op. cit.*, pp. 268-270.
77. González Palencia, *op. cit.*, p. 270.
78. Procesos del siglo XVI, leg. 86. Consta de muchos folios, al parecer; González Palencia, *op. cit.*, p. 206, nota 2.
79. Del Río, *Disquisitionvm magicarvm...*, pp. 198 b-201 a: «... et foiedus iniuisset cum daemone expressum, eo adorato, et facto homagio et anima illi dicata, ea lege ut daemon ei adesset favore, ope, consilio, quotiescumque aliqua in re indigeret, et peteret: et ido pettise, et a daemone obtinuisse notitiam, peritiamque sanandi multas

secretas, et occultas aegritudines herbis, suffumigationibus, et incantamentis suspersticiosis, quibus facto non paucos sanitati restituisset. Item persuasisse multae lectionis esse, et in sacris, ac profanis historiis appime versatum: et valere plurimum memoria, cum sit imperitus plane legendi, ac scribendi. Quare solitum lucri gratia, et ex professo aliis de memoria praefatas historias ad verbum perinde recitare, ac si librum coram se explicatum legisset, facientem haec ope daemonis; et sic non parvam vim pecuniae ab auditoribus receptam coacervasset. Cumque quidam eum interrogasset, qua ratione tam fidam morian adeptus esset; respondisse, quendam sibi magna necessitate coniuctum, peritissimum naturae herbarum, qui habebat familiarem daemom, potum nescio, quem dedisse; quien etiam hunc eundem cum semel vellet Caesaraugustam, quindecim inde leucis distantem profiscirci, facta coniuratione, qui dicunt, *de bon y varon*, subito comparuisse equum, quem ambo conscendentes, minimo spacio temporis, ad urbis portas pervenere, et ibi equo; sed prius frenum ademisse; de relicto, curasse negotia, quorum causa eo profecti erant, et reversos ad portam equo frenum iterum iniecisse, et momento dere domun relatos. Item, cum quaedam mulier se ad lectum conferens (in oppido Deza id accidit) irata forte, daemoni commendasset, et a nescio, quo ablata subito non comparuisset, maritus Ramirez accesit opens postulans, hic respondit, animum ne desponderet, se illi uxorem eius restiturum. Dedit simul epistolam, et iussit, ut certum ad locum inter vineta se conferret, et ibi facto circulo, in medio circuli consisteret et quando audiret turbam hominum pertranseuntem, etsi nullum videret, interrogaret, ubi rex foret? Si responderetur illac transire, tum epistolam ante se in solum abijceret. Facit ille, quae iussus, et uxoren recepit, non videns quis aut quomodo reddidisset. Item solitum addebat fisci procurator edicere multa valde arcana, et quae contingerant in locis remotissimis, quae quo tempore indicabat, non poterant e nisi ut pacti daemonici innotuisse. Semel (ait) cum domo abiret, dixit venturim peregrinum quendam; qui eum quareret, et peteret, accederet liberaturus filiam eius obsidente daemone, quare, ut se statim vocarent. Abiit, venit alter, vocatur Ramirez: et sic regerit in sanando morbo, ut clarissime appareat, ipsiusmet maleficio daemone in aegram ante immissum fuisse. Primo enim nuptiarum die misellam sanguinis cum animae deliquio, et cordis oppresione invaseserat. Moxque, lipopsychia frequenti durante, coeperat odisse parentes, etmaritum, et hunc nec videre, nec cum ipso dormire sustinebat. Adverte obsessam esse, vocatur sacerdos, diebus octodecim exorcimis, et consuetis Catholicae Ecclesiae remediis, nititur malum hospitem abigere. Tandem unus daemon profetur, centum et unum illi muliebri corpori daemones immissos, tum tamen caeteris absentibus se solum adesse. Cum itaque sacerdos solitos Manualis Ecclesiastici exorcismos ingeminaret, eumque adigeret dicere, quo caeteri abivissent, respondit profectos ad oppidum Deza, predictum Roman Ramirez conventuros, et quaesituros ab eo, quid fieri a se vellet: nec abituros, donec ipse recedendi licentiam concederet. Tum crudelius misellam afflictam fuisse adeo ut tot die in deliquio permanserit.

»Cumque Sacerdos iuberet, ut foeminam vexare desineret, et eam cum marito, ut uxorem decet, sineret degere, eique redderet iocale preciosum, quod eripuerat, respondit se adigi a Romano, et habere se iocale, sed reddere non posse. Postea cum parentes advocassent Roman Ramirezium curandae filiae gratia moti dictis daemonis; confestim, ut domum ille ingressus, caepit mulier mira dicere, et agere, clama-

357

bat scire se illum advenisse, et causam adventus non nescire: eo accedente, ut vidit, iterum delirium concidit, et ore contorto triduum permansit sine cibo, et potu, non valens quicquam susbtantiae ullius trajicere. Magus itaque imbuit forti suffumigatione solearum, olei iuniperini, et aliarum rerum, et revocat a lipopsychia, et alloquens obsessorem dicebat, finas illam , finas illam, discedes, fuge, nisi velis me suffumigationem iterare. Sed nolente daemone respondere iussit, omnes exire thalamum, et putans se a nemine exaudiri, quaerebatur et expostulabat cum daemone dicens: Cur mihi non respondes? Humilior certe fuit paredrus mei avi, quid commerui, ut mihi loqui dedigneris? An non sufficit, quod me totum tibi a tam longo tempore devoverim? Fac ergo, sopora hanc mulierem, ne quid verborum nostrorum exaudiat. Interea daemon alius advenit, cui reus —Bene veneris— quid illis rerum egisti? qui valent uxor et liberi? Filius (inquit) tuus male habuit, sed iam extra periculum est: uxor peius habuit, iam convaluit. Nepotulus adhuc aeger est, et periculum ne moriatur. Tum infert Ramirez, cum sciant, quod fidelen et diuturnam eis serviverit servitutem, et quantum eis obstrictus esset, nec ignorent se urgeri debito ducentorum regalium, pro solutione locati a se horti, aequum esse, ut vicissim sibi gratificentur, et ex obsessa corpore recedant, saltem spacio quindecim dierum, et interea sanam et incolumen relinquant, ut sic copiosam solutionem mercedis recipiat, et in posterum fama et existimatio eius crescat, quae alioquin insignem plagam sit acceptura, nisi exeant. Posse iterum eam invadere, et possidere arbitratu suo. Pollicitum deinde daemonem, id se facturum eique patiturum. Cum vero videret Ramirez hoc colloquium suum ab aliis exauditum, seque deprehensum tanquam potestatem in daemonem habens, stomachabundus ei interminatur se in compedes eum coniecturum, et facturum, ut sui memor, nihil tale deinceps auderet. Expulso daemone, quia satis largam mercedem operae parentes foeminae soluerant, eis minatur fore, ut brevi iterum ipsius ope indegeant: et maleficii sortem statim transtulit in maritum foeminae liberatae, iubetque daemonibus, ut in eum traseant, eumque divexent: fecere, et diem integrum crudelissime afflixerunt, iniectis mille imaginationum terriculamentis, et desperationum tentamentis. Quare vocatus iterum, cum ad eum accessisset fortiter, inquit contubernalis cum daemone colluctatus fuisti: et adhibitis suffumigationibus daemones eiecit: et ex oppido discessit, male contentus exiguo stipendio. Post abitum deprehendere parentes filiam non modo non esse sanctam (*sic*), sed peius in dies habere; scribunt ergo ad magum eumdem, et simul ad eumdem pecuniae non parum mittunt, pollicentes maiorem summam, si foeminam persanaret. Ille dedignatus venire, dat tabellario materiam alterius suffitus, et ritum, quo uti deberet descriptum, addens cum domum redisset, inventurum illam meliuscule valentem, et cum sociabus tripudiantem: et ita factum est. Cumque uxor adhunc nollet cum marito dormire, suffumigavit eam, addens verba, quae iussus erat, nempe daemones exite ab hac foemina, quia iubet Romam, alioqui ipsum vocabo et veniet et vos vi pellet quia hoc mihi pollicitus fuit. Ad quam coniurationem mulier vehementi clamore edito sana facta libera mansit, et cum marito vixit, ut coniugues solent. Haec in actis illis judiciaris.»

V
MAGIA Y DESEQUILIBRIO MENTAL O EL SOLDADO HECHIZADO

Jerónimo de Pasamonte, soldado aragonés, y sus «trabajos»

Que un fraile tenga vocación de soldado o que un soldado tenga vocación de fraile son dos cosas que se han repetido en España muchas veces. Más común ha sido todavía que el soldado, harto de guerras y matanzas, busque la soledad del claustro y que las vocaciones sean sucesivas en el mismo hombre. Pero ahora nos encontramos ante la figura extraña en verdad de uno que fue soldado sin ninguna vocación real para serlo, que no pudo ser fraile (que era lo que deseaba) y que a última hora vivió, victima de los demás y de sí, casi enoloquecido por miedo a los malos ángeles y a sus agentes en la tierra, anotando en un libro sus experiencias, horribles en verdad. Había nacido nuestro personaje, a mediados del siglo XVI, en un pueblo aragonés llamado Maluenda, que aún conserva un fuerte carácter y edificios de aquella época medio mudéjar, medio renacentista. Se llamaba Jerónimo de Pasamonte y era, por línea paterna, de un linaje honrado del país. Fue, por lo que él mismo dice, un niño desgarbado, grande de tamaño, corto de vista, no muy sano, pues quien recuerda con claridad y anota de mayor las enfermedades y sufrimientos de la niñez es que no ha tenido nunca constitución muy vigorosa: Jerónimo de Pasamonte no pasó más que «trabajos» en aquella fase, la más feliz de la vida por lo general. Accidentes, azotes, enfermedades graves, como fiebres intermitentes y viruelas; todo le hizo gran efecto en la conciencia[1]. A los diez años se le murieron los padres; quedaron huérfanos dos hermanos y tres hermanas. De los hermanos, Jerónimo era el menor. Fue enviado a Soria por sus tutores, y aposentado en casa de un médico, tuvo un primer encuentro con espíritus: «Éste vivía en una casa que había trasgo y esta mala fantasma muchas noches venía encima de mí. Yo vine a estar cuasi a la muerte y nadie me curaba»[2]. Desgraciadísimo siguió siendo Jerónimo; no le faltaron nuevos achaques y malos tratos, hasta que, habiendo reñido con su hermano (el cual no quería que se fuese a Veruela a ser fraile), resolvió hacerse sol-

359

dado; la vista le fallaba para los estudios, y la ocasión del paso de don Juan de Austria a Italia era oportuna para enrolarse[3]. Más atento a sus enfermedades que a hechos famosos, estuvo en Lepanto, Navarino y Túnez, sin que aquellas históricas jornadas le produjeran impresiones particulares, y quedó cautivo en la Goleta, siendo vendido por quince ducados con otros medio muertos como él[4].

Desde 1574 hasta 1592 pasó Jerónimo estrecho cautiverio, que con razón se ha comparado con el de Cervantes por la cantidad de intentos de evasión y de padecimientos que experimentaron uno y otro. Bizerta, Alejandría, Mixisto, Argel, Rodas y Constantinopla fueron teatro de las desgracias de Pasamonte, quien seguía tan fiel a su vocación de fraile, que incluso predicaba a sus compañeros de cautiverio[5]. Libre ya, merced a ciento cincuenta escudos de oro que remitió para su rescate el padre Bartolomé Pérez de Nueros, jesuita, pasó Jerónimo a tierras de griegos cristianos, y de ellas a Italia, por Otranto; sufrió muchas penalidades y miserias en Nápoles, fue a Roma, hizo la peregrinación a Nuestra Señora de Loreto; pasó de Roma a Génova; de Génova, en barco, a la costa de Cataluña; visitó piadosamente Montserrat y volvió a su tierra de Aragón, donde le esperaban nuevas desventuras. La mayoría de sus parientes le recibieron con indiferencia o desagrado. Su hermano había muerto sin acordarse nada de él en su testamento, por lo que quedaba desheredado. Otros parientes en Zaragoza y en Madrid lo entretuvieron de mala manera. Persistía Jerónimo en meterse fraile, pero la realidad es que nadie le quería cerca, y así, reuniendo unos dineros entre toda la parentela, le embarcaron otra vez para Italia, junto con un hermano bastardo, para que continuara su vida de soldado, presentando sus cartas, después de muchos contratiempos, al capitán Aguirre, de Gaeta. Esto debió de ocurrir después de 1594, cuando Jerónimo no debía de ser ya un niño, sino hombre muy hecho y aquejado de achaques[6].

El soldado entre brujas

Los diez años siguientes fueron horrorosos. Gaeta es una ciudad famosa en los anales del Renacimiento por sus hechiceras[7]. Mas he aquí que Jerónimo de Pasamonte, soldado solterón, fue a vivir de pupilo a casa de un «buen hombre que se llamaba Rodrigo de Dios y tenía una mujer morisca tunecina»[8]. La mujer, casamentera como casi todas, quiso que Jerónimo se uniera con una de las hijas de una vecina, doncellas pobres. Jerónimo comenzó a sentir dolores nuevos, «fastidios en los sentidos y ciertos embelesamientos». Había hecho ciertos votos y no quería entrar en matrimonio. Un día, al mediodía, se levantó de la siesta y se puso a escuchar lo que la morisca hablaba con sus vecinas, entre las cuales estaban las doncellas, su madre y otras mujeres: «¡Oh, bienaventuradas nosotras, que es prohibido creer los sueños y cosas que nosotras hacemos de noche! ¡Y más bienaventuradas que somos cocineras y ponemos en las comidas lo que queremos y hacemos lo que queremos su mal pesar de los hombres!»[9].

Esta declaración fue seguida de otra que podía escandalizar tanto o más al piadoso aragonés. Dijo —en efecto— la morisca que a los confesores no había que decirles más que lo que preguntaban. A consecuencia de lo oído riñeron Pasamonte y su patrona, salió de la casa y se fue a otra: «Pero las mujeres en aquella tierra todas son una, y por no quererme yo casar ni estar en pecado (ni tampoco soy santo) me procuraron la muerte»[10]. En casa de otro hombre honrado, Castañeda, la patrona le cocinó unos huevos de gallina que había comprado rotos. Se puso una vez más a la muerte. Un compañero, Aparicio de Almagro, le aclaró su situación: si se casaba, al punto se pondría bueno. Pero Pasamonte le replicó que no casaría por miedo de brujos ni de brujas. Pareció mejorar. Una noche, al despertar, oyó una voz como de pregonero, que decía en latín: «Ora contra eas.». La voz repitió la advertencia muchas veces. Al fin, Jerónimo se puso bien. Pero habiendo recibido a la morisca, su antigua patrona, y a la madre de las doncellas y luego de comer dos huevos frescos y un rollico de pan que le regalaron, volvió a la muerte y perdió el juicio, hasta el punto de querer suicidarse con un cuchillo: «Y creo fue el ángel de la guardia que me lo quitó de las manos y se me sosegó el corazón y fui estando bueno. Y después se supo toda la maldad y echaron de Gaeta una pobre mujer porque creyeron que culpaba. Los huevos fueron entosigados y el pan con sesos de gatos y mil bellaquerías»[11]. Cambió de casa otra vez el soldado. Fue a vivir «en república», como se dice, con otros. Luego, con un extremeño que tenía una mujer coja, y con ello fue «caer de la sartén en las brasas», como él mismo dice. Criaba la coja gatillos para sus maldades. Jerónimo intentó marchar una vez más de allí, sintiéndose malo de cuerpo y alma. Pero la coja le suplicó que no lo hiciera, porque su marido había de matarla si perdía el pupilo; por otra parte, seguía la campaña del casorio, aunque el soldado decía y repetía mil veces que él no era «para casado en Gaeta». Riñeron ásperamente al final y la mujer le dijo: «No te curarás don traidor, pues que te has querido ir de mi casa; y yo te juro que antes del Viernes Santo has de morir de muerte subitánea, y sin poder frecuentar sacramentos»[12]. Pasó la Semana Santa, sin embargo, en que Jerónimo cumplió muy devotamente, echando dos gusanos por la boca el día de Jueves Santo. Algo después, estando en su cama rezando, porque creía su muerte próxima, se le presentó la patrona con su marido a preguntarle cómo andaba: «Yo le dije que mejor, y en este instante comenzaron a dar vueltas alrededor della tantos demonios, unos tras otros, en hábitos de frailecicos de San Francisco, como muchachos de ocho a doce años y de quince el mayor, y tantos que se hinchó la cámara. Yo, espantado, le dije: "¡Oh, qué bien acompañada viene señora Catalina!" y ella me respondió: "Bien, por cierto, pues vengo con mi marido." Y estando mirando el maldito espectáculo, vi otros frailes de diferentes religiones dalle vueltas al derredor, y éstos no eran muchachos, sino como hombres grandes, y de la religión de Santo Domingo no vi ninguno. Y entonces volví la cara a la mano izquierda a la pared, llorando mis ojos; y tornando a mirar la mala mujer, vide un demonio en hábito de clérigo y sin cuello, que daba grandes saltos al derredor della con mucha alegría. Juzgue Dios y vuestras reverencias el caso, que yo no me atrevo a decir nada ni quiero, sino que digo que no fue sueño, sino que lo vide con estos ojos corporales. El marido no sé si veía nada. Dijéronme si quería algo. Yo dije que no, y ansí en aquel instante una multitud de demonios de aquéllos se hundió hacia la mano izquierda y los otros, que estaban unos encima de otros (que no cabían en la cámara), se hundieron al rincón de la mano derecha. La mujer y el marido se fueron y yo en mi cama me harté de llorar, encomendándome a Dios»[13].

Salió Pasamonte de la casa aún medio muerto y se fue al hospital de la Nunciatura, en donde sanó, y se despidió del extremeño como pupilo. Y el caso es que éste, influido por rumores o por lo que fuera, al volver a casa, luego de la visita que había hecho al hospitalizado, mató a su mujer y escapó. «Luego supe la nueva al hospital y el médico se llegó a mí y me dijo: "Señor Pasamonte, por la herida de las tripas de aquella mujer le han salido un pañizuelo de gusanos gordos y rojos". Yo le respondí: "Señor, que no son sino dragones de la muerte que ella quería darme a mí." El médico se quedó espantado; y Dios la perdone»[14]. La hechicera coja parece que forjaba clavos para sus negocios y tenía en duda y temores a su marido desde antiguo. Así, pues, la vida en Gaeta se le hizo imposible al bueno de Pasamonte, que por todas partes veía mujeres que le querían concertar bodas o hechizarle en la negativa, y pidió licencia para irse al reino de Nápoles a seguir sirviendo, aunque muy impedido de vista y de trabajos[15].

Matrimonio infeliz

Dejando a un lado sus miedos de tipo sobrenatural y sus preocupaciones respecto al matrimonio, Jerónimo de Pasamonte parece haber sido un soldado cumplidor, hasta valiente, y en todo caso un hombre de bien. Su estancia en la Apulia le produjo nuevos sinsabores de otro tipo. Asentado en cierta compañía que recorría el país, vio con protesta de su corazón cristiano los excesos que cometían los soldados en país de cristianos. Se enfrentó con un capitán cruel y corrompido, rodeado de soplones, y al que también le tocaba algún achaque de Magia, puesto que Pasamonte dice de él que era «persona que podía competir con Simón Mago»[16]. Dos años más pasó en servicio, de aquí a allá, librándose de las insidias del capitán como pudo (si es que eran tales como las describe y no se dejaba guiar por su manía persecutoria). Pasó un invierno en Calabria, «y era tiempo que el astrólogo Campanela y su compañero le habían puesto en cabeza que habían de ser conquistados de nuevo rey»[17]. Es decir, que esto ocurría en vísperas del año 1600, fecha que Campanella daba para grandes revoluciones[18]. En efecto, después de luchas e incidentes, pudo asentarse Jerónimo en Nápoles como residenciado, pues «no podía más con la vista» y el conde de Lemos lo comprendió. Esta última residencia se le dio en 1599. Pero Nápoles vino a ser el centro de mayores amarguras para el pobre veterano. Encontró allí a un matrimonio español al que comenzó tratando con respeto y cariño. Había conocido al marido en su época de cautiverio en Alejandría. Se llamaba Martín Trigueros.

La mujer era casada en segundas nupcias y tenía dos hijas del primer matrimonio en un monasterio de San Eligio, donde las había puesto la duquesa de Osuna como a huérfanas honradas. «Viéndome con tan poca vista para tornar a pretenciones y valer más por la milicia –dice Pasamonte–, y que mi paga se me iba en posadas y poca seguridad en las comidas y otros peligros, me determiné de casarme. Y por tener experiencia de las maldades del mundo determiné de sacar una moza honrada de un monasterio y casarme con ella, pues allí no imperan supersticiones ni artes malas»[19]. El día 12 de septiembre de 1599 sacó Pasamonte a la hijastra de Trigueros

363

del monasterio. La muchacha era una infeliz al parecer, pero Trigueros y su señora no tanto, y acerca de ellos, y para ponderar su maldad, dice Pasamonte que «nuestra nación en lo bueno y en lo malo es aventajada más que las otras naciones»[20]. Y a esta reflexión sigue un escrito, dividido en cincuenta cláusulas o capítulos, que titula *Memoria de las mayores traiciones que se pueden escribir:* las traiciones del matrimonio Trigueros contra Jerónimo de Pasamonte. A los cuatro días de casado querían que se declarara por vía judicial que era impotente y «mea-camas» para que se *partieran* la paga y el matrimonio. Metían otras cizañas en la familia recién constituida. Una vez más descubrió Pasamonte que sobre la maldad natural andaba la sobrenatural. Según él, su suegra, que ya había prostituido a una hija que tenía en casa, quería meter en la misma danza a la mujer de Pasamonte; para ello había de asustarle, provocarle y desesperarle por todos los medios. Allá hacia el 6 o el 8 de noviembre de 1599, a medianoche, se le apareció al soldado un fantasma más en hábito de clérigo, al que debió de interrumpir en una mala acción su propio ángel de la guarda; volvió a caer luego enfermo, perdiendo un ojo en esta enfermedad: «La primera fantasma tengo por cierto lo hizo mi maldita suegra por darme muerte»[21]. Pero otro fantasma que se le apareció al punto, en forma de gato que clavaba sus uñas en la barriga del desgraciado Jerónimo, tenía por seguro que era enviado por el capitán, su enemigo, «que lo que ha estudiado en Salamanca todo lo emplea en maldades»[22]; daba la casualidad de que el tal capitán era vecino de Pasamonte.

La mujer de Trigueros sentía, sin duda, mucho desprecio por su yerno. Éste creyó, además, le ponía tósigos en comida y bebida, y vio que realizaba otras hechicerías y adivinaciones con el cedazo, etc., etc. Considerando el ánimo enfermizo de Pasamonte, no se privaba de decir a su hija: «Déjalo morir este bellacón, que yo te buscaré un capitán que te tendrá por amiga; no tengas pena»[23].

La Celestina era poco ante esta honrada mujer, casada con un hombre del que se decía era bígamo. Nació un niño, y la suegra dijo que no era de Pasamonte; a poco murió la criatura, y el padre creyó que la había matado ella misma. Un segundo niño fue también atribuido a padre oculto: «Y agora que está mi mujer preñada, no sé de quién dirán», comenta tristemente el autor de estas confidencias que resumo[24].

Los negocios de Mariana, la otra hija de los Trigueros que vivía con ellos, son como de historia del Aretino o de *La lozana anda-*

luza, y no parecen invención de una mente enloquecida por el miedo[25]. Pero Jerónimo de Pasamonte, soldado con vocación de fraile, vivió bajo este miedo, cada vez mayor, en un ambiente popular y envilecido de soldados y alcahuetas, creyendo protegerse con devociones y oraciones continuas. No se puede dudar de que su suegra fue una de las muchas mujeres de la época dadas a la Magia erótica, mezclada con la alcahuetería o celestineo de la peor ley, y que su suegro era un rufián. Pasamonte sintetizaba así los cargos contra ella y su familia: «1) Que Trigueros es casado segunda vez, viviendo la primer mujer. 2) Que venden la hija y comen de su pecado. 3) Que me han llevantado y llevantan muchos falsos testimonios y ofendídome notablemente en mi honra y procurado divorcio entre mí y mi mujer, para vendella como a la otra. 4) Que con hechizos y venenos me han procurado y procuran matar a mí y a mis hijos muchas veces»[26]. Pedía, por último, en este memorial que se mandara a Trigueros y a su familia fuera del «abysso de Nápoles», ciudad inmoral en esencia.

Debía de escribir el pobre Jerónimo estas palabras, febrilmente, por los años de 1603. Lo que sigue desde el capítulo LIII de su autobiografía hasta el LX, que es el final, es una enumeración de sus prácticas piadosas, unida a ciertas reflexiones generales, consecuencia de su propia experiencia. Para Jerónimo de Pasamonte no hay duda de que las malas artes tienen perdido al mundo, que la ruina de la Cristiandad viene del crédito que da mucha gente a los malos espíritus y que las reservas y restricciones mentales que se hacen al tratarse de brujerías, etc., son causa de cantidad de desastres. Sus visiones comprobaban esto: «Estas malas ánimas y descomulgadas brujas, con decir que no se les puede probar y por no haber podido triunfar de mí, les tomaba el demonio por saber cómo me defendía. Y una noche miraba yo en visión, durmiendo (en casa de aquella buena que mató su marido), estar al derredor de mi cama muchas de la cofradía de Satanás, y las miraba y conocía algunas. Morían por saber cómo me defendía y libraba, y yo no respondía nada, pero vi que a la cabeza de mi cama se alzó la hostia y el cáliz. Hecha esta demostración, que no vi quién lo hacía, ellas todas querían asirme y decían: "¡Oh, el traidor, que es fraile!", pero no me podían tocar; no sé quién me defendiese. Ellas desaparecieron y yo me desperté, admirado de la visión más que de otra cosa, y consideré en mí que la virtud de los divinos sacramentos de la Penitencia y Eucaristía me defendían. Pero ellas entendieron que yo era fraile y así se decía después por la ciudad. Ven aquí cómo el demonio, diciendo y haciendo demostraciones verdaderas, miente y engaña»[27].

Si esto pasaba en la Cristiandad, entre moros, judíos y turcos infieles habían de pasar cosas peores. Jerónimo de Pasamonte interpretó así toda su vida en trabajos terrenos como una vía, una enseñanza que debía trascender al orden espiritual, y escribió su autobiografía con el fin de hacérsela leer a algunos hombres piadosos para que le dieran parecer sobre ella y con licencia de su propio confesor, como escribieron grandes místicos, grandes santos y también personas condenadas por la Iglesia.

Autobiografismo patológico

Porque esta autobiografía, que se ha publicado con las de otros soldados y se ha comentado junto a aquéllas, es un documento de tipo religioso, no una *obra civil*. Dejemos a un lado la parte en que su autor enumera todas las oraciones y devociones a que se sometió hora por hora, día por día, año por año[28]. El 20 de diciembre de 1603 acababa de escribir aquella especie peregrina de confesiones con licencia de su confesor, fray Ambrosio Palomba, dominico, prior de Somma[29]. Mucho trataba allí de brujerías experimentadas y de los malos espíritus; muchos latines piadosos se hallaban entreverados con aquellas confidencias y también alguna reflexión que podía ser mal interpretada. Insistiendo siempre en el tema del trato con el Demonio dice, casi al final: «Y digo que he sido dieciocho años[30] cautivo de turcos y tratado con judíos y griegos, que destas malas artes son grades maestros; y tengo por cierto que no pueden andar blancos los que andan en el carbón: quiero decir que los que tratan con malos espíritus por fuerza se les ha de pegar algo, aunque más justos piensen ser. Y tengo por cierto que este trato pribó a los judíos del conocimiento de Iesu Christo y no otro. Y la Iglesia griega miren con cuán poca fe está y en manos de los enemigos; no creo lo ha permitido Dios por otra cosa sino por estos malos tratos, y por ellos han quedado casi ciegos. ¡Oh doctores sagrados!, poned el remedio en nuestros católicos, que veo al mundo perdido y cuasi ciego por estas maldades, *y no quiero decir la causa, porque todos los religiosos no son santos*»[31].

Alguien con mala voluntad echó un vistazo a lo escrito por Pasamonte con letra torpe y mala redacción. Después, el mismo autor lo mandó poner en mejor letra al bachiller Domingo Machado, que lo era en Teología por la Universidad de Salamanca. Unos malsines acusaron así a Jerónimo como expositor de herejías y nigromancias. Estando, pues, la copia de la autobiografía en casa de un librero encuadernador, se incautó de ella el Santo Oficio de Nápoles y la retuvo más de cuatro meses. Pasamonte hubo de comparecer ante el provisor y el vicario general, así como el bachiller Machado. Pero ambos quedaron libres de la acusación[32] y hasta con licencia para publicar aquel documento singular. Así lo dice al menos el propio Jerónimo en la dedicatoria al reverendísimo padre Jerónimo Javierre, generalísimo de la Orden de Santo Domingo, fechada en Capua el 25 de enero de 1605, cosa que él, modesto, no pretendía[33].

Esta dedicatoria va unida a otra dirigida al padre Bartolomé Pérez de Nueros (el que pagó su rescate), asistente de la Compañía de Jesús en Roma, fechada un día después en la misma ciudad, donde vivía Jerónimo «por huir de ocasiones»[34]. En la segunda dedicatoria reitera Pasamonte su propósito de combatir el trato con malos espíritus. El libro no se publicó y quedó manuscrito, hasta que se imprimió por vez primera en 1922, gracias a la diligencia de R. Foulché-Delbosc, quien lo sacó de la Biblioteca Nacional de Nápoles[35].

Final

Creo yo que esta autobiografía daría mucha base para un estudio de tipo psicoanalítico. Jerónimo de Pasamonte empieza por ser un niño con la obsesión de lo sobrenatural (de ciertos aspectos de lo sobrenatural al menos), aquejado por graves enfermedades, aterrorizado por desgracias y sobre todo malos tratos. Así, por ejemplo, una paliza brutal que le pegó su tío el clérigo a los trece años[36] le dejó una impresión imborrable. Si se tiene en cuenta que él quiso ser fraile y no pudo, que su tío era clérigo y que duendes y trasgos se aparecían, según la idea popular de Aragón y otras partes, en forma de frailecillos (como los representa Goya alguna vez)[37], puede explicarse el papel que en su madurez tuvieron aquellas visiones demoníaco-frailescas que describe. Hombre de vida dura, enfermo de algún mal grave y crónico que se refleja en trastornos intestinales continuos, que pasó gran parte de su juventud en cautiverio, parece haber llegado a la madurez con una experiencia sexual muy limitada y aterrorizado por lo que oía decir en este orden respecto a los vicios de turcos y mahometanos en general[38].

Ahora bien: que un hombre así cayera en un medio de soldados jaquetones y de mujeres bravas, como las de Gaeta o Nápoles, hechas al ideal masculino del «gallardo español», del mozo achulapado, donjuanesco y pendenciero, no podía ser cosa más desgraciada para él. Jerónimo de Pasamonte, «grandazo de cuerpo», cegato aquejado de diarreas y pasmos, entrado en años, beato hasta querer ser fraile, tenía que hacer un triste papel entre hembras de tronío, dadas además al celestineo y a las hechicerías en formas variadas. Sus miedos ante la imagen del casorio y su idea de casar para vivir más acomodado económicamente y libre de enjuagues y brevajes le hacían un predestinado a toda clase de sufrimientos en aquel mundo de matones y de mujeres de vida airada, mejor o peor casados. La morisca tunecina, la mujer del extremeño, su suegra la Trigueros, etc., fueron otras tantas horrendas visiones para aquel pobre hombre, que hubiera vivido feliz acaso vistiendo la cogulla en Veruela o en otro monasterio de su tierra natal.

Como autobiografía de un «hechizado», no creo que la haya más significativa que la de este buen soldado aragonés de Felipe II. Como documento para estudiar los efectos de la creencia en brujas y hechiceras, desde un punto de vista *pasivo*[39], ninguno más directo y claro en sus motivaciones de orden psicológico y psicopático. He aquí, pues, cómo la tradición social respecto a hechicerías hace presa en un individuo, en una persona con vida determinada. Pero podemos recordar otros ejemplos en los que se manifiesta precisamente la forma de «prender» en otras personas; por ejemplo, en aquel tipo de mujeres que precisamente constituían el terror de Jerónimo Pasamonte, mujeres obsesionadas por cuestiones eróticas y dominadas también por asuntos de dinero, en un medio o ambiente social con diferencias sensibles respecto a España, diferencias que no es Pasamonte el único en advertir entre los españoles. Para éstos eran conocidas las libertades de Italia; libertades que, en punto a hechicerías, eran mucho mayores que las libertades de los países afectados por la Reforma, severísimos sobre el particular.

Bueno será escuchar ahora a una voz femenina española también. Doña María de Zayas, la celebrada novelista del siglo XVII (1590-166?), en uno de sus relatos amorosos dice que en Nápoles abundaban las mujeres que «obligaban con fuerzas de hechizos a que hubiese amor», mujeres que actuaban en libertad, públicamente, haciendo tantas invenciones y con tal apariencia de verdad, que «casi obligan a ser creídas»; «y aunque confesores y el Virrey —prosigue— andan en esto solícitos, como no hay el freno de la Inquisición y los demás castigos no les amedrentan, porque en Italia lo más ordinario es castigar la bolsa, las cosas van como van»[40]. Describe un clásico hechizo para atraer a un marido infiel, a base de barbas, cabellos y dientes de ahorcado, metidos en una bolsilla, que la hechicera pidió que le llevara y que la esposa engañada, en su desesperación, procuró encontrar donde los había, es decir, en un sitio donde se colocaba a los ahorcados por la justicia, camino de Nuestra Señora de Arca, y allí se junta con su hermano, al que una especie de aviso telepático le anunció el peligro en que se hallaba[41]. Jerónimo de Pasamonte hubiera suscrito todo esto, no como novela, sino como realidad.

NOTAS

1. Sigo la edición de *Autobiografías de soldados (siglo XVII)*, en *B.A.E.* (continuación), XC, pp. 3-73. Los diecinueve capítulos primeros son cortísimos y contienen impresiones rápidas, pp. 6-9.
2. *Op. cit.*, cap. VII, p. 7 a.
3. *Op. cit.*, caps. X y XI, pp. 7 b-8 a.
4. *Op. cit.*, caps. XIV-XVII, pp. 8 a-9 b.
5. *Op. cit.*, caps XVIII-XXX, pp. 9 a-28 b. Lo de la predicación, en cl cap. XXIX, p. 26 a.
6. *Op. cit.*, caps. XXXI-XLV, pp. 28 b-41 a. Narra despacio sus andanzas después del cautiverio.
7. Jacob Burchardt, *Die Kultur der Renaissance in Italien* (Leipzig, 1925), p. 499, citando a Pontano.
8. *Op. cit.*, cap. XLVI, p. 41 a.
9. *Op. cit.*, cap. XLVI, p. 41 b.
10. *Op. cit.*, cap. XLVI, p. 41 b.
11. *Op. cit.*, cap. XLVI, p. 42 a-b.
12. *Op. cit.*, cap. XLVI, p. 44 a.
13. *Op. cit.*, cap. XLVII, p. 44 a-b.
14. *Op. cit.*, cap. XLVII, p. 45 a-b.
15. *Op. cit.*, cap. XLVIII, pp. 45 b-46 a.
16. *Op. cit.*, cap. XLIX, p. 46 b.
17. *Op. cit.*, cap. L. p. 48 b.
18. Harald Höffding, *Historia de la Filosofía Moderna*, I (Madrid, 1907), p. 171. *Oeuvres choisies de Campanella précédeés d'une notice par Madame Luise Colet* (París, 1844), pp. 15-17. Menos precisamente en Guido de Ruggiero, *Storia della Filosofia. Parte terza. Rinascimento e Controriforma*, II (Bari, 1947), p. 233.
19. *Op. cit.*, cap. LII, p. 51 b.
20. *Op. cit.*, cap. LII, p. 51 b.
21. *Op. cit.*, cap. LII, p. 52 a-b, núm 7.
22. *Op. cit.*, cap. LII, p. 52 b, núm. 7.
23. *Op. cit.*, cap. LII, p. 53, núm. 18.
24. *Op. cit.*, cap. LII, p. 54 b, núm. 25.
25. *Op. cit.*, cap. LII, pp. 54 b-57 a, núms. 27-42.
26. *Op. cit.*, cap. LII, p. 59 a, núm. 50.
27. *Op. cit.*, cap. LIII, pp. 59 b-60 a.
28. *Op. cit.*, caps. LIV-LIX, pp. 60 a-70 a.
29. *Op. cit.*, cap. LX, p. 72 b; ver también la p. 60, cap. LIV.
30. En realidad fueron ocho.
31. *Op. cit.*, cap. LX, p. 72 a.
32. *Op. cit.*, pp. 72 b-73 a-b, constancia del hecho, firmada en Nápoles, a 14 de noviembre de 1604, por Domingo Machado.
33. *Op. cit.*, p. 5.

34. *Op. cit.*, p. 6.
35. Lo publicó en la *Revue Hispanique*, LV.
36. *Op. cit.*, cap. IX, p. 7 a-b.
37. Julio Caro Baroja, «Los duendes en la literatura clásica española», en *Algunos mitos españoles y otros ensayos* (Madrid, 1944), pp. 145-182.
38. Los pecados contra natura parecen haberle preocupado mucho: *op. cit.*, cap. XLIX, p. 68 a.
39. Sobre este concepto de «pasividad», Julio Caro Baroja, *Las brujas y su mundo* (Madrid, 1961), pp. 339-343.
40. *La fuerza del amor* en *Novelas amorosas y ejemplares de Doña María de Zayas y Sotomayor*, ed. de A. González de Amezúa (Madrid, 1948), pp. 238-239.
41. Zayas, *op. cit.*, pp. 239-245.

VI
LOS PELIGROS
DE LA PRESTIDIGITACION

Dalmau «el Tortosino» y Escotillo «el Parmesano»

La prestidigitación y lo que se ha llamado «Magia blanca» son actividades muy antiguas y que han hecho las delicias de públicos muy distintos entre sí, al menos en lo exterior. Desde emperadores romanos a gente callejera, los aficionados a juegos y escamoteos han puesto una ilusión verdaderamente infantil en dejarse engañar durante instantes por hombres que dedicaron su ingenio a eso, a simular prodigios, a romper las líneas de lo verosímil y cotidiano, mediante recetas transmitidas de generación en generación, de maestro a discípulo. Pero así como al tratarse de ciertas actividades, que hoy llamaríamos científicas, existió durante mucho la duda y para el vulgo apenas podían distinguirse de puras hechicerías o saberes demoníacos, así también los prestidigitadores fueron considerados, una y otra vez, magos y hechiceros, e incluso en su papel estaba el aparentar que lo eran durante sus actuaciones. Los casos en que los mismos topan con autoridades de tipo inquisitorial son así más abundantes de lo que pudiera imaginarse, al menos hasta el siglo XVII ya avanzado.

Pero oigamos a un teólogo antes de exponer algunos casos o ejemplos, con objeto de ver la razón del quid: «Y hablando generalmente, de tres maneras puede causarse aqueste engaño o prestigio de los sentidos: la primera, por industria humana y arte de los hombres, sin que intervenga obra del diablo, como vemos a los que llamamos embaidores, que juegan al juego que se dice *de pasa, pasa,* que tan sotilmente pasan de una mano a otra unas agallas o avellanas, que ya las muestran, ya les encubren, que nos parecen que las hacen invisibles; y toman con dos manos un cochillo y hacen como se lo tragan, y así parece a los circunstantes, por sobre aviso que están con atención mirando, y al cabo remanece el cochillo echado por las espaldas entre el jubón y el sayo. Otras muchas cosas hacen con la sotileza y presteza de las manos, que a los que no lo saben parecen milagros o admirables»[1]. Otros efectos engañadores producen cosas naturales (hierbas, piedras, etc.); otros, por fin, los demonios. Esto dice fray Bartolomé de las Casas. Pero ¿cómo distinguir en la práctica entre el simple juego de manos, la receta más o menos química o físico-natural y el sortilegio? ¿Hasta dónde el domesticar animales es caso de habilidad y dónde empieza la ayuda demoníaca? Fuera de España la inquietud la revelan algunos cuadros de pintores piadosos. Es evidente, por ejemplo, que al Bosco y sus discípulos les inquietaron mucho los charlatanes y prestidigitadores. El prestidigitador del Museo Municipal de Saint-Germain en Laye, con su lechucilla metida en una cesta, su perro encaperuzado, sus aros, bolas, etc., se presenta como un mago, ni más ni menos, a un público popular. Otras pinturas y grabados indican también que para estos artistas flamencos de tendencia piadosa e influidos por lecturas místicas había un grave peligro espiritual siempre en diversiones tales.

Entre las invenciones de Bruegel o Brueghel que grabó H. Cock hay una, fechada en 1565, en que representa la caída de Simón el Mago cuando Santiago pidió que cesaran sus diabólicos actos: «Impetravit a Deo ut magus a demonibus discerperetur.» Aquí los demonios actúan, en gran parte, como acróbatas, equilibristas y prestimanos; sus actividades harían las delicias de un público infantil de jueves por la tarde. El que no anda sobre cuerdas, hace volatines, sostiene verticalmente sobre sí espadas, mueve un plato sobre un palo. Mientras el mago cae de su silla, una hechicera con un huevo sobre el tocado maneja unos cubiletes con bolas..., y no falta la cabeza parlante[2]. Pero volvamos a España.

He aquí otro texto de la época del mismo fray Bartolomé de las Casas que nos prueba adónde podían llegar los recelos, los embustes y las mistificaciones a este respecto: «En Sevilla uvo un tullido que andava en un asnillo que él llamava *Jaquín*, y quando quería cavalgar en él, dezíale: "Jaquín, mirad que estoy tullido y no puedo cavalgar, abaxaos"; y hazíalo assí baxando las manos y después el cuerpo y bolviéndose de una parte para que subiese, y después se levantara passico, y para apearse hazía el mesmo razonamiento; desta manera allegava gente y dineros. Un juez cayóle en la quenta y llevólo preso y hízole quitar el albarda al asnillo y no hazía *Jaquín* lo que su amo le mandava, como solía, y halláronle en el albarda hechizos y dineros y castigáronlo»[3]. Obsérvese que *jakin* en vascuence vale tanto como «saber». ¿Sería el tullido vasco de origen? Para el caso es lo mismo. Es evidente que el asnillo podía estar amaestrado, es evidente también que el tullido podía creer, a la par, en la virtud de los hechizos que le ponía y, en última instancia, muchos prestidigitadores de aquella época debieron de tener sus puntas y ribetes de hechiceros, y los hechiceros gustaron de los efectos de la prestidigitación. Prueba de ello podemos encontrarla en la causa estudiada del licenciado Amador de Velasco[4] y en otros textos de la misma época.

También en algunos anteriores y de hombres más famosos en la historia de las llamadas Ciencias ocultas. Por ejemplo, Cardan, en su libro *De subtilitate*, recuerda que cuando el emperador Carlos V estuvo en Milán, siendo príncipe Francisco Sforza II, llegó en el séquito del César un hombre llamado «Damautum» o «Dalmagum», al que por las cosas que hacía los mismos expertos en materias filosóficas tenían por mago. Inaudito e increíble consideraba su arte el médico milanés, con ser quien era. La mayor especialidad del llamado «Daumatum» eran los juegos con cartas[5].

Un autor español menos conocido que Cardan nos dará más detalles acerca de este cultivador del *ars jocularia*. Describe don Luis de Zapata, en efecto, las habilidades de un tortosino apellidado *Dalmao* o *Dalmau*, el cual hacía cosas tan maravillosas, que fue llamado al Santo Oficio para que diera cuenta y razón de las mismas, y que no es otro sino el que produjo la admiración de Cardan. Se conoce que el hombre celebró una sesión ante los señores inquisidores, explicando sus trucos, y fue dado por libre «porque en él no hallaron causa». Dalmau –insiste Zapata– era un virtuoso con los naipes en la mano. A la vista del público hacía de una baraja entera todos ases, o reyes u otra figura. Un doblón que se le cayó a una dama ante la emperatriz Isabel se encontró en un membrillo que tenía en sus manos doña Ana Manrique, produciendo aquel hecho el consiguiente espanto o sorpresa[6]. Pero, al fin, Zapata lo da como ejemplo de «sotileza de manos». En cambio, en otro capítulo de su rico anecdotario habla de «cosas que parecen mentira y son verdad», con referencia a un «hombre extraño» que actuó en Flandes, llamado Escoto, del que le contaron las proezas caballeros muy verdaderos y principales[7].

Hacía Escoto, como Dalmau, juegos de manos con naipes. Pero esto, la verdad, era lo de menos... «Un día quiso comprar un rocín de un villano y diole por él treinta escudos; dióselos en doblones, métalos el otro en la bolsa, sácalos en su casa muy contento con su mujer y halla que eran flacos, que son las tarjas de acá. Vuelve el otro confusísimo, buscándole donde él con mucha gente le esperaba, dícele que miente, que él doblones le dio como se verá; torna a los sacar de la bolsa, y hallan que decía Escoto verdad. Vuélvese a ir y torna a hallarse sus tarjas; vuelve llorando mucho más, y echa la moneda, que era doblones delante, y aunque ansí los vio, dijo que los daba al diablo, que más quería su caballo; tómale y súbese en él, y vase santiguando del caso. Yendo por la calle, ve crecerle al rocín los cuernos, y tornarse una hermosa vaca. Y esto no era nada, sino que para asegurarse de los ladrones iban por el camino en su guarda dos o tres mil caballos, y hacía pasear cuando quería en la campaña escuadrones de gente armada»[8].

Otra especialidad de Escoto era la de organizar banquetes y convites fantásticos, de lo cual también da testimonio Zapata. «Y acaecíale convidar ocho u diez caballeros, y siendo hora de comer, acudir los convidados a su casa y andarla toda, y no hallar plato ni mesa en toda ella, ni fuego en la cocina; mas en un pasamano volverse los convidados y topar al convidante Escoto en la calle, y decirles: ea, señores ¿no comemos?, que es hora, y responder ellos que se iban, porque no veían aparejo de comer en su casa, hacíalos volver y que enviasen sus caballos; entraban y víanlo todo como antes, tan desierto; hacíalos entrar en un aposento, y que en siendo hora de comer se lo dijese un muchacho suyo; salían todos, pues, llamándolos, y a la misma pieza por donde entraron veían las mesas puestas, atestadas de infinidad de viandas, y aunque todo era fingido, la vianda era cierta, de singulares partes traídas por sus familiares»[9]. En lo de hacer prodigios con la comida parece que era especial, y aun sin preparaciones aparentes llegaba a grandes resultados. Por otras fuentes se ve asimismo adónde llegaba su virtuosismo mágico-culinario. Según Clemencín, en una nota al *Quijote*, Escoto, al presentar los manjares referidos a sus espantados huéspedes, les decía: «Este plato viene de la cocina del rey de Francia; éste, del de la de Inglaterra; aquél, del de la de España.» Y afirma el mismo que Escoto, al que también se llamaba Escotillo o Escotino, era italiano, de Parma, y que vivía en Flandes en la época en que gobernó Alejandro Farnesio. Su fama de astrólogo judiciario, nigromante y encantador era grande: tan grande, que Cervantes alude a él cuando narra el episodio de la cabeza encantada, que Don Antonio le dijo a Don Quijote había hecho un discípulo del mismo, polaco de nación, por mil escudos[10]. Pero terminemos con las noticias de Zapata:

«Otras veces llegaba con treinta de a caballo a un mesón, los que venían en los caballos, íbanse a cenar, hacíales posada el huésped; henchíales los pesebres y a la mañana pedía el huésped la paga, y él pagaba por sí y su haca no más. Agraviándose de ello el huésped, no hallaba ningún caballo en la caballeriza, sino el pesebre lleno de cebada, y Escoto salía de allí con su acompañamiento como había llegado»[11].

Escoto era protegido, sin duda, por los grandes y gran servidor de ellos, como lo refleja esta última anécdota:

«Esto le acaeció con el duque de Terranova en Alemania. Dijo el duque en una ocasión que de buena gana comería un limón, y él dijo que con facilidad se lo traería; tomó un plato y lo echó en el aire; después alzó el brazo y recibió el plato con dos limones, y el duque no se los podía comer, creyendo que no eran fingidos, sino de veras»[12]. Sus proezas tienen eco también en el libro del padre Martín del Río, enciclopedia mágica que resulta difícil de superar en datos y credulidad; pero no acierto a averiguar por qué razón los mismos cervantistas que conocieron su texto, como Clemencín[13], mezclaron las noticias relativas a él con las referentes al famoso personaje medieval M. Escoto, aunque éste fuera tenido por gran mágico y astrólogo[14].

Pero, en suma, este Escoto, italiano del siglo XVI, parece haber sido un gran prestidigitador. Suárez de Figueroa, en *El Pasagero*, alivio noveno, alude a los caballeros jactanciosos que dicen haber dado a «damas grandes almuerzos, meriendas o cenas, siendo todas fantásticas, como la del burlador Escoto»[15], y Quevedo, en *Las zahurdas de Plutón*, le pone en el infierno por embustero[16], después de citar a todos los grandes astrólogos y cabalistas de épocas pasadas: Abano, Agrippa, Trithemio, Cardan, Scaligero, Cecco d'Ascoli, Artefio, Paracelso, Taisnier, etc. La plana mayor está discutiendo allí. Y es curioso advertir que Cardan, después del pasaje citado y refiriéndose a los juegos de naipes que hacía Dalmau, defienda la extraña tesis de que debían de venir del Nuevo Mundo: «Quicquid sit, memini me legisse hanc arte, hasque praestigias, e novo orbe translatas esse, ubi earum miri sunt artifices...»[17]. Y sigue luego describiendo otras «iocularia artis opera»[18].

La cabeza parlante del «Quijote»

Pero volvamos ahora al texto del *Quijote* relativo a la cabeza encantada. Don Antonio Moreno, el caballero residente en Barcelona que se la hizo ver al hidalgo, la había mandado construir para hacer efectos de «Magia blanca» ante un público crédulo, ni más ni menos. Cervantes describe cómo estaba hecha a imitación de otra que vio en Madrid, fabricada por un estampero. Era una especie de «pastiche» de figura de emperador romano, hueca, con un cañón por el que iba la voz del que respondía a las preguntas que se le hacían. No nos detendremos más describiendo su hechura, que puede

377

ilustrarse con la estampa de Bruegel de que se hizo referencia antes, pero sí en recordar que a los diez o doce días que duraron las consultas y diversión a base de ella y de la credulidad del huésped, se divulgó por la ciudad la noticia de que, en efecto, don Antonio tenía una cabeza encantada que respondía a cuanto se le preguntaba, y aquí viene lo bueno. Don Antonio mismo empieza a temer, declara el caso a los inquisidores, los cuales le mandaron la deshiciese «porque el vulgo ignorante no se escandalizase»[19]. Los anotadores del *Quijote* recuerdan muchos casos de cabezas parlantes, fingidas o tenidas por reales; artificios para engañar de veras o en burlas. Las noticias más abundantes las reunió Pellicer[20]. Pero, a mi juicio, lo más interesante del pasaje es la reacción que supone Cervantes que tuvieron «las despiertas centinelas de nuestra fe»: *miedo al escándalo y a la credulidad del vulgo*. Pero ¿no habían sido el Tostado y otros hombres famosos los que habían hablado de las cabezas parlantes, construidas por Alberto Magno[21], el marqués de Villena, etc., dejando a un lado las recordadas por los protestantes españoles para desacreditar a algunos papas?[22].

Pudo Cervantes tener en cuenta varios textos y noticias de su época, o leídas en libros, para idear el episodio de Barcelona; acaso también algún encuentro real de alguien dado a las mistificaciones con el Santo Oficio, del que sabemos que con posterioridad tuvo que entender más de una vez en asuntos provocados por volatineros, prestidigitadores o prestímanos, ilusionistas, etc., los cuales, aunque en general salían libres, como salió Dalmau, según cuenta Zapata en el texto citado en cabeza, hubieron de pasar sus zozobras y apuros, a la vez que divirtieron a los inquisidores, como cabe sospechar a la luz de algunos documentos. Por ejemplo, los que se analizan a continuación.

Juan Roge, natural de «Lila de Flandes», y sus actos maravillosos

A comienzos de noviembre del año 1655 llegó a Toledo un coche en el que iba un matrimonio extranjero, joven, con algún servicio. Los viajeros no pensaban parar en la ciudad; venían de Andalucía y se dirigían a Madrid. Pero, de todas formas, alguien supo que se trataba de un extranjero, que hacía grandes maravillas, acompañado por su mujer y criados. Acaso también alguno de éstos repartió por la ciudad un impreso concebido en los términos siguientes:

«I.H.S. Solus sicut sol. Señores míos. Aquí ha llegado a esta ciudad el maravilloso Bebedor de agua, el qual ha hecho marauillar a su Magestad Cessarea, y otros Potentados: de los quales tiene por tan raras virtudes, ha obtenido amplíssimos preuilegios, porque bebe dos arrobas de agua, y la hace salir de su cuerpo en diferentes vinos tintos y blancos, y vino de Italia, vino graue, vino moscatelo, vino de Borgoña, vino de Orliens, vino de Forontinaga, vino de mançanas, llamado sidra, y cerveza de Flandes, olio de agua ardiente y vinagre de todas suertes de quinta ciencia de espíritu, que se saca con alambique, tan gallardo, y con tanta fuerça que se verán quemar, y de aguas de olores, de rosa, de limón y de flores de naranjas, de jazmines, y de todas suertes de flores. Hará ver también salir de su boca una fuente de agua odorífera de todas suertes de flores, y colores, en tanta cantidad, que cada vno puede tomar por curiosidad, y guardarla, y también hará salir de su boca de todas suertes de confites, y de todas suertes de ensalada fresca, como si entonces la huuiera cogido en el huerto, y la echa alta vna pica: por lo cual le llaman la octaua marauilla de el mundo, dexando muchíssimos otros secretos que tiene y posee, y no se meten aquí, y los verán todos los que gustaren: por lo cual les combidamos a ver esta curiosidad, assegurándoles que quedarán gustosos y maravillados.

»Aloja en (en blanco).

»Impresso en Granada, En la Imprenta Real, Por Baltasar de Bolívar, en la calle de Abenamar. Año de 1655.»

Hasta aquí el texto del impreso, que tiene una bonita orla, un escudo imperial en cabecera y un sol y una luna a los dos lados. Se trataba de la presencia de un «ilusionista», de un prestidigitador con rara especialidad, llamado Juan Roge, de treinta y dos años y natural de «Lila en Flandes»[23]. La presencia del extranjero no pasó inadvertida para el Santo Oficio, porque, a poco de llegar a Toledo, el fiscal del mismo, licenciado con Joseph Paniagua, lo denunciaba considerando que lo que decía que hacía no era natural, y al no serlo debía de tener pacto con el Demonio. ¿Cómo se puede convertir el agua en vinos de distintas clases; cómo se pueden sacar de la boca «ensaladas» y perfumes, sin el uso de supersticiones y manejos diabólicos? El licenciado no lo sabía, pero lo suponía. O, por lo menos, fingía no saber para sacar una consecuencia propia de su oficio. Pidió, pues, que el extranjero fuese conducido ante los jueces para que diera cuenta de lo que hacía, según el cartel o anuncio arriba transcrito[24]. Un agente de la Inquisición fue encargado de buscar y llevar a Juan Roge a presencia de los inquisidores. Compareció así, en la audiencia de la mañana del 8 de noviembre, ante los señores Chacón y Fajardo y Portocarrero. Dio breve cuenta de su

379

vida y fue requerido para que explicara cómo obraba ciertas cosas, «como de juegos de manos, de las quales a dado unos papeles que tray ynpresos para fijarlos en los lugares donde obra las dichas cosas». Para mayor convicción le mostraron el papel, que reconoció al punto.

Juan Roge aclaró que era difícil que diera una explicación verbal de sus habilidades: que, en suma, todo cuanto hacía era perfectamente natural y que cuando en España había trabajado en algún teatro o lugar público de diversión, lo había hecho siempre con permiso previo de las autoridades, no sólo civiles, sino también inquisitoriales, y que si en Toledo no se había presentado a ellas, era porque no pensaba actuar allí, sino que iba de paso para Madrid (donde había de trabajar ante el rey) con un pasaporte del duque de Medinaceli y otros que enseñó[25]. En efecto, «abiendo mostrado muchos que traya salió entre ellos el referido del Duque de Medinaçeli, su fecha en el puerto de SSt.ª María a trece de setiembre deste presente año, y otra liçencia para obrar el dicho Juan Roge sus abilidades en el corral de la Montería de Sebilla», del 19 de julio. Sacó también la licencia del corregidor de Granada, don Francisco de Luzón, del 27 del mismo mes, y alguna más, que demostraba había actuado en Andalucía con éxito. Tenía gran capacidad para ingerir agua. Después, con distintos vasos en que había distintas sustancias concentradas, daba colores y olores distintos al agua que iba echando de nuevo por la boca, ante el público maravillado. Su destreza en el manejo de boca y estómago le permitía también hacer el juego de las «ensaladas», arrojándolas muy por lo alto, cuando llegaba la ocasión; pero todo requería ayuda de asistentes y cuidados especiales, como un buen número de circo moderno, y Juan Roge se atrevió a decir a los graves jueces del Santo Oficio toledano que, si le daban una ayuda de costa, actuaría ante ellos, pues sus gastos eran muchos, y el coche solo le suponía de cuatro a seis reales diarios[26]. No consta en las actas de esta breve y peregrina causa la reacción de Chacón y Fajardo y Portocarrero ante propuesta semejante. Parece que los tiempos no eran para andar con bromas; pero el caso es que, con ayuda o sin ella (es más probable lo segundo que lo primero), le dijeron a Juan Roge que para la mañana del día siguiente, martes[27], estuviera preparado para actuar ante ellos, a lo que se avino. Después le devolvieron sus pasaportes y le dieron licencia para salir. Aquí termina la causa. ¿Qué pasó la mañana del martes 9 de noviembre de 1655 en la sala de audiencia del Santo Oficio toledano? Hay derecho a imaginar que Juan Roge hizo una extraordinaria exhibición de sus habilidades; que acaso *las tripas se le revolvieron* más de lo acostumbrado y por causa menos corriente. Se puede incluso pensar que los jueces, acostumbrados a averiguaciones tenebrosas, tomaron ésta como un pretexto de solaz, y que el fiscal licenciado Paniagua se divirtió también a costa de una acusación de pacto diabólico, hecha «pro fórmula» o por algún motivo que no se nos alcanza. ¿Qué exito tuvo Roge como ilusionista? ¿Obtuvo en Madrid, ante Felipe IV, gran triunfo, como parece que lo había tenido ante su pariente el emperador de Austria? En todo caso, hay que reconocer que su profesión era peligrosa, peligrosa por partida doble, y no exenta de sentido en el campo de la grave especulación, porque corresponde a un hecho de importancia en la historia del pensamiento europeo. En efecto, la separación de la Magia ceremonial de la Magia natural, el progreso de ésta hacia un conocimiento estrictamente científico y el retroceder de aquélla hacia la superstición pura, sin posibilidad de renovaciones, ha tenido que ser estudiado por los historiadores de la Filosofía del Renacimiento y de la Contrarreforma[28] como algo de importancia. Advirtamos que este proceso implica una tercera desmembración definitiva: la de la Magia blanca y Prestidigitación puras, destinadas a divertir a públicos sencillos. Juan Roge fue un desmembrador entre muchos hombres del XVII.

NOTAS

1. Bartolomé de las Casas, *Apologética historia de las Indias*, en *Historiadores de Indias*, I, *Nueva Biblioteca de Autores Españoles*, XIII (Madrid, 1909), p. 243 a (esp. XCIII).
2. Para el Bosco, Howard Daniel, *Iheronimüs Bosch, Jerome Bosch Van Aeken* (París, 1947), lámina 53. Para Bruegel, René Van Bastelaer, *Les estampes de Peter Bruegel l'ancien* (Bruselas, 1908), fig. 118 y pp. 12, 44.
3. *Floreto de anécdotas y noticias diversas*, en «Memorial Histórico Español», XLVIII (Madrid, 1948), p. 203, núm. 226.
4. Véase la segunda parte, cap. III.
5. *Hieronymi Cardani mediolanensis medici, de subtilitate libri XXI* (Basilea, 1611), p. 896, libro XVIII; hay ediciones muy anteriores.
6. Luis Zapata, *Miscelánea*, en «Memorial Histórico Español», XII (Madrid, 1859), pp. 445-446.
7. Zapata, *op. cit.*, pp. 478-480.
8. Zapata, *op. cit.*, p. 479.
9. Zapata, *op. cit.*, p. 479.
10. Segunda parte, cap. LXII. Véase la edición comentada por Clemencín, con notas de Miguel de Toro Gómez, IV (París, 1914), pp. 309-310.
11. Zapata, *op. cit.*, p. 480.
12. Zapata, *op. cit.*, p. 480.
13. Martín del Río, *Disquisitionum magicarun libri sex* (Venecia, 1616), p. 130 a (lib. II, quaest. XII, núm. 6): «Possunt exhibere convivia, vel phantastica plane, ut arbitror fuisse Aegyptiorum de quibus apud Origenem Celsus, et Brachmanum, apud Philostratum, et Pasetis, apud Suidam, et exhibet superioribus annis Scotus Parmensi, ex cuius epulis saturi, ut sibi visi, convivia, mox fame vera cruciabantur...»
14. *Op. cit.*, IV, p. 309. Rodríguez Marín, en su edición del *Quijote*, VI (Madrid, 1928), p. 268, nota 17, elude la cuestión de decidir a qué Escoto se refiere el texto. El anotador del pasaje quevedesco que luego se cita en la edición de la Biblioteca de Rivadeneyra cometió la misma equivocación. Sobre Escoto, Menéndez Pelayo, *Historia de los heterodoxos españoles*, 2.ª ed., III (Madrid, 1918), pp. 333-334.
15. Cristóbal Suárez de Figueroa, *El Pasagero*, ed. de F. Rodríguez Marín (Madrid, 1913), p. 298. Citado también por Clemencín, *ed. cit.*, IV, p. 309, nota 3.
16. «A Escoto el italiano vi allá, no por hechicero y mágico, sino por mentiroso y embustero». *Obras...*, I (*B.A.E.*, XXIII), p. 320. Lo cita Rodríguez Marín, *ed. cit.*, del *Quijote*, VI, p. 268, nota 17.
17. Cardan, *De subtilitate*, p. 897.
18. Cardan, *op. cit.*, pp. 897-903 especialmente.
19. *Quijote*, ed. Clemencín, IV, p. 319; ed. Rodríguez Marín, VI, p. 286.
20. En el adjunto grabado de Brueghel el viejo, parece representarse también una «cabeza parlante».
21. Fray Bartolomé de las Casas, *op. cit., loc. cit.*, pp. 265 a-266 (cap. C), habla largamente de esto, siguiendo al Tostado.
22. «Tenía en un secreto lugar una cabeza de cobre la cual siempre le daba respuesta de todo aquello que demandaba al diablo.» Esto dice de Silvestre II Cipriano de

Valera en su violenta obra *Los dos tratados del Papa i de la misa*, publicada en Londres en 1588 y luego en 1599, reimpresa por Usoz, sin pie de imprenta, en 1851, p. 80. Hay escritores católicos poco anteriores que recogen también la especie.
23. Archivo Histórico Nacional, Inquisición de Toledo, leg. 94 (254), 15 *(Catálogo...*, p. 99).
24. «El Licenciado don Joseph Paniagua, fiscal del Santo Officio de la ciudad y reino de Toledo, en la mejor forma que aya lugar en derecho parezco ante V.S. y digo que a mi noticia a benido que cierto hombre extranjero a llegado a esta ciudad el qual usa de muchas supersticiones en virtud de pacto que tiene con el demonio como son bebiendo mucha cantidad de agua después que lo tiene en el estómago echar por la boca muchos jeneros de vinos y aguas y ensaladas lo qual es contra el orden natural no pudiendo ser menos que con pacto que tenga con el demonio por tanto a V.S. pido y suplico mande exiba un papel que trae en que refiere las supersticiones que ace y ansi mismo se proceda a hacer aberiguación del modo de obrar las cosas referidas en dicho papel y tome de traslado para que con bista diligencia se aberiguare para alegar lo que mas conbenga, pues es justicia que pido.-Ldo. Don Joseph Paniagua.-Diose orden a Matias Alfonso para que le busque y trayga.»
25. «En Sebilla en el corral público de las comedias, y en Granada y en Cordoba y en todas partes a dado quenta antes a los Tribunales del Santo Officio y declarándoles la forma con que hace las dichos cosas, y que si ubiera de obrar lo susodicho en esta ciudad primero viniera a dar quenta a este Santo Officio pero que ba de paso a Madrid con orden de su Magestad y lleva pasaporte del Duque de Medinaceli y de otros ministros de su Majestad que está presto de manifestarlos.»
26. «Fuele mandado declarar la forma con que hace las cosas que refiere en el dicho pepel ynpreso. Dijo que no es façil dar a entender por relación todo que haçe porque se compone de muchos secretos, y que el bebe mucha agua para açerlo, con basos diferentes que tiene y que con brasil, y campeche y otras cosas açe las diferençias de colores, para echarlo después del cuerpo, con las diferencias que pide el juego que ba açiendo, y que el aguardiente y aguas de olores los toma (?) fingiendo que todo es agua clara y para los de olor toma un poco de quinta esençia del agua rosada con que se pone toda de aquel olor, y que la ensalada la tray dispuesta y la toma como ques agua y con agua la traga y despues la echa y que la confitura la toma también como ques agua y se queda con ello en la boca y después con el agua la echa muy recio, con la destreça y costumbre que tiene para obrar dichas cosas, y que todo lo demás lo obra en la dicha forme como lo manifestara en este Tribunal si entendiese de faboreçerle con alguna ayuda de costa porque tray su mujer y jente mucha y el carruaje le questa cada día cuatro a seis reales de a ocho y que esta presto de obedecer lo que se le mandare.»
27. «Y vistos por los dichos Señores Inquisidores se le mandaron volver y se le ordeno al dicho Juan Roge que para mañana martes a las tres de la tarde prebenga los yngredientes de que usa para obrar lo referido en el dicho papel ynpreso para que lo ejecute en presençia de los dichos Señores Inquisidores y el dicho Juan Roge dijo que estaba presto de obedecer lo que se le mandaba con lo qual fue mandado salir de la audiençia y se le entregaron sus pasaportes y liçencias.»
28. Guido de Ruggiero, *Storia della Filosofia. Parte terza. Rinascimento e Controriforma*, I (Bari, 1947), pp. 189-193.

383

VII
EL FALSO JUDIO ERRANTE COMO PERSONALIDAD MAGICA

Los «judíos errantes»

La relación que existe entre ciertos arquetipos legendarios y determinadas personalidades con pretensiones taumatúrgicas se ha solido explicar, la mayoría de las veces, considerando que la persona real ha dado forma a la leyenda o el mito; es decir, aplicando una tesis evhemerista típica. Pero, en realidad, varias veces un mito existente ha condicionado la vida de uno o de varios individuos, e incluso ha ido moldeando, poco a poco, su personalidad. Ya hemos visto algo de esto al estudiar la vida del doctor Torralba. Ahora conviene desarrollar e ilustrar el hecho mediante otros ejemplos, sin salirnos del mundo de lo mágico en que estamos metidos.

Por lo demás, la tendencia a buscar los antecedentes «reales» de personajes de ficción o legendarios ha sido muy constantemente seguida por determinado tipo de eruditos. Así, ha habido quienes buscaron al modelo que sirvió a Cervantes para su Don Quijote y (con más posibilidades) para otros personajes menos famosos de su creación. Más significativo es el caso de algún erudito extremeño que, en un pleito por estupro que tuvo lugar en Plasencia por los años de 1573, pretendió hallar los antecedentes de la famosa historia de la *Serrana de la Vera*, escenificada por Lope y Vélez de Guevara, sin que después los críticos más avisados encontraran en pleito tal nada que ilustrara las obras dramáticas ni los romances en que aquélla parece basarse, los cuales, por otro lado, nos ponen ante un personaje que más bien parece en su origen un misterioso numen femenino de las sierras y montañas, que mata a los hombres después de haber gozado con ellos[1].

La leyenda del judío errante ha sido estudiada, desde hace mucho, por diversos eruditos y con in enciones distintas. Sabido es que el padre Feijoo ya se ocupó de ella y que luego se han realizado trabajos eruditísimos acerca de sus diferentes variantes hasta llegar a la literatura de cordel[2]. Todavía en el siglo XVIII nos

385

encontramos con que un personaje muy enigmático, el conde de Saint-Germain, fue considerado como el tal judío[3] y que su aparición se señaló también en diversas partes de Europa.

En efecto, fue memorable la aparición de Isaac Lakedem en Bruselas el 22 de abril de 1774, y se decía que el que lo veía o era visto por él moría a los tres días[4]. Un grabado muy reproducido en Francia durante el siglo XIX, junto con la *Complainte du juif errant*, se dice hecho sobre el retrato que entonces se le «sacó». En época anterior se señalaron apariciones del mismo, acerca de las cuales también conviene decir algo ahora.

En efecto, la leyenda es vieja, distintos los personajes que se ajustan a ella, según sean cristianos, moros o judíos los que la adoptan y adaptan. En un momento se crean confusiones en torno al nombre que en castellano se da al mismo; los eruditos tienden más a acrecentarlas que a otra cosa. Pero también es verdad que algunos hombres con tendencia a la mistificación o mitomanía se muestran ante una masa crédula como si fueran el viejo y eterno zapatero que asistió a la Pasión de Cristo sin piedad y al que sin piedad trató la leyenda.

Hay que advertir también que este mito del viajero con multitud de años y experiencia, que hace su aparición en un país del que sabe más que los propios habitantes de él, tiene unas raíces psicológicas, de suerte que incluso se crea en una coyuntura dada, sin tener cuenta de arquetipos o estereotipos legendarios. Puede ponerse como ejemplo claro e ilustrativo de esto el de don García de Silva y Figueroa, un caballero extremeño que, en época de Felipe III, fue de embajador a Persia, de edad de más de sesenta años. Como era gran letrado y conocía la historia del país y se excusó por vejez de no aceptar que le enviasen mujeres para completar la hospitalidad, según la entendían los hombres del país, éstos dieron en pensar que era un extraordinario longevo que había visitado Persia misma hacía más de ochenta años y que sabía lo ocurrido entonces por propia experiencia; especie que don García, para ganar autoridad sin duda, dejó circular, y así termina diciendo en su relato del hecho lo que sigue: «Y porque les pareçía imposible que un hombre de tanta edad anduuiese, como le ueian, tan ágilmente á pie y á caballo, atribuían esto á alguna invención y arte sobrenatural, por vía de mágica, siendo, como son todos, superstiçiosos, y que fácilmente se persuaden á engaños semejantes»[5].

«Juan de vota Dios» y «El Crotalón»

«También está recebido en el vulgo que hay un hombre, al que llaman Juan de Espera en Dios, que ha vivido y vive muchos siglos, y que todas las vezes que ha menester dineros halla cinco blancas en la bolsa», dice Covarrubias en su *Tesoro*, y comenta: «Todo esto es burla.» Pero después indica que al mismo también se le llama «Juan de Voto a Dios», y se hace eco de la tesis del maestro Alexo Venegas, el cual suponía que este nombre es corrupción de «Juan devoto a Dios» y alusivo a San Juan Evangelista[6].

No faltan otras identificaciones o reducciones[7] por las que se ve que a fines del siglo XVI y comienzos del XVII el personaje folklórico no aparecía con contornos muy claros para algunos teólogos y eruditos; y, sin embargo, los hombres cultos de generaciones poco anteriores tenían acerca de él ideas muy precisas. Así, por ejemplo, el autor de *El Crotalón*, obra que hubo de componerse en Valladolid hacia 1553, acerca de la cual ha escrito páginas llenas de agudeza y erudición ejemplares el gran maestro de hispanistas Marcel Bataillon[8].

Es en el cuarto canto del galllo cuando el misterioso autor de la misma, siguiendo muy de lejos a Luciano en su *Alejandro*, pinta las aventuras de un «falso profeta» de su época[9]. El personaje –dejemos a un lado su carácter metapsíquico– aparece como hijo de una familia de labradores, vasallos de cierto señor codicioso en exceso, en tierra montañosa: hijo mayor de dos varones. Eligió la carrera sacerdotal para librarse del terruño, así como el menor se hizo herrero con el mismo fin, por estar los herreros exentos de pechos. Fuese Alejandro –que así se llamaba el émulo del antiguo *pseudomantis*– de criado y monaguillo *(monacino)* de un capellán que servía un beneficio a tres leguas de la casa paterna. En dos años no aprendió del capellán más que a mal leer, garrapatear unas letras y muchos malos pensamientos; a los quince años, viendo lo poco que aprovechaba, se fue a Zamora, a estudiar algo de Grámatica. Se presentó allí a un bachiller para que le instruyera con una gramática vieja, hurtada al capellán[10].

El bachiller comenzó su tarea mostrándole los nominativos, y para ayudarle a mal vivir le dio una cédula con objeto de que otro cura o capellán de cierta aldea comarcana le cediera el *çetre* del agua bendita los domingos[11]. Así, echándola de casa en casa, recogía unos mendrugos de pan, con los que se mantenía durante la semana. En otros dos años aprendió a conjugar y declinar. Pero como el aprendizaje era lento y se había acostumbrado a mendigar con el *çetre* se salió de Zamora, a recorrer mundo con otros tan perdidos como él, siendo durante muchos años «zarlo» o «espinel»[12]. Es decir, que aquí comienza su actuación de *pseudomantis*. Recorrió muchas tierras y en cada una iva ataviado de un modo; pero lo más corriente era que fuese con «vestidura de vuriel algo leonado obscuro, honesta y con una barua espesa y muy prolixa, de grande autoridad y un manteo encima puesto a los pechos un botón»[13]. En otras partes se vestía de *veguino*, conservando la barba: «con una saya y vn escapulario de Religioso que hazía vida en la soledad de la montaña; vna cayada y vn rosario largo, de vnas cuentas muy gruesas en la mano»[14]. Pero el hábito servía para llevar a cabo prácticas de pura Magia: «publiqué adiuinar lo que estaua por venir, hallar los perdidos, reconçiliar enamorados, descubrir los ladrones, manifestar los thesoros, dar remedio fácil a los enfermos y avn resuçitar los muertos»[15].

Se le iba la gente a besar manos y pies, como a profeta, discípulo y siervo de Dios. Hombres y mujeres ricos de Castilla y Portugal le consideraban y aceptaban con grande ilusión un trapo o un pergamino con unos plomos o sellos colgados que él les diera[16], no consintiendo en levantarse hasta que él se lo mandaba. Las consultas eran directas con Dios, las respuestas enigmáticas y con sentido ambiguo: «Como a vno que me preguntó: qué preçeptor daría a vn hijo suyo que le quería poner al estudio de las letras. Respondí que le diese por preceptores al Antonio de Nebrija y a Sancto Thomás. Dando á entender que le hiziesse estudiar aquellos dos auctores, el vno en la gramática y el otro en la theología; y sucedió morirse el mochacho dentro de ocho días, y como sus amigos burlasen del padre porque daua crédito a mis desuaríos y de mis juizios llamándolos falsos, respondió que muy bien me auía yo dicho: porque sabiendo yo que se auía de morir, di a enteder que auía de tener por preçeptores aquéllos allá»[17].

Y aquí viene la confesión más interesante: «Dezíamos yo ser *Juan de vota Dios*.» «¿Qué hombre es ése?», pregunta Miçilo. Y el gallo responde: «Este fingen los zarlos superstiçiosos vagabundos que era vn çapatero que estaua en la calle de amargura en Hierusalén, y que al tiempo que passauan a Cristo presso por aquella calle, salió dando golpes con vna horma sobre el tablero diziendo: vaya, vaya el hijo de María; y que Cristo le auía respondido: yo yré y tú quedarás para siempre jamás para dar testimonio de mí; y para en fe desto mostraua yo vna horma señalada en el braço, que yo hacía con çierto artifiçio muy fáçilmente, que parecía estar naturalmente empremida allí: y a la continua traya vn compañero del mesmo offiçio y perdiçión que fuese más viejo que yo, porque descubriéndonos el vno al otro lo que en secreto y confessión con las gentes tratáuamos, pareiendo vn día el vno y otro día el otro les mostráuamos tener speçie de divinaçión y spíritu de profeçía, lo qual sienpre nosotros queríamos dar a entender. Y hazíamos se lo fáçilmente creer por variarnos cada día en la representaçión; y dezíales yo que en viéndome viejo me yba a bañar al río Xordán y luego boluía de edad de treynta y tres años que era la edad en que Cristo murió. Otras vezes dezía que era vn peregrino de Hierusalén, honbre de Dios, enviado por él para declarar y absoluer los muchos pecados que auía secretos en el mundo, que por vergüença los honbres no los osan descubrir ni confesar a ningún confessor»[18]. En cuanto la gente aceptaba que estaba frente al «Judío errante» o el peregrino, fácil era seguir embaucándola; continuaba la «zarlería», «cantándoles el espinela, que es vn género de divinanza, a manera de dizir la buenauentura»[19], y luego venía la confesión de los pecados más horrendos o vergonzosos según la opinión: incestos, vicios contra natura, bestialidad, etc.[20].

La Astrología y la vana observancia se mezclaban en el engaño, en el método para hacer confesar a la gente: «luego les dezía yo que por auer aquella persona naçido en vn día de vna gran fiesta en çinco estaua en dos puntos de gran peligro, y que el vn punto era vibo, y el otro era muerto, y que este punto vibo conuenía que se cortasse, porque era vn gran pecdo que nunca confessó, por el qual corría gran peligro en la vida»[21].

Dejemos ahora el resto, es decir, la descripción de las vanas observancias, más propias del «peregrino» que de «Juan de vota Dios»: especulaciones sobre el valor del número tres (tres signos, tres cruces, tres salmos, tres misas solemnes), o del doce, o del siete... En última instancia, el personaje aparece con un sesgo rasputiniano, ya que, además de sacar dineros, tenía acceso con las mujeres que topaba en sus correrías, las cuales se jactaban luego de haberlo tenido con un profeta, siervo de Dios, sin que los maridos se ofendieran por ello... Harto al fin de aquella vida (no exenta de peligros), el antiguo estudiante se ordena para clérigo[22]. Lo que sigue es una sátira contra la gente de Iglesia. Sabido es que el autor de *El Crotalón* era un anticlerical furibundo, erasmista o más que erasmista. Por otra parte, es claro que el personaje de «Juan de Vota Dios» o «Voto a Dios» es aquí el equivalente español del «Buttadio» italiano, «Boutedieu» francés; un personaje folklórico que también sale en *El viaje a Turquía*, atribuido por Bataillon al doctor Laguna, y por Serrano y Sanz a Cristóbal de Villalón[23], aunque sólo sea como interlocutor, junto con «Mátales Callando» y «Pedro de Urdemalas», otras figuras literarias y folklóricas conocidas[24]. Es el judío errante, ni más ni menos, con perdón de Covarrubias y del maestro Venegas.

La longevidad hacía que este personaje fuera también considerado como sapientísimo: «... y si yo supiesse o viesse estas tres cosas que arriba he dicho, sabría más que Juan Desperaendios», dice la «Lozana Andaluza» en una ocasión[25] y en un texto que está lleno de regustos folklóricos judaico-andaluces.

Pero ahora no se trata de seguir a puros personajes literarios o legendarios, a través de la tradición oral o escrita. Porque lo más curioso es que parece claro que el autor de *El Crotalón* no inventó la historia concreta del *pseudomantis* de tierra de Zamora. Es aquélla una historia muy llena de detalles conocidos, como otras que hay en el mismo libro, y que se aparta considerablemente del modelo lucianesco. Del Alejandro de «Abonuteijos», impostor del tiempo de Marco Aurelio, que imita a Apolonio de Tyana, al Alejandro zamorano, que se hace pasar por «Juan de Vota Dios» en pleno siglo XVI, hay gran distancia, aunque la impostura sea paralela hasta cierto punto. Lo más probable es que el autor que escribía su sátira en Valladolid tuviera noticia de un hecho como el que a continuación se expone, si es que no se inspiró en él.

Antonio Rodríguez y su proceso inquisitorial

En 1546 Antonio Rodríguez, natural de Medina del Campo, sufrió un proceso inquisitorial por haberse hecho pasar por Juan de Espera en Dios, ni más ni menos. Su proceso se conserva entre los fondos de la Inquisición de Toledo[26], y llamó la atención sobre él el mismo gran maestro Bataillon, al estudiar precisamente la parte de *El Crotalón* ya analizada[27]. La causa se halla entre las de los procesados por proposiciones heréticas y merece estudio particular y detallado[28].

El 6 de octubre de 1546, estando en audiencia el inquisidor de Toledo Valtodano, hizo comparecer ante sí a un preso que hacía poco había ingresado en las cárceles inquisitoriales. Se trataba de un hombre muy joven, de un muchacho casi, el cual dijo llamarse Antonio Rodríguez, ser de edad de veinte años, haber nacido en Medina del Campo y carecer de oficio. Era huérfano desde chico, al parecer, hijo de un «peraile» de Medina, llamado Diego, «el qual dezía que era de las montañas». También la madre de Diego, Aldara Suárez, era montañesa. De la rama materna recordaba que su madre se llamó Mari García y de los dos, padre y madre, dijo que eran cristianos viejos.

Al hacer la exposición de su vida[29] añadió que le había criado un *sobrino de su padre*, sastre, llamado Gonzalo García, en Medina, hasta la edad de doce años. Después fueron los dos a León, y allí «le pasó» a un su amigo que se llamaba Paxirillas. En León vivió otros cinco años más y después volvió a Medina; en Medina debió de estar el servicio de un tal Velasco Sánchez, «regular», dos años y medio más[30]. Pero Antonio Rodríguez tenía genio inquieto y hacía tres meses que había salido de Medina; pasó a Ávila, donde vivió un mes en casa de un espadero, cuyo nombre dijo desconocer, pero sí sabía que tenía su domicilio junto a la iglesia mayor. De Ávila se fue a Guadalupe, en romería, y allí estuvo tres días. Hasta aquí nada hay de extraordinario en la vida de Rodríguez. Lo que sigue, ocurrido con rapidez vertiginosa, sí lo es. Conoció en Guadalupe a un francés, Pierres de nombre, «hombre alto, de pocas barbas», con el que se asoció. Salieron del famoso santuario los dos por los montes, rumbo a Toledo, y la primera noche hicieron parada a dos leguas de Guadalupe. De allí fueron más al este, pasaron por lugarejos de los montes de Toledo, cuyos nombres dijo no saber, y luego alcanzaron el lugar llamado El Molinillo. Allí fue preso Antonio y de allí fue conducido a la ciudad. Esto es lo que vino a declarar en la primera audiencia y ante el señor inquisidor. Valtodano, sin duda, estaba ya en antecedentes y le dijo que pensara bien sus declaraciones, y que lo mejor que podía hacer era decir la verdad de cuanto había hecho en los lugares por los que pasó de Guadalupe a Toledo[31].

Vuelto a la cárcel, Antonio Rodríguez sólo tuvo ocasión de meditar hasta el día 8 del mismo mes, en que el inquisidor le dio segunda audiencia. En ella comenzó declarando algo de lo que hacía su amigo y compinche y que debía de tener más horas de vuelo que él. Pierres parece haber sido uno de los muchos europeos que tomaban el pretexto de peregrinaciones sempiternas para vagabundear y realizar algunas fechorías, embaucando a los aldeanos de las tierras por donde pasaba. Decía ser peregrino a Santiago y tener grabada en una parte del cuerpo una misteriosa rueda de Santa Catalina, que en realidad se hacía con una pintadera de madera[32]. De este embuste Pierres y Antonio pasaron a mayores, y en un lugarejo del recorrido que hicieron juntos no solamente se hicieron pasar por peregrinos, sino por peregrinos muy especiales, de los «doce de Santa Catalina del Monte Sinaí»[33]; uno de los cuales era

Juan de Espera en Dios, ni más ni menos. El proceso por el que llegaron a personificar al misterioso personaje fue rapidísimo y no del todo bien aclarado en la causa inquisitorial: porque hay indicios para sospechar que la idea se la imbuyeron, en parte, algunas personas de la tierras donde estuvieron y en las que la leyenda estaba muy viva en la conciencia de muchos. Antonio Rodríguez vino a decir también en esta segunda audiencia que, en efecto, en el segundo lugar de los montes de Toledo donde pararon, un hombre que le observó vestido de peregrino dijo: «Cata aquí a Juan de Espera en Dios, éste debe ser: que antaño pasaba por aquí y era mancebo»[34]. ¿Aceptó Rodríguez el papel, hecha la sugerencia, o contó de esta forma lo ocurrido para eludir un poco la propia responsabilidad? No es fácil decidirse en un sentido o en otro. Pero el caso es que en la audiencia tercera reiteró la misma historia, aunque fuese reconociendo que él había aceptado el papel[35]. El inquisidor Valtodano actuó después con cierta rapidez. El 29 de octubre le recibió por cuarta vez y le hizo una cuarta admonición[36], a la que sigue un acuerdo, tomado a 10 de noviembre por los inquisidores toledanos, para que se hiciera una diligencia con el juez de la Hermandad y se tomaran declaraciones a los vecinos del lugar, ya identificado, donde Antonio Rodríguez había sentado plaza de «Judío errante»[37]. El 16 de noviembre de 1546 y ante notario tomó las declaraciones correspondientes el bachiller Pedro de Mora, cura teniente en los montes de Toledo, a personas que habían tratado a Antonio Rodríguez en Alcoba, «lugar de los montes y propios de la muy noble ciudad de Toledo»[38]. La impresión que se saca de esta acta y de otra anterior en fecha, pero agregada al final del proceso, sin foliar, que es justamente la levantada al momento de la prisión de Rodríguez en El Molinillo (a 23 de septiembre de 1546), es que los once testigos que declararon, hombres y mujeres, eran personas rústicas e ignorantes, de una gran credulidad, persuadidas de que el «Judío errante» andaba por el mundo, metido entre peregrinos milagreros y con grandes atribuciones en materia de absolución de pecados (como el personaje ya descrito de *El Crotalón*). Rodríguez, por su atuendo, fue tomado por él o se fingió él. Un hombre aceptó de buena fe que su extremada juventud se debía al baño periódico (de siete en siete años) que llevaba a cabo en las aguas del Jordán. Otros hombres y mujeres creyeron en su facultad absolutoria y se asustaron ante el poder que creían tenía para adivinar pecados secretos, terribles, nunca confesados. Las estafas se fundaron así, en tal credulidad, aprovechada ya antes acaso por otro peregrino embaucador que pasó por los pueblecitos. Este aspecto «penitenciario» del personaje es el que más preocupó: le dieron dineros para misas en Jerusalén, Roma, Santiago... La acusación contra Rodríguez del bachiller Pedro Ortiz, promotor fiscal, presentada a 7 de diciembre de 1546, consta de nueve cargos, pero en realidad es reiterativa. Recoge lo dicho por los testigos y el propio acusado[39], con tal interpretación de los pocos hechos aducidos que Antonio Rodríguez es pintado como un hereje de los más perversos, de inspiración diabólica[40], y así, terminaba con la petición de que fuera relajado al brazo secular. Respondió Rodríguez a aquel tremendo documento negando algo de lo que contenía, o, por lo menos, procurando quitar importancia a sus acciones. Acabó el año de 1546 con el correspondiente nombramiento de defensor del acusado y con la consabida proclamación de testigos, en que los nombres de éstos no constaban, como era ley: cosa que en aquella ocasión no resultaba de tanta importancia como en otras ocasiones, dada la falta de conexión de Rodríguez con el país teatro de su aventura[41].

El caso es que para comienzo de 1547 los inquisidores ya tenían formado un juicio sobre el asunto, un juicio bastante sereno. Según ellos, el bachiller Ortiz no había probado en su acusación que Antonio Rodríguez fuera el hereje que decía; mas sí quedaba el joven como sospechoso de herejía y convicto de superchería, de suerte que debía abjurar «de levi» *(leviter suspectus)*, oír su sentencia en auto de fe público y después recibir cien azotes por las calles de la ciudad a voz de pregonero, para que sirviera de ejemplo y escarmiento. El 8 de febrero de 1547 se registraba el hecho de haberse pedido ratificación de los testigos al lugar de Arcova o Alcoba. Una vez cumplido con este trámite se ejecutó la sentencia. Así, pues, Antonio Rodríguez salió en un cadalso puesto en el Zocodover, en el auto de fe celebrado el domingo 13 de marzo de 1547; allí se le leyó la sentencia con la narración de sus simulaciones. El martes 15 recibió los azotes. Su figura desaparece luego. ¿Asistió al auto el autor de *El Crotalón*? ¿Oyó la historia del joven medinés a algún espectador? Las dos cosas parecen posibles. Lo que no es tan probable es que Antonio Rodríguez terminara como el protagonista del libro anticlerical, en hombre de Iglesia regalado.

Reversos folklóricos

«Juan de Espera en Dios», «Juan de Vota Dios», es, pues, en la tradición castellana de mediados del XVI, un personaje popular e identificado con el «Judío errante». Rodríguez, según el cargo séptimo de la acusación, había descrito la Pasión de Cristo como si él hubiera sido el zapatero de la calle de la Amargura, en los términos clásicos, con las palabras clásicas: casi de igual modo que lo hizo el autor de *El Crotalón*. Después ya hay mayores confusiones. La tradición se altera incluso en mentes de personas que vivían en tierra de Toledo poco después.

La leyenda del Judío errante sigue un rumbo; la de Juan de Espera en Dios, otro.

En la parte XXXII de las *Comedias Nuevas*, publicada en Madrid el año de 1669, en sexto lugar aparece la *Comedia famosa. Las cinco blancas de Ivan de Espera en Dios*, debida a don Antonio de Huerta, cuya acción pasa en tiempo de Tiberio; mas salen Enoc, Elías y Caín también[42].

Juan de Espera en Dios, como personaje burlesco, sale a relucir asimismo en algunos de los escritos, insulsos y extravagantes a la par, de don Josef de Santos Capuano, escritor muy poco conocido del siglo XVIII[43].

NOTAS

1. Fue don Vicente Paredes y Guillén, en *Orígenes históricos de la leyenda* «La Serrana de la Vera» (Plasencia, 1915), el que sacó a la luz el pleito referido. Pero Menéndez Pidal, editor de una de las obras dramáticas, no se dejó llevar por la tesis allí sentada: *La Serrana de la Vera*, ed. de R. Menéndez Pidal y María Goyri (Madrid, 1916), p. 130, nota. Hace años publiqué una notita, «¿Es de origen mítico la "leyenda" de la Serrana de la Vera?», en *Revista de Dialectología y Tradiciones Populares* (1946), pp. 568-572, en que daba las razones para responder afirmativamente a la pregunta.
2. Julio Caro Baroja, *Los judíos en la España moderna y contemporánea*, I (Madrid, 1962), pp. 26-27.
3. E. M. Butler, *The myth of the magus* (Cambridge, 1948), p. 206.
4. Lelio Delia Torre, *Leggende talmudiche comuni ad altre confessioni religiose*, en «Scritti sparsi», II (Padua, 1908), pp. 216-219.
5. *Comentarios de D. García de Silva y Figueroa*, II (Madrid, 1905), pp. 47-49 (libro V, cap. II).
6. Sebastián de Covarrubias, *Tesoro de la lengua castellana*, ed. Martín de Riquer (Barcelona, 1943), p. 718, a.
7. «Juan de los Tiempos. Por el que vive mucho, como Juan de Espera en Dios. Juan de los Tiempos fue un soldado de Carlomagno que vivió trescientos años adelante, de donde parece haber nacido en España el cuento de Juan de Espera en Dios, del cual decimos en las frases adelante; de otro Mengala en la India Oriental se cuenta haber vivido tanto o más, como refieren las historias de Portugal.» Gonzalo Correas, *Vocabulario de refranes y frases proverbiales...* (Madrid, 1924), p. 253 a.
8. *Erasme et l'Espagne. Recherches sur l'histoire spirituelle du XVI siècle* (París, 1937), pp. 703-712.
9. *Orígenes de la novela*, II, en *Nueva Biblioteca de Autores Españoles*, VII (Madrid, 1931), pp. 167 a-171 b, especialmente.
10. *Op. cit.*, p. 168 a del mismo; se dice «que fue de los de Pastrana». ¿Iluminado acaso del círculo de Pedro Ruiz de Alcaraz?
11. Es decir, *acetre*: caldero pequeño para llevar el agua bendita y hacer aspersiones. Parece forma de tierra de Salamanca y Zamora.
12. Las palabras se explican en el texto mismo, que requeriría una anotación abundante.
13. *Op. cit.*, p. 168 b: *vuriel* por *buriel*, paño pardo del color natural de la lana. *Buriel* como color es leonado, tirando a rojizo.
14. *Op. cit.*, p. 168 b. *Veguino* o *beguino*, equivale a *begardo*, es decir, una forma de hereje medieval conocida.
15. *Op. cit.*, p. 168 b.
16. *Op. cit.*, p. 168 b. La forma de filacteria es curiosa.
17. *Op. cit.*, p. 169 a.
18. *Op. cit.*, p. 169 a-b.
19. *Op. cit.*, p. 169 b.
20. *Op. cit.*, pp. 169 b-170 a.

21. *Op. cit.*, p. 170 a.
22. *Op. cit.*, pp. 170 b-171 b.
23. Marcel Bataillon, *Erasme et l'Espagne*, pp. 712-735, y Serrano y Sanz, *Autobiografías y memorias*, en *Nueva Biblioteca de Autores Españoles*, II (Madrid, III, s.a.), pp. CX-CXXIII.
24. *Autobiografías y memorias*, ed. *cit.*, p. 5 a.
25. Francisco Delicado, *La loçana andaluza*, ed. Antonio Vilanova (Barcelona, 1952), parte III, mamotreto LXII, p. 253.
26. Archivo Histórico Nacional. Inquisición de Toledo, leg. 222 (núm. 29), *Catálogo...*, p. 303.
27. Marcel Bataillon, *op. cit.*, p. 710, nota que empieza en la página anterior.
28. La portada moderna de la causa dice: «Rodríguez (Antonio), alias Juan de Espera en Dios, natural de Medina del Campo: su causa por haberse fingido lo que se dice del Judío errante y otros delitos = penitenciado al Auto. Años 1546-1547.» En la portada más antigua se lee, escrito con lápiz, «falsario».
29. Fols. V vto.-VI r. de lo numerado.
30. ¿Sería el bachiller de *El Crotalón*?
31. «Fuele dicho que piense e diga verdad de lo que este y el françes hizieron (fol. VI r.) en cada lugar de los que estubieron / y que diga la verdad claramente syn encubrir cossa alguna porque esto es lo que le conviene al bien de su conçiençia y salvaçion de su alma...»
32. Fol. VI r.: «Dixo que el dicho françes dezia en los lugares do llegaua que hera peregrino, e yva a Santiago e departia con las mugeres y le dauan vnas medio real, e otras vn real, otras dos para que les dixesen de mysas en santiago / y el dicho frances mostraua vna rueda de sancta Catalina que traya en el braço, la que hazia con vna pintadera de madera con que pintan el pan que dezia que hera la rrueda de sancta Catalina.»
33. Fol. VI vto.: «... y este testigo oyo decir al dicho frances que avia naçido con aquella rueda, que era vno de los doze peregrinos de Sancta Catalina del monte Synay: y que el vno dellos hera Juan de Espera (fol. VII r.) en Dios...»
34. Fol. VII r.: «... y estando en el lugarito les dixo vn hombre de los que ally estauan a los del lugar Cata aqui a Juan de Espera en Dios este debe ser, que antaño pasaua por aqui y hera mancebo.» En esta audiencia dio algún detalle más respecto a su prisión. Después de pasar dos días en la cárcel del Molinillo fue conducido a Toledo por dos hombres, pero al pasar junto a la iglesia de San Martín saltó y pudo acogerse a sagrado. Allí pasó otros dos días, al cabo de los cuales inició su vuelta a Medina. Pero en Lázaro Buey fue preso de nuevo por un alguacil, ante una denuncia de lo que había hecho. Llevado a la Cárcel Real de la ciudad, pasó a la de la Inquisición.
35. Fol. VII vto.: «... platicando con aq... ombre que ha dicho que no sabe cómo se llama le preguntó el dicho honbre que sy era este declarante Juan de Espera en Dios, y éste le dixo que sy, y el dicho honbre le dixo ansy me parezy(a) a my porque por aquí paso estotro año y hera mancebo y hame dado el anima que soys vos, y el dicho hombre pregunto a este declarante que como hera tan moço y este declarante le dixo que se yva a bañar de syete a syete años al rrio Jordan y que no se acuerda de mas.»

36. Fol. VIII r.
37. Fol. VIII vto.
38. Fols. IX r.-XI r.
39. Fols. XII r.-XIII vto.
40. Fol. XII r.: «I. Primeramente el dicho Antonio Rodriguez andaba por el mundo diziendo que era sancto y peregrino que confesava los honbres y las mugeres persudiendoles que para la saluaiçon de sus ánimas les avia de traer absolucion de Rroma y dizialles alla nobenario de missas y que el era Juan de Espera en Dios y les mostrava vna forma en el braço o rrueda de sancta Catalina y dezia que el era vno de los doze peregrinos de Sancta Catalina y vno de ellos era Juan de Espera en Dios el qual era el y que de siete en siete años se yva a vañar a la Fuen Jordan y que por eso estaba tan mancebo porque agora venya de se vañar de alla y que en un lugarillo quiso confesar dos mugeres si una persona no se lo estorvara syn ser clerigo ny tener poder para lo que les dezia (fol. XII vto.).

»II. Iten que el dicho Antonio Rodriguez confeso a cierta persona y quando lo confesava le dixo todos los pecados que avia hecho desde que hera niño hasta entonçes lo qual no pudo hacer por no ser clerigo ny podia dezir lo que dixo sino por arte del diablo.

»III. Iten que el dicho Antonyo Rodriguez dezia por donde andava que a muchas personas que el pedia la misa del domingo pedia la gracia por toda la semana y que por la bendición de clerigo y el agua vendita syete pecados venyales y que de siete pecados venyales se engendrava vn mortal.

»IV. Iten que a ciertas personas dizo el dicho Antonyo Rodriguez que si querian salvar su anyma que dixesen tres novenarios el vno en Ierusalem y el otro en Rroma y el otro en Sanctiago y que le diesse a el la mytad de los dineros de lo que montauan los dichos novenarios y que la otra mitad daria a otro peregrino que vendria por su puerta para hazelles creer estas cosas les mostrava vna rrueda que el traya hecha en vn braço, lo qual dezia el dicho Antonyo Rodriguez como hombre mal cristiano desalmado.

»V. Iten que dicho Antonio Rodriguez que se dezia Juan de Espera en Dios dixo a vna persona enferma que avia cometido vn cierto pecado siendo muchacha que si pedia perdon del a Dios y a el penitencia y aquella persona le rrespondio que sy le pedia perdon a Dios y a el penitencia y el dicho Antonyo Rodriguez dixo entonçes Dios os perdone lo qual es contra el sacramento de la confission.

»VI. Iten el dicho Antonyo Rodriguez dixo a la persona del capítulo superior primo que tenya a cargo el anyma de su segundo marido y que aquel anyma estava en purgatorio y que le salian llamas de fuego por la boca y que estava pidiendo a Dios Justiçia contra ella y que tenya necessidad para que ella quedase libre y que hiziese dezir por aquel anyma tres novenarios dentro de nueve dias el vno en Jerusalen en el sepulchro y el otro en Rroma y el otro en Santiago y aquella persona le dixo como podia ser en tan breve tiempo y el dicho Antonyo Rodriguez dixo que le diese a el los dineros que el se encargaria dellos.

»VII. Iten que preguntándole cierta persona al dicho Antonyo Rodriguez quien era rrespondio que se dezia Juan de Espera en Dios y que al tiempo que lleuavan a cruçificar a Iesucristo el estaua en la calle de Amargura en Jerusalen que el era vn mancebo de edad hasta veynte años y que estava cosiendo en vna tienda de vn çapatero y que salio a la puerta con vna orma en la mano diciendo a Iesucristo vaya vaya (fol. XII r.) el encantador hijo de la encantadora o el engañador hijo de la engañadora y que entonces rrespondio Xpo yo yre y tu quedaras hasta el dia del Juyzio y que le mostro vna señal de horma en el braço izcierdo y al cabo de ella vna cruz y dixo a la persona con quyen hablaua que era muy gran pecador y que se lo conocia por çiertas señales y que syendo pequeño avia cometido vn muy gran pecado y que se veria en mucho trabajo por el en el Val de Josafat sino dava tres limosnas y que estas avian de ser tres novenarios y el vno avia de ser en el sepulchro de Jerusalen y el otro en Rroma y el otro en Sanctiago y aquella persona le dixo que poder tenya el para lo que dezia y el le rrespondio que traya poder del papa para llevar siete cargos y que ya tenia los çinco y le faltavan dos, y que le pidio a Dios por favor que le tendria secreto y que le pidio seys rreales para ello y que otro peregrino vendria con la rrueda de Sancta Catalina y que le daria los otros siete reales para complimyento a los novenarios, y que en nombre de penitencia le dixo que hiziese dezir los dichos tres novenarios dando a entender que no era menester otro confission nynguna vocal sino solo aquello lo qual es contra el sacramento de la confission.

»VIII. Iten que dicho Antonyo Rodriguez dixo a çierta persona que tenya tres pecados muy grandes y que avia menester hazer penitençia y absolverselos quel era que entrando vn dia en la yglesia se le avian caydo tres gotas de sangre de su cuerpo en la yglesia y de alli se avian levantado tres pecados mortales que con ella comian, andavan y dormian y para que perdonada de ellos era menester que hiziese dezir vn novenario y tres misas en Ierusalen y tres en Rroma y tres en Santiago y que le diesse quatro rreales que el se las haria dezir.

»IX. Iten que el dicho Antonio Rodriguez a hecho y dicho cometido y visto hazer a otras personas otras muchas cosas mas y menos graves que calla y encubre sabia y maliciosamente pensando que no verna a noticia de V. ni para que las castiguen que le protesto dezir y alegar en la prosecución desta causa cada y quando me convenga.»

41. La petición fiscal, a los fols. XIII r.-XIII vto. La respuesta de Rodríguez, fechada el 9 de diciembre, ocupa los fols. XIV r.-XV vto. Siguen, sin foliar ya, documentos relativos a la defensa y confesión del reo (7 de enero de 1547).

42. Emilio Cotarelo, «Catálogo descriptivo de la gran colección de Comedias escogidas», que consta de cuarenta y ocho volúmenes, impresos de 1652 a 1704, en *Boletín de la Academia Española*, XVIII (1931), p. 779.

43. Tengo a la vista sus *Cartas morales consolatorias de un anciano a su sobrina*, segunda impresión (Madrid, s.a.). La tercera de ellas (van con paginación propia) se titula así: «Carta III. Moral consolatoria de un anciano a su sobrina, &, en que para divertirla acumula extraños lances que ocurrieron a Juan de Espera en Dios, antes de pronunciar la oración retórico-profana que se le encomendó, y ofrece para otra ocasión. Dala a luz don Joseph Sotáns, pariente del autor.» (Madrid, 1786). En estas cartas Juan es una especie de rústico sanchopancesco. ¡Qué seguidores tenía Cervantes en el siglo XVIII!

VIII
FRAILES Y FAMILIARES

Monjes y monasterios

La fisionomía de España antes de las desamortizaciones eclesiásticas debía de ser muy distinta a la de los tiempos posteriores. Un autor que habló de los efectos rápidos de la de Mendizábal ya aludía a la desaparición en aldeas, villas y ciudades de la multitud de religiosos y religiosas que, con hábitos distintos, se solían ver por doquier[1], y la simple visión de aquella parte esencialísima de la sociedad española chocaba a los extranjeros, incluso a los simpatizantes con el Antiguo Régimen[2]. Por otro lado, la cantidad de conventos era enorme y decisiva la actuación de los que en ellos residían. Rara era, en efecto, la familia que no tenía algún pariente, familiar o amigo fraile, y los frailes actuaban en política, administración, etc., mucho más que en nuestros tiempos.

Quiere decir esto que, siendo más abundantes y con más posibilidades de actuación, tenían que presentar mucha variedad de rasgos y caracteres, y de ello queda reflejo en la literatura española de los siglos XV al XVIII. Del santo que alcanza las formas más elevadas de perfección mística, dándoles también elevadísimas expresiones literarias, al fraile chocarrero y apicarado, pasando por el fraile erudito, el asceta, el científico, el cortesano y aun el poeta más o menos secularizado, hay una gama impresionante. Del rústico pedante, a lo fray Gerundio, al hombre reflexivo, estilo Feijoo, enorme distancia. Otro tanto puede decirse de las casas de religión.

De la inmensa mole de El Escorial a la humilde granja regentada por algún fraile benito, allá por tierras de Galicia, hay toda clase de mansiones, dadas a actividades diversas. Un convento alberga personas de gran lustre, está lleno de riquezas. Otro es humilde; otro, lóbrego; otro, alegre y popular.

El priorato de Bonaval

En tierras castellanas nos encontramos, a veces, con pequeños valles recónditos en los que se asienta un viejo convento, más o menos arruinado a consecuencia de las desamortizaciones, guerras, etc. Con frecuencia la fundación se hizo atendiendo a la amenidad del sitio, reflejada en un topónimo: Valparaíso, Fresdeval, Bonaval. Aún no hace mucho tuvo ocasión quien esto escribe de contemplar las ruinas del monasterio asentado en el lugar llamado Bonaval, en la provincia de Guadalajara, término de Retiendas. La tierra es fragosa; pero llegando allí el paisaje es ameno, sobre todo en primavera. Quedan en pie un resto de iglesia gótica y algo de vivienda construida, al parecer, en el siglo XVII, época en que ocurrió lo que luego se cuenta.

Piensa el viajero con nostalgia, ante las ruinas, en la vida retirada de los monjes, de los frailes; en sus trabajos, en sus rezos. Advierte lo gustoso que sería para algunos cultivar un huerto, para otros meditar bajo la sombra de un árbol copudo. Se imagina las largas noches de invierno y las dificultades cotidianas.

Pero cabe pensar también en amistades o tensiones, en rivalidades, antipatías y simpatías recíprocas, en años buenos y en años malos para la comunidad. Unos años malos en que ésta vivió encizañada corresponden a mediados del siglo XVII, a fecha que queda después de 1645 y antes de 1650, como vamos a ver.

Fray Valeriano de Figueredo y su muletilla

Entre los monjes bernardos que por entonces residieron en Bonaval había un tal fray Valeriano de Figueredo, que pronto debió de parecer a algunos de sus hermanos de Orden sujeto estrafalario e inquietante. Era, al parecer, de origen portugués, cosa que en la época que nos ocupa, con Portugal triunfante en su empresa de separarse de la corona de Felipe IV, debía de resultar harto incómoda para vivir en Castilla.... Aparte de eso, sabido es que a los portugueses se les tenía en estas latitudes como muy sospechosos de judaizar[5]. Fray Valeriano de Figueredo no ocultaba su origen, sino que hacía gala de él y, además, en un arranque de extraño humorismo, hizo alguna vez la no menos extraña confesión de que era «judío y segoviano». Su aspecto físico no debía de prevenir a su favor y su conversación tampoco. En un medio de frailes aislados, metidos en un campo muy primitivo, que aún hoy día lo es y se suele definir como Las Hurdes de Guadalajara, adoptó, sin duda, una actitud distante y misteriosa.

Siendo presidente del priorato, en 1647, corrió la voz de que tenía un familiar. ¿Dónde? Nada menos que metido en una muletilla, la muletilla del conde-duque de Olivares, tan famosa en la época[4]. Lo bueno o, mejor dicho, lo malo del caso es que fray Valeriano se jactaba de ello y que al resolver cualquier negocio aludía a la utilidad que le reportaba tener tal familiar en la muletilla del odiado y temido ministro. Hay que convenir en que si no dentro de la muletilla del padre presidente, al menos de otra manera, había entrado el Diablo, el espíritu introductor de la discordia y el desorden, en el priorato.

Dos frailes, mozos probablemente, fray Isidoro Ruiz y fray Mauro Valles, tuvieron la ligereza de hacer un regalo a una moza, llamada María de Mora, vecina de la Puebla de los Valles. El caso es que fray Valeriano le sacó el regalo a la misma...; mas el quid estaba en averiguar cómo se había enterado del enredo si no era por el familiar o por cosa casi peor: por quebrantamiento del secreto de confesión. El miedo hacia el monje portugués cundió. Vino a complicar más la situación un choque del mismo con otro fraile, más impulsivo sin duda que los demás, que se llamaba fray Bernabé Fernández, hombre en la plenitud de la vida y que había tenido un desliz de conducta, solicitando, por su parte, a una viuda conocida por el nombre de la Coba... Esta falta grave, confesada a fray Valeriano, no se mantuvo oculta por el mismo, con el escándalo consiguiente y el sofoco o vergüenza del confesante. La enemistad entre los dos hombres quedó declarada, pública. Otras tristezas cayeron después sobre la pequeña comunidad del priorato.

Por su parte, un fray Gerardo Jiménez se decía que había solicitado *ad turpia* a fray Luis Altamirano. Alguien, sin duda con autoridad, procuró deshacer aquella situación enrarecida. Fray Bernabé Fernández fue trasladado a Toledo, al convento de Nuestra Señora de Montesión; allí fue enviado también fray Isidoro Ruiz; fray Mauro Valles fue destinado al Colegio de Montederrama, cerca de Orense; otros de los residentes también quedaron fuera de Bonaval. Pero los odios pasados persistían. El 2 de abril de 1648, ante el inquisidor de Toledo, doctor Juan Sánchez de San Pedro, fray Bernabé Fernández testificaba contra fray Valeriano de Figueredo, acusándole de poseer el familiar y de haber roto el secreto de confesión[5] en términos parecidos a los anteriormente expuestos. Fray Bernabé no se paró en barras. A la testificación añadió una acusación de su puño y letra, en que suministraba más detalles, que acaso el inquisidor no quiso que transcribiera el escribano del Santo Oficio. Tal vez adivinaba ya la existencia de odios y resentimientos, ajenos a su ministerio.

Según esta ampliación que de su puño y letra presentó a los inquisidores el padre Fernández el 20 de abril de 1648, fray Valeriano de Figueredo se había jactado de tener familiar «y de lo de la muletilla del conde-duque» ante los padres Isidoro Ruiz, Gerardo Jiménez, Alonso Arias, que a la sazón se hallaban en Toledo, en Montesión; ante fray Martín de Fabalarte, que se hallaba en Alcalá, y ante fray Malaquías López, que seguía en Bonaval, aparte de fray Mauro, el que había ido a Montederrama o Monte de Rama, junto a Orense. Contó, además, un episodio que, según él, demostraba palmariamente la existencia del familiar, de esta suerte:

«Iten digo de nuebo en Orden a dar cuenta al Sant.º Tribunal de los indiçios graves que ay de que el dicho Fray Valeriano tiene familiar o trata con el diablo que el año passado, de quarenta y siete estando conuentuales en dicho priorato de Bonaual, el Padre Fray Gerardo Jiménez, el Padre Fray Martín de Falabarte, el Padre Fray P.º de V.ª Fuerte, el Padre Fray Malaquías López que era al pressente Pressidente del dicho priorato y estando todos juntos en vna plaçuela que el dicho Conuento tiene aguardando a ver partir al dicho Fray Valeriano que yba a hacer cierto viaje ninguno de los que estábamos allí vimos por qué camino avía echado siendo assí que confessamos todos que estábamos de propósito aguardando a ver por dónde echaba y para salir de esta duda enuíamos a vn hombre que se llama Ju.ᵃⁿ Martín y es alcalde del término de dicho Priorato y en viniendo nos juró que auía mirado tres caminos que ay desde la plaçuela dicha y que ni huella siquiera no auía hallado siendo assí que estaba la tierra recién llouida a lo qual dijimos todos uniformemente que no auía que buscar más prueba para creerle en quanto a lo del familiar y muletilla testigos los dichos.»

Describió[6] después el miedo que producía a sus hermanos de Orden y refirió otros hechos, también ya citados antes, pintándole, además, como sacrílego, mujeriego y todo cuanto se puede imaginar de malo, indicando, al fin, que no le «movía pasión» al denunciarle. Sin duda, el inquisidor no tenía el ánimo tan excitado como el fraile, que de repente se encontró con una sorpresa. Cuatro o cinco días después de hecha la declaración, por sentencia de visita dada por el reverendísimo padre maestro fray Rafael de Oñate, general de la Orden, y en castigo de faltas cometidas, fray Bernabé Fernández era trasladado al convento de Valparaíso, a cuatro leguas de Zamora y ocho de Salamanca, desde el cual aún escribió al inquisidor de Toledo respecto a su denuncia, e insistiendo en ella, pese a que de modo evidente su superior (dejando a un lado deslices) le trasladó para evitar mayores trastornos. Porque fray Valeriano de Figueredo estaba también en Montesión y decía temer por su vida... Fray Bernabé se creyó defraudado en una empresa noble y santa y, aun reconociendo sus culpas, clamaba:

«Porque es público y notorio que ya que el General no sintiesse exteriormente el auer yo hecho las delaciones ante esse Sancto Tribunal siempre la sienten mucho y por vna parte esso y por otra los contestes contra mí apassionados sobre la elección passada del Abbad de dicho Monte Sión y aun el General también por essa misma causa y luego Fr. Valeriano que me dijeron auía hecho grandíssimas instancias para que me mandassen alegando que temía que yo le auía de matar enviado sin duda de su familiar o muletilla que debía de temer como yo auía començado a dar tras ellos...»

Pero la causa contra fray Valeriano de Figueredo quedó inconclusa, como se lee en la portadilla del expediente, y no volvemos a saber por él nada más de aquel personaje, ni de su familiar, ni del padre Fernández. Cabe imaginar que hubo buen acuerdo entre fray Rafael de Oñate y los señores inquisidores para cortar por lo sano estas querellas de frailes entre sí, fundadas en efectos diabólicos en el sentido más estricto de la palabra griega. El priorato de Bonaval hace ya muchos años que está desmantelado. No fue el único en que vivió un fraile con fama de nigromante...

El doctor de las Moralejas y Hernando Alonso

Varios son los pueblos y aldeas españoles que se llaman El Viso. Uno de ellos está en la provincia de Toledo, no lejos de Illescas, encomienda antigua de San Juan. No lejos de El Viso queda también el pueblo de Cedillo. En 1576 estos lugares y otros de Castilla la Nueva se hallaban en el trance grave de responder a un interrogatorio que, de orden de Felipe II, se preparó por hombres muy competentes para averiguar la real situación de los dominios de aquel monarca. Los aldeanos de tierras de Madrid, Cuenca, Guadalajara, Toledo y Ciudad Real respondieron obedientes. Sus respuestas constituyen las famosas *Relaciones topográficas*, conocidas parcialmente desde antiguo y ya casi publicadas en su totalidad. Hay que confesar que fueron los únicos que dieron ejemplo. Otras gentes de España, más suspicaces y menos obedientes por aquello del fuero u otra razón, no se tomaron el menor trabajo..., y es lástima, porque hay algunas relaciones de éstas que son deliciosas de leer y aun las más pedestres encierran enseñanzas. Acaso este carácter castellano de las *Relaciones...* es el que ha hecho que siempre se hayan fijado en ellas eruditos castellanos, con don Fermín Caballero a la cabeza. Salieron a la luz primero las de Guadalajara[7], luego las de Cuenca[8] y sólo en época muy cercana las de Madrid y Toledo. Entre las de Toledo se halla la de El Viso[9]. Pero hace muchos años que cayó en manos de mi tío Pío Baroja una copia parcial de ella, que debió de pertenecer al solitario de Piedrahita, es decir, a don José Somoza, y que se refiere a dos personajes famosos allí a fines del siglo XV.

Una de las preguntas del interrogatorio o cuestionario era relativa a la Historia o cosas notables o de memoria ocurridas en la localidad. Es curioso advertir cómo los hombres que se reunían para responder podían referirse con frecuencia y con precisión a hechos ocurridos unos cien años antes, en pleno siglo XV. Y en El Viso hubo un sacerdote que se explayó a este respecto. Se llamaba Pedro Alonso de Castrovid y nos dejó trazadas las siluetas del doctor de las Moralejas y de un antecesor suyo en el curato, Hernando Alonso, famosos los dos en el arte de la Nigromancía y en trato continuo con familiares diabólicos, pese a su estado: porque si Hernado Alonso era cura de El Viso, su amigo y maestro, el doctor, era fraile[10]. Un fraile que vivía muy exento y a su guisa, con dos criados y una mula, sin decir misas ni cumplir con otras obligaciones y deberes, de los que, por otro lado, dan el sustento a los que escogen aquel estado. El doctor de las Moralejas vivía practicando un género de Medicina peligrosísimo, porque no se fundaba en ciencia o experiencia alguna, como la que puede admitirse que tenían en aquella época algunos curanderos, emplasteros y aun saludadores. Al doctor de las Moralejas le asesoraban sus demonios familiares, ni más ni menos[11]. Curaba también a espiritados y espiritadas. La fe en su potencia demoníaca era completa. Todos los hombres y mujeres del pueblo y de otros cercanos le pedían remedio..., pese al origen de tal remedio, cosa que es mucho más frecuente de lo que se cree, según lo revelan bastantes procesos inquisitoriales. Éstos tambien nos dicen, como el relato del cura de El Viso, que cuando hay asuntos de riquezas o dineros por medio el miedo al Diablo se pierde de modo bastante escandaloso. Así, el doctor de las Moralejas, como otros hombres de Iglesia de los que luego habrá que hablar, intentó sacar un tesoro encantado del término de Las Pozas, de una cueva que se descubrió al hundirse en tierra, arando, la vaca de un labrador. Su familiar le dio la fórmula para el intento: un cerco de hierro clásico, con su gallo y su gato negro. Pero al tiempo de hacer la invocación apareció un demonio tan espantoso que el doctor de las Moralejas cayó espantado, como «amortecido». Sólo al día siguiente recobró el conocimiento y declaró después que su familiar le había dicho que sólo un nigromante más sabio que él podría realizar el rescate. No eran, pues, todo gajes los de nuestro fraile. A veces los demonios le aporreaban, como le ocurrió al ir al castillo del Cerro del Águila, en tierras de Aldea Luenga, donde de continuo había visiones espantables. Allá por el año 1494, ochenta y dos años antes que escribiera Pedro Alonso de Castrovid, el doctor de las Moralejas se fue de El Viso a Almenar del Arroyo, para seguir con sus experiencias, cercos y conjuros, y allí le cogió la muerte, sin confesión, al parecer, en medio de una gran pestilencia[12].

La muerte de su discípulo, Hernando Alonso, fue muy distinta. Era hombre burlón, no muy escrupuloso en su conducta pública, con una barragana en Cedillo y menos satánico en el fondo que su maestro, pues aunque en una alacena de su casa tenía siete familiares en siete calaveras de cera, con lenguas de paño rojo, que respondían a sus preguntas y fabricaba ponzoñas con venenos de serpientes, usaba su poder en obsequiar a sus amigos y convecinos, trayendo o haciendo traer frutas de lejanas tierras, y si bien durante mucho tiempo no dijo misa, terminó fundando una capellanía en la parroquia del pueblo. La figura de Hernando Alonso, un tanto goliárdica, según su sucesor de la época Felipe II, puede haber sido estilizada con el tiempo. Sus cabezas parlantes, sin embargo, quedan descritas de una manera que hace suponer que, como en otros casos, el que las utilizaba era un poco dado a efectos de prestidigitación o de Magia natural. Un gran fraile del medievo, Alberto Magno, sentó plaza de mago terrible porque construyó una cabeza parlante o un androide, según es bien sabido. Por otra parte, también le atribuían el prodigio de tener en pleno invierno flores y frutas de verano[13]. ¿Estaremos ante un *cliché* más?

NOTAS

1. Fermín Caballero, *El gobierno y las cortes del Estatuto. Materiales para su historia* (Madrid, 1837), pp. L-LI.
2. M. le Viconte de Martignac, *Essai historique sur la révolution d'Espagne et su l'intervention de 1823*, I (París, 1832), p. 131.
3. Julio Caro Baroja, *Los judíos en la España moderna y contemporánea*, I (Madrid 1961), pp. 340-341; II (Madrid, 1962), pp. 40-41.
4. Véase el capítulo IV, § 3, de la primera parte.
5. Archivo Histórico Nacional. Inquisición de Toledo, leg. 86, núm. 77, 8 (*Catálogo...*, p. 87): «† En la Ciudad de Toledo, a dos días del mes de abril de mill y seiscientos y quarenta y ocho años, estando en audiencia de la tarde desde Santo Officio el Señor Inquisidor Doctor don Juan Sanchez de San Pedro, mando entrar en ella a vn religioso que pidio audienzia de su voluntad y siendo presentte le fue recibido juramento en forma de derecho in verbo sacerdotis, so cargo del qual prometio de decir uerdad y guardar secreto y dijo llamarse Fray Bernaue Fernandez, Religioso de San Bernardo en el Conuento de Nuestro Señora de Montesión estramuros desta Ciudad monje de missa profeso conventual en dicha cassa y de edad de treinta y sietre poco mas o menos = y diçe que por descargo de su conçiençia viene a decir y manifestar que este estubo conuentual en el couento de Bonaual Priorato ques deste Conuento de Nuestra Señora de Monte Sion el año passado, de mill y seisçientos y quarenta y siete, y en el dicho convento, estaua por presidente el Padre Fray Baleriano de Figueredo, el qual es publico y notorio, en el dicho convento y el se alabaua de que *tenia familiar y esto con mucha essajeración* (fol. vto.) y queria persuadir a los religiosos a ello y parece ser confirma ser uerdad porque muchas veçes en vna muletilla que tenia en la mano decia que era la del Conde Duque y deçia que con ella yuan seguros, y otras veçes en negoçiando o haciendo alguna cossa difiçil deçia que vastaua lleuar la muletilla para alcançar aquello, palabras que decian mucha sospecha, y estando en el dicho Priorato el Padre Isidoro Ruiz, y el Padre Fray Mauro Valles y el dicho Fray Isidoro Ruiz esta oi en dicho Conuento de Monte Sion estramuros desta çiudad, y el dicho Padre Mauro Valles, esta estudiando en el Colegio de Monte de Rrama junto a Orense, y auiendo dado los dos religiosos a una moça un regalo, sin estar presente el dicho Padre Fray Baleriano Figueredo sino solos dos religiosos y la moza, que se llama Maria de Mora Vecina de la Puebla de los Valles que entonçes era soltera y en parte oculta fue el dicho Padre Figueredo y llegó a la moza y la saco el regalo que la hauian dado que pareze que si no lo supiera y alcançar por parte del Diablo no es creíble lo pudiera alcançar por ser parte tan secreta a don de paso lo referido de dichos Padres y Moza, y en esta ocasión el dicho Padre Figueredo dijo tales raçones a la dicha moza que *pareze no lo podia sauer si no quebrantara* (fol. r.) el *sigilo* de la confesión que el dicho Padre Fray Isidoro auia hecho con el dicho Padre Figueredo, o que por arte de el diablo lo supiera.» Lo que sigue e denuncia de que el mismo Figueredo quebrantó el secreto de la confesión que había hecho con el testigo, respecto a una solicitación. Más grave es el tercer motivo par «descargar la conciencia»:

«Yten diçe que siendo Prior en el Conuento de Bonabal Fray Baptista de Medin y en su Compañía el Padre Fray Baleriano de Figueredo dice el dicho Baleriano que le dijo el dicho Padre Fray Baptista de Medina que fuese su amigo y que siendolo avnque quemase el Santisimo Sacramento, le sacaría libre dello, y aunquesto no se lo a oido decir a el dicho Padre Baleriano, pero a oido deçir que lo dijo en presençia del Padre Maestro Fray Angel de Nieba abad ques, oy, y ansimesmo se lo a oido decir a el Padre Fray Ysidoro Ruiz y Fray Gerardo Ximénez, y Fray Simon de Ocampo todos monjes de dho conuento.» Sigue aún otra denuncia sobre solicitaciones de un religioso de Monte Sión a otro.

6. «Item digo de nuebo que es tanto el escandalo que en aquel priorato ay assi en los Religiossos como en los Seglares, que todos huyen en viendole y temen porque cassi causa terror y miedo a qualesquiera que le alcançavan a ver sea en la parte que fuere y lo mismo es en esta cassa.

»Item que en esta cassa no ay religiosos que le parezca que esta seguro y no se atreven a hablar del pareciendoles que les esta oyendo y lo mismo ha sido siempre que ha estado en el dicho Priorato de Bonaual siendo conuental y siendo Pressidente del dicho Priorato (fol. r.).

»Item que este Religioso en diciendole en alguna ocassion que es portugues diçe el muy alboroçado esso ya yo lo se que soy tambien judio y segobiano y me precio dello porque soy picaro de taba: y si: Por esta Cruz y loado sea Cristo y todas estas raçones las dice con tanta desenvoltura que cassi parece hace burla dellas.

»Item este religioso quando lee algun libro de deuocion significa con tanta expressiva los puntos de amor diuino que cassi da sospecha de que le tiene por humano.

»Item el dicho tiene vna Cruz señalada en vna mano y verdaderamente no me acuerdo en qual de las dos es, de lo que me acuerdo es que en muchas ocassiones le he visto o por mejor decir le he oydo decir como por modo de juramento ociosso por esta Cruz y preguntandole yo porque me ha enseñado la que digo que tiene en la vna mano y reparando en otras ocassiones despues quando juraba el dicho juramento repare muchas veces que estaba dandole uñadas a la Cruz. Mirandole las manos se vera en qual tiene la dicha Cruz, y acerca de lo demas contenido en esta mi petición pido sean examinados los testigos citados y si neçesario fuere en quanto a su desareglado modo de viuir así de mujeres como de ser inquieto y reboltosso y hombre perturbador de la paz cito a toda esta comunidad y a la del dicho Priorato de Bonaual y juro in verbo sacerdotis que no me muebe passion alguna a hacer esta acçion sino solamente mirar por la fe Catholica y paz y quietud desta Comunidad y de toda la religión Christiana. Y por la verdad lo firme de mi nombre, Fr. Bernabe Fernández.»

7. Aparecieron las *Relaciones de Guadalajara*, editadas por don Juan Catalina García y por don Manuel Pérez Villamil, en el «Memorial Histórico Español», vols. XLI-XLVII.

8. Las publicó el padre Zarco Cuevas pero la edición puede considerarse como prácticamente desaparecida, y sólo se hallan ejemplares en algunas bibliotecas públicas.

9. Carmelo Viñas Mey y Ramón Paz, *Relaciones de los pueblos de España ordenadas por Felipe II. Provincia de Madrid* (Madrid, 1949); *Provincia de Toledo*, tres volúmenes (Madrid, 1951-1963). El discurso de ingreso de don Fermín Caballero en la Academia de la Historia trató de las Relaciones geográficas escritas en tiempo de Felipe II (Madrid, 1866).

10. *Dos brujos del siglo* XV. *Sacado de la «Descripción de los pueblos de España», que mandó hacer Felipe II. Copia de la A. de la H. Relación del Viso. 18 de febrero de 1576:* «El Viso, núm. 38. A la treinta y ocho preguntas y relación decimos que en esta villa y tierra uvo abrá ochenta años, poco mas o menos, dos onbres señalados en letras de nigromancia, el uno clérigo, cura que fue de la dicha villa y el otro era fraile de una orden que se llamaba de Santi Espiritus; su nonbre destos el uno se decia *el Doctor* de las Moralejas, y el/otro *Hernando Alonso,* cura susodicho; amos a dos sabios en esta dicha ciencia de nigromancia, porque el dicho Doctor de las Moralejas, sin aver oido medicina, con solamente sus familiares, sabia la enfermedad de cada uno y aplicaba la medicina que era menester y decia por maravilla misa y se sustentaba él y dos mozos / que traia y una mula solamente de lo que le daban de curar enfermedades y de sacar espiritus; y era tanta su habilidad que qualquiera persona que a él fuese diciendo que tenia espiritus con solamente tocarla o verla el pulso les decia y si eran espiritus o no; y ansi dicen que las mugeres mozas que tenian voluntad / de pasearse y holgarse decian a sus maridos tenian espiritus y los maridos las llevaban al dicho Doctor de las Moralejas y viendo que eran espiritus decia a sus propios maridos que las tornasen a sus casas que no querian sino holgarse y pasearse, y a este Doctor muchas veces el Demonio le aporreaba y le maltrataba, porque / acaescio llamarle para que fuese al castillo del Cerro del aguila, qués tierra de *Aldea Luenga,* que andaban alli ciertas visiones espantando alli y los que estaban dentro toda la noche jugando a la pelota y fue el dicho Doctor para hacer ciertos conjuros y no los hizo bien y tornándose a su casa, le salieron los demonios a el camino y con él y dos / mozos que traia y una mula jugaban y los maltrataron. Mas le acaescio a este dicho Doctor, que andando arando un labrador desta dicha villa con un par de vacas se le hundió la una y descubrió una cueva y el dicho doctor echó un juicio y consultó con sus familiares que se podria hacer y le dijo el dominio que / tomase e hiciese un cerco de hierro en tal tiempo y le hizo en fragua de esta dicha villa con ciertos careteres y que metiese en el un gallo prieto y un gato prieto y al mismo que descubrió la cueva y una hermana de este, llamada Maria y otros negocios que iban dentro en el cerco, los quales no se saben, y con hachas encendidas en fuego artificioso que / aunque les daba agua de la dicha cueva no las mataba, y haciendo los cercos y conjuros, se les apareció un demonio tan feo, tan grande, tan espantable que desmayó y se le quitó todo sentido y le llevaron de allí amortecido a su casa, y no tornó hasta otro dia y dixo y afirmó que según su fa- / miliar le avia dicho que estaba en esta cueva cantidad de mucho tesoro, mas que no lo podia sacar porque estaba guardado para otro que supiese mas nigromancia que él, de adonde se cree y entiende queste tesoro estava alli guardado para cuando venga el Antichristo. Finalmente murió este Doctor en el año de la / pestilencia grande, que habrá como ochenta y dos años poco mas o menos en un lugar que se llamaba Almenar del Arroyo, porque allí se recogió para hacer sus cercos y conjuros y se quiso decir que murió sin confesión, aunque no se sabe de cierto, mas todo lo que dicho es fué verdad y ansi lo oi decir yo Pedro Alonso de Cas- / trovid, cura propio de la dicha villa del Viso a personas fidedinas muy viejas de buena memoria, vecinos de la dicha villa que avia sido verdad todo esto.

»Hernando Alonso cura susodicho, que fue desta dicha villa, fue tambien persona muy señalada en esta dicha ciencia de nigromancia, porque se dice del que después / que al dicho Doctor de las Moralejas, su amigo y compañero, le avian mortecido a la villa de Cedillo, quando le sacaron de la dicha cueva ques en esta villa, do dicen las Pozas, quel dicho cura consultó con sus familiares que tinia siete puestos en siete calaveras de onbres con siete lenguas de paño colorado, en cada una calabera su lengua, atapadas las calaveras con cera bendita y hechos sus artificios de manera que parescian cabezas, de onbres sin carne, y haciendo sus conjuros el dicho cura hablaban todas las calaveras como si fueran onbres; y este dicho cura se halla por relación que en mucho tiempo no dixo misa y muchas le acaecia el dia de Navi- / dad sacar a los altares dos redomas llenas de clavellinas tan verdes, tan hermosas, tan frescas como si se cogieran por el mes de mayo. Tinia mas este dicho cura que en dias de pascuas y visperas le decian sus amigos o devotos o conoscidos que les diese colación; dicia que esperasen un poco, que vernian sus criados que entonces les daría colación; y en el espacio de una ora enbiaba se presume un familiar que traie de todas las frutas de Valencia, y es testigo de sus cercos y conjuros uno de los espaldares de la yglesia de la dicha villa del Viso, adonde se demuestra agora donce criaba las serpientes ponzoñosas para hacer sus maleficios; y abrá / cinco o seis años que se derribaron las alhacenas donde estaban las calaveras de los familiares. Y bien se pudiera decir de este cuentos algo lascivios y sucios que hizo con su nigromancia; mas decirse an dos qués: el primero que uvo en esta dicha villa un clérigo, el qual retruxo al dicho cura no usase la nigroman- / cia, y le respondió el dicho clérigo que era un cobarde y un judio, y vino a ser que un deudo deste dicho clérigo estuvo ligado y hechizado y fue a pedir al dicho cura que le diese algun remedio y dixole dicho cura que si haria, o por vengarse del dicho clérigo o por reir con el le dio unos polvos de cierta manera para que / los fuese a echar en la corriente de un arroyo en echando que los echó vinieron los demonios y dieron tantos empellones a una mula en que iba que en mas de tres horas no la pudo asosegar, y el clérigo que iba en ella en una parte dejaba el manteo y en otra el bonete o sombrero y en otra la veca y lo demas que llevaba / . Dícese mas que este dicho cura tinia una amiga en la villa de Cedillo y ya que se iba a acostar de noche en su casa y cama hizo cierta pregunta a sus familiares que hacia o en qué entendia la dicha su amiga; respondiéronle y dixeronle los familiares que supiese que estaba ocupada con cierto onbre, y que durmia con él en / su cama; y en esto el dicho cura se partió para la dicha villa de Cedillo y entró en casa de la dicha muger su amiga y halló muerta la luz y encendió fuego y echóles sueño y vio que durmian en carnes vivas sin camisa ninguno y tomóles a entramos todos sus vestidos de camisas y sayos y sayas, que no les dejó / ropa ninguna que se pudiesen vestir y tornóse a salir y volvióse a su casa el dicho cura a dormir, y después a la mañana, que se les quitó el sueño a los dos enamorados, hallaronse como Adan y Eva en carnes y sin cosa ninguna que pudiesen comer; y ansi estuvieron aquel dia e hasta la noche que salió ella y se arrevolvió / una sabana y fué a casa de una vecina y la dió remedio para poderse vestir y de comer, v echaron rogadoras al dicho cura que les tornaria sus vestidos y se los dió; y esto oi yo Pedro Alonso de Castrovid, cura propio de la dicha villa á personas fidedinas y viejas que se aconteció ansi. Murió este dicho cu- / ra y fue causa de su muerte la dicha cueva que se le apareció al labrador, de donde llevaron amortecido a su amigo y compañero el Doctor de las Moralejas, porque el dicho cura hizo un azetre y caldero con ciertos signos y carateres que llevava en él y sacando agua de la dicha cueva con el se resfrió y murió, / y hizo una capellania de su hacienda, perpetua, que está en la iglesia de la dicha villa oy dia al presente.»

11. Carmelo Viñas Mey y Ramón Paz, *Relaciones de los pueblos de España ordenadas por Felipe II. Provincia de Toledo*, III (Madrid, 1963), pp. 773-776. No difiere gran cosa de la copia transcrita.

12. Es, en efecto, la que estudió y describió en verso el famoso doctor Francisco López de Villalobos en su *Tratado sobre las pestíferas buvas*; véase la edición de don Eduardo García del Real (Madrid, 1948), p. 451. Pedro Alonso de Castrovid era exacto al fijar la muerte del doctor de las Moralejas.

13. Alberto Magno está defendido de la acusación en el libro de Gabriel Naudé, *Apologie pour les grands hommes soupçonnez de Magie...* (Amsterdam, 1712), pp. 369-381, donde se habla de otros supuestos constructores de cabezas parlantes. Respecto a banquetes fantásticos y cosas por el estilo, véase el cap. VI de esta parte.

IX
MAGIA Y AMBICION DE PODER.
EL NIGROMANTE A LO CULTO

Vida de don Nicolás de Oliver

La persona de don Nicolás de Oliver y Fullana nos era conocida como militar, poeta, cosmógrafo y judaizante que terminó siendo judío público. Algo se sabía o colegía de sus aficiones astrológicas; pero no había noticia de su credulidad con respecto a ciertas formas de Adivinación y Necromancía y a la furia con la que en Madrid, allá por los años 1657 a 1660, se daba a buscar tesoros[1], siendo incluso cabeza de un grupo de gentes abigarradas metidas en asunto similar[2]. Había nacido Oliver en Palma de Mallorca en 1623. Parece que su familia era de origen judío, y el apellido se registra en las viejas nóminas de judaizantes mallorquines. De todas maneras, el hombre, después de realizar estudios que debieron de ser de cierto fuste, abrazó la carrera militar y pudo en ella disimular durante algún tiempo las tachas que caían sobre los que descendían de judíos, lo mismo que la disimularon otros judíos del siglo XVII que también fueron soldados. Por ejemplo, Enríquez Gómez y Daniel Leví de Barrios, entre los conocidos por sus letras.

Se ha dicho que los judíos no han sido buenos militares o militares de vocación; pero la realidad es que siempre ha habido hombres de la raza, tal vez más en la Península Ibérica que en parte alguna, que probaron la fortuna bélica. Don Nicolás de Oliver no tuvo una ocasión propicia para alcanzar las grandes glorias. La fortuna había vuelto la espalda a los ejércitos españoles cuando inició su carrera militar.

Durante la guerra de Cataluña obtuvo el cargo de sargento mayor, siendo luego reformado. En esta época de su reforma es cuando vivió en Madrid y es también cuando se metió más en los negocios que le hicieron caer en manos de la Inquisición, sufriendo proceso, no muy largo, pero sí condena bastante severa, de la que alcanzó al fin liberarse, marchando fuera de España y sirviendo a los holandeses, como coronel de Infantería, en sus guerras con Francia[3]. Después, ya sesentón, le encontramos desplegando una gran actividad como escritor, sobre todo de 1684 a 1691, y publicando mucho en Bruselas. Y en Amsterdam vivió al fin, casado con Isabel Rebeca Correa, poetisa judía, nacida en Lisboa, pero que escribía en castellano, y de la que la obra más conocida es una traducción de *El pastor Fido*, de la que se citan dos ediciones de 1694[4].

Vivió Oliver el resto de sus días en un medio bastante curioso de judíos españoles y portugueses, que si por una parte habían tenido que huir de la Península a causa de sus creencias y antecedentes familiares, por otra conservaban relaciones con las autoridades españolas y hasta se sentían patriotas y defensores del trono (ya que no del altar); pero su suerte no parece que fue muy brillante ni su fortuna holgada, y como literato hubo de escribir, al son de los acontecimientos, una serie de folletos de poca sustancia y obras de encargo para editores. Fue uno de aquellos «forzados de la pluma» que alimentaron las prensas holandesas, de donde salían escritos en todas las lenguas y de todas las calidades.

Los folletos son panegíricos, alabanzas de reyes, escritos astrológico-políticos, memoriales de arbitrista, poemas y memorias genealógicas. En este orden, Oliver recuerda a Méndez Silva y a otros hombres de su raza y de su época o un poco anteriores[5]. También en su interés por la Geografía, pues colaboró mucho en la Geografía Blaviana; mejor dicho, en el *Atlas* que dio a la luz Juan de Blaeu, como hombre metido en grandes negocios editoriales[6].

No se puede deducir de estos textos nada en cuanto a la fe judaica de Oliver y Fullana, escritor barroco como el que más, que utiliza la erudición sagrada y profana como cualquier español de su época y que se recrea con las grandezas de la casa de Austria[7]. Pero, en cambio, sí puede advertirse que continuaba creyendo en la Astrología firmemente[8], lo cual hace sospechar que también creía en las otras prácticas que fueron causa de su proceso.

Parece evidente también que abrazó el judaísmo y que se hizo llamar entre los hebreos Daniel Judá, aunque para los que no lo eran seguía siendo don Nicolás y, como el amigo de su mujer don Manuel de Belmonte, un súbdito complaciente de su Majestad Católica...[9].

Vida esotérica de Oliver

Pero veámosle ahora en Madrid y en los años tristes y azarosos en que era ministro don Luis de Haro, antes de la paz de 1660. Tenía entonces entre treinta y cuarenta años y se veía con la carrera truncada, pero con ansias grandes de éxito y proyectos mayores; mas tales proyectos, que, dicho sea de paso, no eran más descabellados que los de hombres mejor situados en la corte; como los del mismo duque de Medina de las Torres, compañero en devaneos amorosos de Felipe IV, tenían su parte de esotéricos. Cayó, como he dicho, en las cárceles inquisitoriales; pero, sin embargo, el proceso sólo se conoce a través de otros, especialmente del estupendo del «doctor milanés» Pier Giacomo Bramoselli[10], del que hemos de hablar largo y tendido, transcurrido de 1660 a 1663, época en que también cayó don Nicolás; la orden de detención de uno y otro fue dada por el inquisidor Angulo y Figueroa el 27 de febrero de 1660, y poco después estaban los dos en la Ciudad Imperial[11]; los dos también salieron en autos de fe, pero Oliver antes que el italiano, y se ve –por lo dicho antes– que la pena que le fue impuesta no rompió del todo su extraña carrera. Resumamos ahora lo que sabemos del proceso del mallorquín y dejemos la extraordinaria figura del italiano para cuando tratemos de la Astrología y los astrólogos.

El 21 de febrero de 1661 se enviaban desde Madrid a Toledo las ratificaciones de los testigos contra don Nicolás Oliver, don «Pedro Jácome Milanés», don Garcerán Pérez Pastor y Juan Fernández. Las relativas al primero, que, como las de los otros, se refieren a delitos de Superstición y Magia, son doce. La primera, fechada en Madrid a 18 de noviembre de 1660, de Francisco Blas de Grassa, de Zaragoza, pero residente en Madrid, manifiesta que don Nicolás tenía fama de «descubridor de tesoros», cosa que dice sabían, entre otros, don Carlos de Cuéllar y don Francisco de Santistevan; indica asimismo que, según dijo el capitán don Adrián Franco al mismo Grassa, Oliver había traído a este efecto de Francia la *Clavicula Salomonis* y la *Clavicula Clavis*. El 1 de diciembre del mismo año, el citado capitán, que se apellidaba en realidad Franco de Montoya y que era vecino de Milán, de cuarenta y siete años y capitán de caballos desde hacía veinte o más, atribuyó a don Nicolás varios dichos y hechos harto comprometedores. El primero de ellos con un aspecto muy parecido a algunos sarcasmos blasfematorios que se atribuyen a judaizantes con frecuencia. En efecto, burlándose en cierta ocasión de una mujer, había dicho de ella que era tan doncella como la Virgen María. Esta blasfemia se agravaba porque don Nicolás llevaba sobre sí una medalla astrológica con un águila, un escorpión, el Sol y la Luna esculpidos, con objeto de obtener lo que pretendía, y especialmente «para tener buena fortuna con el Rey y sus ministros». Su fe en que había medios esotéricos para hallar tesoros le hacía adquirir libros como los aludidos, y sobre su eficiencia echaba a volar la fantasía, porque «se auía de hazer muy rico y muy poderoso y auía de echar una esquadra de nauíos a la mar y le prometió a este testigo que le haría capitán de uno...». Pero Franco añadió que se reía de los proyectos del mallorquín, el cual quería asociarle a la búsqueda. Según el mismo, el campo de acción para realizarla estaba en Colmenar de Oreja y en el arroyo de Broñigal, y un tal Palanca, panadero, había adelantado hasta seiscientos ducados para realizar experiencias, pero en ellas Oliver no sacó nada.

Esta testificación ratificatoria es menos grave, sin embargo, que una de las dos de doña Isabel Ramírez, viuda del antiguo regidor de Madrid, don Pedro de Galarza, anciana de más de setenta años, que declaró el 1 de abril de 1660, el 30 de noviembre y después el 5 de enero del año siguiente y que nos lo presenta como nigromántico. En la segunda ratificación dijo que no se acordaba de nada, pero en la primera manifestó que había tenido a don Nicolás de Oliver como huésped en la calle del Paraíso, «en casas de la capellanía que fundó Joseph Ramírez, su padre», y que el tal don Nicolás tenía lo suyo de hechicero y de embustero. Guardaba en su cuarto cascos de calavera, dientes de difuntos, y una aguja con la que la misma doña Isabel había cosido la mortaja de una criada que se le había muerto.

A veces se encerraba y de su aposento salían olores de saumerios. Se consideraba entendido en materias mágicas y buscaba el trato con los que sabían de ellas; así, llevó cuatro o cinco veces a comer a la casa a fray Jerónimo de San Juan, mercedario calzado, «filósofo y astrólogo», con el que leía y escribía al alimón. Poseía libros impresos de Astrología, y fray Jerónimo en un tiempo confiaba tanto en su ciencia y poder que le preguntó si iría, por fin, de secretario de un prelado de su religión. Pero la ciencia de don Nicolás debía de ser muy falible, y, al fin, fray Jerónimo se quejaba de su «mal consejo» y decía que él le «auia destruido». Dijo más doña Isabel; dijo que entrando un día en el cuarto de don Nicolás vio un círculo trazado con carbón en el suelo, círculo con una cruz en medio, y que cuando éste se fue a vivir a otra parte, dejó allí, dentro de una arquilla, los huesos de calavera, que ella llevó a la iglesia de la Victoria, varios papeles, la aguja de la mortaja e incienso de la iglesia que él decía usar por devoción... Pero la fama que tenía, reflejada por la cantidad de consultas de carácter adivinatorio que le hacían hombres y mujeres sobre cosas perdidas, etc., permitía imaginar otros usos.

Doña Isabel sabía también que Oliver, con un tal Juan Fernández y un don Francisco «que tiene un parche en la frente» que era receptor y que vivía en la calle de Hortaleza, pequeño, delgado, de tez blanca y pelo negro, se dedicaba a buscar tesoros en el citado arroyo, en la Casa Blanca y las Cruces, y que para esto y otras cosas Juan Fernández hacía levantamientos de figura.

Por su parte, una criada de doña Isabel, Lucía María, de veintiocho años, declaró, el 22 de noviembre de 1660, ratificándose sobre que había oído a don Nicolás las referidas bromas acerca de la doncellez de cierta conocida suya; a ésta se agrega la ratificación más grave de un Joseph Rodríguez Cadena, agente de negocios, hombre muy metido en el mundo de los astrólogos y adivinos, según lo que se deduce del resto del proceso del «Milanés» Bramoselli y que declaró contra éste, contra don Nicolás, don Garcerán Pérez Pastor, Juan Fernández, don Francisco Ximénez del Baño (que era el hombre del parche), fray Juan de la Concepción, fray Jerónimo de San Juan y Juan Francisco Cambiaso, a cual más nigromante, astrólogo, hechicero, mago, adivino o todo lo que se quiera pensar en este orden. Varias mujeres acumularon más cargos, a saber: María de Cárdenas Navarrete (cuya ratificación data del 18 de febrero de 1661); doña Inés María de Biedma (que se ratifica a 15 de febrero del mismo año), de Jaca, soltera, de treinta y un años, que habló de un juicio sobre el nacimiento del príncipe Felipe Próspero; doña María de Padilla, vecina de Jaén y residente en Madrid, soltera, de sesenta y dos años (que se ratificó en la misma fecha), y doña María de Palacios, de cuarenta y dos, quien lo hizo el 19 de noviembre de 1660. Pero más importante que éstas fue la ratificación de don Joseph Gallego de Requena, que el 22 de julio de 1660 dio la lista de todos los que habían participado en una de las buscas de tesoros con don Nicolás, a saber: Hamete, moro; Jerónimo el cordonero, que debe de ser Jerónimo de Enebra, de cincuenta y ocho años (cuya ratificación va antes de la del joven Gallego, que era hijo de los marqueses de Santa Águeda, natural de Palermo y vecino de Madrid). Añadamos que Jerónimo sufrió proceso y que a él siguen en esta nómina: «Jorge, de oficio hortelano del Convento de las Descalzas», «el hortelano del jardín del Almirante», María a secas, Antonio a secas, «Domingo, de oficio pastelero» y «Antonio, de nación francés». Como digo y repito, de estas ratificaciones poco más se puede sacar; pero de otras partes del proceso del «Doctor Milanés» cabe extraer nuevos elementos para reconstruir los actos de don Nicolás de Oliver y Fullana en esta fase de su vida.

Condena de Oliver

Fray Juan de la Concepción, carmelita y cuñado del receptor Francisco Ximénez del Baño, quedó en un tiempo asociado, como conjurador y exorcista, a los busca-tesoros, y por su declaración espontánea contra sí mismo y contra ellos se ve que durante catorce meses estuvo bajo las órdenes de don Nicolás, diciendo incluso misas con su punto de sacrilegio, más o menos consciente. En un momento parece que entre don Nicolás y Bramoselli se desarrolló una rivalidad clara, y éste en la cárcel no dejó nunca de acusar al mallorquín, incluso de que comunicaba con presos judaizantes por medio de un sistema o clave de golpes. También le pintó una vez abriendo por vía de encantos las puertas de una casa, con el susto de los que le acompañaban. En el libro registro de los autos de fe celebrados por la Inquisición de Toledo de 1648 a 1794 se da cuenta de que la persona que hacía el número quince, entre las que salieron en el celebrado en la iglesia de San Pedro Mártir, a 11 de abril de 1662, fue don Nicolás de Oliver y Fullana, sargento mayor reformado en Cataluña, residente en Madrid, de más de treinta y ocho años, de buen cuerpo, con una señal de herida en la frente, ojos, barba y cabello negro. Se dice también que la causa de salir en él era por haber sido mágico, supersticioso, etc.; que se le leyó la sentencia con méritos y que abjuró de levi, siendo gravemente reprendido, advertido y conminado. Se le condenó, también, a servir durante cuatro años en un presidio cerrado, que le señalaría el consejo, y a que, cumplido este servicio, quedara desterrado, durante otros seis años, de Toledo, Madrid y Mallorca y doce leguas en contorno. Las andanzas en Flandes de don Nicolás nos indican que pasó lo del presidio y que también tuvo voluntad de romper con el mundo español hasta cierto punto[12].

Final

Si fue o no fue judío ortodoxo es cosa que no he averiguado; pero sí se ve, por los restos de su proceso, que quiso dominar los secretos de la vida y tener poderes praeternaturales ajenos a toda ortodoxia católica o judía, que creía firmemente en la «ciencia» aprendida en los libros y que, en suma, mezcló la Astrología con una forma ajustada de Nigromancía en que, en efecto, más entraban los restos del cuerpo humano que otros ingredientes y recetas. Rara figura la de don Nicolás de Oliver: tropezó en esta fase de su vida con la extravagantísima de un clérigo italiano, el cual tuvo alborotada a la corte durante un tiempo y de cuyas andanzas y desdichas he hecho un estudio particular; y en el proceso de aquel clérigo es donde se ve al mallorquín, primero aliado con él, después rivalizando, al fin en guerra declarada y desplegando odio mortal mutuo en las tristes cárceles.

> «Per certo, questa è pur gran confidenzia
> Che mastro Jachelino ha in sè medesimo,
> Chè mal sapendo leggere e mal scrivere,
> Faccia professione di filosofo,
> D'alchimista, di medico, di astrologo
> Di mago e di scongiurator, di spiriti:
> E sa di queste e dell'altre scienzie,
> Che sa l'asino e'l bue di sonar gli organi.»

Esto dice un personaje de la comedia de Ariosto *Il negromante*, al comenzar el acto segundo[15]. Oliver, como su rival italiano, eran más letrados que «mastro Jachelino»; pero el «cientificismo» de sus conocimientos no les valió gran cosa en la vida, y menos en el trance de entendérselas con los señores de la Inquisición de Toledo.

NOTAS

1. Para entrar en materia se podría recordar lo que dice Martín del Río acerca de los magos buscadores de tesoros en general: *Disquisitionvm magicarvm libri sex...* (Venecia, 1616), pp. 138 a-139 b, libro II, quaestio XII.
2. Véase el cap. III de la parte III.
3. Julio Caro Baroja, *Los judíos en la España moderna y contemporánea*, II (Madrid, 1962), p. 389.
4. Manuel Serrano y Sanz, *Apuntes para una biblioteca de ecritoras españolas desde el año 1401 al 1833*, I (Madrid, 1903), pp. 281-282.
5. Según Serrano y Sanz, *op. cit.*, I, p. 281 b, nota I, los enumera en el folleto en cuarto, de once páginas, titulado: «Memorial genealógico de treinta principales recuerdos, presentado a la Sacra Catholica Real Magestad del Rey Don Carlos Segundo Nuestro Señor, para la solemnidad del feliz cumplimiento de los seis Lustros de su edad perfecta. Por el sargento Mayor Don Nicolás de Oliver y Fullana, Consejero Coronista y Cosmographo suyo en los Paises Baxos. Año 1691. En Bruselas, y Emprenta de Dobeleer».
6. *Atlas major...*", inspirado ya en empresas iniciadas por su padre en la segunda mitad del siglo XVI, como es sabido.
7. *Triumpho / del / Tuson, / celebrado / en Bruselas / A 23 de Abril de este año 1679. / Compendiosamente referido / Por el Sargento Mayor Don Nicolás de / Oliver y Fullana, Cosmographo de su Magestad.* Tiene un retrato del duque de Villahermosa tras la portada.
8. *Triumpho...*, ed. cit., p. 5: «El motivo declara Wolfango Lazio haver sido originado del Duque Don Juan, cognominado el Intrepido, padre del propuesto Fundador Phelipe, à quien hallandose preso de los turcos en Ungria predixo un Astrologo Moro, que el mismo Juan, o alguno de sus descendientes que truxesse fuego en el pecho, habia de destruir los Sarracenos, feliz Vaticinio para nuestros Catholicos Monarcas.»
9. Respecto a Belmonte, en breve iniciaré una amplia investigación basada en material abundantísimo y desconocido casi.
10. Archivo Histórico Nacional. Inquisición de Toledo, leg. 88 (núm. 129), 14 (*Catálogo...*, pp. 91, 94 y 98). De éste he hecho estudio aparte: véase el cap. III de la parte III.
11. Proceso cit., fol. 54 r.
12. Archivo Histórico Nacional. Inquisición de Toledo, leg. 1 (núm. 1) (*Catálogo...*, p. 1), fol. 73 r.
13. Ludovico Ariosto, *Commedie in versi* (Milán, s. a.), acto I, escena I, p. 247.

X
MAGIA Y DERECHO. EL PACTO DIABOLICO

Arquetipos de pacto

Difícil será encontrar una idea más popularizada en materia de Magia que la de que, en parte considerabilísima, ésta tiene como base el pacto con el Demonio. El *Fausto,* de Goethe, es la obra que en el ámbito literario ha contribuido más a su divulgación. Pero claro es que el poema tiene unos antecedentes amplísimos y remotos en el mundo europeo, donde el «pacto», «contrato» o «compañía» presenta también diversos modelos y corresponde a distintos intereses.

Textos hagiográficos muy antiguos nos narran ya la vida de San Cipriano de Antioquía, mártir de la época de Diocleciano, como la de nigromántico que se dio al Demonio por amor de una mujer y que luego, con ella, fue ajusticiado y subió a los altares. Calderón de la Barca, en *El mágico prodigioso*, dio una versión barroca de las actas escritas en griego por Simeón Metaphrastes y rapsodiadas o glosadas mil veces en el medievo, época en que San Cipriano vino a ser un personaje bastante familiar no sólo para la gente piadosa, sino también para personas metidas en el mundo mágico[1].

Esta alianza con el Demonio es la más típica durante la Edad Media[2]. Ejerce su influjo aun en teólogos e historiadores del XVI[3]. Adquiere gran desarrollo literario en el siglo XVII (y a veces tomando como base otros textos hagiográficos. Por ejemplo, *La gran columna fogosa* es comedia de Lope de Vega en que se ponen en escena algunos episodios de la vida de San Basilio Magno; Lope sacó los elementos para componerla del *Flos Sanctorum*, de Rivadeneira, y éste, de un texto biográfico antiguo, en que San Basilio salva a un hombre en trance parecido al de San Cipriano, luego de que, por amor de una mujer, hiciera pacto con el Demonio, aleccionado en el caso por cierto nigromante o encantador. Menéndez Pelayo señaló algunas concomitancias entre el texto de Lope y el de Goethe)[4]. Mas dejemos esto. De la escena en que Patricio, el enamorado, y el encantador Arquilaido se con-

419

ciertan, lo más hermoso es el soneto puesto en boca del primero sobre la noche, del que la primera cuarteta dice así:

> «Oscura noche, capa de traidores,
> máscara de la luz del claro día,
> centro de la cruel melancolía,
> tercera de secretos y de amores»[5].

No puede reflejarse mejor el que podíamos llamar «momento psicológico de la nocturnidad». Pero allí se describe también una particular forma de entablar el pacto. El encantador da a Patricio un papel escrito que no es, ni más ni menos, que una carta de presentación para el Demonio. Debe arrojarlo éste a media noche, desde el sepulcro de un gentil, llamando a voces al señor de las Tinieblas[6]. Así lo hace. Satán se presenta, lee la «recomendación», Patricio firma el pacto y, al punto, Satán encomienda a otro demonio subordinado que, por cierto, se llama Zaquiel (como el genio tutelar del doctor Torralba) que la mujer de la que está enamorado Patricio se le rinda[7], con lo que termina la jornada primera de la obra. Lo que sigue no resulta muy decente que digamos. Antonia, joven que pensaba profesar, aparece loca de amor lascivo por el criado de su padre, pues Patricio no es otra cosa, y como loca actúa, hasta que interviene San Basilio, y hasta que Patricio se arrepiente también de haber firmado la «cédula» librada a Satán; casado con Antonia, hace grandes penitencias, sufre tormentos de los demonios. Satán, durante ellos, siempre le muestra la cédula que le condena, pero San Basilio le defiende como un abogado a su cliente, y al final le arranca el terrible documento[8]. Escenificación tan viva de pacto diabólico se representó, al parecer, en Plasencia, a fines del año de 1629, y uno se pregunta qué efecto produciría en algunas almas imaginativas y desasosegadas, porque si por un lado, dado el desenlace, podía ser edificante, por otro tenía una carga de elementos desordenados y desconcertantes para cualquier persona de poca cultura.

Henos, pues, ante el pacto originado por un amor carnal. Pero hay que reconocer que existen otros móviles de la misma acción, según tradiciones también muy remotas, acaso más comprensibles para almas modernas. El deseo de riquezas, de poder o de mando, han sido considerados como factores decisivos en este mal paso, que conduce a los mismos resultados siempre; la humillación y derrota del Demonio y el arrepentimiento y salvación del hombre, aunque esto sea, a veces, menos imprescindible.

El pacto de Teófilo con el Diablo, del que Gonzalo de Berceo nos ha dado una bella versión castellana, es acaso el más popular entre los medievales[9]. Por la lectura de los textos en que se describía, o por la contemplación de relieves, vidrieras de templos o pinturas en que se representó, la masa pudo alcanzar a tener una idea de él y lo tuvo como ejemplo de adonde puede llegar el resentimiento producido por el disfavor. Teófilo es el prototipo del resentido; pero al final se salva por intercesión de la Virgen[10]. También ésta salva en la cantiga 216 a un caballero que hizo pacto especialísimo con el Diablo por verse libre de la ruina[11], y el ansia de riquezas es la que motiva otros tratos parecidos, en textos del infante don Juan Manuel[12] y el Arcipreste de Hita[13].

Codificación

Los tratadistas del Renacimiento codificaron todo lo que se creía saber del pacto, y así Martín del Río lo considera como base fundamental de la Magia: «Omnes operationes magicae, velut basi, innituntur pacto per magos cum daemone inito: ita ut quotiescunque collibitum mago aliquid efficere adminiculo artis suae, expresse, vel implicite teneatur a daemone poscere, ut ex condicto concurrat»[14]. Claro es que los casos aludidos serían de pacto expreso. Este entrar en la amistad, el bando, la facción de un nuevo señor, en la hueste de los secuaces del Demonio, es algo que, según las épocas, parece tener una estructura distinta, incluso si se considera legalmente. El pacto *expreso* se hace o hacía de tres formas, según el mismo Del Río:

Primera. El Demonio recibe el homenaje en forma corporal y ante testigos. De este modo hay muchos ejemplos en los libros sobre Brujería.

Segunda. El pacto se hace por escrito, estableciendo unos deberes y derechos en un documento firmado y sellado.

Tercera. El pacto se hace por medio de un tercero.

El que realiza pacto expreso reniega de Cristo y de su Fe, se aparta de la obediencia de Dios y del patronazgo de la Virgen María, es marcado por el Demonio y hasta recibe un nombre nuevo. Renuncia a sus parentescos carnales y espirituales, recibe un vestido o parte de él de su nuevo señor; el círculo mágico sirve para realizar la llamada del mago a éste, porque el círculo es la figura más opuesta a la de la cruz. Queda el mago inscrito en un libro de la muerte y celebra sacrificios horrendos, practica el mal cuanto puede y tanto física como espiritualmente queda estigmatizado[15]. Esta doctrina es la que aplicaron durante bastantes años los jueces civiles, tanto como los eclesiásticos, forzando no pocas veces las declaraciones de los acusados. En otras ocasiones el pacto fue *públicamente* conocido.

Un escritor religioso español de la segunda mitad del siglo XVII, don Marcos Bravo de la Serna, obispo que fue de Chiapas, en el libro titulado *Espejo de la juventud, moral, político y christiano*, cuenta, tomándolo de Del Río precisamente, el caso de un joven alemán llamado Federico que, a consecuencia de una vida libre y desordenada, llegó a hacer pacto con el *Demonio, escribiendo y firmando una cédula* (segunda forma del pacto expreso) que no le pudieron arrancar al enemigo hasta doce años después de haberse arrepentido el firmante y de haber hecho grandes oraciones todo el Colegio de la Compañía de Jesús de Graz. «En todo este tiempo –dice Bravo de la Serna– veían sobre los frisos de la Iglesia, y en los pináculos de sus bóvedas, al Demonio, que con algazara mostraua a todos la cédula, como que de aquella obligación se auia de cumplir el término para executarla llegadas las horas de los doze años...» Al fin, Dios, apiadado, le hizo echar al templo el documento fatal, en medio del alborozo de los asistentes, mandándolo quemar luego el obispo de la ciudad[16].

El pacto implícito se prestaba más como figura de delito a los abusos judiciales: tácitamente había delito y sabiamente había que definirlo. Los fiscales fueron linces en operación semejante. Pero antes de hablar de ellos y de otras personas reales a las que, con mejores o peores razones, se les acusó de pacto, hay que insistir en que el tema del amor o deseo de una mujer como fundamento de pacto ha sido bastante aprovechado por los dramáticos españoles. Lo utiliza Lope, como se ha visto; lo utilizó Mira de Amescua en *El esclavo del demonio,* tomando como base la leyenda de San Gil de Santarem, que, a su vez, se asemeja mucho a la de San Cipriano[17]. Lo utilizó Ruiz de Alarcón en *Quien mal anda en mal acaba*, obra de la que se trata en otro capítulo de este libro, y también Calderón en su drama famoso, que se relacionó demasiado con el *Fausto* de Goethe[18]. El recurso es teatral, es del gusto de la mentalidad medieval, y aun de la barroca, tan ligada a aquélla por muchos conceptos, y la vida de San Cripriano corría allí y acá en libros piadosos[19].

Casos del siglo XVI

Pero una vez más en nuestras averiguaciones nos encontramos con que tras años largos de existencia de narraciones en que aparece aquel pacto se nos presentan a la vista humildes hombres de carne y hueso que lo hacen expresamente y en una de las tres formas indicadas por Del Río y dejando ahora a un lado todos aquellos casos en que se dio por sentado que había pacto implícito. No son sólo los documentos inquisitoriales los que nos presentan el hecho mondo y lirondo. Hay textos ascéticos y de otra índole que nos hablan de él utilizando referencias fidedignas.

«El pacto expresso que se haze al demonio de sus familiares –dice fray Martín de Castañega en el capítulo IV de su libro– es de dos maneras, uno es tan expresso y claro que con palabras claras y formales renegando de la fe, hazen nueua profession al demonio en su presencia, que les aparece en la forma y figura que él quiere tomar, dándole entera obediencia y ofreciéndole su ánima y cuerpo. Destos –añade– yo conocí quemar y reconciliar, en que uno dixo que le hizo el demonio renegar de dios y de su fe: mas nunca pudo acabar con el que renegasse de Nuestra Señorra: y era un hombre viejo y pequeño y reconcilióse y reconoció su pecado. E de otros muchos podría dezir lo mismo, con los que les hablé y platiqué y oy sus dichos y deposiciones y maneras que en un principio de su error tuvieron»[20]. Los otros hacen pacto explícito por relación con otros encantadores y hechiceros...

A un proceso por pacto con el Diablo, ocurrido en Granada el año de 1543, se refiere también el maestro Alexo Venegas[21] en su obra más conocida.

Caso del siglo XVIII

Pero dejando a un lado cuestiones de fuentes e influencias literarias, en las que se puede desarrollar mucha paciencia, ya que no demasiada imaginación, y los textos fehacientes, pero no muy detallados, conviene advertir aquí que la idea del pacto, y del pacto con intenciones eróticas, realizado por un hombre, individualmente, alcanzó con vigencia o validez en España hasta la misma época en que Goethe estaba componiendo su obra y de ella dan fe cumplida los archivos inquisitoriales. Fue publicado el primer *Fausto*, como fragmento, en 1790.

Y he aquí que al caer el año de 1789 un maestro de escuela cincuentón que vivía en la casa de cierto hojalatero toledano, estando enfermo, amenazado de muerte, llamó a un inquisidor de la ciudad para confesarle que, hacía años, en unión de un joven de buena familia, acaso su discípulo, había detestado de la fe y se había pasado «al bando» del Diablo, para satisfacer unos deseos eróticos. Consideraba el moribundo que éstos se habían cumplido a consecuencia del pacto (que se llama «mágico»), pero que su vida luego había sido arrastrada. El bueno del inquisidor, un tal don Diego García Palacios, levantó acta de lo declarado por el moribundo y la comunicó al tribunal. El fiscal se hizo cargo de ella y exigió la ratificación de costumbre, que aún pudo hacer el declarante, que se llamaba Vicente Gómez de Villalobos, y que era madrileño de nacimiento... Pero el proceso paró ahí, porque éste murió pronto[22].

Podrían allegarse otros, incluso más modernos, de creencia en la llamada Magia Negra y de pactos con el Diablo, de resultados evidentes para los que los realizaban, problemáticos para el observador lejano, pactos que hasta el siglo XIX podían producir procesos inquisitoriales[23].

NOTAS

1. Las fuentes las da ya C. Baronio, *Martyrologium romanum* (Amberes, 1589), p. 429 (26 de septiembre). Pero es abundantísimo lo que se ha escrito, bien en relación con el texto de Goethe, bien con el de Calderón de la Barca. Comparando los dos, véase lo que dice Menéndez Pelayo: «Calderón y su teatro», en *Estudios y discursos de crítica histórica y literaria*, III (Santander, 1941), pp. 175-196.
2. Acerca de las leyendas de San Cipriano y Teófilo (a las que luego hay referencia) existe cantidad de escritos, incluso presentándolas como fuentes de la tradición fáustica. Así en la obra de P. M. Palmer y R. P. More, *The Sources of the Faust Tradition from Simon Magus to Lessing* (Nueva York, 1936). Resumen en el libro de E. M. Butler, *The myth of the magus* (Cambridge, 1948), pp. 87-94. Sobre el milagro de Teófilo en el arte, Emile Mâle, *The gothic image. Religious Art in France of the thirteenth Century* (Nueva York, 1958), pp. 258-262.
3. Fray Bartolomé de las Casas, en su *Apologética historia*, cap. LXXXVIII (*Obras escogidas*, III, *B.A.E.*, CV [continuación], p. 298 a), cuenta la historia de San Cipriano entre otras, al dar razón de los prodigios y fascinaciones que realizan magos y hechiceros.
4. Véase el estudio de la comedia en la serie *Comedias de vidas de santos*, reimpreso ahora en *Obras de Lope de Vega*, IX, en *B.A.E.*, CLXXVII (continuación) (Madrid, 1964), pp. LXVI-LXXII. La comedia a las pp. 253-310.
5. Lope, *op. cit.*, p. 269 b.
6. Lope, *op. cit.*, p. 269 b.
7. Lope, *op. cit.*, pp. 269 b-271 b.
8. Lope, *op. cit.*, p. 305 b.
9. Berceo, *Milagros de Nuestra Señora*, ed. A.G. Solalinde (Madrid, 1922), pp. 162-192 (núm. XXIV).
10. En muchas series de milagros de la Virgen hay historias de este tipo; por ejemplo, *Miracles de Nôtre Dame* (París, 1929), pp. 44-49 (núm. VII), 69-77 (núm. XI), y las notas de A. Jeanroy.
11. *Cantigas de Santa María de Alfonso el Sabio*, II (Madrid, 1889), pp. 302-303 («Como Santa Maria se mostrou en semellança de moller do caualeiro ao demo, et o demo fugiú que uiú»). Es la misma historia a que se hace referencia en segundo lugar en la nota anterior.
12. *El conde Lucanor escrito por don Juan Manuel*, ed. Eduardo Juliá (Madrid, 1933), pp. 255-262 («Exemplo XLV. De lo que acontesció a un homme que se fizo amigo e vasallo del Diablo»).
13. Arcipreste de Hita, *Libro de Buen Amor*, ed. Julio Cejador, II (Madrid, 1913), pp. 209-215 (estrofas 1454-1475: «Enxiemplo del ladrón que fizo carta al diablo de su ánima»).
14. Martín del Río, *Disquisitionvm magicarvm, libri sex* (Venecia, 1616), p. 87 (libro II, quaestio IV: «De basi Magia huius, sive de pacto, expresso, et implicito»).
15. Martín del Río, *op. cit.*, *loc. cit.*, pp. 89-91.
16. Marcos de Bravo de la Serna, *Espejo de la ivventud moral, politico y christiano* (Madrid, 1674), p. 176 (la historia entera en las pp. 169-177).

17. Aparte de la edición de Angel Valbuena, véase Angel González Palencia, «Las fuentes de la comedia Quien mal anda en mal acaba, de don Juan Ruiz de Alarcón», en *Boletín de la Real Academia Española*, XVII (abril, 1930), p. 273; respecto a pactos es guía que he utilizado en el cap. I (véanse pp. 271-274).
18. Ya no tanto en nuestros días, ni aun en manuales de literatura muy chapados a la antigua.
19. Por ejemplo, véase el *Flos sanctorum* de M. Alonso de Villegas, escrito en el siglo XVI (Barcelona, Viuda de Piferrer), pp. 641-642.
20. Copio de la primera edición, sin foliar, de 1529, Logroño.
21. A. Venegas, *Agonía del tránsito de la muerte*, declaración de sentencias y vocablos oscuros, cap. V, en *Escritores místicos españoles*, I, *Nueva Biblioteca de Autores Españoles*, XVI (Madrid, 1911), p. 281 a: «También se aparece (el diablo) a los muy rebeldes y desobedientes a sus padres, como apareció este año mil quinientos y cuarenta y tres en Granada a un cierto mancebo que fué muy desobediente a su padre, y siguiolo tanto que le hizo que renegase del baptismo y se diese por su esclavo y lo firmase de su nombre. Al cual mancebo, después que fué sentenciado por la Sancta Inquisición de la dicha cibdad de Granada, fué puesto en un monesterio; ya no le aparece el diablo porque es muy grande el temor que el diablo tiene a la Iglesia Catolica.»
22. Archivo Histórico Nacional. Inquisición de Toledo, leg. 87 (núm. 104), 11 (*Catálogo...*, pp. 89 y 98). Relación espontánea de Vicente Gómez de Villalobos contra sí y contra su compañero Tomás Quirós sobre pacto con el demonio con detestación de la fe. Año 1789. En la portada de la época, que contiene también la notificación del fiscal, se dice que el delator espontáneo murió («murió el espontáneo»). El acta se presentó en la Inquisición el 14 de diciembre. El mismo día el fiscal doctor Monzón pedía que se le careasen con su amigo y advertía que en caso de necesidad estuviera preparado un confesor para absolver a Gómez de Villalobos. El 15 de diciembre éste se ratificaba ante el mismo don Diego García Palacios. Parece que el asunto había ocurrido hacía más de trece años y que Tomás era entonces un mozo de «estatura regular, bien parecido, ojos claros y todo de buen color, que no tiene señas más notables: y que todo lo que ha expuesto fueron actos de Muchacho relajado...». Y con esto terminó la causa. Copio a continuación las declaraciones del maestro (sin foliar):

«En la Ciudad de Toledo à doce dias del mes de diciembre de Mill setezientos ochenta y nueve ante mi el commisario Don Diego Garcia Palacios llamado por vn enfermo que reside en el solarejo feligresia de la Parroquia capilla de San Pedro en las casas de un ojalatero, me presente ante el, quien dijo que tenia que dezir: y ante todo le reciui juramento que hizo por Dios Nuestro Señor y vna señal de cruz, y por el ofrecio decir verdad y guardar secreto y a su consequencia dijo: que habia tenido una vida entregada (estragada) y que en aquel tiempo trato con mucha frequencia con vn su amigo llamado Thomas Quiros, con quien seguia su vida arrastrada tanto que por consejo del dicho Thomas detesto de la fee, pactando con el diablo era de su vando, y por señas dexaron los rosarios y escapularios y no estampaban la letra F con cruz: poniendo por Pacto que se habia de benir a ellos cierta mujer para gozarla; y en efecto se vino à consequencia de hecho majico con vn espejo vn gato, y vna luz,

que pusieron: y efectuado se presento dicha Mujer la que gozaron y otro, pero no sabe ni supo su nombre pero le consta que murió, también vsaron de la Majica para ligar a dos Mujeres llamadas Luisa y Vicenta, pero no supo sus apellidos, y solo le consta que murieron en San Fernando de enfermedad, no dapnificadas por ello. El mencionado espontaneo se llama Vicente Gonzalez Villalobos natural de Madrid: Maestro de Primeras Letras en esta ciudad en el Collegio Viejo de hedad de zinquenta años. esta dispuesto por mandado por el médico que se quede relijioso para auxiliarle. El precitado Thomas Quiros, fue hijo de vn capitan del Rejimiento / de / Bramante, la Madre llamada Doña Maria no tiene presente su apellido pero esta caso en segundas nuncias con Francisco Escoto que oy viben a espaldas de la Galera Vieja calle de Santa Ynes pero que ya haze años que no sabe de tal Thomas ni su paradero. Que es quanto tiene que poner presente al Santo Officio y pide rendidamente el perdone estos defectos tan grabes; que espera de su Piedad este efecto de su Missericordia y en caso de que Nuestro Señor le conceda Vida estara pronto a quanto se le ordene por este Sto Officio lo firmo ante mi el commisario por no poder practicar otro documento por lo Vrjente del caso. Vizente Gomez de Villalobos
Ante mi
»D. Diego Garcia Palacios.»

23. Restablecida la Inquisición, todavía entre 1817 y 1818 sufrió proceso, aunque su causa fue suspendida, Isabel Sánchez Crespo, vecina de Hornillo, porque fue delatada por suponerse que había hechizado a un vecino suyo mediante un libro de Magia negra que poseía. Archivo Histórico Nacional. Inquisición de Toledo, leg. 190, núm. 8 (*Catálogo...*, p. 239).

XI
DE COLECCIONISTA Y MUSICO A MAGO

Vida de don Juan de Espina

La comedia de Magia constituye por sí una especie de género literario (de pequeño género si se quiere) que tuvo gran éxito en España desde el reinado de Felipe IV al de Fernando VII, o incluso al de Isabel II. Ya en el jardín de Lope se dan las comedias de Magia. Pero tal vez sea Ruiz de Alarcón el que proporcionó más modelos teatrales de este género a los escritores de época tardía. En todo caso son los dramáticos posteriores a ambos los que escribieron las piezas más populares durante el siglo XVIII entero y aun en la primera mitad del XIX.

Así, resulta, por ejemplo, que dos comedias de Magia de don José de Cañizares, en las que el protagonista es don Juan de Espina, se representaron varias veces allá por los años de 1835 y 1836, según nos dice don Emilio Cotarelo en un estudio sobre este personaje, del que vamos a ocuparnos ahora[1]. Hay varias razones para hacerlo en este libro: la principal es que Don Juan de Espina nos ofrece un buen ejemplo de proceso de mitificación de suerte que de un hombre original y curioso se acaba haciendo un mago fantástico. Pero, por otra parte, como este proceso de mitificación es muy tardío, el principal responsable de él, es decir, don José de Cañizares, lo realiza de manera muy peculiar, acerca de la que ni Cotarelo ni otros historiadores de la literatura dicen gran cosa.

Sin embargo, la erudición del antiguo secretario de la Academia Española sobre asuntos del siglo XVII era grande, así es que la vida real de don Juan de Espina queda bastante aclarada en su opúsculo.

Puede partirse para relatarla de un escrito, atribuido a Quevedo, que publicó Fernández Guerra en su edición de las obras en prosa de aquél[2], confundiéndolo, de modo inexplicable, con su contemporáneo Juan de Espino o del Espino, el enemigo escandaloso de los jesuitas varias veces encarcelado por sus escritos[3].

Don Juan de Espina y Velasco era hijo de un caballero montañés, don Diego, que había desempeñado oficio importante cerca de Fe-

429

lipe II, y de doña Catalina, persona también muy respetada en su época. Siendo muy joven, se ejercitó en las armas, adquiriendo en ello una singular destreza, apoyada por estudios teóricos; he aquí un primer rasgo muy característico de nuestro hombre, del que podemos pensar también que era de la generación del mismo Quevedo, año más o menos[4].

Siendo arzobispo de Sevilla don Fernando Niño de Guevara (1600-1609), al que el Greco hizo el retrato portentoso que todos conocemos, le fueron concedidos unos beneficios eclesiásticos en aquella archidiócesis y don Juan de Espina se ordenó. No fue, sin embargo, el cardenal el promotor de aquella merced, sino el mismo Felipe III[5], y hay derecho a pensar que Espina nunca vivió muy vinculado a Sevilla. En efecto, durante los primeros años del reinado de Felipe IV su casa era famosa en Madrid por las colecciones que había en ella y por las cosas raras que encerraba. En 1625 publicaba Alonso de Castillo Solórzano la segunda parte de los *Donaires del Parnaso*, en la que se lee un romance dedicado «A don Juan de Espina, deseando ver su casa». Cotarelo –que lo cree compuesto hacia 1623– lo trascribe íntegro y por él se aprecia que en la tal casa había pinturas, esculturas, cristales venecianos, armas, instrumentos de música, aves y peces, conchas y sin fin de curiosidades más, colocadas con mucho orden por el genio meticuloso del colector[6]. Otro ingenio, muerto en 1629, don Anastasio Pantatelón de Ribera, dedicó también un soneto a «la curiosa y celebrada casa» de nuestro don Juan[7]. En todo esto no hay gran cosa de excepcional y que justifique la fama posterior de su dueño. Pero en un pliego de cuatro hojas, en cuarto, impreso a dos columnas, que se titula *Relación de la fiesta que hizo D. Juan de Espina, Domingo en la noche, último día de Febrero. Año 1627*, se advierte que en su casa y en obsequio de sus invitados Espina se dedicaba al «ilusionismo» y acaso a la Magia blanca, tal y como la concebían el padre Kircher y otros aficionados a las ciencias fisicomatemáticas de la época. Por unas *fenestras* más o menos fingidas, se arrojaban los desperdicios tras un fantástico banquete. Se hacían luego una especie de funciones con toros y cañas fingidos y las diversiones duraban en aquella ocasión de siete de la tarde a tres de la mañana[8].

Un año después de la fecha de esta rara fiesta, don Juan de Espina se fue a Sevilla, y allí estaba en 1632 cuando envió a Felipe IV cierto memorial en el que se prodiga a sí mismo grandes elogios como músico. La biografía atribuida a Quevedo alude, en efecto, a su virtuosismo como tañedor de lira, a su capacidad como perfeccionador de instrumentos y a sus conocimientos profundos del arte musical[9]. Pero Espina en su escrito llega a más. Durante dos años –asegura– invirtió catorce horas diarias en sus estudios musicales, perfeccionó la vihuela, descubrió secretos de los sonidos y una ciencia musical que –en suma– creía revelada por Dios. Los más grandes músicos de la época se habían quedado pasmados ante su ejecución, suscribiendo, firmando papeles que lo certificaban. Pero Espina, a la vez, se queja de modo oscuro de sus detractores y calumniadores, de envidiosos también, y prevé una posible publicación de sus escritos fuera de España[10].

Copia también lo que escribió Vicencio Carducho, el pintor de corte (1576-1638), respecto a su colección, que había visto en abril de 1628[11], y alude, siempre de modo oscuro, a otras circunstancias de su vida. De memorial semejante se saca la impresión de que don Juan de Espina tenía una cabeza un poco confusa y que su estancia en Sevilla le había provocado no tanto la necesidad de atender a sus intereses económicos como algún cargo particular que se hizo contra él y acaso su modo de vivir. La Inquisición le llamó alguna vez.

Volvió a Madrid, sin embargo. Cerca del conde-duque tenía buenos amigos, como su confesor, el padre Salazar, y su ayuda de cámara, don Melchor de Vera. Volvieron los ingenios a hacer grandes alabanzas de su casa y colecciones. A la que contiene el libro del mismo Carducho, *Diálogos de la pintura*, publicado en Madrid en 1633[12], hay que añadir la de Luis Vélez de Guevara en *El diablo cojuelo*, en que se alude de modo particular a sus trabajos en óptica[13]. Pero de las referencias conviene destacar una de Tirso de Molina en la comedia *En Madrid y en una casa*, que data de 1635, donde hablando de los enredos y marañas de la casa en cuestión, un llamado Majuelo exclama:

>«¡Válgate al diablo la casa!»

Y Ortiz replica:

>«No es posible, que no ha sido
>Don Juan de Espina su huésped»[14].

Es decir, que Tirso la daba, aunque fuera en burlas, como casa llena de cosas propias para espantar a gente sencilla. Cotarelo presume que la larga descripción de una casa fantástica que hay en el librito de Juan de Piña *Casos prodigiosos y cueva encantada*, publicado en 1628, se refiere a la de Espina. Es posible. Aparte de las colecciones de vidrios y barros, el orden exquisito que reinaba, las fabulosas iluminaciones nocturnas (de más de doscientas bujías de cera blanca en candelabros de plata), las tapicerías ricas, recamadas y bordadas de oro, y los cuadros, señalaba Piña en una sala la existencia de una nave en un mar de azogue, movedizo, que disparó en su marcha muchos tiros de artillería[15].

«Llevóme –añade– a la cuadra en que dormía, aderezada de su curiosidad y riqueza, y diciéndome después de vista nos saliésemos fuera del umbral, apenas se hizo, cuando la cuadra, cama, rica tela de oro y lo demás que allí había se voló sin dejar rastro ni señal»[16].

Dejemos otra vez los instrumentos de música y las curiosidades históricas[17]: los espejos mágicos que deformaban las figuras, haciendo gigantes, monstruos y demonios de quienes se ponían ante ellos, las fiestas y tempestades fingidas, las músicas misteriosas que se oían, daban la sensación constante de prestigio: «Por los corredores altos pasaban figuras fantásticas de galanes con criados, de damas con dueñas y doncellas»[18]. Don Juan de Espina debía de ser un entusiasta de la «Magia horográphica», de la «Magia parastática» y de la «Magia catóptrica», que codificó el padre Kircher[19].

Juan de Piña nos habla con religioso espanto[20]. Don Antonio Hurtado de Mendoza alude a él, haciendo curiosa asociación, al burlarse de don Jerónimo de Villaizán:

> «¿Quién la cosa peregrina
> que, a tenella en su oficina
> el señor Don Juan Espina,
> ni la oliera Celestina,
> ni la viera el Tamorlán? –Villayzán»[21].

Y este mismo ingenio cortesano en unas quintillas, refiriéndose a una bella boca femenina, repite la asociación que aquí hace, forzado acaso un poco por la rima:

> «A esta, pues, boca divina,
> que para oílla, y miralla
> es celeste, y celestina,
> y que hiciera con miralla
> milagros Don Juan de Espina»[22].

La repetición de una misma palabra en rima cercana no acredita al autor, pero acaso sea culpa del copista.

Su muerte

La demostración de que don Juan de Espina pasaba por hombre misterioso entre sus contemporáneos la hallamos también en algún «vejamen» de los compuestos por poetas de la corte del mismo Felipe IV, que no cita Cotarelo. Uno de don Francisco de Rojas se limita a aludir a la «comodidad» con que vivía[23]. Pero otro, fechado en 1638, que se dio en el Buen Retiro y que se debe a don Antonio Coello, finge que el autor en sueños se cree en la casa «del insigne y nunca bastante alabado don Juan de Espina», y allí se la van presentando los caballeros de que se hace burla, fingiendo también previamente que don Juan resucita a una «pandorga» y el diálogo que sigue:

«–Pues ¿puede Vm. resucitar? –pregunta Coello.

»–Sí, señor –contesta don Juan–. Con la lira, que con ella en la mano hago yo milagros y me atrevo a hacer crecer el trigo en un cuarto de hora.

»–Hágame Vm. la caridad de hacerme crecer en esta sotana veinte o treinta hanegas que he menester –replica Coello.

»–¡Ay!, no fuera mucha la habilidad, que si en una Mancha sola que hay en España nace tanto trigo, ¿qué mucha será hacerle nacer en tantas manchas como tiene su sotana de Vm.?»[24].

Se ve por este vejamen que las «artes» de don Juan eran particularísimas, pero que, a la par, su posición en los medios cortesanos y literarios resultaba destacada. Lástima que sus colecciones desaparecieran.

Cuando piensa uno en ellas y en otras de la época, al punto se le vienen a la imaginación aquellos espléndidos cuadros de Jan Brueghel de Velours (1568-1625), en que se representan los sentidos (la vista, el oído y el tacto sobre todo), y en donde en amplias y placenteras salas se acumulan instrumentos de óptica y cosmografía, relojes, campanillas, armas y armaduras, herramientas y útiles de todas clases, pero de raro orden[25].

Aparte de la semblanza de Quevedo, el texto más largo sobre don Juan, escrito a raíz de su muerte, se halla en una carta del padre Sebastián González al padre Rafael Pereyra, a Sevilla, que viene a dar una clara idea del personaje[26].

Tenía cerca de 5.000 ducados de renta eclesiástica, y casi toda esta cantidad, fabulosa para la época, la gastaba en dar gusto a sus aficiones de coleccionista: pinturas, instrumentos de música, instrumentos de matemáticas, escritorios, curiosidades que le llegaban de todas las partes de Europa, llenaban su domicilio, de suerte que parecía casa encantada. Él, por su parte, era hombre de carácter peregrino: vivía sin servidumbre y le pasaban la comida por un torno. No todos los curiosos podían contemplar sus colecciones o hacerle una visita (a esto aludió, sin duda, Hurtado de Mendoza). Tomaba muchas precauciones en este orden.

Era, pues, un misterio lo que ocurría en la casa del eclesiástico, el cual presumía de saber las ciencias a la perfección, y tan orgulloso, por otra parte, que a sus visitantes no les aceptaba más que una actitud de respetuoso silencio o la de la admiración y la alabanza más exageradas.

El caso es que un día, en pleno invierno, se fue don Juan de Espina a la parroquia de San Martín y pidió que le diesen el Viático[27], avisando también al cura de que a las dos horas le llevasen la Extremaunción. Así lo hizo éste; indicó don Juan luego dónde dejaba el testamento, y a las pocas horas murió. El testamento era un documento que correspondía a la originalidad del testador. En primer lugar, establecía que se le enterrara en su parroquia, que la sepultura tuviera cinco varas de ancho y que a los sepulteros se les dieran cuatrocientos reales, siempre que quedara cumplido el requisito; pero que si la sepultura tuviera tan sólo cuatro dedos menos de lo establecido, no se les pagaran más de cien reales.

Legaba al rey veinticuatro de sus instrumentos de música, a elegir, y el cuchillo y venda con que degollaron a don Rodrigo Calderón, recomendando «que le advirtiesen, cuando tomase el cuchillo, fuese por tal parte, porque siendo por otra amenazaba fatal ruina a una grande cabeza de España»[28]. También dejó a Felipe IV una quinta, casa de campo o «villa» (así se la denomina en la carta) llamada «Angélica», que tenía estimada en más de 30.000 escudos por las riquezas y curiosidades que contenía. Aparte de algunas mandas más, la mayoría de sus cuantiosos bienes los dejó a los pobres. «Manda que si muriere vestido le metan en un ataúd sin bayeta dentro ni fuera, y si en la cama, le envuelvan en las sábanas en que falleciere en el dicho ataúd; que sólo vayan cuatro clérigos a su entierro con la cruz y no lleve ninguno capa; que su cuerpo lo lleven cuatro pobres y otros cuatro con hachas, y ruega y pide a sus amigos que ninguno le acompañe, y que no se le diga misa de cuerpo presente, sino 2.000 misas rezadas por su alma. Para cumplimiento de este testamento deja por su testamentario al conde-duque, y que por sus ocupaciones nombre siete.» En suma, termina el padre González: «Fue peregrino este caballero en vida y en muerte, y todo ha dado ocasión para que se hable de sus acciones con variedad.

Dios le haya perdonado...»[29]. Ya en vida, pues, don Juan de Espina debió de producir más de una leyenda, en que aparecía como hombre dado a prácticas mágicas. Pero después de muerto fue cuando su personalidad se hipertrofió en este orden. Varios factores contribuyeron a ello.

Las alusiones a Espina, muerto ya, cargan la nota. Don Francisco Lanini y Sagredo, en el entremés llamado *Colegio de los gorrones*, hace que una mujer se alabe de su modo de conjurar y que afirme:

> «pues no fue en la Nigromancía
> Don Juan de Espina mas diestro.»

Y en *La Tataratera*, del mismo, hablando de un hechicero, un hombre afirma que

> «Ni Don Juan
> de Espina le hace ventaja»[30].

Estos textos corresponden a los primeros años del reinado de Carlos II, hacia 1670.

Don Juan de Espina, según Cañizares

Pero la popularidad mayor alcanzada por don Juan de Espina después de muerto se debe a uno de los últimos poetas dramáticos españoles, madrileños, de escuela tradicional. Aludo a don José de Cañizares, el cual —según es sabido y repetido— se hizo muy famoso por sus comedias de Magia. Cañizares nació veintiocho años después de morir Espina. Pero, por lo que se ha visto, en el Madrid del último cuarto del siglo XVII el nombre del original sacerdote era todavía archiconocido, como lo seguía siendo (y por razones hasta cierto punto semejantes) su contemporáneo y protector el conde-duque de Olivares. Cañizares trabajó, ante todo, para el público de la corte; sus obras, sin embargo, hubieron de representarse en los teatros de Sevilla, Barcelona, Valencia, etc., y se reimprimieron en aquellas ciudades. Don Juan de Espina pasó a ser, de esta suerte, un personaje del teatro nacional, tras haber tenido la fama local a que se ha hecho referencia. He aquí que Cañizares primero nos lo presenta en Madrid o en su patria y después en Italia, en Milán[31]. No es ahora ocasión de hacer un estudio crítico de sus textos dramáticos, pero sí hay que advertir que los títulos que llevan sus comedias relativas a Espina, se prestan a ciertas

confusiones. En la Biblioteca Nacional de Madrid las hay registradas con estos tres títulos:
Don Juan de Espina en Madrid.
Don Juan de Espina en su patria.
Don Juan de Espina en Milán.
No se establece por el índice cuál es la primera edición de la que lleva el primer título[32]. Pero a juzgar por ciertas fuentes, puede pensarse que data de antes de 1713[33].

Don Cristóbal Pérez Pastor, que en su época fue el erudito que aportó más noticias acerca de la vida y obra de Cañizares, da cuenta de una carta de pago de 1.200 reales que se le mandaron dar «por la comedia nueva intitulada *Don Juan de Espina en Milán*», carta fechada en Madrid, a 28 de octubre de 1713. El 5 de febrero del año siguiente extendió otra por 1.000 reales «por quenta de la comedia intitulada *Don Juan de Espina en Madrid* en los días de este mes»[34]. Dado que por la comedia nueva, en 1713, le dieron 1.200 reales y por la otra, en 1714, sólo percibió 1.000, cabe pensar en un reestreno. Más tarde, el 31 de enero de 1731, el maestro don Josef de San Juan extendía por su parte una carta de pago de 360 por precio de la música nueva que hizo para *Don Juan de Espina en Milán*, que se estaba ejecutando en los corrales de Madrid[35]. Obsérvese que Cañizares murió el 4 de septiembre de 1750, en la parroquia de San Martín mismo[36], lo cual también puede contribuir a explicar su interés por el personaje popular y legendario, sin duda, en el barrio.

La popularidad de las dos comedias fue también muy grande, a juzgar por las ediciones repetidas[37].

Advirtamos, para siempre, que *Don Juan de Espina en Madrid* y *Don Juan de Espina en su patria* son la misma obra; es decir, la primera parte de una acción que sigue en *Don Juan de Espina en Milán*. La confusión a que puede dar el hecho de que se lea «primera» y «segunda parte» en el subtítulo de cada edición de estas obras (que parecen tener por ello «dos partes cada una») se desvanece al examinar varios ejemplares.

¿Qué fuentes sirvieron a Cañizares para componer aquellas dos comedias de Magia? No es fácil averiguarlo. Lo que sí resulta evidente es que, considerando, como consideró, a don Juan de Espina, práctico en lo que se llamaba Magia Natural o Magia Blanca, le hizo realizar e improvisar una serie de actos que difícilmente hubiera podido llevar a cabo en su época el más experto en aquel arte, aunque supiera todos los secretos del padre Kircher y los aplicara con larga preparación. *Don Juan de Espina en Madrid* es, por otra parte, una obra con regusto ya muy dieciochesco, a semejanza de otras de su autor, el cual repite en ella algunos caracteres conocidos por comedias que han perdurado más, según se indicará en momento oportuno.

La mezcla de malicia, comicidad, mal gusto e inocencia que refleja entra más en el XVIII español que en XVII, aunque tenga sus precedentes en éste. Y me explico que para celebrar la boda del futuro Carlos IV con la futura reina María Luisa, que tuvo lugar el 4 de septiembre de 1764, el Ayuntamiento de Madrid pusiera en escena aquella complicada farsa de ambiente madrileño y se hiciera una preciosa edición de ella, que es la que voy a usar[38], participando en la representación las actrices y actores más afamados del momento. El argumento que encabeza la edición nos expresa ya la idea que se quería dar del protagonista, hombre esencialmente bueno[39], conocedor de la Magia no sólo natural, sino también de la otra, pero incapaz de acción dañosa. La parte escenográfica en ésta, como en otras obras de Cañizares, era importantísima, pues no hay menos de «once» decoraciones[40] para más de otras tantas mutaciones. De cómicas y cómicos nombrados salían hasta dieciocho[41]. La música jugaba también una parte importante. En fin, nos hallamos ante un espectáculo costoso, barroco, en el que se pone a contribución mucho arte para satisfacer a un público infantil, que considera ya la Magia como pretexto para desarrollar mucha tramoya. De Cañizares a Hartzenbusch no hay más que un paso. Es decir, la Magia sirve de pretexto a efectos teatrales y a situaciones cómicas, mientras que en la época misma en que vivió don Juan de Espina los poetas dramáticos más famosos no la tomaban tan a broma.

Pero expliquemos un poco el argumento de *Don Juan de Espina en Madrid*.

«Don Juan de Espina en Madrid»

La primera escena se desarrolla en la calle del Caballero de Gracia, en que, según Cañizares vivió don Juan de Espina[42]. Salen dialogando en ella dos galanes, de los cuales don Diego es el primero y don Antonio el segundo. Éste tiene mucho miedo a las artes de don Juan de Espina, pasa grandes sofocos cada vez que llega cerca de su domicilio, y el miedo se halla complicado con otra desazón, porque, enamorado de una dama llamada Serafina, no puede verla como quisiera, ya que la tal Serafina es vecina de don Juan, hermana del dueño de la casa donde vive éste, un don Sancho que, a la sazón se dice que está en Flandes. Don Diego, amigo de don Antonio y acaso más del clérigo, quiere convencer al miedoso de la bondad de Espina[45]. Las razones que da no parecen persuadir a don Antonio, y en este momento aparece el criado de don Diego, Ponchito, en hábito de militar ridículo, hombre que, a pesar de su tosquedad, no tiene miedo al sujeto principal de la comedia[44]. Varias veces satirizó Cañizares a los montañeses, gallegos y asturianos por sus pretensiones nobiliarias, unidas a rusticidad real[45]. En esta ocasión la sátira se extiende a otra región de España, porque en la escena que sigue aparece la figura más ridícula de la comedia, un don Aniceto, soldado valentón y también ridículo, guapo profesional y andaluz de origen, que es amigo de don Sancho, el de Flandes, y que trae comisión del mismo para cobrar a don Juan de Espina el arriendo de la casa donde vive éste. Ya se ha visto al principio que don Juan fue un clérigo riquísimo; pero Cañizares nos lo pinta pobre y alcanzado, o por lo menos con razones para no querer pagar el alquiler a don Aniceto, al cual le sobrevienen multitud de lances y desgracias por empeñarse en hacer efectivo el cobro. Ignoro si Cañizares, como buen madrileño, tuvo dificultades con su casero; pero los prestigios que hace efectuar a don Juan de Espina para esquivar las pretensiones de don Aniceto son dignos de mejor causa[46] y de naturaleza propia para que aquél estuviera espantado y furioso, como lo estaba. Don Antonio le da la razón[47].

Y en este momento es cuando aparece en escena don Juan de Espina, vestido «de abate», con su criado Cachete, de estudiante ridículo, dispuesto a ir a Palacio, a donde le llama el conde-duque de Olivares[48]. Don Aniceto aprovecha la ocasión para reclamarle los 900 reales que en carta le autoriza a cobrar don Sancho, y hay una pugna entre los dos. Don Juan promete pagar, y don Diego pretende salir fiador de él. Pero don Juan mismo escoge para este desempeño al medroso don Antonio[49], que no se atreve a negarse, y al que indica que vaya luego a casa de la bella Laura. Don Antonio se compromete a la fianza, turbado, y don Juan de Espina se dispone a ir a Palacio, como he dicho[50]. Cañizares sabía, acaso de buena tinta, su relación con el conde-duque[51].

Sale de escena, y en este momento don Antonio pierde el seso, se niega a firmar la fianza y hay una escena cómica entre él y don Aniceto, al que toma por un canónigo:

«Yo estimo las dignidades,
señor Canónigo, mucho;

> y empeñado ya en el lance,
> haveis de ser Arcediano,
> o esta oreja he de cortarme»[52],

dice en su desvarío.

Cae el telón y al levantarse de nuevo estamos en casa de la bella Laura, asistida por su criada Juana y en trance de discutir con su padre, don Pedro, clásico vejete de comedia. Don Pedro, viudo, enamorado de Serafina, quiere casar a su hija con don Sancho, el hermano de ésta, que se halla en Flandes, para tenerla propicia.

Laura no quiere, y don Pedro hace la clásica tirada contra el amor[53] que se pone en boca de los padres y tutores hipócritas, con detalles muy dieciochescos. Laura ama a don Diego. Pero lo malo es que también le ama la amiga suya y amada por su padre, Serafina, beldad un poco apergaminada ya y mogigata, parecida a otras que salen en el teatro de Cañizares, hipócrita redomada, según el parecer de Juana, y así hay una escena de tensiones entre todos estos personajes con intereses encontrados[54].

Mientras tanto, don Aniceto, en la calle del Caballero de Gracia, sube por las escaleras de la casa de don Juan de Espina, con ánimo de cobrar siempre, pero la escalera se oculta en el escenario a medida que él sube y, por fin, queda colgado de la aldaba[55]. Don Juan de Espina aparece y le promete el pago en doblones[56], cuando llegan también, recatados, don Diego y don Antonio. Don Aniceto, en las escaleras, no puede tomar el dinero que le ofrece burlándose don Juan[57]. Cuando baja de la escalera encantada, lleno de miedo, no quiere el dinero y escapa[58]. Tras esta «mutación» volvemos a la sala de la casa de don Pedro, en la que Serafina reconoce haberle entregado un pliego para provocar el casamiento de Laura con su hermano[59]. En esto llega don Diego, que oye a medias lo del casorio, y se enfurece con su amada Laura, y a poco interviene don Juan de Espina con ánimo conciliador[60]. Tras la reconciliación de los enamorados hay una escena en que don Antonio y Serafina empiezan su idilio[61]; pero después, con la aparición de don Aniceto, al descubrirse las falsedades y traiciones de aquella segunda dama, hay una nueva escena de furia de don Pedro[62], de cuyo humor se queja Laura en términos parecidos a como Rossina lo hace de don Bartolo:

> «que de mi padre
> el humor extraordinario,
> no me dexa ver comedia,

> ni paseo, ni sarao,
> con que todo lo deseo»[63].

Esta queja obliga a don Juan de Espina a organizar, mediante sus artes, una prestigiosa representación, con la que termina el primer acto. Aparece, pues, un salón iluminado, en que salen diferentes máscaras y una cuadrilla que ejecuta una contradanza al centro. Todo ello es contemplado por la bella Laura con gran satisfacción[64]. Me figuro que el bueno del príncipe don Carlos y la menos buena de la infanta María Luisa asistirían a la representación, hecha en su honor, con igual gusto.

El comienzo del segundo acto tiene lugar en casa de don Juan de Espina, en uno de aquellos cuartos que contenían tantas curiosidades, según sus contemporáneos; pero Cañizares, contra el testimonio de aquéllos, representa al clérigo con un criado, con Cachete, en trance de despedirse. ¿Por qué? Porque no aguanta la vida austera de don Juan cuando ve que tiene tantas posibilidades a su alcance, sin emplearlas nunca, y porque no le ayuda en su deseo de unirse con Juana, la criada de Laura. Cañizares recoge exactamente, sin embargo, la tradición de que a don Juan de Espina le servían misteriosos autómatas y sobre ello hace que Cachete establezca uno de los cargos principales contra su amo[65]. No estamos aún en la época en que Jacques de Vaucanson (1709-1782) sorprendió a la corte de París con sus autómatas: el flautista, el tamborilero, el ajedrecista, el pato comedor, etc. Pero no sólo en la de Cañizares, sino también en la de Espina mismo, había en Francia, Alemania, Flandes e Italia curiosos autómatas descritos en algunos libros[66]. Mas dejemos esto a un lado.

Espina quiere escarmentar a Cachete y le promete que, a la noche, Juana le dará el sí ansiado[67], y tras una escena cómica entre Cachete y Ponchito, que se sienten rivales, don Juan se retira a su estudio[68]. A esto llega don Diego, lamentándose de sus amores, pues don Pedro sigue empeñado en casar a su hija con don Sancho, el hermano de Serafina, «aquella seca estatua de pergamino», que, por su parte, se le declara, y Espina promete ayudar al galán[69].

La situación se complica, porque, tras don Diego, llega Serafina misma, que pide al mago remedio a su amor por aquél:

> «Buscadme una confección
> de activos polvos, o hierbas,
> con que yo olvide pasión
> tan desayrada, y tan ciega»[70].

En el momento en que don Juan intenta calmarla aparece don Pedro, declarando a su vez el amor que siente por Serafina y admitiendo que la boda que quiere concertar para su hija es por tenerla propicia[71].

Don Juan, temiendo que el vejete encuentre juntos en su casa a don Diego y Serafina, le obliga a mirar fijamente los dos espejos de la papelera grande que está en la escena y finge que, mediante ellos, le hace ver el amor de los dos, haciéndoles en realidad salir de su casa[72]. Tras este engaño llega don Aniceto, que pretende llevarse la papelera en cuestión, como prenda, y cuando está dispuesto a ello, la tal papelera se transforma en jaula de hierro, de la que salen dos perros que le persiguen, para volver a ser papelera después[73].

Tal hecho hace decir a don Aniceto:

«¡Y que este hombre
veinte corozas no tenga!»[74].

Pero las desdichas del «guapo»[75] no paran aquí. Va a casa de Laura, donde ésta se halla con Juana, y cuando empieza a ofenderla con sus requiebros inoportunos aparece don Juan de Espina por escotillón, se hunden por otro la dama y su criada, abrazadas, y don Juan esparce unos polvos que hacen toser a don Aniceto, para desaparecer al fin por el escotillón mismo[76].

Don Pedro, don Antonio, Ponchito, comentan las desdichas de don Aniceto[77], y el segundo acto termina con otra escena prestigiosa, organizada por don Juan de Espina en obsequio de Laura.

Salen, en efecto, Laura y Juana, don Diego y Cachete, más don Juan, en el jardín «sumptuoso» de que hablan las mutaciones. Una musa acuática canta y da la bienvenida a Laura. Luego unas estatuas le sirven, otras cantan desde los pedestales y realizan otros actos sorprendentes[78], y al término llegan los miedosos y desgraciados, es decir, don Pedro, don Aniceto, don Antonio, Ponchito; se reiteran las posiciones de cada cual y con ello termina el acto segundo[79].

La acción del tercer acto está graduada de modo parecido. Comienza con una escena en un cuarto de criados, en que Cachete, armado de su candil, espera la hora del sí prometido de Juana.

Pero en vez de la imagen de ésta, don Juan de Espina hace que se le aparezcan por los escotillones varios fantasmas, que le dan de vejigazos[80], y un lobo, en el momento en que va a desnudarse y en que llega también Ponchito[81]. Tras la marcha del lobo y el susto consiguiente, se hunden en la cama y aparecen en la misma cama luego, pero en medio de la Plaza Mayor, entre los «rebendedores» que pregonan sus mercancías[82]. El escándalo que produce su presencia dentro de la cama en paraje tan público hace que unos alguaciles les lleven presos[83].

Otra vez don Juan de Espina se dispone a ir a Palacio, y otra vez don Aniceto le pide los dineros[84]. Don Aniceto le increpa con el dicho conocido:

> «Aquí estoy, somos Judíos?
> ¡Siempre esperar!»[85].

Pero esta vez don Juan saca un talego de la tienda de un amigo, cuenta don Aniceto los dineros y le da el recibo, trocándose de repente en benevolencia toda su inquina. Pero cuando se marcha don Juan y vuelve a abrir el talego, surge de él la cabeza de un niño «vestido de Purichinela», el cual, después de aporrear al malhado, sale volando y aun le dice:

> «Agradezca
> que no le llevo de un brinco
> a los campos de Barahona»[86].

Para mayor burla, don Antonio le señala que tiene el recibo pegado a las espaldas, y así, don Aniceto desea mayor venganza[87].

Las escenas se suceden complicadas, reiteradas. Este acto tercero, como tantos otros actos terceros, baja mucho.

Laura echa un papel para que lo coja don Antonio: otra vez le amenaza la llegada de don Sancho y el matrimonio concertado por su padre. Tanto don Antonio como don Diego convienen en que es necesario buscar a don Juan de Espina para que provea[88]. Mientras tanto, Ponchito y Cachete aparecen presos en la cárcel de corte, pidiendo limosna desde las rejas, maldiciendo el segundo al «perro judío» de su amo, que tan mala obra le realizó[89]; y por su parte, don Pedro sigue en plena lucha con su hija Laura, a la que al final amenaza con una daga[90], apareciendo después don Antonio, Serafina[91] y el mismo don Juan[92]. El embrollo termina con un diálogo entre ellos y don Pedro, que cree hablar con su criado Toribio[93]. Llegamos ahora a una escena que debía ser esencial en el desenvolvimiento de la acción dramática y que, sin embargo, es pobre y rápida. He aquí que, por fin, vemos a don Juan de Espina en el salón corto del Palacio, recibido por el conde-duque de Olivares, que le dice que su fama había llegado a oídos del rey Felipe IV[94]. En este momento aparece el monarca. Espina reconoce que sabe hacer cosas de Magia blanca o natural, que es madrileño de casta de hidalgos, que estudió en Alcalá[95]. Felipe IV le asigna mil ducados de renta y le pide que haga algo de lo que sabe. Espina hace aparecer un león, y el conde-duque saca la espada[96]. El rey no deja de manifestar su disgusto, aunque Espina dice:

«Señor, todo ha sido sombra.»

Y el conde-duque, por su parte, le advierte:

«Con Reyes, que son tan Reyes,
son estas burlas ociosas;
que a Coronas tan bien puestas
no asustan ni estas Coronas»[97].

Espina se da cuenta de que ha errado, añora el retiro de su casa y, ya en la calle, bendice su libertad y promete no volver a las alturas[98].
He aquí a don Juan, otra vez, ante don Diego, don Antonio, Ponchito y Cachete, ya libres[99]. Don Juan procura calmar a todos, al tiempo en que también aparece don Aniceto, más furioso que nunca. Poco después de que Espina manifieste su deseo de marchar a Italia, para librarse de sospechas, enemistades y desagrados[100], don Aniceto, persiguiéndole, le da una cuchillada; Espina pide confesión y cae muerto al parecer[101]. Llega la justicia y resulta que don Juan está sano y salvo[102], mientras que el desdichado don Aniceto corre. La decoración o telón representa en este momento la «cárcel de corte donde estaba el de doña María de Aragón». Don Aniceto, fascinado siempre, cree llamar a la puerta de un convento para acogerse a sagrado y hablar con el padre portero; en realidad, habla con el carcelero, que hace que un negro le ponga preso a buen recaudo con grandes cadenas[103]. Dos mutaciones de escena, a cual más fantástica, nos llevan al final de la obra. Estamos, primero, ante una selva, en que aparecen don Diego y Cachete, luego don Antonio y don Juan[104]: la razón es que hasta allí han de llegar don Pedro y su hija, a la boda concertada por el primero. En efecto, llega éste con Laura, Serafina y Juana[105]. Espina prepara un gran prestigio. Hace servir a los presentes nada menos que la merienda aparejada por el Gran Turco para la sultana. Moros en barcas sirven a los convidados por don Juan hasta dejar a algunos, particularmente a don Pedro, en estado de embriaguez[106]. Aprovechándolo, se concierta el matrimonio de don Diego con Laura, de Antonio y Se-

rafina y aun de Cachete con Juana[107]. Queda don Pedro, el vejete, burlado y más aún cuando don Aniceto aparece, debajo de la mesa que han dejado los moros, vestido de mujer ridícula, y don Pedro pretende abrazarle, creyendo que es Serafina[108]. Pasada la turbación, se acepta el desenlace, y los actores piden al público la obligada benevolencia[109]. Sabemos que el público aplaudió la obra durante más de un siglo (de antes de 1713 a 1833), y a pesar de lo disparatada que es, no nos choca, dado el gusto de la época. Se explica, pues, que Cañizares quisiera seguir explotando el filón y que compusiera una continuación de ella.

«Don Juan de Espina en Milán»

Pero esta continuación –con perdón de Cotarelo, que la cree muy superior[110]– es un fiasco. Don Juan de Espina es el heredero literario del don Yllán de *El conde Lucanor* y del personaje de *La prueba de las promesas*, de Ruiz de Alarcón, sólo que en vez de nigromante es –se insiste– un mágico natural. El deán de Santiago y el caballero ambicioso se convierten en un noble italiano de la familia Sforza. Es decir, que una vez más nos encontramos con que la leyenda o tradición se moderniza y se aplica a un nombre conocido, a un personaje real. Todavía en la primera comedia Cañizares procuró conservar algo del ambiente madrileño burgués, en que hubo de vivir Espina. Aquí todo es pura fábula para desarrollar tramoyas de modo libérrimo[111].

César Esforcia, galán, con su criado Broculi, vestido humildemente el primero, de estudiante el segundo, alcanzan la casa, mísera en apariencia, que tiene don Juan de Espina en Milán: «milagro de Europa», «docto español». César, desengañado de los desprecios de su prima Margarita, duquesa de Milán, y de disgustos con parientes cercanos que la dominan, quiere dedicar su vida a las ciencias. Broculi tiene miedo a llamar, dada la reputación de don Juan, pero César llama, luego de asegurar categórico:

> «Y no hay Magia,
> sin todo aquesse aparato
> de miedos, que finge el Vulgo»[112].

A la llamada sale don Juan de abate, con cuello amarillo y ancho. César le explica su situación: su tío, Arnesto Esforcia, domina sobre el Estado de Milán. Enemigo mortal de César y de su rama, quiere que sea Filiberto, su propio hijo, el esposo de la duquesa, y no César, primo de Margarita y de Filiberto a la par. César, ultrajado, insiste en que quiere apartarse de todo; pero Espina duda de su buena inclinación y rehúsa enseñarle aquella ciencia que a él en España y a otros en distintos países, les produjeron más disgustos que beneficios, desagradecimientos también[113]. Alta idea tenía don José de Cañizares de las posibilidades de la Magia blanca, según lo indica por boca de don Juan de Espina mismo y tomando como base algún texto más o menos erudito[114]. Al fin, César promete a don Juan recompensa grande si le llega época de gran fortuna. Y empieza, al punto, la «prueba» con ocasión de la lección primera. Don Juan toma un texto de *Hermete* y le dice a su criado que retire la comida, avisando al ama. En realidad, empiezan también los prestigios, pues en este momento llega un pliego de Arnesto Esforcia anunciando venturas a su sobrino. Sale César volando y aplaza la lección, como es de rigor. Don Juan le predice su desagradecimiento, y Broculi comenta:

> «Plegue a Christo, que no pare
> este cuento en chamuscarnos.»

No voy a seguir todos los incidentes de la obra. Muchos son los prestigios producidos por Espina para poner a prueba a la persona de César. Después de triunfos bélicos, de la prisión del enemigo de Margarita, Carlos de Mantua, y de promesa de boda con la duquesa..., viene la primera prueba de agradecimiento: don Juan le pide una prebenda para él, y César se excusa, le ruega que aplace su demanda para no gastar el favor de la duquesa, y así termina la jornada primera.

En la primera escena de la segunda, César y su criado aparecen en situación muy distinta: exultantes y burlándose ya un tanto de don Juan. Arnesto prepara una traición a su sobrino; sin embargo, y tras diversos incidentes, César vuelve a agraviar a Espina, negándole la abadía de Novada, a pesar de que éste hace que Arnesto sea depuesto del gobierno de Milán y sea nombrado gobernador César, tras un ruidoso tumulto. Y entramos, en el momento de la mayor fortuna de César, en la jornada tercera. Riñen él y Filiberto; César, en trance de poderle dar muerte, perdona a su rival, y éste tiene una discusión con su padre, que desea la muerte de César mismo, el cual no sólo tiene ya una parte del pueblo de Milán en contra, sino también a Enrico Deste, heredero de Ferrara. En esta coyuntura, César, desanimado, vuelve a solicitar favor y ayuda de don Juan de Espina, reconociendo sus pasadas ingratitudes.

Entre tanto, Filiberto denuncia el propósito de su padre, que pretende matar nada menos que a Margarita; salen luego Enrique y Carlos en pie de guerra, y ante Enrique se hace reconocer don Juan de Espina. Fíngense luego una serie de acciones fantásticas hasta que César y Margarita alcanzan las mayores venturas, repartiendo perdones y mercedes. Pero entonces vuelve a aparecer don Juan, pidiendo por tercera vez su recompensa. Margarita está dispuesta a atenderle. No así César, que le maltrata de palabra, y entonces todos los prestigios se deshacen: «Úndense Enrico, Carlos, Nise y éntranse los demás. Quédanse de estudiante César y Broculi, como al principio; y sale Juanete con dos platos en una mano y una garrafa en la otra.» Don Juan ha fingido en dos horas incidentes de dos años, con el consiguiente corrimiento de César...

Final

He aquí, pues, cómo de la figura de un clérigo rico, de hábitos un poco extravagantes, se pasa al arquetipo legendario, atribuyéndole hechos contados una y otra vez a lo largo de los siglos. Acaso en el Madrid de su infancia oyó don José de Cañizares alguna leyenda relativa a Espina, confundido ya con don Yllán, dejando a un lado la posibilidad (o más que posibilidad) de que hubiera leído la obra de Ruiz de Alarcón para refundirla, como hizo con otras. Dentro de su manera de concebir el teatro, tradicional según se ha repetido, hay que señalar, sin embargo, un cambio mental considerable. Cañizares ridiculiza la creencia en la Magia negra hasta cierto punto; pero atribuye a la blanca toda clase de posibilidades que, en intención incluso, son propias de la negra. Que el público español gustaba de su forma de tratar el tema es evidente. Ello es un signo de cambio con respecto a la de tratar asuntos semejantes cien años atrás. Cañizares, poeta tradicionalista, era ideológicamente un hombre del siglo XVIII, y entre él y Ruiz de Alarcón median casi cien años decisivos en la historia ideológica de Europa. Acaso los eruditos historiadores del teatro y de las ideas no hacen el debido hincapié en esta mutación esencialísima[115]. Sí se han aportado datos, en cambio, acerca del gusto que por las comedias de Magia tuvieron los españoles del siglo XVIII y aun del XIX, como propias para desarrollar grandes trucos escenográficos. Acerca de ellas escribió un estudio el mismo Cotarelo, estudio que por haber aparecido en una enciclopedia no ha sido debidamente valorado[116]. Hay que convenir en que la aparición en Madrid de los grandes escenógrafos italianos, en tiempos de Felipe IV, permitió un desarrollo enorme de la tramoya, del «tramoyón» inclusive[117]. Calderón y Solís sirvieron en algunos casos aquel gusto. Pero es en el siglo XVIII cuando se desarrolla de modo extraordinario. En 1709 Zamora estrena en el teatro del Príncipe *Duendes son los Alcahuetes* y *Espíritus foletos*. En 1710 Cañizares, *Los mágicos encantados* y después las comedias que nos interesan. La afición aumenta de suerte que otro ingenio más oscuro, don Juan Salvo y Vela (sastre de profesión), entre 1715 y 1720, dio hasta cinco partes de *El mágico de Salerno*. De éstas es la primera la comedia de *Pedro Vayalarde* o *Bayalarde*, un Pierre Abelard o Abailard deformado. No he de referir lo que ocurre en aquéllas. Tampoco el argumento de las dos partes consecutivas de *Marta la Romarantina*, escritas por Cañizares, a las que siguen otras más debidas a autores diversos. Las aventuras de Marta Brossier, endemoniada famosa del siglo XVI, nacida en Romarantin, y a la que Bayle dedica un curioso artículo[118], dieron lugar a la serie que termina con el sainete de don Ramón de la Cruz (1762) *Marta abandonada o Carnaval de París*. Si Marta era el «asombro de Francia», en el Carnaval de 1741 apareció la primera parte del *Asombro de Jerez: Juana la Rabicortona*, comedia impresa en 1748, y con segunda parte en 1769. Pero no es cuestión de seguir enumerando títulos. Indiquemos, sí, que *Marta la Romarantina* tenía gran aceptación a principios del siglo XIX y aun mucho después, según indica don Ramón de Mesonero Romanos; que también la tenía *Juana la Rabicortona*[119], y que Fernando VII, popular en esto como en otras cosas, gustaba del género y que entre 1814 y 1820 entraba de cuando en cuando en algún teatro de la corte a entusiasmarse con las proezas de *El mágico de Salerno* o *Pedro Bayalarde*[120].

Pero dejando a un lado las comedias de Magia, al arquetipo de don Yllán, y a cuenta de hechos que han producido sorpresa e incluso escándalo en el mundo intelectual a comienzos de 1967, hay que admitir también que todo cuanto se refiere o perteneció a don Juan de Espina parece destinado a ser tema de eterno embrujamiento. Porque los manuscritos de Leonardo de Vinci que estaban en la Biblioteca Nacional desplazados de lugar y con signatura viejísima, parece que fueron propiedad de don Juan de Espina y que tuvieron una historia compleja, contada hace ya tiempo por don Francisco Javier Sánchez Cantón[121].

NOTAS

1. Emilio Cotarelo, *Don Juan de Espina. Noticias de este célebre y enigmático personaje* (Madrid, 1908), p. 5.
2. Sobre este personaje da Cotarelo mucha información: *op. cit.*, pp. 6-9. Podría añadirse mucho más, pero no viene al caso. El texto de Quevedo está tras los *Grandes anales de quince días*, en *Obras...*, I (*B.A.E.*, XXIII, pp. 219 a-220 b).
3. Sobre éste hay mucha información, adversa, claro es, en las *Cartas de algunos PP. de la Compañía de Jesús sobre los sucesos de la Monarquía entre los años de 1634 y 1648*. Véase el índice del tomo VII («Memorial Histórico Español», XIX, [madrid, 1865]), p. 517; en la p. 516 está ya distinguido nuestro personaje.
4. Cotarelo, *op. cit.*, p. 11.
5. Cotarelo, *op. cit.*, p. 35.
6. Cotarelo, *op. cit.*, pp. 15-16.
7. Cotarelo, *op. cit.*, pp. 16-17.
8. Cotarelo, *op. cit.*, pp. 20-22, ms. 2359.
9. Cotarelo, *op. cit.*, p. 12, *B.A.E.*, XIII, p. 219 b.
10. Cotarelo, *op. cit.*, p. 36.
11. Cotarelo, *op. cit.*, pp. 31-41, reproduce parte del memorial, del que hay copia moderna en la Biblioteca Nacional de Madrid.
12. Cotarelo, *op. cit.*, pp. 41-42.
13. Cotarelo, *op. cit.*, p. 24. Al tranco VI: «Esto todo sea con perdon del antojo de Galileo y el del gran don Juan de Espina, cuya célebre casa y peregrina silla son ideas de su raro ingenio», ed. Rodríguez Marín (Madrid, 1922), p. 172.
14. Cotarelo, *op. cit.*, pp. 22-23; *Obras...*, en *B.A.E.*, V, p. 549 b, acto II, escena XV.
15. Cotarelo, *op. cit.*, pp. 43-45.
16. Cotarelo, *op. cit.*, p. 45.
17. Cotarelo, *op. cit.*, p. 46: «Tenia los cuchillos con los que de muchos siglos a esta parte habian cortado las cabezas á los mas famosos de adversa fortuna que decayeron de la próspera.»
18. Cotarelo, *op. cit.*, p. 47.
19. Véase el prólogo de este libro, § 6.
20. Cotarelo, *op. cit.*, pp. 43-47. Esta novela la publicó el mismo erudito en la *Colección selecta de antiguas novelas españolas*, VI (Madrid, 1907); la descripción de la casa a las pp. 256-287.
21. Cotarelo, *op. cit.*, pp. 25-26, nota. *Obras poéticas de don Antonio Hurtado de Mendoza*, ed. de R. Benítez Claros, II (Madrid, 1947), p. 21.
22. *Obras...*, ed. cit., I (Madrid, 1947), p. 296.
23. Publicado en la colección de *Sales españolas o agudezas del ingenio nacional*, reimpresa en *B.A.E.* (continuación), CLXXVI (Madrid, 1964), p. 314 a: «Se volvió a descansar a su silla, que en ella tiene más comodidades que se hallan en la de Don Juan de Espina».
24. *Op. cit.*, p. 317 a-b. El vejamen entero ocupa las pp. 317-321.
25. *Museo del Prado. Catálogo de los cuadros* (Madrid, 1952), pp. 83-86 (núms. 1394, 1395, 1398).

26. *Cartas de algunos PP. de la Compañía de Jesús sobre los sucesos de la Monarquía entre los años de 1634 y 1648*, IV, en «Memorial Histórico Español», XVI (Madrid, 1862), pp. 492-494 (a 6 de enero de 1643). Cotarelo, *op. cit.*, pp. 25-27.

27. Cotarelo, *op. cit.*, p. 24, halló la referencia a su muerte en los índices generales de la parroquia: es la primera de 1643.

28. «Memorial Histórico Español», *op. cit.*, p. 493.

29. «Memorial Histórico Español», *op. cit.*, p. 494.

30. Cotarelo, *op. cit.*, p. 48.

31. Cotarelo, *op. cit.*, pp. 49-57, analiza las comedias; pero desde un punto de vista distinto al que aquí se sigue.

32. Registramos en la Biblioteca Nacional de Madrid muchas ediciones de estas comedias, hechas a lo largo del siglo XVIII, que acreditan la popularidad que alcanzaron. Unas, con el título de *Don Juan de Espina en Madrid*, como la no fechada, impresa en Madrid mismo (T. 15249), o la de Valencia, 1789 (T. 15023[24]), que se dice «segunda parte».

33. Cotarelo, *op. cit.*, p. 54, nota. *Don Juan de Espina en Milán* se dio ya en aquel año, según el manuscrito de ella existente en la Biblioteca Nacional de Madrid.

34. *Noticias y documentos relativos a la historia y literatura españolas*, I, «Memorias de la Real Academia Española», X (Madrid, 1911), p. 74.

35. Pérez Pastor, *op. cit., loc. cit.*, p. 89.

36. Pérez Pastor, *op. cit., loc. cit.*, p. 96.

37. Con el título de *Don Juan de Espina en su patria* (primera parte) hay en la Biblioteca Nacional de Madrid ediciones sin fecha de Sevilla (T. 14806[18] y 9256); Madrid, 1730 (T. 10815), 1745 (T. 6336); Barcelona, 1773 (T. 6342) y Valencia, 1782 (T. 15018[21] y 14994[20]), dejando a un lado la de las *Comedias varias*, IV (Madrid, 1745). También hay una «segunda parte» impresa en Sevilla, sin año (T. 14806[17]). De *Don Juan de Espina en Milán* (segunda parte) se registra la existencia de la edición, tampoco fechada, de Sevilla (T. 10845) y las de Madrid, 1730 (T. 622), 1745 (T. 7097); Barcelona (T. 5084); Valencia, 1782 (T. 6380); es decir, son publicaciones paralelas. Aparte de estos textos, podemos usar el de las *Comedias sueltas*, impresas en Sevilla, de 1762 a 1782 (T. 15264-66). No faltan, según creo, algunos del siglo XIX. Cotarelo, *op. cit.*, p. 54, nota, se refiere a las sueltas del siglo XVIII.

38. *Don Juan de Espina / en Madrid. Comedia que escribió / Don Joseph de Cañizares; / y se ha de representar / a Sus Magestades / en el Coliseo del Buen Retiro; / a expensas / De la muy Noble y muy Leal Coronada Villa / de Madrid, / con motivo de celebrar los gloriosos, felicisimos Desposorios del Serenisimo Señor / D. Carlos Principe de Asturias, / y la Serenisima Señora / D.ª Luisa Princesa de Parma. / Siendo corregidor / D. Alonso Perez Delgado, de el Consejo de S. M. / Intendente de sus Reales Exercitos, de esta Pronvincia, de la Regalia de / Casa de Aposento, Superintendente de Sisas Reales, y Municipales de / ella, y Ministro de la Real Junta de Abastos: / y Comisarios / D. Joseph Pachecho y Velarde, Gentil-Hombre de Boca de S. M. Don An- / tonio Moreno de Negrete, Caballero de la Orden de Santiago, D. Francisco / Antonio de Terán, Marqués de Terán, Caballero del Orden de Santiago, / Caballero Procurador de ella, de los Consejos de S. M. Secretario en el Su- / premo de Inquisicion, y Ayuda de Camara de S. M. y Don Manuel de / Negrete y de la Torre, Mar-*

qués de Torremanzanal, Caballero / del Orden de Santiago*. Este ejemplar (T. 15249), que perteneció a Gayangos, tiene 203 pp. (más la portada). De ellas, sin embargo, no todas corresponden a la obra de Cañizares, porque entre el acto I y el II está «El señorito perdido, saynete» (pp. 54-74), y entre el II y el III, «La zagala del Tajo» (pp. 126-146), en el orden sin duda, en que se representaron durante las fiestas nupciales, acerca de las cuales da pormenores don Antonio Ferrer del Río, *Historia del reinado de Carlos III en España*, I (Madrid, 1856), pp. 410-412.

39. «Argumento. Don Juan de Espina, Sugeto estudioso, singularmente aplicado á apurar las diversiones Mathematicas, y tropelias físicas en la oculta virtud de la Naturaleza; reside en Madrid con fama de Magico natural, logrando aplauso común, por los singulares prodigios, que obra en su Arte.

»Por su Fama, unos le buscan sabio, quando otros le temen Echicero; pero Espina, por desahogo de las tareas de su estudio, le ocupa muchas veces en dar algunos chascos, no sin la juiciosa idea de procurar en el disfraz de las burlas las virtuosas, apreciables veras de favorecer a sus confidentes, corregir los necios, y doctrinar a los ignorantes.

»Son frequentes las transmutaciones que executa de objetos, casos y lugares, con maravillosa vivacidad en las ilusiones; pero rezeloso de que alguna le hubiese malquistado con el poder, abandona la Patria, y se establece en Milán.» Cotarelo no señaló esta posición de Cañizares, tan distinta a la de los autores de generaciones anteriores.

40. «Mutaciones de la comedia. Acto I. 1) Calle del Cavallero de Gracia. 2) Sala de moderado adorno. 3) Salón iluminado, que abrace todos los espacios del Theatro. Acto II. 4) Quarto regular, con una Papelera grande, de dos Espejos en su centro. 5) Sumptuoso, magnifico Jardin, adornado de vistosos Cenadores, y varias Fuentes; ocupando los lados multitud de Estatuas colocadas sobre pedestales baxos. Acto III. 6) Quarto de Criados, en medio una Cama, y Taurete. 7) Vista completa de la Gran Plaza Mayor. 8) Fachada de la Carcel de Corte. 9) Salón corto de Palacio. 10) Calle, y en su foro la fachada del Templo de Doña Maria de Aragón. 11) Espesa selva de Arboles, que ocupan un lado, y otro del Theatro; en su termino un caudaloso Rio.»

41. P. 4: «Personas.

Laura	Sebs. Pereyra.
Serafina	Francisca Muñoz.
Juana	Maria de la Chica.
D. Juan de Espina	Nicolas de la Calle.
Don Antonio	Manuel Martinez.
Don Diego	Joseph G.ª Ugalde.
Rey Phelipe IV	Juan Ponce.
Conde Duque	Nicolas López.
Don Aniceto	Juan Plasencia.
Don Pedro	Phelipe Calderón.
Cachete	Miguel de Ayala.
Ponchito	Gabriel Lopez.
Quatro Estatuas	Maria Guzmán. Joaquina Moro. Casimira Blanco. Fsca. Ladbenant.

Ministros { Phelipe de Navas.
Blas Pereira.»

42. Es posible, como sugiere Cotarelo, *op. cit.*, p. 49, que Cañizares alcanzara a conocer algunos que tenían recuerdos o memorias de Espina.

43. Dice don Diego, en efecto, *op. cit.*, pp. 6-7:
«Pues no sabéis que sus burlas
son sin ofensa de nadie,
y que pudiendo valerse
para sus hechos del Arte
de la Magia, en que lograra
sus fines particulares
jamás lo intentó? antes obra
con rectitud tan notable,
que para ninguna acción
que no sea muy justa hace
demostración de las ciencias,
que le adornan admirables.»

44. *Op. cit.*, pp. 8-10.

45. Este es, por lo demás, un tópico en el teatro del siglo XVII.

46. *Op. cit.*, pp. 11-12:
«Que estoy un Aspid
hecho con el, pues cien veces
que he venido a rebentarle
por el dinero, no encuentro
con la puerta de la calle,
antes hallo diferentes,
y exquisitas vecindades,
donde la casa caía:
Tiene de Azeyte, y Vinagre,
es una vez, otra Imprenta,
otra es Mesón de Estudiantes,
Taberna, pasteleria,
Butica, Escuela; y no obstante,
el otro dia á la puerta,
que me pareció la de antes,
estuve dando aldavadas,
y veo salir un Fraile,
que me dice: que hay Hermano,
que necesidad le trahe?
Yo me separé al instante.
y me hallé en San Bernardino.
tirando. dale. que dale.
de una Campana. que yo
vi. que era aldava a dos haces..»

47. *Op. cit.*. p. 12.

48. *Op. cit.*, pp. 13-14.
49. *Op. cit.*, pp. 15-18.
50. *Op. cit.*, p. 14:
«Aunque voy acia Palacio
de prisa a ver que me manda
mi Mecenas, el ilustre
Conde-Duque de Olivares,
que me ha embiado á llamar,
cuyas finezas notales,
mi esclavitud eternizan.»
51. Ya se ha indicado que el confesor del de Olivares, el impopularísimo padre Salazar, fue amigo de Espina, y las amistades y tratos pudieron conservarse entre familias de generación en generación.
52. *Op. cit.*, p. 22; la escena en las pp. 20-22.
53. *Op. cit.*, p. 25:
«Que es amor? Que liviandad!
que trayción! que ligereza!
casaráste vive el Cielo,
que pretender un mozuelo,
que preciado de belleza,
jamás de comer te dé
y que le sustentes tu,
de la Chupa de Tisu,
y la Blonda con tupé,
discurre que será vano.»
54. *Op. cit.*, pp. 26-29.
55. *Op. cit.*, p. 30.
56. *Op. cit.*, p. 31.
57. *Op. cit.*, pp. 32-33.
58. *Op. cit.*, pp. 33-35.
59. *Op. cit.*, pp. 36-37.
60. *Op. cit.*, pp. 37-41.
61. *Op. cit.*, pp. 41-43.
62. *Op. cit.*, pp. 45-50. En la última página es donde se precisa el andalucismo de don Aniceto.
63. *Op. cit.*, p. 44.
64. *Op. cit.*, pp. 51-53. La memoria de las representaciones organizadas por Espina para divertir a sus amistades llegó, pues, a Cañizares con toda claridad.
65. *Op. cit.*, pp. 76-77:
«Cachete. Con el que a servirte entra
          ha de ser Virgen, y Martyr?
D. Juan. Por que?
Cachete. Probo consequentiam.
          Martyr por los disparates
          que te sufre, y te tolera,

> viviendo una vida triste,
> miserable, y recoleta.
> Y Virgen porque en tu casa
> son de palo las doncellas:
> las criadas que te asisten
> son estatuas de madera,
> que con extraño artificio,
> como Relox se manejan,
> y una vez sola que el dia
> las das a todas la cuerda;
> guisan, cosen, sacan agua,
> hacen las camas, y friegan.
> Las mal acondicionadas
> yo aseguro que quisieran
> otras criadas así,
> pues no chistan, y rebientan.»

66. Curiosa es la afición de varios jesuitas antiguos a los autómatas y a la Magia blanca en general. Aparte del padre Kircher, hay que recordar a Gaspar Schott (1608-1666). En su obra *Technica curiosa, sive mirabilia artis, que varia experimenta pneumatica, hydraulica, mechanica, graphica, chronometrica, automatica, cabalistica proponuntur* (Nuremberg, 1664, otra de 1687), describe varios autómatas. Descartes también fue aficionado a ellos, como es sabido.

67. *Op. cit.*, pp. 76-77.
68. *Op. cit.*, pp. 79-81.
69. *Op. cit.*, pp. 82-84.
70. *Op. cit.*, p. 87; la escena de la p. 85.
71. *Op. cit.*, p. 91.
72. *Op. cit.*, pp. 93-95.
73. *Op. cit.*, pp. 95-99.
74. *Op. cit.*, p. 100.
75. *Op. cit.*, p. 101, es calificado así.
76. *Op. cit.*, pp. 101-109.
77. *Op. cit.*, pp. 109-112.
78. *Op. cit.*, pp. 113-119.
79. *Op. cit.*, pp. 119-125.
80. *Op. cit.*, pp. 147-148.
81. *Op. cit.*, pp. 148-150.
82. *Op. cit.*, p. 150.
83. *Op. cit.*, pp. 151-153.
84. *Op. cit.*, pp. 154-156.
85. *Op. cit.*, p. 157.
86. *Op. cit.*, pp. 158-159.
87. *Op. cit.*, pp. 160-162.
88. *Op. cit.*, pp. 162-166.
89. *Op. cit.*, pp. 166-168.

90. *Op. cit.*, pp. 168-170.
91. *Op. cit.*, pp. 170-173.
92. *Op. cit.*, pp. 173-174.
93. *Op. cit.*, pp. 175-176.
94. *Op. cit.*, p. 177.
95. *Op. cit.*, pp. 178-179.
96. *Op. cit.*, p. 179.
97. *Op. cit.*, p. 180.
98. *Op. cit.*, p. 181.
99. *Op. cit.*, pp. 181-184.
100. *Op. cit.*, pp. 185-186.
101. *Op. cit.*, pp. 186-187.
102. *Op. cit.*, pp. 187-188.
103. *Op. cit.*, pp. 188-191.
104. *Op. cit.*, pp. 191-192.
105. *Op. cit.*, p. 193.
106. *Op. cit.*, pp. 195-197.
107. *Op. cit.*, pp. 198-199.
108. *Op. cit.*, p. 200.
109. *Op. cit.*, pp. 201-203.
110. Cotarelo, *op. cit.*, p. 57.
111. Núm. 62: *Comedia famosa. / Don Juan de Espina / en Milán. Segunda parte. De un ingenio de esta corte. / Personas que hablan en ella. / D. Juan de Espina, Cesar Esforcia. Juanete, gracioso. Broculi, gracioso. Arnesto Esforcia, tio de Margarita. Carlos Gonzaga, Duque de Mantua. Margarita, Duquesa de Milán, Nise, prima de Margarita. Enrico Desde* (sic) *heredero de Ferrara. Filiberto Esforcia. Clotina, criada*, sin paginar. Al final: «Hallarás esta Comedia, y otras de diferentes Títulos, en Madrid en la imprenta de *Antonio Sanz*, en la Plazuela de la calle de la Paz. Año de 1730.» Biblioteca Nacional: T. 622.
112. Escena I, al final.
113.
«Yo nací en España, en donde
desde mis primeros años
estudié la Magia Blanca,
que es vn ultimo, y vn alto
conocimiento, en extremo,
de los secretos más raros,
de la gran Philosophia,
las virtudes penetrando
intrinsecas de las cosas
exquisitas, donde hallamos
assombros, que cada dia
vemos, y experimentamos.
Y aun por esso la llamó
Plotino, esclava, que al lado

va de la naturaleza,
sus efectos estudiando,
y sus hechos inquiriendo:
y una vez, que de su mano
la tiene, obra los portentos
que consiguió Alberto Magno,
haciendo hablar la cabeza
que avia de yervas formado:
Architas, con las palomas,
que iban los ayres cortando
siendo de madera, el fuego
fingido, el mar imitado
el ayre solido, el dia
nocturno, el monte bolado:
De Rogerio, a quien la Italia
veneró, no ha siglos tantos.
Todo esto lo executaba
yo, sin aver deslizado
de la Magia Natural
el abominable trato
de superstición, prestigio
nigromancia, ni encanto,
pues essa es Magia Negra
cuyo estudio está vedado.»

14. Desde luego no es el de Martín del Río, *Disquisitionvm magicarvm libri sex* (Venecia, 1616), pp. 7 a-10 a, lib. I, cap. III: «De Magia Naturalis seu Physica». Cañizares debía de leer el francés y acaso tuviera a mano algún texto de fines del siglo XVII.

15. También hizo referencia Menéndez Pelayo, *Historia de los heterodoxos españoles*, V (Madrid, 1928), p. 376, lib. V, cap. V, § II, a don Juan de Espina y al retrato del mismo debido a Quevedo y trátalo de «noble y piadoso caballero». Y comenta: Personaje ciertamente digno de más honrada suerte que la de haber servido de protagonista a dos comedias de magia de Cañizares..., donde aquel taciturno filósofo cristiano aparece convertido en redomado brujo y nigromante.» Como puede ver el lector, Cañizares no tuvo esta intención de modo básico.

16. «Magia (comedias de)», en *Enciclopedia Universal Ilustrada Europeo-americana*, XXXII (Barcelona, s. a.), pp. 109 a-113 a.

17. Está por hacer una historia de la Escenografía y Tramoya en función de los géneros literarios y de los adelantos mecánicos.

18. *Dictionnaire historique et critique*, IV (París, 1820), pp. 155-161.

19. *Memorias de un setentón*, I (Madrid, 1926), p. 117: «En la Cruz, los que más impresionaron mi infantil imaginación fueron las dos comedias de magia *Marta la Romarantina* y *Juana la Rabicortona*, que hicieron después las delicias de la multitud.»

20. *Memorias...*, ed. cit., I, p. 187.

21. Francisco Javier Sánchez Cantón, «Los manuscritos de Leonardo que poseía

455

Don Juan de Espina», en *Archivo Español de Arte*, XIV (Madrid, 1940-1941), pp. 39-42. En esta nota erudita se indica que por los años de 1630-1631, Espina tuvo un tropiezo con la Inquisición de Toledo, la cual le dejó luego marchar a Sevilla; ello se consigna en una carta fechada en Madrid, a 7 de agosto de 1631, escrita por Arthur Hopton a lord Arundel, que estaba interesadísimo en adquirir los manuscritos leonardescos que poseía Espina y que —segun Carducho— eran dos. Debieron pasar éstos a propiedad de Felipe IV, de sus manos a la Biblioteca Real y de ésta a la Biblioteca Nacional, donde aparecen registrados en el catálogo de manuscritos antiguos copiado en el *Ensayo...*, de Gallardo. Pero Sánchez Cantón indica que, según testimonio fidedigno, en el primer tercio del siglo XVII había en Madrid no menos de diez volúmenes de obras de Leonardo.